CASIMIRO WALISZEWSKI

CATERINA II DI RUSSIA
UNA DONNA AL POTERE
(1729 – 1796)

A&P EDIZIONI - MILANO

Titolo originale: *Le Roman d'une Impératrice, Catherine II de Russie.*

Traduzione: Aurelio Picco
Revisione: Paola Marletta

ISBN 978-88-905061-7-8

A&P Edizioni 2014 - Milano
aepedizioni@studiopicco.it

PARTE I

LIBRO PRIMO

DA STETTINO A MOSCA

CAPITOLO I

LA CULLA TEDESCA – L'INFANZIA

I

Il luogo di nascita – Stettino o Dornburg? – Una paternità contestata – Il grande Federico o Betskoy? – La casa d'Anhalt-Zerbst.

Una cinquantina di anni or sono in un angolo di una vecchia cittadina tedesca vi era la costernazione: una ferrovia doveva passare di lì, sconvolgendo, come al solito, antiche abitudini di vita, sventrando vecchie case, radendo passeggiate secolari, dove numerose generazioni erano venute a godere il fresco. Fra le cose minacciate dalla scelleratezza degli ingegneri, con grande disperazione del luogo, un albero, un tiglio dall'apparenza venerabile, sembrava l'oggetto di un culto speciale e di un rimpianto particolarmente acuto. La ferrovia passò egualmente. Il tiglio non fu abbattuto, ma lo sradicarono dall'angolo di terra dove aveva messo radici e lo trapiantarono altrove. Per meglio curarlo fu posto davanti alla nuova stazione. Si mostrò insensibile a quell'onore e seccò. Ne furono fatte due tavole: una venne offerta alla regina di Prussia, Elisabetta[1], l'altra all'imperatrice di Russia, Alessandra Feodorovna[2]. Gli abitanti di Stettino diedero a questo albero il nome di *Kaiserlinde* (tiglio imperiale) e, a loro credere, era stato piantato da una principessa tedesca che allora si chiamava Sofia d'Anhalt-

---

[1] Elisabetta di Prussia (1815-1885) Nel 1836, sposò il principe Carlo d'Assia, figlio di Luigi II d'Assia e di Guglielmina di Baden. Era figlia del principe Federico Guglielmo Carlo di Prussia e di Federica d'Assia-Darmstadt.

[2] Alessandra Feodorovna Romanova (1872-1918). Nipote della regina Vittoria del Regno Unito, nasce Alice Vittoria Elena Luisa Beatrice d'Assia e del Reno, e diventa Alessandra Fëodorovna Romanova convertendosi alla religione ortodossa quando sposa Nicola II, ultimo zar di Russia. Fu fucilata, a seguito Rivoluzione di febbraio, nel luglio 1918, con tutta la sua famiglia.

Zerbst, che veniva famigliarmente chiamata Figchen, che giocava volentieri nella grande piazza della cittadina con i ragazzi che vi incontrava e che era diventata, non sapevano esattamente come, imperatrice di Russia, con il nome di Caterina la Grande.

Caterina, in effetti, ha trascorso una parte della sua infanzia nella vecchia cittadina della Pomerania. Fu là che vide la luce? È accaduto raramente che il luogo di nascita di grandi personaggi della storia moderna abbia rinnovato la questione che in passato fu sollevata intorno alla culla di Omero. Ciò che è stato prodotto a questo riguardo per Caterina è quindi una delle stranezze del suo destino. Nessun registro delle parrocchie di Stettino ha conservato traccia del suo nome. Il fatto si è riproposto per la principessa del Württemberg[3], moglie di Paolo I[4], ed è spiegabile: la bambina sarà stata battezzata da un officiante della chiesa protestante, rettore o presidente, non addetto a una parrocchia. Ma è stata trovata una nota, all'apparenza autentica e seria, indicante Dornburg[5] come il luogo dove Caterina nacque e fu battezzata, e storici molto seri hanno legato a questo le più strane supposizioni. Dornburg era la residenza patrimoniale della famiglia d'Anhalt-Zerbst zu (di) Dornburg, proprio la famiglia di Caterina. Sua madre non vi soggiornò, verso il 1729, per qualche periodo e non ebbe l'occasione di vedervi un giovane principe, di appena sei anni, che conduceva non lontano da là un'esistenza triste vicino a un padre sgrade-

---

[3] Sofia Dorotea di Württemberg (1759-1828). Appartenente a un ramo minore della casata di Württemberg, Sofia Dorotea era figlia di Federico II Eugenio e di Federica Dorotea di Brandeburgo-Schwedt. Quando, nel 1776, Paolo, figlio di Caterina II, rimase vedovo, Federico II di Prussia, suo prozio materno, la propose come moglie del futuro zar. Si sposarono nel settembre dello stesso anno e, convertendosi alla religione ortodossa, prese il nome di Maria Fëdorovna. Nel dicembre dell'anno successivo diede alla luce il futuro zar Alessandro I, che poi cospirerà per assassinare il padre e salire al trono.

[4] Paolo I Petrovič Romanov (1754-1801). Sin dalla sua nascita vi furono dubbi sulla sua paternità, che da molti fu attribuita all'amante di Caterina del momento, Sergej Saltykov, il fratello del quale, Nikolaï, fu il suo precettore, insieme a Nikita Panin. Non ebbe mai buoni rapporti con la madre, alla quale peraltro fu sottratto appena dopo il parto da Elisabetta II, che dalla sua maggiore età temette sempre un complotto per porlo sul trono. Ebbe due mogli, Guglielmina d'Assia-Darmstadt, che morì di parto, e Sofia Dorotea di Württemberg (Maria Fedorovna) dalla quale ebbe nove figli. Salì al trono nel 1796 e il suo breve regno - verrà assassinato nel suo letto cinque anni dopo - è caratterizzato da uno spirito reazionario sul piano interno e da una umorale incoerenza in politica estera.

[5] Dornburg si trova in Assia.

vole? Questo giovane principe, che più tardi si chiamò Federico il Grande[6], uno storico tedesco, Sugenheim, ha pensato di designarlo come «il padre in incognito di Caterina».

Una lettera di Cristiano Augusto d'Anhalt-Zerbst[7], il padre ufficiale della futura imperatrice, sembra togliere a questa azzardata congettura qualsiasi fondamento di verità. Essa è datata Stettino, il 2 maggio 1729, e riporta che in questo stesso

---

[6] Federico II di Prussia, detto Federico il Grande (1712-1786). Fu una figura centrale nella storia del XVIII secolo, portando la Prussia al rango di potenza europea. Ebbe una gioventù segnata dal costante conflitto con il padre, Federico Guglielmo I, che non apprezzava la sua propensione alla lettura e alla musica, desideroso che il figlio coltivasse unicamente le virtù militari. E militare di valore fu, Federico, che nel corso del suo regno, che durò dal 1740 alla sua morte, trascorse trent'anni in guerra, ma fu anche l'esempio settecentesco del monarca illuminato, riformatore, amico dei *philosophes* e in corrispondenza con Voltaire. Già appena salito al trono, nel 1740, iniziò una guerra per la conquista della ricca Slesia e per ventitré anni questa regione fu causa di discordia tra la cattolica Austria e la protestante Prussia, e lo scontro coinvolse quasi tutto il continente. La prima parte del conflitto si concluse nel 1745 con la pace di Dresda, che assicurò a Federico il possesso della Slesia e di Glatz. Nel 1748, fu poi firmato il trattato di Aquisgrana che pose definitivamente fine alla Guerra di Successione austriaca. Successivamente alla stipula dei trattati franco-austriaci del 1756 – il primo difensivo e il secondo che andava oltre, impegnando la Francia a un'alleanza offensiva e difensiva con Maria Teresa – Federico II si sentì accerchiato e come primo passo ruppe la pace e invase la Sassonia. Ebbe così inizio la Guerra dei Sette anni, che vide un costante alternarsi delle fortune delle potenze impegnate nei due schieramenti, dove la Russia di Elisabetta I si opponeva a Federico insieme, tra gli altri, alla Francia, all'Austria e alla Spagna. La Prussia poteva contare sulla Gran Bretagna, sull'Assia-Kassel, Brunswick-Lüneburg e sul regno del Portogallo. Nel momento in cui, nel 1762, gli avvenimenti parevano volgersi in svantaggio per Federico, la morte di Elisabetta I e la conseguente ascesa di Pietro III, fervente filoprussiano e ammiratore del monarca, determinarono un ulteriore cambiamento di fronte. Pietro III cessò ogni ostilità, sottoscrivendo un trattato di pace il 5 maggio di quell'anno, e giunse anche ad inviare sue truppe in supporto al re prussiano. Il regno di Pietro fu breve, ma l'ascesa di Caterina II, che pure denunciò gli accordi presi pochi mesi prima dal marito, ebbe come risultato un totale disimpegno della Russia dal conflitto. Resosi conto che difficilmente l'Austria avrebbe potuto essere sconfitta, pur priva del supporto russo, e nell'impossibilità di riprendere l'iniziativa, Federico si mostrò propenso a una cessazione delle ostilità con un nemico che, da parte sua, lo riteneva ancora pericoloso e capace di rialzare la testa. Fu così che il 15 febbraio del 1763, nel castello di Hubertsburg, fu firmata la pace che, nella sostanza, riportava l'assetto geopolitico dell'Europa alla situazione precedente al conflitto. Pochi giorni prima, anche Francia e Inghilterra avevano, a Parigi, siglato un accordo che poneva termine al loro guerreggiare. Negli ultimi anni della sua vita, Federico II divenne sempre più solitario e si ritirò nel castello di Sans Souci, che aveva progettato e fatto costruire egli stesso, dove morì e fu seppellito.

[7] Cristiano Augusto d'Anhalt-Zerbst (1690-1747). Figlio del principe Giovanni Luigi I di Anhalt-Zerbst, iniziò giovanissimo la carriera militare che seguì per tutta la vita sino a divenire generale e governatore di Stettino. Sposò Giovanna Elisabetta di Holstein-Gottorp dalla quale ebbe cinque figli, tra cui Sofia, la futura Caterina II.

giorno, alle due e mezza del mattino, gli è nata una bambina *in questa città*. Questa bambina può essere solo quella della quale ci stiamo occupando. Cristiano Augusto doveva ben sapere dove nascevano i suoi figli, anche supponendo che non fosse abbastanza sicuro della loro origine. C'è di più. Non è in alcun modo certo che Dornburg abbia ricevuto tra le sue mura la madre di Caterina in un periodo di poco precedente la nascita di questa, mentre sembra accertato il contrario. È molto lontano sia da Dornburg sia da Stettino: è a Parigi che la principessa di Zerbst sembra abbia trascorso almeno una parte del 1728. Federico non vi è mai andato, è noto. Egli ha quasi perso la testa – ce lo ha recentemente raccontato Lavisse[8] con la sua fine capacità – per il desiderio di andarvi. Ma la fantasia degli storici, seppur tedeschi, non ha limiti. In assenza di Federico, c'era a Parigi, nel 1728, all'ambasciata di Russia, un giovane cavaliere, illegittimo di una illustre famiglia, che certamente dovette frequentare la principessa di Zerbst. Eccoci così sulle tracce di un secondo romanzo e di un'altra paternità anonima. Questo giovane uomo si chiamava Betskoy e col tempo divenne una personalità. Morì a Pietroburgo in età molto avanzata e raccontano che andando a visitarlo Caterina lo circondasse di premure e di cure affettuose, si chinasse sulla sua poltrona e gli baciasse la mano. Fu sufficiente questo al traduttore delle *Mémoires* di Masson[9] per farsi una convinzione che noi non sapremmo condividere. Con questo metodo, riteniamo, in tutta la storia del diciottesimo secolo non ci sarebbe alcuna nascita illustre esente da analoghe supposizioni.

    Non ci soffermeremo a discuterle. Quella che doveva chia-

---

[8] Ernest Lavisse (1842-1922). Storico e uomo politico, grazie al ministro Victor Duruy, anch'egli storico, divenne precettore del principe imperiale e, successivamente, membro del gabinetto dello stesso ministro. Dopo la sconfitta del 1870, si recò in Germania a studiarne il sistema universitario e per tre anni si dedicò allo studio della storia e delle origini della Prussia, tema che sarà al centro delle sue opere maggiori. Fu poi professore alla Sorbona e tra i maggiori personaggi della Terza Repubblica.

[9] Louis Claude Frédéric Masson (1847-1923). Anziano maggiore e aiutante di campo del conte Saltykov, segretario del granduca Alessandro di Russia, direttore degli studi del corpo dei cadetti nobili di artiglieria a San Pietroburgo, esiliato dalla Russia nel 1797; al suo ritorno in Francia segretario generale della prefettura di Coblenza, corrispondente dell'Istituto nazionale di Francia (3 classe), di quello di Milano e dell'Accademia celtica.

marsi più tardi la Grande Caterina, secondo tutte le evidenze, è certamente nata a Stettino e i suoi genitori, in base alla legge comune e naturale, si erano: il principe Cristiano Augusto di Zerbst-Dornburg e la principessa Giovanna Elisabetta di Holstein, sua legittima sposa. Venne un tempo, lo vedremo, in cui le minime azioni di questa bambina, così oscuramente entrata nella vita, hanno acquisito una data e un'autenticità certe giorno per giorno e anche ora per ora. Questa è stata la sua rivincita. Questa è anche la misura del cammino percorso da questo abbagliante destino.

Ma cos'era, nel 1729, la nascita di una piccola principessa di Zerbst? La casa principesca con questo nome, una di quelle di cui formicolava la Germania dell'epoca, costituiva una branca di quella di Anhalt, che ne contava otto. Fino al momento in cui un'inattesa fortuna diede loro un lustro senza pari, nessuno dei suoi rami di uno stesso tronco aveva mai destato l'eco della notorietà. Ben presto la definitiva estinzione di tutta la linea doveva troncare quell'inizio di celebrità. Senza storia prima del 1729, la casa d'Anhalt-Zerbst ha cessato di esistere nel 1793.

II

La nascita di Figchen – L'educazione di una principessa tedesca nel diciottesimo secolo – Mademoiselle Cardel – Viaggi e impressioni – Eutin e Berlino – Un oroscopo.

I genitori di Caterina non abitavano a Dornburg. Avevano ben altro in testa. Suo padre, peraltro, né più né meno, doveva pensare a guadagnarsi la vita. Nato nel 1690, aveva dovuto prendere servizio nell'armata prussiana. Fece la guerra nei Paesi Bassi, in Italia e in Pomerania. La fece contro i francesi e contro gli svedesi. A trentuno anni aveva guadagnato le spalline di generale maggiore. A trentasette anni, sposava la principessa Giovanna Elisabetta di Holstein-Gottorp, sorella minore di quel principe Carlo Augusto che aveva per poco mancato di sedersi sul trono di Russia a fianco di Elisabetta e che costei rimpianse sempre come un fidanzato adorato. Nominato comandante di un reggimento di fanteria d'Anhalt-Zerbst, Cristiano Augusto dovette raggiungerlo a Stettino. Era la vita di guarnigione.

Come marito e come padre, Cristiano Augusto era un modello. Amava molto i suoi figli. Ma quando Caterina venne al mondo, aspettava un maschio ed ebbe una grande delusione. I primi anni dell'infanzia di Caterina ne furono rattristati. Quando incominciarono ad occuparsi di questo periodo della sua vita e, un giorno, se ne occuparono con particolare interesse, i ricordi di coloro che ne erano stati testimoni erano già sbiaditi. Lei stessa non si prestava volentieri a rinfrescarli, rispondendo con un riserbo che non le era abituale. «Non vedo nulla di interessante in questo», scriveva a Grimm[10], il più accanito degli investigatori. I suoi stessi ricordi, peraltro, non erano molto precisi. «Sono nata – diceva – in casa Greifenheim, sulla Marien Kirchenhof.» Non c'è e non c'è mai stata una casa con questo nome a Stettino. Il comandante dell'8° reggimento di fanteria abitava nella Dom Strasse, n° 791, la casa del presidente della camera di commercio di Stettino, von Ascherleben. Il quartiere dove si trovava questa strada si chiamava Greifenhagen. La casa ha cambiato proprietario e numero. Attualmente appartiene al consigliere di Stato Dewitz e porta il n° 1. Su un lembo di muro bianco vi si scorge una macchia nerastra: è l'unica traccia che ha lasciato il soggiorno di una grande imperatrice, un po' di fumo prodotto da un bra-

---

[10] Friedrich Melchior von Grimm (1723-1807). Dobbiamo alla fitta corrispondenza che Caterina intrattenne per tutta la sua vita con lo scrittore tedesco Grimm la grande messe di notizie che ci è pervenuta del pensiero e degli atteggiamenti dell'imperatrice. Dopo aver compiuto gli studi all'Università di Lipsia, giunse a Parigi, come segretario del figlio del barone Schomberg, dove rimase facendosi presto conoscere nell'ambiente letterario soprattutto grazie alla sua satira *Petit Prophète de Boehmisch-Broda*, dove prendeva le difesa dell'opera italiana. Frequentò assiduamente il salone di madame Louise d'Épinay, della quale divenne amante. Con Diderot e l'abate Raynal pubblicò la *Correspondance littéraire*, dal 1753 al 1773, giornale letterario che gli permise di entrare in contatto con le corti dell'epoca e, soprattutto, con la stessa Caterina. Nacque così l'abitudine a uno scambio epistolare, anche di intime confidenze, che si perpetrò negli anni. Grimm, di fatto, divenne una sorta di confidente, segretario distaccato nella capitale francese che aveva anche il compito di svolgere commissioni di vario genere, come l'acquisto di opere d'arte. Caterina lo soprannominò, nella stessa corrispondenza che intratteneva con lui, il mio «souffre-douleur», zimbello. In effetti, Grimm finì col dedicarsi interamente alla sua augusta corrispondente. Fuggì da Parigi con la Rivoluzione, nel corso della quale gli furono sequestrati tutti i beni, e si recò ad Amburgo come ministro di Caterina II, per poi stabilirsi a Ghota dove morì, pressoché cieco.

ciere acceso il 2 maggio 1729 davanti alla culla di Caterina. La culla è scomparsa. È a Weimar.

Battezzata coi nomi di Sofia Augusta Federica, in onore di tre sue zie, Caterina si chiamò per tutti Figchen o Fichchen, secondo l'ortografia di sua madre, un diminutivo di Sophie (*Sophiechen*), almeno in apparenza. Poco dopo la sua nascita i suoi genitori andarono a prendere possesso del castello di Stettino, dove occuparono l'ala sinistra, di fianco alla chiesa. Figchen ebbe per sé tre stanze, di cui una, dove dormiva, accanto al campanile. Ella potette così preparare il suo orecchio a sentire, un giorno, lo scampanio assordante delle chiese ortodosse. Forse era un adattamento provvidenziale. È là che crebbe e fu allevata. Molto semplicemente. Le strade di Stettino, in effetti, l'hanno spesso vista giocare con i figli della borghesia locale, i quali certamente non si sognavano di darle dell'Altezza. Quando le madri di questi ragazzi venivano a fare visita al castello, Figchen andava loro incontro e baciava rispettosamente il lembo del loro vestito. Così voleva sua madre, che talvolta aveva delle idee sagge. Cosa che non accadeva spesso.

Figchen, però, ebbe per la sua educazione numerosi maestri, accanto alla governante in carica. Costei, ovviamente, era francese. Precettori e governanti francesi si trovavano allora in tutte le case tedesche di qualche importanza. Era una delle conseguenze indirette della revoca dell'editto di Nantes[11]. Insegnavano la lingua francese, le belle maniere francesi e la galanteria francese. Insegnavano quello che sapevano e la maggioranza di essi non sapeva altro. Fu così che Figchen ebbe mademoiselle Cardel. Ebbe anche un cappellano francese, Péraud, e un maestro di calligrafia, sempre francese, che si chiamava Laurent. Altri insegnanti del luogo si aggiungevano a questo quadro pedagogico abbastanza completo. Un certo Wagner insegnava a Figchen la sua lingua materna. Per la musica c'era ancora un tedesco, di nome Roellig. Più tardi, Caterina si è spesso soffermata a ricordare le figure di questi primi educatori della sua infanzia con un misto di ironia irriverente e un sentimento di tenera riconoscenza. Riservava un posto a parte a mademoisel-

---

[11] Messa in atto da Luigi XIV con l'Editto di Fontainebleau del 1685, con il quale veniva tolte ai protestanti le concessioni precedentemente accordate da Enrico IV con l'Editto di Nantes del 1598.

le Cardel, «che sapeva pressoché tutto senza aver imparato mai niente, pressappoco come la sua allieva», alla quale diceva che «aveva delle idee storte» e che le raccomandava di tenere il mento indietro. «Trovava che io l'avessi eccessivamente appuntito – racconta Caterina – e che, portandolo avanti, avrei urtato quelli che incontravo». La buona signorina Cardel probabilmente non immaginava gli incontri ai quali era destinata la sua allieva. Però, faceva di meglio che non cercare di raddrizzarle le idee e aggiustarle il mento. Le dava da leggere Racine, Corneille e Molière. La sottraeva al tedesco Wagner, alla sua pedanteria, alla sua pesantezza pomeraniana, all'insipienza dei suoi *Prüfungen*[12], che Caterina ricordava con terrore. Sicuramente le trasmise qualche cosa del suo carattere, uno spirito parigino, diremmo oggi, vivo, sveglio, scoppiettante. Dobbiamo confessarlo? Le ha reso, secondo tutte le apparenze, un servizio ancora più importante sottraendola a sua madre, e non solo agli schiaffi che questa appioppava per un sì o per un no alla futura imperatrice, «a capriccio, raramente con ragione», ma soprattutto per quello spirito che la sposa di Cristiano Augusto portava con sé e che diffondeva attorno, e che noi vedremo più tardi all'opera: gusto dell'intrigo, della menzogna, bassi istinti e ambizioni meschine, dove si rifletteva l'intero animo di svariate generazioni di piccoli principi germanici.

Alla fine, mademoiselle Cardel si è ben guadagnata le pellicce che la sua allieva si premurò di mandarle giungendo a Pietroburgo.

Un importante complemento all'organizzazione di questa educazione era dato dai frequenti viaggi che Figchen faceva in compagnia dei genitori. Il soggiorno a Stettino non aveva nulla di particolarmente attraente per una giovane donna avida di piaceri e per un giovane comandante di reggimento che aveva percorso metà Europa. Le occasioni di spostarsi erano pertanto benvenute e con una famiglia così numerosa non erano rare. Andarono così a Zerbst, ad Amburgo, a Brunswick, a Eutin, trovando ovunque dei parenti e un'ospitalità poco lussuosa in generale, ma cordiale. Si spingevano sino a Berlino. È a Eutin, nel 1739, che la principessa Sofia vide per la prima volta colui

---

[12] Interrogazioni

al quale doveva togliere il trono dopo averlo ricevuto da lui. Pietro Ulrico di Holstein, figlio di un cugino primo di sua madre, aveva allora dodici anni. Lei ne aveva dieci. Questo primo incontro, che al momento passò inosservato, non fece a Figchen una buona impressione. Per lo meno così ha affermato più tardi scrivendo le sue memorie[13]. Il ragazzo le era parso mingherlino. Le dissero che aveva un pessimo carattere e, cosa che appare poco credibile, che aveva già una propensione al bere. Un altro viaggio deve avere lasciato in lei una traccia più profonda. Nel 1742 o 1743 a Brunswick, a casa dell'anziana duchessa che aveva allevato sua madre, un canonico cattolico, dedito alla chiromanzia, si azzardò a vedere nella mano di Figchen fino a tre corone, mentre non ne vide nella mano della graziosa principessa di Bevern, per la quale cercavano un vantaggioso matrimonio. Trovare una corona cercando uno sposo era il sogno comune di tutte queste principesse tedesche!

A Berlino, Figchen vide Federico senza che egli le dedicasse particolare attenzione né che lei si curasse del modo in cui egli poteva guardarla. Egli era un grande re sulla soglia di una prestigiosa carriera, mentre lei era una giovane fanciulla destinata, secondo tutte le apparenze, a fare l'ornamento di qualche minuscola corte sperduta in un angolo dell'impero.

In sintesi, era l'inizio della vita e dell'educazione di tutte le principesse tedesche del tempo. Più tardi, Caterina mise una certa civetteria nel rilevare le insufficienze e le lacune di questa educazione. «Che cosa volete – sono stata allevata per sposare qualche piccolo principe del vicinato e mi hanno insegnato ciò che era necessario per questo. Io e mademoiselle Cardel non ci aspettavamo affatto tutto questo!» La baronessa di Printzen, dama d'onore della principessa di Zerbst, da parte sua non esitava a dichiarare che seguendo da vicino gli studi e i progressi della futura imperatrice non aveva mai scorto in lei delle qualità né delle facoltà eccezionali. Pensava che sarebbe stata una «donna comune». Mademoiselle Cardel, peraltro, non poteva immaginare che correggendo i compiti della sua allieva era, come disse un giorno preso dall'entusiasmo Diderot, «il candeliere che reggeva la luce del suo secolo».

---

[13] Cfr. «*Caterina II - Memorie – La giovinezza – I primi amori*», A&P Edizioni, Milano, 2011, p. 17-18.

III

Le affinità russo tedesche – Influenze russe in Germania; rivalità tedesche in Russia – La discendenza dello zar Alessio innestata in due ceppi germanici – Holstein o Brunswick – Il trionfo di Elisabetta; Pietro Ulrico di Holstein diventa suo erede – Un corriere russo a Zerbst.

Tuttavia, qualche cosa in questa esistenza mediocre avvicinava già la principessa Sofia al suo futuro destino. Non era che una piccola principessa tedesca, allevata in una piccola cittadina tedesca, con un triste paese di sabbie per orizzonte. Ma su questa contrada una vicinanza molto prossima gettava, si sarebbe detto, un'ombra gigantesca, con l'aspetto di un fantasma o le apparenze di un seducente miraggio. In quella provincia, anche di recente, si erano viste delle guarnigioni che indossavano divise straniere attraversare le città e il nascente prestigio di una potenza che, nuova arrivata in Europa, già vi seminava lo stupore o lo spavento, risvegliando delle speranze o dei timori senza limiti. Nella stessa Stettino, i particolari dell'assedio che avevano dovuto recentemente sostenere contro le armate del grande *zar bianco* erano presenti in tutte le memorie[14]. Nella famiglia di Figchen, la Russia, la grande e misteriosa Russia, i suoi innumerevoli soldati, le sue ricchezze inesauribili, i suoi sovrani assoluti fornivano un argomento favorito nei colloqui intimi, in cui certe vaghe bramosie, qualche oscuro presentimento forse avevano la loro parte. Perché no? Con il matrimonio che aveva unito una figlia di Pietro I a un duca dell'Holstein[15], una nipote di Ivan, il fratello di Pietro, a un du-

---

[14] Si tratta della Grande Guerra del Nord del 1720-21. Stettino, come conseguenza della pace di Westfalia del 1748, che pose fine alla Guerra dei Trent'anni (1718-1748), era in mano svedese, con altri possedimenti nel centro e nell'est dell'Europa. Per porre termine all'espansione svedese, soprattutto nel Baltico, si formò una coalizione della quale fecero parte la Russia, con Pietro il Grande, la Danimarca, con Federico IV, la Polonia, con Augusto II e la Sassonia che affrontarono Carlo XII di Svezia. Il conflitto ebbe inizio nel 1700 per concludersi, dopo alterne vicende, nel 1721 con la sconfitta della Svezia e segnò l'inizio di un suo irreversibile declino.

[15] Anna Petrovna Romanova (1708-1728) sposò Federico di Holstein-Gottorp (1700–1739), figlio del duca Federico IV di Holstein-Gottorp (1671-1702) e della duchessa Edvige Sofia di Svezia (1681-1708), e nipote del re Carlo XII di Svezia.

ca di Brunswick[16], tutta una rete di alleanze, di affinità e di reciproche simpatie si era stabilita tra la grande monarchia del Nord e la vasta tribù delle magre sovranità tedesche confinanti con l'immenso impero. E la famiglia di Figchen ne era coinvolta in modo particolare. Quando, nel 1739, a Eutin, incontrò suo cugino Pietro Ulrico, seppe che la madre di quest'ultimo era stata una *zarevna* russa, una figlia di Pietro il Grande[17]. Venne anche a conoscenza della storia dell'altra figlia di Pietro il Grande, Elisabetta[18], che sua madre aveva rischiato di avere come cognata.

Ed ecco che, inopinatamente, si diffondeva la notizia della salita al trono di Russia di questa stessa principessa, la sconsolata fidanzata del principe Carlo Augusto di Holstein[19]. Il 9 dicembre 1741, con uno di quei colpi di scena che diventavano frequenti nella storia del grande stato del Nord, Elisabetta aveva messo fine al regno del piccolo Ivan di Brunswick[20] e della reggente sua madre. Quale dovette essere l'eco di questo avvenimento nell'ambiente in cui Caterina cresceva! Separata da una sorte crudele dallo sposo che aveva scelto, la nuova imperatrice, era noto, serbava un tenero ricordo non solamente per la persona del giovane principe, ma per tutta la sua famiglia. Poco tempo prima sollecitava ancora i ritratti dei fratelli del defunto, che erano sopravvissuti. Non avrebbe certamente dimenticato la sorella. Le predizioni del canonico chiromante dovettero, in questo momento, tornare in mente alla madre di Figchen. In ogni modo, non mancò di scrivere subito le sue fe-

---

[16] Anna Leopoldovna Romanova (1718-1746) aveva sposato, nel 1739, il duca di Brunswick-Lüneburg Antonio Ulrico (1714-1774), figlio di Ferdinando Alberto II duca di Brunswick-Lüneburg e di Antonietta Amalia di Braunschweig-Wolfenbüttel.
[17] Anna Petrovna Romanova, vedi *supra* nota 16.
[18] Che divenne zarina come Elisabetta I (1709-1762).
[19] Carlo Augusto di Holstein-Gottorp (1706-1727) principe vescovo di Lubecca, quando morì di vaiolo era fidanzato con Elisabetta.
[20] Ivan VI di Brunswick (1740-1764). Adottato quando aveva otto settimane dalla prozia zarina Anna I di Russia, era figlio del principe Antonio Ulrico di Brunswick-Wolfenbüttel e della principessa Elisabetta di Meclemburgo, cioè di Anna Leopoldovna Romanova. Alla morte di Anna I, nel 1740, venne proclamato imperatore e la reggenza fu assunta prima da Ernesto Giovanni di Biron, duca di Curlandia, e poi alla madre di Ivan, Anna. Poco più di un anno dopo un colpo di stato poneva Elisabetta sul trono (dicembre 1741) e Ivan e le sua famiglia furono imprigionati, una condizione che per Ivan VI cesserà solo con la morte, avvenuta nel 1764, quando fu ucciso nel corso di un tentativo di fuga organizzato da un sottotenente.

licitazioni a sua cugina. La risposta incoraggiò le nascenti speranze. Molto gentile, anche molto affettuosa, Elisabetta si dimostrava sensibile all'attenzione che le si testimoniava e chiese ancora un ritratto: quello di sua sorella, la principessa dell'Holstein, madre del principe Pietro Ulrico. Evidentemente ne faceva collezione; ma non si poteva scorgervi qualche misteriosa indicazione?

Sì, il mistero si svelò all'improvviso. Nel gennaio 1742, il principe Pietro Ulrico, «il diavoletto», come usava chiamarlo la zarina Anna Ivanovna, alla quale la vicina parentela di questi con la casa regnante di Russia dava qualche inquietudine, il piccolo cugino intravisto un giorno da Figchen, scompariva repentinamente da Kiel, sua abituale residenza, e riappariva qualche settimana dopo a Pietroburgo: Elisabetta l'aveva fatto venire per proclamarlo solennemente suo erede!

L'avvenimento, questa volta, non lasciava spazio ad alcun equivoco. Era proprio il sangue dell'Holstein, lo stesso sangue della madre di Figchen, che trionfava in Russia, al posto di quello di Brunswick. Holstein o Brunswick la discendenza di Pietro il Grande o quella di suo fratello maggiore Ivan, entrambi morti senza eredi maschi diretti, tutta la storia della dinastia di Russia era contenuta dal 1725 in questo dilemma. L'Holstein aveva decisamente il sopravvento e subito la fortuna del nuovo principe imperiale, appena stabilitosi, si riverberò sopra i suoi oscuri parenti in Germania. I raggi giunsero fino a Stettino. Nel luglio 1742, il padre di Figchen era stato elevato al rango di feldmaresciallo da Federico; evidentemente una gentilezza verso Elisabetta e suo nipote. In settembre, un segretario dell'ambasciata russa a Berlino portava alla principessa di Zerbst il ritratto della zarina in una magnifica cornice di diamanti. Alla fine dell'anno, Figchen accompagnava sua madre a Berlino, dove il celebre pittore francese Pesne[21] era incaricato di fare il suo ritratto. Figchen seppe che questo ritratto era destinato a prendere la strada per San Pietroburgo, dove Elisabetta non sarebbe certo stata la sola ad ammirarlo.

Tuttavia, trascorse ancora un anno senza avvenimenti decisivi. Alla fine del 1743, tutta la famiglia si trovò riunita a Zerbst. L'estinzione del ramo primogenito aveva conferito il nome del

---

[21] Antoine Pesne (1683-1757), pittore francese che ebbe particolare fortuna in Prussia.

principato al fratello di Cristiano Augusto. Si festeggiò il Natale gaiamente, in un benessere nuovo e certamente con qualche positiva previsione per l'avvenire, senza parlare di sogni più audaci. Altrettanto serenamente iniziò il nuovo anno, quando una staffetta, giunta al galoppo da Berlino, fece sobbalzare sulle sedie la petulante Giovanna Elisabetta e il suo più posato marito. Questa volta gli oracoli si pronunciavano chiaramente e la chiromanzia celebrava un trionfo clamoroso: la staffetta portava una lettera di Brümmer, maestro di Corte del granduca Pietro Ulrico dell'Holstein, e questa lettera, indirizzata alla principessa Giovanna Elisabetta, la invitava a mettersi immediatamente in viaggio *con sua figlia*, per raggiungere in Russia la corte imperiale sia a Pietroburgo sia a Mosca.

CAPITOLO II

L'ARRIVO IN RUSSIA – IL MATRIMONIO

I

La scelta di una futura imperatrice – Competizioni e intrighi – La parte di Federico II

Brümmer era una vecchia conoscenza per la principessa Giovanna Elisabetta. Aveva occupato la funzione di precettore presso l'attuale granduca. Senza dubbio, non molto tempo prima, accompagnava il suo allievo a Eutin. La sua lettera era lunga e piena di minuziose raccomandazioni. La principessa doveva perdere il minor tempo possibile per i preparativi del viaggio e ridurre il suo seguito allo stretto necessario: una dama d'onore, due cameriere, un ufficiale, un cuoco, tre o quattro domestici. A Riga avrebbe trovato una scorta adeguata che l'avrebbe condotta sino al luogo di residenza della corte. Le era espressamente vietato farsi accompagnare da suo marito. Doveva mantenere il più assoluto segreto sullo scopo del suo viaggio. Se la interrogavano doveva rispondere che si recava dall'imperatrice per ringraziarla di tutte le gentilezze che le aveva manifestato. Poteva però parlare apertamente a Federico II, che era al corrente. Una tratta su un banchiere di Berlino, destinata a pagare le spese del viaggio, accompagnava la lettera. La somma era modesta: 10.000 rubli; ma si trattava specificatamente, spiegava Brümmer, di non risvegliare l'attenzione con l'invio di fondi più considerevoli. Una volta in Russia, alla principessa non sarebbe mancato nulla.

Era, ovviamente, in nome dell'imperatrice che Brümmer mandava quest'invito che assomigliava a un ordine e quelle istruzioni così perentorie. Egli non si spiegava affatto in merito alle intenzioni della zarina. Un altro se ne incaricava al suo posto. Due ore dopo l'arrivo del primo corriere, ne sopraggiungeva un altro che portava una lettera del re di Prussia. Federico metteva «i puntini» sulle *i*. Non mancava, prima di tutto, di attribuirsi il merito della decisione che aveva preso Elisabetta, interessandosi alla giovane principessa di Zerbst per farne la compagna di suo nipote e successore. Ecco come se ne era occupato.

Le competizioni matrimoniali non avevano tardato a nascere, naturalmente attorno al «diavoletto», divenuto erede di una magnifica corona. Ben presto, a cominciare dall'ex precettore del granduca, il tedesco Brümmer, e a finire con il medico ufficiale di Elisabetta, il francese Lestocq[22], ciascuno dei personaggi in vista in questa corte, dedita agli intrighi come nessun'altra in Europa, ebbe una candidatura di sua scelta e un partito da sostenere. Si trattava, di volta in volta, di una principessa francese, di una principessa sassone, figlia del re di Polonia, di una sorella del re di Prussia. Sostenuto da Bestužev, onnipotente cancelliere dell'impero, il progetto sassone ebbe per un momento le maggiori possibilità di successo.

«La corte di Sassonia – scriveva più tardi Federico – servile schiava della Russia, aveva progettato di collocare la principessa Marianna[23], seconda figlia del re di Polonia[24], per accrescer-

---

[22] Jean Armand Lestocq (1692-1767). Nato da una nobile famiglia francese, Lestocq giunse a San Pietroburgo nel 1709 come medico di corte. Si conquistò la stima di Caterina I, ma nel 1720 viene esiliato dallo zar Pietro il Grande per aver sedotto la figlia del suo buffone di corte. Alla morte di Pietro, Caterina, salita al trono, lo richiamò a San Pietroburgo dove, grazie al suo carattere allegro e spensierato, fece amicizia con Elisabetta, che si dice abbia guarita dalla sifilide. Fu uno dei principali artefici del colpo di stato che portò sul trono le stessa Elisabetta, nel 1741, con il marchese di La Chétardie, ambasciatore francese. La Francia, infatti, era desiderosa di controbilanciare l'influenza austriaca in Russia e quindi di porre fine al regno di Anna Leopoldovna. Salita al trono Elisabetta, Lestocq, che ricevette dal re di Francia una pensione di 15.000 *livres*, esercitò una notevole influenza sulla politica estera dell'impero, di cui beneficiò anche Federico II di Prussia. Fu sempre Lestocq a suggerire il nome di Sofia d'Anhalt-Zerbst (Caterina II) come moglie dell'erede designato. Il suo errore fatale fu organizzare una congiura per far cadere il cancelliere Bestužev che però riuscì ad accusarlo, nel 1748, di tramare per la caduta della zarina Elisabetta in favore di Pietro Ulrico (poi Pietro III). Fu torturato, condannato a morte ma graziato ed esiliato. Rientrò a San Pietroburgo solo dopo la morte della sovrana.
[23] Maria Anna Sofia di Sassonia (1728-1797). Moglie del principe elettore di Baviera, Massimiliano III Giuseppe, era figlia di re Augusto III di Polonia e di Maria Giuseppa d'Austria. Non ebbe figli e questo la determinò, dopo la morte del marito nel 1777, a stringere un accordo con Federico II di Prussia a salvaguardia dell'indipendenza della Baviera contro le mire espansionistiche dell'Austria. Tuttavia, l'imperatore Giuseppe II stipulò un accordo segreto con il nuovo elettore, Carlo Teodoro, in base al quale in cambio della Bassa Baviera

vi il suo credito ... I ministri russi, la cui venalità avrebbe, credo, messo in vendita la stessa imperatrice, vendettero prematuramente un contratto di matrimonio; ricevettero molte generosità e il re di Polonia delle parole ...»

La principessa di Sassonia, sedicenne, graziosa, allevata con cura, non era unicamente un partito appropriato; questa alleanza doveva servire da base a un'ampia combinazione, destinata, nel pensiero di Bestužev, a riunire la Russia, la Sassonia, l'Austria, l'Olanda e l'Inghilterra, i tre quarti dell'Europa, contro la Prussia e la Francia. Il progetto andò a monte e Federico, in questo, si impegnò. Ciò non di meno, si rifiutò di aggravare il fallimento, proponendo sua sorella, la principessa Ulrica[25], che sarebbe stata gradita a Elisabetta. «Sarebbe stato contro natura – dice – sacrificare in quel modo questa principessa». Per qualche tempo, abbandonò il suo inviato, Mardefeldt[26], alle sue risorse, che erano poca cosa, e a quelle del suo collega francese La Chétardie[27], che al momento non erano superiori.

---

avrebbe ricevuto i possedimenti bavaresi nei pressi dei Paesi Bassi (Jülich e Berg). Il piano fallì e questo diede l'avvio alla guerra di successione bavarese (1778) nelle quale Federico II intervenne positivamente per impedire che l'Austria si impossessasse della Baviera.

[24] Augusto III di Polonia (1696-1763). Elettore di Sassonia, fu incoronato re di Polonia con l'aiuto delle truppe russe e austriache nella Guerra di Successione polacca del 1733-1738, ma in realtà non si interessò molto del suo dominio polacco lituano nel quale, nel corso dei trent'anni del suo regno, trascorse meno di tre anni. Le sue passioni erano la caccia, l'opera e le arti. Sposò Maria Giuseppa d'Austria.

[25] Luisa Ulrica di Prussia (1720-1782). Sorella di Federico II di Prussia, Luisa Ulrica sposò, nel 1744, Adolfo Federico di Holstein-Gottorp, che fu eletto principe ereditario del trono di Svezia. Condusse una brillante vita sociale, ma non mancò di interessarsi attivamente di politica al punto di mettersi in urto con il Parlamento che temeva, giustamente, che volesse instaurare una monarchia assoluta. Questa diceria alimentò la supposizione che avesse impegnato i gioielli della Corona per finanziare una rivoluzione e si rese necessario un inventario dei gioielli. Nel 1756, parve che un complotto fosse stato realmente preparato e Ulrica venne ammonita dal clero, mentre alcuni suoi amici venivano per questo giustiziati. Con la Guerra dei Sette Anni, nella quale la Svezia fece parte della coalizione contro la Prussia, riacquistò potere e fece valere il suo vincolo di parentela per le trattative di pace. Il suo carattere e le sue idee la misero in urto anche con il figlio Gustavo III e, nel 1777, fu costretta ad abbandonare la corte, dove non fece più rientro.

[26] Axel von Mardefeldt (1691/92-1748).

[27] Jacques-Joachim Trotti de La Chétardie (1705-1759). Diverse missioni diplomatiche all'estero che lo portarono in Olanda, in Inghilterra e ad essere ministro plenipotenziario presso la corte di Federico Guglielmo I di Prussia, convinsero La Chétardie ad abbandonare, nel 1734, la carriera militare. Giunse in Russia, alla corte di Anna Ivanovna, nel 1739 con la funzione di ambasciatore di Francia, una nazione allora considerata nemica, con l'obiettivo di avvicinare i due paesi. Uomo affascinante, colto e dai modi raffinati ben presto entrò

Mardefeldt era in disgrazia da qualche tempo ed Elisabetta aveva pensato di richiedere il suo richiamo. Quanto a La Chétardie, dopo aver avuto un ruolo importante nella salita al trono della nuova zarina, ebbe il torto di non saper conservare una posizione conquistata con un'aspra lotta. Aveva abbandonato il proprio posto per non ritrovare più, al ritorno, i precedenti vantaggi. Peraltro, la sua corte non faceva nulla per sostenerlo, mettendolo nella condizione di dover sollecitare costantemente delle istruzioni. Era nella condizione di chiedersi «se il re avesse sempre le stesse avversioni che aveva già manifestato circa le insinuazioni che erano state fatte all'epoca dell'avvento della zarina circa il matrimonio del granduca con una delle *Mesdames*».

Ma Federico vegliava. Era lui che aveva avuto l'idea di far inviare a Pietroburgo il ritratto dipinto da Pesne a Berlino. Un fratello superstite della madre di Figchen, il principe Augusto di Holstein[28], aveva ricevuto l'incarico di presentarlo alla zarina. Il ritratto, pare, non valeva nulla. Pesne incominciava a invecchiare. Ebbe però la fortuna di piacere all'imperatrice e a suo nipote. Nel momento decisivo, nel novembre del 1743, Mardefeldt ebbe ordine di proporre in modo risoluto la principessa di Zerbst o, se questa non fosse piaciuta, una delle principesse di Assia-Darmstadt. In mancanza di influenza persona-

---

nelle simpatie di Elisabetta, figlia di Pietro il Grande. Alla morte di Anna Ivanovna il successore designato, il pronipote Ivan VI, aveva solo due mesi di vita e la reggenza fu presa da Biron (o Bühren), personaggio equivoco e poco amato, che però rimase in carica per poco più di un mese e venne sostituito dalla madre di Ivan VI, Anna Leopoldovna, sposata con un tedesco, che non suscitava alcuna simpatia né nella nobiltà né tra il popolo. La Chétardie, abile nell'intrigo, non tardò ad organizzare, con l'aiuto del medico francese Lestocq, un colpo di stato che doveva portare, nella notte tra il 5 e il 6 dicembre 1741, la francofila Elisabetta sul trono di Russia. Minor fortuna ebbero i suoi maneggi per provocare la caduta del cancelliere Bestužev che riuscì a farlo espellere dalla Russia l'anno successivo accusandolo di organizzare un complotto per far cadere la stessa Elisabetta. Ritornò alla carriera militare combattendo in Italia e svolse ancora una volta le funzioni di ambasciatore a Torino tra il 1749 e il 1751.

[28] Federico Augusto I di Holstein-Oldenburg (1711-1785). Dopo che lo zar Paolo I di Russia, ultimo duca di Holstein-Gottorp, ebbe ceduto le terre del ducato alla Danimarca, questa unì i ducati di Holstein-Gottorp e di Holstein-Segeburg, creando una nuova identità territoriale denominata Schleswig-Holstein. In cambio, da parte della Danimarca, vi fu la cessione alla Russia dei territori del Ducato di Oldenburg, che Paolo I riservò a sé e ai propri eredi con il titolo di Duca di Holstein-Oldenburg. Federico Augusto divenne titolare di questo ducato con la rinuncia di Paolo I per il trono di Russia, che occupò alla morte della madre Caterina.

le, l'agente prussiano e il suo collega francese si assicurarono l'aiuto di due compari di cui abbiamo già parlato, Brümmer e Lestocq, e la vittoria, secondo La Chétardie, fu il premio di questa alleanza. «Hanno prospettato alla zarina che una principessa di un importante casato sarebbe stata meno malleabile ... Si sono abilmente serviti di qualche prete per insinuare a Sua Maestà che una principessa cattolica, data la poca differenza tra le due religioni, potrebbe essere più pericolosa.» Forse, spingendosi più avanti in questo ordine di idee, fecero inoltre valere la poco ingombrante paternità del principe di Zerbst, «un buon uomo, ma di una imbecillità fuori dal comune», dice La Chétardie. In breve, nei primi giorni di dicembre, Elisabetta incaricava Brümmer di scrivere la lettera che, qualche settimana più tardi, portava la rivoluzione nella tranquilla corte dove Caterina cresceva sotto l'occhio poco severo di Mlle Cardel.

II

La partenza per la Russia – Il viaggio da Berlino a Riga – La Russia appare – Il convoglio d'una parente della zarina – La slitta imperiale – L'arrivo a Pietroburgo

I preparativi della principessa Giovanna Elisabetta e di sua figlia furono rapidi come si augurava Brümmer. Non ci si occupò nemmeno di fare un corredo per Sofia. «Due o tre vestiti, una dozzina di camicie, altrettante calze e fazzoletti», è tutto quello che portò dalla casa paterna. Poiché laggiù non doveva mancare niente, non valeva la pena sostenere delle spese. Oltretutto, non c'era tempo per fare di meglio. Lettere su lettere arrivavano sia da Federico sia da Brümmer sollecitando la partenza. E Dio sa se la principessa Giovanna Elisabetta aveva bisogno di essere pressata per partire! «Non le mancano che le ali per andare più veloce» scriveva Brümmer a Elisabetta. Non sembra, inoltre, che la principessa fosse molto preoccupata di dare un qualsivoglia splendore alla prima apparizione di sua figlia in Russia. Seguendo la corrispondenza che scambia in questo momento con Federico si è sorpresi dal poco spazio che la futura granduchessa ha nelle sue preoccupazioni. È veramente questione di maritare Figchen, e il viaggio che si sta per intraprendere ha effettivamente questo scopo? Si potrebbe dubitarne. È già molto se Giovanna Elisabetta ne allude. È soprattutto per se stessa che pensa ai vasti progetti che nascono nella sua testa e che conta di sviluppare in un palcoscenico degno della sua capacità, ai servizi che pretende di rendere al suo reale protettore e per i quali sembra reclamare in anticipo un onesto compenso. Così la vedremo pensare e agire a Pietroburgo e anche a Mosca.

Sofia intuì ciò che si preparava e per quale motivo, buono o cattivo, le ordinarono di fare i suoi bagagli? I giudizi sono controversi. Dovette certamente sospettare che non si trattava di una semplice gita come quelle che aveva precedentemente fatte ad Amburgo o a Eutin. La durata e la vivacità delle discussioni sollevate tra suo padre e sua madre al momento della partenza, l'inusitata solennità degli addii che le fece suo zio, il principe regnante, Giovanni Luigi, e anche la magnificenza non meno insolita del regalo, una bella stoffa azzurra a lame d'argento, con cui egli accompagnò le sue ultime affettuosità, tutto questo annunciava degli avvenimenti straordinari.

La partenza ebbe luogo il 10 o il 12 gennaio 1744 e non vi fu alcun contrattempo. Al *Rathhaus*[29] di Zerbst si mostra ancora la coppa nella quale la principessa Giovanna Elisabetta avrebbe bevuto alla salute dei notabili della cittadina, riuniti in pompa magna per augurarle buon viaggio. Probabilmente è solo una leggenda. Al momento della partenza, tuttavia, avvenne qualcosa. Dopo aver teneramente abbracciato sua figlia, il principe Cristiano Augusto mise nelle sue mani un grosso libro, raccomandandole di averne molta cura e aggiungendo, con aria misteriosa, che avrebbe avuto senza dubbio l'occasione di consultarlo. Nello stesso tempo, affidava alle mani di sua moglie uno scritto di suo pugno, dicendole di darlo alla figlia dopo averne appreso e meditato il contenuto. Il libro era il trattato di Heineccius[30] sulla religione greca. Il manoscritto, frutto delle veglie e delle riflessioni recenti di Cristiano Augusto, era intitolato: *Pro memoria*, riguardava principal-

---

[29] *Rathhaus* è la sede della municipalità.
[30] Probabilmente si tratta del teologo sassone Christian Reineccius (1688-1752).

mente il tema della possibilità che Sofia potesse «con qualche adattamento» diventare granduchessa senza cambiare religione. Era la grande preoccupazione di Cristiano Augusto e la discussione coniugale che aveva avuto poco prima della partenza, risvegliando l'attenzione di Figchen, non aveva avuto altro oggetto, laddove Cristiano Augusto si era mostrato intransigente su questo tema e Giovanna Elisabetta molto più disposta ad ammettere le necessità imposte dal nuovo destino della figlia. È sempre per questo che il padre di Sofia aveva personalmente messo in guardia sua figlia contro le tentazioni alle quali la sua fede si ribellava. Il trattato di Heineccius doveva servire a questo fine. Era l'artiglieria pesante della fortezza. Seguivano, nel *Pro memoria*, delle considerazioni e delle raccomandazioni d'altra natura, dove il carattere pratico, proprio degli spiriti tedeschi, anche se socialmente elevati, esige la sua parte; dove si riflettevano anche le meschinità di una corte come era quella di Zerbst o di Stettino. La futura granduchessa era invitata a mostrare il più grande rispetto e la più completa obbedienza verso coloro dai quali sarebbe dipeso il suo avvenire. Avrebbe dovuto mettere i desideri del principe, suo marito, al di sopra di ogni altra cosa al mondo. Avrebbe dovuto evitare di avere con qualsivoglia persona del suo entourage un rapporto troppo intimo. Non avrebbe dovuto parlare con alcuno in modo appartato nella sala delle udienze. Doveva tenere con sé il suo denaro, per non cadere nella dipendenza di qualche padrona di corte. Infine, non avrebbe dovuto interessarsi di alcun affare di governo. Il tutto espresso in un gergo che offre un curioso esempio della lingua corrente dell'epoca, di questa lingua tedesca che Federico manifestava di disprezzare. Si può pensare che avesse qualche valida ragione da questo: «*Nicht in familiarité oder badinage zu entriren, sondern allezeit einigen égard sich möglichst conserviren. In keine Regierngssachen zu entrire um den Senat nich aigriren*[31]. E così via.

Due mesi più tardi, Sofia ringraziava suo padre affettuosamente per le «graziose istruzioni». Vedremo come se ne servì.

A Berlino, dove le due principesse si fermarono per parecchi giorni, la futura imperatrice vide per l'ultima volta nella sua vi-

---

[31] *Non entrare in confidenza o scherzare, ma mantenere il più possibile il proprio contegno. Non entrare nelle questioni di governo per non far arrabbiare il Senato.*

ta il Grande Federico. A Schwedt, sull'Oder, disse per sempre addio a suo padre, che aveva accompagnato sino a là le viaggiatrici. Egli tornò a Stettino; Giovanna Elisabetta si diresse per Stargard e Memel sulla strada di Riga. Il viaggio, soprattutto in questa stagione, non aveva nulla di piacevole. Niente neve, ma un freddo pungente, che obbligava le due donne a coprirsi il viso con una maschera. Nessuno o ben pochi alloggi confortevoli, dove prendere un po' di riposo. Gli ordini di Federico, che avevano raccomandato la contessa di Reinbek – nome sotto al quale viaggiava la principessa – ai maestri di posta e ai borgomastri prussiani, non servivano a nulla. «Poiché le camere delle stazioni di posta non erano riscaldate – scriveva la principessa – bisognava rifugiarsi nella stanza dello stesso maestro di posta, che non si distingueva da uno stazzo per maiali: il marito, la moglie, il cane da guardia, i polli e i bambini dormivano alla rinfusa nelle culle, nei letti, dietro la stufa, sui materassi.» Da Memel in poi fu ancora peggio. Non c'erano stazioni di posta. Bisognava rivolgersi ai contadini per avere dei cavalli e ne erano necessari almeno ventiquattro per le quattro pesanti berline che portavano la principessa e il suo seguito. Dietro le vetture, in previsione della neve che potevano incontrare spingendosi più a nord, erano state attaccate delle slitte. L'aspetto della carovana si accresceva così di un aspetto pittoresco, ma il viaggio diventava ancor più pesante. Avanzavano lentamente, Sofia fece un'indigestione a forza di bere la birra del paese.

Arrivarono estenuati a Mittau, il 5 febbraio. Là trovarono un'accoglienza migliore, e l'orgoglio di Giovanna Elisabetta, segretamente ferito dalle confidenze che la contessa di Reinbek aveva dovuto sopportare con i maestri di posta prussiani, ricevette una prima soddisfazione. A Mittau c'era una guarnigione russa e il comandante, il colonnello Voïeïkof, si adoperò per fare al meglio gli onori della città a una così vicina parente della sua sovrana. All'indomani giunsero a Riga.

E improvvisamente la scena cambiava, come in un incantesimo. Le lettere della principessa a suo marito descrivono ampiamente questo inatteso colpo di teatro: le autorità civili e militari si presentano ai confini della città sotto la guida del vicegovernatore, principe Dolgorukov: un altro alto funzionario, Siemione Kirillovitch Naryskin, ex ambasciatore a Londra, portava una carrozza di gala; il cannone tuonante sulla strada del castello, etc... E nel castello, preparato per gli ospiti che giungevano da lontano, quale incanto! Appartamenti splendidamente decorati, sentinelle a tutte le porte, dei valletti su tutte le scale, tamburi echeggianti nella corte. I saloni, illuminati da mille luci, pieni di gente: etichetta di corte, baciamano e riverenze fino a terra; profusione di magnifiche uniformi, di meravigliosi vestiti, di sfolgoranti diamanti, del velluto, della seta, dell'oro, un lusso inusitato, mai visto fino a quel momento, si manifestava ovunque... Giovanna Elisabetta sente la testa girare, crede di sognare. «Quando mi reco a tavola – scrive – le trombe in casa, i tamburi, i flauti, gli oboe della guardia esterna fanno concerto. Mi sembra sempre di essere al seguito di Sua Maestà imperiale o di qualche grande principessa; non mi entra nella testa che tutto questo è per la mia povera persona, per la quale in altri luoghi battono appena la cassa e in altri niente del tutto.» Tuttavia, lascia fare e ne gioisce beatamente. Quanto a Sofia, non sappiamo nulla dell'impressione prodotta su di lei da quest'apparato di potenza e di ricchezza improvvisamente comparso ai suoi occhi. Ma, certamente, dovette essere colpita profondamente. Era la Russia, la grande e misteriosa Russia, che si manifestava a lei e le dava un assaggio dei futuri splendori.

Il 9 febbraio ripresero il viaggio. Andavano a Pietroburgo dove, per volontà della zarina, dovevano fermarsi qualche giorno prima di raggiungerla a Mosca. Le principesse approfittarono del loro soggiorno nella capitale per adeguare il loro guardaroba alla moda del paese. Era, da parte di Elisabetta, un modo per prevedere e porre rimedio alle insufficienze, presunte o notate, del guardaroba di Sofia. Sicuramente con i suoi tre vestiti e la sua dozzina di camicie, la futura granduchessa avrebbe fatto una triste figura in una corte dove ogni lusso si dava appuntamento. La zarina, per conto suo, possedeva quindicimila vestiti di seta e cinquemila paia di scarpe! Caterina non temette, in seguito, di ricordare questa povertà che l'accompagnò all'arrivo nella sua nuova patria. Credeva di aver pagato il proprio debito.

Ben inteso, vennero lasciate a Mittau le pesanti berline tedesche con il loro strano equipaggiamento. D'ora in avanti un altro convoglio doveva condurre le due viaggiatrici sulla strada della loro nuova fortuna. La principessa di Zerbst così lo descrive:«1°) Un distaccamento dei corazzieri del corpo di Sua Altezza imperiale, denominato il reggimento dell'Holstein, con un luogotenente; 2°) il ciambellano, principe Naryskin; 3°) uno scudiero; 4°) un ufficiale delle guardie Ismaïlovski, che fa le funzioni di gentiluomo servente; 5°) un maggiordomo; 6°) un uomo addetto alle confetture; 7°) non so quanti cuochi e aiuti di cucina; 8°) un sommelier con il suo aiuto; 9°) un addetto al caffè; 10°) otto domestici; 11°) due granatieri delle guardie Ismaïlovski; 12°) due furieri; 13°) non so quante slitte e quante persone addette alle scuderie. Fra le slitte ve n'è una chiamata: *les linges*[32] (sic); è quella di cui si serve Sua Maestà imperiale. È scarlatta, decorata d'argento, foderata all'interno con pelliccia di martora. Ci sono dei materassi foderati di seta, due coperte della stessa stoffa, sopra alla quale mettono quella che mi è stata mandata assieme alle pellicce (un regalo dell'Imperatrice, che mi ha portato Naryskin). Ci potremmo coricare distese, io e mia figlia, in questa slitta. La Kayn (dama d'onore della principessa) ne ha una meno bella, dove sarà sola.» Più avanti, Giovanna Elisabetta rincara ulteriormente la dose sulla perfezione meravigliosa della slitta imperiale: «È di forma molto lunga. La parte coperta è simile alle nostre sedie tedesche. È tappezzata di panno rosso bordato d'argento. Il fondo è di pelliccia. Ci si mettono sopra dei materassi, letti di piume e cuscini di damasco; sopra tutto questo una coperta di raso, molto pulita, dove ci si corica. Si mettono sotto la testa degli altri cuscini e con la coperta di pelliccia ci si copre così bene che è come essere nel proprio letto. Del resto, la lunghezza tra il cocchiere e la parte chiusa serve a un doppio uso, è utile alla comodità del mezzo, nel senso che qualsiasi asperità si passi può superarla senza scosse, e il fondo è composto di scomparti, all'interno dei quali si può mettere ciò che si vuole. Di giorno serve per i signori del seguito e di notte per i domestici che vi si possono coricare comodamente. Questi veicoli sono tirati da sei cavalli, attaccati a due a due, e non potrebbero rovesciarsi . . . Tutto questo è stato inventato da Pietro il Grande.»

Elisabetta aveva lasciato Pietroburgo dal 21 gennaio. Tutta-

---

[32] Le biancherie.

via, un gran numero di personaggi appartenenti alla corte e una parte del corpo diplomatico vi si trovava ancora. Il viaggio per Mosca, all'epoca, era impegnativo. Bisognava portare con sé non solo parte del proprio personale, ma anche una parte dei mobili. La partenza della Sovrana muoveva fino a centomila persone e sgombrava un quartiere della città. Gli inviati della Francia e della Prussia si erano ben guardati dal lasciare a chicchessia il vantaggio di precederli presso le due principesse. La Chétardie si vantava, nei suoi dispacci ad Amelot[33], di conoscere nel profondo la madre e la figlia. Le aveva recentemente viste ad Amburgo, al suo ritorno in Russia. Tutti e due si prodigarono. La principessa di Zerbst si vide così avviluppata in un'atmosfera di omaggi, di assiduità, di adulazioni, dove già gli intrighi e le competizioni facevano capolino. Si trovò nel suo elemento e vi si buttò con piacere, tenendo circolo, dando udienze dalla mattina alla sera, invitando al «suo gioco» personaggi di rilievo, sperimentando il più complicato gioco dell'alta politica. In capo a una settimana aveva la gola secca. Sua figlia si dimostrava più intrepida. *Figchen southerit die fatige besser als ich*[34], scriveva la principessa a suo marito. E aggiungeva questa nota, dove sembra già di intuire il carattere della futura Semiramide: «È la grandezza di tutto ciò che la circonda che la sostiene».

La grandiosità! È ciò che effettivamente sembra colpire la mente di questa giovane ragazza di quindici anni in questo momento e la inizia e la prepara ai misteri del suo prossimo destino. Più tardi, giunta al sommo di questa prodigiosa carriera, guarderà ancora con un senso di stordimento e di vertigine gli orizzonti intravvisti allora. Nello stesso tempo impara di che cosa è fatta questa grandezza, come vi si arrivi. Le mostrano la caserma da dove, qualche anno prima, Elisabetta è partita alla conquista del trono. Vede i ruvidi cavalieri del reggimento Préobrajenski che accompagnarono la zarina nella notte del 5 dicembre 1741. E la lezione senza eguale, la lezione viva delle cose, parla alla sua mente vigile.

---

[33] Jean-Jacques Amelot de Chaillou (1689-1749). Di nobile famiglia, il padre era ambasciatore di Luigi XIV in Inghilterra, divenuto marchese di Châteauneuf nel 1750, fu avvocato generale della casa reale, intendente a La Rochelle e ministro degli Affari esteri dal 1737 al 1744.

[34] *Figchen* (soprannome di Caterina) *sopporta la fatica meglio di me.*

Tuttavia, nell'animo di sua madre alcune preoccupazioni si mischiano all'ebbrezza dell'ora presente. Tra i complimenti che le prodigano, qualche avvertimento discreto, alcune minacce arrivano al suo orecchio. L'onnipotente Bestužev resta ostile all'unione progettata e la partita non è vinta. Egli conta sul vescovo di Novgorod, Ambroise Iuchkievitch, offeso dalla troppo stretta parentela tra il granduca e la principessa Sofia, comprato anche, dicono, dalla corte sassone, con un migliaio di rubli. L'influenza di questo prelato è notevole. Ma Giovanna Elisabetta è impavida. Per avere sicurezza e fiducia nel successo, ha due ragioni che valgono tutti gli argomenti dei suoi avversari: in primo luogo l'impertinenza del suo carattere, che fa sì che ella stessa si definisca uno «spirito folletto», e poi l'opinione che ha di se stessa, della propria abilità per l'intrigo e delle proprie capacità a superare le più grandi difficoltà. Dopo tutto di che cosa si tratta? Di vincere l'opposizione di un ministro astioso. Per questo c'è un mezzo di cui ha parlato con Federico durante il suo passaggio a Berlino: consiste nel sopprimere l'opposizione sopprimendo il ministro, facendo andare «a gambe all'aria» Bestužev. Federico vi pensa da molto tempo. Ebbene, manderà a gambe all'aria Bestužev appena arrivata a Mosca. Brümmer e Lestocq l'aiuteranno.

È con questo bel progetto in testa che si rimette in cammino.

III

Da Pietroburgo a Mosca – L'accoglienza di Elisabetta – Certezza della riuscita – Imprese politiche della principessa di Zerbst – Lotta contro Bestužev

Questa volta il viaggio non assomiglia per niente a quello da Berlino a Riga. Le stazioni di posta che si incontrano sono quasi dei palazzi. Le slitte volano sulla neve indurita. Si viaggia di giorno e di notte, per giungere a Mosca il 9 febbraio, anniversario della nascita del granduca. All'ultimo scambio, a settanta verste da Mosca[35], si attaccano sedici cavalli alla famosa slitta inventata da Pietro il Grande e si bruciano le tappe, e si fanno di volata circa ottanta chilometri in tre ore. Tuttavia, questa

---

[35] Una versta corrisponde a 1066,8 metri.

corsa vertiginosa rischia di essere interrotta da un incidente fatale. Attraversando un villaggio, al galoppo furioso dei sedici cavalli che la trainano, il pesante mezzo, che si trova a portare ancora una volta la fortuna della Russia, urta l'angolo di una casupola. Di colpo due grosse spranghe di ferro si staccano, scivolando, dal tetto della casa e per poco non schiacciano le due principesse addormentate. Una di queste colpisce Giovanna Elisabetta alla gola, ma la pelliccia nella quale è avvolta attutisce il colpo. La stessa figlia non si sveglia nemmeno. Due granatieri del reggimento Préobrajenski, che erano sul davanti della slitta, giacciono nella neve con la testa insanguinata, le membra schiacciate. Lasciano agli abitanti del villaggio l'incarico di raccoglierli; si sferzano i cavalli e alle otto di sera ci si ferma a Mosca, davanti al palazzo di legno, il *Galavinski Dvarets*, dove alloggia la zarina.

Elisabetta, presa dall'impazienza, si è messa sul passaggio dei nuovi arrivati, nascondendo la sua presenza dietro una doppia siepe di cortigiani. Più impaziente ancora, suo nipote fa uno strappo all'etichetta e senza dar loro il tempo di togliersi le loro pellicce, si precipita nel loro appartamento riservando loro la più affettuosa accoglienza. Poco dopo, sono ammesse alla presenza della zarina. Il colloquio si svolge come sperato. C'è perfino una nota di commozione, che sembra di buon auspicio. Dopo aver osservato attentamente la madre della futura granduchessa, l'imperatrice si volta ed esce improvvisamente. Si viene a sapere che è per nascondere le lacrime, poiché ha ritrovato nei lineamenti della principessa dei tratti che le hanno ricordato il suo lutto eterno[36]. La principessa, istruita da Brümmer, non ha dimenticato di baciare la mano imperiale ed Elisabetta è sensibile a queste manifestazioni di rispetto eccessivo.

L'indomani, Figchen e sua madre sono contemporaneamente elevate al rango di dame dell'ordine di Caterina, su richiesta del granduca, secondo quanto riferisce loro Elisabetta. «Viviamo come delle regine, mia figlia ed io», scrive la principessa di Zerbst a suo marito. Quanto all'onnipotente Bestužev, ha quello che gli spetta. La principessa non ha nemmeno la preoccupazione di organizzare l'intrigo che deve rovesciarlo. Ne tro-

---

[36] Vedi *supra* nota 19.

va uno già pronto: è il partito della Francia e quello della Prussia, sostenuto dagli holsteinesi, che la fortuna di Pietro Ulrico ha attirato in Russia. Lestocq dirige, o sembra dirigere, tutta questa gente, spingendo avanti, per contrapporlo a Bestužev, il conte Michele Vorontsov[37], che ebbe un ruolo nell'ascesa al trono di Elisabetta. Non è qui il caso di fare il ritratto del ministro, di cui Giovanna Elisabetta pretendeva di decidere la fortuna, uno dei più stupefacenti condottieri diplomatici dell'epoca, poiché fu al servizio di parecchi prima di offrire definitivamente la sua opera alla Russia. La madre di Sofia, è almeno in grado di capire la gravità della partita in gioco e il valore dell'avversario che ha davanti a lei? Non è probabile. Si ricorda che Federico le ha promesso l'abazia di Quedlinburg per sua sorella minore, qualora fosse riuscita nell'impresa che aveva in mente, e vuole avere la sua abazia. La caduta di Bestužev sarebbe inoltre, nel pensiero di Federico, il segnale di un vasto sconvolgimento nello scacchiere politico, che potrebbe preparare un riavvicinamento tra la Russia, la Prussia e la Svezia. Che gloria per la principessa di Zerbst se potesse associare il suo nome alla realizzazione di tale compito! Si sente in grado di farlo. È donna, arriva da Zerbst: ecco la sua scusa. È convinta di avere a che fare con i modesti intrighi e le inconsistenti combinazioni politiche che ha conosciuti là: questo sarà il suo

---

[37] Mikhaïl Illarionovitch conte Vorontsov, (1714-1767), nato da una famiglia di boiardi originaria di Novgorod, entrò a corte all'età di quattordici anni come paggio e, con gli anni, ne divenne uno dei principali personaggi. Nel 1742, sposò Anna Karlovna Skavronskaïa, una cugina di Elisabetta I. Partecipò attivamente al complotto che portò Elisabetta sul trono, nel 1741, e ,nel 1744, la stessa gli concesse il titolo di conte dell'Impero e lo nominò vice cancelliere. La sua carriera subì una battuta d'arresto per la partecipazione avuta alla cosiddetta «cospirazione di Lopukhina», organizzata dall'avventuriero francese conte Jean Armand Lestocq (1692-1767) (vedi *supra* nota 32), e rivolta a destituire il Gran Cancelliere Bestužev-Rjumin (1693-1766), del quale era geloso. Fu salvato dalla sorte che ebbero gli altri cospiratori, ma durante la carica di Bestužev-Rjumin visse in disparte. Nel 1758, caduto in disgrazia il suo rivale, Vorontsov gli succedette nella carica di Cancelliere dell'Impero. Condusse una politica filo francese e austriaca, in accordo con gli intendimenti di Elisabetta I, e fu nemico della Prussia. Con l'ascesa al trono di Pietro III, che era un convinto ammiratore della Prussia, non si adoperò per modificare questo atteggiamento, mentre il nuovo imperatore abbandonò l'alleanza con la Francia e l'Austria. Inoltre, spinse la nipote a diventare l'amante di Pietro III e chiese allo zar di divorziare da Caterina per sposarla. Continuò a sostenere Pietro II quando fu deposto dal trono (9 luglio 1762) e si rifiutò di servire la nuova imperatrice. Fu relegato in una residenza sorvegliata fino a quando non prestò giuramento di fedeltà a Caterina II, per essere reintegrato nella dignità di cancelliere dell'Impero.

madornale errore, fino al giorno in cui i suoi occhi, aprendosi alla realtà delle cose, scorgeranno l'immensità dell'abisso inconsapevolmente affrontato. Quanto al matrimonio di sua figlia, non se ne occupa più. «È cosa fatta», scrive a suo marito. Sofia è stata accolta a pieni voti: «La sovrana la predilige, il successore l'ama». E il cuore della futura sposa, cosa pensa da parte sua? Il ricordo del primo incontro a Eutin con il gracile «ragazzo di Kiel» ha ora fatto posto a impressioni più favorevoli? Di questo la madre di Figchen non si occupa minimamente. Pietro è granduca, un giorno sarà imperatore. Il cuore di sua figlia sarebbe fatto di una pasta diversa da quella di tutte le altre principesse tedesche presenti e passate se non si accontentasse di una promessa di felicità prospettata in questo modo. Vediamo, però, ciò che era diventato il gracile ragazzo dopo l'inatteso cambiamento apportato al suo destino.

IV

Il granduca – L'educazione di un candidato al trono di Russia e di Svezia – Due precettori tedeschi – Brümmer e Stählin – L'esordio di Sofia – Impara il russo – Malattia e guarigione – La questione religiosa – Pastore o pope?

Pietro è nato a Kiel il 21 febbraio 1728. Il ministro dell'Holstein, Bassewitz, quel giorno scriveva a Pietroburgo che la zarina Anna Petrovna[38] aveva partorito un ragazzo «in buona salute e robusto». Era, sotto la sua penna, un'adulazione cortigiana. Il bambino non era robusto e non lo sarebbe mai diventato. Sua madre morì tre mesi più tardi[39]: tisi o consunzione, stando a quello che dissero i medici. La gracile costituzione del futuro imperatore influì di fatto sulla sua educazione, che venne trascurata. Fino all'età di sette anni, resta affidato alle bambinaie: francesi, queste, a Kiel come a Stettino. C'è anche un insegnante di lingua francese, Millet. A quell'epoca, lo fanno bruscamente passare sotto la disciplina degli ufficiali della guardia holsteinese. Diventa soldato prima di diventare uomo, un soldato di caserma, di camerata, di cor-

---

[38] Vedi *supra* nota 15.
[39] In realtà morì il 4 marzo, cioè poco più di dieci giorni dopo il parto.

po di guardia e di campo di parata. È in questo modo che prende il gusto del mestiere in quello che c'è di più basso, nelle sue volgarità, le sue rudezze e le sue minuzie. Fa gli esercizi e monta la guardia. Nel 1737, a nove anni, è sergente e, in tale ruolo, sta impettito, l'arma al braccio, alla porta di una sala dove suo padre offre ai propri ufficiali un suntuoso banchetto. Le lacrime scendono sulle guance del bambino, man mano che vede i piatti succulenti passargli sotto gli occhi. Alle seconde portate, però, suo padre lo fa rilevare, lo nomina luogotenente e gli consente di prendere posto a tavola. Salito al trono, Pietro ricorderà ancora questa avventura come *il più bel ricordo della sua vita*.

Nel 1739, alla morte di suo padre, cambiamento di regime: gli danno un precettore capo che ne dirige molti altri; e questo precettore capo noi lo conosciamo già: è l'holsteinese Brümmer. Rulhière[40] ha fatto l'apologia di quest'uomo di «raro merito», il cui unico torto, secondo lui, sarebbe stato «di crescere il giovane principe sopra i più grandi modelli, considerando più la sua fortuna che il suo genio». Le altre testimonianze che siamo in grado di raccogliere in merito gli sono meno favorevoli. Il francese Millet diceva di lui «che era buono per allevare dei cavalli e non dei principi». Brutalizzava, così sembra, il suo allievo, infliggendogli delle punizioni irragionevoli, poco adatte alla sua delicata complessione, come privarlo del cibo o imporgli la tortura di stare a lungo inginocchiato *sopra dei piselli secchi stesi a terra*. Nello stesso tempo, poiché il principino, il «diavoletto» che si ostinava a vivere malgrado l'imperatrice Anna, si trovava ad essere contemporaneamente erede al trono di Russia e a quello di Svezia, gli insegnavano ora il russo ora lo svedese, secondo le speranze del momento. Il risultato fu che non seppe né l'una né l'altra lingua. Quando giunse a Pietroburgo, nel 1743, Elisabetta fu meravigliata nel vederlo così arretrato negli studi. Lo confidò, allora, a Stählin. Costui era

---

[40] Claude Carloman de Rulhière (1735-1791). Storico e poeta, Rulhière giunse a San Pietroburgo come segretario d'ambasciata al seguito del barone de Breteuil, nel 1760. Osservò con cura come Caterina II giunse al trono, probabilmente anche con l'assassinio del marito, e al suo ritorno in Francia scrisse il resoconto di quegli avvenimenti. Resistette alle pressioni della corte russa per smussare alcuni compromettenti passaggi, assicurando che l'opera avrebbe visto la luce solo dopo la morte dell'imperatrice. Fu proprio questo suo lavoro che gli aprì le porte dell'*Académie française* nel 1787.

un sassone, giunto in Russia nel 1735, professore di eloquenza, di poesia, della filosofia di Gottschedt[41], della logica di Wolff[42] e di molte altre cose ancora. Alle sue funzioni di professore aggiungeva un gran numero di talenti: scriveva dei versi di circostanza per le feste di corte, traduceva delle opere italiane per il teatro di Sua Maestà, disegnava delle medaglie destinate a ricordare qualche vittoria riportata sui tartari, dirigeva i cori della cappella imperiale, componeva emblemi per i fuochi d'artificio, etc.

Possiamo facilmente immaginare cosa divenisse l'educazione di Pietro in mezzo a tutto ciò. Brümmer restava comunque al fianco del ragazzo, ora in qualità di maestro di corte, più brutale e più grossolano che mai, riferisce Stählin. Un giorno, quest'ultimo si trovò nella necessità di intervenire per impedire una scena di violenza, essendosi l'holsteinese scagliato con i pugni alzati sul piccolo giovane che, morto dalla paura, chiamava in suo aiuto la guardia.

Assoggettato a un tale regime, il carattere del futuro sposo di Sofia contraeva delle abitudini viziose e delle devianze, per così dire, definitive: violento e sornione allo stesso tempo, pauroso e fanfarone. Faceva già stupire la candida Figchen con le sue menzogne, in attesa di stupire il mondo con le sue vigliaccherie. Un giorno in cui si compiaceva di meravigliarla con il racconto delle prodezze da lui compiute contro i danesi, gli chiese ingenuamente a quando risalissero quelle imprese. «Tre o quattro anni prima della morte di mio padre.» «Ma come! Se non avevate nemmeno sette anni!» Pietro si arrabbiò e arrossì. Nonostante tutto era rimasto mingherlino, mal riuscito nel fisico come nel morale, un animo sinistro, bizzarro, tormentato nel corpo smilzo, povero di sangue e prematuramente rovina-

---

[41] Johann Christoph Gottsched (1700-1766). Scrittore, critico letterario e docente, Gottsched ebbe la cattedra di logica e metafisica all'università di Lipsia, che ottenne nel 1734. Importante fu il suo contributo allo sviluppo della lingua tedesca e, come critico letterario, pubblicò una bibliografia del dramma in Germania che a tutt'oggi conserva una sua validità.

[42] Christian Wolff (1679-1754). Filosofo e giurista, Wolff è considerato uno dei maggiori pensatori tedeschi del periodo che va tra Leibnitz e Kant. Non è escluso che la sua opera abbia influenzato la Dichiarazione di Indipendenza americana. Introdusse l'economia e la pubblica amministrazione come discipline accademiche. Il suo pensiero costituisce una sorta di sintesi dell'universo filosofico del suo tempo, razionalizzato in un'ottica prevalentemente leibniziana.

to. Certamente, Sofia avrebbe avuto torto nel far conto sul suo affetto, per sincero che apparisse agli occhi di Giovanna Elisabetta, per essere certa di restare in Russia. Ma era capace di amare questo giovane uomo dall'apparenza così triste?

Fortunatamente per lei, Sofia era in grado di contare, già da quel momento e prima di tutto, sulle proprie capacità. Quello che ci racconta ella stessa di quell'epoca sarebbe difficilmente credibile se non avessimo la possibilità di verificarne la sincerità. Ha solo quindici anni e noi già scopriamo in lei quel colpo d'occhio giusto e penetrante, quella sicurezza di giudizio, quella meravigliosa sensibilità delle situazioni e quell'ammirabile buon senso che fanno più tardi parte della sua genialità, che forse sono tutta la sua genialità. Per cominciare, capisce che per rimanere in Russia, per ben figurarvi, e, chissà, per avervi un ruolo, bisogna diventare russa. Senza dubbio suo cugino Pietro non vi ha pensato. Ma ella si rende subito conto del malumore e del dispetto segreto che egli provoca attorno a sé con il suo gergo dell'Holstein e i suoi modi tedeschi. Caterina si alza di notte per ripetere le lezioni del maestro di russo che le è stato dato, Adadurov. Poiché non si preoccupa di vestirsi, camminando a piedi nudi nella stanza, si prende una grave infreddatura. Ben presto la sua vita è in pericolo.

«La giovane principessa di Zerbst – scrive La Chétardie, il 26 marzo 1744 – è malata di polmonite.» Il partito sassone rialza la testa. Ha torto, dando credito al diplomatico francese, perché Elisabetta non intende, qualsiasi cosa succeda, lasciarlo approfittare dell'avvenimento. «Non guadagneranno alcunché – diceva avant'ieri a Brümmer e Lestocq – perché se avessi la disgrazia di perdere questa cara ragazza, che il diavolo mi porti se prendo una principessa sassone.» Brümmer, peraltro, ha confidato a La Chétardie che, se «si verificasse lo sfortunato caso, che si deve tenere in conto e paventare, egli ha già disposto che un principessa d'Armstadt (*sic*), dall'aspetto gradevole e che il re di Prussia aveva proposto nel caso in cui la principessa di Zerbst non fosse riuscita nel suo intento, sarebbe stata quella preferita su tutte le altre». La prospettiva di questa sostituzione, per rassicurante che sia, tuttavia non manca di rattristare La Chétardie. «Perderemmo molto – assicura – visto il modo in cui le principesse di Zerbst, madre e figlia, pensano a me e la convinzione che hanno che io abbia contribuito all'avvenire che hanno davanti.»

Mentre le ambizioni rivali si risvegliano così attorno a lei, la principessa Sofia lotta con la morte. I medici prescrivono un salasso. Sua madre si oppone. Lo riferiscono all'imperatrice; ma l'imperatrice è al convento di Troïtza, impegnata nelle devozioni alle quali si dedica in modo eccessivo, benché saltuariamente, mettendo passione in tutto quello che fa. Passano così cinque giorni. L'ammalata aspetta. Infine, Elisabetta arriva con Lestocq e ordina di salassarla. La povera Sofia perde conoscenza. Quando ritorna in sé, si vede nelle braccia dell'imperatrice. Quest'ultima, per ricompensarla di essersi lascia dare un colpo di «lancetta», le regala un collier di diamanti e un paio di orecchini da ventimila rubli. È la principessa Giovanna Elisabetta che registra il prezzo. Lo stesso Pietro si mostra generoso e offre galantemente un orologio coperto di diamanti e di rubini. Ma i diamanti e i rubini non hanno alcun potere sulla febbre. In ventisette giorni l'ammalata viene salassata sedici volte, talora per quattro volte in ventiquattro ore. Alla fine la gioventù e la costituzione robusta di Sofia hanno ragione della malattia e del trattamento. Sembra, anzi, che questa lunga e dolorosa crisi abbia esercitato sul suo destino un'influenza decisiva e singolarmente felice. In primo luogo, inoltre, tanto sua madre ha trovato modo di rendersi inopportuna e odiosa a tutti, con la sua incessante opposizione ai medici, le discussioni con gli altri, litigando anche con la figlia e tormentandola, senza curarsi delle sue altre sofferenze, altrettanto questa ha saputo guadagnarsi tutti i cuori e rendersi, a dispetto del suo stato, gradevole e cara a tutti. Ci fu la storia della stoffa – la famosa stoffa azzurra bordata d'argento, regalo dello zio Luigi – che Giovanna Elisabetta ebbe l'idea, non si sa perché, di togliere a Sofia. Si immagina il chiasso sollevato attorno all'ammalata da questo meschino incidente: concerto di riprovazione all'indirizzo della madre snaturata, concerto di simpatie in favore della figlia, vittima di un trattamento così indegno. Sofia rinunciò alla stoffa ma non perdette alcunché. Ma ebbe altri trionfi. La sua stessa malattia la rendeva simpatica alle anime russe. Sapevano come l'aveva contratta. L'immagine della giovane ragazza a piedi nudi che durante la notte si esercitava alle sonorità della lingua slava, senza curarsi dell'inverno inclemente, già riempiva le immaginazioni, entrava nella leggenda. Presto raccontarono che nel momento in cui stava peggio, sua madre volle chiamare al suo capezzale un pastore protestante. «No – avrebbe detto Sofia – a che scopo? Fate piuttosto venire Simon Todorski.» Simon Todorski era il prete ortodosso che era stato incaricato dell'educazione religiosa del granduca e che doveva assumersi anche quella della granduchessa.

Quali erano in questo momento i sentimenti della principessa Sofia su un tema così delicato? È difficile saperlo con certezza. Alcune indicazioni fanno supporre che il trattato di Heineccius e i rimproveri del *Pro memoria* di Cristiano Augusto avessero prodotto su di lei un'impressione profonda. «Chiedo a Dio – scriveva a suo padre, ancora a Kœnisberg – di dare alla mia anima tutte le forze di cui avrà bisogno per resistere alle tentazioni che mi preparo a sostenere. Egli accorderà questa grazia alle preghiere di Vostra Altezza e della cara mamma.» Mardefeldt, da parte sua, si mostrava inquieto: «C'è solo una questione che mi secca profondamente – scriveva – è che la madre crede o mostra di credere che questa giovane bellezza non potrà abbracciare la religione greca.» Racconta, inoltre, che un giorno aveva dovuto ricorrere al *pastore* per calmare la principessa, spaventata dalle lezioni del *pope*. Ecco intanto l'idea che la stessa Caterina si fece più tardi, utilizzando la propria personale esperienza, delle difficoltà che può incontrare il passaggio nel grembo della chiesa ortodossa una principessa tedesca allevata nella religione di Lutero, del tempo necessario per superarle e del cammino del problema morale così risolto. Scrivendo a Grimm, il 18 agosto 1776, in merito alla principessa di Würtemberg, che destina a suo figlio Paolo, si esprime in questi termini: «Non appena l'avremo con noi procederemo alla conversione. Ci vorranno almeno quindici giorni . . . Per fare presto, Pastukhov è andato a Memel per insegnarle l' A b c e la confessione in russo: *la convinzione verrà dopo.*»

Comunque sia, il rifiuto del ministro evangelico, questo ripudio della religione della sua infanzia, uscito dalle labbra morenti della futura granduchessa, e la richiesta del conforto di Todorski, questa confessione anticipata della fede ortodossa, ottennero facilmente credito. E da quel momento il posto di Sofia in Russia era assicurato. Qualunque cosa accadesse dopo, era sicura di trovarlo nel cuore di questo popolo ingenuo e profondamente religioso del quale assumeva le credenze e che le testimonierà ben presto la sua riconoscenza sposandone gli interessi. Il legame che doveva unire questa piccola principessa tedesca alla grande nazione slava, di cui cominciava soltanto a balbettare la lingua, il patto che per circa mezzo secolo stava per unire i loro destini in una stessa e gloriosa fortuna e che solo la morte verrà a dissolvere un giorno, questo legame, questo patto vennero creati fin da allora.

Il 20 aprile 1744, la principessa Sofia compariva per la prima volta in pubblico, dopo la sua malattia. È ancora così pallida che l'imperatrice le manda un rossetto. Ma, nonostante ciò, attira tutti gli sguardi e percepisce che questi sguardi sono per la gran parte benevoli. Già piace e attira. Irraggia e riscalda attorno a lei l'atmosfera glaciale di una corte che un giorno renderà tanto brillante. Lo stesso Pietro si mostra più premuroso e confidente. Ahimè! La sua galanteria e la sua confidenza sono di una specie particolare: racconta alla sua futura sposa la storia dei suoi amori con una delle figlie d'onore dell'imperatrice, la principessa Lapukhine, la cui madre è stata da poco esiliata in Siberia. La *freiline* dovette lasciare la corte nello stesso tempo. Pietro avrebbe voluto sposarla. Tuttavia, si rassegnò al volere dell'imperatrice. Sofia arrossisce e si sforza di ringraziare il granduca per l'onore che le fa mettendola al corrente dei suoi segreti. Così già si delinea quale sarà l'avvenire tra queste due creature così poco fatte l'uno per l'altra.

IV

Il granduca – L'educazione di un candidato al trono di Russia e di Svezia – Due precettori tedeschi – Brümmer e Stählin – L'esordio di Sofia – Impara il russo – Malattia e guarigione – La questione religiosa – Pastore o pope?

Pietro è nato a Kiel il 21 febbraio 1728. Il ministro dell'Holstein, Bassewitz, quel giorno scriveva a Pietroburgo che la zarina Anna Petrovna[43] aveva partorito un ragazzo «in buona salute e robusto». Era, sotto la sua penna,

---

[43] Vedi *supra* nota 15.

un'adulazione cortigiana. Il bambino non era robusto e non lo sarebbe mai diventato. Sua madre morì tre mesi più tardi[44]: tisi o consunzione, stando a quello che dissero i medici. La gracile costituzione del futuro imperatore influì di fatto sulla sua educazione, che venne trascurata. Fino all'età di sette anni, resta affidato alle bambinaie: francesi, queste, a Kiel come a Stettino. C'è anche un insegnante di lingua francese, Millet. A quell'epoca, lo fanno bruscamente passare sotto la disciplina degli ufficiali della guardia holsteinese. Diventa soldato prima di diventare uomo, un soldato di caserma, di camerata, di corpo di guardia e di campo di parata. È in questo modo che prende il gusto del mestiere in quello che c'è di più basso, nelle sue volgarità, le sue rudezze e le sue minuzie. Fa gli esercizi e monta la guardia. Nel 1737, a nove anni, è sergente e, in tale ruolo, sta impettito, l'arma al braccio, alla porta di una sala dove suo padre offre ai propri ufficiali un suntuoso banchetto. Le lacrime scendono sulle guance del bambino, man mano che vede i piatti succulenti passargli sotto gli occhi. Alle seconde portate, però, suo padre lo fa rilevare, lo nomina luogotenente e gli consente di prendere posto a tavola. Salito al trono, Pietro ricorderà ancora questa avventura come *il più bel ricordo della sua vita.*

Nel 1739, alla morte di suo padre, cambiamento di regime: gli danno un precettore capo che ne dirige molti altri; e questo precettore capo noi lo conosciamo già: è l'holsteinese Brümmer. Rulhière[45] ha fatto l'apologia di quest'uomo di «raro merito», il cui unico torto, secondo lui, sarebbe stato «di crescere il giovane principe sopra i più grandi modelli, considerando più la sua fortuna che il suo genio». Le altre testimonianze che siamo in grado di raccogliere in merito gli sono meno favorevoli. Il francese Millet diceva di lui «che era buono per allevare dei cavalli e non dei principi». Brutalizzava, così sembra, il suo

---

[44] In realtà morì il 4 marzo, cioè poco più di dieci giorni dopo il parto.
[45] Claude Carloman de Rulhière (1735-1791). Storico e poeta, Rulhière giunse a San Pietroburgo come segretario d'ambasciata al seguito del barone de Breteuil, nel 1760. Osservò con cura come Caterina II giunse al trono, probabilmente anche con l'assassinio del marito, e al suo ritorno in Francia scrisse il resoconto di quegli avvenimenti. Resistette alle pressioni della corte russa per smussare alcuni compromettenti passaggi, assicurando che l'opera avrebbe visto la luce solo dopo la morte dell'imperatrice. Fu proprio questo suo lavoro che gli aprì le porte dell'*Académie française* nel 1787.

allievo, infliggendogli delle punizioni irragionevoli, poco adatte alla sua delicata complessione, come privarlo del cibo o imporgli la tortura di stare a lungo inginocchiato *sopra dei piselli secchi stesi a terra*. Nello stesso tempo, poiché il principino, il «diavoletto» che si ostinava a vivere malgrado l'imperatrice Anna, si trovava ad essere contemporaneamente erede al trono di Russia e a quello di Svezia, gli insegnavano ora il russo ora lo svedese, secondo le speranze del momento. Il risultato fu che non seppe né l'una né l'altra lingua. Quando giunse a Pietroburgo, nel 1743, Elisabetta fu meravigliata nel vederlo così arretrato negli studi. Lo confidò, allora, a Stählin. Costui era un sassone, giunto in Russia nel 1735, professore di eloquenza, di poesia, della filosofia di Gottschedt[46], della logica di Wolff[47] e di molte altre cose ancora. Alle sue funzioni di professore aggiungeva un gran numero di talenti: scriveva dei versi di circostanza per le feste di corte, traduceva delle opere italiane per il teatro di Sua Maestà, disegnava delle medaglie destinate a ricordare qualche vittoria riportata sui tartari, dirigeva i cori della cappella imperiale, componeva emblemi per i fuochi d'artificio, etc.

Possiamo facilmente immaginare cosa divenisse l'educazione di Pietro in mezzo a tutto ciò. Brümmer restava comunque al fianco del ragazzo, ora in qualità di maestro di corte, più brutale e più grossolano che mai, riferisce Stählin. Un giorno, quest'ultimo si trovò nella necessità di intervenire per impedire una scena di violenza, essendosi l'holsteinese scagliato con i pugni alzati sul piccolo giovane che, morto dalla paura, chiamava in suo aiuto la guardia.

Assoggettato a un tale regime, il carattere del futuro sposo di Sofia contraeva delle abitudini viziose e delle devianze, per così

---

[46] Johann Christoph Gottsched (1700-1766). Scrittore, critico letterario e docente, Gottsched ebbe la cattedra di logica e metafisica all'università di Lipsia, che ottenne nel 1734. Importante fu il suo contributo allo sviluppo della lingua tedesca e, come critico letterario, pubblicò una bibliografia del dramma in Germania (*Nötiger Vorrat zur Geschichte der deutschen dramatischen Dichtkunst*) che a tutt'oggi conserva una sua validità.

[47] Christian Wolff (1679-1754). Filosofo e giurista, Wolff è considerato uno dei maggiori pensatori tedeschi del periodo che va tra Leibnitz e Kant. Non è escluso che la sua opera abbia influenzato la Dichiarazione di Indipendenza americana. Introdusse l'economia e la pubblica amministrazione come discipline accademiche. Il suo pensiero costituisce una sorta di sintesi dell'universo filosofico del suo tempo, razionalizzato in un'ottica prevalentemente leibniziana.

dire, definitive: violento e sornione allo stesso tempo, pauroso e fanfarone. Faceva già stupire la candida Figchen con le sue menzogne, in attesa di stupire il mondo con le sue vigliaccherie. Un giorno in cui si compiaceva di meravigliarla con il racconto delle prodezze da lui compiute contro i danesi, gli chiese ingenuamente a quando risalissero quelle imprese. «Tre o quattro anni prima della morte di mio padre.» «Ma come! Se non avevate nemmeno sette anni!» Pietro si arrabbiò e arrossì. Nonostante tutto era rimasto mingherlino, mal riuscito nel fisico come nel morale, un animo sinistro, bizzarro, tormentato nel corpo smilzo, povero di sangue e prematuramente rovinato. Certamente, Sofia avrebbe avuto torto nel far conto sul suo affetto, per sincero che apparisse agli occhi di Giovanna Elisabetta, per essere certa di restare in Russia. Ma era capace di amare questo giovane uomo dall'apparenza così triste?

Fortunatamente per lei, Sofia era in grado di contare, già da quel momento e prima di tutto, sulle proprie capacità. Quello che ci racconta ella stessa di quell'epoca sarebbe difficilmente credibile se non avessimo la possibilità di verificarne la sincerità. Ha solo quindici anni e noi già scopriamo in lei quel colpo d'occhio giusto e penetrante, quella sicurezza di giudizio, quella meravigliosa sensibilità delle situazioni e quell'ammirabile buon senso che fanno più tardi parte della sua genialità, che forse sono tutta la sua genialità. Per cominciare, capisce che per rimanere in Russia, per ben figurarvi, e, chissà, per avervi un ruolo, bisogna diventare russa. Senza dubbio suo cugino Pietro non vi ha pensato. Ma ella si rende subito conto del malumore e del dispetto segreto che egli provoca attorno a sé con il suo gergo dell'Holstein e i suoi modi tedeschi. Caterina si alza di notte per ripetere le lezioni del maestro di russo che le è stato dato, Adadurov. Poiché non si preoccupa di vestirsi, camminando a piedi nudi nella stanza, si prende una grave infreddatura. Ben presto la sua vita è in pericolo.

«La giovane principessa di Zerbst – scrive La Chétardie, il 26 marzo 1744 – è malata di polmonite.» Il partito sassone rialza la testa. Ha torto, dando credito al diplomatico francese, perché Elisabetta non intende, qualsiasi cosa succeda, lasciarlo approfittare dell'avvenimento. «Non guadagneranno alcunché – diceva avant'ieri a Brümmer e Lestocq – perché se avessi la disgrazia di perdere questa cara ragazza, che il diavolo mi porti se prendo una principessa sassone.» Brümmer, peraltro, ha confidato a La Chétardie che, se «si verificasse lo sfortunato caso, che si deve tenere in conto e paventare, egli ha già disposto che un principessa d'Armstadt (*sic*), dall'aspetto gradevole e che il re di Prussia aveva proposto nel caso in cui la principessa di Zerbst non fosse riuscita nel suo intento, sarebbe stata quella preferita su tutte le altre». La prospettiva di questa sostituzione, per rassicurante che sia, tuttavia non manca di rattristare La Chétardie. «Perderemmo molto – assicura – visto il modo in cui le principesse di Zerbst, madre e figlia, pensano a me e la convinzione che hanno che io abbia contribuito all'avvenire che hanno davanti.»

Mentre le ambizioni rivali si risvegliano così attorno a lei, la principessa Sofia lotta con la morte. I medici prescrivono un salasso. Sua madre si oppone. Lo riferiscono all'imperatrice; ma l'imperatrice è al convento di Troïtza, impegnata nelle devozioni alle quali si dedica in modo eccessivo, benché saltuariamente, mettendo passione in tutto quello che fa. Passano così cinque giorni. L'ammalata aspetta. Infine, Elisabetta arriva con Lestocq e ordina di salassarla. La povera Sofia perde conoscenza. Quando ritorna in sé, si vede nelle braccia dell'imperatrice. Quest'ultima, per ricompensarla di essersi lascia dare un colpo di «lancetta», le regala un collier di diamanti e un paio di orecchini da ventimila rubli. È la principessa Giovanna Elisabetta che registra il prezzo. Lo stesso Pietro si mostra generoso e offre galantemente un orologio coperto di diamanti e di rubini. Ma i diamanti e i rubini non hanno alcun potere sulla febbre. In ventisette giorni l'ammalata viene salassata sedici volte, talora per quattro volte in ventiquattro ore. Alla fine la gioventù e la costituzione robusta di Sofia hanno ragione della malattia e del trattamento. Sembra, anzi, che questa lunga e dolorosa crisi abbia esercitato sul suo destino un'influenza decisiva e singolarmente felice. In primo luogo, inoltre, tanto sua madre ha trovato modo di rendersi inopportuna e odiosa a tutti, con la sua incessante opposizione ai medici, le discussioni con gli altri, litigando anche con la figlia e tormentandola, senza curarsi delle sue altre sofferenze, altrettanto questa ha saputo guadagnarsi tutti i cuori e rendersi, a dispetto del suo stato, gradevole e cara a tutti. Ci fu la storia della stoffa – la famosa stoffa azzurra bordata d'argento, regalo dello zio Luigi – che Giovanna Elisabetta ebbe l'idea, non si sa perché, di togliere a Sofia. Si immagina il chiasso sollevato attorno all'ammalata da questo meschino incidente: concerto di riprovazione all'indirizzo della madre snaturata, concerto di simpatie in favore della figlia, vittima di un trattamento così indegno. Sofia rinunciò alla stoffa ma non perdette alcunché. Ma ebbe altri trionfi. La sua stessa malattia la rendeva simpatica alle anime russe. Sapevano come l'aveva contratta. L'immagine della giovane ragazza a piedi nudi che durante la notte si esercitava alle sonorità della lingua slava, senza curarsi dell'inverno inclemente, già riempiva le immaginazioni, entrava nella leggenda. Presto raccontarono che nel momento in cui stava peggio, sua madre volle chiamare al suo capezzale un pastore protestante. «No – avrebbe detto Sofia – a che scopo? Fate piuttosto venire Simon Todorski.» Simon Todorski era il prete ortodosso che era stato incaricato dell'educazione religiosa del granduca e che doveva assumersi anche quella della granduchessa.

Quali erano in questo momento i sentimenti della principessa Sofia su un tema così delicato? È difficile saperlo con certezza. Alcune indicazioni fanno supporre che il trattato di Heineccius e i rimproveri del *Pro memoria* di Cristiano Augusto avessero prodotto su di lei un'impressione profonda. «Chiedo a Dio – scriveva a suo padre, ancora a Kœnisberg – di dare alla mia anima tutte le forze di cui avrà bisogno per resistere alle tentazioni che mi preparo a sostenere. Egli accorderà questa grazia alle preghiere di Vostra Altezza e della cara mamma.» Mardefeldt, da parte sua, si mostrava inquieto: «C'è solo una questione che mi secca profondamente – scriveva – è che la madre crede o mostra di credere che questa giovane bellezza non potrà abbracciare la religione greca.» Racconta, inoltre, che un giorno aveva dovuto ricorrere al *pastore* per calmare la principessa, spaventata dalle lezioni del *pope*. Ecco intanto l'idea che la stessa Caterina si fece più tardi, utilizzando la propria personale esperienza, delle difficoltà che può incontrare il passaggio nel grembo della chiesa ortodossa una principessa tedesca allevata nella religione di Lutero, del tempo necessario per superarle e del cammino del problema morale così risolto. Scrivendo a Grimm, il 18 agosto 1776, in merito alla principessa di Würtemberg, che destina a suo figlio Paolo, si esprime in questi termini: «Non appena l'avremo con noi procederemo alla conversione. Ci vorranno almeno quindici giorni . . . Per fare presto, Pastukhov è andato a Memel per insegnarle l' A b c e la confessione in russo: *la convinzione verrà dopo.*»

Comunque sia, il rifiuto del ministro evangelico, questo ripudio della religione della sua infanzia, uscito dalle labbra morenti della futura granduchessa, e la richiesta del conforto di Todorski, questa confessione anticipata della fede ortodossa, ottennero facilmente credito. E da quel momento il posto di Sofia in Russia era assicurato. Qualunque cosa accadesse dopo, era sicura di trovarlo nel cuore di questo popolo ingenuo e profondamente religioso del quale assumeva le credenze e che le testimonierà ben presto la sua riconoscenza sposandone gli interessi. Il legame che doveva unire questa piccola principessa tedesca alla grande nazione slava, di cui cominciava soltanto a balbettare la lingua, il patto che per circa mezzo secolo stava per unire i loro destini in una stessa e gloriosa fortuna e che solo la morte verrà a dissolvere un giorno, questo legame, questo patto vennero creati fin da allora.

Il 20 aprile 1744, la principessa Sofia compariva per la prima volta in pubblico, dopo la sua malattia. È ancora così pallida che l'imperatrice le manda un rossetto. Ma, nonostante ciò, attira tutti gli sguardi e percepisce che questi sguardi sono per la gran parte benevoli. Già piace e attira. Irraggia e riscalda attorno a lei l'atmosfera glaciale di una corte che un giorno renderà tanto brillante. Lo stesso Pietro si mostra più premuroso e confidente. Ahimè! La sua galanteria e la sua confidenza sono di una specie particolare: racconta alla sua futura sposa la storia dei suoi amori con una delle figlie d'onore dell'imperatrice, la principessa Lapukhine, la cui madre è stata da poco esiliata in Siberia. La *freiline* dovette lasciare la corte nello stesso tempo. Pietro avrebbe voluto sposarla. Tuttavia, si rassegnò al volere dell'imperatrice. Sofia arrossisce e si sforza di ringraziare il granduca per l'onore che le fa mettendola al corrente dei suoi segreti. Così già si delinea quale sarà l'avvenire tra queste due creature così poco fatte l'uno per l'altra.

V

La madre di Sofia pretende di governare la Russia – Pericoli insospettati – Al monastero della Troïtza – Catastrofe – La Chétardie viene licenziato - Trionfo di Bestužev – Ritratto di Elisabetta

Nel frattempo, la principessa Giovanna Elisabetta si dedica interamente alle sue imprese di alta politica. Si è legata con la famiglia Trubetskoy e con il bastardo Betskoy stesso, la cui personalità irrequieta incomincia a farsi notare. Tiene un salotto dove si incontrano tutti gli avversari del «sistema» politico attuale, tutti i nemici di Bestužev : Lestocq, La Chétardie, Mardefeldt, Brümmer. Trama, intriga, complotta. Si spinge in avanti con tutta la sua foga di donna nervosa e tutta l'incoscienza di una mente vaga. Crede di avere successo. Si vede già complimentata da Federico, assumendo, di fatto, il ruolo di suo ambasciatore presso la grande corte del Nord, divenuta la sua migliore e più preziosa alleata. Non vede l'abisso ai suoi piedi.

Il 1° giugno 1744, Elisabetta ha ripreso la strada del convento di Troïtza. Questa volta con un grande apparato e con tutta l'ostentazione di un pellegrinaggio solenne, trascinando dietro metà della sua corte e facendo la strada a piedi. Salendo al trono, ha fatto voto di rinnovare questa cerimonia ogni volta che fosse venuta a Mosca, in memoria dell'asilo che Pietro I, messo in pericolo dalla rivolta degli *Strelizi*[48], aveva trovato in questo antico monastero. La principessa Sofia, ancora troppo debole, non ha potuto accompagnare l'imperatrice e sua madre è rima-

---

[48] Gli Strelizi o, più propriamente Strel'cy, costituivano un corpo armato dedicato alla sicurezza personale dello zar e formavano un esercito permanente di circa diecimila uomini, dai quali spesso dipendeva la sorte della successione al trono in un paese, come la Russia, che non aveva alcun ordinamento codificato in merito. La rivolta del 1682 si riferisce alla lotta per la successione dello zar Fëdor III, la cui morte, secondo alcune voci, era stata provocata dalla famiglia del futuro Pietro I il Grande e, in particolare, da sua madre, Natal'ja Kirillovna Naryškina (1651-1694), seconda moglie di Alessio I. La rivolta, che vedeva contrapposti gli eredi della prima e della seconda moglie, si concluse con l'insediamento di Ivan, figlio di prime nozze, nonostante la sua precaria salute, anche mentale, con la nomina di sua sorella Sofia a reggente e quella di Pietro come co-sovrano. Nel 1698, regnante Pietro I, vi fu una seconda rivolta degli Strel'cy che fu duramente repressa dallo zar e portò allo scioglimento del corpo.

sta con lei. Ma ecco che all'improvviso, dopo tre giorni, arriva un corriere che porta una lettera di Elisabetta: viene ordinato alle due principesse di raggiungere il corteo imperiale, per assistere alla sua solenne entrata nelle mura di Troïtza. Sono appena insediate in una cella del convento, quando vi compare l'imperatrice in persona, seguita da Lestocq. Sembra in preda a una grande agitazione. Ordina alla principessa Giovanna Elisabetta di seguirla in una stanza vicina. Lestocq le segue. La riunione è lunga. Sofia non si preoccupa, occupata ad ascoltare, come al solito, le stravaganti smargiassate di suo cugino. A poco a poco, la giovinezza e la vivacità della sua mente prendono il sopravvento sul fastidio che le ispira abitualmente la presenza del granduca e si presta a quelle puerilità. Entrambi ridono e scherzano gaiamente. Improvvisamente, Lestocq ritorna. «Questa gioia deve finire subito», dice in modo brusco; poi si rivolge alla principessa Sofia: «Non vi resta che fare i vostri bagagli.» Sofia ammutolisce dallo stupore e il granduca chiede cosa vuol dire tutto ciò, Lestocq si accontenta di aggiungere: «Lo vedrete presto».

«Vidi chiaramente – scrive Caterina nelle sue *Memorie* – che egli (il granduca) mi avrebbe lasciato senza dispiacere. Per quanto mi riguarda, visto il suo atteggiamento, mi era pressoché indifferente, ma non lo era la corona di Russia.» Poteva già, veramente, pensare alla corona, questa ragazzina di quindici anni? Scrivendo le sue *Memorie* a quarant'anni di distanza, supponendo che le abbia scritte così come ci sono pervenute, Caterina ha potuto e anche dovuto più di una volta forzare le tinte delle sue impressioni infantili.

«Il cuore – dice ancora ricordando questi momenti – non mi prediceva nulla di buono; solo l'ambizione mi sosteneva. Avevo in fondo al cuore qualcosa che non mi ha mai lasciato dubitare per un solo momento che sarei diventata, di testa mia, imperatrice di Russia.» Qui l'esagerazione è evidente e salta agli occhi l'annotazione *a posteriori*. Ma il trono condiviso un giorno con Pietro poteva certo sorridere all'immaginazione di questa ragazza precoce; le *speranze* lontane, in ogni tempo, hanno fatto parte dei rapporti matrimoniali e dei fidanzati di quindici anni, di sicuro, ancora oggi vi fanno assegnamento.

Dietro Lestocq sopraggiunge, infine, l'imperatrice, paonazza, seguita dalla principessa Giovanna Elisabetta, alquanto sconvolta e con gli occhi gonfi di lacrime. Alla vista della sovrana, i due giovani, che erano seduti sul davanzale di una finestra con le gambe a penzoloni, e che basiti dai discorsi di Lestocq erano rimasti in questa posizione, saltano precipitosamente a terra. Il quadro si vede. Sembra disarmare la collera dell'imperatrice. Sorride, va da loro, li abbraccia ed esce senza pronunciare una parola. A quel punto si chiarisce il mistero. Da più di un mese, la principessa di Zerbst cammina senza rendersene conto su di una mina scavata sotto i suoi piedi dal nemico, del quale sperava di avere così facilmente ragione. E la mina era deflagrata.

Il marchese di La Chétardie era ritornato in Russia con la reputazione del più brillante diplomatico dell'epoca, consacrato dal ruolo che aveva precedentemente avuto in questo paese. Aveva trentasei anni. Alto, ben fatto, cavaliere di bella presenza ed elegante portamento, sembrava destinato a occupare un importante ruolo in questa corte, dove il favore decideva su tutto, portava a tutto, dove bisognava soprattutto piacere e dove, dicevano, era già piaciuto. Aveva il suo piano, un piano molto ingegnoso, forse troppo ingegnoso, che era riuscito, senza fatica, a far approvare dalla corte di Versailles e che consisteva nella cacciata di Bestužev, vale a dire nell'abbandono della politica favorevole all'Austria difesa da questo ministro, il prezzo di un premio per un atto di compiacenza da lungo tempo in questione tra le due corti, che Elisabetta desiderava vivamente e che era ostinatamente rifiutato dalla Francia. Si trattava del titolo di Maestà Imperiale tacitamente riconosciuto agli zar di Russia da Pietro il Grande in poi, ma non ancora iscritto nel protocollo e assente, di conseguenza, nei documenti ufficiali emessi dalla cancelleria del Re Cristianissimo. La Chétardie si era fatto dare delle lettere di accredito con l'agognato titolo. Le teneva in tasca, per darle unicamente al successore di Bestužev, dopo che questi fosse stato cacciato. Elisabetta lo seppe e ben presto nessuno a corte lo ignorava. Fino a quel momento, confidando nel suo ascendente personale, il diplomatico francese pretendeva di trattare direttamente con l'imperatrice, scavalcando il suo cancelliere. Era presumere troppo dalle proprie forze; ed anche illudersi, ben stranamente, sul carattere dell'imperatrice. Il ritratto della figlia di Pietro I è stato più volte descritto, e si è riusciti a dare un'idea probabilmente esatta del modo di essere e di regnare di questa singolare sovrana, irrequieta e indolente allo stesso tempo, che amava ardentemente i piaceri e tuttavia s'interessava degli affari, che impiegava ore per la sua toilette, facendo aspettare per settimane a anche mesi una firma o un ordine e, malgrado questo, autoritaria; voluttuosa, devota, scettica e superstiziosa; passava continuamente dagli eccessi di una dissolutezza che rovinava la sua salute a eccessi di esaltazione religiosa che le alterava la ragione; una nevrotica, si direbbe oggi. Il barone di Breteuil[49] racconta, in uno dei suoi dispacci, che dovendo firmare, nel 1760, il rinnovo del trattato concluso nel 1746 con la corte di Vienna, l'imperatrice aveva già scritto: « Eli . . .», quando un'ape si posò sulla sua penna. Si bloccò e rimase sei mesi prima di decidere di completare la sua firma. Quanto all'aspetto fisco, la principessa di Zerbst ci ha lasciato un ritratto molto piacevole.

«L'imperatrice Elisabetta - dice la principessa – è molto alta. È molto ben fatta. Rispetto al passato era ingrassata e mi sembrava sempre che ciò che dice Saint Evremond nel ritratto della famosa duchessa Mazarino, Ortensia Mancini, fosse fatto per l'Imperatrice. Dice: quella che per lei è una figura snella, per un'altra sarebbe ben fatta. Questo era letteralmente vero, dalla testa ai piedi. Mai testa fu più perfetta. È vero che il naso

---

[49] Louis Charles Auguste Le Tonnellier, barone di Breteuil (1730-1807). Fu una delle figure di maggiore rilievo nella Francia di Luigi XVI, come diplomatico e successivamente come politico. Iniziò la carriera, nel 1758, come ministro plenipotenziario presso l'elettore di Colonia, dopo due anni fu inviato in Russia. Fu poi ambasciatore in Svezia, a Napoli e a Vienna ed ebbe il delicato incarico di fare da mediatore nella guerra per la successione al trono di Baviera che, dopo la morte dell'elettore palatino Carlo Teodoro, privo di eredi, opponeva la Prussia all'Austria in una contesa che si chiuse con il Trattato di Teschen, siglato il 13 maggio 1779, del quale Breteuil fu una dei principali artefici. Nel 1780, fu sostituito a Vienna dal cardinale di Rohan, sostituzione che dà l'avvio a una marcata ostilità tra i due. Accettò quindi l'incarico di magistrato e capo militare in Andorra, per rientrare a Parigi nel 1783 ed essere nominato ministro. Si vendicò di Rohan facendolo arrestare per l'implicazione che questi aveva nello «Scandalo della collana» della regina, ma in questo sottovalutò il rancore di Maria Antonietta. Alla vigilia della Rivoluzione si oppose alla convocazione degli stati generali e consigliò a Luigi XVI drastiche misure per sedare i tumulti della metà del 1789. Venne chiamato come ministro quando fu dimissionato Jacques Necker, l'11 luglio 1789, cioè due giorni prima della presa della Bastiglia. Emigrò in Germania il 17 o 18 dello stesso mese, per poi trasferirsi in Svizzera. Dopo lo scacco della fuga del re a Varennes, fuga che aveva contribuito ad organizzare con la corte svedese, ebbe l'incarico di pacificare le relazioni tra i principi, ma in questo trovò un ostacolo insormontabile nella diffidenza dei fratelli del re, soprattutto per la sua difesa della prerogative reali. Ritornò in Francia nel 1802 e solo l'eredità lasciatagli da una cugina lo salvò dal vivere in miseria gli ultimi anni.

è meno bello degli altri tratti, ma è al suo posto. La sua bocca è unica, non ce ne fu mai una uguale: così i suoi portamenti, le sue risa, i suoi occhi. Non riuscirebbe mai a fare una smorfia. Non ha mai fatto una grinza gratuita. Avremmo adorato anche un insulto, se avesse potuto pronunciarlo. Due fili di perle si mostrano sotto due labbra rosse che bisogna avere viste per farsene un'idea. Gli occhi sono commoventi. Ecco, l'effetto che hanno fatto a me. Si scambierebbero per neri, ma sono blu. Ispirano tutta la dolcezza di cui sono animati. Ispirano un rispetto naturale delle emozioni del cuore che rapiscono. Non si possono guardare senza subire un fascino segreto che vi lega a lei per tutta la vita. Mai fronte fu più gradevole. I suoi capelli sono disposti in modo così perfetto che con un colpo di pettine paiono sistemati in modo artistico. L'Imperatrice ha le sopracciglia nere e la capigliatura naturalmente grigio cenere. Tutta la sua figura è nobile. La sua andatura è magnifica. Si presenta con grazia. Parla bene, con una voce gradevole. I suoi gesti sono misurati. Infine, mai una personalità assomigliò alla sua. Non si sono mai visti così bei colori, né gola né mani. Credetemi, un poco me ne intendo e parlo senza pregiudizi.»

Moralmente la penna del cavaliere d'Éon[50] contrappone a

---

[50] Charles de Beaumont cavaliere d'Éon (1728-1810). Le vicende che accompagnarono la vita del cavaliere d'Éon furono di certo tra le più singolari del suo secolo. Si può dire che il suo destino fu segnato da un ballo in maschera alla corte di Luigi XV quando, travestito da donna, attirò l'attenzione del sovrano e la gelosia della Pompadour. La perfezione dell'inganno del suo travestimento suggerì a Luigi XV l'idea di mandarlo, sotto le spoglie di una ragazza, sorella di un nobile inglese, alla corte di Elisabetta di Russia, come segreto emissario tra la corte di Francia e la zarina, la cui politica estera era all'epoca condizionata dall'atteggiamento anti francese del primo ministro Bestužev. Nel viaggio verso la Russia, attraversando la Germania, d'Éon incontrò Carlotta di Meclemburgo-Strelitz, la futura moglie di Giorgio III d'Inghilterra, e i due giovani, complice lo stesso travestimento di d'Éon, ebbero una relazione che ebbe in seguito gravi conseguenze. Alla corte di Russia, d'Éon fu nominato *lettrice* personale di Elisabetta, funzione che gli consentì di entrare in *confidenza* con l'imperatrice, che evidentemente era ben al corrente dell'inganno. Rientrato in Francia il cavaliere d'Éon, divenuto nel frattempo capitano dei dragoni e distintosi nella Guerra dei Sette Anni, entrò a far parte di quella che venne chiamata la diplomazia segreta di Luigi XV e fu inviato, come segretario d'ambasciata, a Londra proprio nei giorni in cui Giorgio III sposava Carlotta di Meclemburgo. D'Éon fu colto con Carlotta, a notte fonda, al capezzale dell'erede al trono febbricitante e da quel momento Giorgio III fu tormentato dal dubbio del tradimento. Da questo fatto nacque il ritorno al travestimento da donna che fu imposto a d'Éon dal Luigi XV (ed anche dal successore Luigi XVI), che avrebbe dovuto certificare il suo vero sesso che, a quel punto, doveva essere quello femminile. Fu così che d'Éon visse

questo grazioso insieme un terribile contrasto: «Sotto un'aria di apparente bonarietà, ella (Elisabetta) ha un'intelligenza sveglia, incisiva. Se non si è abbottonati e corazzati contro il suo sguardo, penetra sotto il vostro abito, lo apre, si insinua, vi spoglia, getta lo sguardo nel vostro petto e quando voi ve ne rendete conto è troppo tardi: siete nudi, la donna ha letto nel vostro intimo e rovistato nella vostra anima ... Il suo candore e la sua bontà sono solo una maschera. Nella vostra Francia, per esempio, e in tutta Europa ha la reputazione e il soprannome di *clemente*. Alla sua ascesa al trono, in effetti, giurò sull'immagine venerata di san Nicola che nessuno sarebbe stato messo a morte sotto il suo regno. Ella ha tenuto fede *alla lettera* alla sua parola e nessuna testa è ancora stata tagliata, è vero; ma duemila lingue, duemila paia d'orecchie lo sono state ... Conoscete certo la storia della povera e singolare Eudoxie Lapukhine? Ella forse ebbe qualche torto nei confronti di Sua Maestà, ma il più grave, certamente, fu di essere stata sua rivale e più bella di lei. Elisabetta le ha fatto trapassare la lingua con un ferro rovente e affibbiare venti colpi di knut[51] per mano del boia, e la poveretta era incinta e stava per partorire ... Nella sua vita privata trovate le stesse contraddizioni. A volte empia, a volte fervente, miscredente fino all'ateismo, bigotta fino alla superstizione, passa intere ore in ginocchio davanti a un'immagine della Vergine, parlando con lei, interrogandola con foga e chiedendole, come una grazia, in quale compagnia delle guardie deve scegliersi l'amante del giorno ... Ho dimenticato una cosa ... Sua Maestà ha una marcata predilezione per i liquori forti. Talvolta le capita di starne male fino a perdere coscienza ... Bisogna allora tagliarle addosso la veste e il busto. Picchia i suoi domestici e le sue donne ...»

Si può giudicare quali difficoltà incontrasse La Chétardie presso una principessa di carattere così bizzarro e su quale terreno scivoloso la principessa di Zerbst si avventurasse in sua compagnia. Poiché si era unita a lui e riponeva in lui tutte le sue speranze. Mardefeldt era fuori combattimento, Brümmer si era a poco a poco ritirato dalla partita e Lestocq tracheggia-

---

quarant'anni come uomo e trenta come donna. Vedi *Il diplomatico transgender- Vita del cavaliere d'Éon (1728-1810)*, A&P Edizioni, Milano, 2014.

[51] Era una frusta nodosa composta da un manico al quale era legata una striscia di cuoio al termine della quale vi era un anello dal quale scendevano altre strisce di cuoio ruvido.

va, messo in guardia dal suo sicuro istinto. Da Versailles, esortavano sempre il marchese alla prudenza. Si finiva con ordinargli perentoriamente di non fare del riconoscimento del titolo imperiale l'oggetto di un incerto mercato. La cosa, dopo tutto, non aveva poi così grande importanza. «Il re – gli scrivevano – è imperatore in Francia.» Meglio era far valere presso la zarina «una specie di galanteria», mostrandole la lettera del re. Forse così la si sarebbe spinta a forzare la mano al proprio ministro a concludere l'alleanza tanto desiderata. La Chétardie si dichiarava pronto a obbedire, ma in questo trovava una difficoltà: bisognava «raggiungere e tenere ferma» la zarina per almeno un quarto d'ora. E non ci riusciva.

Nell'attesa, Bestužev preparava le sue mosse. Con l'aiuto di un impiegato della cancelleria, Golbach, ancora un tedesco, forse ebreo, specialista nell'arte della decifrazione, così di moda in quest'epoca, intercettava e metteva in chiaro tutta la corrispondenza dell'inviato francese e, bruscamente, la metteva sotto gli occhi dell'imperatrice, mettendo in evidenza i passaggi che la riguardavano personalmente, quelli in cui La Chétardie deplorava la pigrizia, la leggerezza della sovrana, il suo gusto sfrenato per il piacere e persino la sua civetteria che la spingeva a cambiarsi d'abito quattro o cinque volte in una giornata. Immaginiamo la collera di Elisabetta. Le conseguenze sono note. Essendosi ostinato a non fare uso delle sue lettere di accreditamento, La Chétardie era privo di veste ufficiale. Una semplice nota della cancelleria gli intimò l'ordine di lasciare Mosca e la Russia nell'arco di ventiquattrore. La vendetta della zarina giunse sino a richiedere la restituzione di un ritratto che gli aveva dato sul coperchio di una tabacchiera ornata di diamanti. Gli lasciò la tabacchiera.

Ma non era il solo ad essere compromesso. I suoi dispacci avevano rivelato all'imperatrice la partecipazione della principessa di Zerbst a quell'intrigo abortito. La mostravano che rivestiva, a corte e nella sua intimità, il ruolo di spia al servizio della Prussia e della Francia, dando notizie a La Chétardie e a Mardefeldt, corrispondendo segretamente con Federico. Ecco cosa significava l'enigmatica scena al convento di Troïtza.

La principessa di Zerbst se la cavò con la paura che ne ebbe, per le verità che dovette ascoltare dalla bocca di Elisabetta e con la perdita irrimediabile del credito che aveva follemente sognato di conquistare in questa corte, di cui iniziava solo ora a conoscere i segreti meccanismi, ma anche di tutto ciò che poteva legittimamente pretendere. «Il nome della principessa di Zerbst – scriveva il successore di La Chétardie, d'Aillon, un anno dopo questi fatti – si è trovato spesso nelle lettere di La Chétardie intercettate. Da quel momento l'imperatrice ha avuto nei suoi confronti una decisa avversione . . . Il partito migliore che le rimanesse era di ritornare in Germania.» In effetti, è quello che fece, ma non prima di aver assistito alla sola vittoria alla quale avrebbe dovuto aspirare, sotto un cielo divenuto inclemente per lei, e la sola che sembra aver perso di vista fino a rischiare di comprometterla.

VI

La conversione della principessa Sofia al rito ortodosso – Le resistenze di Cristiano Augusto – Professione pubblica – Fidanzamento – Caterina Alexeievna – Viaggio a Kiev – La madre e la figlia – I fidanzati – Malattia del granduca – Soggiorno a Pietroburgo – Il conte Gyllenborg – Un filosofo quindicenne

La persona di Sofia era uscita indenne da questa crisi. A partire da questo momento, al contrario, come se la sua innocenza accertata avesse perorato la causa della sua fortuna presso i suoi stessi avversari e nemici, il suo trionfo divenne sicuro e il suo matrimonio con il granduca definitivamente assicurato. Restava, tuttavia, da sistemare un punto delicato: la solenne ammissione della principessa Sofia tra i fedeli della chiesa ortodossa. La principessa di Zerbst aveva fatto del suo meglio per obbedire alle istruzioni di suo marito. Aveva cercato di illuminare la propria fede e quella della figlia. Si era anche informata se il *precedente* della moglie dello zarevic Alessio, che aveva conservato, lei, il suo posto nella chiesa protestante, non potesse essere utilizzato a beneficio di Sofia. Su quest'ultimo punto, il risultato dei suoi passi ebbe esito negativo. Ma la notizia che ne diede al devoto e scrupoloso Cristiano Augusto era accompagnata da considerazioni rassicuranti. Aveva percorso con Simon Todorski tutto il simbolo ortodosso, l'aveva accuratamente compulsato con il catechismo di Lutero ed era arrivata alla conclusione che non vi erano differenze fondamentali tra le due religioni. Quanto a Sofia, aveva impiegato ancora meno a persuadersi che poteva fare il suo ingresso nella religione ortodossa. Heineccius non sapeva decisamente ciò che diceva e Metodio andava benissimo d'accordo con Lutero. Le argomentazioni di Simon Todorski si erano dimostrate irresistibili a questo riguardo. Era un uomo abile questo archimandrita. Aveva visto il mondo e studiato all'Università di Halle. Cristiano Augusto non si lasciò smuovere subito. «Il mio buon principe di Zerbst – scriveva più tardi Federico – era più restio su questo punto . . . Rispondeva a tutte le mie argomentazioni con: mia figlia non sarà mai ortodossa.» Fortunatamente c'era un Simon Todorski anche a Berlino. «Qualche prete – continua Federico – che ho saputo conquistare . . . fu abbastanza compiacente dal persuaderlo che il rito ortodosso era uguale a quello dei luterani. Da allora ripeté sempre: luterano ortodosso, ortodosso luterano, è la stessa cosa.» Nel mese di giugno, un corriere inviato da Elisabetta recava l'autorizzazione ufficiale del principe al matrimonio e alla conversione della principessa Sofia. Il buon Cristiano Augusto diceva di aver scorto la mano di Dio (*eine Führung Gottes*) nelle circostanze che gli dettavano questa decisione.

Venne fissato il 28 giugno per la professione pubblica della giovane catecumena e, il giorno seguente, giorno della festa di San Pietro e Paolo, per il fidanzamento. L'avvicinarsi di questa cerimonia non poteva fare a meno di creare in Sofia qualche emozione. Le lettere che riceveva in gran numero dai suoi parenti in Germania non erano tutte rassicuranti. Si può immaginare quale abbondanza di commenti diversi il destino così inatteso della piccola principessa avesse aperto nell'ambiente in cui era vissuta fino ad allora. Il tenore non era generalmente favorevole. Probabilmente un po' di gelosia si mischiava alle apprensioni che un'affettuosa premura sembrava sola ispirare. Ricordavano la penosa storia dell'infelice Carlotta di Brunswick, la moglie di Alessio, abbandonata da suo marito, dimenticata dallo zar. E la lontana Russia non era stata fatale a tutta quella famiglia tedesca che, anch'essa, avevano creduto di trovarvi un avvenire di gloria e di potenza? . . . Tutto questo era ricordato alla futura granduchessa in lunghe frasi contorte, in gergo tedesco farcito di francese, in cui indovinava più la frustrazione che un sincero turbamento, ma che talvolta la facevano fremere e lanciare uno sguardo inquieto sull'incerto domani.

Nessuno lo sospettava, tuttavia, tra la folla dei cortigiani che, il 28 giugno 1744, alle dieci del mattino, si accalcava nei dintorni della cappella imperiale di *Galavinski Dvarets*. Sofia indossava una veste di seta rossa a fettucce d'argento, una semplice nastro bianco fermava i suoi capelli non incipriati, Sofia apparve radiosa di giovinezza, di bellezza e di una ragionevole sicurezza di sé. La sua voce non tremava, la sua memoria non esitò un istante nel pronunciare in russo il simbolo della sua nuova fede davanti all'assemblea commossa. L'arcivescovo di Novgorod, lo stesso che non molto tempo prima si era dichiarato contro il suo matrimonio, versò copiose lacrime ricevendo la sua professione e tutti gli assistenti si credettero in dovere di imitarlo. È vero che avevano pianto anche alla conversione di Pietro Ulrico che, proprio lui, aveva continuato a fare delle smorfie e si era divertito a spese dell'ufficiante. La commozione era d'obbligo. La sovrana testimoniò la sua felicità con il regalo alla catecumena di una spilla e di un collier di diamanti, che l'esperta Giovanna Elisabetta stimò del valore di 100.000 rubli.

Ma che cosa avrebbe detto il buon Cristiano Augusto se avesse sentito sua figlia dichiarare davanti e Dio e agli uomini: «Credo e confesso che la fede non è sufficiente alla mia giustificazione?» La stessa Sofia non dovette fare uno sforzo per pronunciare queste parole che la separavano definitivamente dal suo passato? Coloro i quali hanno pensato di poter invocare l'influenza dei filosofi di Parigi su questa giovane mente, hanno fatto una confusione di date. È molto probabile che in quel momento la futura amica di Voltaire non conoscesse l'esistenza di questo scrittore. Quando uscì dalla cappella era allo stremo delle forze e non potette comparire al pranzo. Non era però più Figchen né la principessa Sofia Federica che aveva varcato, con passo vacillante, la soglia di questo tempio dalle icone ricoperte d'oro. Quello stesso giorno, nella liturgia ufficiale, veniva introdotta una preghiera per «l'ortodossa (*blagoviernaïa*) Caterina Aleksieïvna». La principessa di Zerbst spiegava, è vero, a suo marito che si era semplicemente aggiunto Caterina a Sofia, «come accadde per la cresima». Quanto a

Aleksieïvna, questo soprannome, conforme all'usanza del paese, voleva esattamente dire «figlia di Augusto». Augusto, in russo, non poteva essere tradotto in altro modo. Il buon Cristiano non chiese altro. Da qualche tempo si era trovato nella condizione di fare scorta di cieca fiducia e doveva esserci uno stato di grazia per i principi tedeschi in possesso di figlie maritabili all'estero.

Il fidanzamento ebbe luogo l'indomani nell'Uspenskij Sobor[52]. La stessa principessa di Zerbst infilò gli anelli nelle dita di Caterina Aleksieïvna e del suo futuro sposo: «due piccole meraviglie – dice – che potevano valere 50.000 scudi.» Alcuni scrittori, tra cui Rulhière, hanno affermato che in questa occasione Caterina aveva ricevuto il titolo di *erede* al trono, con diritto di successione, in caso di morte del granduca. Il fatto è contestato dai più recenti scrittori russi. Per quello sarebbe stato necessario un editto ufficiale, di cui non esiste alcuna traccia. La futura granduchessa continuò a raccogliere tutti i consensi per la grazia e la proprietà del suo atteggiamento. Anche sua madre osservò con soddisfazione che arrossiva ogni volta che le esigenze del nuovo rango acquisito la obbligavano a precedere colei che l'aveva data alla luce. Dovette anche rilevare che sua figlia intendeva avvalersi della sua nuova situazione per sfuggire a una tutela che da lungo tempo le era di peso. Oltretutto, non era la sola a trovarla fuori luogo e malvista nella cerchia dove avrebbe dovuto vivere. La principessa di Zerbst vi era trattata comunemente da «straniera» e non risvegliava alcuna simpatia. Ora Caterina aveva, per la prima volta in vita sua, del denaro proprio: 30.000 rubli che le furono inviati da Elisabetta «per il suo gioco», secondo l'espressione usata alla corte di Russia, e che le sembrarono un tesoro inesauribile. Vi attinse subito largamente e molto nobilmente per cominciare. Suo fratello[53] era stato mandato da poco ad Amburgo per completare gli studi. Caterina dichiarò di voler assumersene le spese. Aveva anche la sua corte, i cui capi,

---

[52] La cattedrale di Mosca (Cattedrale della Dormizione).
[53] Federico Augusto di Anhalt-Zerbst (1734-1793). Valente soldato, Federico Augusto resse il principato di Anhalt-Zerbst con spirito relativamente liberale, promulgando, nel 1776 un decreto sulla libertà religiosa. I numerosi scontri con la Prussia lo costrinsero all'esilio, prima a Basilea e poi in Lussemburgo, dove morì. Con la sua morte, nel 1793, Caterina fu nominalmente la reggente del principato che unì ai domini dell'impero.

ciambellani e gentiluomini di camera erano stati accuratamente scelti al di fuori della cerchia che la principessa di Zerbst pretendeva un tempo di asservire ai propri interessi e a quelli di Federico. Vi figurava il figlio stesso del cancelliere, Pietro Bestužev. La principessa di Zerbst ebbe quindi modo di provare una nuova disillusione e non mancò di essere maldestra una volta di più dandolo a vedere. Il suo malumore, che scoppiava per ogni cosa e per il quale se la prendeva con mezzo mondo, finì col renderla impopolare. Vi furono scene violente in cui il granduca si fece sentire ed esibì, a spese di sua suocera, le sue abitudini e il suo linguaggio da corpo di guardia.

Caterina, intanto, prendeva rapidamente piede nella nuova situazione. Trovava anche l'occasione di approfondire la conoscenza col vasto dominio che un giorno sarebbe stata chiamata a governare. Faceva, in compagnia del granduca e di sua madre, quel viaggio a Kiev che, a distanza di quarant'anni, doveva ripetere, sappiamo con quale fasto, e ne riportava un'impressione destinata a rimanere nella sua memoria e che avrebbe influito visibilmente sulla formazione del suo spirito e sullo stesso carattere del suo futuro governo. Percorrendo ottocento chilometri, senza mai uscire dai domini di Elisabetta, senza vedere altro, al suo passaggio, se non folle prostrate davanti all'onnipotenza della zarina, sempre presente ai loro occhi, la piccola principessa tedesca, abituata ai ristretti orizzonti delle povere sovranità del suo paese, immaginava e sviluppava un'idea di grandezza e di forza, per così dire, senza limiti. È questa idea che, diventata imperatrice, credette incarnata in lei e destinata a dominare il mondo. Nello stesso tempo, con la sua pronta perspicacia giovanile e il suo già giusto colpo d'occhio, percepiva l'altra faccia, triste e oscura, di questa superba grandezza, l'altro lato dell'esistenza del magnifico impero che un giorno doveva essere suo. A San Pietroburgo, a Mosca, aveva avuto davanti agli occhi abbagliati, sino a questo momento, solo il trono risplendente d'oro, la corte risplendente di diamanti, lo scenario esteriore della maestà imperiale ammantato di una pompa ancora un po' barbara e di un lusso semi asiatico, ma tanto più prodigioso; ora si trovava faccia a faccia con le fondamenta e le radici di questo splendore senza pari: il popolo russo appariva davanti ai suoi occhi stupiti e presto spaventati. Lo vedeva sordido e selvaggio, vestito a malapena, tremante di fame e di freddo, nelle sue capanne piene di fumo, che portava come una croce il duplice giogo della miseria e della servitù. I deplorevoli vizi dell'organizzazione sociale e politica, il terribile abuso di potere le venivano così rivelati, intuiti attraverso quell'antitesi terribile. E tutti i tentativi di riforma, tutti gli istinti generosi, tutta la spinta delle idee liberali che dovevano più tardi caratterizzare la prima parte del suo regno, prendevano lo spunto da questa prima e rapida visione.

Di ritorno a Mosca, imparava a conoscere anche un altro rovescio della medaglia: le piccole seccature inseparabili da una posizione elevata come la sua. Una sera, nel palco del granduca prospiciente a quello dell'imperatrice, sorprendeva un lampo di collera nello sguardo di Elisabetta, rivolto dalla sua parte. Poco dopo, l'ossequioso Lestocq, con il quale la sovrana si era appena intrattenuta, osservandola, si presentava davanti a lei e, seccamente, quasi brutalmente, con la visibile preoccupazione di mostrare la freddezza del suo atteggiamento, le diceva della collera della zarina, spiegandole il motivo. Caterina aveva fatto dei debiti: 17.000 rubli, più di 75.000 franchi in pochi mesi! Il suo tesoro le si era fuso tra le dita da cui un fiume d'oro, un giorno, doveva scorrere attraverso l'impero e l'intera Europa. Ma come? Volevano che si accontentasse di tre vestiti che aveva in fondo al baule al suo arrivo in Russia? Era stata ridotta, per cominciare, a farsi prestare le lenzuola del letto di sua madre! Non poteva decentemente continuare in questo modo. Oltretutto, si era presto accorta che in questa corte, tanto quanto in quella di Zerbst e anche di più, i piccoli regali servivano a coltivare le amicizie e che una persona nella sua posizione non aveva altro mezzo per sostenere le spese di tale mantenimento dell'amicizia, così indispensabile. Lo stesso granduca aveva una marcata predilezione per coltivare le buone relazioni che intendeva avere con la sua fidanzata. Infine, la contessa Rumjancev aveva una maniera tutta sua di intendere i doveri del suo incarico di maestra di corte della futura granduchessa: la maniera di una spendacciona e nessuno sapeva sperperare come lei.

Nelle sue *Memorie*, prendiamo a prestito questi dettagli, Caterina è piuttosto severa con le persone che in questo momento hanno fatto parte della sua cerchia, senza risparmiare lo stesso granduca, col quale, nonostante tutta la sua buona volontà e anche la sua generosità, aveva avuto rapporti per nulla cordiali. Forse ha ceduto alla tentazione di dipingere di nero questo scorcio di quadro. Un biglietto di suo pugno, che data a quest'epoca, sembra giustificare questa supposizione. Il granduca, colpito in ottobre da una pleurite che lo obbligava a rimanere nella sua camera, si spazientiva per quella forzata clausura, e Caterina gli scriveva:

«Monseigneur - noi rispettiamo lo stile e l'ortografia del documento - avendo consultato mia madre, sapendo che ha molta influenza sul gran maresciallo (Brümmer), ella mi ha permesso di parlargliene e di fare in modo che vi permettano di suonare gli strumenti. Mi ha anche incaricato di chiedervi, Monseigneur, se volete qualche italiano oggi a mezzogiorno. Vi assicuro che io diventerei pazza al Vostro posto se mi portassero via tutti. Vi prego, in nome di Dio, di non mostrarle questo biglietto.

Caterina»

Ecco cosa può riabilitare la principessa di Zerbst dai caustici e irritati ricordi di cui sua figlia si è accanita a rendere antipatico il ricordo. Due mesi più tardi, in dicembre, ritroviamo Caterina che unisce le lacrime alle preghiere per ottenere che la lascino entrare dal suo fidanzato, che, guarito dalla pleurite, è stato colpito da un nuovo e terribile male. Lungo la strada da Mosca a Pietroburgo, a Hatilof, Pietro ha dovuto fermarsi: il vaiolo aveva fatto la sua comparsa. Il fidanzato di Elisabetta ne era morto. La zarina mandò via risolutamente Caterina e sua madre, perché raggiungessero San Pietroburgo, e si mise lei stessa al capezzale del malato. Caterina fu ridotta a scrivere al fidanzato lettere molto tenere dove, per la prima volta, si serviva della lingua russa. Ma era un inganno: Adadurov, il suo professore, del quale copiava la prosa, le serviva da segretario.

Questo secondo soggiorno a Pietroburgo fu per Caterina segnato dall'arrivo del conte Gyllenborg[54], inviato dalla corte di Svezia, con la notizia del matrimonio dell'erede al trono, Adolfo Federico[55], zio di Caterina, che sposava la principessa Ulrica

---

[54] Fredrik Gyllenborg (1698-1759), uomo politico svedese.
[55] Adolfo Federico di Svezia (1710-1771). Adolfo Federico di Svezia (1710-1771), figlio di Cristiano Augusto di Holstein-Gottorp, vescovo di Lubecca e amministratore nella Grande Guerra del Nord dei ducati omonimi, salì al trono nel 1751. Da parte di madre, Albertina

di Prussia[56]. Caterina aveva già incontrato questo svedese ad Amburgo, nel 1740. Le aveva allora attribuito una «mente filosofica». Ora, le chiese come andava la sua filosofia e la incitò a leggere Plutarco, Cicerone e le *Cause della grandezza e della decadenza di Roma*. In cambio, Caterina offrì a quel serio consigliere il suo ritratto, «il ritratto di un filosofo di quindici anni», composto da lei in suo onore, secondo un costume dell'epoca. L'originale di questo scritto, che ella richiese indietro più tardi, per sfortuna è stato bruciato da lei e non ne è stata trovata alcuna copia nelle carte del conte Gyllenborg, conservate all'università di Upsala. Caterina assicura che rivedendo nel 1758 quest'opera giovanile, fu stupita dalla giustezza e dalla profondità delle caratteristiche che vi erano descritte. Ci dispiace che non ci abbia messo nelle condizioni di verificare questo apprezzamento.

Pietro potette riprendere la strada per Pietroburgo solo alla fine di gennaio. Castéra ha raccontato che dopo aver abbracciato il suo fidanzato con le più grandi espressioni di gioia, Caterina, rientrando nel suo appartamento, svenne e trascorsero tre ore prima che riprendesse conoscenza. Il vaiolo, in effetti, non aveva abbellito il granduca. La tracce lasciate sulla sua fisionomia e una enorme parrucca che gli avevano messo in testa per nascondere altre devastazioni, lo rendevano pressoché irriconoscibile. La principessa di Zerbst fu la sola a trovargli una cera migliore e ne informò il marito. Castéra ha certamente esagerato un po' il suo racconto, come sua abitudine, e la principessa si è ricordata che la posta di Pietroburgo prendeva volentieri copia delle lettere che le erano affidate. Comunque siano andate le cose, i preparativi del matrimonio iniziarono poco dopo questo ritorno così variamente commentato.

Federica di Baden-Burlach, discendeva da re Gustavo I di Svezia e da una sorella di Carlo X di Svezia. Fu un sovrano debole e privo di particolari qualità. Durante la minore età del nipote, Carlo Pietro Ulrico, futuro Pietro III, fu vescovo di Lubecca e amministrò il ducato dell'Holstein-Kiel. Fu eletto nel 1743 erede al trono di Svezia soprattutto per ottenere condizioni di pace migliori da Elisabetta di Russia, che aveva adottato il nipote rendendolo erede al trono. In Svezia viene ricordato come «il re che ha mangiato fino alla morte» poiché morì per problemi di digestione dopo un pasto pantagruelico.

[56] Vedi *supra* nota 25

VII

Le nozze – Sfarzo in chiesa e sfarzo a corte – L'appartamento degli sposini – Una cerimonia navale: «L'antenato della flotta russa» - La partenza della principessa di Zerbst

Non s'era ancora vista in Russia una cerimonia di questo genere. Il matrimonio dello zarevic Alessio, figlio di Pietro I, aveva avuto luogo a Turgau, in Sassonia, e prima di lui gli eredi al trono di Mosca non erano dei futuri imperatori. Si scrisse in Francia, dove era stato appena celebrato il matrimonio del Delfino; ci si informò presso la corte di Sassonia. Da Versailles e da Dresda giunsero memoriali voluminosi, delle minute descrizioni, persino dei disegni che riportavano i minimi dettagli degli sfarzi che si trattava di imitare e, se possibile, anche superare. Da quando si sciolse il ghiaccio sulla Neva, navi inglesi e tedesche si susseguirono, sbarcando equipaggi, mobili, stoffe, livree ordinate nei quattro angoli dell'Europa. Cristiano Augusto si distinse con un invio di stoffe da Zerbst, pesanti pezze di seta ricamate d'oro e d'argento, molto in voga all'epoca. Era di moda la seta a ramaglie, con fiori d'oro o d'argento su un fondo chiaro. L'Inghilterra ne aveva la specialità e anche Zerbst, che veniva considerata in seconda linea nella stima dei conoscitori.

Più volte rinviata, la data della cerimonia fu infine fissata per il 21 agosto. I festeggiamenti dovevano durare fino al 30. I medici del granduca avrebbero voluto un rinvio più lungo. In marzo, Pietro si era ammalato nuovamente. Un anno sembrava appena sufficiente per permettergli di rimettersi completamente. Ma Elisabetta non voleva aspettare. Qualcuno sostiene che non vedeva l'ora di sbarazzarsi della madre di Caterina. È probabile che avesse ragioni più serie per mostrare tanta impazienza. Con la sempre precaria salute di Pietro, l'eredità al trono non era del tutto assicurata, e il ricordo del giovane Ivan, rinchiuso nella sua prigione, restava inquietante[57]. Nel giugno del 1745, uno sconosciuto fu trovato, con un pugnale in mano, nella camera di Elisabetta. Messo alla tortura, rimase in silenzio. Tuttavia, a prestare fede a testimonianze abbastanza credibili, Giovanna Elisabetta continuava a rendersi molto antipa-

---

[57] Vedi supra Nota 20.

tica. Non c'è torbido affare nel quale non compare immischiata, durante le ultime settimane del suo soggiorno in Russia. Intriga, complotta e spettegola senza sosta. Arriva persino a farsi accusatrice di sua figlia, raccontando che questa ha degli appuntamenti notturni con il suo fidanzato. L'imperatrice fa intercettare ed esaminare accuratamente la sua corrispondenza. Nello stesso tempo non pensa lontanamente di invitare suo marito alla cerimonia di cui sta disponendo l'imponente apparato. Da tempo, la principessa di Zerbst aveva fatto sperare a Cristiano Augusto questo invito, scrivendogli di tenersi pronto, rimandandolo di giorno in giorno e di mese in mese. Federico stesso, ingannato da Mardefeldt, aveva dato al suo feldmaresciallo simili illusioni. Alla fine, Giovanna Elisabetta dovette confessare che pensavano piuttosto di far partire lei stessa prima della cerimonia.

Il fratello della principessa fu l'unico presente di tutta la famiglia. Fu, dicono, una perfidia di Bestužev. Brutto, volgare e corto di mente, Augusto di Holstein era un parente sgradevole da mostrare in pubblico, uno di quelli che non si fanno vedere. L'inviato inglese Hindford assicura nei suoi dispacci di non aver mai visto un così bel corteo come quello che, nel giorno fissato, conduceva Caterina alla chiesa di Nostra Signora di Kasan. Iniziata alle dieci del mattino, la cerimonia religiosa ebbe termine alle quattro del pomeriggio. La chiesa ortodossa fa le cose coscienziosamente. Nel corso dei dieci giorni successivi, le feste si susseguirono senza interruzione. Balli, mascherate, pranzi di gala, cene, opera italiana, commedia francese, illuminazioni, fuochi d'artificio, nulla mancò al programma. La principessa di Zerbst ci ha lasciato una dettagliata descrizione della più interessante di queste giornate, quella del matrimonio: «Il ballo non durò più di un'ora e mezza, al termine del quale Sua Maestà imperiale, preceduta dai maestri di cerimonia, dal gran maestro della sua corte, dal gran maresciallo e dal gran ciambellano della corte del granduca, e seguita solamente dai giovani sposi che si tenevano per mano, da me, da mio fratello, dalla principessa d'Assia, dalla gran maestra, dalle *staats-dames*, dalla *cammer frelen*, dalle *frelen*, si incamminò all'appartamento nuziale da dove uscirono gli uomini non appena entrate tutte le dame, e le porte del quale furono chiuse, mentre il giovane sposo passava in quello in cui doveva cambiarsi d'abito. Incominciarono a spogliare la sposa. Sua Maestà imperiale le tolse la corona; io cedetti alla principessa d'Assia l'onore di metterle la camicia, la gran maestra le fece indossare la veste da camera e il resto della dame le acconciarono il più splendido «déshabillé» del mondo.»

«Eccettuata questa cerimonia – osserva la principessa di Zerbst – ve ne sono molti meno che da noi, qui, a svestire i giovani sposi. Nessun uomo osa entrare dopo che lo sposo è già entrato a casa sua per vestirsi per la notte. Nessuno balla «la ghirlanda» e non si distribuiscono giarrettiere.»

«Vestita la granduchessa, Sua Maestà imperiale passò dal granduca, che il gran capo delle caccie reali, conte Rozumov'kyj[58] e mio fratello avevano aiutato a svestirsi. Questa principessa lo condusse da noi. Tutto il suo abbigliamento era conforme a quello della sposa, ma non era assolutamente così bello. Sua Maestà imperiale diede loro la sua benedizione, che ricevettero mettendosi in ginocchio ai suoi piedi. Li abbracciò teneramente e lasciò alla principessa d'Assia, alla contessa Rumjancev e a me la cura di metterli a letto. Volli parlarle dei ringraziamenti e della riconoscenza che le devo, ma questa grande principessa si schernì.»

Dobbiamo sempre alla penna di Giovanna Elisabetta una descrizione dell'appartamento riservato ai giovani sposi.

«Questo appartamento è di quattro grandi locali, uno più bello degli altri. Il più ricco è il gabinetto grande; la tappezzeria sopra uno sfondo di drappo d'argento ha un ricamo di seta con sfumature di un gusto ammirevole; tutto il mobilio è in sintonia: sedie, tende, porte. La camera da letto è in velluto rosso papavero che vira all'incarnato. È ricamato con pilastri e ghirlande in argento a rilievi; il letto ne è pieno. Tutto

---

[58] Oleksij Hrihorovyč Rozumov'kyj (1709-1771). Questo figlio di cosacco dovette la sua fortuna alla voce che lo fece notare e condurre alla corte dell'imperatrice Anna Ivanovna. La sua bellezza attirò l'attenzione della futura zarina Elisabetta Petrovna e ben presto il giovane ne conquistò la confidenza. Divenne amministratore di uno dei palazzi reali, supervisore di corte, ma soprattutto ebbe un ruolo fondamentale nella rivoluzione di palazzo che portò Elisabetta sul trono ai primi di dicembre del 1741. Fu nominato generale egli furono assegnati vari possedimenti terrieri. Rozumov'kyj fu uomo fedele e accompagnò per tutta la vita Elisabetta, con la quale probabilmente contrasse un matrimonio segreto, la cui documentazione fu poi distrutta per ordine di Caterina II. Rimase persona semplice e per questo fu rispettato da tutti, non suscitando in alcun modo invidie e rancori.

l'arredamento è intonato. È così bello, ha un'aria così particolare, così maestosa che desta a prima vista ammirazione.»

La serie di feste terminò con una cerimonia di un genere a parte, che non doveva essere mai più ripetuta. Per l'ultima volta si mise in acqua il *Diedouchka* (l'antenato) della flotta russa, un battello costruito, secondo la leggenda, dallo stesso Pietro il Grande. Con un ukase, del 2 settembre 1724, questi aveva ordinato che il battello fosse messo in acqua tutti gli anni al 30 agosto, e conservato per il tempo restante al monastero Aleksandr Newski[59]. Dopo la sua morte ci si dimenticò del suo ukase e del suo battello. Elisabetta se ne ricordò solo nel 1744. Ricominciò la cerimonia l'anno seguente, in occasione del matrimonio di suo nipote, e il tutto finì per sempre. Era stato necessario costruire una zattera per sorreggere il battello che non poteva più stare a galla. Elisabetta andò con grande pompa a bordo a baciare un ritratto di suo padre che era appeso a un albero.

Un mese più tardi, la principessa di Zerbst si separava per sempre da sua figlia e dalla corte di Russia. Prendendo congedo dall'imperatrice si sarebbe gettata ai suoi piedi chiedendole perdono per i fastidi che le aveva potuto creare. Elisabetta avrebbe risposto molto seccamente «che era troppo tardi per parlarne, ma che se la principessa fosse stata sempre così umile, sarebbe stato meglio per tutti». Nel racconto che ha fatto di questa scena, Giovanna Elisabetta parla solo di gentilezze dell'imperatrice, di reciproche tenerezze e di lacrime di rimpianto versate da una parte e dall'altra. Lo abbiamo già visto, le lacrime di corte erano la moneta corrente in quest'epoca e Giovanna Elisabetta, nonostante l'insuccesso dei suoi tentativi politici, non mancava certo di diplomazia nei suoi scritti.

Un colpo terribile l'attendeva a Riga. Una lettera di Elisabetta, che le fu recapitata in questa città, l'incaricava di sollecitare la corte di Berlino per l'immediato richiamo di Mardefeldt. Era la definitiva rovina delle speranze che Federico, normalmente più accorto, si era lasciato illudere a fondare sull'intervento della principessa presso l'imperatrice e che lei aveva lasciate sopravvivere. Era successo che il giorno stesso della partenza

---

[59] Il monastero di Aleksandr Nevskij, a San Pietroburgo lungo il fiume Neva, fu fondato nel 1710 da Pietro il Grande in onore della vittoria sugli svedesi del 1240.

di Giovanna Elisabetta da Pietroburgo, il 10 ottobre 1745, si era saputo dei passi intrapresi da Federico presso il novello sposo della principessa Luisa Ulrica e fratello della principessa di Zerbst, Adolfo Federico di Svezia, per sollecitarlo a far valere i suoi diritti sul ducato di Holstein. Federico giudicava il possesso di questo ducato incompatibile con il trono di Russia. Contemporaneamente arrivava la notizia dei primi successi delle armi prussiane sulla frontiera della Sassonia (a Sohr, 30 settembre), e il consiglio dell'impero, subito riunito, decideva che era opportuno inviare un corpo d'armata in soccorso del re di Polonia, minacciato nei suoi domini ereditari. Da quel momento, Mardefeldt, amico e alleato politico della principessa di Zerbst, e di conseguenza anche di suo fratello, diventava non gradito a Pietroburgo.

Giovanna Elisabetta riuscì così, senza molto faticare, a fare di sua figlia una granduchessa di Russia. Sotto tutti gli altri punti di vista e là dove aveva impiegato le risorse della sua mente e la sua infaticabile attività, il suo fallimento era completo. Si era anche messa in mente, di passaggio, di voler fare di suo marito un duca di Curlandia, e non aveva avuto più successo. Tuttavia, Caterina pianse, e non con lacrime di corte, la partenza di questa madre deplorevole. Ne conviene lei stessa. Dopo tutto era sempre una madre e la sola persona, in mezzo a tutte quelle nuove grandezze, del cui affetto non poteva sospettare, benché diffidasse dei suoi consigli. La sua partenza lasciò un grande vuoto intorno a lei. Da quel momento, in seno alla solitudine, elemento per eccellenza delle nature forti, che doveva incominciare la vera educazione della futura imperatrice, quella alla quale mademoiselle Cardel non aveva pensato.

CAPITOLO III

LA SECONDA EDUCAZIONE DI CATERINA

I

Caterina e suo marito devono tornare a scuola – Istruzioni redatte dal cancelliere Bestužev per i governanti delle Loro Altezze – Atto d'accusa – I peccati di Caterina – Intimità con i Černyšëv – Sterilità del talamo granducale – Di chi la colpa? – Lo scacco delle misure escogitate dal cancelliere

Malgrado la precocità della sua mente, Caterina non era che una bambina. A dispetto del suo nome ortodosso e del suo titolo ufficiale, non era che una straniera che un caso aveva chiamato in Russia per avervi un rango elevato e che aveva ancora tutto da fare per mettersi al livello di questa grande fortuna. Se per un momento ha potuto dimenticarlo, e sembra che ciò sia accaduto fino a un certo punto, qualcuno doveva incaricarsi di ricordarglielo, e anche abbastanza duramente. Vogliamo dire che, raggiunto il suo scopo, una volta maritata, pare che l'allieva di mademoiselle Cardel si sia un po' rilassata dal contegno che, fino a quel momento, le era valso l'unanime approvazione. Anche le «graziose istruzioni» di Cristiano Augusto parvero assenti dalla sua memoria. Ben presto doveva riceverne delle altre, e meno «paterne».

Alle date del 10 e dell'11 maggio 1746, cioè meno di nove mesi dopo la cerimonia del matrimonio, due documenti concernenti il granduca e la granduchessa furono sottoposti alla firma dell'imperatrice. Il loro oggetto apparente era determinare la scelta e regolare la condotta delle due «persone eminenti» che si intendeva mettere presso le Loro Altezze imperiali in qualità di maestro e maestra di corte. Il loro vero scopo era tutt'altro. Con il pretesto di provvedere a cariche che facevano parte del mandarinato ufficiale, era una coppia di veri e propri precettori e sorveglianti che veniva imposta a Caterina e al suo sposo. Li si rimandava a scuola, per così dire. E, con la scusa di indicare il programma di questa educazione complementare, era un atto di accusa in piena regola che si indirizzava contro il giovane ménage, la cui condotta aveva reso necessaria l'applicazione di questa misura. L'autore della requisitoria, il redattore dei due documenti, era Bestužev in persona.

L'opera del cancelliere ci è stata conservata. Abbonda di rivelazioni veramente straordinarie; tanto straordinarie da provocare la nostra incredulità se non fossimo in grado di aggiungervi un elemento di controllo. Questo elemento di controllo sono le *Memorie* di Caterina. Ciò che Bestužev afferma dei fatti e delle azioni di Caterina e del suo sposo in questo periodo della loro vita in comune, l'autrice della *Memorie* lo ripete in termini pressoché identici. Per certi aspetti, la penna di Caterina rincara la dose rispetto al cancelliere, ed è da lei che, anche per quanto riguarda la sua persona, apprendiamo i dettagli più scabrosi. Andiamo a giudicare.

La «persona eminente» chiamata a tener compagnia al granduca, si impegnerà, leggiamo nel documento del cancelliere, a correggere certe abitudini malsane di Sua Altezza, come, ad esempio, quando è a tavola, spargere il contenuto del suo bicchiere sulla testa del personale di servizio, interpellare coloro i quali hanno l'onore di essergli vicini, e persino personaggi stranieri ammessi alla corte, con frasi volgari e scherzi indecenti, sfigurarsi in pubblico con smorfie e contorsioni continue del corpo...

«Il granduca – leggiamo nelle *Memorie* – trascorreva il suo tempo con puerilità inaudite per la sua età... Si fece costruire un teatro di marionette nella sua camera; era la cosa più sciocca al mondo... Il granduca letteralmente trascorreva il suo tempo in compagnia dei servitori... Il granduca irreggimentò tutto il suo seguito: i domestici della corte, i cacciatori, i giardinieri, tutti ebbero il moschetto sulla spalla;... il corridoio di casa serviva loro come corpo di guardia... Il granduca mi rimproverò parecchio per l'estrema devozione alla quale, secondo lui, mi dedicavo; ma non avendo altri con cui parlare durante la messa, smise di tenermi il broncio. Quando il granduca seppe che proseguivo a mangiare di magro, mi sgridò parecchio...»

La stessa figura di ragazzo maleducato e screanzato, dalle predisposizioni viziose, compare da una parte e dall'altra, con qualche tratto più marcato, nella seconda.

Vediamo ora quanto vi era riguardo a Caterina. Tre lagnanze principali sono esposte contro di lei dal cancelliere: negligenza nella pratica della religione ortodossa; ingerenza proibita negli affari di stato, quelli dell'impero o quelli del granducato di Holstein; eccessiva familiarità con le giovani signore che frequentano la sua corte, i gentiluomini di camera e persino i paggi e i valletti. Quest'ultimo punto è, evidentemente, di maggiore gravità; è quello su cui Caterina si è spiegata in modo più chiaro nelle sue *Memorie*, e queste spiegazioni non lasciano alcun dubbio sulla familiarità, per non dire di più, delle relazioni che, in questo periodo, si erano stabilite tra lei e almeno tre dei giovani che frequentavano la corte: i tre fratelli Ĉernyŝëv, tutti e tre alti, ben fatti e che godevano un particolare favore da parte del granduca. Il maggiore, Andrea, il più brillante cavaliere dei tre, era il preferito di Pietro e lo divenne ben presto anche di Caterina. Lo chiamava affettuosamente il suo «piccolo figlio»; egli le aveva dato il soprannome di «piccola madre», molto in voga in Russia e che di per sé non implicava alcun rapporto equivoco. Ne risultava, quindi, un'intimità che poteva apparire eccessiva. Pietro non solo tollerava tutto questo, la incoraggiava e la spingeva all'eccesso, fino a dimenticare le convenienze più elementari. Amava l'eccesso in tutte le cose e non gli importava di essere maleducato, né che altri lo fossero intorno a lui. Quando Caterina era ancora la sua fidanzata, Andrea aveva dovuto fargli ricordare che la figlia della principessa di Zerbst era destinata a chiamarsi granduchessa di Russia e non signora Ĉernyŝëv. Pietro si divertì moltissimo sentendo quell'espressione, che gli parve molto ridicola, ed ebbe come conseguenza che da quel momento appioppò all'amico il soprannome di «fidanzato di Caterina». «Il vostro fidanzato», le diceva parlando del giovane. Caterina, da parte sua, confessa di essersi messa nella condizione di farsi rimproverare, a questo proposito, da un semplice domestico, il suo valletto di camera Timofeï Ievreïnof, che pensò di avvertirla dei pericoli ai quali si esponeva. È vero che afferma di aver agito in tutta innocenza e inconsapevole sia del male sia del pericolo. Timofeï avvisò anche Ĉernyŝëv che, dietro suo consiglio, si diede ammalato per qualche tempo. Tutto ciò accadeva durante il carnevale del 1746. In aprile, all'epoca dello spostamento abituale della corte dal Palazzo d'inverno al Palazzo d'estate, Ĉernyŝëv riappare e subito cerca di entrare nella stanza di Caterina. Lei gli sbarra il passaggio, senza pensare tuttavia di chiudere la porta, il che sarebbe stato certamente più prudente. Tiene la porta semiaperta e continua una conversazione che probabilmente trova interessante. All'improvviso compare il conte Devierre, uno degli eroi della guerra dei Sette anni[60], che svolge in quel momento alla corte le funzioni di ciambellano e, a quanto pare, anche quelle di spione. Dice alla granduchessa che è richiesta dal granduca. Il giorno seguente, i Ĉernyŝëv sono licenziati dalla corte e, nello stesso giorno, «la dama eminente» incaricata di sorvegliare la condotta di Caterina fa la sua apparizione. La coincidenza è significativa, inoltre, Elisabetta non si limita a questo. Impone sia a Caterina sia allo stesso Pietro una specie di ritiro, nel corso del quale Simon Teodorski, lo zelante archimandrita, divenuto vescovo di Pskof, è incaricato di interrogarli sulle loro relazioni con i Ĉernyŝëv. Costoro, messi agli arresti, subiscono un interrogatorio ancora più insistente e probabilmente meno benevolo. Da una parte e dall'altra nulla viene confessato. Ciononostante, Caterina parla di una corrispondenza che ha trovato modo di intrattenere con Andrea Ĉernyŝëv, anche nel periodo che questi trascorse in prigione. Lei scriveva, lui rispondeva; gli dava delle commissioni che egli espletava. Ammettiamo ancora che agì innocentemente. Troveremo l'occasione per essere meno indulgenti.

I rimproveri formulati a Caterina su questo delicato punto si collegavano, nel pensiero del terribile cancelliere, a un altro ordine di idee, in merito al quale intendeva denunciare precipuamente la sua responsabilità. Erano passati nove mesi, ricordiamo, da quando la granduchessa era entrata nel suntuoso letto nuziale così compiacentemente descritto da sua madre, e l'eredità del trono non era ancora stata assicurata. Nessuna speranza era stata ancora data a questo riguardo a chi si preoc-

---

[60] La Guerra dei Sette anni (1756-1763) vide contrapposte Austria, Francia, Russia, Polonia e Svezia a Gran Bretagna e Prussia. Si concluse con il Trattato di Parigi del 10 febbraio del 1763.

cupava per il futuro del trono. A chi bisognava attribuire il fallimento? Le istruzioni redatte da Bestužev per la futura governante lasciano chiaramente sottintendere la risposta alla quale era propenso personalmente. Nella prospettiva di assicurare l'eredità del trono, la granduchessa dovrà, dicono, essere impegnata «a prestarsi più docilmente che non in passato ai gusti di suo marito, a dimostrasi compiacente, gradevole, amorosa, ardente se occorre, a impiegare insomma tutti i mezzi in suo potere per ottenere la tenerezza di suo marito e assolvere il suo compito...»

Caterina si è preoccupata, scrivendo le sue *Memorie*, di dare particolare rilievo a quest'accusa: «Se il granduca avesse voluto essere amato, la cosa non era per me difficile. Ero naturalmente incline e abituata ad assolvere ai miei doveri...»

Queste disposizioni naturali appaiono, in effetti, sfidare ogni contestazione. Ma Pietro, da parte sua, a dispetto delle bizzarrie del suo carattere e del suo temperamento, non sembrava minimamente aver manifestato a questo proposito repulsioni contrarie al normale ordine delle cose. Appena giunto in Russia, a quattordici anni, l'abbiamo visto invaghirsi della *freiline* Lapukhine. Più tardi, un'altra *freiline*, mademoiselle Carr, se lo porta dietro e questo vale a Caterina delle nuove confidenze su un amore ugualmente pieno di ardore. Nel 1756, si urta con la signorina Chafirof, litiga con la celebre Vorontsov, con la quale deve riconciliarsi successivamente, e amoreggia con madame Tieplof. Oltre a questo, come compagnia a pranzo, gli portano una piccola cantante tedesca. Nel frattempo, ha corteggiato una signora Cédrappe, una principessa di Curlandia e diverse altre bellezze. Il problema resta quindi nella sua interezza. Bisogna forse cercarne la soluzione in questo passaggio di un documento molto interessante che è stato pubblicato solo recentemente e che, d'altronde, trova conferma in precedenti testimonianze, seppure messe in dubbio?[61]

«Il granduca, senza saperlo – scrive Champeaux in una memoria redatta per il gabinetto di Versailles, nel 1758 – è impossibilitato ad avere figli per un impedimento al quale la circon-

---

[61] (N.d.A.) Riportato in modo alquanto incompleto da Bilbasov negli allegati del primo volume della sua *Histoire de Catherine*. Noi ci serviamo del testo originale che è depositato presso gli Affari esteri. Vol. 57. Russia

cisione pone rimedio presso i popoli orientali, ma che egli ritiene insuperabile. La granduchessa, alla quale non piace più e che non è ancora convinta della necessità di avere eredi, vive senza angoscia questa situazione.»

Castéra, da parte sua, scrive: «Era tale la vergogna che lo opprimeva per tale disgrazia che (il granduca) non ebbe neanche il coraggio di rivelarla, e la principessa, che non riceveva più le sue carezze se non con ripugnanza e che allora non era più esperta di lui, non pensò né a consolarlo né a cercare un modo perché rimanesse tra le sue braccia.»

L'avvenire, bisogna dirlo, si è incaricato di dare ragione a Caterina e ai suoi difensori. Ebbe dei figli, e ne ebbe o parve averne da suo marito. E, aggiungiamo, i mezzi immaginati dal cancelliere per raggiungere questo risultato non c'entrarono per nulla. Qualunque cosa si pensi, per altri aspetti, dei meriti e delle capacità di quest'uomo di stato, è certo che questa volta non ebbe una grande ispirazione. Probabilmente, era più capace di amministrare un grande impero che non a governare un giovane matrimonio. La stessa scelta della governante, chiamata a rimpiazzare vicino a Caterina l'indulgente signorina Cardel, non fu felice. Maria Simonovna Tchoglokov, nata Hendrikov, che ebbe quest'onore, aveva appena ventiquattro anni. Pur essendo bella, rimaneva saggia; amava suo marito e aveva dei figli: questo, probabilmente, ispirò la fiducia dell'imperatrice e del suo cancelliere. Si trattava di mettere sotto gli occhi della coppia granducale un'unione virtuosa. L'esempio, ahimè, finì male! Madame Tchoglokov aveva della capacità, ma mancava di esperienza. Riuscì ben presto a farsi prendere in antipatia; non seppe né far rispettare la sua autorità, né esercitare una sorveglianza efficace. Ben presto divenne un gioco metterla in fallo e un'eccitazione la ricerca di piaceri proibiti. Il marito di Maria Simonovna era a Vienna in missione quando sua moglie fu chiamata a occupare il suo nuovo incarico. Egli ritornò solo per invaghirsi perdutamente di una della *freiline* della granduchessa, la signorina Kochelef. Essendo innamorato, fu doppiamente cieco, adoperandosi perché anche sua moglie lo fosse. È così che sotto gli occhi di costei il conte Cirillo Razumovskij[62], fratello del favorito dell'imperatrice, potette comodamente fare alla granduchessa una corte se non intraprendente, certamente assidua. Qualche mese dopo, accadde di peggio. Il marito della governante, lasciata la bella *freiline*, bruciò egli stesso per colei che sua moglie era incaricata di sorvegliare. Il granduca, nel frattempo, correva dietro a tutte le compagne delle signorina Kochelef, e meno che mai era possibile il riavvicinamento di cui madame Tchoglokov era incaricata.

Del resto, era un'idea strana e disgraziata di per se stessa, come i fatti hanno provato, il volere trattare come una ragazzina una persona maritata e una granduchessa di Russia. Fu espressamente vietato a Caterina scrivere direttamente e personalmente a chiunque, anche a suo padre e sua madre. Doveva limitarsi a firmare le lettere che sarebbero state redatte per lei dal collegio degli Affari esteri, vale a dire dalla segreteria di Bestužev. Era, si può dire, invitare Caterina alla pratica della corrispondenza segreta, così in voga a quest'epoca. Si guardò bene dall'astenersi. In quel periodo arrivò alla corte di Pietroburgo un signore italiano di nome Sacromoso, cavaliere di Malta. Da molto tempo non si erano visti in Russia cavalieri di Malta. Gli fecero grandi onori. Un giorno, baciando la mano della granduchessa, le fece scivolare un biglietto: «È di vostra madre», mormorò in modo tale da non essere sentito da alcuno. Nello stesso tempo, le indicava un musicista dell'orchestra del granduca, un compatriota di nome Ololio, come la persona che si sarebbe incaricata di trasmettergli la risposta. Caterina cacciò velocemente il biglietto nel proprio guanto. Certo non era per lei la prima volta. Del resto, Sacromoso non l'aveva in-

---

[62] Kirill Grigor'evič Razumovskij (1728-1803). Fratello di Aleksej, il favorito di Elisabetta I, fu introdotto alla corte imperiale a quattordici anni, nominato paggio, e si trasferì a Göttingen e poi a Berlino per frequentarne le Università. A diciotto anni venne nominato presidente dell'Accademia imperiale di Scienze e Lettere, una carica puramente onorifica essendo la responsabilità di fatto della conduzione a carico del direttore. Nel 1749, fu nominato luogotenente generale del reggimento imperiale Ismaïlovski che ebbe un ruolo fondamentale nel colpo di stato che portò Caterina sul trono. Successivamente, fu senatore e aiutante generale. L'anno successivo venne eletto atamano dei cosacchi ucraini, funzione che mantenne sino al 1764, quando Caterina II decise di eliminare tale carica, a seguito della sua dichiarazione di sovranità sulle terre ucraine e l'eredità di tale titolo. Nei due anni successivi, Kirill fu in viaggio per l'Europa, ma gli venne comunque vietato di rientrare nella Piccola Russia (Ucraina). Il suo ruolo in questi territori fu preso, nel 1776, dal principe Potëmkin.

gannata: era proprio sua madre che le scriveva. Scritta la risposta, seguì per la prima volta con attenzione i concerti del granduca. Non aveva passione per la musica. L'uomo che le era stato indicato, avendo visto che lei si avvicinava, fece cadere, senza farsi notare, il proprio fazzoletto, in modo tale da lasciare aperta in modo ampio la tasca del suo vestito. Caterina si avvicinò e lasciò cadere il suo biglietto in questa improvvisata buca della posta, così si stabilì la corrispondenza. Durò per tutto il periodo in cui Sacromoso rimase a San Pietroburgo. Così viene beffata la saggezza degli uomini di stato e la potenza delle imperatrici, quando accade loro di non poter contare su quell'altra potenza che è la giovinezza e su quell'altra assennatezza, che consiglia di non abusare del potere.

II

Nuove severità – Mutamenti nei familiari di Caterina – Partenza di Mardefeldt – Caduta di Lestocq – Nuovi servitori della granduchessa - Chkourine – La Vladislavova – Abbandono e solitudine

Mentre le davano una governante, cercarono anche di allontanare da Caterina tutte le persone che fino a quel momento avevano fatto parte della sua abituale compagnia o della sua cerchia più intima. Vide partire senza rimpianti, è certo, l'holsteinese Brümmer, tanto più che fu chiamato a sostituirlo, come maresciallo della corte del granduca, il principe Repnin, «uno dei russi più amabili che io conosca e una delle migliori teste del paese», scriveva d'Allion. Anche Caterina lo stimava molto. Le ispirava la più grande fiducia. Purtroppo, fece solo una fugace apparizione in questa funzione e fu rimpiazzato dal marito della governante, il molto infiammabile, ma poco amabile, Tchoglokov. Caterina lo detestò altrettanto e non si lasciò disarmare dalle sue persecuzioni amorose. Ben presto tutti i servitori della granduchessa scomparvero a uno a uno. Le tolsero persino una cameriera finlandese alla quale era affezionata. Poi fu il turno del fedele Timofeï Ievreïnof, che le dava buoni consigli. È anche vero che le rendeva servizi che lo erano meno, come consegnarle una lettera di Andrea Černyŝëv, di passaggio a Mosca e sulla strada per la Siberia. Anche Timofeï fu esiliato a Kazan. È così che andavano le cose in Russia. Vi divenne prefetto di polizia e colonnello. Rimase un uomo onesto e non si arricchì nel suo incarico, poiché, circa sedici anni dopo, Caterina scriveva al suo referendario Alssoufiof: «Vi affido la cura di trovare un posto, o per dirlo in una parola, di dare del pane ad Andrea Černyŝëv, generale aiutante di campo del defunto imperatore, e al colonnello in pensione Timofeï Ievreïnof . . . In nome di Dio, liberatemi dalle loro suppliche: hanno sofferto per me un tempo e io li lascio sul lastrico, per non sapere cosa farne».

Ma è soprattutto con gli stranieri vicini alla persona del granduca e della granduchessa, o che godono della loro fiducia, che Bestužev si accanì. Il 29 aprile 1747, d'Allion annunciava la partenza per la Germania del signor de Bredal, «gran capocaccia di Sua Altezza, in qualità di duca di Holstein, del signor Duleschinker, suo ciambellano, nipote di Brümmer, del signor Crames, suo valletto di camera, «vicino a Sua Altezza sin dalla più tenera infanzia», del signor Schtälin, suo maestro di storia, del signor Schariber, «suo mercante», e del signor Bastien, suo cacciatore. Gli unici stranieri che restano alla corte, osservava, sono il maresciallo Münnich, che non gode di alcun credito, e Lestocq, «che la sua lancetta[63], certe apprensioni facili a indovinare e la conoscenza di un infinito numero di aneddoti sostengono ancora un po'».

Attorno a Caterina si faceva il vuoto. Nel giugno 1746, l'inviato di Federico, l'amico e il confidente di sua madre, Mardefeldt, era obbligato a lasciare definitivamente il suo posto. Due anni dopo, a un ballo di corte, avvicinandosi all'«uomo della lancetta», ultimo rappresentante dell'influenza francese, Lestocq fece l'atto di schivare il colloquio: «Non avvicinatevi – mormorò – sono una persona sospetta!» E ripeté ancora: «Non avvicinatevi!» Aveva il volto arrossato e gli occhi smarriti. Caterina credette che avesse bevuto. Tutto questo accadeva l'11 novembre 1748, un venerdì. Il mercoledì precedente era stato arrestato un francese di nome Chapuzeaux, parente di Lestocq, e capitano del reggimento di Ingermanland. Due giorni dopo, Lestocq subiva la stessa sorte. Era accusato di intrattenere relazioni segrete e pregiudizievoli per la Russia con

---

[63] Si riferisce allo strumento per praticare i salassi.

le corti di Francia, di Prussia e di Svezia. Fu messo alla tortura e sopportò coraggiosamente spaventosi tormenti, non confessò né tradì alcuno. Rimase un anno in prigione e fu infine relegato a Ouglitch, sul Volga.

Questa catastrofe, probabilmente, completò la costruzione di Caterina sul valore delle concezioni politiche di cui sua madre aveva voluto lasciarle l'eredità, e sulla fragilità dei loro punti di appoggio. Accelerò così l'opera di trasformazione e di assimilazione alla quale la fidanzata di Pietro si era dedicata istintivamente imparando la lingua della sua nuova patria e facendo appello al ministero spirituale dell'archimandrita Todorski. Uno scrittore russo ha scoperto un sintomo caratteristico dei rapidi progressi compiuti dalla granduchessa su questa via, commentando a suo modo un brano delle *Memorie* relativo a quel periodo. Il rimpiazzo di Timofeï Ievreïnof, un certo Chkourine, che si era messo in testa di fare la spia a discapito di Caterina, fu raggiunto da questa in un'anticamera, dove abitualmente stazionava, che gli diede un sonoro schiaffone e aggiunse che gli avrebbe fatto impartire una sonora strigliata. Era già, sembrava, agire da vera russa di buona razza, una principessa tedesca non avrebbe mai agito in quel modo. Lasciamo, beninteso, al suo autore (Bilbasov) la responsabilità di questa interpretazione.

È d'altra parte certo, che il succedersi di gente intorno a lei ha avuto come conseguenza di far conoscere a Caterina molte persone, di permetterle lo studio di un gran numero di *campioni* umani e di costringerla a cambiare di fronte a temperamenti, a situazioni e a combinazioni tanto diverse i suoi propri modi di agire. Se questo apprendistato non le diede una conoscenza degli uomini che non ebbe mai, nondimeno gli deve, in parte, la prodigiosa elasticità e resistenza di carattere di cui diede prova più tardi, con la capacità non meno straordinaria di trarre profitto dagli uomini buoni o cattivi che le capitavano sotto le mani (poiché non seppe mai sceglierli) facendo in modo che rendessero tutto quello che erano capaci di dare.

Del resto, i cambiamenti che le si imponevano non tutti le dispiacevano o, perlomeno, non la disturbarono a lungo. Chkourine si dimostrò in seguito un servitore fedele e discreto e, sostituendo la tedesca Kruse, la sua prima cameriera, con la russa Prascovia Nikitichna Vladislavova, Caterina fece un eccellente scambio e un'acquisizione di grande valore. Prascovia non fu solo un'eccellente devota cameriera, ma contribuì più di tutti a iniziare la futura zarina alla vita che ormai doveva essere la sua, all'intimità stessa del popolo che era chiamata a governare. Conosceva tutto di quella vita, oscura sotto molti aspetti e inaccessibile come un libro chiuso: il passato, ivi compresi i minuti dettagli degli aneddoti; il presente compresi i più piccoli pettegolezzi della città e della corte. Di ogni famiglia, si ricordava di quattro o cinque generazioni e sgranava senza interrompersi il rosario delle parentele, padre, madre, antenati e cugini, ramo paterno e materno, ascendenti e discendenti. Fine come l'ambra e piena di risorse. La vedremo all'opera. Dopo la signorina Cardel, è lei che ha fatto di più per l'educazione di Caterina, l'una preparando la futura amica dei filosofi, l'altra la *matuchka gassudarinia*, la *piccola madre* cara ai russi. Ma, lo ripetiamo, la reale educatrice della grande sovrana fu in questo periodo la solitudine, dove l'abbandono di suo marito e il successivo allontanamento degli altri sostegni naturali la isolavano, malgrado tutto, in questa corte che, dal principio, non le creò un'esistenza molto gradevole e che, oltre la brillante facciata, non tardò a farle conoscere miserie di ogni sorta. È il momento per noi di gettare una rapida occhiata in quell'ambiente dove dovevano trascorrere per lei lunghi anni di prova, d'attesa e di lotta valorosamente sostenuta fino all'ultimo.

III

Interno della corte – Disordine materiale – Come si costruisce un palazzo imperiale e come vi si alloggia – Primi tentativi poetici di Caterina - Disordine morale – Che cosa si vede dal buco di una porta – La vita coniugale col granduca – Gusti e abitudini intime di Pietro – I cani – Il bere – I soldati di gesso e le fortezze di cartone – Le distrazioni di Caterina – La caccia – L'equitazione – La danza – La lettura

La Russia del diciottesimo secolo è una costruzione tutta di facciata. È uno scenario teatrale. Pietro I si è impegnato nel portare la corte ad un livello europeo e i suoi successori, almeno sotto questo aspetto, hanno mantenuto e sviluppato la sua opera. A San Pietroburgo e a Mosca, Elisabetta è circondata, abbiamo visto, di tutte le pompe e magnificenze in uso negli altri paesi civilizzati. Ha dei palazzi dove si susseguono lunghe file di saloni con le pareti ricoperte di alti specchi, con pavimenti intarsiati, con soffitti dipinti da grandi maestri. Dà feste dove si accalca una folla di cortigiani vestiti di velluto e di seta con guarnizioni d'oro, tempestati di diamanti, dove le dame della sua cerchia comparivano vestite all'ultima moda, con la cipria nei capelli, rossetto sulle labbra e una mosca assassina all'angolo della bocca. Ha un seguito, un impianto di casa, una teoria di ciambellani, di dame d'onore, di ufficiali di corte e di domestici che, per il numero e il lusso delle uniformi, probabilmente non hanno pari in Europa. Secondo alcune testimonianze di contemporanei, di cui alcuni scrittori russi moderni si sono fidati forse troppo, pensiamo, la residenza imperiale di Peterhof supera in magnificenza Versailles. Per poter giudicare bisogna guardare un po' più da vicino tutti questi splendori.

E, in primo luogo, per la maggior parte essi hanno un lato precario ed effimero che toglie gran parte del pregio. I palazzi di Sua Maestà, come quelli dei suoi sudditi più ricchi, sono quasi tutti in legno. Quando bruciano, e questo accade di sovente, tutte le ricchezze che vi si trovano ammucchiate, mobili preziosi e oggetti d'arte, scompaiono nel disastro. Quando li ricostruiscono lo fanno sempre frettolosamente, senza preoccuparsi di fare un'opera durevole, e senza cura. Il palazzo di Mosca, che ha tre chilometri e mezzo di circonferenza, brucia in tre ore sotto gli occhi di Caterina. Elisabetta ordina che sia ricostruito in sei settimane, ed è obbedita. Immaginiamo cosa valga la costruzione. Le porte non si chiudono, le finestre lasciano passare l'aria, i camini fumano. La casa dell'arciprete di Mosca, dove Caterina trova un riparo dopo l'incendio del palazzo, prende fuoco tre volte durante la sua permanenza.

Inoltre, non vi è alcuna idea di comodità o di agio in queste dimore tutte di apparato esteriore. Ovunque sale di ricevimento suntuose, magnifiche gallerie per i balli e i pranzi di gala e appena un angolo come alloggio: qualche gabinetto stretto, privo d'aria e di luce. L'ala del Palazzo d'estate a San Pietroburgo, dove abita Caterina, ha un lato colla vista sulla *Fontanka*, che all'epoca è un mare di fango fetido; dall'altro dà su un cortile di pochi metri quadrati. A Mosca è ancora peggio: «Alloggiavamo – scrive Caterina – in un'ala costruita in legno, edificata di nuovo quest'autunno, così che l'acqua colava dalle tappezzerie e tutti gli appartamenti erano stranamente umidi. Quest'ala aveva due file di cinque o sei stanze ciascuna, di cui quella sulla strada era per me e l'altra per il granduca. Nella camera che doveva servirmi da toilette, alloggiavano le mie ragazze e dame con le loro cameriere, di modo che erano diciassette tra ragazze e donne in una stanza che aveva sì quattro finestre, ma nessuna uscita se non attraverso la mia camera da letto per la quale, per ogni genere di necessità, erano obbligate a passare... Oltre a questo, la loro sala da pranzo era una delle mie anticamere.» Fu fatta, per questo personale femminile, un'uscita sull'esterno, con una semplice piattaforma appoggiata a una delle finestre dell'abitazione e una scala che la collegava a terra. Siamo ben lontani, lo vediamo, da Versailles. A volte, Caterina finiva col rimpiangere la sua modesta casa vicino al campanile di Stettino o a pensare con ammirazione al palazzo di suo zio Giovanni a Zerbst o a quello di sua nonna ad Amburgo, massicce ma solide e spaziose costruzioni di pietra che datavano al sedicesimo secolo. E si vendicava delle scomodità che la perseguitavano attraverso l'apparato decorativo delle sue nuove installazioni di principessa russa, rimando questi versi, che sono stati ritrovati tra le sue carte:

> Gianni fece una magione
> senza rima né ragione;
> ci si agghiaccia nell'inverno,
> brucia, in estate, come inferno;
> e di scale, ahimè, mancando
> ci si entra arrampicando.

Se i palazzi di Elisabetta erano costruiti malamente, non erano meglio i mobili, e per buoni motivi. Destinare un mobilio qualsiasi a una data residenza era, nella Russia dell'epoca, cosa sconosciuta. I mobili erano relativi a una determinata persona e la seguivano nei suoi spostamenti. Era come un prolungamento della vita nomade dei popoli orientali. Tappezzerie, tappeti e specchi, letti, tavole e sedie, oggetti di lusso e oggetti d'uso comune seguivano la corte dal Palazzo d'inverno al Palazzo d'estate, da Peterhof alla volta di Mosca. Va da sé che una parte di questi oggetti si deteriorava o andava persa. Si arrivava così a un bizzarro miscuglio di magnificenza e di povertà. Mangiavano con vasellame d'oro posato su tavoli che traballavano, perché magari avevano qualche pezzo logorato. In mezzo a capolavori dell'ebanisteria francese o inglese non c'era dove sedersi. Nella casa di Tchoglokov, che Caterina dovette occupare per qualche tempo a Mosca, non trovò alcun mobile. La stessa Elisabetta spesso non stava meglio. Ma si serviva tutti i giorni di una tazza che Rumjancev le aveva portato da Costantinopoli e che era costata 8.000 ducati.

A questo disordine materiale e a quella specie di sfacelo perpetuo che ne conseguiva e in cui si sfasciava la maestà della pompa imperiale, corrispondeva, nell'ordine morale, una specie di trasandatezza intima, nella quale, attraverso l'apparato di una pompa estrema e di un'etichetta raffinata, affondava in ogni momento la stessa dignità del trono. Possiamo farcene un'idea con il seguente aneddoto, di cui Caterina ci ha fatto il racconto nelle sue *Memorie*. Poco prima dell'intervento di Bestužev, che aveva portato nella cerchia di Caterina e del suo sposo i cambiamenti di cui abbiamo precedentemente parlato, Pietro si era reso colpevole di un misfatto che aveva certo contribuito, se non provocato e perlomeno giustificato, la severità del cancelliere e deciso l'imperatrice ad approvarla. La stanza dell'appartamento dove il granduca aveva installato le sue marionette comunicava con una porta, che era stata chiusa quando si era insediata la giovane corte, con uno dei saloni dell'imperatrice. Elisabetta aveva fatto approntare un tavolo in questo salone e vi pranzava talvolta con qualche persona. Erano delle colazioni intime. La tavola era preparata in modo che si poteva fare a meno dei domestici. Un giorno che aveva sentito del rumore in questo salone, lo scoppio delle voci animate e il tintinnio gioioso del bicchieri che si toccavano, Pietro immaginò si servirsi di un succhiello per fare parecchi buchi nella porta di comunicazione. Il suo occhio incollato a queste aperture, vide l'imperatrice seduta a tavola con il gran capo caccia Rozumov'kyj, suo favorito del giorno, vestito con una semplice veste da camera. Una dozzina di cortigiani teneva compagnia a questa coppia familiare. Pietro si divertì moltissimo a questo spettacolo e, non contento di goderne personalmente, si affrettò a chiamare Caterina per prenderne parte. Più prudente, la granduchessa declinò l'invito. Fece anche intendere a suo marito la sconvenienza e il pericolo di un tale divertimento. Non le diede retta e, in mancanza di lei, portò le dame del suo entourage, facendole salire su sedie e sgabelli per aiutarle a vedere meglio, come in un anfiteatro davanti a questa porta dietro la quale si mostrava il disonore della sua benefattrice. L'avventura non tardò ad essere scoperta; la collera di Elisabetta non ebbe limite. Arrivò a ricordargli che anche Pietro I aveva avuto un figlio ingrato. Era come dire che la sua testa non era più salda sulle spalle di quanto lo fosse stata quella dello sventurato Alessio[64]. Ma tutti a corte seppero dell'incidente e si divertirono a loro volta.

Quanto a Caterina, non c'è dubbio che ne ricavò una lezione, se non di morale, cosa che in apparenza non sembra, almeno di saggezza pratica. Se a sua volta ebbe dei favoriti in veste da

---

[64] Aleksej Petrovič Romanov (1690-1718). Triste, travagliata e con tragico finale fu l'esistenza di Aleksej Petrovič Romanov, figlio di Pietro il Grande e della sua prima moglie Evdokija Lopuchina, che lo zar obbligò, dopo dieci anni di matrimonio e rinchiudersi in un convento. La formazione e il carattere di Alessio risentirono profondamente dei pessimi rapporti tra i genitori e, come conseguenza diretta, la sua educazione fu affidata a un tutore e poi a insegnanti che gli impartirono lezioni di storia, geografia, matematica e francese. Fu destinato dal padre alla carriera militare che, peraltro, lo giudicava debole di carattere. Dopo essere stato inviato in diverse missioni, nel 1709, si recò per un anno a Dresda, dove completò gli studi di francese, tedesco, matematica e fortificazioni militari. Anche il suo matrimonio, deciso dal padre, non fu fortunato. Sposò la principessa Carlotta Cristina di Braunschweig-Wolfenbüttel (1694-1715), la cui sorella, Elisabetta Cristina aveva sposato Carlo VI del Sacro Romano Impero. Carlotta Cristina morì dando alla luce il secondogenito Pietro, futuro zar. Nel frattempo, Alessio continuava a essere inviato dal padre in numerose missioni e, nell'aprile del 1712, dovette seguire il padre in una ispezione in Finlandia, dove incontrò quelle che divenne la sua amante, di nome Afrosina. Alla morte di Carlotta Cristina, nell'ottobre 1715, Pietro il Grande, con una lettera, richiamò ancora una volta il figlio ai suoi doveri di erede al trono, minacciandolo di negargli il diritto di successione. Alessio rispose chiedendo di ritirarsi in convento. Ebbe così inizio la rottura definitiva tra padre e figlio, che si consumò l'anno successivo quando Alessio fuggì a Vienna e si pose sotto la protezione del cognato, Carlo VI. Fece sapere al padre che sarebbe tornato in patria solo se gli fosse stato consentito rinunciare al trono e sposare Afrosina. Al suo rientro, nel gennaio del 1718, Pietro fu pervicacemente deciso a scoprire le ragioni della fuga del figlio e allo scopo istituì un tribunale speciale. Fu estorta ad Alessio una confessione, nella quale coinvolgeva anche numerosi suoi amici, che vennero torturati e uccisi, e solo allora gli fu concesso di rinunciare pubblicamente al trono. Furono estorte nuove confessioni contro Alessio che fu accusato di voler detronizzare il padre. Nella contraddizione di un traditore che chiede di ritornare in patria pacificamente e di rinunciare al trono, Pietro affida la questione al Consiglio di Stato che dichiarò Alessio colpevole, condannandolo a morte. Fustigato più e più volte, Alessio morì nella Fortezza di San Pietro e Paolo il 26 giugno 1718.

camera vicino a lei, si preoccupò che non fossero visti attraverso il buco di una porta. Li nascose o li impose al rispetto delle folle con il prestigio di una messa in scena incomparabile. Ma in questo periodo, ricevette da Elisabetta altri preziosi insegnamenti. Se si asteneva dal violare il segreto dei banchetti a porte chiuse nel corso dei quali l'imperatrice si lasciava andare a dimenticare la sua grandezza, assisteva certamente, dopo la partenza della principessa di Zerbst, il 25 novembre, alla festa di gala destinata a celebrare tutti gli anni il ricordo del giorno dell'ascesa al trono della figlia di Pietro il Grande. Nella grande sala del Palazzo d'inverno, erano stati messi i coperti per trecentotrenta sottufficiali e soldati del reggimento che, quel giorno, avevano accompagnato Elisabetta alla conquista della sua corona. L'imperatrice, indossando l'uniforme da capitano, stivaloni alti, spada al fianco e penna bianca sul berretto prendeva posto in mezzo ai suoi «camerati». I dignitari di corte, gli alti ufficiali e i ministri stranieri si accomodavano in un salone vicino. È probabilmente per aver visto di buon'ora e meditato su simili spettacoli che Caterina seppe, venuto il momento, indossare con tanta graziosa disinvoltura la livrea guerriera e sollevare attorno a sé l'entusiasmo e il concorso di quegli stessi granatieri, preparati, questi sì, dalle lezioni del passato, agli arditi colpi di mano.

Occupato sovente fuori di casa nei suoi piaceri o nei suoi amori, il granduca per capriccio diveniva, ciononostante, assiduo presso sua moglie. Questi momenti non erano i migliori. Nel corso di un intero inverno, non parlò a Caterina che del progetto che aveva concepito di costruire vicino alla sua casa di campagna un luogo di riposo e di piacere che sembrasse un convento di frati cappuccini. Caterina, per essere gentile con lui, dovette disegnare cento volte per modificare senza sosta il piano di questa costruzione. Ma non era la prova più dura. La presenza del granduca comportava altre servitù, quella, per esempio, della costante vicinanza di una muta di cani messa nell'appartamento coniugale così che lo infestavano con un puzza insopportabile. Poiché un ordine dell'imperatrice aveva vietato questo genere di divertimenti, Pietro aveva pensato di mettere il suo canile nell'alcova comune, dove le notti di Caterina divennero ben presto un supplizio. Il giorno, gli abbai o le grida penetranti degli animali spesso trattati a colpi di bastone non le lasciavano un attimo di riposo. Se la muta taceva, Pietro afferrava il violino e lo suonava di stanza in stanza, senza altra preoccupazione di far produrre dallo strumento il maggior frastuono possibile. Aveva il gusto del chiasso. Ebbe anche sin dall'inizio e sempre di più quello del bere. A partire dal 1753, si ubriacò «quasi giornalmente». E su questo tema, Elisabetta non era disgraziatamente in grado, per buone ragioni, di esercitare un'efficace repressione. Talvolta, il granduca ritornava alle sue marionette. Una volta, Caterina lo trovò in grande uniforme, con stivali, speroni e spada sguainata, davanti a un topo appeso in mezzo alla stanza. Informatasi, seppe che si trattava di un'esecuzione militare: poiché lo sfortunato topo aveva avuto l'idea di divorare una sentinella di gesso posta davanti a una fortezza di cartone, un consiglio di guerra, regolarmente riunito, l'aveva condannato alla pena di morte.

Di certo, con la sua gioventù vigorosa e l'ardore del suo temperamento, Caterina non avrebbe resistito alla prova di un'esistenza così fatta, se non avesse trovato pretesto per acquisire certe abitudini capaci di sollevarla e allontanarla da quell'intimità spiacevole. In estate, durante il soggiorno a Oranienbaum, svegliatasi all'alba e vestita in un attimo con un abito maschile, partiva per la caccia, in compagnia di un vecchio servitore. «C'era uno schifo[65] – racconta – da pescatore pronto sulla riva del mare; attraversavamo il giardino a piedi, fucile sulla spalla, ci mettevamo, lui ed io, un cane da ferma e il pescatore che doveva portarci in questo schifo e andavo a tirare alle anatre fra i canneti che costeggiano il mare ai due lati del canale di Oranienbaum.» Dopo la caccia l'equitazione forniva un motivo alle frequenti uscite. La stessa Elisabetta era una cavallerizza appassionata, tuttavia un giorno credette di dover frenare la passione nascente di Caterina per questo genere di pratica. Obbedendo a un desiderio di mascolinità che sempre la tormentò, la granduchessa amava soprattutto montare da *cavaliere* sopra una sella piatta con la doppia staffa. La zarina pensava di individuare in questo una delle cause che le impedivano di avere figli. Caterina ebbe allora l'idea di una sella a duplice uso, che le permetteva di montare *da donna*, sotto gli occhi dell'imperatrice, salvo riprendere la sua posizione prefe-

---

[65] Lo schifo è una piccola imbarcazione da pesca.

rita una volta che il galoppo del suo cavallo l'avesse portata fuori dalla vista. Una gonna divisa in due per tutta la lunghezza facilitava quel travestimento. Prese lezioni di equitazione dal un cavaliere tedesco, istruttore al corpo dei cadetti, e i suoi rapidi progressi le valsero degli speroni d'argento d'onore. Amava anche la danza. Una sera, durante uno dei frequenti balli con cui Elisabetta, innamorata del movimento e del rumore, si compiaceva di divertire la sua corte, la granduchessa sfidò madama Arnheim, moglie del ministro della Sassonia, a chi si sarebbe stancata prima. Vinse. Tutte queste distrazioni tuttavia non sarebbero bastate a riempire il vuoto delle lunghe giornate invernali.

IV

Le prime letture di Caterina – I romanzi – Le lettere di madame de Sévigné – I libri di storia – Le Memorie di Brantôme.

Abbiamo visto il conte Gyllenborg raccomandarle la lettura di Plutarco e di Montesquieu. Nelle sue memorie rimaste inedite, la contessa Galavine rivendica per Lestocq l'onore di avere avviato la futura imperatrice su questa via mettendole nelle mani il *Dizionario* di Bayle. È poco probabile che Caterina abbia iniziato con un genere di libri così impegnativo. Si è presa cura, del resto, di informarci a questo proposito: «La mia prima lettura è stata *Tirante il Bianco*[66].» Ha iniziato con dei romanzi,

---

[66] Joan Martorell, scrittore catalano del XV secolo, è l'autore del celebre romanzo *Tirant le Blanc*. Qualcuno gli ha attribuito un semplice adattamento di un testo inglese anteriore, ma nessuno è stato in grado di fornire indicazioni su questo preteso originale. Sia come sia *Tirant le Blanc* fu dimenticato in Francia e ignorato in Russia fino a circa metà del XVIII secolo. Si sapeva solo quello che aveva detto Cervantes nel passaggio del *Don Chisciotte* dove il curato e il barbiere criticano e censurano la biblioteca di *hidalgo*. «Come – esclamò il curato - avete là il cavaliere *Tirant le Blanc*. Datemelo, maestro Nicolas, vi prego. È un tesoro che avete trovato; è l'antidoto contro la tristezza: è là che vedremo il valente cavaliere don Kyrie Eleison di Montauban e Thomas di Montauban, suo fratello, combattere il valoroso Tirant con il mastino, le prominenze della damigella Piacere – della – mia – vita, gli amori e gli inganni della vedova Recente e l'imperatrice amante del suo scudiero. Non vi mento, amico mio. *Ecco il miglior libro del mondo per lo stile, e il più semplice*. Qui, i cavalieri mangiano e dormono. Muoiono nei loro letti e fanno testamento prima di morire e mille altre cose utili e necessarie delle quali gli altri libri non dicono neanche una parola. Ma, con questo, non fu un gran male mandare l'autore a passare il resto dei suoi giorni in galera per

che certamente erano l'abituale lettura delle persone della sua cerchia. Sembra averne letti un gran numero. Non cita altri titoli, ma dice di essersi presto annoiata per la lungaggine dell'uno e dell'altro. Possiamo concludere, come Bilbasov, che ha letto quelli di Lacalprenède[67], quelle di mademoiselle Scudéri[68], forse l'*Astrea*[69], e probabilmente *Gli amori pastorali di Dafni e Cloe*[70]. Le sensuali descrizioni che vi ha trovato, la cui licenziosità non è ancora stata superata ai nostri giorni, hanno forse favorito in lei il nascere di certe inclinazioni il cui impulso, più tardi, parve subire? È probabile. Conobbe le lezioni date da Lycœnion, la vicina caritatevole, all'ignorante Dafni e da lui trasmesse all'innocente Cloe, come «dopo che Dafni fu seduto accanto a lei, e l'ebbe baciata e si fu disteso, Lycœnion, trovandolo disposto, lo sollevò un po' e scivolò sotto di lui . . .» La traduzione fatta da Amyot[71] dell'opera di Longo otteneva, in quel periodo, un successo testimoniato dal numero delle edizioni, e i passaggi del genere di quello che abbiamo citato non sgomentavano le «più oneste dame». Il romanzo di mademoiselle Scudéri fu esattamente, alla sua epoca, una protesta contro il realismo troppo brutale di questa letteratura, fino a quando il movimento di reazione da esso provocato non soccombette a sua volta sotto il peso della noia. È così che la storia delle evoluzioni letterarie non è altro, nella comune china delle umane cose, che un continuo ricominciare.

Se Caterina non ebbe di cui lodarsi degli insegnamenti attinti a questa torbida sorgente, tuttavia, ne ha avuto un grande beneficio: il piacere della lettura stessa. Quando ebbe abbandonati i romanzi, per stanchezza o disgusto, aveva imparato a

---

aver detto di proposito tante sciocchezze. Portatelo a casa vostra, amico, lo leggete e vedrete se tutto quello che vi ho detto non è vero.» Allettato da così belle premesse il conte Caylus pubblicò del *Tirant le Blanc,* nel 1737, un adattamento che ebbe un gran successo e fu più volte ristampato. Evidentemente è questa la versione che ha conosciuto Caterina. Cfr. *Memorie,* (op.cit.), nota 85, p. 122.

[67] Guathier de Costes, signore di La Calprenède (1609-1663) scrittore e drammaturgo.

[68] Madeleine de Scudéry (1607-1701), ebbe come soprannome *Saffo*. Nel 1652 inaugurò un proprio salotto letterario frequentato dalle maggiori personalità dell'epoca. Scrittrice di buon livello fu la prima donna a ricevere il premio d'eloquenza dell'*Académie Française*.

[69] L'*Astrea* è un romanzo pastorale francese di Honoré d'Urfé (1568-1625).

[70] Più precisamente *Le avventure pastorali di Dafni e Cloe* dell'autore greco Longo Sofista.

[71] Jacques Amyot (1513-1593), vescovo cattolico di Auxerre, è stato scrittore e traduttore. La traduzione de *Le avventure pastorali di Dafni e Cloe* è del 1559.

leggere e lesse altre cose. Dapprima lesse molto senza scelta né direzione, secondo il caso delle ore libere e dei libri che le capitavano in mano. È così che fece la conoscenza delle *Lettere* di madame de Sévigné[72]. Ne fu rapita, le divorò, secondo una sua espressione; e nulla fa dubitare che il suo gusto per il genere epistolare non sia, in parte, venuto da là, come il tono famigliare, quel saltare di palo in frasca che ostenta nella maggior parte delle sue lettere, senza essere riuscita tuttavia a imitare né da vicino né da lontano il tono e la grazia squisita del modello. Fu sempre e solo una Sévigné tedesca, mettendo nei più liberi voli della sua penna un po' di quella pesantezza germanica di cui un Heine, un Boerne, non hanno saputo spogliarsi che in virtù, probabilmente, di un miscuglio di razze affatto particolare.

Dopo le *Lettere* di madame de Sévigné, fu la volta di un libro di Voltaire. Diciassette anni più tardi, Caterina scriveva al patriarca di Ferney: «Vi posso assicurare, signore, che dal 1746, da quando dispongo del mio tempo, ho nei vostri confronti i più grandi obblighi. Prima di allora, non leggevo che romanzi, ma per caso mi capitarono tra le mani le vostre opere; da allora non ho cessato di leggerle e non ho voluto altri libri se non scritti altrettanto bene.» I ricordi dell'imperatrice erano ben fuori strada quando scriveva queste righe, poiché le sue *Memorie* non fanno menzione che di *una sola opera* letta di Voltaire in quel periodo, di cui non ricorda neanche del titolo. E non era adulare eccessivamente il grande filosofo parlare degli altri libri che gli facevano concorrenza, dichiarandoli scritti *altrettanto bene* dei suoi? Quali furono questi libri? La *Storia di Enrico il Grande* di Péréfixe[73]; *La storia dell'impero tedesco* di Padre Barre, ed anche e soprattutto, poiché Caterina non prova alcun imbarazzo a riconoscere che vi ha trovato un particolare

---

[72] La fama di Madame de Sévigné (1626-1696), probabilmente, è giunta a noi soprattutto per la citazione che ne fa Proust nella *Recherche*, relativa alle letture preferite di sua nonna, più che per la sua opera letteraria. Rimasta vedova a soli ventisette anni di Henri de Sévigné, deceduto per le mortali ferite subite in un duello, non si risposò più. A Parigi fu grande frequentatrice dei salotti dell'aristocrazia e fu in corrispondenza con i maggiori personaggi del suo tempo. In particolare, comunque, si ricorda il trentennale rapporto epistolare che ebbe con la figlia Françoise de Grignan.

[73] Paul Philippe Hardouin de Beaumont de Péréfixe (1606-1671). Di origini napoletane, fu arcivescovo di Parigi e precettore di Luigi XIV, che fece di lui anche il suo confessore. Fu acerrimo avversario dei giansenisti.

piacere, le *Opere* di Brantôme[74]. Voltaire non poteva certo essere soddisfatto del confronto. Tanto più che l'influenza di Péréfixe poteva, sotto certi aspetti, apparire come antagonista alla sua nello spirito dell'imperiale lettrice. Enrico IV è sempre rimasto, per Caterina, un eroe senza eguali, il grande re per eccellenza, il sovrano modello. Commissionò a Falconet[75] un suo busto. Espresse a più riprese, e anche nelle lettere indirizzate al patriarca, il rimpianto di non aver potuto incontrare, quaggiù, un monarca così degno di ammirazione. Nondimeno, sperava di avere nell'altro mondo il piacere della sua compagnia! Nel momento della Rivoluzione è ancora alla politica del grande Enrico che farà appello per salvare la Francia e la monarchia. Non dovette forse a tale ammirazione un po' della sua indulgenza per certe debolezze, certi errori di condotta, frequenti nell'amante della bella Gabriella, e la tranquilla disinvoltura con la quale non li giudicò incompatibili con la posizione di monarca e l'ordinamento generale di un grande regno? Certo, le severe riflessioni di Péréfixe stesso in proposito non le erano sembrate sufficientemente convincenti. Aveva ben letto: «Sarebbe da augurarsi per l'onore della sua memoria che non avesse avuto altri difetti all'infuori del gioco. Ma la sua continua fragilità nei confronti delle belle donne ne era un altro ben più biasimevole in un principe cristiano». A quanto pare, si accontentò dell'esempio, lasciando stare la moralità.

---

[74] Pierre de Bourdeille, detto Brantôme, abate di Brantôme (1535-1614), fu abate laico o secolare di Brantôme, ma anche militare e scrittore, conosciuto soprattutto per i suoi scritti sulla vita dei soldati e dei cortigiani.

[75] Étienne Maurice Falconet (1716-1791). Il 15 settembre 1766, Falconet lasciò la Francia per recarsi a San Pietroburgo, chiamato da Betzki per conto di Caterina II, e dedicare gli anni successivi alla creazione del monumento a Pietro il Grande. Amico di Diderot e di Melchior Grimm, lo scultore aveva raggiunto la fama nel 1765 esponendo al Salone di Parigi con una figura di *Donna seduta*, la *Dolce malinconia* e il suo *Sant'Ambrogio*, per la chiesa degli Invalides. Gli esordi in terra russa non fecero presagire quello che fu un triste ritorno in patria, undici anni dopo, sfinito dal lavoro, esacerbato dalle angherie di cui l'aveva fatto oggetto lo stesso Betzki e addolorato dall'indifferenza dell'imperatrice. Inoltre, lasciò la capitale russa prima che la sua opera fosse completata e messa sulla mastodontica roccia strappata alle paludi della Finlandia. Falconet, uomo onesto e non attaccato al denaro, fu influenzato dalla scuola barocca, della quale può essere considerato un maestro. Al suo ritorno in Francia fu nominato rettore dell'Accademia reale di pittura e scultura e proseguì la sua attività lasciando numerose opere di valore e ha anche pubblicato una corposa dissertazione sull'arte scultorea nelle *Réflexions sur la sculpture*, pubblicate a Losanna nel 1781.

La lettura di Brantôme, che «l'ha tanto interessata», dice ingenuamente, ebbe probabilmente un effetto più diretto ancora e più incisivo sullo sviluppo delle sue idee. Non badò a lasciarsi sfuggire la frase su Montgomery, «che era il più indolente nella sua carica e se ne curava meno che fosse possibile, perché amava molto il vino, il gioco e le donne; ma una volta che aveva il sedere sulla sella era il più valoroso e meticoloso capitano che si potesse vedere». Il ritratto di Giovanna II di Napoli, con gli strani commenti dell'autore: «Questa regina lasciò una nomea di donna impudica e malfamata, come di chi si dicesse che era sempre innamorata di qualcuno, avendo in diversi modi e con molti fatto piacere del suo corpo. Ma quanto a questo è il vizio da biasimarsi meno in una regina, grande e bella principessa ... Le belle e grandi dame e principesse devono assomigliare al sole che irradia la sua luce e i suoi raggi sopra ognuno, così che ciascuno ne risenta. Allo stesso modo devono fare queste grandi e belle, prodigando le loro bellezze e le loro grazie a coloro che le bramano. Tali belle e grandi dame, che possono far molto piacere al mondo, sia per la loro dolcezza, sia per le loro parole, sia per i loro bei visi, sia per le frequentazioni, sia con infinite belle dimostrazioni e suggerimenti o bei vestiti, che è da preferirsi, non si devono fermare a un amore, ma a parecchi: e tali volubilità sono per loro belle e consentite.» Infine, nella biografia della moglie di Luigi XII, Giovanna di Francia, ha potuto raccogliere suggerimenti fondamentali su come agire con «i mariti incapaci e impotenti».

Dopo Brantôme, la *Storia generale della Germania* di Padre Barre dovette apparire a Caterina un po' ostica da digerire. Nelle sue *Memorie* dice di averne letto un volume a settimana. Sembra confessare che non ha avuto il coraggio di arrivare fino alla fine, poiché parla di nove volumi, e l'opera ne ha undici. È anche improbabile che questa lettura abbia influenzato, come qualcuno ha sostenuto, i suoi ulteriori pregiudizi su Federico II e la politica prussiana. Federico II e la politica prussiana entrano in scena solo nei due ultimi volumi di Padre Barre. E poi, Caterina conosce l'opera nel 1749, poco dopo la sua comparsa, i suoi pregiudizi, se li avesse attinti a questa fonte, quanto tempo avrebbero impiegato a maturare e a rivelarsi! Nel 1771, all'epoca della prima spartizione della Polonia, non ve n'è ancora traccia. Più verosimilmente, è a Padre Barre che Caterina deve la sua prima conoscenza delle cose della Germania, delle forze che vi sono e degli interessi in conflitto nel grande corpo germanico, i suoi soggiorni a Stettino o a Zerbst, sicuramente, le avevano lasciato solo delle idee vaghe e incomplete a questo riguardo.

Quanto al *Dizionario* di Bayle, è abbastanza difficile immaginare quali potessero essere, per questa lettrice dai ventidue ai ventitré anni, visto che ne affronta il primo volume nel 1751, il senso e l'impressione di una simile lettura. In primo luogo, Caterina ha un bel dire di avere letto interamente dall'A alla Z i quattro enormi volumi in folio dove questo precursore degli enciclopedisti ha preteso di riassumere tutta la cultura intellettuale della sua epoca. Sicuramente, non sapendo né il greco né il latino, ha dovuto omettere le citazioni di cui Bayle ha riempito il testo e che sono una buona metà della sua opera. Aggiungiamo un altro quarto ancora per le controversie religiose e le dissertazioni filosofiche delle quali difficilmente avrebbe capito qualcosa. Ha probabilmente scorso il resto, visto che un dizionario non è tanto leggibile, nel senso abituale del termine. Può aver spigolato qua e là qualche concetto di cui, volentieri crediamo, ha tratto profitto più tardi. La dottrina della sovranità dei popoli, audacemente messa in primo piano dall'autore, sembra, per certi aspetti, aver influenzato il suo giudizio, almeno in modo passeggero, e ispirato i suoi primi tentativi di legislazione, senza che per questo abbia ammesso, con Bayle, la necessità accessoria «di confessare che i re sono dei grandi mascalzoni». Ma è stata certamente più fortemente colpita dall'idea che «le massime dell'arte di regnare sono contrarie alla perfetta probità». Infine, ha dovuto convincersi della riflessione che l'etica religiosa e la morale corrente, il catechismo di Lutero come quello di Simon Todorski, le lezioni di saggezza di mademoiselle Cardel come i principi austeri di Cristiano Augusto, tutto ciò non sopportava né la fredda critica di un filosofo come Bayle, né l'apprezzamento arrogante di un uomo di esperienza come Brantôme, e che agli occhi dell'uno come dell'altro non c'erano né verità eterne né principi assoluti.

Era arrivata probabilmente a queste considerazioni nel 1754, quando un avvenimento atteso da molto tempo venne a interrompere le sue letture, a sconvolgere il normale e abbastanza monotono treno della sua vita e portarvi un notevole cambiamento. Divenne madre.

V

Caterina diventa madre – Chi è il padre? – Dieci anni di sterile unione – Distrazioni galanti – Zahar Ĉernyŝëv – Il bel Sergio – Intervento della ragion di stato e della chirurgia – Nascita del granduca Paolo – Bizzarro modo di curare la puerpera – Supposizioni varie

Come avvenne questo fatto? La questione può apparire singolare, tuttavia, in tutte le biografie di Caterina non ve n'è una che abbia dato luogo a più controversie. Bisogna ricordare che, in quel momento, erano trascorsi dieci anni dal matrimonio della granduchessa, dieci anni in cui la sua unione con Pietro era rimasta sterile, mentre i rapporti tra i due sposi diventavano sempre più freddi. Una lettera del granduca a sua moglie, pubblicata in seguito alla traduzione russa delle *Memorie* di Caterina e che si riferisce al 1746, sembra già indicare, e molto brutalmente, una completa rottura. Eccola testualmente:
«Madame,
vi prego di non incomodarvi questa notte di dormire con me, poiché non è più il tempo di ingannarmi, il letto è troppo stretto, dopo due settimane di separazione quest'oggi dopo mezzogiorno.

Vostro
sfortunatissimo
marito che voi non
degnate mai di
questo nome.
Peter»

Contemporaneamente, e a dispetto della sua vita ritirata e della sorveglianza che la circondava, Caterina si trovava esposta a numerose tentazioni, a insistenze per le quali la sua virtù correva un costante pericolo, e come immersa, seguendo l'espressione di uno storico russo, in un'atmosfera di amore. Come dice lei stessa nella sue *Memorie*, senza essere assolutamente bella, piaceva; era il «suo forte». Attirava l'amore e lo diffondeva intorno a sé. Abbiamo visto come lo stesso marito della sua governante sia stato vittima di questo contagio. Evitò, a dire il vero, i primi pericoli. Non tolse a Maria Simonovna la tenerezza di suo marito, ma non ne ebbe merito. Lo trovava brutto e ignorante, così greve di spirito come di corpo. Si annoiò mortalmente durante l'estate del 1749, parte della quale dovette trascorrerla a Raïova, terra appartenente a Tchoglokov. Vi vide, pressoché tutti i giorni, il giovane conte Razumovskij, che, abitando in una terra vicina, andava a pranzare o cenare e se ne ritornava al suo castello di Pokrovskoïe, facendo così ogni volta circa sessanta chilometri. Venti anni dopo, Caterina ebbe l'idea di chiedergli cosa avesse potuto spingerlo ad andare ogni giorno a condividere la noia della corte granducale, visto che a casa sua riuniva a piacere la migliore società di Mosca. «L'amore», rispose senza un momento di esitazione. «L'amore? Ma chi potevate trovare a Raïova che potesse invaghirvi?» «Voi». Caterina scoppiò a ridere, non se ne era accorta.

Non fu sempre così. Tchoglokov era brutto, Razumovskij troppo discreto. Altri si presentarono che non ebbero né il difetto dell'uno, né il difetto o la qualità dell'altro. In primo luogo, uno dei tre esiliati del 1745, Zahar Ĉernyŝëv, che riapparve a corte nel 1751. Trova che Caterina si sia imbellita e non manca di dirglielo. Lo ascolta con piacere. Egli approfitta di un ballo dove, secondo la moda del tempo e anche quella di ieri, si scambiano delle «divise», piccoli biglietti di carta contenenti dei versi più o meno ben composti in base all'ingegno di chi li redigeva, per indirizzarle un dolce biglietto pieno di dichiarazioni appassionate. Lei trova il gioco affascinante e si presta benevolmente a continuarlo. Egli vuole forzare l'entrata della sua stanza, travestendosi da valletto per riuscirvi; lei si limita a mostrargli i pericoli dell'impresa; dopodiché ritornano alla corrispondenza con i bigliettini. Una parte di questa corrispondenza ci è nota. È stata pubblicata, senza nome dell'autore, come esempio di stile usato da una dama d'alto rango, nel diciottesimo secolo, per scrivere al suo amante. Il contenuto sembra non permettere alcun dubbio che Zahar Ĉernyŝëv avesse dei diritti per quel titolo.

Dopo i Černyŝëv vengono i Saltykov[76]. Erano due i fratelli con questo nome nella corte granducale. La famiglia era tra le più antiche e prestigiose della Russia. Il padre era generale e aiutante di campo; la madre, nata principessa Galitzin, aveva reso a Elisabetta, nel 1740, dei servizi sui quali la principessa di Zerbst possedeva delle informazioni particolari: «La signora di Saltykov finiva coll'accaparrarsi famiglie intere. Era una Galitzin. Fece di più, era bella, e si comportò singolarmente e in modo che non deve passare alla posterità. Andava con una delle sue dame nelle caserme delle guardie, si ubriacava, si concedeva, giocava, perdeva e le lasciava guadagnare ... Aveva per amanti i trecento granatieri che accompagnarono Sua Maestà.» Il più anziano dei fratelli, Pietro, era disgraziato per natura, potendo, a detta di Caterina, rivaleggiare per spirito e per bellezza con lo sfortunato Tchoglokov. Il minore, Sergio, «era bello come il giorno». Nel 1752, aveva ventisei anni ed era sposato da due anni con una *freiline* dell'imperatrice. È a quest'epoca che Caterina credette di accorgersi che le faceva la corte. Andava quasi tutti i giorni a casa della Tchoglokov che, essendo in stato interessante, rimaneva in camera. Incontrandovi invariabilmente il bel Sergio, sospettò che non venisse per la padrona di casa. Aveva, come si vede, acquisito dell'esperienza. Ben presto, comunque, il bel Sergio si fece carico di illuminarla più compiutamente. La sorveglianza di madame Tchoglokov si esercitava, in quel momento, più mollemente del solito. Egli si industriò a sviare quella del marito che, innamorato anch'egli della granduchessa, poteva essere più seccante. Scoprì in lui uno straordinario talento per la poesia. Il buon Tchoglokov, lusingato, si metteva in un angolo per far delle rime o mettere in versi dei soggetti che non smettevano mai di fornirgli. Nel frattempo, gli altri discorrevano liberamente. Il bel Sergio non era solamente il più bell'uomo della corte, era un uomo di risorse: «un demone in fatto di intrighi», ha detto Caterina. Ascoltò in silenzio le sue prime dichiarazioni. Non contava, evidentemente, di scoraggiarlo nel proseguire. Finì col chiedergli che cosa si aspettasse da lei. Egli non si fece scrupolo di dipingere con i più bei colori il piacere che si riprometteva. «E vostra moglie?» chiese allora Caterina. Era,

---

[76] I fratelli Saltykov erano Nikolaï (1736-1816) e Piotr (1697-1772).

pressappoco, come fare una confessione e ridurre a un ostacolo ben fragile la distanza che li separava ancora. Egli non si imbarazzò per così poco, buttando risolutamente a mare la povera Matrena Pavlovna, parlando di uno smarrimento giovanile, dicendo che si era sbagliato nella scelta e ben presto «in vile piombo si era trasformato quell'oro». Caterina afferma tuttavia di aver fatto di tutto per dissuaderlo da questo corteggiamento, fino a insinuargli che arrivava troppo tardi. «Che ne sapete voi? Il mio cuore non può essere già occupato?» Il mezzo non era una scelta molto felice. La verità, lo ammette lei stessa, è che la difficoltà che trovava nello sbarazzarsi del bel seduttore veniva soprattutto da lei: le piaceva enormemente. Ci fu una caccia organizzata dal poeta Tchoglokov, nel corso della quale si presentò un'occasione da lungo tempo spiata da Sergio. Rimasero soli. Il tu per tu si prolungò per un'ora e mezza e per porvi fine Caterina dovette ricorrere a mezzi eroici. La scena è divertente, così come la descrive nelle sue *Memorie*. Prima di allontanarsi, Saltykov voleva forzarla a dire che non le era indifferente. «Sì, sì – finì per mormorare – ma andate». «Sta bene, ho la vostra parola», esclamò il giovane, spronando il cavallo. Caterina volle ritirare la parola fatale. Gridò dietro a lui: «No! No!». Ed egli rispondeva: «Sì! Sì!», allontanandosi. Si separarono così. Dovevano, si capisce, ritrovarsi. Poco dopo, è vero, Sergio Saltykov dovette abbandonare la corte. Ma questo fu proprio a causa delle voci che si erano sparse delle sue relazioni con la granduchessa, fino a provocare un intervento dell'imperatrice. Elisabetta redarguì severamente i Tchoglokov, e il bel Sergio ricevette un congedo di un mese, con l'ordine di andare a trovare la sua famiglia in campagna. Poiché si ammalò, fece ritorno a corte solo nel febbraio del 1753 e subito fece nuovamente parte della piccola cerchia intima che si era a poco a poco formata intorno a Caterina, dove i giovani erano in primo piano e dove, qualche tempo dopo, si mostrò assiduo un altro cavaliere dal grande nome e dalla bella presenza: Léon Naryskin, che già giocava quel ruolo di buffone di corte che doveva proseguire nei bei giorni del futuro regno, probabilmente, al momento, non limitando a questo le sue ambizioni. Caterina era adesso nei migliori rapporti con i due Tchoglokov. Aveva trovato il modo di farsi amica la moglie, dimostrandole che respingeva le proposte del marito, e di fare di quest'ultimo il suo schiavo, alimentando le sue speranze. Poteva disporre della loro fiducia e della loro discrezione. Fosse la prudenza, anche questo può essere vero, fosse l'incostanza naturale, il bel Sergio ora parve più riservato, tanto che ci fu un rovesciamento di ruoli che portò Caterina a lamentarsi dell'insufficienza della sua presenza. Ma ben presto un intervento reiterato e, questa volta, del tutto inaspettato del potere supremo dà, a questo secondo capitolo di un romanzo già vecchio, una piega nuova. La cosa non è facile a raccontarsi, sarebbe ancor più difficile farla passare per vera, se non la testimoniasse Caterina stessa. Ecco cosa racconta nelle sue *Memorie*. A qualche giorno di distanza, Sergio e lei, uno convocato dal cancelliere Bestužev, l'altra chiamata a un incontro da madame Tchoglokov, ricevettero sull'argomento che specificatamente li preoccupava delle aperture che li sorpresero. Parlando, verosimilmente a nome dell'imperatrice, la governante, sentinella in carica della virtù della granduchessa e dell'onore del suo sposo, spiegò alla ragazza che vi erano dei casi dove la ragion di stato doveva prevalere sulle altre considerazioni, persino sul legittimo desiderio di una sposa di restare fedele a suo marito, se questi si dimostrava incapace di assicurare la tranquillità di un impero garantendogli l'erede al trono. Come conclusione, Caterina fu messa perentoriamente sull'avviso di scegliere tra Sergio Saltykov e Léon Naryskin, affermando la Tchoglokov che era persuasa che preferisse quest'ultimo. Caterina protestò. «Allora sarà l'altro», dichiarò la governante. Caterina tacque. Con maggiore discrezione, Bestužev da parte sua parlò nello stesso senso al bel Sergio. Ora, è con queste premesse che Caterina rimase incinta per tre volte e, dopo due aborti, finiva col mettere al mondo un figlio, il 20 settembre 1754. Chi era il padre del bambino? Si capisce ora per quali motivi le questione possa essere stata posta. Ecco come è risolta in un documento i passaggi principali del quale sono rimasti inediti fino a oggi. Sono le *Memorie* di Champeaux, che abbiamo già citate: «La principessa, attratta da una simpatia segreta, lo ascoltava (Saltykov) e lo esortava a vincere la sua passione; lo incoraggiava a fare maggiori sforzi su se stesso. Un giorno la conversazione fu molto vivace. M. de Saltykov le parlò con tutta la passione di cui era animato; lei gli rispose con ardore, si accese, si intenerì e lo lasciò con i versi di

Maxime a Xipharès: «E meritate i pianti che mi costate[77]» ...
La corte andò a Peterhof; il granduca e la granduchessa seguirono l'imperatrice. Ci furono parecchie partite di caccia. La granduchessa, con il pretesto di essere indisposta, non partecipò alla maggior parte. M. de Soltikow, con motivazioni speciose, ottenne il permesso dal granduca di non seguirlo. *Trascorse tutti i suoi istanti con la principessa ed ebbe la capacità di realizzare le felici aspettative che gli erano state fatte intravedere. M. de Soltikow, che, in un primo momento, si era trovato più felice nel possedere l'oggetto desiderato, sentì che era più sicuro dividerlo con il granduca, il difetto del quale sapeva non essere senza rimedio. Ma era pericoloso agire in cose di una siffatta conseguenza senza degli ordini particolari dell'imperatrice. Il caso mise le cose nel modo desiderato. Tutta la corte era a un gran ballo, l'imperatrice, passando vicino a madame Naryskin, cognata di M. de Soltikow, che era incinta e stava parlando con quest'ultimo, le disse che avrebbe dovuto comunicare un po' della sua virtù alla granduchessa. Lei le rispose che la cosa probabilmente non sarebbe stata così difficile e che se avesse dato a lei e a M. de Soltikow il permesso di occuparsene, osava assicurarle che avrebbero potuto riuscirvi. L'imperatrice chiese dei chiarimenti; madame Naryskin la informò sullo stato del granduca e sui mezzi per rimediarvi. Aggiunse che M. de Soltikow aveva tutta la sua fiducia e che poteva farlo decidere. Non solo l'imperatrice acconsentì, ma affermò che sarebbe stato renderle un grande servizio*[78]. M. de Soltikow si diede subito da fare per convincere il granduca a fare tutto ciò che era necessario per darsi degli eredi. Gli fece sentire tutte le ragioni politiche che dovevano convincerlo. Gli diede anche un'idea di piacere tutto nuovo e giunse a renderlo incerto su quello che doveva fare. Il giorno stesso organizzò una cena con persone che il granduca vedeva con grande piacere e, in un momento d'allegria, tutti si riunirono per ottenere dal principe che acconsentisse a ciò che gli era chiesto. Nello stesso momento, entrò Boerhave, con un chirurgo, e in un minuto l'operazione fu fatta con successo. M. de Soltikow ricevette dall'imperatrice per regalo, in questa occa-

---

[77] Da «Mitridate» di Jean Racine (1639-1699).
[78] In corsivo nel testo originale.

sione, un bellissimo diamante. Questo fatto, *che M. de Soltikow credeva dovergli assicurare i suoi piaceri e il suo favore*, attirò su di lui un uragano che lo mise nel pericolo di essere perso . . . *Parlavano molto del legame che sembrava esserci tra lui e la granduchessa. Scelsero questa occasione per metterlo in cattiva luce presso l'imperatrice . . . Le insinuarono che questa operazione era stata solo un espediente adottato per mascherare un incidente di cui si voleva far credere il granduca l'autore. Quelle cattiverie fecero una grande impressione sull'imperatrice. Si credette che, a quel punto, pensasse che M. de Soltikow non avesse fatto notare l'interessamento che lei gli aveva dimostrato. I suoi nemici fecero di più: si rivolsero al granduca e gli insinuarono gli stessi sospetti.*»

Segue, nella relazione di Champeaux, la descrizione di numerosi intrighi molto complicati, nel corso dei quali l'imperatrice e il granduca, cambiando impressione e opinione più volte, finiscono col darla vinta al fortunato amante. A un certo punto, anche Caterina è chiamata in causa: «Nei primi momenti della sua irritazione contro Soltikow, invece di avere dei riguardi per la granduchessa, l'imperatrice si era lasciata scappare davanti a numerose persone, che pretendeva di sapere che era successo fino a quel momento e che, quando il granduca si fosse sufficientemente ristabilito per abitare con sua moglie, voleva vedere la prova dello stato nel quale lei era rimasta fino a quel giorno.»

Avvertita da alcuni amici attenti, Caterina fa udire proteste indignate che hanno la capacità di convincere Elisabetta, e più tardi il granduca si fa carico di completare gli argomenti a favore della sua sposa:

«*Intanto, giunse il momento in cui il granduca potette abitare con la granduchessa. Poiché era stato punto sul vivo dai discorsi fatti dall'imperatrice, voleva soddisfarla sui particolari che desiderava sapere e il mattino della notte in cui il matrimonio fu consumato, inviò in una cassetta sigillata con le sue mani, a questa principessa, le prove della saggezza della granduchessa, che essa aveva manifestato di voler avere . . . Il legame tra la granduchessa e Soltikow non fu disturbato da questo fatto e durò ancora otto anni in tutta la sua vivacità.*»

Le *Memorie* di Champeaux furono inviate, nel novembre

1758, da Versailles a San Pietroburgo, come supplemento di istruzioni al marchese de l'Hôpital, ed ecco come l'ambasciatore apprezzava questo documento:

«Ho letto con attenzione e con piacere il primo tomo della storia o del romanzo tragicomico del matrimonio e delle avventure della signora granduchessa; c'è un fondo di verità in ciò che contiene; lo stile l'abbellisce; ma, da vicino, l'eroe e l'eroina sminuirebbero il valore che il loro nome conferisce a tali avventure. Il signor Saltykov è un uomo vanesio e vagheggino russo, vale a dire un uomo ignorante, senza gusto e senza merito. La signora granduchessa non lo può soffrire, e tutto quello che si dice circa il rapporto epistolare col signor Saltykov è iattanza e falsità.»

È vero che in quell'epoca Caterina aveva già fatto la conoscenza di Poniatowski[79], e come dice ancora de L'Hôpital, «aveva conosciuto la differenza tra l'uno e l'altro». Il racconto dell'agente francese, tuttavia, non manca di essere in contraddizione in più di un dettaglio con quello delle *Memorie* di Caterina e tutto quello che sappiamo per altra via a questo riguardo su questo delicato argomento concorre a rendere la chiarezza incerta e azzardata. Fisicamente e moralmente, moralmente soprattutto, Paolo assomigliò al suo padre legittimo. Ma quasi nessuno dei contemporanei ha voluto ammettere l'ipotesi di questa paternità. All'epoca sono state fatte altre supposizioni. «Questo bambino – scriveva un giorno il marchese de L'Hôpital – è, dicono, dell'imperatrice stessa (di Elisabetta), che ha fatto scambiare il figlio della granduchessa con il proprio.» In un successivo dispaccio, a dire il vero, il mar-

---

[79] Stanisław Augustus Poniatowski (1732-1798), poi ultimo re di Polonia con il nome di Stanislao II Augusto, all'età di vent'anni faceva parte della Dieta (Sejm) e, per accrescere le sue possibilità di carriera, si appoggiò alla potente famiglia dello zio, gli Czartoryski. Nel 1755, fu inviato in Russia con l'ambasciatore inglese Hanbury Williams e qui, sostenuto dal cancelliere Bestužev-Rjumin, fu accreditato come ambasciatore della corte russa in Sassonia. Con il colpo di stato polacco del 1764, supportato dalle truppe russe e organizzato dalla famiglia Czartoryski, Poniatowski venne eletto re della Confederazione Polacco Lituana. Spodestato nel 1770 dalla Confederazione di Bar venne imprigionato ed estradato da Varsavia. Nel 1791 si oppose alla nuova costituzione, insieme al partito dei Sejm, e si alleò con la Russia le cui truppe invasero il paese, dando avvio alla guerra russo polacca. Dopo alcuni scontri Poniatowski aderì alla Confederazione. Al termine di questo conflitto la Polonia venne nuovamente smembrata. Con la terza spartizione del paese Stanislao, nel 1795, fu costretto ad abdicare e si rifugiò a San Pietroburgo, dove morì.

chese, dicendosi meglio informato, invalidava nel dubbio questa versione; ma Elisabetta stessa fece molto per accreditarla e la sua condotta al momento del parto della granduchessa autorizzò le voci che circolarono. Appena il neonato venne alla luce, dopo averlo fatto lavare e battezzare sommariamente, la zarina ordinò che lo portassero via e scompariva con lui. Caterina non rivide suo figlio che dopo sei settimane. Fu lasciata da sola con la cameriera, senza che le fossero date le cure più indispensabili. Sembrò che all'improvviso fosse diventata indifferente a tutti, che non contasse più niente. Il letto dove aveva partorito si trovava tra una porta e due enormi finestre, dalle quali veniva una corrente glaciale. Poiché sudava molto volle ritornare nel suo letto normale. La Vladislavova non volle prendersi la responsabilità di eseguire quest'ordine. Caterina chiese da bere. Stessa risposta. Alla fine, dopo tre ore, ritornò la contessa Šuvalov e le diede qualche aiuto. Fu tutto. Non vide altre persone né in quella giornata né il giorno successivo. Il granduca festeggiava con i suoi amici in una stanza vicina. Dopo il battesimo solenne del bambino, portarono alla madre un ukase dell'imperatrice che le faceva dono di 100.000 rubli e di qualche gioiello. La pagavano per la sua fatica. I gioielli erano di poco valore, Caterina assicura che avrebbe avuto vergogna a regalarli a una delle sue ragazze. Il denaro le fece piacere: in quel momento aveva molti debiti. La sua gioia fu breve. Qualche giorno dopo, il tesoriere dell'imperatrice, «il segretario del suo gabinetto», secondo la carica ufficiale, barone Tcherkassov, veniva a supplicarla di cedere quel denaro. L'imperatrice aveva ordinato di effettuare un secondo pagamento per una somma uguale e non aveva un «copeco» in cassa. Seppe che era la volta di suo marito. Venendo a sapere che lei aveva ricevuto 100.000 rubli, Pietro era stato preso dal furore. Non avevano regalato niente a lui e pretendeva di avere dei diritti, almeno uguali, dalla munificenza imperiale. Per calmarlo, Elisabetta, alla quale le firme non costavano nulla, si era lasciata andare a dar nuovamente fondo alla cassa, senza preoccuparsi dell'imbarazzo del cassiere. Dopo sei settimane, si celebrò in grande pompa la «purificazione» della granduchessa, e le si fece la grazia, per l'occasione, di mostrarle suo figlio. Lo trovò bello. Le fu lasciato nel corso della cerimonia, poi fu nuovamente portato via. Nel frattempo, apprendeva che Sergio

Saltykov era stato inviato in Svezia, per portare le notizia della nascita del piccolo granduca. A quell'epoca, per un signore che occupava alla corte di Russia la posizione privilegiata in cui era il bel Sergio, uno spostamento di quel genere raramente era un favore. Il più delle volte si trattava dell'applicazione di una misura di alta polizia, quando non era una disgrazia o una punizione. Sotto questo punto di vista, la partenza del giovane ciambellano era pertanto eloquente.

Non insisteremo oltre. Questo processo storico, che ruota attorno alla questione di una paternità contesa, ha ai nostri occhi, lo confessiamo volentieri, un'importanza alquanto secondaria. Per quanto concerne Caterina, il solo punto realmente importante per la storia dello sviluppo intellettuale e morale della sua personalità, vale dire per lo studio di ciò di cui noi ci occupiamo, è la presenza incontestata e incontestabile del bel Sergio vicino alla culla del suo primo bambino, con Léon Naryskin, Zahar Ĉernyŝëv e, forse, altri che facevano ombra sullo sfondo. Ed è anche questa specie di maternità incompleta quale fu la sua, oltraggiosamente sospettata dal clamore pubblico, crudelmente troncata da un abuso di potere che assomiglia più a un rapimento e in cui qualche cosa di losco sembra nascondersi sotto il mantello di un'etichetta violatrice dei diritti e delle funzioni più naturali. È, infine, l'abbandono e l'isolamento più profondo ora che maie più doloroso in cui cade la giovane madre e la giovane sposa, fra una culla vuota e un talamo da molto tempo deserto.

VI

Solitudine ancora maggiore – Letture e conoscenze più serie – Tacito, Montesquieu e Voltaire – Le vecchie donne della corte d'Elisabetta - Sviluppo intellettuale e morale

Se Caterina fosse stata una donna volgare, o anche semplicemente una donna ordinaria, l'esistenza che le facevano fare probabilmente non avrebbe avuto altra conseguenza che di aggiungere uno o più capitoli ancora alla cronaca galante del diciottesimo secolo. Sergio Saltykov avrebbe avuto un successore, il granduca dei nuovi motivi per dubitare della saggezza di sua moglie; non ci sarebbero state altre conseguenze, Caterina non era una donna comune, lo ha abbondantemente dimostrato successivamente. E non era nemmeno di quelle con cui si fanno delle martiri e delle spose fedeli, a qualunque costo, al focolare domestico. Rimpiazzò il bel Sergio; si gettò definitivamente, perdutamente, su una strada che doveva sfociare nella più colossale e cinica dimostrazione di lussuria imperiale di cui la storia moderna ricordi. Ma non vi si inoltrò interamente. Dando il proprio corpo, come il suo onore e la sua virtù, a dei divertimenti sempre rinnovati, a dei piaceri cercati con il più grande ardore, non si abbandonò in una mollezza dimentica del suo rango, della sua ambizione già risvegliata e della sua superiorità, che in un immediato avvenire doveva mettere in luce. Non abdicò mai. Si irrigidì, al contrario, si ripiegò su se stessa e ne approfittò per spingere ancora più avanti quella cultura dell'ego, quell'adattamento della mente e del carattere a un destino confusamente intravisto, di cui abbiamo già indicato l'inizio.

È in questo momento che la vediamo dedicarsi più attivamente di quanto non l'avesse fatto prima, allo studio della lingua e delle letteratura russa. Legge tutti i libri russi che riesce a procurarsi. Le danno, forse, l'idea di un livello intellettuale ancora molto basso. Più tardi non è capace di ricordare il titolo di nessuna di queste opere, se si eccettuano due volumi degli *Annali* di Baronio. Ma ricava da queste letture una convinzione che non l'abbandonerà mai, che imprimerà al suo futuro regno un carattere nettamente accentuato e contribuirà a farne una continuazione del regno di Pietro il Grande, quella della necessità assoluta per la sua patria d'adozione di andare a scuola dall'Occidente, al fine di colmare la distanza e mettersi all'altezza del nuovo rango acquisito in Europa.

Nello stesso tempo inizia, questa volta seriamente e utilmente, la pratica delle letture serie. A dispetto delle raccomandazioni del conte Gyllenborg e dell'attenzione che aveva loro prestata, non aveva letto le *Considerazioni sulla grandezza e la decadenza dei romani*. Fa ora conoscenza con Montesquieu, leggendo *Lo spirito delle leggi*, che abbandona solo per gli *Annali* di Tacito e, dice lei, per la *Storia universale*, il che vuol dire probabilmente lo *Studio sui costumi e lo spirito delle nazioni* di Voltaire. Tacito la seduce per la viva realtà dei suoi quadri che le svela davanti agli occhi e per l'analogia sorprendente che scopre facilmente con le cose e gli uomini che la circondano. Attraverso l'enorme distanza dei tempi e delle circostanze, percepisce l'immutabile identità di certi tipi di cui si compone e certe leggi alle quali obbedisce la natura umana. Vede la riproduzione degli stessi tratti di carattere, degli stessi istinti, delle stesse passioni, delle stesse combinazioni di interessi e delle stesse formule di governo riproducenti le stesse conseguenze. Impara a districare il gioco di questi fattori così diversamente associati, eppure invariabili, e a penetrarne il segreto meccanismo e ad apprezzarne il valore. La sua mente fredda ed essenziale, tacciata di spirito filosofico dal diplomatico svedese, si adatta a meraviglia al modo astratto, distaccato, impersonale di giudicare gli avvenimenti e le cause che è proprio dello storico latino, al suo modo di volteggiare, a volo d'aquila, al di sopra dell'umanità, che ha l'aria di osservare come uno spettatore disinteressato, che ha posto e ragion d'essere altrove.

Tuttavia, Montesquieu l'attira e la soddisfa maggiormente. Egli, infatti, non si accontenta di presentarle dei fatti, ne spiega egli stesso il senso teorico. Le fornisce delle formule già fatte. Caterina se ne appropria con ardore. Ne fa il suo «breviario», usando una pittoresca espressione di cui si serve lei stessa. Dichiarò più tardi che questo libro, *Lo spirito delle leggi*, dovrebbe essere «il breviario di ogni sovrano dotato di buon senso». Questo non vuol dire che lo capisca. Del resto, Montesquieu sarà stato, probabilmente per una buona metà del secolo diciottesimo l'uomo più letto dell'Europa e il meno compreso. Certamente presero da lui idee e teorie, Caterina come e più degli altri. Si giunse persino ad applicarle isolatamente. Quanto ad appropriarsi dell'insieme della dottrina, afferrandone lo spirito, ben poche intelligenze ne sono state capaci. E quanto ad applicarle «in blocco», seguendo una formula recentemente in auge, nessuno si è sognato di farlo. Questo avrebbe portato, e l'autore dello *Spirito delle leggi* forse non se ne è reso pienamente conto, a un rovesciamento totale del regime politico e sociale preesistente e a una rivoluzione molto più radicale di quella che vide la fine del secolo. È contro il principio stesso dei vizi da lui analizzati nella costituzione delle società umane, degli abusi segnalati, delle catastrofi previste che si scagliava questa dottrina. Ora, sopprimere il fondamento, non era solo rovesciare tale o tal altra istituzione, né questo o quel processo di governo, e neanche, e soprattutto, un certo governante, era mettere da parte l'dea stessa, l'idea cardine che governa il mondo e chiamata, può darsi, a governarlo eternamente; era sostituire un equilibrio ideale e probabilmente irrealizzabile delle forze naturali all'aspra e continua lotta degli interessi e delle passioni che ha rappresentato in ogni tempo la vita umana, che forse è la vita!

Di tutto questo, Caterina non si è resa conto. Ma si è compiaciuta di attribuirsi «un'anima repubblicana», alla maniera di Montesquieu, senza molto preoccuparsi a che cosa un tale stato d'animo corrispondesse nel pensiero dell'illustre autore, senza neanche ben rendersi conto del significato che poteva avere nel suo. L'idea le piaceva, come piaceva a molti; l'adottava come una piuma o un fiore indossato alla moda. Una certa prevenzione contro gli abusi del dispotismo, la riconosciuta necessità di sostituire, nella condotta degli uomini e delle cose, i consigli della ragione universale alle ispirazioni del capriccio personale, un vago liberalismo, forse, vi si associava. Un giorno, Caterina doveva stupire il mondo per l'audacia rivoluzionaria delle massime enunciate davanti al suo paese e all'Europa, in un documento ufficiale. Le aveva copiate da Montesquieu e da Beccaria, sempre senza averle comprese. Quando il senso le sarà rivelato dal passaggio dalla teoria alla pratica, ovviamente, farà marcia indietro. Ma continuerà a governare in un certo modo ragionevole e anche liberale, fino a un certo punto. Montesquieu avrà comunque compiuto la sua opera.

Ciò che comprende subito con la sua mente riflessiva e il buon senso infallibile di cui la natura l'ha dotata, è che esiste una contraddizione flagrante, e in apparenza irriducibile, tra l'odio del dispotismo e lo stato di despota. Questa constatazione la deve seccare, visto l'istinto dominatore che porta in sé. Un giorno la farà scontrare con la filosofia o, perlomeno, con certi filosofi. Nel frattempo, c'è qualcuno che le mostra che l'apparenza della quale ha timore, è vana, questo qualcuno è ancora un filosofo, è Voltaire. Certamente, l'introduzione del capriccio nel disegno dei destini umani è un errore e può diventare un crimine; senza dubbio la ragione deve governare il mondo, ma ancora ci vuole qualcuno che si incarichi di rappresentarla quaggiù. Detto questo, la formula è già indicata: il governo dispotico può essere il migliore dei governi, di cui sia permesso l'uso quaggiù, anzi è il migliore, a condizione che sia ragionevole. Cosa occorre per questo? Che sia *illuminato*. Tutta la dottrina politica del *Dizionario filosofico* è là, e anche tutta la spiegazione della sua ammirazione, checché se ne dica, per la Semiramide del Nord. Caterina ha realizzato la formula: si è illuminata con le luci della filosofia, e quelle di Voltaire in particolare, governa in modo ragionevole, *è la ragione stessa* messa alla direzione di quaranta milioni di uomini; è una divinità, prototipo di quelle che una bizzarra deviazione dell'intelligenza e un grottesco scarto dell'immaginazione, metteranno un giorno sugli altari profanati da un'orgia rivoluzionaria.

Ecco in che modo Voltaire diventa l'autore preferito di Caterina. Questa volta ha trovato il suo uomo, il direttore supremo della sua coscienza e del suo pensiero. Costui la guida senza spaventarla, accordando le idee che le dà con tutte le passioni che ha. Inoltre, possiede per tutti i mali dell'umanità, che denuncia dopo Montesquieu, che con lui deplora, altrettanti semplici rimedi, alla portata di tutti, di facile applicazione, dei rimedi da comare. Montesquieu è un grande saggio che procede per tesi generali. Ad ascoltarlo, bisognerebbe incominciare tutto da capo e a tutto cambiare posto. Voltaire è un empirico di genio. Prende a una a una le piaghe che scopre sul corpo umano e si incarica di guarirle. Qui un balsamo, là una cauterizzazione e non c'è più niente. Il malato sta benone. E quale chiarezza di linguaggio, quale limpidità di pensiero, con quanto spirito! Caterina è incantata come la maggior parte dei suoi contemporanei, abbagliata, affascinata da questo grande mago dell'arte di scrivere, e come loro tanto per le sue qualità quanto per i suoi difetti, forse ancor più per i difetti, vogliamo dire da quello che c'è di superficiale nella sua visione delle cose, talvolta di puerile nelle sue concezioni, spesso di ingiusto nei suoi giudizi e, ancora, per il risvolto licenzioso, irreligioso e irrispettoso dei suoi attacchi verso i pregiudizi consolidati, dove le tendenze filosofiche del tempo e il bisogno di affrancarsi dal pensiero contemporaneo non erano i soli a farne parte. Se Voltaire non ha aiutato Caterina a scambiare la religione di Lutero con la fede ortodossa, dovette in seguito alleggerire il ricordo di quel passo scabroso e risparmiarle, se non il rimorso, almeno qualche disagio di coscienza, mentre la rassicurava anche circa la portata di alcuni altri compromessi di coscienza con la rigida morale di tutti i catechismi, ortodossi o luterani. Benché fosse essenzialmente intellettuale, il libertinaggio dell'autore della *Pulzella* non mancò di dare spazio ad altre interpretazioni fatte per giustificare tutte le libertà, compresa quella dei costumi dell'epoca. Anche per questo Voltaire fu popolare e per questo piacque a Caterina.

È però fuori dubbio che abbia fatto presa su di lei per certi aspetti più nobili del suo incontestabile genio, per le idee umanitarie che hanno fatto di lui l'apostolo della tolleranza in materia di religione, per gli scoppi generosi che hanno costretto l'Europa intera ad applaudire in lui il difensore di Calas[80] e de Sirven[81]. Caterina gli fu certo debitrice di alcune delle sue migliori ispirazioni.

Ma a lui come a Montesquieu, come a Tacito, Caterina deve soprattutto, in quest'epoca, una certa ginnastica intellettuale, una duttilità nel maneggiare i grandi problemi politici e sociali, in sintesi, una preparazione generale al suo futuro mestiere.

E in quell'ora, la sua mente maturando in fretta al contatto con queste grandi intelligenze e sviluppando il suo senso pratico nella stessa misura, acquisisce dei gusti, delle nuove abitu-

---

[80] Jean Calas (1698-1762) fu accusato di aver nascosto il suicidio del figlio maggiore con un omicidio, per evitare il trattamento infamante che veniva allora riservato a chi si dava volontariamente la morte. Il protestante Jean Calas venne quindi accusato di aver ucciso volontariamente il figlio perché questi voleva convertirsi al cattolicesimo, un totale ribaltamento dei fatti. Processato, assieme alla moglie a al figlio minore, venne sottoposto al supplizio della ruota e giustiziato. Un altro figlio, convertitosi al cattolicesimo, si batté per far riconoscere l'innocenza del padre e il caso interessò lo stesso Voltaire che, sul tema, scrisse il famoso *Trattato sulla tolleranza*. Jean Calas fu poi riabilitato e alla famiglia venne accordata una pensione come risarcimento.

[81] La famiglia Sirven, che abitava nel comune di Castres, fu coinvolta, circa nel 1765, in una vicenda che fece scalpore nel clima antiprotestante dell'epoca. I Sirven, protestanti, avevano tre figlie delle quali la seconda, Élisabeth, handicappata mentale. Nel 1760, proprio questa, scomparve e successivamente si venne a conoscenza che era stata ospitata dalle suore del convento delle Dames-Noires. Alcuni affermarono che le religiose di questo convento l'avrebbero allevata, tentando di convincerla di essere chiamata dal Signore. Sta di fatto che la ragazza, non comprendendo la sua situazione, si ribellò e finalmente il vescovo decise di restituirla ai suoi parenti. La ragazza scomparve nuovamente qualche mese dopo e venne ritrovata morta in fondo a un pozzo, il che diede avvio alle accuse da parte delle religiose ai genitori di averla uccisa per evitare che si convertisse al cattolicesimo. I genitori, condannati a morte in contumacia, fuggirono. Nel 1771, Voltaire perorò la loro causa e dimostrò la loro innocenza.

dini che le valgono altri benefici. Comincia a sentirsi a proprio agio in compagnia di importanti personaggi che avevano un tempo spaventato la sua giovinezza. Ricerca soprattutto le donne anziane, poco in favore a una corte come quella di Elisabetta. Le invita a lunghe conversazioni. Si perfeziona così nell'uso della lingua russa; completa le informazioni che la Vladislavova ha potuto darle circa i fatti, anche minuti, di una società che impara a conoscere a fondo. Fa suoi dei preziosi suffragi, utili amicizie, da cui saprà trarre profitto un giorno. Così termina la seconda educazione della grande Caterina.

LIBRO SECONDO

ALLA CONQUISTA DEL POTERE

CAPITOLO I

LA GIOVANE CORTE

I

L'entrata in politica di Caterina – La politica e l'amore - Williams e Poniatowski – Teoria del conte Horn sul ruolo dei cani bolognesi in diplomazia – Gli imbarazzi pecuniari della granduchessa – Il banchiere inglese Wolff

Dopo aver dato alla luce l'erede al trono, Caterina non solo dovette subire i bizzarri trattamenti che abbiamo detto, ma si trovò ancora, per il fatto stesso di questa nascita, relegata in secondo piano e, in un certo senso, sminuita e decaduta. Rimaneva un personaggio di alto rango, ma piuttosto di grande apparato che di grande importanza. Aveva cessato di essere la condizione *sine qua non* del programma dinastico, l'essere necessario sul quale tutti, dall'imperatrice al più umile suddito dell'impero, tenevano gli occhi fissi, nell'attesa del grande avvenimento. Aveva compiuto il suo dovere.

Tuttavia, è poco dopo quest'avvenimento decisivo che ella arrivò a poco a poco ad assumere un ruolo come nessun'altra granduchessa aveva mai avuto e mai avrebbe avuto dopo di lei in Russia. Quella che fu la «giovane corte», così come era chiamata quella di Pietro e di Caterina in un arco di tempo di sei anni, dal 1755 sino al 5 gennaio 1762, giorno della morte di Elisabetta, nulla nella storia di qualsivoglia paese né della stessa Russia in altra epoca, può darne l'idea. A un certo momento i diplomatici inviati a San Pietroburgo poterono trovarsi in imbarazzo nel sapere a quale porta dovevano indirizzarsi; alcuni non esitarono e andarono coraggiosamente a bussare alla piccola porta: Hanbury Williams[82], l'inviato inglese, fu nel no-

---

[82] Charles Hanbury Williams (1708-1759), entrò nel parlamento inglese nel 1734, dal 1747 al 1750 fu ambasciatore a Dresda e successivamente a Berlino e in Russia. Incontrò Stanislao Poniatowski a Berlino, nel 1748, mentre si sottoponeva a un trattamento medico, entrò così nella storia russa e polacca, presentando il futuro re polacco a Caterina II, della quale divenne il preferito. Ebbe un ruolo fondamentale nel mantenere la pace tra Russia e

vero di questi. Il racconto dettagliato dei fatti che hanno caratterizzato questo periodo andrebbe oltre il quadro di questo studio. Ci limiteremo a indicare i tratti più salienti, che sono: l'entrata di Caterina nella vita politica, la sua relazione con Poniatowski, e infine la violenta crisi che fu determinata dalla caduta dell'onnipotente Bestužev e nel corso della quale la futura imperatrice svolse il suo primo ruolo sul terreno dei suoi trionfi a venire e guadagnò la sua prima vittoria.

Caterina è entrata in politica per l'amore. Fu il suo destino mischiare continuamente questi due elementi così divergenti in apparenza; fu la sua arte, o la sua fortuna, di trarre pressoché sempre un buon partito da un insieme che fu nefasto a tanti altri. La sua prima fuga al di fuori dello stretto ambito nel quale Elisabetta aveva preteso confinarla per sempre è un intervento negli affari di Polonia[83]. Non si è assolutamente azzardata a interessarsi a questi affari se non per scoprirsi l'interesse per quelli di un bel polacco. Del resto, ebbe bisogno di essere aiutata per fare questa scoperta. Gli intermediari e le mezzane hanno già di buon'ora avuto un grande spazio nella sua vita.

Nel 1755, l'Inghilterra, desiderosa di rinnovare il trattato di sussidi che, dal 1742, legava la Russia al suo sistema di alleanze, preoccupata anche di assicurare il concorso di una grande armata russa in caso di rottura con la Francia, divenuta quasi inevitabile a breve scadenza, inviava a San Pietroburgo un nuovo ambasciatore. Lo stesso Guy Dickens, che vi svolgeva la funzione, aveva riconosciuto la sua insufficienza. La corte di Elisabetta era una corte troppo maneggiona per un uomo della sua età. Gli affari si facevano tra un ballo, una commedia e una mascherata. Diedero ascolto alle sue osservazioni e cercarono un uomo in grado di soddisfare le esigenze del mestiere. Fu designato sir Charles Hanbury Williams. La scelta poteva passare

---

Gran Bretagna nel corso della Guerra dei sette anni, quando il suo paese era alleato della Prussia.

[83] (N.d.A.) Perlomeno non abbiamo documenti che indichino un'ingerenza precedente nel proibito campo della politica. Quello cui facciamo allusione è un biglietto indirizzato nel febbraio 1756 a Bestužev, e comunicato a Federico II . (*Politische Corresp.*, XII, 305) Caterina vi sollecita l'intervento del cancelliere in favore di Czartoryski.

per felice. Amico e compagno di piaceri di Robert Walpole[84], il nuovo arrivato era stato a una buona scuola. In effetti, non mancò né a una ballo né a una mascherata, ma non tardò ad accorgersi che tutto ciò non portava lontano. Le sue assiduità presso Elisabetta sembravano molto gradite alla sovrana, ma restavano senza alcun effetto, politicamente parlando. Quando voleva affrontare il terreno fattivo di un qualsivoglia negoziato, la zarina si scansava. Aveva un bel cercare l'imperatrice, non incontrava che un'amabile danzatrice di minuetto, talvolta una baccante. Nel giro di qualche mese, arrivò a concludere che Elisabetta non era una donna con la quale si potesse discutere in modo serio, e pensò di ritornarsene. Scoraggiato dal presente, pensò all'avvenire. L'avvenire era la giovane corte.

Ma anche là inciampò nel futuro imperatore. In un primo tempo, pensò di perdere tempo allo stesso modo da questa parte. È allora che i suoi occhi si fermarono infine su Caterina. Può darsi subisse ancora l'influenza e l'impulso di altre delusioni e di altre speranze, prendendo simultaneamente questa stessa strada e orientandosi verso questo stesso punto di appoggio. Anche il grande Bestužev non incominciava forse a rinnegare le sue vecchie prevenzioni? Williams poté osservare degli approcci significativi dei quali la granduchessa diventava l'oggetto; dei percorsi sotterranei che arrivavano a lei. Fu pronto nel decidersi. Informato da voci di corte delle avventure galanti nelle quali il bel Saltykov era comparso dopo il bel Tchernychev, provò a seguire quella pista romantica. Dove, comunque, non si soffermò a lungo. Caterina lo accolse bene, discusse con lui di ogni cosa, anche di cose serie, che Elisabetta non voleva ascoltare, ma aveva lo sguardo rivolto altrove. Uno di quegli sguardi, colto al volo da Williams, gli indicò la sua condotta. Era uno spirito pratico: passò la mano a un giovane del suo seguito. Era Poniatowski.

Si conoscono le origini oscure di questo eroe da romanzo, che un funesto caso, – uno di quelli che stavano per determinare il destino della Polonia – introdusse in questo momento nella storia del suo paese. Williams, che prima di giungere in Russia

---

[84] Sir Robert Walpole (1676-1754) fu di fatto il primo a esercitare la funzione di Primo Ministro in Gran Bretagna durante i regni di Giorgio I e Giorgio II, come esponente del partito Whig.

aveva svolto per qualche anno le funzioni di residente alla corte di Sassonia, vi aveva incontrato questo figlio di arricchiti e nipote dei due più potenti signori che ci fossero allora i Polonia, gli Czartoryski. L'aveva preso in amicizia e si era offerto di iniziare la sua educazione politica portandolo a San Pietroburgo. Gli Czartoryski, da parte loro, si erano affrettati a cogliere l'occasione per affidare all'apprendista diplomatico una missione particolare, quella di difendere alla corte del Nord i loro interessi con gli interessi della loro patria, che intendevano alla loro maniera. Inauguravano così in Polonia una nuova politica: di compromesso e di intesa cordiale con il nemico ereditario, vale a dire la Russia, e di rinuncia rispetto ai tradizionali alleati e in particolare nei confronti della Francia. Voltavano le spalle all'Occidente e volgevano lo sguardo verso il Nord, nella speranza di trovarvi un porto di rifugio per gli sfortunati navigli scossi dalla tempesta, e che già facevano acqua da tutte le parti, dei quali pretendevano di divenire i piloti. Questa politica si accordava pienamente con il programma che Williams stesso aveva deciso di far prevalere.

Il futuro re di Polonia aveva allora ventidue anni. Con una figura gradevole, non poteva per bellezza rivaleggiare con Sergio Saltykov, ma era un gentiluomo completo, alla moda europea dei tempi: istruzione varia, abitudini raffinate, educazione cosmopolita, infarinatura superficiale di filosofia, era un esempio compiuto della specie, ed era il primo che si offrì alla curiosità di Caterina. Impersonò ai suoi occhi quella cultura dello spirito e di quella vernice mondana della quale la lettura di Voltaire e di madame de Sévigné le avevano dato l'idea e il gusto passeggero. Aveva viaggiato, aveva fatto parte, a Parigi, di quella società brillante il cui splendore e fascino si imponevano in tutta l'Europa, così come una monarchia, che era la meno contestata di tutte. Ne era come un'emanazione diretta. Ne aveva i meriti e i difetti. Sapeva discutere con brio sulle materie più astratte e abbordare con grazia gli argomenti più scabrosi. Era maestro nello stilare un biglietto galante e nell'insinuare un madrigale in un discorso comune. Possedeva l'arte di intenerirsi a proposito. Era *sensibile*. Rivelava una patina di idee romantiche, che gli dava un'apparenza avventurosa ed eroica e dissimulava sotto questo scintillio una natura secca e fredda, un egoismo imperturbabile, un fondo di cinismo a tutta prova. Tutto, persino una certa leggerezza di carattere, della quale ella si mostrò sempre singolarmente invaghita, forse per un'affinità misteriosa con il proprio fermo e posato, si riuniva in lui per sedurre Caterina. Stando alle sue personali confidenze, Poniatowski avrebbe avuto nei confronti della giovane donna un merito di altro genere, abbastanza inaspettato e pressoché incredibile da parte di un giovane che arrivava da Parigi.

«Innanzi tutto un'educazione severa – egli spiega in un brano delle *Mémoires* che ci è pervenuto – mi aveva allontanato da ogni atteggiamento vizioso; in seguito, l'ambizione di emergere e di mantenermi in quella che viene chiamata (soprattutto a Parigi) l'alta società, mi aveva preservato nei miei viaggi e un insieme di singolari piccole circostanze nei rapporti che avevo abbozzato nei paesi stranieri e nel mio, e nella stessa Russia, era parso preservarmi intatto per colei che poi ha disposto della mia sorte.»

Fu ancora Bestužev che si fece carico di incoraggiare il giovane polacco. Poniatowski non si fidava. Aveva sentito raccontare storie lugubri su ciò che accadeva ai giovani favoriti delle imperatrici e delle granduchesse russe, una volta che avevano cessato di piacere. Bestužev fece ricorso a Leon Naryskin, che generosamente acconsentì a mostrare al nuovo favorito un cammino che probabilmente egli conosceva bene. Naryskin fu sempre l'uomo di tutte le cortesie. Ma fu probabilmente la stessa Caterina che superò le ultime resistenze. La sua sola bellezza, in mancanza di altri mezzi di seduzione, sarebbe stata sufficiente. Ecco come la descrisse più tardi il felice amante:

«Ella aveva venticinque anni; si alzava subito dopo aver partorito; era in quel momento di bellezza che è normalmente il colmo per tutte le donne, alle quali è concesso di averlo. I suoi capelli neri contrastavano con un biancore accecante, le sopracciglia nere i molto lunghe, il naso greco, una bocca che sembrava chiamare i baci, le mani e le braccia perfette, una corporatura snella, più alta che piccola, l'andatura molto spedita e tuttavia della più grande nobiltà, la sua voce gradevole e il riso gaio quanto il suo umore, che la faceva passare con uguale facilità dai giochi più folli e infantili a una tavola di cifre, la cui fatica fisica non la spaventava minimamente.»

Guardandola, «dimenticò – così si esprime – che esisteva una Siberia». E ben presto la cerchia intima della granduchessa fu testimone di una scena che dovette confermare le congetture che già circolavano. Il conte Horn, uno svedese che soggiornava da qualche tempo a San Pietroburgo e legato a Poniatowski, faceva parte del circolo familiare della granduchessa. Un giorno, mentre entrava nella camera della granduchessa, un piccolo cane bolognese si mise ad abbaiare furiosamente. Faceva la stessa cosa per tutti i visitatori. Improvvisamente comparve Poniatowski e il piccolo traditore si precipita davanti al giovanotto con un'aria di festa e con tutte le manifestazioni di tenerezza che hanno i cani.

«Amico mio – dice allora lo svedese, prendendo da parte il nuovo venuto – non c'è niente di così terribile come un cane bolognese; la prima cosa che ho sempre fatto con le donne che ho amato, è stata di regalarne loro uno ed è sempre attraverso questi che ho saputo se c'era qualcuno più favorito di me.»

Sergio Saltykov, di ritorno dalla Svezia, non tardò molto a sapere che aveva un successore. Ma non si preoccupava più di essere geloso. Se più tardi Caterina non diede prove di costanza, possiamo dire che i suoi primi amanti le diedero l'esempio. Anche prima che Poniatowski fosse il favorito, Saltykov spingeva già l'insolenza sino a dare alla sua amante degli appuntamenti ai quali non si presentava. Una notte, Caterina l'attese invano sino alle tre del mattino.

Williams ebbe così a sua disposizione, presso la granduchessa, una notevole influenza. Per questo non trascurò altri mezzi d'azione. Non aveva tardato a essere al corrente delle difficoltà finanziarie nelle quali Caterina si dibatteva sempre più disperatamente. A questo riguardo le rimostranze di Elisabetta non avevano sortito alcun effetto. Malgrado il suo amore per l'ordine e qualche abitudine borghese per le economie, Caterina fu per tutta la vita una irrefrenabile sperperatrice di denaro. La trascinava il suo gusto per l'ostentazione, e da un modo suo particolare di considerare l'utilità di certe spese, che le abitudini mercenarie del suo paese natale avevano radicato nel suo spirito e che l'esperienza acquisita nel nuovo contesto dove era chiamata a vivere non fece che sviluppare. La fede nell'onnipotenza delle ricompense fu una delle convinzioni cui rimase costantemente fedele. Williams offrì i suoi servizi, che furono graditi. Il totale dei prestiti per i quali Caterina fece ricorso a questa fonte ci è sconosciuta. Dovette essere considerevole: Williams aveva carta bianca dal suo governo. Due ricevute, firmate dalla granduchessa, per una somma totale di circa 50.000 rubli, portano la data del 21 luglio e 11 novembre 1756, e il prestito del 21 luglio non era il primo poiché, sollecitandolo, Caterina scriveva al banchiere di Williams: «È con rammarico che mi rivolgo *nuovamente* a voi.»

Rimaneva all'inviato inglese di mettere a profitto l'influenza così acquisita; in questo senso il riavvicinamento che contemporaneamente si produceva tra la granduchessa e Bestužev appariva di buon augurio.

II

Situazione critica di Bestužev – Le sue proposte a Caterina – Progetto di regolamento per la successione di Elisabetta - Imprese avventurose di Williams nelle quali è immischiata la granduchessa – La Guerra dei Sette anni – La ritirata del feldmaresciallo Apraksin – Accuse a questo proposito contro Caterina

Bestužev aveva trionfato in successione su tutti i suoi nemici, ma queste vittorie lo avevano esaurito. Invecchiava e si sentiva sempre meno in grado di respingere l'assalto costantemente ripetuto delle ambizioni rivali, dei rancori mai sopiti e degli appetiti di vendetta sempre vivi. La stessa Elisabetta non gli perdonava di essersi in qualche modo imposto nei suoi confronti. Incominciava a trattarlo freddamente. Ella incominciava anche ad avere degli attacchi di apoplessia, e questo preoccupava il cancelliere. Il granduca, l'imperatore di domani, gli offriva lo stesso aspetto scoraggiante che aveva ripugnato Williams. Non perché pensasse di avere troppo da faticare per assicurarsi il suo favore. Era un compito facile. Ma perché tutto ciò non portava a niente, o piuttosto perché poteva portare dove Bestužev non voleva assolutamente andare. Se Pietro aveva un'idea politica nel suo cervello ristretto, era la sua ammirazione per Federico. Egli era *prussiano* dalla testa ai piedi. Bestužev era, era sempre stato e intendeva morire da buon *austriaco*. I passi di questa evoluzione furono rapidi. Presto Caterina poté scorgere un considerevole cambiamento, e interamente a suo vantaggio, nell'organizzazione del personale preposto al suo servizio e alla sorveglianza della sua persona. La sua prima dama di camera, la Vladislavova, una specie di cerbero femmina che le avevano assegnato, diventava all'improvviso «dolce come un agnello», dopo un incontro confidenziale con il cancelliere. Poco dopo, Bestužev fece pace con la principessa di Zerbst e, inopinatamente, si offrì come intermediario nella corrispondenza che questa continuava ad avere con sua figlia, ma che egli stesso aveva contribuito a far severamente proibire. Infine, arrischiò uno sforzo eroico: con la mediazione di Poniatowski, un documento di un'importanza capitale fu rimesso a Caterina da parte del cancelliere. Questa volta, Bestužev bruciava i suoi vascelli e metteva in gioco la sua testa; ma apriva davanti alla triste compagna di Pietro un orizzonte nuovo, fatto per abbagliare e tentare la sua nascente ambizione; le apriva, in qualche modo, la via attraverso la quale doveva un giorno incamminarsi verso la conquista dell'impero: era un progetto destinato a regolare la successione al trono. Esso disponeva che subito dopo la morte di Elisabetta, Pietro sarebbe stato proclamato imperatore, ma congiuntamente a Caterina, che sarebbe diventata compartecipe di tutti i suoi diritti e di tutta la sua autorità. Beninteso, Bestužev non si dimenticava di se stesso. Si riservava quasi tutto il potere, lasciando a Caterina e al suo sposo unicamente ciò che la sua posizione di suddito gli impediva di prendere. Caterina, in questa occasione, diede prova di un tatto alquanto consumato. Si guardò bene dallo scoraggiare l'autore del progetto, ma espose le sue riserve. Non credeva, gli fece dire, alla possibilità della messa in atto. Forse la vecchia volpe non ne era allo stesso modo convinta[85]. Riprese la sua opera, la rimaneggiò, vi fece molte aggiunte e molti ritocchi, la sottomise nuovamente

---

[85] (N.d.A.) Risulta tuttavia da una corrispondenza tra Brühl e Funcke, il ministro e il residente sassone, scambiata durante gli anni 1754-1755 (vedi Hermann, *Der russische Hof*, pag. 298-299) che, fin dal 1754, Bestužev pensò di far acquistare a Caterina la cogerenza del ducato di Holstein, e che considerava questa misura come un avviamento alla divisione del potere imperiale. Secondo Michele Vorontsov (Autobiografia pubblicata nell'*Archivio del principe Vorontsov*, V, 32), il cancelliere avrebbe tentato di far approvare da Elisabetta, a sua insaputa, il progetto che regolava la successione del trono imperiale a favore di Caterina. Egli l'avrebbe presentato alla firma della zarina fra altre carte senza importanza. Ma Elisabetta si sarebbe accorta del tiro che le si voleva giocare.

all'esame della principessa interessata, poi fece nuove correzioni e parve assorbito da questa nuova occupazione. Dalle due parti si giocò d'astuzia: ma il ghiaccio era rotto, e non mancarono di intendersi su altri punti.

Così, Caterina si trovava sollecitata da due lati contemporaneamente ad uscire dal suo riserbo, del resto forzato, nel quale aveva vissuto sino a quel momento. Non si rifiutava di farlo. Tutti i suoi gusti e tutti i suoi istinti naturali la spingevano in questo senso. Trattenuta per qualche tempo da un sentimento di prudenza, peraltro più che giustificato, lo si vide presto, dapprima si azzardò timidamente, poi sempre più con maggiore audacia, fino a rischiare in avventure che la porteranno a due dita dalla sua disgrazia. Bisogna aggiungere che, accordandosi inizialmente per trarre profitto dal credito nascente della granduchessa, per un comune loro interesse, e disputandoselo in seguito, quando gli avvenimenti li fecero nemici, i due compagni della vigilia, i due avversari di domani, Bestužev e Williams, non facevano uso, né l'uno né l'altro di alcuna discrezione. Bestužev giocava la sua ultima partita e si impegnava a gonfiare la posta con quello che aveva sottomano. Quanto a Williams, si rivelò inopinatamente un vero spericolato. A un senso alquanto realistico delle cose e a una certa abilità, questo inglese univa un fondo di straordinaria immaginazione e una forte dose di sventatezza. C'era del sognatore nel suo spirito. Adattava gli avvenimenti a modo suo, che non era sempre quello che il caso o la Provvidenza avevano deciso. Quando gli avvenimenti gli davano torto, si rifiutava di prenderne atto. Era un guascone d'Inghilterra. Quando ebbe ottenuto, nell'agosto del 1755, il rinnovo del trattato di aiuti che legava la Russia all'Inghilterra, cantò vittoria. Aveva vinto Bestužev, conquistato Elisabetta e sedotto Caterina con la mediazione di Poniatowski. Vedeva già centomila russi mettersi in campagna per dare battaglia ai nemici di Sua Maestà britannica. Questi nemici erano naturalmente la Prussia e la Francia. Improvvisamente apprendeva la conclusione del trattato di Westminster (5 gennaio 1756), che poneva la Prussia tra gli alleati dell'Inghilterra. Federico aveva bruscamente cambiato fronte. Williams non ne era turbato. I centomila russi avrebbero così avuto un solo nemico da combattere al posto di due. Avrebbero trionfato sulle rive del Reno al posto di vincere su quelle della

Sprea. Meglio, si poteva mandare le truppe più lontano. Nell'attesa, l'avventuroso diplomatico si metteva personalmente a disposizione di Federico. Quest'ultimo non aveva inviati a San Pietroburgo dal 1750; Williams si fece carico dell'impegno. Con la mediazione del suo collega di Berlino, avviò uno scambio di corrispondenza alquanto intenso, destinato a tenere Sua Maestà prussiana al corrente di ciò che accadeva in Russia. Ecco però che alla notizia del trattato anglo-prussiano, Elisabetta rispondeva dapprima rifiutandosi di ratificare il proprio trattato di sussidi con l'Inghilterra, successivamente aggiungendo alla ratifica, che firmava infine il 26 febbraio 1756, una clausola destinata a limitarne l'effetto al solo caso in cui l'Inghilterra fosse stata attaccata dalla Prussia! Era, per dirla tutta, vanificare il trattato e nello stesso tempo prendersi gioco sia della Prussia sia dell'Inghilterra. Williams non si scoraggiò. In mezzo all'incrociarsi di alleanze, in mezzo al rovesciamento generale della politica europea che doveva risultarne, rimaneva fedele al suo programma, che era portare le armate russe contro i nemici dell'Inghilterra. Il suo odio per la Francia lo guidava accecandolo. Lo stesso trattato di Versailles (1° maggio 1756) non gli aprì gli occhi. Non vide o non volle vedere che, da quel momento legata all'Austria, la Francia diventava per la Russia non più un nemico da combattere, ma un associato naturale nel nuovo raggruppamento delle potenze e degli interessi rivali e una compagna d'armi nelle prossime lotte. È soprattutto in questo momento che pensò di utilizzare i rapporti che aveva contratto con la giovane corte e l'influenza che pretendeva di esercitare sulle disposizioni e sugli atteggiamenti della granduchessa. Andando avanti su questa strada e ostinandosi nel gioco, giunse fino a far credere a Federico che Caterina era in grado di fermare l'armata russa, anche se gli ordini di Elisabetta l'avessero messa in azione, e di imporre alla stessa di rimanere inattiva. Quando Federico si rese conto dell'inganno, era ormai troppo tardi: Apraksin aveva preso Memel e inflitto all'armata prussiana un sanguinosa sconfitta (a Gross-Jägersdorf, nell'agosto 1757). Ma l'illusione durò due anni, durante i quali Williams, chiamando sempre Caterina «la sua cara amica», le faceva mutare a suo piacimento i sentimenti pro o contro il re di Prussia, si vantava di ricevere da lei informazioni, equivalenti a un tradimento del segreto di Stato, finiva per infliggere a questa principessa il marchio di un volgare spionaggio a favore di una potenza con la quale la Russia era in guerra!

Quale fu in realtà il ruolo di Caterina in questo periodo, uno dei più travagliati della sua esistenza, è difficile da stabilire con certezza. Williams, questo è certo, ingannava Federico e illudeva anche se stesso. Gli storici tedeschi concordano nell'accusare il gabinetto inglese di avervi aggiunto del suo, ritoccando i dispacci del presuntuoso ambasciatore, di cui il gabinetto di Berlino riceveva comunicazione. In una circostanza particolare, Williams sembra aver spinto le sue preoccupazioni di illusionista diplomatico sino a inventare una pratica e una lettera di Caterina che non furono da questa mai fatte né scritte. È altrettanto certo che le premure di Williams e le attenzioni di Poniatowski non permettevano molto alla granduchessa di rimanere interamente disinteressata in questa temibile crisi, o anche indifferente agli interessi inglesi. Le ricevute che il banchiere Wolff continuava ad accettare su ordine dell'inviato britannico avevano di certo la loro eloquenza. Ma, d'altra parte, le proposte di Bestužev erano altrettanto respinte da Caterina; il cancelliere, che Federico non era riuscito a corrompere, intendeva eseguire lealmente il patto di alleanza concluso con l'Austria. Tutto questo doveva trascinare l'allieva politica di Montesquieu e di Brantôme a degli atteggiamenti azzardati e anche contraddittori.

Del resto, ciò che ella non faceva, Poniatowski lo faceva o aveva l'aria di farlo per lei, e questo polacco iniziava a essere terribilmente maneggione. E presto lo fu talmente, che passò, agli occhi delle corti alleate di Vienna e di Versailles, per il peggior nemico che avessero a San Pietroburgo e per un uomo del quale bisognava sbarazzarsi a ogni costo. Il carattere per niente ufficiale del personaggio pareva rendere facile l'impresa. Ma incontrarono una inattesa resistenza: non avevano fatto i conti con l'amore. Lo stesso Williams fu più facilmente allontanato da un posto in cui sembrava essere al servizio più della Prussia che dell'Inghilterra stessa. Dovette partire nell'ottobre del 1757. Poniatowski rimase. Ma Caterina fu in questo modo portata a scoprirsi interamente e a procedere in quel campo politico che le era stato espressamente vietato.

Aggiungiamo che il debutto che vi faceva non prometteva alcunché di buono. Per la sua prima prova, faceva uso di un'influenza di recente acquisizione, servendosene per un interesse personale, inconfessabile, e direttamente opposto, per certi aspetti, agli interessi della sua patria di adozione, come li comprendevano coloro che ne avevano la custodia. Era entrata in politica per amore; l'amore la seguiva e la tratteneva su questa strada. Quest'episodio della sua vita è troppo decisivo perché noi non ci soffermiamo.

III

Ruolo politico di Poniatowski – Egli fa gli affari dei suoi zii e rovina quelli del suo re – Riavvicinamento tra lui e i rappresentanti della Francia – Divergenze di vedute tra gli aventi causa della politica francese a Pietroburgo e a Varsavia – Dualismo della politica francese – La diplomazia ufficiale e la diplomazia segreta – Si vogliono proteggere i polacchi contro i russi, alleandosi con la Russia – La partenza di Poniatowski – Irritazione di Caterina contro la Francia

Poniatowski era piaciuto a Caterina perché parlava la lingua di Voltaire e anche quella degli eroi di mademoiselle de Scudéry[86]. Egli guadagnò il favore del granduca prendendosi gioco del re di Polonia e del suo ministro, il che era rendere un omaggio indiretto a Federico. Non fece molte altre conquiste a San Pietroburgo. Elisabetta non lo vedeva di buon'occhio e si mostrava disposta a cedere alle insistenze della corte di Sassonia, che reclamava il suo rinvio. A quale titolo faceva parte del personale dell'ambasciata inglese non essendo né inglese né diplomatico? Perché, non essendo nulla, pretendeva di avere un ruolo? L'argomentazione era di scarso peso. Personaggi ancor più enigmatici e agenti diplomatici meno autorizzati formicolavano allora in tutte le corti d'Europa. Quella di Pietroburgo non faceva eccezione. D'Éon vi era appena arrivato. Poniatowski dovette comunque eclissarsi momentaneamente. Caterina lo lasciò partire, avendo l'assicurazione che sarebbe ritornato.

---

[86] Madeleine de Scudéry (1607-1701) scrittrice francese che riunì intorno a sé le maggiori personalità della sua epoca, che partecipavano alle erudite ed eleganti conversazione dei «sabati di M.lle de Scudéry». Fu autrice di lunghi romanzi galanti, non privi di profondità e di spessore nei sentimenti e nella personalità dei personaggi.

Ritornò tre mesi dopo, con il titolo ufficiale di ministro del re di Polonia. Era un tiro di Bestužev, che insisteva nel volersi rendere gradevole.

Sentendosi a quel punto un terreno più solido sotto i piedi, il polacco non esitò ad approfittarne per darsi da fare, facendo gli affari dei suoi zii, gli Czartoryski, a discapito di quelli del suo capo, il re di Polonia, e di quelli del suo amico Williams, a beneficio del re di Prussia. Caterina appoggiava frequentemente le sue pratiche, postillava le lettere che indirizzava a Bestužev. Quando non appariva apertamente, il suo intervento era però sottinteso, il che era lo stesso. Ben presto ci fu un nuovo concerto di lamentale da parte degli inviati di Francia e d'Austria. Per un momento, Douglas, il luogotenente diplomatico del marchese L'Hôpital, credette di intravedere la possibilità di un'intesa con la giovane corte e, di conseguenza, con lo stesso Poniatowski. Dopo qualche incertezza e qualche resistenza, il marchese L'Hôpital aderiva anch'egli a questo parere e rinunciava a opporsi al soggiorno del diplomatico polacco nella capitale del Nord. Ma in quello stesso momento un violento disaccordo scoppiava tra il rappresentante della politica francese a Pietroburgo e il suo omologo a Varsavia, il conte Broglie[87]. Quest'ultimo continuava a strepitare affinché Poniatowski fosse rimandato in patria. Ahimè, erano la stessa politica francese e la sua influenza in Oriente che sprofondavano in un irriducibile conflitto di idee e di principi opposti!

Nel settembre 1757, Douglas era andato a Varsavia e, in una serie di colloqui che aveva avuto con il conte Broglie, si era impegnato a convincerlo della necessità di un cambiamento radicale di fronte, in riferimento alla difesa degli interessi francesi nell'Est europeo. Ai suoi occhi il trattato di Versailles, avendo determinato l'entrata della Francia nel sistema di alleanze di cui la Russia e l'Austria facevano parte, doveva avere come conseguenza la rottura dei vecchi legami del re sia con la Porta, sia con la Polonia. Il guadagno di un'importante amicizia a Pietroburgo avrebbe compensato la perdita che si sarebbe subita a Varsavia e a Costantinopoli. Era porre chiaramente il problema, e solo questo modo di intendere le cose aveva fatto intra-

---

[87] Victor-François de Broglie (1718-1804), che era anche a capo della diplomazia segreta e parallela di Luigi XV.

vedere a Douglas e al marchese L'Hôpital la possibilità di disarmare la giovane corte e assicurarsi il concorso di Poniatowski. Nel momento in cui si pronunciavano per un'intesa franca e completa con la Russia, il nipote degli Czartoryski, impegnato a far prevalere a Pietroburgo il programma filorusso dei suoi zii, diventava un loro naturale associato[88].

Ma il conte Broglie non era affatto disposto ad adottare queste vedute. Quanto a coloro cui spettava fissare a questo proposito la sua linea di condotta, non erano semplicemente in grado di avere su questo argomento, come su molti altri, una qualsivoglia veduta, sufficientemente chiara e decisamente ferma. Coloro che allora presiedevano in Francia alla direzione degli Affari esteri del paese, e noi non intendiamo solamente le direttive anonime della politica occulta di Luigi XV, i detentori del «Secret du Roi», ma anche i ministri ufficiali, che si chiamassero Rouillé, l'abate Bernis o Choiseul, pretendevano al contrario, benché in misura differente, di conciliare le cose più inconciliabili, il cambiamento di sistema con l'immutabilità dei principi, la cooperazione delle armate russe contro un comune nemico con la conservazione dell'antica clientela turca, polacca o svedese, un'avanzata verso un avvenire oscuramente intravisto con la fedeltà al passato. Se vi era una divergenza di opinioni a questo riguardo tra i due poteri dirigenti, tra il gabinetto *ministeriale*, come si diceva allora, e l'officina occulta, dove si elaboravano dei dispacci spesso contraddittori, si trattava solo di una questione di misura. Probabilmente, mentre da una parte ci si ostinava a vedere nella Russia unicamente un elemento barbaro, con il quale nessun accordo era conveniente e che bisognava pensare unicamente a ricacciare in Asia, dalla parte opposta si era invece inclini a ravvisare nel temibile impero creato da Pietro il Grande un alleato se non molto gradevole, nondimeno possibile e forse necessario per un avvenire più o meno lontano, in ogni caso una potenza con la quale bisognava fare i conti e alla quale bisognava fare qualche concessione, anche sulle rive della Vistola. Ma ci si accordava da entrambe le parti per limitare queste concessioni. Più di un secolo doveva trascorrere prima che una serie di dolorose delusio-

---

[88] Il documento essenziale per questo episodio è un «Extrait d'une longue conversation que M. le comte Broglie a eue avec le chevalier Douglas», unito al dispaccio del conte Broglie. Varsavia, 2 ottobre 1757. Affaires étrangères, Polonia.

ni, di sterili sforzi, di disastri condivisi da questi sfortunati alleati che non si aveva intenzione di sacrificare e che tuttavia venivano immolati da un'illusione comune, facesse infine riconoscere il vizio capitale di una simile concezione delle cose e di un tale programma. Si persistette, nell'attesa, nella straordinaria decisione di proteggere polacchi, turchi o svedesi, alleandosi però con la Russia. Quanto al conte Broglie, era giunto, dopo un lungo soggiorno in Polonia, a solidarizzare interamente, noi aggiungeremmo quasi a confondere gli interessi della Francia, non più con quelli delle Polonia stessa, ma con quelli di uno dei partiti che si agitavano in seno alla Repubblica e quel partito era esattamente in guerra con l'influenza russa e con la potente «famiglia» degli Czartoryski, che voleva far trionfare questa influenza e trionfare con questa.

Ne risultò che, in ottobre, l'ambasciatore del re a Varsavia, ricevette degli ordini allo stesso tempo ufficiali e segreti di fare di tutto per accelerare il richiamo del conte Poniatowski. Il rappresentante francese vi mise dell'impegno. In novembre, il tutto era fatto. Brühl aveva ceduto. «Il colpo è portato – scriveva il marchese L'Hôpital all'abate Bernis – bisogna sostenerlo.» Ma aggiungeva che la cosa si era verificata troppo bruscamente. «Ne risulterà – diceva – un vivo risentimento contro di me del cancelliere Bestužev e un amaro rancore del granduca e della granduchessa... Non posso impedirmi di confidarvi che trovo che il conte Broglie ha messo in tutto questo un calore e una passione alquanto eccessiva per i miei gusti. Si è fatto un punto d'onore nei confronti del suo partito (*sic*) di dare questo disgusto ai Poniatowski e ai Czartoryski. In ultimo, era il suo *impegno*.» In generale, L'Hôpital trovava che il conte Broglie, «abituato a primeggiare», la prendeva un po' troppo altezzosamente con un collega e trattava con lui più da ministro degli Affari esteri che da ambasciatore. Questo diplomatico autoritario si permetteva anche delle battute che il suo collega giudicava fuori luogo. Egli aveva scritto a d'Éon: «Sarete forse meravigliato del richiamo di Poniatowski; rimandatecelo quanto prima; ho un inesprimibile desiderio di rivederlo per fargli i miei complimenti per il successo dei suoi negoziati.»

Ma Poniatowski non partì. Iniziò col fare il malato, ritardando così di settimana in settimana e di mese in mese la sua udienza di congedo. E, nell'attesa, sopraggiungeva un avvenimento che mutava completamente la situazione degli affari e la posizione degli avversari sul campo di battaglia europeo. La Francia, che alla vigilia poteva parlare se non come padrona, almeno con una possibilità di essere ascoltata rispettosamente tanto a Pietroburgo quanto a Varsavia, dovette subito abbassare il tono.

Questo avvenimento si chiamava Rossbach (5 novembre 1757)[89].

Per il gabinetto di Versailles non era più questione di imporre le sue volontà. La granduchessa fece sentire più risolutamente le sue al cancelliere Bestužev. Questi invocava gli ordini del primo ministro del re di Polonia, che chiedeva il rinvio di Poniatowski, destituito dall'incarico: «Il primo ministro del re di Polonia si priverebbe del pane per esservi gradito», replicava seccamente la granduchessa. A Bestužev che indicava la necessità di salvaguardare la sua posizione, non esitava a rispondere: «Nessuno vi attaccherà se fate ciò che voglio.» Vediamo che con un'alta idea della preponderanza della Russia, acquisita al prezzo dell'attuale modestia della Francia, un'idea non meno elevata della sua importanza si era impadronita della futura imperatrice. Anche questa è una conseguenza di Rossbach.

E i fatti si incaricarono di giustificare questa duplice valutazione. Brühl, il ministro sassone, si privò effettivamente del pane per compiacere il cancelliere di tutte le Russie: Poniatowski ricevette l'ordine di rimanere al suo posto e le cose ripresero il precedente andazzo. Solamente il marchese L'Hôpital ri-

---

[89] La battaglia di Rossbach, del 5 novembre 1757, rientra nella Guerra dei Sette Anni (1756-1763) e fu probabilmente la più bella vittoria conseguita da Federico II contro le truppe francesi e austriache. Errori tattici e di valutazione del comando franco-austriaco e, per contro, velocità di posizionamento e intuito di Federico consentirono ai prussiani in notevole svantaggio numerico (il rapporto era di uno a due, 22.000 contro 41.000) di infliggere durissime perdite al nemico. A fronte dei poco più cinquecento morti dell'esercito prussiano i franco austriaci ebbero perdite di 10.000 uomini, settemila dei quali furono fatti prigionieri. Gli effetti della battaglia sull'andamento generale della guerra furono alquanto modesti, anche se vi furono successivamente le vittorie di Leuthen (un mese dopo) e di Zorndorf (25 agosto 1758) contro i russi, il 12 agosto 1759 Federico dovette subire la decisiva sconfitta nella battaglia di Künersdorf. A salvare la situazione del re prussiano fu la morte di Elisabetta I e la conseguente salita al trono di Russia di Pietro III, notoriamente filoprussiano e «adoratore» di Federico, il quale non pose tempo per offrire un trattato di pace.

nunciò, una volta per tutte, alle sue velleità di accomodamento su uno stato di cose sul quale cessava di avere il minimo ascendente. Non provò più a risalire la corrente e «guardò scorrere l'acqua». Non cercò neanche di intrattenere qualsivoglia relazione con la «giovane corte», dove scorgeva «un piccolo mare alquanto tempestoso» e pieno di scogli.

Fu lo stesso Poniatowski che si incaricò, sei mesi più tardi, di dare al conte Broglie una soddisfazione che questi probabilmente già disperava di avere. Rendersi insopportabile a Pietroburgo, dopo tutto quello che vi aveva fatto, non sembrava cosa facile per lui, ma vi riuscì. L'avventura è stata raccontata in modi diversi e noi ci atterremo al racconto dell'eroe principale, che è del resto confermato, a parte qualche dettaglio, dal marchese L'Hôpital.

Il granduca non aveva ancora detto una parola in merito al soggiorno del diplomatico polacco in Russia e dei rapporti che vi intratteneva. È vero che era preso da una nuova passione: Elisabetta Vorontsov, l'ultima delle sue amanti, era appena entrata in scena. Un intervento da parte sua restava comunque tra le possibili eventualità, se non probabile. Si verificò nel mese di luglio del 1758. Uscendo di buon mattino dal castello di Oranienbaum, Poniatowski fu arrestato da uno dei picchetti di cavalleria che Pietro teneva attorno alla sua residenza come in tempo di guerra. Lo presero sbrigativamente per il collo e lo portarono davanti al granduca. Pietro insistette per sapere la verità, sebbene questa non sembrasse inquietarlo. Assicurava che «tutto poteva arrangiarsi», a condizione che egli fosse messo al corrente. Il mutismo al quale il prigioniero si credette obbligato lo esasperò. Ne concluse che era a lui, personalmente, che il visitatore notturno puntava. Credette, o fece sembrare di credere, la sua vita minacciata. Senza la presenza di spirito di un compatriota[90], recentemente arrivato a Pietroburgo nel seguito del principe Carlo di Sassonia, Poniatowski avrebbe rischiato di pagare cara la sua imprudenza. Ma il granduca, dopo qualche giorno, ritornò minaccioso sull'argomento di questo straniero che osava voler ingannare la vigilanza dei suoi avam-

---

[90] Si tratta di Branicki, componente di una famiglia di antica nobiltà provinciale, da non confondere con il più antico e nobile casato dei Branicki che si estinse con Giovanni Clemente Branicki, nello stesso periodo.

posti. Lo fece in modo così convincente che Caterina, spaventata, si rassegnò a un grosso sacrificio: Elisabetta Vorontsov ricevette da parte sua cortesie e gentilezze che non avrebbe mai osato sperare. Poniatowski, da parte sua, si fece supplice nei confronti della favorita.

«Vi sarebbe facile rendere tutti felici», le mormorò all'orecchio, durante un ricevimento a corte.

Elisabetta Vorontsov non chiedeva di meglio. In quello stesso giorno, avendo parlato di conseguenza al granduca, introdusse bruscamente Poniatowski nella camera di Sua Altezza.

«Sei un grande sciocco ad aver tardato tanto a prendermi per confidente!», lo rimproverò aspramente Pietro scorgendolo.

E spiegò, ridendo, che non pensava minimamente a essere in alcun modo geloso; le precauzioni prese attorno a Oranienbaum erano unicamente per la sicurezza della sua persona. In quel momento, Poniatowski si ricordò che era un diplomatico: si profuse in complimenti per le disposizioni militari di Sua Altezza, delle quali aveva imparato a conoscere l'abilità, a sue spese. Il buonumore del granduca crebbe.

«Poiché eccoci buoni amici – disse – manca ancora qualcuno qui.»

«A questo punto – racconta Poniatowski, citiamo testualmente il corrispondente passaggio delle sue *Mémoires* – va nella camera di sua moglie, la tira giù dal letto, non le lascia il tempo di mettersi né calze né scarpe, né di indossare un abito, anche senza sottoveste e in questo stato la trascina davanti a noi e le dice indicandomi: Ebbene, eccolo, spero che sarete contenti di me.»[91]

Cenarono allegramente, si separarono solo alle quattro del mattino e su richiesta degli interessati, Elisabetta Vorontsov spinse la compiacenza sino a fare un passo personale presso Bestužev, per convincerlo che la presenza di Poniatowski a Pietroburgo aveva cessato di dispiacere al granduca. La festa ri-

---

[91] (N.d.A.) Poniatowski, *Mémoires*, pp. 38-39. Ecco la versione del marchese L'Hôpital: «Il conte Poniatowski, imbaldanzito dall'audacia della granduchessa, decise di andarla a trovare nella sua casa di campagna; ma all'arrivo fu arrestato da un ufficiale e condotto dal generale Brockdorf, dove si trovava il granduca... «Io so – gli disse il granduca – tutti i vostri intrighi con la granduchessa. Può darsi che abbiate anche cattive intenzioni nei miei confronti. Avete con voi delle pistole tascabili... Quale sospetto! Non avete dunque altre intenzioni, tranne quella di vedere la granduchessa? Ebbene, Poniatowski, andate, restate a cenare con lei; sapete che, da parte mia, ho un'amante.»

cominciò nei giorni seguenti e, per qualche settimana, questo stupefacente ménage a quattro conobbe i giorni più felici.

«Andavo sovente a Oranienbaum», scrive ancora Poniatowski, «arrivavo alla sera, salivo attraverso una scala nascosta nell'appartamento della granduchessa; vi trovavo il granduca e la sua amante; cenavamo insieme; dopodiché il granduca se ne andava con la sua amante, dicendoci: – Orsù, ragazzi, ora non avete più bisogno di me. – E io restavo fino a quando volevo.»

Ma la voce dell'avventura si sparse a corte e, nonostante la poca disposizione che vi regnava quanto a severità in questo genere di cose, fece scandalo. Il marchese L'Hôpital credette subito suo dovere approfittarne per rinnovare le sue istanze per il rinvio dell'inquietante polacco. Questa volta l'ebbe vinta. Poniatowski dovette partire. Elisabetta aveva compreso che la reputazione di suo nipote ed erede al trono era in gioco. Due anni più tardi, il barone di Breteuil ebbe la missione di cancellare l'impressione prodotta nell'animo di Caterina da questo doloroso epilogo. Vi riuscì solo a metà. È vero che, poiché riuniva in sé la qualifica di rappresentante ufficiale della politica francese con quella di agente segreto della politica occulta, aveva anche un doppio ruolo da recitare. Da una parte assicurando la granduchessa che «Sua Maestà Cristianissima non solamente non avrebbe formulato alcuna opposizione al ritorno del conte Poniatowski a Pietroburgo, che sarebbe stato anche disposto a concorrere al successo delle misure che credeva di dover prendere per impegnare il re di Polonia a incaricarlo nuovamente dei suoi affari», doveva anche, «senza urtare apertamente i sentimenti della granduchessa, evitare di prestarsi a ciò che questa desiderava».

Lo stravagante dualismo nel quale era finita e nel quale si baloccava allora in Francia la fantasia del sovrano, alle prese con l'esercizio delle serie responsabilità della sovranità, si traduceva eloquentemente in questa commedia. Ma Caterina non ne fu la vittima. Essendosi procurato, non senza fatica, un incontro privato con la granduchessa, Breteuil ebbe modo di raccogliere qualche parola di adulazione: «Sono stata allevata per amare i francesi», ella disse, «per lungo tempo ho avuto per loro una preferenza; è un sentimento che i vostri servizi mi restituiranno.» «Vorrei – scriveva il barone a seguito di questo incontro – rendere la passione, l'abilità e la sfrontatezza che la granduchessa ha messo in questa conversazione.» Ma aggiungeva malinconicamente: «Tutto questo significa e forse significherà sempre e soltanto l'eccesso della sua passione contrariata.»

Vedeva giusto. Poniatowski non doveva più fare ritorno a Pietroburgo, se non trentacinque anni dopo, come re detronizzato. Subito presa da altre preoccupazioni, distratta anche da altri amori, Caterina si disinteressava del tutto al successo dei tentativi fatti da lui e da altri in merito a questo. Ma il germe del rancore contro la Francia doveva persistere nel suo cuore. Anche se rinunciava a vedere il suo polacco, non cessava per questo di pensare a lui. La fedeltà, o per lo meno una certa fedeltà, alquanto bizzarra in alcuni momenti, bisogna convenirlo, era nel suo carattere. Come aveva associata la politica all'amore, così doveva far procedere di pari passo gli affari di cuore con gli altri suoi interessi. Seppe talvolta, non sempre, mettere in essi un'ammirevole costanza. Così, nel gruppo dei suoi amanti, seppe amarne qualcuno al di là del capriccio passeggero del cuore o dei sensi. Li amava allora in un'altra maniera, in modo più calmo, ma anche più risoluto, *imperturbabilmente*, come disse più tardi il principe de Ligne. Ci sarà ancora della *sfacciataggine*, e anche un po' di cinismo, nello scritto che invierà nel 1763 al suo ambasciatore a Varsavia, per raccomandargli la candidatura del futuro re di Polonia, dicendo che questi «aveva reso, durante il suo soggiorno a Pietroburgo più servizi alla sua patria di ogni altro ministro della Repubblica». Ma ci sarà della tenerezza mischiata a una saggia preveggenza nelle misure che prenderà, alla stessa epoca, per pagare tutti i debiti di questo strano candidato. Nel 1764, la supposizione di un matrimonio che poteva unirla all'eletto della nazione polacca, fondendo così i due imperi, troverà una credenza così generale che Caterina dovrà ricorrere a ingegnosi espedienti per rassicurare i vicini pronti a turbarsi. Scriverà a Obrescov, suo inviato a Costantinopoli, per fargli comunicare alla Porta la notizia di immaginarie trattative iniziate da Poniatowski in vista di un'alleanza con una delle prime famiglie polacche. Il suo cuore si disinteressava sempre di più di questo romanzo inseguito attraverso la distanza dei tempi e dei luoghi, senza tuttavia abbandonarne il pensiero per il suo spirito e la sua ambizione. Così ordinerà contemporaneamente al conte

Kaiserling e al principe Repnin, suoi rappresentanti in Polonia, di fare in modo che subito dopo la sua elezione, Poniatowski sposi effettivamente una polacca, o perlomeno ne manifesti l'intenzione. Sempre per calmare le inquietudini della Porta, ma anche forse per alzare una barriera invalicabile tra il passato e il presente. Ahimè, un avvenire prossimo le toglierà questa preoccupazione, scavando un abisso sul luogo dell'ostacolo desiderato. Ecco ciò che Poniatowski, divenuto re, scriverà, due anni più tardi, al suo rappresentante alla corte di San Pietroburgo, conte Rzewuski:

«Gli ultimi ordini dati a Repnin di introdurre dei dissidenti persino nella legislazione sono un vero fulmine a ciel sereno per il paese e per me personalmente. Se è ancora possibile, fate considerare all'imperatrice che la corona che mi ha procurato diventerà per me la camicia di Nesso. Ne sarò bruciato e la mia fine sarà terribile ... »

L'amante di un tempo sarà, in questo momento, per Caterina, unicamente l'esecutore delle sue alte volontà in un paese a metà conquistato. Replicherà con una nota scritta di sua mano, dove impegnerà questo re improvvisato, fragile opera delle sue mani, a lasciare che Repnin faccia il suo lavoro, altrimenti «non rimarrà all'imperatrice che il costante rimpianto di essersi sbagliata sull'amicizia del re, nel suo modo di pensare e nei suoi sentimenti.» E poiché Poniatowski insisteva ancora, gli manderà quest'ultimo e sinistro avviso, dove si lascia già presentire la stretta brutale dei Saldern, dei Drevich e dei Suvorov, i futuri strangolatori delle ultime resistenze nazionali:

«Il solo partito che mi resta è abbandonare questo affare alla sua sorte ... Chiudo gli occhi sul seguito e sulle conseguenze, nondimeno lusingata che Vostra Maestà abbia potuto vedere abbastanza disinteresse in tutto ciò che ho fatto per Voi e per la vostra nazione, per dovermi rimproverare di aver cercato di alzare in Polonia un bersaglio per le mie armi. Esse non saranno mai dirette contro coloro ... » Qui la penna dell'imperatrice si fermerà; aveva scritto: «Coloro che amo»; cancellerà queste parole e le sostituirà con «coloro ai quali voglio del bene». Poi, terminerà con questa frase dove si rivelerà tutto il suo pensiero, che risuonerà nelle orecchie del povero Poniatowski come il rullo del tamburo davanti al fuoco del plotone: «Allo stesso modo non le tratterrò, quando crederò che il loro uso possa essere utile.»

Evocheremo solo incidentalmente il ricordo di questo rapporto, destinato a così singolari e tragici ritorni. In effetti, esso ha avuto meno posto nella vita di Caterina che non in quella dello sfortunato popolo chiamato a giocarvi un ruolo di vittima espiatoria. Dopo avervi rischiato la sua reputazione, che non temeva di essere compromessa, e il suo credito che seppe mantenere intatto, Caterina finì col trovarvi un enorme profitto. Potremmo dire che la Polonia ne è morta, se i popoli non avessero delle ragioni più profonde per vivere o per morire.

Bisogna ora che ritorniamo all'epoca in cui trascorrono e passano i bei giorni dell'amorosa avventura, e a quell'interno bizzarro, dalle apparenze di prigione, di corpo di guardia e di piccola casa, che ne celava, anche se poco discretamente, il mistero.

IV

Interno della giovane corte – Caterina emancipata - «Madame la Ressource» – Ritratto della granduchessa di d'Éon - Generale corruzione dei costumi – Le sortite notturne di Caterina – Cosa nascondono i paraventi di una camera da letto – Ruolo delle damigelle d'onore

Legata politicamente con Williams e Bestužev, amorosamente e politicamente con Poniatowski, Caterina non è più quella reclusa che noi abbiamo conosciuta, sorvegliata da degli ufficiali di corte trasformati in poliziotti, malmenata da suo marito, terrorizzata da Elisabetta. Gli agenti del cancelliere sono stati ammansiti uno ad uno, ed egli ha finito per subire la stessa sorte. Pietro rimane quell'essere volgare, stravagante e insopportabile che è sempre stato, «un bruto bizzarro e venato di follia», secondo l'espressione di Saint-Beuve. Giunge anche ad essere odioso. Frequentemente, si butta a letto ubriaco fradicio e tra due singulti parla a sua moglie del suo argomento favorito, vale a dire dei suoi amori con la duchessa di Curlandia, che è gobba, o con la *freiline* Vorontsov, che è segnata dal vaiolo. Caterina fa finta di dormire ed egli la riempie di pugni e di calci per tenerla sveglia, fino a quando il sonno non si impadronisce di lui. È quasi sempre ubriaco e sempre più folle. Nel 1758, Caterina partorisce una bambina, la zarevna Anna, la cui paternità è attribuita a Poniatowski. Nel momento in cui sente i dolori del parto, alle due e mezzo del mattino, Pietro, avvertito, arriva, «abbigliato con la sua uniforme dell'Holstein, in stivali e speroni, la sua fascia attorno al corpo e un'enorme spada al fianco». Caterina gli chiede che cosa significhi quello stravagante abbigliamento, risponde che «soltanto nelle gravi congiunture si riconoscono i veri amici, che in quell'abbigliamento egli è pronto ad agire secondo il suo dovere, che il dovere di un ufficiale dell'Holstein è di difendere secondo il suo giuramento la casa ducale contro tutti i suoi nemici, e che, poiché credeva sua moglie sola, giungeva in suo soccorso». Riusciva a malapena a reggersi in piedi. Ha tuttavia, l'abbiamo visto, dei ritorni gradevoli con Caterina, degli eccessi di buonumore e di gentilezze accidentali, che esagera, come vuole la sua naturale stravaganza, ma dai quali sua moglie trae profitto. È che, in parte, ha subito a poco a poco, come gli altri, se non il fascino della granduchessa, quantomeno l'ascendente del suo carattere e del suo spirito. Ha avuto abbastanza occasioni per riconoscere la saggezza dei suoi consigli e la giustezza delle sue vedute. Ha preso l'abitudine di ricorrere a lei in tutte le sue difficoltà, e poco a poco in quel cervello ottenebrato si è fatta strada l'idea di una superiorità che un giorno doveva soffrire così terribilmente. Nel momento fatale, è questa idea che, assillandolo e scoraggiandolo, paralizzerà la sua difesa.

«Il granduca, da tempo – scrive Caterina nelle sue *Mémoires* – mi chiamava «*Madame la Ressource*», e benché spesso fosse adirato e imbronciato con me, se si trovava in difficoltà su qualsivoglia questione, correva a gambe levate da me per avere il mio parere e, dopo averlo avuto, se la dava di nuovo a gambe.»

Quanto a Elisabetta, sfinita da una vita sregolata, perseguitata da delle paure che fanno in modo che non dorma mai due notti consecutive nella stessa camera, per cui si è cercato in tutto l'impero un uomo dotato di una resistenza abbastanza grande al sonno per vegliare vicino al suo letto senza mai assopirsi[92], non è più che l'ombra di se stessa.

«Questa principessa – scrive il marchese L'Hôpital, il 6 gennaio 1759 – è preda di una singolare superstizione. Rimane per intere ore davanti a un'immagine per la quale ha una grande devozione; le parla, la consulta; Viene all'Opera alle undici, cena all'una e va a dormire alle cinque. Il conte I. Šuvalov è l'uomo del momento. La sua famiglia ossessiona l'imperatrice e tutti gli affari procedono come piace a Dio . . . »

Questo nuovo favorito, Ivan Šuvalov[93], non teme di affrontare la gelosia e la collera dell'imperatrice facendo, sotto i suoi occhi, una corte assidua alla granduchessa, che inizia ad attirare tutti gli sguardi. Aspirerebbe «a questo doppio impiego», assicura il barone di Breteuil, «per quanto pericoloso possa essere». Così, dal 1757, il marchese L'Hôpital si spaventa e si scandalizza nel vedere la giovane corte (e la giovane corte, politicamente parlando, è Caterina) «rompere apertamente nei confronti dell'imperatrice, e anche costruire un complotto e un partito . . . » «Pretendono affermare – dice – che l'imperatrice abbia rinunciato completamente a offendersene e lasci loro le briglia sciolte.» Nello stesso periodo, in una conversazione alla quale prendono parte tutti i ministri stranieri, la granduchessa, parlando all'ambasciatore del suo gusto per l'equitazione, esclama: «Non c'è nessuna donna più audace di me; sono di una temerarietà sfrenata.» D'Éon, che la vede in quel momento, così la descrive: «La granduchessa è romantica, ardente, appassionata; ha l'occhio brillante, lo sguardo affascinante, vitreo, uno sguardo da bestia selvatica. La sua fronte è alta, e se non mi sbaglio, c'è un lungo e sbalorditivo avvenire scritto su quella fronte. È premurosa, affabile; ma quando si avvicina a me, indietreggio con un movimento di cui non ho la padronanza. Mi fa paura.»

Ella si fa temere, in effetti e affascina un circolo sempre più ampio di persone, che diventano gli schiavi della sua volontà, della sua ambizione, delle sue passioni, infine, che diventano di giorno in giorno sempre più ardenti. Così, non è solo in politica che, da questo momento prende le sue libertà e se, in un

---

[92] (N.d.A.) Quest'uomo, un semplice contadino, zotico e in più deforme, una specie di mostro, si chiamava Tchulkov e più tardi fu fatto ciambellano.
[93] Ivan Ivanovich Šuvalov (1727-1797), fu ministro dell'Educazione e sotto il suo impulso furono create l'Università di Mosca e l'Accademia delle Belle Arti.

certo senso, la giovane corte sembra al marchese L'Hôpital una mare burrascoso, il barone di Breteuil vi scopre probabilmente un somiglianza con i dintorni del Parc aux Cerfs[94]. La licenza è del resto ovunque all'ordine del giorno in questi ultimi anni del regno di Elisabetta. Nel marzo 1755, il residente sassone, Funcke, rende conto della rappresentazione al teatro imperiale di un'opera in russo: *Cefalo e Procri*. Elisabetta assiste allo spettacolo, egualmente il granduca e tutta la corte. Ed è precisamente la corte con i suoi costumi depravati che è messa in scena in un susseguirsi di quadri di un realismo così ripugnante che l'onesto Funcke si dice obbligato a tirare il sipario su quelle turpitudini. È nello stesso anno in cui si riporta nelle *Mémoires* di Caterina il seguente episodio, che apre un capitolo nuovo nella storia della sua vita intima: quello delle uscite notturne, che rendono, da quel momento, interamente illusoria la sembianza di sorveglianza ancora esercitata sulla sua persona. Nel corso dell'inverno, Leon Naryskin, il quale, fedele alle proprie propensioni buffonesche, ha preso l'abitudine di miagolare come un gatto alla porta della granduchessa, per annunciare la sua presenza e chiedere di entrare, fa intendere una sera il segnale familiare, nel momento in cui Caterina si sta mettendo a letto. Fatto entrare, propone di andare a fare visita alla moglie di suo fratello maggiore, Anna Nikitichna, che è ammalata. «Quando?» «Questa notte.» «Voi siete matto!» «Sono completamente in me e nulla è più facile.» Subito spiega il suo piano e le precauzioni che ha immaginato: «Passeremo dall'appartamento del granduca, che non si accorgerà di niente, perché sarà a tavola con qualche amabile convitato o convitata, a meno che non sia già sotto il tavolo. Nessun rischio da correre.» Caterina non esita più. Si fa svestire e mettere a letto dalla Vladislavova, e nello stesso tempo ordina a un calmucco che ha nel suo seguito e che ha abituato a un'obbedienza cieca, di prepararle dei vestiti da uomo. Licenzia la Vladislavova, si alza ed eccola partire al braccio di Leon Naryskin. Arrivano senza inconvenienti a casa di Anna Nikitichna, che trovano in buona salute e in allegra compagnia. Si

---

[94] Il riferimento è al *Parc-aux-Cerfs* di Versailles che all'epoca di Luigi XV era divenuto il quartiere delle concubine del re. Nell'immaginazione popolare ne fece una sorta di lupanare.

divertono a meraviglia e promettono di rifarlo. In effetti, lo rifanno. Beninteso, Poniatowski è della partita. Talvolta ritornano a piedi per le strade mal frequentate di Pietroburgo. Poi, quando l'inverno si fa più rigido, si propongono di rinnovare questi piaceri almeno non esponendo la granduchessa alla prova delle notti inclementi, e la gioiosa compagnia finisce per trasportarsi da lei, nella sua camera da letto, sempre attraverso l'appartamento del duca, che continua a non accorgersi di nulla.

Dopo il suo secondo parto, le notti non bastano più a Caterina, si organizza per ricevere durante il giorno quando, chi e come le piace. Ella ha avuto, lo ricordiamo, a soffrire il freddo all'epoca della sua prima gravidanza; con questo pretesto fa innalzare di fianco al suo letto, utilizzando dei paraventi, una specie di ridotto intimo, dove dice di essere al riparo dagli spifferi. Quando coloro che entrano nella sua camera, senza essere iniziati al mistero di questo riparo, chiedono che cosa nasconda, risponde loro: «È la seggetta.» Caterina vi ospita frequentemente dei visitatori di riguardo come Leon Naryskin o il conte Poniatowski. Quest'ultimo arriva e se ne va camuffato in una parrucca bionda che lo rende irriconoscibile e se qualcuno lo ferma al passaggio chiedendo: «Chi va là?» risponde «Il musicista del granduca.» Il «gabinetto», frutto dello spirito inventivo di Caterina, è così ingegnosamente costruito che Caterina può, senza lasciare il suo letto, mettersi in comunicazione con coloro che vi si trovano o, tirando una delle tende del letto, nasconderli a tutti gli sguardi. È in questo modo che, con dietro la tenda protettrice i due Naryskin, Poniatowski e qualche altro compagno come Sieniavine e Ismaïlov, riceve il conte Pietro Šuvalov, che va da lei da parte dell'imperatrice e che se ne va convinto di aver trovato la granduchessa da sola. Uscito Šuvalov, Caterina si dichiara in preda a una terribile fame, si fa portare sei piatti e, mandati via i domestici, fa cenare i suoi amici. Poi, utilizzando nuovamente la tenda, richiama i domestici per far portar via i piatti vuoti e gioisce del loro stupore davanti a quella straordinaria voracità.

Senza dubbio, le sue damigelle d'onore sono al corrente di simili prodezze. Ma hanno di meglio da fare che occuparsene: non mancano loro meno visitatori diurni e notturni. Per arrivare ai loro appartamenti bisogna, è vero, passare per quello della loro governante, madame Schmidt, o da quello della principessa di Curlandia, direttrice onoraria dell'istituzione. Ma madame Schmidt, quasi sempre malata alla sera per le indigestioni che fa durante la giornata, lascia generalmente il passaggio libero. E quanto alla principessa di Curlandia, è sufficiente essere un bell'uomo e pagare pedaggio transitando. Abbiamo visto ciò che ne è del granduca. Tuttavia, alla notizia della seconda gravidanza della moglie, Pietro ha uno scatto d'umore. Non si ricorda di avervi partecipato in alcun modo. «Dio sa dove li prende», grugnisce in piena tavola. «Non so se questo bambino è mio e bisogna che lo prenda sul mio conto.» Leon Naryskin, che è presente, si affretta a riportare l'affermazione a Caterina. Ella non si mostra per nulla preoccupata. «Siete dei bambini», dice alzando le spalle. «Andate a trovarlo, parlate chiaramente ed esigete da lui immediatamente un giuramento che non si è coricato da quattro mesi a questa parte con sua moglie. Dopodiché, dichiaratevi pronto a portare il fatto a conoscenza del conte Alessandro Šuvalov, il grande inquisitore dell'impero.» Leon Naryskin esegue fedelmente la commissione. «Andate al diavolo!», gli risponde il granduca, la cui coscienza non è tranquilla.

Nonostante la bella sicurezza di cui ha dato prova in questa occasione, l'incidente non manca di inquietare Caterina. Vi vede un avvertimento e come un inizio di ostilità nella lotta decisiva alla quale si prepara già da qualche tempo, spinta dall'onda montante degli appetiti di godimento e di dominazione che sente sorgere in lei. Ma accetta la sfida. È in questo momento, se le diamo credito, che prende la decisione «di seguire una via indipendente», e si intuisce dove vanno nei suoi pensieri queste parole così semplici. Il decadimento e l'agonia di Pietro III nella sinistra casa di Ropcha sono alla fine del cammino che ella ha scelto. Ma è anche in questo momento che si scatena la crisi, che la mette nel giro di qualche ora e per qualche mese in faccia al nulla, alla possibile rovina di tutte le sue speranze e di tutte le sue ambizioni.

V

Giorni di crisi – Bestužev arrestato – La granduchessa compromessa – Caterina resiste alla tempesta – Incontro con Elisabetta – Vittoria di Caterina – Presagio di una nuova e decisiva lotta

Il 26 febbraio (14 nel calendario russo) 1758, il cancelliere Bestužev veniva arrestato. Nello stesso tempo il feldmaresciallo Apraksin, comandante dell'armata inviata in Prussia contro Federico, è destituito e messo sotto accusa. Questi due avvenimenti, senza avere di fondo la stessa causa, parvero legati l'uno all'altro agli occhi del pubblico. La resa di Memel e la vittoria di Gross-Jägersdorf, riportata da Apraksin nell'agosto 1757, avevano reso felici gli alleati della Russia e risvegliato tra loro le più grandi speranze. Vedevano già Federico perso, senza scampo, che chiedeva grazia. Improvvisamente, invece di spingere in avanti e di approfittare dei suoi vantaggi, l'armata vittoriosa aveva abbondonate le sue posizioni e battuto in ritirata con una tale precipitazione che parve che i ruoli fossero rovesciati e che le truppe di Sua Maestà prussiana, al posto di aver subito una sanguinosa sconfitta, avessero trionfato una volta di più. Un grande grido di indignazione si levò nel campo degli avversari di Federico. Evidentemente Apraksin aveva tradito. Ma perché? Lo si sapeva amico intimo di Bestužev. Presto si seppe di più: che la granduchessa gli aveva scritto a più riprese per mezzo e su richiesta del cancelliere. Non c'era bisogno d'altro. Evidentemente il feldmaresciallo aveva obbedito a un piano concertato tra gli amici vecchi o nuovi della Prussia e dell'Inghilterra. Bestužev, comprato da Federico, aveva trascinato la granduchessa, il cui legame con William e Poniatowski rendeva alquanto propensa a seguire questa voce, a convincere il generale a sacrificare la sua gloria, gli interessi della causa comune e l'onore della sua bandiera. In Francia soprattutto non ne dubitavano. Il conte di Stainville, ambasciatore del re a Vienna, fu incaricato di proporre un'azione comune presso Elisabetta per chiedere la destituzione di Bestužev. Kaunitz volle riflettere e poi declinò la proposta. Aveva nel frattempo ricevuto da San Pietroburgo dei pareri che discolpavano Bestužev e Caterina. Il rappresentante della corte di

Vienna a Pietroburgo, Esterhazy, non li credeva colpevoli. Il marchese L'Hôpital era il solo a sostenere l'accusa. E la sostenne sino alla fine. Nel corso dell'inchiesta aperta contro l'ex cancelliere, scriveva ancora:

«Questo primo ministro aveva trovato i mezzi per sedurre il granduca e la granduchessa al punto di guadagnare il generale Apraksin, per impedirgli di agire prontamente e speditamente agli ordini di Elisabetta. Questi intrighi sono stati fatti sotto gli occhi di Sua Maestà; ma poiché la sua salute era allora alquanto malferma, ella ne era interamente assorbita, mentre tutta la corte si piegava sotto le volontà del granduca e della granduchessa, che era soggiogata e sedotta dallo spirito del cavaliere Williams e dal denaro dell'Inghilterra, che questo ambasciatore le faceva arrivare tramite Bernardi, il suo gioielliere, ... che ha confessato tutto. La granduchessa ha avuto l'indiscrezione, per non dire la temerarietà, di scrivere una lettera al generale Apraksin, con la quale lo dispensava dal giuramento che le aveva fatto di non fare agire l'armata e gli dava il permesso di metterla in attività. Bestužev ha mostrato questa lettera in originale a Bucow, luogotenente generale dell'imperatrice regina, che è venuto a Pietroburgo per accelerare le operazioni dell'armata russa, si è fatto un dovere di informarne subito Vorontsov, il ciambellano Šuvalov e il conte Esterhazy. Ecco il primo passo che ha trascinato alla rovina Bestužev.»

È oggi pressoché certo che se la condotta del cancelliere, come quella di Caterina, fu abbastanza equivoca in questa circostanza, non hanno avuto alcun ruolo né l'uno né l'altra nella ritirata dell'armata comandata dal feldmaresciallo Apraksin. Caterina stessa si è premurata di discolparsi e di discolpare il suo preteso complice da ogni sospetto a questo riguardo, e l'ha fatto in un'epoca in cui una confessione non le sarebbe costata molto. I movimenti ordinati all'armata russa dopo la vittoria di Gross-Jägersdorf sono stati fatti a seguito e su parere di tre consigli di guerra, tenuti il 27 agosto e il 13 e 28 settembre. Il generale Fermor[95], che succedette ad Apraksin nel comando,

---

[95] William Fermor o Wilhelm von Fermor (1702-1771) era un tedesco del baltico, entrato nell'esercito russo nel 1720. Si distinse nella battaglia di Danzica (1734), sotto il comando di Burkhard Christoph von Münnich (1683-1767), nel corso della Guerra di Successione polacca che vide per la prima volta scontrarsi russi e francesi. Nel Guerra dei Sette Anni fu presente alla battaglia di Gross-Jägersdorf, 30 agosto

aveva preso parte a quei consigli e si era espresso per la ritirata. L'armata moriva di fame e Apraksin aveva previsto che sarebbe stato così. I partigiani dell'alleanza austriaca avevano spinto per la marcia in avanti senza pensare agli approvvigionamenti. Nella cerchia di Elisabetta avevano anche sventatamente gridato: «A Berlino! A Berlino!» Ma si giudicò utile dare soddisfazione ai clamori del partito austro-francese sacrificando il maresciallo. Quanto a Bestužev, la sua caduta era decisa da tempo, e la disgrazia di Apraksin non fece che da pretesto per accelerare la sua. I nemici del cancelliere avevano avuto sentore del suo progetto di associare eventualmente Caterina al governo dell'impero. Insinuarono a Elisabetta che si sarebbero trovate tra le carte del ministro delle pezze interessanti per la sicurezza della sua corona. Questo la fece decidere.

Si può pensare al terrore di Caterina all'annuncio del temibile accadimento. Non sarebbe apparsa complice del ministro decaduto di fronte a un'accusa per un crimine di stato ben preciso? Le sue lettere ad Apraksin non erano nulla. Ma il famoso progetto del quale aveva avuto una comunicazione, quale minaccia le pendeva sulla testa? La prigione, forse la tortura, e poi, quale spaventosa disgrazia? Il convento? Il ritorno in Germania? Chi lo sa, forse la Siberia? Un brivido scorreva nelle sue vene. Ecco dunque dove andavano a finire tutti i suoi sogni!

Ma presto si riprese. In quel momento tragico, noi già la scorgiamo levarsi con un balzo superbo e indomabile all'altezza del suo futuro destino, coraggiosa e risoluta, calma e piena di risorse: tale, in una parola, come ce la mostrerà un avvenire prossimo quando, dopo aver sfidato la fortuna e conquistato il potere supremo, saprà tagliarsi nei vestimenti sanguinanti di Pietro III il più superbo mantello imperiale che mai donna abbia portato. La sua educazione è finita; ella è in pieno possesso delle sue doti naturali o acquisite, di una delle più stupende complessioni intellettuali e fisiche che siano mai state preparate per la lotta, la condotta degli affari e il governo degli uomini e delle cose. Non ha un minuto di esitazione. Fa

---

1757, che vide la sconfitta di Federico II di Prussia. Sostituito Apraksin, il 25 agosto 1758, affrontò i prussiani a Zorndorf in una battaglia dall'esito controverso. Dopo un periodo di servizio presso Pyotr Saltykov (1697-1772) fu nominato governatore dello Smolensk.

coraggiosamente fronte al pericolo. L'indomani dell'arresto del cancelliere è giorno di ballo a corte. Si celebra il fidanzamento di Leon Naryskin. Caterina compare al ballo. È sorridente e allegra senza affettazione. L'inchiesta del terribile processo che si prepara è stata confidata a tre alti dignitari dell'impero: il conte Šuvalov, il conte Buturlin e il principe Trubetskoy. Caterina avvicina quest'ultimo:

«Che cosa sono quelle belle storie di cui ho sentito parlare?» Gli chiede con allegria. «Avete trovato più crimini che criminali, o più criminali che crimini?»

Sorpreso da tanta disinvoltura, Trubetskoy balbetta e si profonde in scuse. Egli e i suoi colleghi hanno fatto ciò che era stato loro ordinato di fare. Hanno interrogato i presunti criminali. Quanto ai crimini, sono ancora da trovare. Un po' rassicurata, Caterina va a cercare più lontano un supplemento di informazioni.

«Bestužev è stato arrestato – risponde sinteticamente Burtulin – ora cerchiamo di stabilire perché.»

Così non si è ancora scoperto alcunché ed è Caterina che, interrogando i due inquisitori scelti da Elisabetta e ascoltando le loro risposte, ha fatto una scoperta: ha intuito nei loro sguardi che sfuggivano il suo, la paura! Sì, la paura che ella già ispira, quella di un domani che si intravede già nel suo sguardo. Qualche ora più tardi ha un ulteriore respiro di sollievo: il ministro holsteinese Stampke è riuscito a farle avere un biglietto di Bestužev con queste parole: «Non vi preoccupate a proposito di ciò che sapete; ho avuto il tempo di bruciare tutto.»

La vecchia volpe non si è lasciata prendere alla sprovvista. Caterina può quindi andare avanti audacemente. È passato il tempo in cui, su consiglio di madame Kruse, una delle sue dame d'onore, aveva preso la decisione di rispondere al minimo rimprovero dell'imperatrice con: *Vinovata matuchka* (Sono colpevole, piccola madre), il che produceva, sembra, un effetto meraviglioso. Il marchese L'Hôpital, al quale ricorre per un consiglio, probabilmente per ingannarlo sulle sue intenzioni, ha un bell'esortarla a fare ammenda presso la sovrana. Ma ella, in fondo, ci pensa veramente! Per cominciare, servendosi di Stampke, di Poniatowski, del suo valletto Chkurin, allaccia e intrattiene una corrispondenza con Bestužev e gli altri prigionieri inglobati nell'accusa contro di lui: il gioielliere Bernardi, il maestro di lingua russa Adadurov e Yelagin, un amico di Poniatowski. Un piccolo domestico che è stato lasciato all'ex cancelliere va a depositare e a prendere i biglietti in una fessura di mattoni trasformata in cassetta delle lettere e che serve, peraltro, a un doppio uso, poiché anche la corrispondenza amorosa con Poniatowski passa per questa via. Il polacco le dà un appuntamento per la sera all'opera, Caterina promette di andarvi, costi quel che costi. Deve faticare non poco per mantenere la promessa, poiché all'ultimo momento il granduca, avendo programmato la sua serata e non volendo che sua moglie gliela guastasse portando con sé le sue damigelle d'onore, e soprattutto una di queste, la *freiline* Vorontsov, si oppone a questa uscita. Arriva persino a contraddire gli ordini che la granduchessa ha dato e a proibire che si prepari la carrozza per lei. Caterina coglie la palla al balzo: andrà a teatro, ci andrà a piedi, se necessario, ma prima scriverà all'imperatrice per denunciarle il pessimo trattamento di cui è oggetto da parte del granduca e per chiederle il permesso di ritornare dai suoi genitori in Germania. Questo, il ritorno forzato e vergognoso al paese natale, all'orizzonte limitato, alla mediocrità, per non dire alla miseria del focolare familiare è, lo sappiamo, ciò che ella teme di più. Dove ritornerà, del resto? Suo padre non c'è più. Ha pianto la sua morte nel 1747. Le avevano anche impedito di piangerlo per troppo tempo. Dopo otto giorni le erano andati a dire che era abbastanza, e che l'etichetta non permetteva un lutto di maggiore durata, non avendo il defunto portato alcuna corona. Quanto a sua madre, ha dovuto ella stessa lasciare la Germania a seguito di un noto incidente, che aveva portato all'occupazione del ducato di Zerbst da parte di Federico. Nell'agosto del 1757, l'abate Bernis aveva avuto l'idea di inviare a Zerbst un emissario speciale, il marchese di Fraignes, «nell'ottica di ispirare alla granduchessa di Russia, attraverso la principessa di Zerbst, sua madre, sentimenti convenienti». Federico, avvertito della presenza, nel suo vicinato, di un ufficiale francese, diede ordine a un distaccamento dei suoi ussari di impadronirsene. Sorpreso nel sonno, Fraignes si difese bene. Si barricò nella sua camera, spaccò la testa con un colpo di pistola al primo ussaro che varcò la soglia, svegliò l'intera città, fu liberato e condotto al castello. Federico, che non volle smentirsi, inviò un intero corpo di truppe con un cannone per assediare questo recalcitrante francese. Fraignes finì col capitolare. Il ducato e la città di Zerbst pagarono le spese della guerra. Il duca regnante, che all'epoca era il fratello di Caterina, si rifugiò ad Amburgo. Sua madre cercò asilo a Parigi dove, benché tentasse di convincere di aver sofferto per la Francia, fu ricevuta abbastanza male. Temevano il suo gusto per l'intrigo e il suo spirito inquieto. Nondimeno, furono molto contenti di avere tra le mani una specie di «pegno» e un mezzo d'azione potente sull'animo della granduchessa. Ma fu proprio questo avvenimento inatteso che inquietò la corte a Pietroburgo. Su richiesta del vicecancelliere Vorontsov, L'Hôpital dovette insistere nel chiedere che la principessa fosse espulsa. Gli fu risposto, come conveniva, che non l'avevano obbligata a venire, che si sarebbe potuto, se fossero stati avvertiti in tempo, trattenerla a Bruxelles, ma che non si poteva espellerla, ora che era là, senza offendere gravemente la granduchessa, e senza fare oltraggio a se stessi. «La Francia – scriveva nobilmente Bernis – è sempre stato l'asilo di principi sfortunati. La principessa di Zerbst, che in parte ha sofferto per il suo attaccamento al Re, ne ha più diritto di altri.» Dove sarebbe quindi andata Caterina, se avesse lasciata la Russia? A Parigi? Sicuramente Elisabetta non avrebbe mai acconsentito a ingrossare la lista dei principi sfortunati ospitati in Francia, aggiungendovi una granduchessa di Russia! Era più che sufficiente che nell'elenco vi fosse la madre della granduchessa! Ma più la cosa sembra impossibile a Caterina, più si ostina nella richiesta. Elisabetta da parte sua, non si affretta a rispondere a questa imbarazzante domanda. Fa dire alla granduchessa che avranno una spiegazione di persona. Trascorrono dei giorni e delle settimane. Prosegue l'inchiesta contro Bestužev e i suoi pretesi complici e, dando credito al marchese L'Hôpital, che segue febbrilmente l'andamento dell'affare, si scoprono tutti i giorni delle nuove prove della sua colpevolezza, senza che tuttavia si arrivi a poter redigere un atto d'accusa che stia in piedi e permetta di portarla in giudizio.

Infine, Caterina la spunta con la forza. Una notte, svegliano il cappellano dell'imperatrice con la notizia che la granduchessa sta molto male e chiede di confessarsi. Egli va da lei e si lascia convincere di dare l'allarme alla zarina. Elisabetta si spaventa e consente ciò che le viene chiesto: per restituire la salute a Caterina bisogna accordarle un incontro e lei lo accorda.

Noi sappiamo di quest'incontro solo ciò che Caterina stessa ci ha raccontato. A quarant'anni di distanza il suo racconto può non essere stato di una fedeltà assoluta, ed è un'osservazione che si applica all'insieme dell'opera autobiografica dalla quale abbiamo tratto fino a questo momento numerosi prestiti e alla quale non potremo sfortunatamente far più ricorso, le *Mémoires* si fermano in questo preciso momento[96]. Nessuna traccia vi è, tuttavia, di ricerca dell'effetto in questa pagina; la narrazione è naturale e senza sforzo apparente nella più intensa espressione drammatica. Ecco il luogo dell'incontro: la camera da toilette dell'imperatrice, vasto locale immerso in una misteriosa semioscurità, perché l'incontro si svolge di sera. In fondo, come un altare, il tavolo di marmo bianco, davanti al quale Elisabetta trascorre lunghe ore, alla ricerca del sogno sfuggente della sua bellezza scomparsa, brilla nell'ombra con le sue pesanti brocche e i suoi bacili d'oro, che lanciano fulvi bagliori. In uno di questi bacili gli occhi di Caterina, attirati dalla macchia di luce, scorgono un rotolo di carta, che probabilmente la mano della zarina ha appena gettato là. Sono, lo intuisce, le prove a suo carico: la sua corrispondenza con Apraksin e con Bestužev. Dietro a una tenda, un mormorio di voci soffocate: le riconosce! Suo marito è là e anche Alessandro Šuvalov: dei testimoni a carico. Infine compare Elisabetta, altezzosa, la parola breve, lo sguardo duro. Caterina si getta ai suoi piedi. Senza dare alla sovrana il tempo di cominciare un interrogatorio, prendendo l'iniziativa, rinnova la preghiera che le ha già fatto per scritto: vuole essere rimandata da sua madre. La sua voce è piangente: quel pianto doloroso del bambino che gli estranei hanno maltrattato e che chiede di ritornare dai suoi. Elisabetta è sorpresa e leggermente imbarazzata.

«Come spiegherò il vostro ritorno?» Le dice.

«Dicendo che ho avuto la disgrazia di dispiacere a Vostra Maestà.»

«Ma come farete per vivere?»

---

[96] (N.d.A.) Quanto all'autenticità del documento, gli storici russi la ammettono senza contestazioni, a dispetto dell'affermazione contraria della stessa Caterina, consegnata in una lettera a Grimm: «Non so che cosa Diderot intenda per mie *Mémoires*; ma ciò che vi è di sicuro è che io non ho scritto e che se è un peccato non averlo fatto, devo accusarmene.» (22 giugno 1790. *Recueil de la Société d'histoire russe*). Caterina II la Grande, *Memorie – La giovinezza – I primi amori*, A&P edizioni, Milano, 2012.

«Come ho fatto prima che Vostra Maestà si degnasse di chiamarmi presso di sé.»

«Ma vostra madre ha dovuto fuggire da casa sua. È a Parigi, lo sapete.»

«In effetti, si è attirata l'odio del re di Prussia per amore della Russia.»

La replica è trionfante. Ogni parola colpisce nel segno. L'imbarazzo della zarina aumenta visibilmente. Cerca tuttavia di riprendere l'offensiva; rimprovera alla giovane donna la sua eccessiva fierezza. Una volta, al Palazzo d'estate, si è trovata nella situazione di chiederle *se avesse male al collo*, tale era la difficoltà che sembrava avere a inclinare la testa davanti all'imperatrice. L'incontro volge così a una volgare discussione di amor proprio ferito. Caterina si fa più piccola e più umile di un filo d'erba. Non ha alcun ricordo dell'incidente al quale fa riferimento Sua Maestà. Probabilmente è troppo stupida per aver compreso le parole che l'imperatrice si è degnata di indirizzarle allora. Ma i suoi occhi, gli occhi da fiera selvaggia di cui parla d'Éon, luccicano fissando la zarina. Per evitare quello sguardo, davanti al quale Trubetskoy e Burtulin hanno tremato, Elisabetta va dall'altra parte della sala e rivolge la parola al granduca. Caterina tende l'orecchio. Pietro approfitta dell'occasione per fare il processo a sua moglie, che già giudica condannata. Con termini violenti, denuncia la sua cattiveria e la sua cocciutaggine. Caterina si arrabbia: «Sì, sono cattiva, – grida con una voce vibrante – lo sono e lo sarò sempre contro coloro che si comportano ingiustamente nei miei confronti. Sì, sono cocciuta con voi, da quando mi sono convinta che non si guadagna niente cedendo ai vostri capricci! . . . » «Lo vedete!» Dice, rivolgendosi all'imperatrice, il granduca che crede di trionfare. Ma l'imperatrice tace. Ha incontrato una volta di più lo sguardo di Caterina, ha sentito lo scoppio della sua voce e, anche lei, ha paura. Prova ancora a intimidire la giovane donna. Le chiede di confessare le relazioni colpevoli che ha avuto con Bestužev e con Apraksin, di riconoscere che ha scritto a quest'ultimo altre lettere oltre a quelle che sono in suo possesso. Al suo rifiuto, minaccia di far mettere l'ex cancelliere alla tortura. «Come piacerà a Vostra Maestà», risponde freddamente Caterina. Elisabetta è vinta. Cambia immediatamente di tono, prende un'aria confidenziale e fa comprendere con un gesto a Caterina che non può parlarle a cuore aperto in presenza del granduca e di Šuvalov. Caterina è pronta a cogliere questa indicazione. Abbassando la voce, dice in un mormorio confuso che anche lei vorrebbe aprire all'imperatrice il suo pensiero e il suo cuore. Elisabetta si intenerisce e lascia cadere qualche lacrima. Caterina la imita. Pietro e Šuvalov sono costernati. Per mettere fine alla scena, l'imperatrice finge di accorgersi che è ormai tardi. In effetti, sono le tre del mattino. Caterina si ritira, ma prima che abbia potuto mettersi a letto, Alessandro Šuvalov arriva, da parte dell'imperatrice, a pregarla di rassicurarsi e le annuncia un nuovo e prossimo incontro con Sua Maestà. Qualche giorno dopo, è il vicecancelliere in persona che le viene inviato da Elisabetta per chiederle di non pensare più a ritornare in Germania. Infine, il 23 maggio 1758[97], le due donne si incontrano nuovamente e, in apparenza, si separano affascinate l'una dell'altra. Caterina piange ancora, ma sono lacrime di gioia che scendono dai suoi occhi «al ricordo di tutte le bontà che l'imperatrice le ha testimoniato». La sua vittoria è completa, decisiva.

Il processo a Bestužev si trascina ancora per circa un anno, ma è evidente che la spinta principale dell'intrigo diretto contro l'ex cancelliere è ormai esaurita. Nell'ottobre 1758, il marchese L'Hôpital arriva a temere un ritorno di grazia del temibile avversario. Il seguente mese di aprile, Elisabetta si decide a terminare la faccenda con un compromesso. Una pubblica denuncia dell'iniquità del ministro «che per la cieca ambizione di rendersi importante ha cercato di ispirare all'imperatrice della diffidenza nei confronti del suo beneamato nipote ed erede il granduca e della sua cara nipote la granduchessa...» Tuttavia, questo grande e solo colpevole, «i cui intrighi non sono riusciti», sfugge alla pena capitale «che i suoi crimini comportano e denunciano essi medesimi». È semplicemente esiliato nelle sue terre di Goretovo. Gli altri accusati (il feldmaresciallo Apraksin è morto nel corso del processo per un attacco apoplettico) beneficiano di uguale indulgenza.

---

[97] (N.d.A.) Il primo incontro ha avuto luogo il 13/24 aprile 1758. La data è fornita da un dispaccio dell'inviato inglese Keith (Raumer, II, 458). Lo stesso fatto è riportato in numerosi dispacci del marchese L'Hôpital che sono sfuggiti allo studio, così esatto peraltro, che Vandal ha fatto della sua corrispondenza. (*Nessuna spiegazione vi fu tra le due donne, nessuna promessa fu scambiata...*) M. Vandal, *Louis XV et Élisabeth de Russie*, p. 323.

«La paura che domina tutti gli spiriti di questa nazione soggetta al dispotismo – scrive in questo momento il marchese L'Hôpital – diede alla granduchessa per appoggio tutti i grandi signori e le dame più intime dell'imperatrice che tramavano in suo favore. Il favorito, il ciambellano Šuvalov si mise alla testa di questo partito con suo cugino, Pietro Šuvalov. Non vi furono che il conte Vorontsov e Alssufiof che rimasero fedeli alla loro sovrana. Tutti gli altri, intimiditi, vili e perfidi, giustificando la loro condotta con il rispetto che dovevano alla granduchessa, si prestarono ai suoi desideri e l'informarono di tutto ciò che scoprivano dei sentimenti e delle disposizioni di Sua Maestà imperiale.»

Quanto a Pietro, dopo l'azzardo che sappiamo, fu pronto ad abbassare la bandiera. Nel mese di giugno del 1758, Caterina gli ingiungeva imperiosamente di cacciare il suo favorito Brockdorf che, qualche mese prima, andava a destra e a manca, ripetendo che bisognava «schiacciare la vipera». La «vipera» era Caterina. Alla fine dell'anno seguente, non era più la granduchessa, era suo marito che chiedeva di ritornare in Germania:

«Il granduca – scriveva il marchese L'Hôpital – è indisposto da qualche giorno. Ho saputo che ha anche fatto chiedere all'imperatrice, dal gran ciambellano, che ha espressamente convocato presso di sé, per pregarlo di invitare Sua Maestà imperiale a dargli il permesso di ritirarsi nell'Holstein. Questo maldestro tentativo è stato guardato da Sua Maestà come il frutto di un cervello malato e questo cambiamento d'umore deriva dal fatto che l'imperatrice ha preso musicisti e cantori che il principe ha al suo servizio. La granduchessa comparve martedì a corte; l'imperatrice la accolse molto bene e le fece un'accoglienza più calorosa del solito.»

Di qualunque genere sia stata la leggerezza di Pietro, è probabile che il suo cattivo umore avesse una causa più seria. Rimase comunque in Russia per compiervi il suo lugubre destino e in quel momento quel destino era già scritto. Pietro, se fosse stato più chiaroveggente, avrebbe potuto leggerlo anche negli occhi di Caterina.

CAPITOLO II

LA LOTTA PER IL TRONO

I

Cambiamenti nell'entourage di Caterina – Rottura degli ultimi legami che la legano alla sua famiglia e alla patria tedesca – Soggiorno della principessa di Zerbst a Parigi e morte di questa – Nuovi legami e nuovi amori – Gli ultimi momenti del regno di Elisabetta – Chi le succederà?

Dopo la partenza di Williams e di Poniatowski, dopo la caduta di Bestužev, Caterina si trovò separata da tutti coloro con i quali i casi del suo destino l'avevano più avvicinata dal suo arrivo in Russia. Zahar Tchernychev non lasciava più l'armata. Sergio Saltykov risiedeva ad Amburgo in una sorta di esilio. Nell'aprile 1759, perse una figlia. L'anno seguente, morì a Parigi sua madre. Si può dire che quest'ultima morte giunse al momento opportuno. La principessa di Zerbst, da due anni, conduceva a Parigi una vita che non faceva troppo onore a sua figlia e che le causava gravi imbarazzi. Sulle rive della Senna, e anche altrove, si incominciava a parlare della contessa di Oldenburg in modo poco edificante. È con questo pseudonimo che la principessa era andata in Francia in compagnia di un gentiluomo francese, il signor de Pouilly, del quale aveva fatto la conoscenza ad Amburgo dal suo parente, de Champeaux, residente del re in quella città. Con lui aveva viaggiato in Germania e in Olanda, senza dimenticare il «paese del Tenero». A Parigi si separarono: il signor de Pouilly andò a trovare dei parenti in campagna. La contessa d'Oldenburg si consolò scrivendo quasi tutti i giorni a questo compagno di qualche mese. Cercò anche altre consolazioni.

«Ricordatevi che vi ho scritto ieri. Questo, intanto, è già un anticipo per domani e posdomani. Così, lentamente, riuscirete ad avere ragione e vedrete che alla fine vi scriverò tutti i giorni. Ieri, prima rappresentazione della nuova opera: *Le feste di Euterpe*. Fui nel palco principale, quello del re, con madame Lowendahl. Che sguardi! Quanti sguardi! Quale curiosità! Furono indulgenti, non fui fischiata. La duchessa d'Orléans apparve nel palco in pompa magna. Non ha l'aria di una persona di spirito. Il giorno prima era stata gravemente ammalata. L'opera è orribile: manca di senso comune, non si è mai visto un simile spettacolo. Io amo solo la Arnaud, Gelin e la Lyonais. Volete le parole? Ve le invierò.»

La lettera è del 9 agosto 1758, ed è proprio alla maniera di Caterina nelle *scartoffie* che invierà più tardi a Grimm. Ecco ancora, nello stesso stile, una descrizione di Choisy, che è curiosa:

«Che piacevole trastullo per il re di Francia! Ma quanto è grazioso! Che bell'anima annuncia la dolcezza, la serenità di questo luogo e di tutto il palazzo! Il cuore del monarca qui mi è apparso dipinto. Luigi XIV aveva indorato, sovraccaricato, ammassato. Questo è elegante, bello, senza ostentazione. È un ricco particolare. Tutto vi vive. Tutto è moderato. È un soggiorno incantato creato dalle Grazie; la bellezza vi presiede, la vanità è sottomessa all'umanità. Infine, è Luigi XV.»

Quanto al fondo di questa corrispondenza, ricorda egualmente lo scambio epistolare di Caterina con il suo «souffre-douleur[98]». È lo stesso miscuglio di soggetti eterogenei. La contessa di Oldenburg racconta al suo amico la storia della Russia, mischiata con quella delle proprie delusioni. Queste ultime sono notevoli. L'incognito che ha adottato non le impedisce di volere un tenore da casa principesca. Ha un maresciallo di corte che si chiama marchese di Saint-Simon, uno scudiero che è il marchese Folin, un ciambellano, delle damigelle d'onore e tutto il resto. Sceglie come abitazione un magnifico palazzo, quello di Chaulnes. Deve avere un palco all'Opera. Tutto questo costa molto denaro e le rendite del ducato di Zerbst sono state confiscate da Federico. Resta la Russia, sulla quale, in effetti, la principessa non tarda a firmare delle cambiali, delle quali Caterina deve occuparsi di scontare l'importo. Ritornano a Parigi protestate. Elisabetta non ne vuole sentir parlare. Non si degna nemmeno di rispondere alle lettere imploranti della cugina. Caterina risponde alle lettere, ma non ha i mezzi per rispondere alle richieste di denaro. La principessa

---

[98] Zimbello.

si lamenta anche di persecuzioni, sulle quali non si spiega chiaramente nelle lettere a Pouilly, ma che la tormentano al punto di compromettere la sua salute. Assicura che «il diavolo non ci rimette nulla, e che gli uomini ci guadagnano». Bisogna crederle sulla parola. Alla fine del 1759, è terribilmente indebitata. Caterina le manda, per aiuto, *qualche libbra di tè e di rabarbaro*. Non riceverà questi regali. Muore il 16 maggio 1760. Vengono messi i sigilli alla sua corrispondenza. È ancora una grande preoccupazione per Caterina: ha paura per la reputazione di sua madre e ha motivo di temere anche l'effetto che alcune delle sue lettere alla madre potrebbero produrre, se ritornassero in Russia e cadessero in mani diverse dalle sue. Un intervento cortese del duca di Choiseul sistema le cose al meglio. Le carte della principessa sono sottoposte a un esame discreto, i biglietti galanti e altri documenti compromettenti che vi si trovano sono bruciati. I debiti lasciati dalla defunta creano maggiore imbarazzo. Per un momento, Caterina corre il rischio di veder vendere all'asta i mobili e i gioielli della principessa, che i suoi creditori hanno pignorato. Elisabetta, dopo aver fatto orecchio da mercante, acconsente di pagare i 4 o 500.000 franchi che il soggiorno a palazzo Chaulnes, il palco all'Opera e gli altri piaceri parigini della contessa d'Oldenburg aveva inghiottito.

Così si rompono gli ultimi legami che collegano ancora la figlia della principessa di Zerbst al suo paese d'origine. Ma in Russia non deve più temere l'isolamento. Williams è stato sostituito da Keith. Quest'ultimo, peraltro, si impegnò preferibilmente a ottenere i favori del granduca. Al contrario del suo predecessore, giudicava Pietro più che adatto alla parte che intendeva fargli recitare: un semplice ruolo di delatore e di spione. Pietro, in effetti, si dimostrò perfettamente all'altezza. Il suo spirito perverso gli faceva provare un maligno piacere in questo basso compito. Ben presto i servizi che così rendeva all'Inghilterra e alla Prussia, e ai quali Federico consacra un ricordo riconoscente nella sua *Storia della Guerra dei Sette anni*, furono di pubblico dominio a San Pietroburgo. Del resto, ciò non impedì a Keith di occuparsi anche della granduchessa e di prestarle del denaro, come aveva fatto Williams.

Poniatowski, a sua volta, fu rimpiazzato. Nella primavera del 1759 arrivava e San Pietroburgo il conte Schwerin, aiutante di campo del re di Prussia, fatto prigioniero alla battaglia di Zorndorf (25 agosto 1758). Lo trattarono come uno straniero di alto rango venuto per visitare la capitale. Unicamente per la forma, lasciarono vicino a lui due ufficiali incaricati della guardia personale. Uno di questi ufficiali si era particolarmente distinto a Zorndorf. Aveva ricevuto tre ferite senza lasciare il suo posto. Possedeva il coraggio fatalista degli uomini dell'Oriente. Credeva nel suo destino. Aveva ragione: era Grigorij Orlov[99]. Erano cinque fratelli nel reggimento della guardia. Grande come suo fratello Alessio, dotato di una forza erculea come lui, Grigorij Orlov primeggiava su tutti per la bellezza del suo viso dal profilo regolare e dolce. Era più bello di Poniatowski, anche più bello di Sergio Saltykov: un colosso con un'adorabile testa d'angelo sulle spalle. Non aveva che quella d'angelico, del resto. Poco intelligente e di nessuna istruzione, conduceva la vita comune dei suoi compagni d'arme, ma la conduceva a oltranza, passando il suo tempo a giocare, a bere e a corteggiare la bruna e la bionda; pronto a cercare la lite e ad accoppare chi gli teneva testa; sempre pronto a pagare di persona in difetto d'altra moneta; sempre pronto a mettere la sua fortuna in gioco con un colpo di dadi, dato che non aveva nulla da perdere; con l'aria di essere alticcio anche quando era a digiuno; insaziabilmente avido di tutti i piaceri; disperatamente disposto a correre tutte le avventure, avendo fatto della follia la sua condizione naturale. Tale era colui che stava per entrare nella vita della futura imperatrice e, associando ancora la politica e l'amore, tenere per lungo tempo il secondo se non il primo posto nel suo spirito e nel suo cuore. Il primo era occupato dall'ambizione. Non c'era certamente, nei tratti che abbiamo sottolineato, di che fare un eroe da romanzo, ma non c'era neppure di che spaventare Caterina. Anche lei amò per tutta la vita le avventure e, conseguentemente, non detestò gli avventurieri. La «temerarietà sfrenata» che si era scoperta un giorno parlando con il marchese L'Hôpital, si univa bene a quella di Grigorij Orlov. Più della bellezza e meglio dello spirito, posse-

---

[99] Aleksej Grigor'evič Orlov (1737-1808). Comandante delle forze navali russe, Aleksej Orlov ebbe il momento di maggiore gloria nella vittoria conseguita a Çeşme il 6 luglio 1770, nel corso della guerra russo-turca del 1768-1774, quando sbaragliò la flotta nemica. Prese anche parte attiva al colpo di stato che portò Caterina al trono e si sparse la voce che avesse strangolato Pietro III. Era un uomo fisicamente atletico, abile e temuto.

deva un fascino che fu per lungo tempo agli occhi di Caterina forse il più potente di tutti, che esercitava su di lei una sorta di fascinazione, che la sedusse un giorno a casa di Potëmkin e la legò per degli anni alla persona disgraziata di questo ciclope orbo e losco, che aveva il diavolo in corpo. Kœnisberg, dove fu di guarnigione, conservò per lungo tempo il ricordo del suo soggiorno e delle sue prodezze, di ogni genere, di irresistibile gaudente. Ricominciò a Pietroburgo. Nel 1760 ricevette il posto invidiato di aiutante di campo del generale in capo dell'artiglieria. Il posto era occupato dal conte P. I. Šuvalov, cugino primo dell'onnipotente favorito di Elisabetta. Questo mise in evidenza Orlov. Šuvalov aveva un'amante, la principessa Elena Kurakin, la cui bellezza faceva l'ammirazione di San Pietroburgo. Orlov divenne il rivale del suo nuovo capo e l'ebbe vinta. Questo attirò gli sguardi di tutti, ivi compresa Caterina. Ma corse il rischio di pagare caro il suo trionfo. Šuvalov non aveva il carattere per perdonare un simile affronto. La fiducia che Orlov aveva nella sua buona stella non lo tradì una volta di più: Šuvalov morì prima di aver avuto il tempo di vendicarsi, e Caterina continuò a interessarsi delle avventure di questo giovanotto che rischiava la sua testa facendo girare per lui quella di una bella principessa. Il caso volle che abitasse una casa situata davanti al Palazzo d'inverno. Anche questo favorì un avvicinamento che non doveva tardare.

Questo ufficiale pieno di audacia e di seduzione, doveva essere un uomo influente nell'ambiente in cui si muoveva. E quell'ambiente aveva, doveva avere, un'importanza capitale per una granduchessa di Russia, che aveva deciso di «seguire una via indipendente». Nelle sue *Mémoires*, Caterina ritorna a più riprese sulla preoccupazione che pretende di aver avuto già all'inizio e sempre conservata, di ottenere il favore di un elemento che ha riconosciuto dover essere il vero e solo appoggio della sua fortuna in Russia. Questo elemento è da lei chiamato il «pubblico» russo. In ogni momento si preoccupa che cosa questo «pubblico» dirà o penserà di lei. Si cura di ben disporlo ai suoi interessi. Vorrebbe fare in modo che questo si abituasse a contare su di lei in caso di bisogno, affinché lei possa contare su di esso. È un modo di parlare che potrebbe ispirare dei dubbi sull'autenticità del documento dove lo troviamo descritto. All'epoca in cui si presume che Caterina abbia scritto queste confidenze, ella non solamente teneva in poco conto quell'elemento che avrebbe preso così seriamente trent'anni prima, ma si era resa conto che questo non esisteva in Russia, almeno in un'accezione e in un ruolo così definito. Un «pubblico» di questo tipo, vale a dire una collettività sociale dotata di intelligenza e volontà, suscettibile di pensare e di agire in comune, dove lo avrebbe trovato nella Russia di allora? Nulla di simile si offriva alla sua vista. In alto, un gruppo di funzionari e di cortigiani gerarchicamente asserviti a tutti i gradi del *tchin*[100] e a tutti i gradini della bassezza umana, che uno sguardo faceva tremare, che un segno faceva rientrare nel nulla; in basso, il popolo, vale a dire una quantità di forza muscolare disponibile per la corvè, le anime non contano che per il calcolo delle unità nel censire degli inventari. In mezzo, nulla, se non il clero, forza considerevole ma poco accessibile, poco manipolabile, capace di agire dall'alto in basso piuttosto che dal basso all'alto, per niente utilizzabile per un fine politico da conseguire. Non era tutto questo che aveva sostenuto Elisabetta e l'aveva messa sul trono. C'era qualche cosa di forte, che agiva all'occasione, al di fuori di tutti questi non valori: c'era l'armata.

Caterina amò Grigorij Orlov per la sua bellezza, per il suo coraggio, per la sua corporatura da gigante, per la sua audacia e per la sua follia. Lo amò anche per i quattro reggimenti della guardia che lui e i suoi fratelli sembravano tenere nelle loro mani dai muscoli d'acciaio. Egli, da parte sua, non si attardò molto ai piedi della principessa Kurakin. Non era uomo da non levare gli occhi più in alto, soprattutto quando incontrava dei sorrisi incoraggianti. Non era uomo da far mistero dei suoi nuovi amori. Aveva compromesso senza preoccuparsi di ciò che avrebbe detto il comandante in capo dell'artiglieria; compromise la granduchessa con la stessa disinvoltura. Pietro non disse nulla, era peraltro troppo occupato. Elisabetta non disse nulla: stava morendo. Caterina lasciò fare, non le dispiaceva che nella tale o talaltra caserma, nelle veglie, si associasse il suo nome a quello del bell'Orlov, per il quale gli ufficiali andavano pazzi e per il quale gli uomini si sarebbero gettati nel fuoco. Più tardi, nell'agosto del 1762, scriveva a Poniatowski:

---

[100] *Tchin* è la scala gerarchica amministrativa russa.

«Osten si ricorda di aver visto Orlov seguirmi ovunque e fare mille follie; la sua passione per me era pubblica.»

Volle certamente essere seguita. Dopo Poniatowski, questo soldataccio violento e chiassoso dovette probabilmente sembrarle di un sapore più grossolano. Ma non si era «russificata» per niente. Il gusto, il bisogno stesso di tali contrasti era nel temperamento di questo popolo affacciatosi ieri a una civilizzazione frettolosa, che diventava il suo popolo, e nel quale, a poco a poco, arrivava ad assimilarsi e a farlo interamente proprio, fin nelle più intime pieghe. Dopo qualche mese trascorso nelle sapienti raffinatezze del lusso più squisito, Potëmkin si gettava in una *kibitka* e faceva tremila chilometri in un colpo, mangiando delle cipolle crude. Caterina non viaggiò in *kibitka*, ma andò volentieri, in amore, da un estremo all'altro. Dopo Potëmkin, che era un selvaggio, trovò del fascino in Mamonov, che lo stesso principe de Ligne stimava di buona compagnia. La passione rozza e brutale del luogotenente russo la ritemprò nel 1762 dalle attenzioni raffinate e sdolcinate del diplomatico polacco.

Del resto, Voltaire, Montesquieu e la società parigina non vi perdettero alcunché. È nello stesso periodo che sì legò con la più tardi celebre e ingombrante principessa Dachkov[101]. Delle tre figlie del conte Roman Vorontsov, fratello del vice cancelliere, questa era la minore. La seconda, Elisabetta, pensava talvolta di sposare il granduca. Era la favorita. La terza, Caterina,

---

[101] Ekaterina Romanovna Dachkov o Daskova (1743 o 1744-1810). I rapporti tra Caterina e la principessa Dachkov, nata Vorontsov, subirono alterne vicende nel corso degli anni. La principessa (a soli diciotto anni!) partecipò attivamente al colpo di stato che portò Caterina al trono nel 1762, azione che fu anche determinata dalla volontà di Pietro III di disfarsi della moglie per sposare una sorella della Dachkov, Elisabetta, che era la sua amante. La ricompensa per l'aiuto dato fa nascere dissapori tra le due donne ed Ekaterina «ottiene il permesso di recarsi all'estero», essendo anche rimasta vedova nel 1768. Si reca a Parigi, Londra ed Edimburgo e non fa ritorno in patria se non dopo quasi quindici anni, nel 1782. Culturalmente preparata, dall'intelligenza vivace, anche se dal carattere difficile e instabile, la principessa ottiene da Caterina il permesso di fondare l'Accademia imperiale russa, sul modello dell'Académie francese. È anche la prima donna straniera ad essere eletta membro dell'Accademia reale delle Scienze svedese e la seconda in assoluto a farne parte. La pubblicazione di una tragedia non gradita a Caterina la fa cadere nuovamente in disgrazia e con l'avvento di Paolo I viene esiliata in un villaggio nei pressi di Novgorod. Muore comunque a Mosca, dove le era stato consentito di rientrare grazie all'intervento di alcuni amici. Le sue *Mémoires* sono pubblicate a Parigi nel 1804 e nel 1840, in versione integrale con il titolo *Mon Histoire*.

aveva quindici anni quando, nel 1758, la granduchessa la incontrò nella casa del conte Michele Vorontsov, suo zio. Non sapeva una parola di russo, parlava solo il francese e aveva letto tutti i libri scritti in questa lingua che aveva potuto procurarsi a Pietroburgo. Piacque molto a Caterina. Essendo diventata, poco tempo dopo, la moglie del principe Dachkov, lo seguì a Mosca, e Caterina la perse di vista per due anni. Nel 1761, ritornò a Pietroburgo e trascorse l'estate di quell'anno in una dacia appartenente a suo zio Vorontsov e situata a metà strada tra Peterhof, dove soggiornava l'imperatrice, e Oranienbaum, la residenza abituale del granduca e della granduchessa nella stagione calda. Tutte le domeniche, Caterina andava a Peterhof, per vedervi suo figlio, del quale Elisabetta non si privava nel modo più assoluto. Al ritorno, si fermava alla dacia Vorontsov, portava con sé la sua giovane amica e rimaneva con lei tutta la giornata. Parlavano di filosofia, di storia, di letteratura. Discutevano dei problemi scientifici e sociali più importanti. Forse, talvolta, affrontavano argomenti più leggeri, ma tra queste due giovani donne, delle quali una aveva appena trent'anni e l'altra non ancora venti, l'allegria fu una rara compagna. La granduchessa in quel momento aveva preoccupazioni troppo gravi e la principessa Dachkov fu per tutta la vita uno spirito cupo. Più tardi, la sua compagnia apparve meno piacevole a Caterina e finì anche per diventare odiosa. Ma in quel momento la futura Semiramide era ben felice di trovare a chi parlare di tutte le cose delle quali il bell'Orlov non capiva nulla. Le faceva anche piacere riscontrare in una mente indigena, in un'intelligenza russa, il riflesso, per pallido che fosse, di quella cultura occidentale, della quale pensava di diventare il focolare in seno all'immenso e barbaro impero. Questa piccola persona di diciassette anni che, anche lei, aveva letto Voltaire, era un elemento prezioso, una prima conquista nell'opera di propaganda da compiere. E poi era una grande dama russa, appartenente per la sua nascita e per il suo matrimonio a due famiglie influenti. Anche questo aveva il suo valore. Infine, sotto la vernice di un'istruzione simile alla sua, similmente eterogenea e incompleta, sotto il ciarpame delle idee e delle conoscenze assorbite qua e là per caso con veloci letture, Caterina scopriva nella sua amica un animo ardente, pronto ad abbandonarsi all'azzardo. Il demone della follia, che scuoteva il grande corpo atletico del nuovo amante che si era scelta, abitava anche quell'esile corpo di ragazza. Marceranno mano nella mano fino al giorno in cui sarà decisa la sorte di una di loro.

Né l'acquisizione di Orlov né quella di questa nuova amica compensavano la perdita di Bestužev. L'uomo di stato esperto negli affari, l'uomo di esperienza e dei saggi consigli reclamava comunque un sostituto. Ne ebbe uno: fu Panin[102]. Panin era un allievo politico dell'ex cancelliere. Dieci anni prima, Bestužev aveva pensato a lui per occupare il posto di favorito di Elisabetta. Panin era allora un bel giovane di ventinove anni e la zarina lo guardò per qualche tempo con un occhio non proprio indifferente. I Šuvalov, che consideravano quel posto come una sorta di loro patrimonio e che si allearono con Vorontsov contro la supremazia di Bestužev, lo travolsero. A detta di un testimone, in grado di essere bene informato (Poniatowski nella

---

[102] Nikita Ivan Ivanovich Panin (1718-1783) fu l'artefice della politica estera della Russia per diciotto anni e il consigliere di Caterina II. Godette anche della fiducia di Elisabetta I con la quale fu concorde nello scegliere Caterina come erede al trono imperiale. La sua carriera diplomatica ebbe inizio nel 1747, quando fu nominato ambasciatore a Copenaghen, per poi essere poco dopo inviato a Stoccolma, dove rimase per dieci anni. Nel 1760, divenne tutore dell'erede al trono, il granduca Paolo, figlio di Caterina, e questo gli consentì di avere una posizione privilegiata a Corte. Partecipò attivamente al complotto del 1762, con i fratelli Orlov, per deporre Pietro III. Salita al trono Caterina, Panin propose di formare un consiglio di gabinetto formato da sei a otto ministri che avrebbe avuto l'incarico di trattare tutti gli affari di stato. Caterina comprese che un simile organismo avrebbe limitato i suoi poteri ed evitò che fosse realizzato. Panin fu l'artefice del famoso Accordo del Nord tra Russia, Prussia, Polonia, Svezia e probabilmente la Gran Bretagna contro la Lega Borboni Asburgo. Tale accordo, di fatto molto eterogeneo e con interessi spesso contrastanti, ebbe conseguenze sulla linea politica estera tenuta dalla Russia per parecchi anni, ma proprio l'impossibilità di una sua concreta realizzazione che segnò l'inizio del declino di Panin. Con la nomina di Stanislao Poniatowski (1732-1798) a re di Polonia, Panin si impegnò a mantenere l'integrità territoriale del paese, ma non poté prevedere le complicazioni dovute alle ingerenze della stessa Russia negli affari interni polacchi. La Confederazione di Bar (1768), il riavvicinamento della Russia alla Francia, la guerra russo turca (1768-1774) lo colsero impreparato e determinarono il decadimento della sua influenza. Inoltre, si mise in rotta con Caterina II quando si intromise nelle disposizioni riguardanti le nozze del granduca Paolo, con il quale condivideva una forte simpatia per la Prussia. I suoi sforzi per impedire un'alleanza tra l'Austria e la Russia determinarono Caterina II ad allontanare il suo consigliere e l'occasione per la definitiva rottura si ebbe sulla questione della dichiarazione di neutralità dell'Armata del Nord. Nel maggio del 1781, il conte Panin fu spogliato di tutte le sue funzioni. Il motivo principale della sua disgrazia fu, senza dubbio, la sua predilezione per la Prussia, che gli impedì di adeguarsi al mutato scenario che vedeva l'Austria sempre più influente, ma è anche certo che il principe Aleksandrovič Potëmkin (1739-1791) e l'ambasciatore inglese James Harris (1746-1820) operarono contro di lui.

sue *Mémoires*) Panin diede prova di una notevole goffaggine: si sarebbe addormentato alla porta della stanza da bagno dell'imperatrice, al posto di farvi il suo ingresso al momento propizio. Fu inviato a Copenaghen, poi a Stoccolma, dove ebbe un ruolo abbastanza importante, lavorando a combattere l'influenza francese. Il mutamento del sistema, che portò la Russia e la Francia a fianco a fianco nello stesso campo, nel 1760 rese necessario il suo richiamo. Elisabetta pensò a lui per il posto di tutore del granduca Paolo, divenuto vacante per il ritiro di Behtieïev. I Šuvalov non si opposero a questa decisione. Dopo Alessandro Šuvalov, dopo Pietro Šuvalov, suo fratello, era ora Ivan Šuvalov, un cugino, che deteneva l'altro posto, il solo che contasse. Di trent'anni di età, non temeva la concorrenza di Panin, che era invecchiato.

Dotato di un spirito freddo, metodico, con una indolenza di carattere che più tardi si aggravò, Panin era fatto per essere da contrappeso a questo insieme di temperamenti focosi, del quale Caterina era il centro. Le sue idee politiche lo avvicinavano naturalmente alla granduchessa, per la stessa ragione per cui lo allontanavano dalle tendenze prussiane del granduca. Era austriaco come Bestužev. L'umore bizzarro di Pietro lo spaventava, al punto che presto ebbe a soffrirne personalmente. Discussero. Ora, di che cosa potevano discutere se non, prima di tutto, dell'evento che sembrava sempre più vicino e che, sino all'altra estremità dell'Europa, cominciava a preoccupare tutti gli spiriti? Elisabetta stava morendo, e la sua morte non sarebbe stata solo a Pietroburgo il segnale di un rovesciamento politico di un'importanza incalcolabile. Tutti gli interessi attualmente in gioco nella lotta ingaggiata tra le grandi potenze del continente dipendevano da questa vicina eventualità. Dopo la resa di Colberg (dicembre 1761), qualche mese in più accordato all'azione combinata delle truppe russe e austriache, significava la perdita di Federico, certa, inevitabile. Il vinto di Gross-Jägersdorf e di Künersdorf non si faceva illusioni a questo riguardo. Ma si poteva egualmente prevedere che l'avvento di Pietro III avrebbe segnato la fine di questa campagna comune contro il re di Prussia.

Panin considerò il problema e si mostrò disposto a risolverlo se non completamente, nel senso delle ambizioni segrete di Caterina, perlomeno in modo da salvaguardare i suoi interessi contro le combinazioni ostili sordamente agitate attorno al letto della zarina moribonda. In base a una testimonianza all'apparenza seria, i Vorontsov avrebbero addirittura pensato di esigere il divorzio di Caterina da Pietro e di dichiarare illegittima la nascita del piccolo Paolo. Dopodiché l'erede di Elisabetta avrebbe sposato la *freiline* Vorontsov. Fortunatamente per Caterina, questo modo troppo ambizioso di combinare le cose risvegliò le rivali suscettibilità dei Šuvalov che, in senso opposto, arrivarono fino a pensare il rinvio di Pietro in Germania e l'innalzamento immediato al trono imperiale del piccolo Paolo, con Caterina come reggente. Tra questi due campi opposti, Panin adottò una via di mezzo, pronunciandosi per l'ordine regolare delle cose, salvo assicurare a Caterina e a se stesso, attraverso il proprio canale, una salutare influenza sul governo futuro del nipote di Elisabetta[103]. Caterina ascoltava e non diceva niente. Aveva le proprie idee. Discusse anche con gli Orlov.

II

Morte dell'imperatrice – Congetture contraddittorie sulle sue ultime disposizioni – Pietro III sale tranquillamente al trono – Brusco cambiamento nella politica estera – L'imperatore annuncia la sua intenzione di separarsi dai suoi alleati – Come Pietro III prepara la sua disgrazia – Il complotto rivoluzionario – Pietro insulta sua moglie in pubblico – Minaccia di farla arrestare

Elisabetta morì il 5 gennaio 1762, senza aver cambiato nulla nelle disposizioni che chiamavano Pietro a succederle. Aveva pensato di modificarle in un senso o nell'altro? La cosa non è chiara.
 «La voce e l'opinione generale – scriveva il barone di Breteuil, nell'ottobre 1760 – è che metterà sul trono il piccolo granduca, che pare amare appassionatamente.»
 Un mese dopo, raccontava quanto segue:

---

[103] (N.d.A.) Vedi al Ministero degli Affari Esteri un curioso Memoriale con il titolo: «*Note su ciò che è accaduto al momento della morte dell'Imperatrice Elisabetta*».

«Poiché il granduca era andato in campagna per ventiquattro ore per una partita di caccia, nello stesso giorno l'imperatrice ha chiesto improvvisamente che fosse rappresentata nel suo teatro una commedia russa e, contro la consuetudine, non ha voluto che si invitassero i ministri stranieri e altre persone della sua corte, che normalmente vi si trovano. Così è andata a questo spettacolo con un piccolo numero di persone al suo servizio. Il giovane duca l'accompagnava e la granduchessa, che era la sola invitata, vi si è anch'essa recata. Appena iniziato lo spettacolo, l'imperatrice si rammaricò dei pochi spettatori e, per riempire la sala, ordinò di aprire le porte a tutta la sua guardia. La sala si riempì immediatamente di soldati. Allora, stando a tutti i resoconti, l'imperatrice prese il giovane granduca sulle sue ginocchia e, rivolgendo la parola a qualcuno dei suoi vecchi granatieri, ai quali ella doveva tutta la sua grandezza, per così dire, presentò loro il bambino, parlò delle qualità nascenti del suo cuore, della sua grazia e si compiacque di ricevere i loro complimenti militareschi. Queste civetterie sono durate pressoché tutto lo spettacolo e la granduchessa ne ha avuto sempre l'aria soddisfatta.»

Se bisogna credere alla testimonianza che abbiamo appena citata, Panin, avendo l'aria di intendersela con i Šuvalov, all'ultimo momento li avrebbe giocati: un monaco da lui introdotto nell'appartamento della zarina avrebbe spinto quest'ultima a rappacificarsi con Pietro. È più probabile che Elisabetta non poté decidersi o non seppe farlo a tempo. Aveva finito col detestare suo nipote, ma amava ancora di più la sua tranquillità. La sua morte, scontata in tutti i calcoli già da parecchi anni, faceva anche ammettere l'ipotesi di una rivoluzione che avrebbe supplito alla sua volontà esitante e infiacchita da una vita depravata. Il barone di Breteuil scriveva a questo proposito:

«Quando prendo in esame l'odio della nazione per il granduca e gli errori di questo principe, sono tentato di vedere la rivoluzione più completa (alla morte dell'imperatrice); ma quando pongo attenzione all'atteggiamento pusillanime e basso delle persone che possono levare la maschera, vedo la paura e l'obbedienza servile prendere il sopravvento con la stessa tranquillità del momento dell'usurpazione dell'imperatrice.»

Così, infatti, accadde. Se bisogna credere a Williams, Caterina aveva stabilito cinque anni prima la parte che avrebbe recitata vicino al letto di morte di Elisabetta:

«Andrò dritta – avrebbe detto – alla camera di mio figlio; se là incontrerò Alessio Razumovskij , lo lascerò vicino al mio piccolo Paolo, altrimenti prenderò quest'ultimo e lo porterò nella mia camera. Nello stesso momento invierò un uomo di fiducia ad avvertire cinque uomini della guardia, dei quali ciascuno mi porterà cinquanta soldati e farò chiamare Bestužev, Apraksin e Lieven. Io stessa entrerò nella camera della morente, dove riceverò il giuramento del capitano della guardia e prenderò questi con me. Se riscontrerò la minima esitazione, metterò la mano sui Šuvalov.» Aggiungeva che aveva già avuto un incontro con l'atamano Cirillo Razumovskij, che questi rispondeva per il suo reggimento, che garantiva di portarle il senatore Burtulin, Trubetskoj e anche il vicecancelliere Vorontsov. Osava anche scrivere a Williams: «Lo zar Ivan il Terribile si proponeva di fuggire in Inghilterra; io non andrò a cercare un rifugio dal vostro re, poiché sono decisa a regnare o a perire.»

Ma bisogna credere a Williams? Tutt'altra fu, secondo l'abate Chappe d'Auteroche, la scena nella quale la nuova imperatrice comparve al momento supremo. Lo storico francese l'ha mostrata che si getta ai piedi del suo sposo e gli esprime il desiderio di servirlo «come la prima schiava del suo impero». Più tardi, Caterina si è mostrata alquanto offesa di questo racconto, e con particolare veemenza accusò di falso questa testimonianza. Noi non ci pronunciamo.

Comunque sia, Pietro prese tranquillamente possesso del suo impero. Il suo regno, del resto, non tardò a mostrare ciò che prometteva. All'esterno, Federico respirò e poté, a buon diritto, ritenersi salvato dalla morte di Elisabetta. Nella stessa notte che seguì la sua ascesa al trono, Pietro inviò dei corrieri ai differenti corpi della sua armata con l'ordine di sospendere le ostilità. Le truppe che occupavano la Prussia orientale dovevano fermare la loro marcia. Quelle che operavano di concerto con gli austriaci dovevano separarsene. Le une e le altre si sarebbero dovute affrettare a concludere un armistizio se la proposta fosse stata fatta dai generali prussiani. Nello stesso tempo l'imperatore inviava a Federico in persona il ciambellano Gudovitch con una lettera di suo pugno destinata a informarlo delle sue amichevoli intenzioni. Poi, risoluzioni e pubbliche dimostrazioni, che annunciarono un radicale cambiamento di tendenze e di simpatie, si succedettero rapidamente. Si giunse a espellere dei commedianti francesi dalla corte, senza preoccuparsi in alcun modo della loro sorte! Infine, una dichiarazione consegnata in febbraio ai rappresentanti della Francia, della Spagna e dell'Austria li informò su ciò che dovevano aspettarsi dal nuovo regime: Pietro con disinvoltura voltava le spalle ai propri alleati. Si dichiarava deciso a voler concludere la pace e consigliava loro di fare altrettanto. Una scena, della quale il barone di Breteuil ci ha lasciato un pittoresco racconto, sottolineò, due giorni dopo, quest'ultimo avvertimento. Era il 25 febbraio 1762, a una cena offerta dal cancelliere Vorontsov. Rimasero a tavola dalle dieci di sera sino alle due del mattino. Lo zar, racconta Breteuil, «non ha smesso per tutto il tempo di sbraitare, bere e sragionare». Verso la fine, Pietro si alzò, barcollante e, girandosi verso il generale Werner e verso il conte Hordt, fece un brindisi al re di Prussia. «Le cose non sono più come negli ultimi anni – aggiunge – e lo vedremo presto!» Nello stesso tempo lanciava «dei sorrisi e dei cenni di intesa» a Keith, l'inviato inglese, che chiamava «il suo caro amico». Alle due del mattino passarono nel salone. Al posto del tavolo per il faraone si trovava una grande tavola piena di pipe e di tabacco. Per ingraziarsi l'imperatore bisognava accendere una pipa e fumare per delle intere ore, bevendo della birra inglese e del punch. Tuttavia, dopo una discussione abbastanza lunga, con Keith, Sua Maestà propose di giocare a *campi*. «Si tratta – spiega Breteuil – di una specie di gatto che dorme o asso che corre.» Mentre gioca, l'imperatore chiama vicino a sé il barone Posse, ministro di Svezia, e si ostina a volerlo convincere che la dichiarazione recentemente pubblicata dalla Svezia è identica alla sua. «Essa ha avuto per oggetto – replica Posse – unicamente il richiamare l'attenzione degli alleati sulle difficoltà che si oppongono al prolungamento della guerra.» «Bisogna fare la pace – afferma l'imperatore – e per quanto mi riguarda la voglio.» Il gioco continua. Il barone di Breteuil perde qualche ducato con il principe Giorgio di Holstein, zio dello zar, con il quale, nel corso della sua carriera militare, si era incontrato su uno dei campi di battaglia in Germania. «Il vostro vecchio antagonista ha ragione di voi!», esclama subito ridendo Pietro.

Continua a ridere e a ripetere le stesse parole, come fanno le persone ubriache. Il barone di Breteuil, un po' sconcertato, esprime l'assicurazione che né lui né la Francia avranno mai più in futuro il principe come avversario. Lo zar non risponde, ma poco dopo, vedendo il conte Almodovar, il rappresentante della Spagna, perdere a sua volta si avvicina all'orecchio dell'inviato francese, dicendo : «La Spagna perderà.» E ride ancora. Il barone di Breteuil non ne può più. Fa tuttavia appello al suo sangue freddo e prende la sua aria più dignitosa per rispondere: «Non credo, sire.» Immediatamente, si lancia in considerazioni volte a dimostrare ciò che hanno di imponente le forze della Spagna unite a quelle della Francia. L'imperatore replica con dei beffardi: Ah! Ah! Infine, il diplomatico francese arriva alla sua conclusione: «Se Vostra Maestà resta ferma nei principi della sua alleanza, come l'ha promesso e lo deve per i suoi impegni, noi siamo, la Spagna e noi, molto tranquilli.»

Questa volta, Pietro non sta più in sé. Monta in collera e alza la voce per gridare:

«Ve l'ho fatto dichiarare due giorni fa: voglio la pace!»

«E noi anche, sire, ma noi la vogliamo fare come Vostra Maestà, onorevole e in accordo con i nostri alleati.»

«Tutto come vi piacerà. Quanto a me, voglio la pace. Fate poi come vorrete. *Finis coronat opus*. Sono un soldato e non scherzo.»

A quel punto, volta le spalle al diplomatico.

«Sire, – aggiunge con gravità il barone di Breteuil – renderò conto al re della dichiarazione che Vostra Maestà si degnerà di farmi.»

È la rottura. Il cancelliere Vorontsov, che subito è avvertito dell'incidente, lo attribuisce allo stato di ubriachezza nel quale si trovava il suo padrone e al suo umore bizzarro. Offre le sue scuse[104]. Ma né a Pietroburgo né a Versailles si fanno illusioni sulla portata delle parole dell'imperatore.

«Avrete senza dubbio immaginato tutta la mia indignazione

---

[104] (N.d.A.) Dispaccio del marchese di Breteuil del 26 febbraio 1762. Affaires étrangères, Russie. La scena è raccontata quasi allo stesso modo dal conte Mercy d'Argenteau, nel suo dispaccio dello stesso giorno (*Recueil de la Société d'histoire russe*, XVIII, 188 e seg.) con la differenza che l'ambasciatore austriaco insiste nell'affermare che non fu associato alla disgrazia del barone di Breteuil, avendo l'imperatore voluto distinguerlo dal suo collega francese indirizzandogli degli sguardi cordiali.

– scrive il duca di Choiseul – alla notizia di ciò che è accaduto il 25 febbraio. Vi confesso che non mi aspettavo uno stile di tal genere e che la Francia non è ancora abituata a ricevere lezioni dalla Russia. Non credo che Vorontsov vi dia altri chiarimenti. È anche inutile chiederli. Sappiamo ciò che possiamo sapere e l'ulteriore spiegazione che riceveremo sarà la conoscenza di un trattato concluso tra la Russia e i nostri nemici.»

In effetti, due mesi dopo, tutto ciò era fatto. Il 24 aprile Pietro firma il suo trattato di pace con la Prussia, facendovi inserire un paragrafo che annuncia la prossima conclusione di un'alleanza difensiva e offensiva tra le due potenze. Manifesta apertamente la sua intenzione di mettersi con un corpo di truppe a disposizione e sotto gli ordini di Federico. Era un sogno da lui accarezzato da tanto tempo. Nel maggio 1759, il marchese L'Hôpital scriveva al suo gabinetto:

«Il granduca, trovandosi solo con il conte Schwerin e il principe Czartoryski, cominciò l'elogio del re di Prussia e disse con questi termini al conte Schwerin che stimava una gloria e un onore fare una campagna sotto gli ordini del re di Prussia.»

Nello stesso tempo, Pietro sembrava voler cercare un conflitto con la Danimarca, a causa dei suoi possedimenti tedeschi. L'imperatore di Russia non disdegnava vendicare le ingiurie, reali o immaginarie, del duca dell'Holstein. Uno storico russo ha scritto tutto un libro per spiegare in che cosa consistesse ciò che ha chiamato «il sistema politico» del successore di Elisabetta. Secondo lui, l'intero avvenire della Russia era messo in gioco se questo «sistema» avesse potuto mantenersi[105]. Troppo onore per Pietro III e per la sua politica. Pensava veramente «a sacrificare l'imbocco della Dvina e a separarsi da qualche milione di compatrioti per conquistare, con l'aiuto della Prussia, un'altra riva, lontana qualche centinaio di verste, impadronirsi della foce dell'Elba ed estendere il suo dominio su qualche migliaio di dano-tedeschi»? Siamo inclini a credere che volesse semplicemente testimoniare la sua ammirazione per Federico II e stupire la Germania con la sua uniforme di generale holsteinese. Continuava a giocare al soldato: solamente, avendo la scelta, non si accontentava più dei soldatini di gesso.

All'interno, si affermava come un risoluto riformatore. Ukase

---

[105] (N.d.A.) Chtchebalski, *Le système politique de Pierre III*, p. 168.

su ukase si succedettero, decretando questo la secolarizzazione dei beni del clero, quello l'emancipazione della nobiltà, l'altro la soppressione della «cancelleria segreta», o ufficio di polizia politica. Che cosa voleva dire questa precipitosa legiferazione? Pietro era veramente un liberale? Un contemporaneo, il principe Michele Chtcherbatov[106], spiegava a suo modo l'apparizione dell'ukase sulla nobiltà. Una sera che aveva voglia di tradire la sua amante, Pietro chiamò il suo segretario di Stato, Dimitri Volkov, e gli fece questo discorso: «Ho detto a mademoiselle Vorontsov che passerò una parte della notte a lavorare con te su un progetto della massima importanza. Così mi serve per domani un ukase del quale parlino a corte e in città.» Volkov si inchinò e all'indomani Pietro era soddisfatto ed anche la nobiltà. È probabile che, subendo l'influenza del suo entourage e applicando senza riflessione le idee che ne riceveva, il nuovo imperatore obbedisse soprattutto a quell'istinto di ficcanaso che incontriamo nella maggior parte dei bambini e del quale il suo spirito, naturalmente inquieto, aumentava la portata. Si divertiva a mettere sottosopra così, con una firma, la costituzione del suo impero e a vedere attorno a lui le arie sbigottite di quelli che temevano quei rapidi cambiamenti. Erano quelle, al momento, le sue birichinate. Può anche darsi che pensasse di imitare Federico. Si divertiva molto e si credeva sul punto di diventare, anch'egli, un grande sovrano.

Rischiava veramente di alienarsi, con queste imprese all'interno e all'esterno, l'amore dei suoi sudditi o di far tremare il suo trono? Non lo crediamo. I suoi sudditi ne avevano viste ben altre! Il clero fu certamente colpito nel vivo, ma non disse nulla. La nobiltà ebbe modo di essere soddisfatta, ma non disse nulla di più. Il senato offrì all'imperatore una statua in oro che egli rifiutò. Più tardi, si insistette molto sui sintomi di disorganizzazione che si sarebbero manifestati in tutta la macchina governativa prima del fatto che mise fine al nuovo regno. Sono osservazioni che non si manca mai di fare dopo l'accaduto. Pietro regnò tranquillamente, a dispetto delle sue fantasie. Prima di lui Biron se ne era permesse di ancor più eccessive. La macchina governativa in Russia assomigliava a quella pesante slitta che aveva portato a Mosca la fortuna di

---

[106] Mikhaïl Mikhaïlovitch Chtcherbatov (1733-1790) fu filosofo, storico e uomo di stato.

Caterina: era a prova di ogni scossa.

Pietro commise due errori capitali, facendo un malcontento ed esasperandone un altro. Il malcontento fu l'armata. Non è affatto vero, come hanno detto, che all'esercito ripugnasse combattere con i prussiani contro l'Austria, dopo aver combattuto con gli austriaci contro la Prussia. L'odio del casco a punta, attribuito ai soldati comandati nel 1762 da un Tchernychev o da un Rumjancev, ci sembra appartenere a un'idea moderna. Il casco a punta non esisteva ancora e, tedeschi per tedeschi, i guerrieri di Maria Teresa non lo erano meno di quelli di Federico. Pietro volle introdurre nel suo esercito la disciplina prussiana: è questo che l'esercito non gli perdonò. Esso aveva la propria disciplina. Per una leggera infrazione, uno dei granatieri di cui Elisabetta faceva gran conto, e giustamente, si vedeva condannato a tremila, quattromila o cinquemila colpi di bastone, senza che vi trovasse da ridire. Talvolta resisteva a questo terribile supplizio e rientrava nei ranghi senza lamentarsi. Trovava insopportabile che gli si facesse ricominciare un esercizio per un difetto d'insieme nella manovra. Pietro pensò, inoltre, di modificare le uniformi. Fu una seconda offesa. Infine, parlò di sopprimere la Guardia, come il suo avo aveva soppresso gli strelizi. Era toccare un tabernacolo. Da circa mezzo secolo la Guardia era, di fondo, ciò che vi era di più stabile nell'impero. Il nuovo zar cominciò col congedare il reggimento delle guardie del corpo, quello che la defunta imperatrice aveva invitato alla sua tavola. Lo rimpiazzò con un reggimento di holsteinesi. Il principe Giorgio di Holstein fu nominato comandante in capo delle armate russe e posto alla testa della Guardia a cavallo, che fino a quel momento aveva avuto come colonnello unicamente il sovrano stesso. Era troppo. Ci sembra che le testimonianze, pressoché unanimi, dei contemporanei sui movimenti ostili dell'opinione pubblica provocati dai maneggi del nuovo imperatore si riferiscano precisamente a queste riforme militari e all'effetto che producevano nei ranghi dell'esercito. Già sappiamo che cosa la parola «pubblico» volesse dire in Russia.

Il malcontento esasperato fu Caterina. A questo riguardo, un vero senso di vertigine sembra essersi impadronito di Pietro. Fin dal 15 gennaio 1762, il barone di Breteuil scriveva al duca di Choiseul: «L'imperatrice è in una situazione dolorosa e trattata con il disprezzo più evidente. Vi ho accennato, signore, che cercava di armarsi di filosofia e vi ho detto quanto poco questo nutrimento fosse fatto per il suo carattere. So inoltre, senza ombra di dubbio, che già sopporta con molta insofferenza la condotta dell'imperatore verso lei e l'alterigia di mademoiselle Vorontsov. Non posso fare a meno di pensare che la testa di questa principessa, della quale conosco il coraggio e l'impeto, non sia portata, prima o poi, a qualche eccesso. Conosco anche amici che provano a calmarla, ma che, se lo esigesse, sarebbero pronti a rischiare tutto per lei.»

Nel mese di aprile, installandosi nel nuovo palazzo, la cui costruzione doveva essere terminata, Pietro occupò una delle ali e assegnò a sua moglie degli appartamenti situati all'estremità opposta. Alloggiò vicino a sé Elisabetta Vorontsov. Da un certo punto di vista, questa sistemazione non era fatta per dispiacere a Caterina; le dava più libertà ed ella ne aveva bisogno in tutti i modi: era incinta una volta di più e questa volta senza alcuna possibilità di attribuirne la paternità, anche accidentale, all'imperatore. Non mancava neanche un segno visibile del disprezzo di cui parla il barone di Breteuil e la consacrazione, per così dire, ufficiale di uno stato di cose difficile da superare. Pietro vi aggiungeva in ogni momento dei trattamenti odiosi, delle volgarità, delle seccature meschine e crudeli. Un giorno, cenando con la sua amante, mandò a cercare il conte Hordt, che teneva compagnia all'imperatrice. Lo svedese, non osando dire a Caterina dove gli chiedevano di andare, decise di declinare l'invito. Allora arrivò lo stesso Pietro, annunciando brutalmente al conte che era atteso dalla Vorontsov e che doveva decidersi a seguirlo. Un altro giorno, avendo scoperto che l'imperatrice amava molto la frutta, proibiva che fosse messa sulla sua tavola. Talvolta fingeva anche di essere geloso. Caterina, secondo il costume dell'epoca, anche tra le donne giovani e belle, fiutava tabacco. Ne prese presto l'abitudine e la conservò per tutta la vita. Sergio Galitzin racconta che dovette, su ordine dell'imperatore, separarsi dalla sua tabacchiera, perché aveva avuto la sfortuna di chiedere una presa al padre di Sergio. Conosciamo la scena, diventata celebre, in cui l'imperatore apostrofò pubblicamente l'imperatrice gettandole in faccia una volgare ingiuria. Era il 21 (9) giugno 1762, a un pranzo di quattrocento coperti offerto ai dignitari delle tre prime classi e ai ministri stranieri in occasione della ratifica del trattato di pace firmato con la Prussia. L'imperatrice era al suo abituale posto in mezzo alla tavola. L'imperatore, con a destra il barone Goltz, occupava un capo del tavolo. Prima di bere alla salute di Federico, Pietro fece un brindisi alla famiglia imperiale. Appena l'imperatrice aveva riposto il suo bicchiere, inviò il suo aiutante di campo, Gudovitch, per chiederle il motivo per cui non si era alzata per fare onore a quel brindisi. Ella rispose che la famiglia imperiale non si componeva che dell'imperatore, di lei stessa e di suo figlio, e quindi non aveva creduto quell'omaggio necessario. Immediatamente Pietro rimandò Gudovitch ordinandogli di dire all'imperatrice che era una stupida e che doveva sapere che i due principi di Holstein, zii dell'imperatore, facevano parte della famiglia imperiale. E, poiché temeva che Gudovitch non eseguisse fedelmente la sua commissione, egli stesso gridò, attraverso la tavola: «*Dura* (stupida)!» Tutti sentirono la parola. Le lacrime scesero sulle guance di Caterina.

Non erano che degli affronti. Pietro fu così pazzo da aggiungervi delle minacce. In quello stesso giorno, la *freiline* Vorontsov riceveva l'ordine di Santa Caterina, che era abitualmente riservato alle principesse di sangue. La stessa Caterina non l'aveva avuto che dopo essere stata ufficialmente designata come fidanzata del futuro imperatore. Sembra anche che alzandosi da tavola, ubriaco come al solito, Pietro ordinò al principe Bariatinski di arrestare l'imperatrice. Sole le preghiere del principe Giorgio di Holstein lo portarono a ritornare sulla sua decisione. Ma l'opinione generale fu che ben presto sarebbe giunto a questo estremo. I Vorontsov, pensavano, ve lo spingevano. Avrebbe rinchiuso Caterina in un convento, gettato il piccolo Paolo in una prigione e avrebbe sposata la favorita. Di fatto, questa aveva guadagnato sul suo spirito un potere assoluto. Era proprio l'amante adatta a questo fantoccio imperiale alter ego di un caporale tedesco. Non era bella. «Brutta, volgare e scema», dice Masson. Il tedesco Scherer, che non ha che elogi per Pietro, conviene che questi ha dato prova, scegliendo questa compagna, di un gusto deplorevole. Era, crede, l'unica cosa che gli si potesse rimproverare. Era cattiva e priva di educazione. «Bestemmiava come un soldato, guardava di traverso, puzzava e sputacchiava parlando.» Sembra anche che talvolta picchiasse l'imperatore; ma si ubriacava anche con lui, il che era una compensazione. Raccontano che al momento della rivoluzione, che gettò nel baratro Pietro, la sua amante e la sua follia, il manifesto destinato a far scendere Caterina dal trono e a farvi montare la Vorontsov fosse pronto e dovesse essere pubblicato da lì a poco.

Così Caterina si trovò di fronte a un dilemma i cui due termini implicavano un rischio terribile da correre per lei, con la differenza che da una parte non vi era nulla da guadagnare e non molto da perdere dall'altra. Fece la sua scelta di conseguenza.

III

Il complotto rivoluzionario – Il racconto di Rulhière – Le Mémoires della principessa Dachkov – Le sue confidenze a Diderot – Tentativi azzardati e mal combinati degli Orlov e della principessa Dachkov – Un «acquisto» da 60.000 rubli – Nessuno dubita di ciò che sta per accadere

La storia della cospirazione del 1762, che costò il trono e subito dopo anche la vita a Pietro III, è ancora da fare e mancano tutt'oggi allo storico documenti e fonti sufficientemente autentici. Rulhière pare essersi sbagliato sul ruolo attribuito a Panin e alla principessa Dachkov nella preparazione di questo evento. Secondo lui fecero tutto loro, o poco meno. Sempre a parer suo, fu la principessa Dachkov che cominciò, immolando la sua virtù, per guadagnare l'aiuto di Panin, che si mostrava poco disposto a correre l'avventura. Conviene aggiungere che gli scrupoli della principessa derivavano soprattutto dalla sua convinzione di avere una stretta parentela con colui del quale respinse in un primo tempo gli omaggi. Pensava di essere sua figlia. Un oscuro intermediario, il piemontese Odard, divenuto poco dopo segretario di Caterina, la spinse a passare sopra questa considerazione e da quel momento i due amanti marciarono di concerto. Disgraziatamente, non si intendevano del tutto con Caterina sul fine al quale dovevano tendere i loro sforzi. Le letture della principessa, il soggiorno che Panin aveva fatto a Stoccolma avevano imbevuto l'una e l'altro di idee repubblicane. Non volevano dare il potere a Caterina se non a certe condizioni. Caterina rifiutava ogni compromesso di questo genere e, avendo gli Orlov sotto mano, si dimostrava decisa a fare a meno dei servizi che le venivano offerti a quel prezzo. Decisero da una parte e dall'altra di operare separatamente al rovesciamento di Pietro, salvo vedere dopo come rimpiazzarlo. Fu la messa in opera di «azioni parallele». La principessa Dachkov e Panin reclutarono dei partigiani tra gli alti ufficiali dell'armata, talvolta scendendo sino ai soldati. Gli Orlov lavorarono sui soldati e fecero qualche tentativo con i capi. Ci si incontrava nelle caserme e, non conoscendosi, ci si squadrava reciprocamente con inquietudine. Alla fine, Caterina riuscì a unire i due intrighi e si impadronì della direzione del movimento.

Tale è il racconto di Rulhière. Per quanto possa apparire attendibile ancora oggi, non manca di sollevare grosse obiezioni. Il ritratto che Diderot, che conobbe più tardi la principessa Dachkov a Parigi, ci ha lasciato di questa bellezza, è unico:

«La principessa non è assolutamente bella; è piccola, ha la fronte grande e alta, guance grosse e gonfie, occhi né grandi né piccoli, un po' infossati nelle loro orbite, le sopracciglia e i capelli neri, il naso camuso, la bocca grande, le labbra grosse, i denti guasti, il collo rotondo e dritto, ventre convesso, corporatura tozza, scarsa agilità nei movimenti, poca grazia, nessuna nobiltà... [107]»

Sembra, veramente, che abbia esercitato una certa influenza, dovuta forse alla vivacità del suo carattere, sullo spirito indolente del futuro primo ministro di Caterina. Che abbia avuto il potere di fargli dimenticare non solo la sua indolenza, ma la sua abituale prudenza, fino a spingerlo in un'impresa della quale era in grado di valutare tutta la temerarietà, tutto questo ci sembra dubbio. Che da parte sua Caterina si sia lasciata andare a mettere i suoi interessi, la sua sorte e quella di suo figlio, la sua ambizione e anche la sua vita, tra le mani di questa cospiratrice di diciotto anni, abbiamo un'estrema difficoltà ad ammetterlo. Del resto, la principessa ci ha raccontato nelle sue *Mémoires* l'accoglienza fatta da Caterina alle sue prime proposte. Era poco tempo prima della morte di Elisabetta. Una sera d'inverno, verso mezzanotte, la granduchessa, già a letto, vide arrivare la sua amica, sgomenta, tremante di emozione o di freddo, che le chiedeva di confidarsi sui pericoli che stava per

---

[107] (N.d.A.) Il ritratto inciso da Denon, del quale la Figelière ha omesso di parlare, ma che si trova nel Gabinetto delle stampe, concorda fedelmente con quello di Diderot.

correre. Voleva sapere quale era il piano della futura imperatrice. Chiedeva le sue istruzioni per agire di conseguenza. Caterina si preoccupò prima di tutto di risparmiare un raffreddore all'intrepida avventuriera. La fece sdraiare al suo fianco, la avvolse nelle sue coperte, poi la convinse dolcemente a riguadagnare il proprio letto e a stare tranquilla. Ella non aveva alcun piano e si affidava alla Provvidenza.

Inoltre, la principessa ha cambiato considerevolmente versione nelle confidenze che ci ha trasmesso a proposito della parte avuta negli avvenimenti del 1762. A credere alle sue *Mémoires,* il suo ruolo è stato essenziale. Rincarando la dose di Rulhière, si accredita come principale ispiratrice e come direttrice in capo dell'azione rivoluzionaria. Gli Orlov e lo stesso Panin non hanno fatto che obbedire ai suoi ordini. È lei che ha coordinato tutto e tutto preparato. Tutt'altro è il senso delle dichiarazioni raccolte da Diderot dalla sua bocca:

«Riduceva il merito della sua parte e di quella degli altri quasi a nulla; affermava che tutto era stato ordito da fili impercettibili che avevano guidato tutti a loro insaputa.»

La verità è probabilmente da cercare, qui come altrove, a metà strada di queste contraddittorie affermazioni, e Federico, per bene informato che potesse essere, ci pare se ne sia allontanato, dicendo più tardi al conte Ségur: «Gli Orlov hanno fatto tutto, la principessa Dachkov non è stata altro che una vanitosa mosca cocchiera.» Gli Orlov erano dei giovani senza istruzione, senza autorità, senza esperienza per nulla adatti a condurre un affare che si prospettava arduo per la stessa principessa Dachkov. Il principe Michele Vorontsov, zio della principessa, che non poteva soffrirla, ha riconosciuto, un po' controvoglia, l'importanza dei servizi che ella aveva reso a una causa che non gli fu mai molto simpatica.

Quanto a Panin, secondo la testimonianza della stessa Caterina, una rivoluzione che avrebbe avuto come effetto rimpiazzare l'imperatore con una nuova imperatrice, allettava poco quest'uomo di Stato, la cui ambizione fredda e calcolatrice conduceva sempre le azioni. Riconosceva che il regno di Pietro III stava prendendo una piega spiacevole, ma non perdeva di vista quel sostituto indicatissimo, che era il suo pupillo. Amava certamente di più essere governatore di un imperatore che non di un granduca. Del resto, con quello che sapeva del carattere di Caterina, prevedeva che, regnante lei, non sarebbe stato, anche se chiamato a una parte di primo piano, che una comparsa e un subalterno. Non si sbagliava. Sembra che per tutte queste motivazioni si sia tenuto in disparte fino alla fine.

Ricondotto così ai soli elementi la cui azione sia storicamente certa, o perlomeno verosimile, il complotto che preparò l'avvento di Caterina resta un problema senza soluzione. Tuttavia, ciò che noi ne sappiamo, o possiamo intuire, tende a giustificare il severo apprezzamento che ne diede Federico, quando disse: «La loro congiura era folle e male ordita.»

Questa opinione fu condivisa, in quel momento, da quello dei diplomatici stranieri presenti a Pietroburgo, che si trovò a conoscenza fino a un certo punto dei preparativi. Il barone di Breteuil ebbe questo privilegio e, tutto considerato, crediamo che il suo giudizio e la sua condotta non abbiano meritato la riprovazione che fu loro attribuita dopo gli avvenimenti. Sappiamo il ruolo equivoco al quale la diplomazia di Luigi XV aveva destinato il giovane e brillante diplomatico, inviandolo sulle rive della Neva. È giusto dire che egli non ci provò nemmeno. Prima di tutto, trovò occupato il posto che gli avrebbero voluto vedere prendere nel favore di Caterina. Inoltre, il duca di Choiseul omise di vietargli di portare con sé sua moglie. Questa era giovane, bella e seppe difendere i suoi diritti. Le relazioni del nuovo ministro con l'imperatrice si limitarono a uno scambio di cortesie. Dopo la scena del 25 febbraio 1762, che abbiamo riportato precedentemente, la sua situazione ufficiale divenne anch'essa difficile ed egli non mancò di servirsene subito per richiedere il suo richiamo. Vi aggiunse delle considerazioni che tendevano a escludere qualsivoglia intesa con la Russia. «Sono dell'opinione che bisogna solo pensare a distruggerla», scriveva.

Per violento che fosse questo linguaggio, non faceva che accentuare quello dello stesso duca di Choiseul che, da parte sua, parlava della «sua collera» e del «suo disprezzo» per la nazione di cui Pietro III governava i destini. Una questione di etichetta aggravò ulteriormente la tensione dei reciproci rapporti. Nel mese di giugno del 1762, il barone di Breteuil stava ancora chiedendo al nuovo imperatore un prima udienza, che si era visto rifiutare perché si era rifiutato di rendere visita per primo al principe Giorgio di Holstein. Nello stesso momento, Tchernychev minacciava a Parigi di sospendere le sue funzioni di ministro plenipotenziario se non si affrettavano a riconoscere al suo padrone il titolo di imperatore, «che era quello sotto il quale Pietro III aveva voluto acconsentire che tutte le potenze dell'universo lo riconoscessero, benché quello di zar fosse certamente conosciuto per essere sotto ogni aspetto il più bello che qualunque monarca avesse mai portato.» In fin dei conti, Breteuil ricevette l'ordine di promettere questa concessione se gli avessero accordato la sua udienza senz'altra esigenza e, in caso contrario, di richiedere i suoi passaporti. Il 18 giugno 1762, avendo ricevuto un altro rifiuto, il barone fece ciò che gli era stato chiesto di fare. Ma, chiedendo i suoi passaporti, provò ancora a sondare il terreno con Caterina. Ne ebbe delle vaghe attestazioni, che evidentemente non erano di un peso tale da consentirgli di contravvenire agli ordini del suo capo. Solo alla vigilia della sua partenza, il 24 giugno, ricevette la visita di un certo signor Odard, che riteneva un oscuro avventuriero, che talvolta vedeva, ma che trattava con riguardo, conoscendo le sue relazioni con qualche persona appartenente alla cerchia dell'imperatrice, ma nel quale difficilmente poteva vedere un intermediario autorizzato. Caterina parve più tardi avere vergogna di questo complice e se ne sbarazzò velocemente. Odard si disse inviato dall'imperatrice che, «sollecitata dai più fedeli sudditi dell'impero e spinta al limite dai comportamenti di suo marito, era decisa ad azzardare tutto pur di porvi fine».

Chiedeva, in vista del tentativo che stava per fare, un prestito di 60.000 rubli. Breteuil non si fidò. Mai, sino a quel momento, l'imperatrice si era servita del piemontese per comunicargli qualcosa. Non sapeva che fosse diventato il suo segretario. Tuttavia, non rifiutò di dare il denaro, come qualcuno ha preteso. Prese unicamente le sue precauzioni. Chiese a Odard di portargli un biglietto di mano dell'imperatrice che portasse queste parole che gli dettò: «Ho incaricato il latore del presente biglietto di porgervi il mio addio e di pregarvi di farmi qualche piccola commissione.» Era reclamare una lettera di credenziali, e la richiesta non dovette sembrare eccessiva a Caterina. Nel mettere nelle mani di Odard, senza informazioni più ampie, una somma così considerevole, il barone di Breteuil poteva rischiare la sua fortuna e la sua carriera. Il piemontese, del resto, non si aspettava che la somma gli fosse data subito. A suo dire, l'imperatrice pensava solamente che fosse disponibile, in modo che, venuto il momento, potesse disporne con una sua semplice ricevuta. Breteuil diede i suoi ordini a Béranger, che lasciava a San Pietroburgo come incaricato d'affari: se gli presentavano il biglietto dell'imperatrice, redatto nella formula convenuta, avrebbe inviato un corriere a Varsavia per informarlo. De Breteuil avrebbe allora riflettuto prima di decidere. Non aveva istruzioni che lo autorizzassero a fare degli anticipi in denaro all'imperatrice, né a ricominciare, con delle nuove spese, il ruolo fatto da La Chétardie nel 1740. Il profitto che la Francia aveva tratto dalle prodezze di quel diplomatico non era tale da incoraggiare altre prove di quel genere. E di fatto, i dispacci del duca di Choiseul non impegnavano in alcun modo il barone di Breteuil. Gli raccomandavano, al contrario, la prudenza e l'attesa. Iniziato ai misteri della politica personale di Luigi XV, sapeva inoltre il monarca risolutamente ostile a un intervento di questo genere. Non avrebbe comunque dovuto passare al di sopra di tutte queste considerazioni? Non avrebbe almeno dovuto differire la sua partenza? Non fece niente, per dirla tutta, poiché, ammettendo anche che l'iniziativa del signor Odard fosse autorizzata e che i preparativi del colpo di Stato che essa sembrava indicare fossero reali, non li giudicò sufficientemente seri e destinati a un successo perlomeno probabile. Béranger condivise questa impressione. Dieci giorni dopo la partenza del barone di Breteuil, Odard diede sue notizie all'incaricato d'affari, dandogli un appuntamento per un'ora tarda della notte, in un luogo deserto. Al posto del biglietto reclamato da barone gliene fu portato uno così concepito: «L'acquisto che dovremo fare si farà ben presto, ma più a buon mercato; così non abbiamo bisogno di altri fondi.» L'imperatrice non chiedeva più nulla. Béranger ne fu contentissimo, anche se questa novità gli parve ancora più sospetta della prima, o più stravagante. Perché, non avendo più bisogno del suo aiuto per il compito che avevano in vista e venivano ad avvertirlo che tutto ciò si sarebbe presto concluso? A che cosa sarebbe servito se non a dimostrare l'imprudenza e la leggerezza dei pretesi cospiratori? Béranger vide «tante nuvole nella testa del signor Odard, quante persone nel segreto, un tale guazzabuglio in fatto di mezzi e una così grande impotenza», che non dubitò di un sicuro fallimento. Gli «archi portanti» della congiura che gli furono indicati non lo fecero cambiare di opinione. Erano, dopo Odard, la principessa Dachkov, «imprudente quanto possibile – dice Béranger – benché coraggiosa»; l'atamano Razumovskij, «indolente, limitato e che non aveva più nulla da desiderare»; il conte Panin, «animo sordo e modesto, con della saggezza e della finezza nello spirito, ma che occupava un posto subalterno». Odard non parlò degli Orlov. Quel nome non avrebbe detto nulla allora all'inviato francese. Dei semplici luogotenenti! Che cosa poteva significare il loro appoggio?

Quanto agli altri membri del corpo diplomatico residenti nella capitale del Nord, non sospettarono di nulla. La corrispondenza del conte di Merci non contiene sino al 10 luglio, cioè all'indomani della rivoluzione, una sola frase che lasci supporre che egli prevedeva quanto accaduto. E non è una riserva diplomatica da parte sua, poiché egli parla frequentemente di Pietro in termini severi. Non manca neppure di dire, o quanto meno di lasciar intendere, che una rivoluzione sarebbe un bene per la Russia e, soprattutto, per i suoi alleati. Ma non vede nessuno in grado di compierla. Era anche l'opinione di Keith. Federico, più previdente o meglio informato, si inquietava, ma anch'egli non pensava a Caterina. Credeva piuttosto a un tentativo a favore del giovane Ivan.

Nessuno, in realtà, tra coloro che erano più interessati a prevedere il grande avvenimento, sospettò il suo approssimarsi, lo vide arrivare. E chi poteva curarsi del cammino oscuro e disordinato di qualche scervellato? Secondo una delle versioni che dobbiamo alla principessa Dachkov, gli stessi congiurati non ebbero una visione più ampia: «L'affare era già in fase avanzata che né lei, né l'imperatrice, né alcuno altro ne sospettava. Tre ore prima della rivoluzione non c'era nessuno che la prevedesse prima di tre anni.»

Fino all'ultimo momento, non sembra siano esistiti da nessuna parte né un piano prestabilito, né un'idea precisa sul progetto da adottare, sulla condotta da tenere per arrivare allo scopo che ci si riprometteva. In che modo si sarebbe detronizzato Pietro e messa Caterina al suo posto? Nessuno lo sapeva. Secondo le confidenze di cui Odard credette dover gratificare Béranger, provarono a più riprese di impadronirsi della persona dell'imperatore, ma senza successo. Per quello che si può giudicare, andavano all'avventura. La principessa Dachkov, è probabile, parlò con qualche ufficiale. Vi fu, questo è certo, un'opera di propaganda, di corruzione e di ingaggio fatta nelle caserme dai fratelli Orlov su scala alquanto estesa. Il denaro non mancò, anche prima del tentativo fatto con il barone di Breteuil. Agli inizi di marzo, Gregorio Orlov prese il posto di ufficiale pagatore del corpo di artiglieria. Il comandante in capo dell'artiglieria, lo sfortunato amante della principessa Kurakin, era appena morto e aveva avuto per successore un vecchio ciambellano della giovane corte, allontanato un tempo da Caterina, in ragione dell'eccessivo attaccamento, agli occhi di Elisabetta, che le testimoniava: il francese Villebois. Villebois era il figlio di un vecchio paggio di Pietro I, del quale fece più tardi un vice ammiraglio. Era scritto che un francese avrebbe giocato anche questa volta un ruolo importante nel colpo di stato destinato a dare un nuovo sovrano alla Russia, e che La Chétardie avrebbe avuto anch'egli un sostituto. È infatti verosimile che la scelta di Gregorio Orlov fosse dovuta a un intervento personale del nuovo comandante in capo, probabilmente ispirato dalla stessa Caterina. Niente indicava questo giovane ufficiale per quel posto di fiducia. Tanto valeva mettere la cassa in deposito nella caverna di Alì Babà, come fece osservare il secondo di Villebois, il generale Pournour. Gli dissero che Orlov era protetto dall'imperatrice e, quindi, non si oppose. L'ufficiale pagatore attinse a piena mani dalla cassa. In questo modo sarebbero arrivati a guadagnare alla loro parte perlomeno novantanove soldati in ciascuno dei quattro reggimenti della guardia: Ismaïlovski (il primo davanti al quale si presentò Caterina il giorno del colpo di stato), Siemionovski, Préobrajenski e il reggimento della guardie a cavallo, nel quale serviva il famoso Potëmkin.

Caterina fu talvolta portata a prestare un concorso diretto e personale ai corruttori. Tuttavia, sembra che a questo proposito abbia mostrato molto ritegno e discrezione. Uno dei soldati guadagnati da Alessio Orlov, il granatiere Stvolov, reclamò un segno dall'imperatrice. Gli promisero che se si fosse messo sul passaggio della zarina, al momento della sua passeggiata nel parco del palazzo imperiale, avrebbe ricevuto questo segno: Sua Maestà gli avrebbe dato la mano da baciare. Caterina si prestò volentieri a questo gesto, che non le faceva correre alcun rischio. «Tutti mi baciavano la mano», raccontava più tardi a Chrapowiçki. Ma il bravo soldato fu commosso fino alle lacrime. Pianse inchinandosi sulla mano imperiale e non chiese nulla di più per essere convinto.

L'ultima a essere convinta, in questa congiura, fu proprio Caterina. Nella narrazione che si pensa abbia fatto di questo periodo della sua vita, afferma di non aver prestato orecchio alle proposte che le venivano fatte dalla morte di Elisabetta se non dal giorno in cui, dopo averla insultata pubblicamente, Pietro spinse l'assurdo e la cattiveria fino al punto di volerla far arrestare. L'incidente, lo sappiamo, si è verificato il 21 giugno, vale a dire qualche settimana prima del colpo di stato. Ma anche allora e fino al colpo di stato vero e proprio, non vi è indicazione di alcuna parte attiva svolta dalla futura autocrate alle azioni dei suoi amici. Il suo atteggiamento, prima del momento decisivo, sembra essere stato soprattutto improntato a un contegno dignitoso e riservato. Sotto questo aspetto fu ammirevole. L'arte con la quale seppe reagire alla condotta del marito e far rilevare ciò che i suoi modi potevano avere di pericoloso, per esagerazione dei metodi e dimostrazioni contraddittorie, la mette tra le prime commedianti politiche di tutti i tempi. La morte di Elisabetta e la complicazione delle cerimonie in cui il rito ortodosso fece a gara con l'etichetta imperiale vicino alle spoglie dell'imperatrice, fornirono un prima occasione al novello imperatore di dimostrare la stranezza e la volgarità del suo carattere. E non la mancò. Si mostrò sconveniente fino all'eccesso. Caterina protestò e si attirò l'ammirazione e la simpatia di tutti per le testimonianze di rispetto e di pietà filiale che prodigò.

«Nessuno – scriveva il barone di Breteuil – è più assiduo a rendere alla defunta gli ultimi doveri che, secondo la religione greca, sono molteplici e pieni di superstizione, dei quali ella sicuramente ride, ma il clero e il popolo la credono molto commossa e gliene sono grati.»

Si è conservato un ritratto di lei negli abiti di lutto che, in questo periodo, non lasciava mai. Si mostrava così stretta osservante delle pratiche religiose, digiuni, giorni magro, giorni festivi, tutte cose delle quali Pietro affettava un disprezzo assoluto. A una messa solenne, cantata nella cappella del palazzo, in occasione della festa della Trinità, l'ambasciatore austriaco vide con stupore l'imperatore passeggiare senza problemi all'interno del sacro edificio e parlare ad alta voce, durante la cerimonia, con i signori e le dame di corte, mentre l'imperatrice, immobile al suo posto, sembrava immersa nelle sue preghiere.

Pietro, sempre più violento, si arrabbiava in ogni occasione e arrivava a infliggere delle punizioni corporali alle persone del suo entourage, ad alti dignitari, ai suoi migliori servitori, in pubblico davanti alla corte riunita. Narychkine, Mielgunov, Volkov ebbero di volta in volta a soffrire di simili trattamenti. Caterina fu la dolcezza in persona. Tutti quelli che l'avvicinavano si compiacevano della sua affabilità, della costanza del suo umore, della sua gentilezza. Alle brutalità dell'imperatore, delle quali era anche lei vittima, rispondeva con il contegno più dignitoso e più adatto a ispirare, senza permettere che questa degenerasse in pietà e nella constatazione della sua decadenza. Al famoso banchetto nel quale si sentì dare della *stupida*, lasciò vedere qualche lacrima, abbastanza per intenerire i testimoni di questa penosa scena; subito dopo si volse verso il conte Strogonov, che era dietro la sua poltrona, e lo pregò di raccontarle qualcosa di allegro, che la facesse ridere, distraendo l'attenzione dei presenti.

A un certo momento, spinse l'arte della dissimulazione sino a mostrarsi amabile e compiacente con lo stesso Pietro. I corrispondenti diplomatici registrarono un inatteso riavvicinamento tra i due augusti sposi. L'imperatrice apparve, sorridente e graziosa, alle cene dell'imperatore, in mezzo a orge di birra e di tabacco. Sopportò stoicamente l'odore delle pipe, il tanfo delle pesanti sbornie tedesche e i volgari discorsi dei bevitori. Era un momento critico. Caterina, l'abbiamo già detto, era incinta. Bisognava nascondere quella gravidanza agli occhi di tutti, e soprattutto agli occhi dell'imperatore. Raccontano che il giorno in cui fu presa dai dolori delle doglie, il suo fedele valletto di camera Chkurin appiccò il fuoco a una casa che possedeva in un sobborgo della città, per attirare i curiosi da quella parte. Pietro non mancò, come previsto, di accorrere allo spettacolo per distribuire insulti e bastonate. I suoi favoriti lo seguirono. Caterina partorì, il 23 aprile, un figlio che portò il nome di Bobrinski e fu il capostipite di una delle famiglie più prestigiose della Russia. Lo ritroveremo più tardi. È in questo periodo che a un cortigiano che faceva i complimenti all'imperatrice per l'atmosfera di cordialità e la bellezza che portava nelle riunioni, dove la sua presenza gettava come un raggio di luce, le scappò di dirgli: «Voi non potete immaginare cosa mi costi talvolta essere bella.»

Ma tutto questo dove poteva portarla? Probabilmente non lo sapeva. Sarebbe certamente venuto un giorno in cui il lavoro sotterraneo dei suoi amici avrebbe raggiunto il grande scopo; le stravaganze di suo marito avrebbero provocato una crisi: allora sarebbe stato il momento di agire. Agirà. Nell'attesa, come aveva detto la principessa Dachkov, si affidava alla Provvidenza. Secondo il parere di Federico, era quella la cosa migliore. «Non poteva ancora dirigere nulla, – diceva più tardi, ricordando – si è gettata nelle braccia di coloro che la volevano salvare.» L'abilità nella conduzione degli affari, l'arte del maneggio, la prudenza e la destrezza necessarie a portare a termine un'impresa difficile, non furono mai il suo forte. Brillò soprattutto per il carattere. Là era la sua vera superiorità. Dovette sempre contare, come fece per tutta la vita, su quella forza superiore e misteriosa, che invocava parlando alla principessa Dachkov e che lo stesso Federico, pur non negandone la potenza, chiamava irriverentemente: «Sua Sacra Maestà il Caso». Affidarsi agli Orlov, come faceva attualmente, o a Potëmkin, come fece più tardi, non significava in ultima analisi comportarsi diversamente. Il caso ebbe fortuna con gli Orlov; ebbe fortuna (e forse anche del genio) con Potëmkin; quando con Zubov non ebbe più né fortuna né genio, fu il disastro. Ma Caterina rimase grande. Per il momento il caso doveva darle la vittoria. Ma occorreva ancora la complicità dell'uomo maggiormente interessato a far fallire la temeraria impresa. «Si è lasciato detronizzare come un bambino che viene mandato a dormire», commentava Federico parlando di Pietro III.

CAPITOLO III

LA VITTORIA

I

La partenza di Pietro III per Oranienbaum – I suoi progetti bellicosi – Caterina va a Peterhof – Pietro va a raggiungerla – Non trova l'imperatrice – Il colpo di stato è fatto – Gli Orlov – Il reggimento Ismaïlovski – Viva l'imperatrice

Pietro lasciò Pietroburgo il 24 giugno, per andare a Oranienbaum. Il 22 aveva avuto una cena, sempre in onore della pace conclusa con la Prussia, di cinquecento coperti e dei magnifici fuochi d'artificio. Il 23 si festeggiò ancora e i banchetti continuarono anche a Oranienbaum per una cerchia più ristretta. Il soggiorno dell'imperatore nella sua residenza d'estate doveva, del resto, essere di breve durata. Pietro, prossimamente, si proponeva di raggiungere la sua armata, in Pomerania, e di andare ad attaccare i danesi, in attesa di maggior gloria su qualche campo di battaglia più vasto dove l'avrebbe chiamato il nuovo alleato che si era dato. La flotta non era pronta ad alzare le vele. Malattie avevano ridotto i marinai disponibili. Pietro firmò un ukase in cui ordinava a tutti i marinai malati di stare bene.

Questi progetti bellicosi non mancavano di inquietare i suoi amici, a cominciare dallo stesso Federico. Gli inviati di Sua Maestà prussiana, il barone Goltz e il conte Schwerin, non avevano risparmiato rimostranze a questo proposito. Era prudente che l'imperatore lasciasse la sua capitale e il suo impero prima di aver avuto il tempo di consolidare e affermare il suo regno, prima ancora di essere incoronato? Federico insistette personalmente su questo ultimo punto. Prima di ogni impresa, Pietro avrebbe dovuto andare a Mosca per mettersi sulla testa il diadema degli zar. In un paese come la Russia questa questione di forma aveva un'importanza capitale. Pietro non aveva voluto ascoltare. «Chi sa conquistare le Russie è sicuro di es-

177

se», rispondeva. Credeva di avere questa capacità.

Credeva anche di controllare i malcontenti e i possibili cospiratori. Gli erano stati indicati gli Orlov. Uno dei loro intimi, il luogotenente Perfilef, si mise agli ordini dello zar e si incaricò di sorvegliare i cinque fratelli, ingannandoli. Fu lui ad essere giocato e condotto a ingannare Pietro. Gli Orlov non si fidarono e all'ultimo momento si presero gioco del confidente traditore.

Il 29 giugno, Caterina, che Pietro aveva avuto l'imprudenza di lasciare a Pietroburgo, dovette a sua volta recarsi nei suoi alloggi estivi. Ricevette l'ordine di andare a Peterhof. A Oranienbaum era Elisabetta Vorontsov che regnava, Paolo rimase a Pietroburgo sotto la custodia di Panin. Pietro, comunque, progettava di ricevere sua moglie prima della sua partenza per la programmata campagna. Aveva rinviato la data della sua partenza per celebrare il 10 luglio (29 giugno) il suo onomastico. Volle celebrarla a Peterhof. Il 9 luglio al mattino, si mise in strada per quest'ultima residenza, dove il grande pranzo avrebbe dovuto essergli offerto all'indomani dall'imperatrice. Pietro viaggiava lentamente, trascinando con sé un numeroso seguito, nel quale vi erano diciassette dame. Giunse a Peterhof solo alle due del pomeriggio. Una sorpresa lo attendeva: il castello era vuoto. Pietro vide solo qualche servitore dal viso stravolto per la paura.

«E l'imperatrice?»

«Partita.»

«Per dove?»

Nessuno sapeva o voleva rispondere. Si avvicinò un contadino e diede una carta all'imperatore. Era un biglietto di Bressan, il vecchio cameriere francese di Pietro. Questi l'aveva nominato alla direzione della manifattura dei Gobelin. Così si facevano allora le carriere in Russia! Bressan scriveva che l'imperatrice era dal mattino a Pietroburgo, dove si era fatta proclamare sovrana assoluta e unica. Pietro non volle credere ai suoi occhi. Si precipitò come un folle attraverso gli appartamenti deserti, perlustrò tutti gli angoli, percorse i giardini, chiamò urlando l'imperatrice. La folla dei cortigiani lo seguiva in questa inutile ispezione. Bisognò infine arrendersi all'evidenza.

Cosa era successo? Non lo sappiamo esattamente. Le incertezze, le contraddizioni che ci hanno già resi perplessi nel corso di questo racconto, ricompaiono al punto in cui noi siamo arrivati. La narrazione della principessa Dachkov sembra sospetta sotto molti punti di vista e quella di Caterina regge male a un esame. Nella notte tra l'8 e il 9 luglio, l'amica di Caterina sarebbe stata svegliata da uno degli Orlov, che le annunciava l'arresto di uno dei congiurati, il capitano Passek. Era la scoperta del complotto e la perdita certa di coloro che vi avevano preso parte. La principessa Dachkov non esitò. Diede l'ordine di mettere immediatamente in allarme il reggimento Ismaïlovski, quello di cui si era più sicuri, di prepararlo a ricevere l'imperatrice e di inviare, nello stesso tempo, a Peterhof una scorta a cercare quest'ultima. Così fu fatto. Ci fu tuttavia una certa esitazione da parte degli Orlov. Il minore della famiglia, Teodoro, ritornò in capo a qualche ora per sottoporre alla principessa le loro perplessità. Non è troppo presto per rischiare un colpo così audace? Ella scoppiò in collera. Si era già perso troppo tempo! Egli si inchinò e tutti obbedirono. Ecco la versione dell'amica devota. Quella di Caterina è tutt'altra. Nella sua lettera a Poniatowski, la vediamo indignarsi contro Ivan Šuvalov, «il più basso e il più vile degli uomini», che ha osato scrivere a Voltaire «che una donna di diciannove anni aveva cambiato il governo della Russia». Certamente, afferma, gli Orlov avevano di meglio da fare che mettersi agli ordini di una piccola scervellata. Fino all'ultimo momento, al contrario, «le nascosero (alla principessa Dachkov) la conoscenza delle cose più essenziali». Tutto è stato fatto sotto la direzione «particolarissima» di Caterina, e di lei sola, in virtù delle misure concordate e stabilite «da sei mesi» tra lei e i capi del complotto. *Da sei mesi!* È certo? Caterina non ha detto precedentemente di non avere ascoltato le proposte le furono fatte per detronizzare suo marito se non dopo essere stata insultata pubblicamente da lui, vale a dire *tre settimane* solamente prima del 9 luglio?

Tutto questo è molto confuso. Le discussioni tra donne gelose lo sono normalmente. Inoltre, tutte e due possono essere state in buona fede, evocando a distanza ricordi che l'emozione aveva reso torbidi, e attribuendosi un ruolo immaginario in avvenimenti che credevano di aver guidato e dai quali erano state invece verosimilmente trascinate. Ciò che vi è di probabile, è che l'arresto di Passek, dovuto, a ciò che sembra, a una circostanza fortuita, ha precipitato le cose spingendo i congiurati a rischiare la partita per salvare le loro teste, che vedevano minacciate in ogni modo. Ciò che vi è di certo, è che il 9 luglio, alla mattina alle cinque, Alessio Orlov si presentò improvvisamente a Oranienbaum e prese con sé l'imperatrice per portarla a Pietroburgo.

Caterina dormiva profondamente, è da lei che abbiamo questo dettaglio, quando il giovane ufficiale entrò nella sua camera. Non vi era quindi alcun accordo ed ella non era preparata ad alcunché[108]. Per comprendere la scena che si verificò allora, in base al racconto che ne ha fatto, bisogna essere stati in contatto con delle nature primitive come doveva essere quella di questo Orlov. Se ne incontrano ancora oggi di simili in Russia. Il modo di ragionare, per gente siffatta, non ha alcuna complicazione, l'espressione del pensiero è sempre semplice. L'arte di predisporre l'interlocutore è per loro sconosciuta, come quella delle sfumature. Dicono direttamente ciò che hanno da dire, andando dritti allo scopo per la strada più corta. Dicono alla stessa maniera e con lo stesso tono le cose più banali come le più inaspettate. Il loro linguaggio è in un certo senso monocorde. Se la luna cadesse dal cielo, un contadino dei dintorni di Mosca ve lo annuncerebbe dicendo: «La luna è caduta», con lo stesso tono che avrebbe per annunciarvi la nascita di un vitello. Alessio Orlov svegliandola, disse semplicemente all'imperatrice: «È tempo che vi alziate. Tutto è pronto per proclamarvi.»

Volle avere delle spiegazioni. Egli aggiunse: «Passek è stato arrestato. Bisogna partire.» Fu tutto. Si vestì in fretta, «senza fare toilette», e montò sulla carrozza che aveva portato Orlov. Una delle sue donne, la Chargorodskaïa, prese posto di fianco a lei. Orlov si arrampicò a cassetta, il fedele Chkurin dietro la vettura, si lanciarono al galoppo sulla strada di Pietroburgo. Cammin facendo, incontrarono Michel, il parrucchiere francese di Sua Maestà, che veniva come d'abitudine per fare il suo servizio. Lo portarono con loro. C'era da fare una trentina di

---

[108] Secondo un racconto fatto molto più tardi da Panin all'inviato danese (Asseburg), si contava di procedere al colpo di stato impadronendosi di Pietro il giorno in cui sarebbe ritornato da Oranienbaum a Pietroburgo per assistere alla partenza della guardia, che doveva prendere parte alla campagna. (*Archivio russo*, 1879, I, 362 e seg.)

chilometri; i cavalli che avevano già fatto la corsa una volta ebbero qualche difficoltà a ricominciarla. Ma non avevano pensato a organizzare un cambio. Tutto rischiava di essere compromesso per questa negligenza. I due cavalli di una carretta da contadino che passarono in quel momento, forse, salvarono Caterina (se crediamo a un testimone) e le conquistarono una corona. A cinque verste dalla città, incontrarono Gregorio Orlov e il principe Bariatinski, già inquieti. Passarono da una vettura all'altra e arrivarono infine davanti alle caserme del reggimento Ismaïlovski.

«Così – ha scritto Rulhière – per regnare dispoticamente sul più vasto impero del mondo, arrivò Caterina, tra le sette o le otto del mattino, partita sulla fiducia di un soldato, portata da dei contadini, guidata dal suo amante, accompagnata dalla sua cameriera e dal suo parrucchiere.»

C'era là solo una dozzina di uomini. In realtà nulla era ancora seriamente preparato, qualunque cosa ebbe a dire Alessio Orlov. Andavano sempre all'avventura. Fu fatto rullare il tamburo. I soldati mezzo nudi e mezzo addormentati si precipitarono. Fu detto loro di gridare: Viva l'imperatrice! Immaginarono una distribuzione di vodka e gridarono tutto ciò che volevano gridassero. Ne mandarono due a cercare un prete, che condussero subito portandolo sotto le braccia. Il prete fece anch'egli tutto ciò che gli chiesero. Levò la croce, borbottò una formula di giuramento, i soldati si inchinarono: era fatto, l'imperatrice era *proclamata*.

«Il trono di Russia non è né ereditario né elettivo – ha detto il napoletano Caraccioli – è *occupativo*.»

La proclamazione non faceva alcuna menzione di Paolo. Essa rendeva Caterina sovrana unica e assoluta, autocratica (*samodierjitsa*). Ciò non faceva al caso di Panin. Ma dov'era Panin in quel momento e chi si preoccupava di lui?

«Un gruppo di oligarchi – ha detto ancora Herzen – di stranieri, di zotici, di favoriti conducevano nottetempo uno sconosciuto, un bambino, una tedesca, la elevavano al trono, l'adoravano e distribuivano in suo nome colpi di bastone a coloro che vi trovavano da ridire.»

Degli altri reggimenti della guardia, uno solo, il Préobrajenski, mostrò una velleità di resistenza. Simone Vorontsov, un fratello della favorita, che vi comandava una compagnia, non intendeva tradire una causa che poteva passare per quella di sua sorella. Era del resto, lo provò successivamente, un uomo ligio al dovere e d'onore. Arringò i suoi uomini. Il maggiore Voieïkof gli diede man forte e il reggimento, sollevatosi, marciò risolutamente davanti alle truppe ammutinate che seguivano Caterina. Le due piccole armate si incontrarono davanti alla chiesa di Nostra Signora di Kasan. Caterina aveva dalla sua parte la superiorità numerica, ma era quella di una folla disordinata. Il Préobrajenski, al contrario, tenuto in pugno dai suoi ufficiali, conservava i ranghi e presentava un fronte di battaglia imponente: poteva ancora decidere la sorte della giornata.

Ma la fortuna di Caterina si pronunciò. Nel momento in cui ribelli e fedeli si arrestarono a qualche passo l'uno dall'altro, frementi e pronti allo scontro, uno dei colleghi di Simone Vorontsov, che marciava in fila serrata, all'improvviso gridò: *Urrà! Viva l'imperatrice!* Fu come un colpo di cannone. L'intero reggimento ripeté il grido e fu allo sbando in un momento, i soldati si gettavano davanti ai loro camerati abbracciandoli, poi cadevano in ginocchio, chiedendo scusa alla zarina di aver tardato a riconoscerla e accusando i loro ufficiali. Voieïkof e Vorontsov ruppero le loro spade. Li arrestarono. Caterina li perdonò più tardi, ma non dimenticò mai. Vorontsov dovette lasciare l'esercito, dove i suoi meriti e i suoi brillanti servizi gli valevano solo dei dispiaceri. Nominato ambasciatore a Londra, vi visse in una sorta di esilio onorifico.

Fecero a gara per entrare più in fretta nella chiesa di Nostra Signora di Kasan, dove Caterina andò per ricevere i giuramenti di fedeltà dei suoi nuovi sudditi. Panin vi fece presto la sua comparsa. Qualcuno afferma che nella sua carrozza si trovasse il piccolo Paolo, coperto da un berretto da notte. Il bambino avrebbe così assistito alla propria decadenza, perché si trattava proprio della sua decadenza, perlomeno provvisoria, che si stava consumando. Dopo il venerato tempio, il Palazzo d'inverno, che poco prima era stato testimone delle umiliazioni di Caterina, la vide circondata da una folla impegnata a porgerle i suoi omaggi. Il Senato e il Sinodo vi si presentarono. Queste due grandi istituzioni avevano già preso l'abitudine di marciare al seguito dei reggimento della guardia. Sopraggiunse un personaggio che Caterina proprio non aspettava: il cancelliere Vorontsov. Non aveva ancora compreso che cosa stesse succedendo e chiese ingenuamente all'imperatrice perché avesse lasciato Peterhof. Per tutta risposta, ella fece segno di portarlo via. Gli dissero di andare alla chiesa a prestare giuramento. Egli vi andò.

Infine, sgomitando per farsi largo tra la folla, trafelata, sconvolta e già leggermente delusa, arrivò la pretesa organizzatrice di tutto questo trionfo: la principessa Dachkov. La sua carrozza non era riuscita ad arrivare sino alla scalinata del palazzo ma, a crederla, gli eroi del giorno, gli ufficiali e i soldati che lo circondavano, l'avevano sollevata da terra e portata sulle loro braccia. Il suo vestito e la sua pettinatura ebbero a soffrirne, ma il suo amor proprio vi trovò una compensazione delle delusioni alle quali stava andando incontro. L'incontro con la sovrana fu più breve e meno solenne di quello che aveva sognato. Non era l'ora per tenerezze né per grandi cerimonie. Era necessario occuparsi di cose serie. Prima di tutto bisognava dare una forma ufficiale a ciò che era stato improvvisato in un trasporto di energia giovanile e di vittoriosa audacia. Era necessario un proclama. Fu un oscuro impiegato della cancelleria, Tieplof, che fu incaricato di redigerlo. Perché non Panin? Si sono fatte diverse supposizioni in merito. Il tutore del piccolo Paolo avrebbe veramente giudicato opportuno, anche in quel momento, e avrebbe avuto il coraggio di far valere la sua idea favorita, prendendo al difesa del suo pupillo? Secondo una versione, gli ufficiali del reggimento Ismaïlovski si sarebbero opposti alla firma di un atto che impegnava Caterina a governare sino alla maggiore età di Paolo. Secondo un'altra versione, l'atto dettato da Panin e da lui imposto alla volontà dell'imperatrice sarebbe stato firmato e depositato negli archivi del Senato, ma gli Orlov, a dire degli uni, il cancelliere Vorontsov, a detta degli altri, avrebbe in seguito ritirato il documento per consegnarlo a Caterina. L'avventura è poco verosimile. Panin non era uomo da avere fiducia in simili compromessi e illudersi sul valore ingannevole di una tale garanzia. Conosceva la storia del suo paese. L'imperatrice Anna era salita al trono con la garanzia di una vera e propria carta costituzionale. Sei settimane dopo, non se ne parlava più. Il futuro primo ministro poteva avere altre ragioni per non comparire nella redazione del proclama.

Ciò che Tieplof scrisse fu stampato e letto al popolo, che

esclamò: Viva l'imperatrice! Come aveva sentito gridare i soldati. Caterina passò in rivista le truppe che l'acclamarono una volta di più e il nuovo regno fu fondato: la giornata non era costata una goccia di sangue. Vi era stato qualche isolato disordine. La casa del principe Giorgio di Holstein era stata invasa e depredata. Egli stesso e la moglie ebbero a subire dei maltrattamenti. La principessa ebbe i suoi anelli rubati da alcuni soldati, che poi sfondarono la facciata di alcune botteghe e chiesero da bere. Un commerciante perse 4.000 rubli di vino. Le indennità reclamate dalle vittime di questi eccessi ammontarono in tutto a 24.000 rubli: era veramente quasi nulla. Giunta la sera e passato il primo momento di ebrezza, quando Caterina e i suoi compagni si ritrovarono nel Palazzo d'inverno per fare il bilancio della situazione, un soffio di inquietudine non mancò di passare nella loro calda immaginazione. Se, in effetti, da un certo punto di vista tutto era compiuto per l'instaurazione del nuovo regime, da un altro punto di vista tutto era ancora da fare. Nulla era fatto se Pietro avesse voluto resistere.

Era egli in grado di prendere questa decisione?

La risposta non poteva presentare dubbi per un uomo ponderato. E forse Panin era esattamente sul punto di riflettere. Pietro aveva con sé circa cinquecento soldati dell'Holstein, truppe eccellenti e disposte secondo tutte le apparenze a difenderlo fino alla fine, difendendosi essi stessi contro una disgrazia certa. Egli aveva per comandare questa piccola armata il primo uomo di guerra russo e uno dei primi dell'epoca: il feldmaresciallo Münnich[109]. Richiamato dal nuovo imperatore dal fondo della

---

[109] Burkhard Christoph von Münnich (1683-1767). Fu la tipica figura di militare dell'epoca. Di origine danese, entrò nell'esercito francese, nel 1699 a sedici anni, come ingegnere poi, allo scoppio della Guerra di successione spagnola, ritornò in Germania e fu al servizio del Granducato d'Assia e in quello dell'Assia-Kassel. Nel 1706, raggiunse le truppe del principe Eugenio in Italia e ben presto raggiunse il grado di maggiore, dopo aver partecipato alla battaglia di Castiglione e alla presa di numerose fortezze. Nel 1716 entrò al servizio della Polonia del principe elettore di Sassonia (futuro re di Polonia) ed ebbe ben presto il grado di generale maggiore e ispettore generale delle armate polacche. Allontanato dalla Polonia, nel 1721, si recò a San Pietroburgo dove assunse la carica di ingegnere generale di Pietro il Grande. L'opera alla quale fu applicato era il completamento di un collegamento tra il canale del lago Ladoga, il Volochov, e la Neva. L'opera è inaugurata nel giugno del 1728, quando, dopo la morte della zarina Caterina I, sedeva sul trono, da poco meno di un mese, Pietro II. Quest'ultimo, troppo giovane per governare, fu posto sotto la tutela di Menchikov, che non amava Münnich, ma nonostante ciò riuscì ad essere governatore dell'Ingria, della Carelia e della Finlandia, fu anche nominato generale in capo, fatto conte e decorato

Siberia, non avrebbe abbandonato il suo benefattore. Caterina stessa disponeva unicamente dei quattro reggimenti che l'avevano acclamata. Il grosso delle truppe russe era in Pomerania e non apparteneva ancora a nessuno, o piuttosto apparteneva sempre all'imperatore e riceveva gli ordini da lui. Se Pietro avesse resistito, se avesse guadagnato tempo, se avesse messo davanti il nome e il prestigio del suo maresciallo vittorioso, questa armata di Pomerania non avrebbe obbedito alla sua voce e non sarebbe accorsa in suo aiuto? Egli era l'imperatore e si preparava ad aprire una nuova campagna: prospettiva generalmente gradita alla gente di guerra, soprattutto all'indomani di una serie di eclatanti successi. Fino a quel momento aveva scontentato solo la guardia, della quale le altre armi invidiavano la situazione di privilegio. Gli Orlov, da parte loro, non avevano spinto oltre la loro opera di convinzione. Vi era là un temibile problema.

---

con l'Ordine di Sant'Alessandro Nevski. Con la zarina Anna assunse il grado di feldmaresciallo e fu messo alla testa dell'amministrazione militare, che riformò sul modello di quelle occidentali. Ministro nel 1731, l'anno seguente assunse la carica di presidente del Collegio militare. Tra le sue creazioni vi fu la scuola del corpo dei cadetti e il reggimento Ismaïlovski. Nominato ministro della Guerra dalla zarina, gli venne affidato il comando nella Guerra di successione polacca (1733-1738), anche con il fine, da parte di Ostermann e di Biron, favoriti della zarina, di allontanarlo da corte. Dopo la cacciata del re Stanislao Leszczynski (1734) venne posto sul trono di Polonia il principe Poniatowski. Le sue più folgoranti azioni si ebbero contro i turchi, nella guerra che la zarina intraprese tra il 1736 e il 1739. Conquistò la Crimea, prese Očakiv, dopo un famoso assedio, sconfisse i turchi a Stavučany nel 1739. L'Austria, però, fu sconfitta dall'esercito ottomano a Grocka e chiese una pace separata, che ebbe, come immediata conseguenza, la disponibilità, da parte della Porta, di ingenti forze da opporre all'esercito russo. Fu quindi concluso un accordo con il sultano, sancito a Nyssa il 3 ottobre 1739. La zarina Anna aveva destinato alla sua successione il suo pronipote, nato il 5 ottobre 1740, ma morì il 28 dello stesso mese. La reggenza venne affidata a Biron, il quale però, poco meno di un mese dopo, venne arrestato dallo stesso Münnich, per ordine di Anna Leopoldovna, madre di Ivan VI, il predestinato al trono. Münnich divenne primo ministro ma la sua propensione ad un'alleanza con la Prussia contro il volere della reggente che la voleva con l'Austria, determinò un ulteriore cambiamento negli equilibri. Venne privato dei suoi incarichi, gli rimase solo l'armata. Cadde ammalato e quando guarì la reggente gli accordò una pensione e una guardia d'onore, ma nuovi e più radicali cambiamenti erano alle porte. Il 6 dicembre del 1741, Elisabetta salì al trono con un colpo di stato e un mese dopo, il 27 gennaio 1742, Münnich venne condannato a morte, come partigiano di Ivan VI. La pena venne commutata in esilio, dove rimarrà per vent'anni, sino al 1762, quando, il nuovo zar, Pietro III, lo richiama. Un'altra breve parentesi, poiché sei mesi dopo Caterina II prende il potere. Venne da lei nominato direttore generale dei canali e dei porti della Russia, funzione che manterrà sino alla sua morte.

Ma dove era, a che cosa pensava e cosa faceva Pietro in quel momento?

II

Le incertezze di Pietro – La spedizione di Kronstadt – Progetti arditi del feldmaresciallo Münnich – Pietro si decide a negoziare – Un'imperatrice a cavallo – L'abdicazione – L'internamento a Ropcha – Gregorio Orlov – L'inizio del favoritismo

Dopo essersi convinto che l'imperatrice non era là dove pensava di trovarla, Pietro non riuscì ancora a comprendere la verità, a riconoscere la grandezza della sua disgrazia. Il suo uomo di fiducia, Perfilef, non l'aveva preavvisato di nulla. Il disgraziato Perfilef aveva passato la notte a giocare a carte con Gregorio Orlov, credendo così di tenerlo sotto buona guardia! Pietro si decise a inviare qualcuno per chiedere informazioni. Aveva molta gente a disposizione. Il cancelliere Vorontsov, il principe Trubetskoy, Alessandro Šuvalov si offrirono di andare a Pietroburgo. Nessuno fece ritorno. Ma un holsteinese, ritornando dalla città dove aveva trascorso una licenza di ventiquattrore, confermò la cattiva notizia. Erano le tre del pomeriggio. Pietro prese allora una seconda decisione: chiamò Volkov e gli ordinò di lavorare alla redazione di numerosi proclami. Incominciava una campagna di penna. Tuttavia, a seguito delle rimostranze di Münnich, si decise a inviare uno dei suoi aiutanti di campo, il conte Devierre, a Kronstadt, per assicurarsi di questa importante piazza. L'ora successiva si ricordò che era soldato: indossò l'uniforme delle grandi occasioni e mandò a cercare le sue truppe dell'Holstein che erano rimaste a Oranienbaum. Intendeva fortificarsi a Peterhof e lì tener testa alla rivolta. Gli holsteinesi arrivarono alle otto, ma Pietro aveva già cambiato parere. Münnich non si faceva carico di mettere Peterhof in stato di difesa. Avrebbe voluto andare immediatamente a Kronstadt. Aveva un suo piano. Bruscamente, Pietro decise di ascoltare il feldmaresciallo. Ma era sopraggiunta la notte. Partirono ugualmente, ma sembrò che si andasse a una gita di piacere. Uno yacht e una galera a remi imbarcarono tutto il corteo maschile e femminile dell'imperatore.

Arrivarono in vista di Kronstadt alle una del mattino.

«Chi è là?», gridò una sentinella dall'alto di un bastione.

«L'imperatore.»

«Non c'è più un imperatore! Passate al largo.»

Il conte Devierre era stato arrestato da un inviato di Caterina, l'ammiraglio Talitsin.

Münnich ancora non si diede per vinto. Insieme a Gudovitch supplicò Pietro di sbarcare comunque. Non avrebbero osato sparare su di loro. Ma Pietro era già disceso in fondo alla stiva. Non aveva mai avuto a che fare se non con delle fortezze di cartone. Tremava tutto. Le donne lanciavano acute grida. Virarono di prua.

Allora Münnich propose un'altra cosa: spingersi sino al porto di Reval, lì imbarcarsi su un vascello da guerra e passare in Pomerania, dove Pietro avrebbe preso il comando della sua armata.

«Fate questo, sire – diceva il vecchio guerriero – e sei settimane dopo Pietroburgo e la Russia saranno nuovamente ai vostri piedi. Ne rispondo con la mia testa.»

Ma Pietro aveva esaurito la sua provvista di energia. Pensava solo di ritornare a Oranienbaum e di intavolare delle trattative. Ritornarono a Oranienbaum. Vi trovarono delle novità che non si aspettavano: l'imperatrice aveva lasciato Pietroburgo alla testa dei suoi reggimenti e marciava incontro a Pietro e agli holsteinesi.

Una marcia trionfale. A cavallo, con indosso un'uniforme presa in prestito da un ufficiale del reggimento Siemionovski, Caterina precedeva le sue truppe. Una corona di foglie di quercia ornava il suo berretto foderato di zibellino, e i suoi lunghi capelli ondeggiavano al vento. Ai suoi fianchi, vestita con la stessa uniforme, galoppava la principessa Dachkov. I soldati erano rapiti. Di comune accordo avevano smesso, lacerato o ceduto agli straccivendoli le uniformi delle quali Pietro III li aveva vestiti e ripreso le loro livree guerriere, che Pietro I importò dalla Germania, ma che già passavano per nazionali. Bruciavano dalla voglia di misurarsi con le truppe dell'Holstein.

Non ebbero questa soddisfazione. Dopo una marcia notturna, alle cinque del mattino, si presentò un parlamentare di Pietro. Era il principe Galitzin. L'imperatore offriva all'imperatrice la condivisione del potere. Caterina non si degnò di rispondere. Un'ora dopo riceveva l'atto di abdicazione di suo marito. Ella si fermò a Peterhof, dove fu portato anche Pietro. Panin, che fu incaricato di comunicargli le ultime volontà della zarina relative alla sua persona, lo trovò in uno stato pietoso. Pietro volle baciargli la mano, supplicandolo di ottenere che non lo si separasse dalla sua amante. Piangeva come un bambino castigato. La favorita si trascinava alle ginocchia dell'inviato di Caterina: anch'ella chiedeva di non lasciare il suo amante. Quindi, furono separati. Mademoiselle Vorontsov fu mandata a Mosca, Pietro ricevette come residenza provvisoria una casa situata a Ropcha, «luogo molto appartato, ma molto gradevole», assicura Caterina, a una trentina di chilometri da Peterhof, in attesa che fosse preparato un alloggio adatto nella fortezza di Schlüsselburg, la Bastiglia russa.

All'indomani, il 14 luglio, Caterina faceva a Pietroburgo un'entrata solenne. Il suo soggiorno a Peterhof era quindi stato di qualche ora. Qualcosa intanto era accaduto, oltre alla decadenza definitiva di Pietro. La principessa Dachkov vi aveva fatto una scoperta, della quale parla nelle sue memorie con tristezza e che, per la sorpresa che ne ebbe, prova che, come organizzatrice di complotti, aveva molta ingenuità. Entrando nel salone dell'imperatrice all'ora di pranzo, aveva visto un uomo disteso sul suo lungo divano. Era Gregorio Orlov. Aveva davanti a sé un mucchio di plichi sigillati, che si accingeva ad aprire con una certa svogliatezza.

«Che cosa fate?», gli gridò la principessa che aveva riconosciuto, grazie a un aspetto che le era divenuto familiare nella casa di suo zio, dei documenti che provenivano dal grancancelliere. «Sono dei documenti di Stato. Nessuno ha diritto di toccarli, salvo l'imperatrice e le persone specificatamente designate da lei.»

«Precisamente», replicò Orlov senza cambiare posizione e con la stessa aria di sprezzante indifferenza. «*Ella* mi ha detto di esaminarle.» Sembrava alquanto annoiato del suo lavoro e deciso e sbarazzarsene velocemente.

La principessa fu stupefatta. I suoi stupori non dovevano essere finiti. Tre coperti era preparati su una tavola all'altra estremità del salone. L'imperatrice, appena arrivata, invitò la sua amica a prendervi posto con lei. Il terzo posto era per il giovane luogotenente. Ma questi non si muoveva. L'imperatrice fece allora portare la tavola vicino al divano. Ella e la principessa si sedettero davanti al giovanotto, che rimase sdraiato. Si era, sembra, ferito alla gamba.

Così appariva chiara la situazione che Gregorio Orlov stava per occupare presso la nuova sovrana. Era l'inaugurazione del *favoritismo*.

III

Ultime prove – Lettera a Poniatowski – La sua generosità – Ricompense e riparazioni – Ritorno di Bestužev – La principessa Dachkov – Il generale Betskoy – Aurora radiosa del nuovo regno – Una nuvola

Qualche prova attendeva ancora Caterina a Pietroburgo. La notte stessa che seguì il suo ritorno, vi fu un gran fracasso attorno al palazzo. I soldati del reggimento Ismaïlovski avevano abbandonato il loro quartiere e chiedevano di vedere la zarina per assicurarsi che nessuno l'avesse rapita. Ella dovette lasciare il suo letto e rivestire ancora una volta la sua uniforme per rassicurarli.

«Non posso e non voglio – scriveva qualche mese più tardi a Poniatowski – dirvi tutti gli ostacoli che vi sono per voi per venire qui . . . La mia situazione è tale che devo avere molte precauzioni, il più umile soldato della guardia vedendomi si dice: «Ecco l'opera delle mie mani. Muoio dalla paura per le lettere che mi scrivete.»

Ella, peraltro, teneva mirabilmente testa alle difficoltà e ai pericoli. Non aveva mostrato sia nella preparazione, sia nell'esecuzione del colpo di stato, alcune delle qualità desiderabili in un capo: né grande previdenza, né grande abilità; ma del coraggio, del sangue freddo, dello spirito risoluto e, soprattutto, una capacità superiore della messa in scena. Tali erano i mezzi d'azione che faceva anche in quel momento valere. Tutti i testimoni degli avvenimenti dei quali Pietroburgo fu il teatro, in questo momento sono unanimi nel decantare la sua calma, il suo fare affabile e nello stesso tempo imperativo, la maestà sorridente della sua accoglienza e del suo contegno. Già si dimostrava *imperturbabile*.

Non tralasciava neanche la risorsa scelta da tempo e da lei preferita per l'assoggettamento delle volontà e la conquista dei devoti: si affermò sin dal primo momento come un'imperatrice munifica, che sapeva ricompensare chi la serviva, generosa a profusione. Durante i primi mesi del suo regno, è una miniera d'oro che si riversa sui fautori della sua fortuna. Alla data del 16 novembre 1762, la cifra delle ricompense pagate, a parte i doni in natura, le concessioni di terre e di contadini, ammonta a 795.622 rubli. E le somme versate nelle mani degli interessati non sono state, per la maggior parte, che degli acconti. Così, Gregorio Orlov non ha ricevuto che 3.000 rubli sui 50.000 che gli sono stati destinati. Le disponibilità del Tesoro non hanno permesso di fare di più in quel momento. La principessa Dachkov figura sulla lista dei pagamenti per una somma di 25.000 rubli. Una somma di 225.890 rubli è destinata al pagamento di un mezzo anno di soldo, di cui hanno beneficiato gli stati maggiori dei reggimenti che hanno preso parte al colpo di stato. I soldati sono stati meno fortunati. Si è dato loro liberamente da bere nella giornata del 12 luglio, con una spesa di 41.000 rubli. Ma, poco tempo dopo il grande avvenimento, un considerevole numero di questi pretoriani venne sciolto e Caterina non fece nulla per impedirlo. Non ne aveva più bisogno.

Non dimenticò neanche gli assenti. Una delle sue prime preoccupazioni fu inviare un messaggero all'ex cancelliere Bestužev per annunciargli la sua ascesa e invitarlo a raggiungerla nella sua capitale. Il latore di questa buona notizia, scelto da Caterina, fu un certo Nicola Ilitch Kalyshkin, che nel febbraio 1758, essendo sergente in un reggimento delle guardie, era stato proposto alla sorveglianza del gioielliere Bernardi, implicato nel processo a Bestužev, e aveva contribuito a organizzare la corrispondenza, che sappiamo, tra la granduchessa e i prigionieri. Caterina se ne ricordava benissimo. Tuttavia, riservava una delusione al suo vecchio alleato politico. Bestužev si affrettò ad accorrere e fu ricevuto a braccia aperte. Caterina era ben felice di avere sottomano un uomo di quell'esperienza e di quella autorità. Vantò molto il suo nome e i suoi servizi del passato. Fece sovente ricorso ai suoi consigli. Ma egli si immaginava certamente di ritrovare il suo posto, la sua situazione di ministro onnipotente, un'influenza ancora maggiore di quella che aveva con Elisabetta. A questo proposito, si sbagliò completamente.

Ci fu anche un certo numero di disillusioni. Il feldmaresciallo Münnich, che si affrettò a fare il suo atto di sottomissione, ne provò una particolarmente grande. Caterina parve non serbargli rancore per l'aiuto, del resto inutile, che aveva prestato a Pietro. Non aveva fatto che il suo dovere. Egli lo disse, con grande dignità, ed ella parve ascoltarlo allo stesso modo. Ma fece con lui come con Bestužev. Se ne sbarazzò elegantemente. Ella giudicava, secondo l'espressione di un uomo di stato moderno, che a una nuova situazione necessitavano uomini nuovi.

Una disillusa fu anche la principessa Dachkov. Si era immaginata il regno di Caterina come una specie di paradiso incantato nel quale avrebbe continuato tutti i giorni a mutare i destini dell'impero, caracollando in sella a un bel cavallo e alla testa di una colonna di granatieri. Aveva preso il gusto dell'uniforme, dell'intrigo e della parata. Non si sentiva ricompensata né in base ai suoi meriti, né utilizzata secondo le sue capacità. La ritroveremo più tardi con i suoi sogni, le sue pretese e tutte le follie che avveleneranno la sua vita dando qualche fastidio alla sua imperiale amica. Ritroveremo egualmente Bestužev e Münnich.

Caterina fu anche sul punto di creare un malcontento nella persona di un oscuro amico, del quale abbiamo già parlato. La principessa Dachkov non fu la sola ad attribuirsi un ruolo preponderante negli avvenimenti del 12 luglio. Quattro giorni dopo il colpo di stato, fu annunciato all'imperatrice il generale Betskoy. Era stato impiegato in qualche distribuzione di denaro fatta ai soldati ingaggiati dagli Orlov. Aveva ricevuto un cordone e qualche migliaio di rubli. Caterina credette che andasse a ringraziarla. Egli si mise in ginocchio e in quella posizione supplicò l'imperatrice di ammettere davanti a testimoni a chi doveva la sua corona.

«A Dio e alla scelta dei miei sudditi», disse semplicemente Caterina.

Udendo queste parole, Betskoy si alzò e con un gesto tragico si tolse il suo cordone.

«Cosa fate?»

«Io non sono degno di portare queste insegne, prezzo dei miei servizi, poiché i miei servizi sono misconosciuti dall'imperatrice. Credevo di essere il solo fautore della sua grandezza. Non sono io che ho sollevato la guardia? Non sono io che ho seminato l'oro? L'imperatrice lo nega. Sono il più disgraziato degli uomini.»

L'imperatrice girò la cosa in uno scherzo.

«Voi mi avete dato la corona, Betskoy? Ne convengo. Ebbene, voglio riceverla solo dalla vostre mani. Incarico voi di renderla la più bella che si potrà. Metto ai vostri ordini tutti i gioiellieri del mio impero.»

Betskoy preso seriamente lo scherzo. Sorvegliò il lavoro degli orefici che prepararono il diadema imperiale per il giorno dell'incoronazione e fu soddisfatto.

È perlomeno così che la principessa Dachkov racconta questa storia, dove ha potuto mettere la sua immaginazione.

Tuttavia, in generale, come abbiamo detto, Caterina fu tanto generosa con gli amici quanto magnanima con i nemici. Il nuovo regno si annunciava bene. L'entusiasmo con il quale era stato salutato nella capitale trovava una eco nelle più remote province. Improvvisamente, su questa radiosa aurora apparve una livida nuvola. Il 18 luglio, ritornando dal senato, dove aveva fatto leggere un nuovo proclama contenente la descrizione addomesticata del modo in cui si era svolta la sua ascesa al potere, Caterina si preparava a comparire davanti alla corte, quando un uomo si precipitò nella sua camera. Era coperto di sudore e di polvere, i vestiti in disordine. Era Alessio Orlov. Arrivava a spron battuto da Ropcha e annunciava all'imperatrice la morte di Pietro III.

IV

Il dramma di Ropcha – Le responsabilità – Crimine o negazione di giustizia? – La macchia di sangue – Conclusione

Che cosa era successo? Mistero. Più che in ogni altro paese d'Europa, la storia ha molto da fare in Russia per andare al di là della versione ufficiale data ai grandi avvenimenti. Le mura dei palazzi costruiti in granito sono spesse, le bocche sono chiuse. Pietro si era rassegnato alla sua sorte con una facilità sorprendente. Aveva limitato le sue lamentele e le sue richieste a tre cose: che gli portassero la sua amante, la sua scimmia e il suo violino. Passava le sue giornate a bere e a fumare. È pressoché tutto ciò che noi sappiamo di certo.

Che la sua morte sia stata violenta, vi è quasi certezza a questo proposito. Al momento, nessuno ne dubitò. Scrivendo al duca di Choiseul, l'incaricato d'affari della Francia, Béranger diceva che aveva le prove «di tutto ciò che può convalidare l'opinione generalmente ammessa». Non aveva visto il corpo del sovrano, esposto al pubblico con il consueto cerimoniale, poiché il corpo diplomatico non era stato invitato alla visita, e Béranger seppe che prendevano nota delle persone che vi si recavano. Ma vi aveva inviato un uomo fidato, il cui rapporto confermò i suoi sospetti. Il corpo del disgraziato sovrano era tutto nero e «e trasudava attraverso l'epidermide un sangue stravasato che compariva anche sui guanti che coprivano le sue mani». Le persone che hanno creduto di dover baciare il cadavere sulla bocca, secondo l'usanza del paese, ritrassero le labbra sporche di sangue.

Come si vede, la parte dell'immaginazione affiora persino in un documento diplomatico. Ma il fatto in sé non si spiega se non facendo delle supposizioni. Quanto al metodo dell'assassinio, poiché appare corretto ammetterne l'ipotesi, le supposizioni sono state diverse. Alcuni hanno parlato di un avvelenamento con il vino di borgogna, che era quello preferito del povero Pietro; altri di uno strangolamento. La maggior parte hanno indicato Gregorio Orlov come l'autore, l'ispiratore o anche l'esecutore, *propria manu*, dell'attentato. Tuttavia, un racconto, che non è privo di autorevolezza[110], si presenta con dei dati differenti. Mette Orlov fuori causa. Non è lui, è Tieplov che ha fatto tutto, o perlomeno lo ha ordinato. Obbedendo alle sue ingiunzioni, un ufficiale svedese al servizio della Russia, Svanovitz (?), ha strangolato Pietro con una cinghia di fucile. Il crimine ebbe luogo non il 18 ma il 15 luglio. Non fu Orlov, fu il principe Bariatinski a portare la notizia.

Orlov o Tieplov, la questione può sembrare secondaria e di minima importanza, ma così non è. Se Tieplov fu l'istigatore del delitto, Caterina né è stata la suprema ispiratrice. Perché come ammettere che questi agì senza il suo consenso? Altra

---

[110] (N.d.A.) È quello di Schuhmacher, segretario della legazione di Danimarca in Russia.

cosa è per Orlov. Lui e suo fratello Gregorio erano, e dovevano restare ancora per qualche tempo ancora, padroni fino a un certo punto di una situazione che avevano creato, padroni anche di condurre a loro piacimento una parte nella quale mettevano in gioco la propria vita. Non avevano atteso il parere di Caterina per iniziare il colpo di stato e potevano non averla interpellata neanche questa volta.

«L'imperatrice ignorò questo delitto affermava Federico venti anni dopo discutendo con il conte di Ségur – e l'apprese con un dispiacere che non era finto. Intuiva il giudizio che tutti hanno contro di essa.»

Tutti, era forse dire troppo. Ma la grande maggioranza adottò certamente un'opinione della quale Castéra, Masson, Helbig e altri si sono fatti eco. In un giornale dell'epoca, stampato a Lipsia, la morte di Pietro era paragonata a quella del re Edoardo d'Inghilterra, ucciso in prigione per ordine di sua moglie Isabella (1327). Più tardi ci fu un cambiamento d'opinione al quale la pubblicazione delle *Mémoires* della principessa Dachkov contribuì non poco. Alla morte di Caterina, Paolo avrebbe scoperto nella carte dell'imperatrice una lettera di Alessio Orlov, scritta subito dopo l'avvenimento, in cui indicava chiaramente se stesso come l'autore del crimine. L'ebrezza del sangue, il terrore e il rimorso vi trasparivano in ugual misura. L'imperatore alzò gli occhi al cielo e disse: «Sia ringraziato Iddio». Ma la principessa Dachkov, che racconta questa scena, non vi ha assistito e il conte Rostopčin, che ha conservato una copia di questa lettera (pubblicata successivamente nell'Archivio del principe Vorontsov, XXI, 430), racconta che l'originale fu distrutto.

Tra gli autori moderni vi è ancora discordanza di valutazioni e di congetture. La stessa Caterina ha lavorato, bisogna riconoscerlo, per perpetuare l'incertezza nella quale si agita questo temibile enigma, avvolgendo sull'avvenimento tutta l'oscurità di cui può disporre una sovrana autocrate. Se qualcuno le ha fatto torto, si può dire che in qualche modo sia stata lei ha provocare la calunnia nascondendo la verità. Il suo accanimento a perseguire ogni pubblicità concernente la tragica avventura è giunto fino ad attaccare l'opera di Rulhière, che tuttavia non si è pronunciato sulla questione della sua partecipazione all'omicidio. Il contegno e l'atteggiamento di cui fece sfoggio al momento della catastrofe non furono probabilmente i più opportuni per disarmare la malignità pubblica, benché testimoniassero della forza del suo carattere e delle sue risorse di grande commediante. In un Consiglio convocato in fretta, fu deciso che la notizia sarebbe stata tenuta segreta per ventiquattrore. Immediatamente, l'imperatrice comparve davanti alla corte senza tradire la minima emozione. Solamente all'indomani, quando un proclama portò a conoscenza del Senato il lugubre epilogo, Caterina fece finta di apprendere in quel momento ciò che era accaduto: pianse copiosamente davanti al suo entourage e non comparve in pubblico.

Un'ultima annotazione, per chiudere questa discussione senza uscita: né gli Orlov, questo è un fatto, né Tieplov, né altri sono stati perseguiti a seguito del dramma di Ropcha. E da allora la responsabilità della sovrana non si trova invischiata in ogni ipotesi? Vi fu in ogni modo del consenso da parte sua, consenso al fatto compiuto, se non al progetto. E vi fu anche una macchia di sangue sulle sue mani, che avevano appena afferrato lo scettro imperiale. Dovevano essercene delle altre. Ma è possibile che a certe altezze la grandezza umana si elevi solo con queste infamie, che la riportano a un livello comune. E Caterina fu grande. In che modo, con quali mezzi e malgrado quali difetti, proveremo ora a illustrarlo. Non abbiamo intrapreso la storia della sua vita e interromperemo qui la narrazione nel corso della quale abbiamo voluto indicare le origini e gli inizi della sua strana fortuna. Questa preventiva ricerca ci è sembrata necessaria per mettere in luce e in rilievo ciò che è stato l'oggetto vero del nostro studio, vale a dire il ritratto di una donna e di una sovrana che hanno pochi rivali nella storia del mondo e la fisionomia di un regno che fino ad oggi è stato senza uguali nella storia di un grande popolo. Abbiamo voluto far vedere come Caterina sia diventata quello che è stata, ora inizieremo a dire ciò che è stata.

PARTE II

LIBRO PRIMO

LA DONNA

CAPITOLO I

RITRATTO FISICO – CARATTERE TEMPERAMENTO

I

La bellezza di Caterina – Testimonianze contraddittorie – Occhi blu o marroni – Ritratti scritti, a matita e a pennello da Caterina, Rulhière, Tchemessof, Richardson, il principe di Ligne, il conte di Ségur, madame Vigée-Lebrun – Un aneddoto della corte russa – L'imperatore Nicola Impressioni della principessa Sassonia-Coburgo – Leggende

«A dire la verità io non mi sono mai creduta molto bella, ma piacevo, e penso che questo fosse il mio forte.» Caterina stessa ha definito se stessa con questi termini il genere di attrazione che la natura le aveva assegnato nell'aspetto esteriore. Così, dopo aver trascorso la sua vita a sentirsi paragonata a tutte le Cleopatra della storia, non ammetteva la giustezza del paragone. Non è che ne misconoscesse il valore. «Credetemi – scriveva a Grimm – la bellezza non è mai troppa, e io vi ho sempre badato moltissimo, benché non sia mai stata molto bella.» Ma forse non ha volontariamente sminuito il suo fascino, per mancanza di modestia o per civetteria raffinata? Saremmo tentati di crederlo, ascoltando la voce pressoché unanime dei contemporanei. La «Semiramide del Nord» ha attraversato metà del diciottesimo secolo ed è entrata nella posterità alle soglie del diciannovesimo, come un'incarnazione meravigliosa non solo della potenza, della grandezza, della prosperità trionfante, ma anche della femminilità adorabile e adorata. È stata agli occhi di tutti, o di quasi tutti, non solo maestosa o terribile, ma anche seducente e bella, di fatto, tra le più belle. Regina per diritto di bellezza come per diritto di intelligenza. *Pallade e Venere vincitrice.*

Ebbene, pare che siano i contemporanei che hanno visto male, avendo provato a guardare la zarina come una sorta di miraggio. L'illusione è stata così completa che l'errore dei sensi da lei prodotto è arrivato fino a dettagli molto evidenti e allo stesso tempo insignificanti. Così, la maggior parte di coloro che hanno avvicinato la sovrana ha parlato della sua alta statura, che le permetteva di dominare sulla folla. In realtà, era di statura al di sotto della media, piuttosto piccola, con una tendenza precoce alla pinguedine. Lo stesso colore dei suoi occhi si è prestato a strane contraddizioni. Alcuni li hanno visti marroni, altri blu. Ecco, del resto, l'insieme del ritratto che ha abbozzato e che deve riferirsi circa all'epoca della sua salita al trono. Caterina aveva trentatré anni. Noi abbiamo una descrizione più dettagliata che porta una data più vecchia. Quella che ci ha dato Poniatowski risale solo a quattro o cinque anni prima ed è quella di un innamorato.

«La sua figura – scrive Rulhière – è gradevole nobile, il suo portamento fiero; la sua persona e il suo contegno pieni di grazia. La sua aria regale. Tutti i suoi tratti dichiarano un grande carattere. Il suo collo è alto e la testa molto staccata; l'unione di queste due parti è soprattutto nel profilo di una notevole bellezza e nei movimenti del capo; ha qualche premura nell'accrescere questa bellezza. Ha la fronte larga e aperta, il naso quasi aquilino; la bocca è fresca e abbellita dai denti; il mento un po' grande e si sdoppia un poco senza che sia grasso. Il suoi capelli sono castani e della più grande bellezza; le ciglia brune; gli occhi bruni e molto belli; i riflessi della luce li fanno apparire con delle sfumature blu e la sua carnagione di grande splendore. La fierezza è il vero carattere della sua fisionomia. La piacevolezza e la bontà, che pure vi sono, non appaiono a degli occhi penetranti che l'effetto di un estremo desiderio di piacere.»

Rulhière non è né innamorato né entusiasta. Confrontiamo tuttavia questo ritratto con quello che un artista russo, Tchemessof, ha disegnato a matita nello stesso periodo. Secondo una leggenda, questo ritratto sarebbe stato fatto su richiesta di Potëmkin, che Caterina iniziò a far emergere durante la rivoluzione di luglio, o forse anche prima. Caterina ne fu soddisfatta, e mise l'autore accanto a sé come segretario del suo gabinetto. E quindi, quale splendida imperatrice questo Tchemessof ci ha mostrata e quanto poco è rassomigliante a tutto quello che gli altri pittori, scultori e autori di memorie, da Benner fino a Lampi, da Rulhière fino al principe di Ligne, ci hanno fatto vedere! Figura piacevole anche, se vogliamo, e intelligente, ma così poco ideale, diciamo la parola: così comune di aspetto. L'abito è forse per certi versi, uno strano costume da lutto con una capigliatura bizzarra, che copre la fronte fino alle sopracciglia e che contorna il sommo del capo di un paio d'ali di pipistrello. Ma il viso sorridente e tuttavia duro, i lineamenti grossi e con qualche cosa di mascolino, lo dimostrano, quanto meno, con una brutale franchezza. Diremmo di una vivandiera tedesca della quale avremmo fatto una monaca. Cleopatra è lontana!

Tchemessof non era forse solo un perfido, e Caterina non aveva dato prova, riconoscendosi in questo ritratto, della completa ignoranza artistica che confessò più tardi con candore a Falconet? È possibile fino a un certo punto. Comunque, ci resta una specie di contro prova del disegno dell'artista russo. È il ritratto *scritto* solo qualche anno più tardi da Richardson. Questo inglese sembrava avere uno sguardo e uno spirito indifferenti alle illusioni e alle vertigini. Ecco come ha annotato le sue impressioni:

«L'imperatrice di Russia è di statura al di sopra della media, ben proporzionata e graziosa, ma con inclinazione all'obesità. Ha una bella carnagione e comunque cerca di imbellirla con cipria rossa, come tutte le donne di questo paese. La bocca è ben disegnata, con dei bei denti; gli occhi *blu* hanno un'espressione scrutatrice: qualche cosa che non è così penetrante come uno sguardo inquisitore, né così maleducata come un sguardo provocatore. I lineamenti sono in generale regolari e gradevoli. L'insieme è tale che le si farebbe un affronto attribuendole un'aria mascolina, ma non le si farebbe giustizia dicendo che è interamente femminile.»

Non è affatto il commento di Tchemessof, nel suo realismo ingenuo e quasi grossolano. Un tratto comune appariva tuttavia qui e là, è quello che a noi sembra, in effetti, essere stato il tratto saliente del modello, averne costituito la fisionomia e averne, dal punto di vista estetico, ridotto considerevolmente, se non distrutto, il fascino: è l'espressione *mascolino*, sottolineata da una parte e dall'altra e che attraverso la magia dei colori, ritroviamo anche in pennellate meno coscienziose. Il ritratto che ha fatto la gioia di Voltaire e che è ancora a Ferney ne svela anch'esso qualcosa. Una grinza che si trovò alla radice del naso sul ritratto dipinto da Lampi[192], poco prima della sua morte e che le parve indurire il suo viso, le fece guardare malamente il dipinto e il pittore. Nondimeno, Lampi passava a buon diritto per non dire alle sue modelle verità troppo crudeli. Cancellò la ruga e l'imperatrice, di lì a poco settantenne, prese l'apparenza di una giovane ninfa. La storia non dice se questa volta fu soddisfatta.

«Quale aspetto supponete abbia?» Chiedeva Caterina al principe di Ligne all'epoca del primo viaggio che questi fece a Pietroburgo. «Alta, impettita, con occhi come stelle e una grande gonna di crinolina?» Era il 1780. L'imperatrice aveva cinquantuno anni. Ecco la figura che il principe di Ligne le trovò: «Si portava ancora bene. Si vedeva che era stata bella piuttosto che attraente: la maestà della sua fronte era temperata da occhi e un sorriso gradevole, ma la sua fronte diceva tutto. Senza essere un Lavater[193], vi si leggeva come in un libro: intelligenza, giustizia, coraggio, profondità, equità, dolcezza, calma e fermezza; la larghezza della fronte annunciava le fondamenta della memoria e dell'immaginazione; si vedeva che c'era posto per tutto. Il suo mento, un po' puntuto, non era assolutamente sporgente, ma era lontano dallo scomparire e aveva della nobiltà. Il suo ovale non era per questo ben disegnato, doveva piacere infinitamente, perché la sincerità e la gioia erano sulle sue labbra. Aveva dovuto avere della freschezza e una bella gola; che, tuttavia, non era rimasta sottile a causa della sua taglia, ma in Russia si ingrassa molto. Era curata e se non avesse fatto tirare i suoi capelli che avrebbero dovuto, cadendo un po' più in basso, incorniciare il suo viso, sarebbe stata molto meglio. Non ci si accorgeva che era piccola.»

Ancora un entusiasta, costui. Comunque, il conte di Ségur[194],

---

[192] Johann Baptist von Lampi (Il Vecchio) (1751-1830) fu pittore ritrattista.
[193] Johann Kaspar Lavater (1741-1801) filoso e teologo svizzero, rimasto famoso per i suoi studi di fisiognomica.
[194] Louis-Philippe de Ségur (1753-1830) diplomatico, militare, poeta, massone, ma anche bevitore, fu ambasciatore di Francia a San Pietroburgo per quattro anni, dal 1785 al 1789. Durante la Rivoluzione si tenne in disparte, ritirandosi nelle sue proprietà, dove si dedicò a scrivere opera storiche. Nel 1801 fu nominato deputato e l'anno successivo entrò al Consi-

che si piccava di esserlo meno nella sua qualità di diplomatico, ha notato alla stessa epoca dei tratti pressoché identici. «Il candore e lo splendore della sua carnagione – dice – furono il fascino che conservò per molto tempo.» Ma Castéra spiega alla sua maniera questa vittoria sugli *irreparabili oltraggi*: «Negli ultimi anni del suo regno, metteva molta cipria.» È quello di cui Caterina non volle mai essere sospettata. Leggiamo in una delle sue lettere a Grimm, datata 1783: «Vi ringrazio dei vasi di cipria con i quali mi avete invitata a illuminare il mio volto; ma quando ho voluto servirmene ho notato che era così scura da darmi un'aria da arpia. Così voi mi scuserete se non potrò, malgrado la moda là dove voi vi trovate (Grimm era a Parigi) ... imitare o adottare questa tendenza.»

La testimonianza più affidabile sotto il profilo estetico, ed anche la meno sospetta, è forse quella di madame Vigée-Lebrun che, sfortunatamente, non ha visto Caterina negli anni migliori. Essa, inoltre, non ha avuto modo di essere soddisfatta dei metodi della sovrana, il che è una garanzia di sincerità. Non ha potuto ottenere che Caterina posasse davanti a lei. Il suo pennello ha evocato più tardi unicamente dei ricordi. Penna alla mano, li ha così ritratti:

«In primo luogo ero estremamente meravigliata di trovarla molto piccola; me l'ero immaginata di una grandezza prodigiosa, alta come la sua notorietà. Era molto grassa, ma aveva ancora un bel viso, che i suoi capelli bianchi e raccolti incorniciavano a meraviglia. L'intelligenza sembrava essere sulla sua fronte larga e spaziosa; i suoi occhi erano dolci e sottili, il suo naso dalla forma greca, il suo colorito forte e la sua fisionomia alquanto espressiva... Ho detto che era piccola di statura, tuttavia, nei giorni di rappresentanza, la sua testa alta, il suo sguardo aquilino, quel portamento che dà l'abitudine al comando, tutto in lei aveva tanta maestà che mi sembrava la regina del mondo. Portava a un galà i cordoni dei tre ordini e il suo vestito era semplice e nobile. Esso consisteva in una tunica di mussolina ricamata in oro e le cui ampie maniche erano pieghettate trasversalmente nel modo asiatico. Sopra questa

---

glio di Stato. Nominato membro dell'Académie française, con l'avvento dell'impero fu Gran Maestro delle cerimonie e gli fu assegnata la Grande Aquila della Legion d'onore, oltre alla nomina a Grande Ufficiale civile della corona, conte dell'impero e, infine, senatore. Al rientro di Luigi XVIII, nel 1814, andò a salutare il re a Compiègne e fu fatto pari di Francia

tunica vi era un dolman di velluto rosso a maniche molto corte. Il cappello che incorniciava i suoi capelli bianchi non era impreziosito da rubini, ma da diamanti della più grande bellezza.»

Caterina aveva preso di buonora e conservò per tutta la sua vita l'abitudine di portare, in pubblico, la testa molto alta. Aiutata dal suo prestigio, riusciva ad ottenere un effetto in altezza che ingannò persino degli osservatori come Richardson. L'arte della messa in scena, nella quale fu incomparabile, è da allora rimasta una tradizione alla corte di Russia. Una dama della corte di Vienna ci raccontava un giorno le sue impressioni all'arrivo dell'imperatore Nicola[195] in quest'ultima capitale. Quando lo vide entrare nel Burg, nello splendore della sua divisa, nella sua bellezza mascolina e nell'aria di maestosità che riempiva la sua persona, impettita, altera, che sorpassava di una testa principi, aiutanti di campo, ciambellani, ufficiali, credette di scorgere un semidio. Sistemata in una galleria superiore, non poteva staccare i suoi occhi da quella abbagliante apparizione. La folla dei cortigiani si era ritirata, erano state chiuse le porte. La famiglia imperiale e qualche persona dell'entourage intimo rimasero sole. Ma l'imperatore? Dove era? Era là, affossato in un banco, ripiegato nella sua altezza, aveva lasciato distendere i muscoli del suo viso dove, improvvisamente, compariva l'espressione di una indicibile angoscia. Irriconoscibile, diminuito della metà, come crollato dall'alto su un bassofondo di miseria: questo semidio non era più che un brandello umano sofferente. Questo accadeva nel 1850. Nicola provava allora i sintomi del male che segnò gli ultimi anni della sua vita e vi pose fine prematuramente. Nascosto agli occhi della folla, si piegava sulle sue spalle. Davanti al pubblico, con un eroico sforzo di volontà, ridiventava il superbo imperatore dei bei giorni passati

Così, forse, fece Caterina durante gli ultimi anni del suo regno.

La principessa di Sassonia-Coburgo, che la vide per la prima volta nel 1795, comincia il racconto di questo incontro in un modo alquanto spiacevole, dicendo che era così, e cioè sotto

---

[195] Nicola I Romanov (1796-1855), fu zar dal 1825 sino alla morte. A dire il vero morì di polmonite, durante la guerra di Crimea.

l'apparenza della vecchia imperatrice, che si immaginava abitualmente una strega. Ma sembra, in seguito, che l'idea che si era data di questa specie di personaggio non fosse del tutto sgradevole. Decanta, anche lei, il colorito «stranamente bello» conservato dalla sovrana e dice che, in generale, le è parso trovare in lei «la personificazione di una vecchiaia forte, benché all'estero parlino sempre delle sue malattie»[196].

Caterina, tuttavia, non ebbe mai una salute molto buona. Soffriva frequentemente di mal di testa accompagnati da coliche. Questo non le impedì di prendersi gioco, fino all'ultimo momento, della medicina e dei medici. Farle prendere una medicina era un'impresa tutt'altro che facile. Un giorno in cui il suo medico, Rogerson, riuscì a farle prendere qualche pillola, ne fu così contento che, dimenticandosene, batté familiarmente la spalla della regina, esclamando: «Brava, madame!». Caterina non ne fu per nulla offesa.

A partire dal 1772, dovette servirsi degli occhiali per leggere. Il suo udito, molto fine, era affetto da una particolarità bizzarra: ciascuna delle orecchie percepiva il suono in una maniera differente, ineguale non solamente di forza, ma anche di tono. È sicuramente per quello che fu sempre ribelle alla musica, qualunque fatica si desse per trovarvi del gusto. Il senso dell'armonia le mancava completamente.

Hanno detto che pulendo i foulard con i quali aveva l'abitudine di avvolgersi la testa per dormire, si vedevano uscire delle scintille. Il fenomeno si verificava anche con le lenzuola del letto. Tali favole non servono che a indicare l'influsso della sua persona fisica sullo spirito dei contemporanei, che si meravigliavano in quel momento delle misteriose scoperte di Franklin. La personalità morale di Caterina era fatta per stimolare questi slanci di immaginazione.

---

[196] (N.d.A.) Racconto pubblicato dal *Morgenblatt* e riportato in *Archive russe*, 1869, p. 1089.

II

Carattere – Opinione di Maria Teresa e di Maria Antonietta – Opinione di Caterina su se stessa – Un epitaffio – Tratti salienti – Ambizione, audacia, risolutezza – Fatalismo – Ottimismo ed eudemonismo – Vanità – Consigli di Potëmkin a un ambasciatore inglese: «Adulatela!» – Assalto di adulazione nel suo entourage – Le rime baciate del conte Cobenzl e del conte Ségur – Assenza di amor proprio e di civetteria – L'imperatrice e la donna – Idee smisurate che Caterina si fa del suo potere – Impone queste idee all'Europa – I mezzi

Una grande sovrana e una donna degna di ogni rispetto, alla quale Caterina si impose di non assomigliare mai, chiamandola ironicamente «Santa Teresa», nel 1780 così scriveva:

«L'imperatore mi ha fatto intravedere scherzando, durante l'inverno, la sua voglia di avere un incontro con l'imperatrice di Russia. Voi potete ben immaginare quanto poco mi piacerebbe un tale progetto, sia per l'impressione che questo incontro potrebbe fare sulle altre potenze sia per l'avversione e l'orrore che mi ispira sempre *un carattere come quello dell'imperatrice*.»

Eppure, è precisamente per il carattere che ci pare la stessa Caterina abbia raggiunto la grandezza. Dei difetti, anche dei vizi vi sono certamente comparsi, sottraendo alle proporzioni dell'essere morale da loro rovinato, qualche cosa di colossale, di mostruoso se vogliamo. L'insieme ha avuto degli aspetti abbaglianti e raggiunto delle altezze poco comuni.

«L'avversione e l'orrore» professati da Maria Teresa non le hanno impedito, del resto, di allearsi con la sovrana così sfiorita e di mettere la sua mano nella sua per la realizzazione del più volgare compito di cui Caterina ha portato il rimprovero davanti alla storia. Ci riferiamo alla morte della Polonia. Maria Antonietta, che sembra aver condiviso le ripugnanze di sua madre, si è dimostrata altrettanto disposta a prescinderne nella pratica:

«Nonostante le mie idee sull'imperatrice di Russia, - scriveva da parte sua – le sarei ben grata se la sua politica fosse volta a darci la pace.»

Così Caterina non era un mostro se non in teoria. E, anche ridotto a questo valore, il giudizio sembra soggetto a revisione, poiché è un punto discutibile se può essere di fatto attribuibile a un mostro, non solo di imporsi momentaneamente all'ammirazione delle folle, ma di fare opere durature e profittevoli per le generazioni future. Probabilmente si trattò di una personalità particolarmente complessa, che sfida quasi il lavoro di analisi nel quale osiamo metterci alla prova. Come se avesse indovinato le future difficoltà con le quali i suoi futuri biografi sarebbero stati alle prese e, presa da pietà per il loro imbarazzo, Caterina si è data la pena di posare davanti a loro le basi e di aprire loro la strada. A parte le sue *Mémoires*, dove la psicologia ha ben poco spazio, le dobbiamo qualcosa come lo schizzo e qualche cosa come l'abbozzo di un ritratto d'insieme morale e della sua psicologia. Ecco lo schizzo. Si è conservato su un foglio di carta a tergo del quale un'altra mano sconosciuta ha tracciato l'epitaffio di «Sir Tom Anderson», uno dei cani favoriti dell'imperatrice. Sul modello di questo epitaffio di un essere teneramente amato, Caterina ha, in uno dei suoi eccessi d'*umore* che le furono familiari, composto il suo, «temendo – diceva, nel corso dell'inverno del 1778 – di morire durante la fine del carnevale, che deve essere riempito di undici balli in maschera, senza contare i pranzi e le cene». Trascriviamo testualmente:

«Qui giace Caterina II, nata a Stettino, il 21 aprile (2 maggio) 1729. Si recò in Russia nell'anno 1744, per sposare Pietro III. All'età di quattordici anni, formulò il triplice progetto di piacere al suo sposo, a Elisabetta e alla nazione. Non tralasciò nulla per riuscirvi. Diciotto anni di noia e di solitudine le fecero leggere molti libri. Giunta al trono di Russia, volle il bene e cercò di procurare ai suoi sudditi felicità, libertà e benessere. Perdonava facilmente e non odiava nessuno. Indulgente, disinvolta nel vivere, di naturale allegria, l'animo repubblicano e il buon cuore, ebbe degli amici. Il lavoro le era facile; la società e le arti le piacevano[197].»

Ecco ora il ritratto. Lo troviamo in una lettera indirizzata a

---

[197] (N.d.A.) Caterina fa allusione a questo pezzo nella sua lettera a Grimm del 2 febbraio 1778. *Recueil de la Société d'histoire russe*, XXIII, 77. L'originale è agli *Archives d'État*.

Sénac de Meilhan[198] nel maggio 1796.

«Non mi sono mai creduta lo spirito creativo; ho incontrato molte persone nelle quali ho visto, senza invidia né gelosia, molta più intelligenza della mia. È sempre stato facile influenzarmi poiché, per farlo, era sufficiente presentarmi sempre delle idee infinitamente migliori e più solide delle mie; allora ero docile come un agnello. La ragione di questo risiedeva nell'estremo desiderio che ho sempre avuto di incontrare i buoni e veri principi, il che ha fatto in modo che abbia avuto grandi successi. Ho avuto delle disgrazie che sono state causate e sono state il risultato di errori nei quali non ho avuto alcuna parte e forse proprio perché non si è seguito con esattezza ciò che avevo ordinato. Malgrado la mia disponibilità naturale, ho saputo essere ostinata o ferma, come si vorrà, quando mi è sembrato che ciò fosse necessario. Non ho mai influenzato il parere di alcuno, ma ho avuto, se del caso, un parere mio. Non amo la discussione, perché ho sempre visto che ciascuno resta della propria opinione. Del resto, non saprei alzare la voce. Non ho mai avuto del rancore, poiché la Provvidenza mi ha messa in una posizione tale da non aver motivo di provarne contro qualsivoglia persona e, in vero, non vi era contropartita alla mia altezza. Amo in generale la giustizia, ma sono dell'opinione che una giustizia troppo rigorosa non sia giustizia, e che non vi sia che l'equità che sappia supportare la debolezza dell'uomo. Ma in tutti i casi ho preferito l'umanità e l'indulgenza per la natura umana alle regole di una severità che spesso mi è parsa male intesa. A questo sono stata portata dal mio cuore, che credo dolce e buono. Quando i vecchi mi predicavano la severità, ho loro confessato sciogliendomi in lacrime, la mia debolezza e ne ho visti che condividevano il mio parere, anche con le lacrime agli occhi. La mia natura è allegra e sincera; ma ho troppo vissuto nel mondo per ignorare che vi sono degli animi cupi che non amano la gaiezza e che tutti gli spiriti non sono portati alla verità e alla sincerità.»

«Questo è *all'incirca* il mio ritratto», ha scritto Caterina all'inizio di questo brano. Molto *all'incirca*, siamo tentati di di-

---

[198] Gabriel Sénac de Meilhan (1736-1803) fu avvocato e uomo di lettere. Quando giunse in Russia, nel 1791, Caterina gli affidò l'incarico di storiografo, ma i rapporti tra loro ben presto si deteriorarono e Sénac lasciò San Pietroburgo.

re, e non solamente e non tanto a ragione di ciò che non vi si trova. Poiché l'incapacità a non provare rancore, per esempio, rivendicata dalla sovrana che ha avuto con Federico II i ritorni di amicizia che sappiamo, provocati, a quanto possiamo giudicare, da qualche battuta un po' aggressiva del re filosofo, è certamente, nell'immagine della sua persona, un tratto inatteso. Lo stesso conte di Ségur, in un'epoca in cui peccava molto di eccessi di severità nei confronti di questa principessa, dalla quale aveva trovato un'accoglienza insperata, si è lasciato andare a sottolineare nella sua fisionomia il tratto assolutamente opposto a quello.

«L'imperatrice – leggiamo in uno dei suoi dispacci – ha certamente delle grandi qualità, della capacità nel giudizio, del coraggio nell'anima, dell'acume nello spirito e molta bontà nel cuore; ma è sospettosa, diffidente e inquieta, e il suo amor proprio inasprito o adulato, influisce sulle sue idee politiche. Un discorso fatto con leggerezza a Versailles sul suo conto, una freddezza nel nostro atteggiamento, una dell'imperatore, la minima mancanza che io stesso posso commettere, sarebbero sufficienti per mutare il suo atteggiamento e, per fare un esempio, è nemica del re di Prussia, perché questi le ha supposto delle infermità che non ha.»

Ma qualunque sia stato il gusto di Caterina per la verità e la franchezza, avrebbe dato un esempio probabilmente unico nella storia del mondo, se fosse riuscita a dimostrare queste due virtù parlando di se stessa.

Sincera verso se stessa, non lo fu di più il giorno in cui, discutendo con il principe di Ligne, si azzardò a dire che se il caso avesse fatto di lei un sottotenente, non sarebbe mai arrivata al grado di capitano, perché si sarebbe fatta fracassare la testa al primo scontro. «Non lo credo, – replicò il principe – infatti eccomi qui.» Ma Caterina dimenticava, parlando così, la sua stessa storia e misconosceva il tratto più saliente della sua fisionomia. Perché se fu temeraria in alcuni suoi momenti, fu sempre e soprattutto un'ambiziosa. Tutti i segni distintivi della grande razza, della quale Napoleone è stato nella storia moderna il rappresentante senza pari, si riconoscevano in lei. Prima di tutto lo spirito imperioso che mal sopporta, checché ne dica lei, il contraddittorio, e non sopporta del tutto l'intervento di altri nel governo delle sue azioni. Un giorno, va in collera contro uno dei suoi ministri preferiti, il principe Viazemsky[199], perché si è azzardato a decretare, senza il suo parere, che ci sarebbe stata una commedia al teatro di corte. «Non voglio avere la tutela di nessuno», dichiarò a questo proposito. Poi l'audacia, talvolta stravagante, ma sempre ponderata, che sfida i calcoli, ma che calcola il rischio stesso, e freddamente risoluta davanti a tutti i rischi. Infine, la fiducia in se stessa, senza la quale nessun successo è possibile, e quel modo di non dubitare di nulla, senza il quale non vi è uomo fortunato nella sua impresa. Il tutto con qualche cosa di femminile in più che vi aggiunge un po' di eccesso nel comportamento, di fantasia. Nel 1770, il comandante in capo della sua armata, alle prese con i turchi, le parla della superiorità schiacciante delle forze nemiche, Caterina gli chiude la bocca con l'esempio dei romani, che non contavano mai i loro avversari e si dice sicura che i turchi saranno battuti. E, poiché la sua certezza è confermata dagli avvenimenti, poiché Rumjancev[200] risponde a questa in-

---

[199] Alexander Viazemsky (1727-1793), fu procuratore generale dell'impero, vale a dire capo del Senato, dal 1764 al 1792.
[200] Pëtr Aleksandrovich Rumjancev-Zadunajskij (1725-1796) affrontò per la prima volta il nemico in battaglia sotto gli ordini di suo padre, il generale Aleksandr Ivanovič Rumjancev (1680-1749), nel corso della guerra russo svedese del 1741-1743, e fu poi lui a redigere il relativo trattato di pace, guadagnandosi il grado di colonnello. La madre, la contessa Marija Andreevna Matveeva, aveva assiduamente frequentato lo zar Pietro il Grande e non disdegnava di accennare alla possibilità che Pëtr Aleksandrovič ne fosse il figlio. Ebbe un più che brillante esordio nel comando superiore nel corso della Guerra dei Sette anni, dove si distinse in modo particolare nelle battaglie di Gross-Jägersdorf (1757) e Künersdorf (1759). Nel 1761 fu lui ad aprire all'armata russa la strada di Berlino, dopo aver preso la fortezza di Kolberg. Caterina II lo chiamò a presiedere il Collegio piccolo-russo (la Piccola Russia corrisponde all'odierna Ucraina), dandogli la suprema responsabilità militare e civile della regione, nonché il comando dell'Orda cosacca zaporoga (i cosacchi zaporoghi erano famosi per la loro ferocia in combattimento), nel momento in cui decise di abolire la carica di atamano, cioè di comandante in capo, presso i cosacchi. L'apice della carriera militare lo raggiunse nel corso della prima guerra russo turca (1768-1774), ottenendo il comando supremo dell'esercito russo. Con forze sempre inferiori numericamente, inflisse dure sconfitte al nemico che costrinse alla pace firmata a Kütchück-Kaynardja, il 21 luglio 1774, con la quale la Russia ottiene i porti di Azov e di Kinburn, la Crimea diviene indipendente formalmente, ma di fatto un protettorato russo, e la Porta deve versare una enorme indennità di guerra. Per queste vittorie Rumjancev fu insignito del titolo di Zadunajskij (colui che ha oltrepassato il Danubio) e nominato feldmaresciallo. Questa sua ascesa non mancò di suscitare la gelosia di un altro generale, Grigorij Aleksandrovič Potëmkin, al punto che, nel corso della seconda guerra russo turca (1787-1792), Rumjancev sospettò che questi avesse ritardato intenzionalmente di inviare i necessari rifornimenti per la sua armata. Per questo ri-

giunzione con schiaccianti vittorie, lei si rafforza in questo atteggiamento che le è naturale. Alla fine del suo regno, è giunta ad ammettere che la possibilità di una sconfitta, di un rovescio, di un qualunque tradimento della fortuna, potevano attenderla.

«Se fossi stata Luigi XVIII[201] – scrive nel 1796 – o non sarei uscita dalla Francia, o sarebbe molto tempo che vi sarei rientrata malgrado i venti e le maree, e questa uscita o rientro sarebbero dipesi solo da me, esclusivamente dalla mia umana potenza.»

Così le sembra anche che se fosse stata Giorgio III, non si sarebbe lasciata prendere l'America.

Del resto, la sostiene, come tutti quelli della sua razza, la fede fatalista, la convinzione oscura, irragionevole, ma non meno assoluta per questo, in qualche cosa di innominato e tuttavia onnipotente, con la quale sono retti i destini simili al suo. Discutendo con Diderot impegna, senza scherzare, *la sua parola d'onore*, che resterà sul trono per trentasei anni. Nel 1789, dice: «Ho sessant'anni, ma sono sicura che ne vivrò ancora venti e qualche anno in più.» E, poiché la sua fede è incrollabile, vi aggiunge un ottimismo tranquillo, incrollabile, talmente sicuro di se stesso e così persistente da divenire cieco e sordo in alcuni momenti. Fa parte della sua «imperturbabilità». Nel corso della seconda guerra russo turca, che poco assomiglia alla prima, per lungo tempo la sua stella sembra impallidire; i disastri si succedono. Si rifiuta di prenderne atto. Vuole ignorare e vuole che tutti ignorino le disfatte subite dalla sua armata e del suo uomo della guerra, che non si chiama più, ahimè, Rumjancev, ma Potëmkin[202]. I turchi hanno a loro volta un minimo

---

nunciò al comando e, di fatto, uscì di scena ritirandosi a Tašan' (Ucraina), dove morì pochi mesi dopo Caterina.

[201] Luigi XVIII di Borbone (1755-1824), nipote di Luigi XV, figlio del delfino di Francia Luigi e di Maria Giuseppina di Sassonia, era il fratello minore di Luigi XVI. Nel giugno del 1791 fuggì da Parigi per raggiungere Coblenza il fratello minore, conte d'Artois, futuro Carlo X di Francia. Alla morte di Luigi XVI (23 gennaio 1793) assunse il nome di Luigi XVIII e rientrò a Parigi con la caduta di Napoleone, nel 1814.

[202] Grigorij Aleksandrovic Potëmkin (1739-1791) fu l'amante più duraturo di Caterina che gli riconobbe un ruolo non raggiunto da nessun altro. Nato da una famiglia di piccoli ufficiali, dopo gli studi all'Università di Mosca, si arruola nella guardia a cavallo e partecipa attivamente al colpo di stato che, nel 1762, detronizza Pietro III. Conquista la posizione di favorito nel 1774 ma anche dopo la fine della stretta relazione sentimentale, mantiene per

rovescio, come nell'ottobre 1787, sotto le mura di Kinburn, ed ella subito fa cantare il *Te Deum*, tuonare il cannoni in segno di allegria ed echeggiare attraverso tutta l'Europa le trombe della fama dell'accadimento. A sentirla è una ripetizione della battaglia di Çeşme: la flotta ottomana è stata annientata, Potëmkin si è coperto di gloria. Lo ripete a se stessa e ne sembra veramente convinta.

Tutto ciò fa, probabilmente, parte della sua politica, del suo modo di governare e dei suoi artifici diplomatici, che studieremo più tardi. È così che pretende di imporsi all'Europa, all'Austria, della quale vuole stimolare gli sforzi, alla Francia, della quale vorrebbe ottenere gli aiuti e alla stessa Turchia, che cerca di demoralizzare. Di fatto, trascina il conte di Ségur a trasmettere a Versailles dei bollettini di vittoria, dei quali il conte di Montmorin[203] arriva con fatica a dimostrare la falsità al suo ambasciatore. È egualmente così che combatte lo scoramento, al quale era naturalmente portato, di Potëmkin. Ma questo fa parte anche del suo carattere e lo impone a se stessa.

Talvolta, nel seguire questo continuo ditirambismo, che è la marca della sua corrispondenza e della sua conversazione, soprattutto nel momento delle crisi, la si crederebbe presa dalla megalomania. Gli svedesi sono alle porte di Pietroburgo e lei canta ancora e sempre vittoria. All'indomani, scherzando con

---

tutta la vita un'enorme influenza sull'imperatrice e un potere che di fatto non fu eguagliato da nessun altro. Come prima ricompensa della sua posizione viene nominato Presidente del Consiglio militare, carica che manterrà dal 1774 fino alla morte. Amava il lusso e l'ostentazione e, benché incline all'assolutismo, non mancò di essere influenzato dallo spirito dell'Illuminismo. Fu tollerante con le diverse confessioni religiose, protettore delle minoranze e nell'esercito promosse un modello più umano di disciplina. Nel 1776, su richiesta di Caterina, l'imperatore Giuseppe II lo eleva al rango di principe del Sacro Romano Impero. Fu uno dei colonizzatori delle steppe del sud dell'Ucraina e del sud del Don e fondò città come Kherson, Sebastopoli e Dnipropetrovs'k.

[203] Saint-Hérem Armand Marc conte di Montmorin (1745-1792) capace ambasciatore e politico, fu ambasciatore di Francia a Madrid dal 1778 al 1784, con la delicata missione di convincere la reticente Spagna a stringere un'alleanza con la Francia e gli Stati Uniti contro l'Inghilterra, nella Guerra d'Indipendenza americana. Missione che completò con successo con la firma del trattato di Aranjuez (1779). Divenne segretario di stato alla Marina e poi ministro degli Affari esteri, nominato da Luigi XVI nel febbraio 1787. Fu un contro rivoluzionario moderato, convinto della necessità di profonde riforme per salvare la monarchia. Lasciato il ministero, formò con Malouet, Molleville e qualche altro una specie di consiglio privato che fu denunciato come i *Comitato austriaco*. Fu ucciso in carcere all'epoca dei massacri del settembre 1792.

un'aria di allegria, rallegrandosi di avere, anche lei, sentito l'odore della polvere, va in chiesa per far cantare il *Te Deum* in ragione di una vittoria sui turchi, più o meno autentica, della quale il corriere di Potëmkin le ha portato la notizia giusto a proposito, e lei dichiara ritornando che nel vedere tante persone riunite attorno al santo edificio si è immaginata che quella folla basterebbe ad accoppare gli svedesi a colpi di pietre raccolte nelle vie di Pietroburgo». Si prepara a firmare un ukase con il quale ordina al vice ammiraglio von Desin di unirsi all'ammiraglio Greigh, *dopo aver battuto gli svedesi* vicino a Karlskrone. L'ammiraglio Greigh gli muoverà incontro, *dopo aver battuto ancora una volta di più, da parte sua, la flotta nemica*. Eppure Mamonov[204], il favorito in carica azzarda delle obiezioni: è sicura che i due ammiragli avranno la meglio negli incontri previsti? Fino a quel momento non hanno riportato dei vantaggi decisivi. Caterina si irrita:

«Non amo le piccole imprese, ma le grandi. Ragionando così non ci si batterebbe mai.»

Nondimeno cede e acconsente a non inviare a von Desin «l'ordine di vincere», ma ne versa lacrime di collera. Le sembrava che della sorte del vice ammiraglio non sarebbe stato nulla di buono. Tre settimane dopo, senza che alcun cambiamento si fosse verificato nella situazione dei belligeranti, si sarebbe potuto supporre che la flotta nemica fosse stata inghiottita, fino all'ultimo vascello, dalle profondità del mar Baltico. Caterina non si preoccupa più dell'opinione dei suoi collaboratori. Parla di inviare la propria flotta nell'Arcipelago. Quanto agli svedesi, non c'è affatto bisogno di occuparsene oltre. Si distruggeranno da soli. L'armata di Finlandia è o sarà in rivolta. Essa sarà sufficiente a riportare Gustavo[205] alla ragione. Cate-

---

[204] Matveevič Dmitriev Mamonov (1758-1803) nella sua qualità di aiutante di campo del conte Potëmkin, venne presentato all'imperatrice Caterina nel 1784. Apparteneva ad una famiglia di antica nobiltà russa con vasti possedimenti nei pressi di Smolensk. Presto conquistò il favore dell'imperatrice che gli concesse una rendita di 100.000 fiorini l'anno, che gli consentì, tra l'altro, di organizzare una piccola corte di illuministi russi. Fu anch'egli, con Caterina, in corrispondenza con Friedrich Melchior Grimm. La sua partecipazione, nel 1787, ai negoziati per la spartizione della Polonia con Stanislao II e Giuseppe II d'Austria, gli valse il titolo di «Reich Graf» (conte dell'impero austriaco).

[205] Gustavo III di Svezia (1746-1792) il suo quasi ventennale regno fu caratterizzato da aspre lotte intestine contro i partiti che erano in lotta tra loro per conquistare il potere e stavano avviando una sorta di rivoluzione che avrebbe portato a svuotare la figura del so-

rina si preoccupa unicamente di vendicarsi del re di Svezia mettendo in ridicolo le sue velleità guerresche in un'opera comica intitolata *Koslav*, della quale inizia la composizione, «senza sapere come la finirà». Ma l'armata di Finlandia rifiuta di giustificare, ribellandosi, la fiducia che l'imperatrice ha riposto in essa e, dopo un'alternanza di successi e di rovesci, sopraggiunge il disastro di Svensksund (28 giugno/9 luglio 1790): è in sole due righe che ne fa menzione scrivendo a Potëmkin.

Ed è così sino alla fine. È così che nel 1796, qualche mese prima della sua morte, dà inizio a quella sfortunata faccenda del matrimonio di sua nipote con il re di Svezia[206]: episodio curioso del quale racconteremo in un altro momento le bizzarre peripezie. Le fanno vedere le difficoltà, gli ostacoli, le possibilità troppo incerte di riuscita; non importa, senza preoccuparsi di organizzare alcunché, invita il re ad andare e, nel giorno che ha stabilito, riunita la sua corte e messo il vestito di gala, attende sua maestà svedese per il fidanzamento. Solo che questa volta la fortuna si è stancata: sua maestà svedese non arriva! È di questo che probabilmente Caterina muore qualche mese più tardi. Tutto quell'anno 1796, del quale non doveva vedere la fine, fu per lei disastroso. Ma il suo ottimismo non l'abbandonò. In luglio, un incendio distruggeva una parte della sua flotta. Tutte le sue scialuppe cannoniere, costruite e armate con grande fatica, bruciarono nel porto di Vassili-Ostrov.

«Bah!» Scriveva all'indomani. «Tutto ciò di cui abbiamo bisogno sarà ricostruito nel corso di questa estate . . . il porto sarà fatto meglio.»

---

vrano. Fu con la forza che Gustavo riuscì a neutralizzarli e ad avviare la Svezia a una monarchia assoluta, pur all'insegna dell'illuminismo per l'attuazione di alcune riforme in materia di giustizia, di libertà religiosa e di stampa. In politica estera, dopo aver cercato l'accordo della Russia per strappare la Norvegia alla Danimarca e averne ricevuto un rifiuto, Gustavo III, nel giugno 1788, dichiarò guerra all'impero russo. La battaglia di Svensksund, del 9 luglio 1790, pose fine al conflitto e segnò una grave sconfitta per la marina imperiale russa che perse un terzo della flotta. Nel successivo agosto fu firmato il Trattato di Värälä e l'anno dopo Gustavo concluse un'alleanza di otto anni con la zarina. Le ribellioni interne al regno erano tutt'altro che sopite e il 16 marzo 1792 Gustavo venne gravemente ferito da un colpo di pistola che lo portò alla morte alcuni giorni dopo.

[206] Si tratta di Gustavo IV Adolfo di Svezia (1778-1837), figlio di Gustavo III, al quale succedette dopo che questi morì per le ferite riportate in un attentato, nel marzo 1792. Gustavo IV abdicò nel 1809, a seguito di un complotto di ufficiali dell'esercito.

Amante della gloria, credendola cosa dovuta al suo destino, Caterina ama anche farne delle parate.

«Se questa guerra continua, – dice nell'agosto 1771 – il mio giardino di Tsarskoïe Selo assomiglierà a un gioco di birilli, poiché a ogni azione di successo farò erigere qualche monumento... Dietro al mio giardino, in un bosco, ho immaginato di far costruire un tempio della memoria della guerra presente, dove tutti i fatti importanti (e non sono pochi, siamo arrivati al 64°) saranno incisi su dei medaglioni e con iscrizioni in lingua, molto semplici e corte, con la data e il nome di coloro che le hanno compiute.»

Notiamo, di sfuggita, che in un conto che fa di sua mano, la battaglia di Çeşme occupa da sola due numeri. Questa sete di ambizione è tale che la fa vedere doppio.

È questa stessa preoccupazione che la rende infinitamente sensibile all'adulazione e, diciamolo, molto vanitosa. Chiaramente, se lo proibisce. Fa o sembra fare professione di sentimenti del tutto opposti. Un architetto francese, che ebbe la sua ora di celebrità e che fu, in effetti, un artista di merito e un onesto uomo, ma che sembra abbia avuto un carattere difficile, Clérisseau[207], ricevendo a Parigi la visita di Giuseppe II, tratta abbastanza male sua maestà. «Sapete cos'è un artista?» Gli dice tra altre amabilità, rifiutando delle richieste che Giuseppe gli vuole fare, e che non gradisce. «Da una parte, ha la sua matita; dall'altra gli offrono 20.000 lire di rendita se vuole lasciare la sua matita. Egli vi getta in faccia le vostre 20.000 lire di rendita e tiene la sua matita, che lo rende più felice di tutti i tesori della terra.» Caterina, alla quale Grimm riferisce questo battibecco, se ne dice incantata: «Amo – dichiara – quando un uomo parla come Clérisseau ha parlato all'imperatore... Questo fa capire a certa gente che vi è più di un modo di parlare nel mondo, e che non tutti hanno il gusto dell'adulazione.» Un altra volta proibisce al suo corrispondente di darle il soprannome di *Caterina la Grande*: perché *primo* non amo alcun soprannome; *secondo* il mio nome è Caterina II, e *terzo* non voglio che qualcuno dica di me come di Luigi XV che veniva

---

[207] Charles Louis Clérisseau (1721-1820), architetto e pittore, fu invitato in Russia da Caterina II. Decorò alcuni interni della residenza imperiale di Tsarskoïe-Celo e fu anche nominato membro dell'Accademia di San Pietroburgo. Clérisseau lavorò soprattutto in Italia, a Roma, dove giunse per la prima volta come vincitore del Prix de Rome, nel 1746.

chiamato *il mal nominato*; quarto dettaglio, io non sono né grande né piccola.»

Ma Grimm sapeva a che cosa attenersi e non ebbe cura che di cambiare la forma del complimento. Nel 1780, l'ambasciatore inglese Harris[208], preparandosi a un incontro decisivo con l'imperatrice, prendeva consiglio dal favorito Potëmkin. Si trattava di portare la Russia a prendere posizione per l'Inghilterra nelle sue questioni con la Francia. «Non ho che un consiglio da darvi – replicava il favorito – adulatela. È il solo modo di arrivare a qualunque cosa con lei, e con quello si arriva a tutto ... Non parlatele con la ragione: non vi sentirebbe. Rivolgetevi ai suoi sentimenti e alle sue passioni. Non offritele né i tesori né le flotte dell'Inghilterra: non chiede nulla di tutto ciò. Vuole delle lodi e dei complimenti. Datele ciò che vuole e vi darà in cambio tutte le forze del suo impero.»

Questo parere era anche quello di Giuseppe II, quando spinse sua madre a vincere la sua ripugnanza per offrire all'imperatrice il Toson d'oro[209] che agognava: «Credo di conoscere sua maestà e la vanità è il suo unico difetto.» È anche il parere del conte di Ségur: «Non è facile ingannare questa principessa; ha molto tatto, della finezza, dell'acume; ma lusingando il suo amore per la gloria, è possibile sviare la sua politica.» Si poteva probabilmente anche riportarla sulla buona strada, servendosi dello stesso mezzo. Il conte di Ségur ne fece largamente uso. Nel corso del famoso viaggio in Crimea, è tra lui, l'austriaco Cobenzl[210], l'inglese Fitz Hebert e quell'amabile co-

---

[208] Sir James Harris (1746-1820) fu per tutta la vita un diplomatico, iniziando la carriera in Spagna, nel 1768, come segretario dell'ambasciata di Madrid. Successivamente inviato straordinario a Berlino, dal 1772 al 1776, e poi a San Pietroburgo, dal 1777 al 1783, dove riuscì a entrare in simpatia con Caterina e a stemperare abilmente la sua predilezione nei confronti della Francia. Fu a L'Aia fino a 1788 e al suo rientro in Gran Bretagna fu utilizzato da Pitt per diverse delicate missioni, soprattutto in Francia e in Prussia. È giudicato il massimo diplomatico inglese del suo tempo e colui che ha fatto della diplomazia un mestiere.
[209] L'Ordine del Toson d'oro risale al 1430 e fu fatto sull'esempio dell'Ordine della Giarrettiera inglese. Viene tutt'oggi attribuito.
[210] Johann Ludwig Joseph Graf von Cobenzl (1753-1809). Sostenitore della monarchia assoluta e acerrimo oppositore della Rivoluzione francese, Cobenzl fu vice cancelliere e ministro della Affari esteri dell'Austria, dopo aver svolto missioni diplomatiche a Copenaghen, Berlino e, nel 1779 a San Pietroburgo dove rimase sino al 1797. Fu uno dei firmatari della pace di Campoformio del 1797.

smopolita che si chiamò principe de Ligne[211], che vi è un quotidiano assalto all'adulazione a oltranza. Tutto è utilizzato e serve da pretesto. Un giorno, giocano alle rime baciate. Fitz Hebert, che è fondamentalmente ribelle al linguaggio delle muse, finisce tuttavia, sulle richieste dell'imperatrice, per pronunciare i suoi versi:

Io canto gli autori che fanno delle rime baciate...

E Ségur vi aggiunge subito:

Un po' più folli, probabilmente, sarebbero rinchiusi; ma bisogna rispettare e amare la loro follia, quando cantano lo spirito, la grazia e il genio.

Sei mesi dopo, intrattenendosi con Grimm sulla morte di Voltaire, Caterina formulò questo giudizio:
«Dopo la sua morte, il primo poeta della Francia, senza alcun dubbio, è il conte di Ségur. Non conosco alcuno che gli si avvicini.»
È il premio della quartina. Del resto, lei lo crede come lo dice. Crede anche alla sincerità di ogni lode di cui è oggetto. Nessuna diffidenza da parte sua a questo riguardo, nessun falso pudore. Se proibisce a Grimm di darle un soprannome, al quale pensa dentro di sé di avere diritto quanto ne ha Luigi XIV, è per il piacere di mandare una battuta di spirito a Luigi XV; poiché non solo acconsente a lasciarsi glorificare, ma accetta di essere deificata. Nel 1772, Falconet inviandole una traduzione francese, a dire il vero assai maldestra, di una quartina latina, dove lei si vede comparata di volta in volta a Giunone, a Pallade e a Venere, non trova da ridire se non alla capacità del traduttore. Il complimento, per grande che sia, è benvenuto, ma è meglio che sia ben confezionato. Nel 1777, l'inviato della Fran-

---

[211] Charles-Joseph Lamoral principe de Ligne (1735-1814). Questo principe belga, che ebbe come padrino l'imperatore Carlo VI, fu militare di valore, grande seduttore ed è considerato tra i grandi memorialisti del XVIII secolo. Fu precoce, a quindici anni scrisse la sua prima opera, e prolifico, basti pensare ai suoi famosi *Mélanges militaires, littéraires et sentimentaires* in trentaquattro volumi, dove lasciò testimonianza dei maggiori personaggi della sua epoca. Fu in corrispondenza con Caterina II, che accompagnò nel viaggio in Crimea e che gli fece dono di un possedimento in questa regione, nominandolo inoltre feldmaresciallo.

cia, marchese Juigné, sollecitando Vergennes[212] per l'inserimento nella *Gazette de France* di un articolo elogiativo sui nuovi lavori legislativi dell'imperatrice, raccomanda che si faccia uso di accortezza, «perché noi siamo delicati».

Lei, per contro, ha un amor proprio suscettibile, così come sembra naturale, facilmente irritabile, sensibile alle critiche?

«I più leggeri colpi di spillo feriscono la sua vanità», risponde il conte di Ségur. «Poiché aveva dello spirito, affettava una risata, ma si vedeva benissimo che quel riso era un po' forzato.» Ecco, tuttavia, un'indicazione contraria: nel 1787, il famoso Lavater scelse la grande sovrana come soggetto di studio. Esaminata la sua fisionomia, la dichiara alquanto ordinaria, ben inferiore a quella della regina Cristina. Caterina prende la cosa con estrema indifferenza. «Vi giuro che non sono per nulla gelosa», scrive a Grimm. Nessuna parola amara per il poco galante fisionomista, nessun tentativo di deprezzare il suo sapere. Come conciliare tutto ciò? Ecco: sembra che ci sia stato nel pensiero di questa donna straordinaria uno sforzo costante per dividere, in qualche modo, la sua persona e isolarne le due facce distinte: la sovrana da una parte, la donna dall'altra. Co-

---

[212] Charles Gravier Vergennes (1719-1787). Fu uno dei maggiori e più capaci diplomatici del suo tempo, al punto da essere giudicato da alcuni storici «il più saggio ministro che la Francia avesse incontrato da lungo tempo e il più abile che si trovasse agli affari esteri». Vergennes dovette la sua formazione diplomatica al prozio, anch'egli ambasciatore, Théodore de Chavigny. Ebbe il primo incarico a Treviri, nel 1750, e successivamente ad Hannover e i positivi risultati ottenuti gli guadagnarono, nel 1755, l'incarico di ministro plenipotenziario e poi ambasciatore a Costantinopoli. Nel 1768, fu richiamato in Francia, formalmente per sposare Anna Duvivier (1730-1798), in realtà per gli attriti e la conseguente scarsa fiducia che aveva in lui il duca di Choiseul, ministro in carica, che tuttavia due anni dopo lo inviò a Stoccolma, dove rimase dal 1771 al 1774, per sostenere il partito aristocratico dei «Cappelli». Ottenne il risultato sperato dalla politica francese e Gustavo III di Svezia fu in grado di rafforzare il suo potere. Con l'ascesa di Luigi XVI al trono, venne nominato, su consiglio di Maurepas, segretario di stato agli affari esteri. La linea conduttrice della sua politica, in accordo con lo stesso primo ministro Maurepas, fu di perseguire e agire in funzione di un indebolimento della Gran Bretagna e della Russia, che stavano accrescendo la loro potenza a scapito della posizione della Francia sul continente. Con questo obiettivo, Parigi appoggiò con denaro, volontari e armi le Tredici colonie nella guerra di indipendenza americana e si affrettò, nel 1777, a comunicare che riconosceva ufficialmente gli Stati Uniti d'America e intendeva stringere con essi un'alleanza offensiva e difensiva. Vergennes fu poi nominato segretario alle finanze e sostenne la nomina di Calonne come controllore generale, nel 1783. Per porre rimedio al precario stato delle casse dello stato propone al re la convocazione dell'Assemblea dei notabili, ma muore, il 13 febbraio 1787, poco tempo prima che questa abbia luogo.

me si considera lei stessa, non lo sappiamo, ma spinge molto lontano il suo intimo sdoppiamento, fino a dei distinguo alquanto bizzarri e a delle inverosimili sottigliezze. Così, dal punto di vista puramente femminile, si può dire che non abbia né civetteria né pretenziosità alcuna. Parla della sua bellezza e anche della sua intelligenza con semplicità e distacco. Discutendo con il conte di Ségur, una volta esprime l'idea che se non fosse imperatrice, le dame di Parigi non troverebbero abbastanza piacevole la sua compagnia per ammetterla alle loro cene. In nessuna fase della sua vita cerca di nascondere la sua età, benché il pensiero di invecchiare le sia sgradevole: «Che bel regalo mi porta questo giorno», scrive in risposta a un inopportuno ricordo del suo compleanno: «un anno di più! Ah, se un'imperatrice potesse avere sempre quindici anni!» Messa da parte la sua qualità di sovrana, è disposta a dare ragione a Lavater, riconoscendosi come una donna molto normale. Ammetterebbe volentieri anche che quella sovranità associata alla sua persona è un fatto puramente casuale. Ma il caso esiste e vuole che, sovrapponendo in qualche modo una nuova personalità a quella che ha di natura, esso assegni, non già alla figlia della principessa di Zerbst, ma a Caterina, autocrate di tutte le Russie, un posto a parte che, per la sua magnificenza e la sua altezza, richiama, ordina e giustifica tutte le adulazioni, senza sopportare alcuna critica. L'imperatrice, da questo punto di vista, si identifica nel suo pensiero con l'impero, e Caterina ha di questo insieme la più alta opinione. La sua vanità non è, a questo riguardo, che la manifestazione dell'idea grandiosa, quasi folle nella sua esagerazione, che ella si è costruita della grandezza e della potenza di cui dispone.

Ma questa idea, affrettiamoci a dirlo, per contestabile che possa essere in se stessa, non è una debolezza della sovrana; è, al contrario, molto probabilmente la sua principale forza. È smisurata, fantastica, al di fuori della proporzione della realtà; ma la sovrana sa farla valere e finisce con l'imporla al mondo. Non è che un artificio, se vogliamo, ancora un miraggio; ma il miraggio dura trent'anni! Come? Con quali mezzi? Con mezzi che sono soprattutto personali di Caterina e che, crediamo, riguardano ancora e sempre il suo carattere.

III

Forza di volontà e incostanza – Difetto di direzione – Azione di Caterina sul popolo russo – Energia e resistenza - Mancanza naturale di sangue freddo corretta da una grande padronanza di sé – Coraggio – Inoculazione del vaiolo

Prima di tutto grazie a una forza di volontà poco comune.

«Vi dirò – scrive nel 1774 a Grimm – che non ho i torti che mi attribuite, perché non mi attribuisco le qualità che mi date: sono forse buona; sono normalmente dolce ma, per lo stato, sono obbligata a esigere perentoriamente ciò che voglio, ed ecco pressappoco tutto ciò che valgo.»

Notiamo, tuttavia, che se generalmente è perseverante nell'esercizio e nella costante tensione di quell'energia naturale, avendo voluto, secondo la sua espressione, che «si facesse il bene dell'impero», e avendolo voluto con una forza straordinaria, più da vicino è l'incostanza stessa. Ella vuole sempre e sempre tanto fortemente, ma cambia volontà con una facilità non meno sorprendente, mutando a modo suo il concetto di *bene*. A questo riguardo, è donna dalla testa ai piedi. Nel 1767, si dedica interamente alla sua *Istruzione* per le nuove leggi che vuole dare alla Russia. Quest'opera, che ritroveremo più tardi e dove ha saccheggiato Montesquieu e Beccaria, è destinata ai suoi occhi ad aprire una nuova estate nella storia della Russia. Perciò *vuole* con ardore, con impeto, che sia messa in pratica. Ecco, tuttavia, sorgere delle difficoltà; dei rinvii, riguardi imprevisti si impongono. Dall'alto, bruscamente, ella si disinteressa della cosa. Nel 1775, immagina dei *Regolamenti* per l'amministrazione delle sue province. Ed ecco che scrive: «I miei ultimi regolamenti del 7 novembre contengono duecentocinquanta pagine in-quarto stampate; vi giuro che è quanto di meglio abbia fatto e che, a fronte di questo, considero l'*Istruzione*, in questo momento, unicamente una chiacchiera.» Ed ecco che brucia dalla voglia di mostrare quest'ultimo capolavoro al suo confidente. Meno di un anno dopo è tutto finito. Grimm non ha ricevuto il documento e, poiché insiste per averlo, lei si spazientisce: «Perché si ostina a desiderare la lettura di una cosa così poco creativa? È molto valida, molto bella forse, ma molto noiosa.» In capo a un mese non ci pensa più.

Ha allo stesso modo, per gli uomini come per le cose, delle infatuazioni improvvise, appassionate, di una impetuosità senza pari, seguite da un disincanto e da un crollo egualmente rapido nell'indifferenza più completa. La maggior parte degli uomini di talento che ha fatto andare in Russia, ivi compreso lo stesso Diderot, l'hanno sperimentato di volta in volta. Dopo aver passato venti anni del suo regno ad abbellire numerose residenze che hanno avuto in successione il vantaggio di essere preferite e preferibili ai suoi occhi, si invaghisce di colpo, nel 1786, di un luogo vicino a San Pietroburgo, che niente possiede per meritare questo favore. Assume l'architetto russo Starov, un allievo dell'Accademia di Pietroburgo, per farvi costruire in tutta fretta un palazzo e scrive a Grimm: «Tutte le mie residenze di campagna sono delle capanne a paragone di Pella, che si erge come una fenice.»

Del resto, poiché non manca di buon senso, né di finezza, né di acume, arriva, sul tardi, è vero, a rendersi conto di ciò di cui parliamo.

«Ho scoperto solamente da due giorni – scrive nel 1781 – che sono una *iniziatrice*[213] e che fino ad ora nulla di tutto quello che ho iniziato è stato portato a termine.»

E un anno dopo:

«A tutto ciò manca solo il tempo di terminarlo; tutto ciò assomiglia alle mie leggi, ai miei regolamenti: tutto è stato incominciato, nulla è stato finito; tutto è interrotto.»

Ha, tuttavia, ancora delle illusioni, e aggiunge:

«Se vivo ancora due anni, tutto sarà perfettamente terminato.»

Ma essendo passati due anni e più, finisce per accorgersi che il tempo non apporta nulla di nuovo. «Mai mi sono resa conto meglio di così che sono un perfetto insieme di cose interrotte», dichiara non senza una certa malinconia. Al che aggiunge che è «stupida come un vaso» e che si è convinta che il principe Potëmkin aveva maggiore intelligenza pratica di lei.

Diciamo anche che non sarebbe stata donna, se non le fosse accaduto talvolta di non sapere molto bene cosa volesse, o anche di non saperlo del tutto, volendo, comunque, tutto forte-

---

[213] Il termine usato è *commenceuse*.

mente. A proposito di un certo Wagnière, che fu segretario di Voltaire, del quale si affrettò a reclamare i servizi per se stessa e del quale non seppe in seguito che fare, scrive al suo *zimbello*[214]:

«Bando alle scuse da parte vostra ... e da parte mia, per non avere saputo in questa occasione come in molte altre, né che cosa volevo, né cosa non volevo, e di avere scritto, di conseguenza, di volere e di non volere ... Se volete, a fianco della cattedra che mi consigliate di creare, ne fonderei un'altra sulla scienza dell'indecisione, a me più naturale di quanti si pensi.»

Si osserverà, senza dubbio, che una simile disposizione d'animo non è fatta per mettere una sovrana nelle condizioni di imprimere agli affari del suo impero una direzione ferma e bene orientata. Come niente di simile compaia nel ruolo storico di Caterina, proveremo a metterlo in evidenza più avanti. Se quel ruolo fu considerevole, e ne ebbe coscienza anche lei, è perché si trovò ad avere a che fare con un popolo nuovo, che iniziava il suo destino e attraversava la sua prima fase: lo stato di espansione. In quella fase un popolo non ha molto bisogno di essere diretto; la maggior parte del tempo non è neanche disponibile a esserlo. È una «forza liberata» che segue il proprio impulso. Seguendolo, ella non rischia di smarrirsi. La sola disgrazia che possa derivarle, è di addormentarsi. Sarebbe quindi inutile e anche vano condurre questo popolo per mano e mostrargli un cammino che sa trovare molto bene da solo. È sufficiente seguirlo e rimetterlo sulla strada giusta di tempo in tempo. Ed è a questo che Caterina si attenne in modo perfetto. La sua azione fu quella di uno stimolante e di un propulsore dotati di un prodigioso vigore.

A questo riguardo, regge il paragone con i più grandi caratteri maschili della storia. Il suo animo è un'energia sempre tesa, sempre vibrante, di una tempra che resiste a tutte le prove. Nel mese di luglio del 1765, è sofferente, a letto. Voci che circolano nella città la dicono incinta e sul punto di abortire. Tuttavia, ha ordinato per la fine del mese delle grandi manovre, «un campo», come dicevano allora, ed ha annunciato che vi assisterà. Vi assiste. L'ultimo giorno, durante «la battaglia», rimane cinque ore a cavallo e ritiene di dirigere le manovre e inviare degli

---

[214] Si tratta di Grimm, che lei chiama il suo *souffre-douleur*.

ordini, attraverso il suo generale aiutante di campo, al maresciallo Buturlin[215] e al generale principe Galitzin[216], che comandano le due ali della sua armata. L'aiutante di campo generale, sfolgorante nella sua corazza d'oro tempestata di pietre, è, l'abbiamo indovinato, Grigorij Orlov. Qualche mese più tardi, essendosi verificati dei disordini nella capitale, ritorna nel mezzo della notte da Tsarskoïe Celo a Pietroburgo con Orlov, Passek e qualche altro amico sicuro, monta a cavallo e percorre le vie della città per assicurarsi che i suoi ordini siano ben eseguiti e le debite precauzioni siano state prese. In quel momento non è ancora completamente ristabilita dalla malattia, più o meno misteriosa, che ha appena attraversato. Giudica comunque opportuno mostrarsi in salute e allegra. Moltiplica le feste, fa arrivare la *Comédie française* a Tsarskoïe Celo.

L'abbattimento fisico o morale, la stanchezza o lo scoramento sono per lei cose sconosciute. La forza di resistenza e l'impulso crescono in lei in proporzione allo sforzo che richiedono. Nel 1791, quando l'orizzonte davanti a lei si oscura, dovendo fronteggiare la Svezia e la Turchia, e avendo da temere una rottura con l'Inghilterra, ha o mostra la più tranquilla serenità, il buonumore più contagioso. Ride e scherza. Consiglia a chi l'avvicina di rinunciare in anticipo ai liquori inglesi e di abituarsi alle bevande nazionali.

E quale brio, quale ardore sempre giovanile, quale slancio mai frenato.

«Coraggio! Andiamo avanti, motto con il quale ho sempre passato i buoni e i cattivi anni allo stesso modo, ed ecco che ne

---

[215] Alexander Borisovich Buturlin (1694-1767).
[216] Dimitri Alexeïevitch Galitzin (1734-1803) uomo di vasta cultura e ricco, divise i suoi impegni tra la diplomazia e gli studi di chimica, mineralogia e vulcanologia. Svolse la sua attività a Parigi dove, nel 1763, Caterina II lo nominò ministro plenipotenziario. Oltre alla questione polacca, che rischiava costantemente di porre attriti tra le due corti, Galitzin si occupò di rafforzare le relazioni culturali tra la Francia e la Russia. Fu, ovviamente, in stretto contatto con Diderot, per il quale perorò presso Caterina l'acquisto della biblioteca del filosofo, che fu poi acquistata dall'imperatrice ma lasciata in custodia allo stesso. Fu amico di tutti gli enciclopedisti e propose di proseguire in Russia la pubblicazione dell'Encyclopédie, quando in Francia ne venne vietata la stampa. Galitzin ebbe anche un ruolo fondamentale nel convincere lo scultore Falconet a recarsi a San Pietroburgo per creare la statua di Pietro I il Grande. Fu richiamato in Russia nel 1767, per essere inviato a L'Aia, due anni dopo, dove ospiterà Diderot. Numerosi i suoi contributi nelle diverse discipline di cui si è occupato, dalla filosofia all'economia, dalla vulcanologia alla mineralogia. Morì a Brunswick, dove fu sepolto.

ho quaranta passati, cos'è il male presente a confronto di quello passato!»

Ecco il suo linguaggio abituale. La forza di volontà di cui dispone le permette sia di controllare le manifestazioni esteriori dei suoi sentimenti sia anche di fare, a suo gradimento, astrazione di questi sentimenti nel momento in cui la mettono a disagio, per intensi che possano essere, poiché è comunque lontana dall'essere indifferente, o difficilmente impressionabile, o naturalmente calma. Il sangue freddo, per esempio, non è assolutamente nella sua natura. Nel maggio 1790, nell'attesa di un incontro in mare con gli svedesi, passa notti intere senza dormire, mette tutti in allarme attorno a lei, le compare un rossore sulla guancia, che attribuisce alla forte emozione, e si comporta in modo tale che tutti, ivi compreso il suo primo ministro, Bezborodko[217], si profondono in lacrime attorno a lei. Una volta appreso l'andamento della battaglia, riprende la sua serenità d'animo e le notizie, fossero state anche le più cattive, non smuovono la sua allegria e il suo brio. In ogni momento ha questi eccessi. Dice che si ammala di «alterazione». Vi guadagna degli attacchi di coliche. Un giorno, Chrapowiçki, il suo factotum, la trova stesa su una poltrona a sdraio, che si lamenta dei dolori vicino al cuore. «È il cattivo tempo dell'autunno – le dice – che probabilmente indispone sua maestà.» «No - risponde lei – è Otchakov; la fortezza sarà presa oggi o domani; ho sovente tali presentimenti[218].» Questi presentimenti la ingannano anche di sovente, come in questo caso; Otchakov fu

---

[217] Alexandre Bezborodko (1747-1799). Uomo geniale, dotato di una prodigiosa memoria e capacità di apprendere, Bezborodko divenne, alla morte di Panin, il protetto di Potëmkin e ascoltato consigliere di Caterina II, che lo aveva preso come segretario, su raccomandazione di Rumjancev, nel 1774. Fu uomo particolarmente attivo, caratteristica non proprio comune nell'ambiente di corte, e ben presto divenne l'interlocutore privilegiato della zarina in materia diplomatica ed ebbe modo di essere il principale fautore di importanti accordi quali quelli conclusivi della guerra russo turca del 1787-1792 e della guerra contro la Svezia di Gustavo III del 1788-1790. La diplomazia, tuttavia, non esauriva l'attivismo di Bezborodko che si occupò anche dell'amministrazione interna dell'impero riformando le poste, migliorando il sistema bancario, regolamentando le finanze, costruendo strade e riuscì anche a far ritornare nell'ambito della chiesa ortodossa gli Uniati. Fu gran cancelliere dell'impero e ministro degli esteri dal 1797 al 1799, cioè con Paolo I.
[218] Nella notte del 17 dicembre 1788, dopo un lungo assedio, le truppe di Potëmkin e Suvorov assaltarono la fortezza di Otchakov, in Ucraina, occupata dall'esercito ottomano al comando di Hassan Pasha. Fu questa una delle vittorie più importanti per le sorti della guerra russo-turca del 1787-1792.

presa d'assalto solo due mesi dopo. Ricevendo la notizia della morte di Luigi XVI, prova una tale emozione che è costretta a mettersi a letto. È vero che, questa volta, non cerca né di dominare né di dissimulare la sua emozione, che un sentimento di solidarietà politica non è il solo a ispirarle, poiché ha il cuore facilmente eccitabile. Non è solamente «sensibile» alla moda dei tempi, è sinceramente disponibile alla simpatia e alla pietà.

«Ho dimenticato di bere, mangiare e dormire – scrive raccontando la morte di sua nuora, nel 1776 – e le mie forze si reggono non so come. Ci sono stati momenti in cui mi sembrava di sentire le viscere lacerate da tutte le sofferenze che vedevo patire.»

Questo non le impedisce di aggiungere alla sua lettera, che è molto lunga, una quantità di dettagli relativi agli affari correnti, inserire le abituali facezie, un po' pesanti, delle quali volentieri rallegra la sua corrispondenza intima, le domande sul «*boyau fêlé*[219]» del suo *zimbello*, la bellezza dei suoi cani e il resto. È dopo questo abbandono alle sue impressioni, si riprende e spiega anche perché:

«Venerdì sono diventata di pietra . . . Io, che sono una piagnona di professione, ho visto morire senza spargere una lacrima. Mi dicevo: se piangerai (*sic*), gli altri singhiozzeranno; se singhiozzerai, gli altri sveniranno, e tutti perderanno la testa e la tramontana.»

Non ha mai perso la testa e, afferma in una delle sue lettere, non le è mai venuto da svenire. Nel momento in cui si tratta di pagare con la sua persona, di assumere un atteggiamento e di imporsi agli altri come esempio, ella è pronta. Nell'agosto 1790, pensa veramente di accompagnare in Finlandia la riserva della sua armata.

«Se ce ne fosse stata la necessità – disse più tardi – avrei lasciato la mia testa nell'ultimo battaglione inquadrato. Non ho mai avuto paura.»

Con le idee che abbiamo oggi è una magra prova di coraggio quella che dà nel 1768, quando si fa inoculare per prima, o tra i primi, nella capitale e nel suo intero impero, il vaiolo. Per l'epoca, fu un avvenimento e un atto di eroismo celebrato come

---

[219] «*Boyau fêlé*», su come stesse di stomaco Grimm.

tale da tutti i contemporanei. È sufficiente, del resto, leggere le note scritte, a questo proposito, dallo stesso inoculatore, l'inglese Dismidale, inviato espressamente da Londra, per comprendere l'idea che i medici di San Pietroburgo ancora si facevano della gravità dell'operazione. Oggi si fanno meno difficoltà per trapanare un uomo o per aprirgli lo stomaco. Caterina offrì il suo braccio all'ago il 26 ottobre 1768. Otto giorni dopo fece vaccinare suo figlio. Il 22 novembre, i deputati della Commissione legislativa e tutti gli alti dignitari si riunirono nella chiesa di Notre-Dame di Kasan, dove fu letto un decreto del Senato che ordinava delle pubbliche preghiere di ringraziamento per l'occasione. Dopodiché, andarono in delegazione a presentare le loro felicitazioni e i loro ringraziamenti a sua maestà. Un giovane bambino di sette anni, di nome Markov, che era stato in precedenza inoculato perché fornisse il siero, fu fatto nobile per il suo impegno e ricevette il soprannome di *Ospiennyï* (*ospa*: vaiolo). Caterina gli si affezionò e lo fece crescere sotto i suoi occhi. La famiglia con questo nome, che oggi occupa in Russia un alto rango, deve la sua fortuna a questo antenato. Il dottor Dismidale ricevette il titolo di barone, la carica onorifica di medico del corpo di sua maestà, il rango di consigliere di stato e una pensione di 500 sterline. Era sicuramente molto rumore per poca cosa; ma qualche anno più tardi, nel 1772, l'abate Galiani annunciava ancora come un'importante novità l'inoculazione dei figli del principe di San Angelo Imperiali a Napoli, la prima che fu fatta in quella città. Nel 1768, Voltaire stesso trova degna di ammirazione questa imperatrice che si fa inoculare «con minor apparato di una religiosa per un'abluzione». Probabilmente, Caterina è quella che dà meno importanza alla sua prodezza. Davanti alle deputazione che vanno a complimentarla, si crede obbligata a prendere un'aria solenne per dichiarare «che non ha fatto che il suo dovere, perché un pastore è obbligato a dare la sua vita per il suo gregge». Ma scrivendo, a qualche giorno di distanza, al generale Braun, governatore della Livonia, scherza su quelli che restano estasiati del suo coraggio: «Credo che quel coraggio lo possieda ogni ragazzino che corre per le strade di Londra».

IV

Ostinazione – Capacità di lavoro – Gusto per la scrittura – Allegria – «Ricetta per rendere qualcuno perfettamente felice» – «Bisogna essere allegri!» – Buon umore resistente – Giochi da bambini – La mosca cieca a sessantacinque anni

Un tratto curioso è che con l'incostanza e l'eccessiva volubilità che abbiamo evidenziato nel suo carattere, Caterina passa per molto ostinata. Pur rilevando la «leggerezza» e la «mancanza di un orientamento certo nelle idee» come il suo «lato debole», pur parlando dei «perpetui ondeggiamenti» ai quali è soggetto il suo spirito, sotto l'influenza del minimo incidente, e giungendo persino a rifiutare «lo spirito decisionista nelle prove», il che ci sembra completamente falso, l'inglese Harris parla a più riprese delle difficoltà che si hanno a farle cambiare idea o abbandonare un progetto. La parola «ostinazione» ritorna frequentemente sotto la penna del diplomatico. Ciò fa riferimento all'ardore che questa donna straordinaria mette in tutte le cose. Una volta che si è convinta di un'idea, di un progetto, di un espediente che le sembra felice, vi entra, lo afferra coi denti e, come il bulldog di cui ha parlato un giorno, si farebbe uccidere piuttosto che mollare la presa. È egualmente disposta a spingere quell'idea, quel progetto, quell'espediente sino alle più estreme conseguenze. Solo, è facilmente portata ad abbandonare l'oggetto che lei stessa ha preso per un altro, che in quel momento le piace di più. Ma quando afferra la preda, la tiene stretta.

È nella sua natura essere sempre appassionata. Anche quando gioca alle carte, alta o meno che sia la posta, vi pone tutta la sua passione. Gioca bene e spesso vince, senza barare.

È una grande lavoratrice.

«Voi mi chiedete – scrive a Grimm – perché non mi annoio. Ve lo dirò: è perché amo molto essere occupata e penso che l'uomo sia felice solo quando lo è.»

Dal giorno dopo la sua ascesa al trono, manifesta i suoi gusti e le sue attitudini a questo riguardo. Leggiamo nel dispaccio del barone di Breteuil del 28 ottobre 1762:

«La zarina cerca di far capire che vuole governare e condurre gli affari in prima persona. Si fa portare i dispacci dei ministri che sono all'estero, fa volentieri le minute delle risposte e assiste abbastanza regolarmente alle assemblee del Senato, dove decide molto dispoticamente sui punti più importanti dell'amministrazione generale o degli interessi particolari. So da molto tempo ... che le sue massime sono che bisogna essere fermi nelle proprie risoluzioni; che è meglio fare male piuttosto che cambiare decisione e, soprattutto, che non vi sono che gli stupidi ad essere indecisi.»

Ma il genere di lavoro che preferisce è scrivere. Anche là rivela la sua femminilità. Sembra che, al contrario di un moderno uomo di stato, avesse più facilità a pensare con una penna in mano. Nell'aprile 1764, le accade, scrivendo al principe Repnin[220], di terminare bruscamente la sua lettera con questa frase: «Non posso dirvi altro, perché ho la mano affaticata.» Sono le sette e mezza del mattino quando scrive queste parole! Sfinisce numerosi segretari e i progetti di lettere o di decreti che le presentano, in generale, escono dalle sue mani coperti di note e di correzioni. E i suoi esercizi di scrittura non si limitano, come sappiamo, allo svolgimento degli affari. Intrattiene una corrispondenza tra le più intense e variegate. Scrive a tutti quelli che la interessano e a proposito di tutto ciò che la occupa. E di che cosa non si occupa! Il 14 aprile 1763, scrive al conte Razumovskij per informarlo che uno dei suoi intendenti è

---

[220] Nikolaj Vasil'evič Repnin (1734-1801). Fu l'arbitro del destino della Polonia, dove fu inviato fu inviato da Caterina II come ministro plenipotenziario. Il principe Repnin, secondo alcune fonti, non approvava la politica dell'imperatrice nei confronti di questa nazione, ma fu comunque uno scrupoloso esecutore delle direttive che gli furono date. Il progetto di creazione di un partito filorusso tra i protestanti non ebbe però alcun seguito sia perché lo stesso principe non credeva a una sostanziale influenza di costoro nella società polacca, sia perché gli stessi chiesero di non essere coinvolti. Per favorire gli interessi russi, comunque, si adoperò per la creazione di due confederazioni protestanti e, successivamente, di una cattolica. Tra il 1767 e il 1768 utilizzò ogni mezzo per costringere il parlamento polacco (Sejm) a cedere alle richieste dell'impero, ma la reazione fu la nascita della Confederazione di Bar e quindi il fallimento dei suoi sforzi. Repnin fu anche un abile militare contro la Porta nella prima guerra russo turca (1768-1774) e nella seconda (1787-1792) dove, dopo Suvorov, fu il comandante che ottenne i maggiori successi. Dopo la seconda spartizione della Polonia fu nominato governatore generale delle nuove province lituane. Sollevato dall'incarico da Paolo I, nel 1796, due anni dopo fu inviato a Berlino per impedire un'intesa tra Francia e Prussia e per coalizzare quest'ultima con l'Austria contro la Prima Repubblica francese. Non raggiunse lo scopo e fu sollevato dal servizio. Morì a Riga.

un ladro. Il 21 novembre 1764, scrive al principe Kurakin[221] per impegnarlo a prendere le medicine delle quali gli ha raccomandato l'uso. Il 2 dicembre dello stesso anno, scrive al conte Vorontsov per intrattenerlo sul divorzio della figlia di questi, la contessa Stroganov. Nel 1778, si mette in testa di riconciliare il generale Sievers[222] con sua moglie. Inizia dei negoziati, nomina degli arbitri, usa di volta in volta la persuasione e la collera.

Si addossa e compie, senza un attimo di debolezza, un lavoro massacrante. Ma, per non piegarsi sotto il peso che si assume, conserva nel suo carattere e nel temperamento un dono prezioso: l'allegria. Un'allegria sana, robusta, che non l'abbandona se non raramente, un'allegria che ritorna subito quando se ne è andata, così veloce come il sole d'aprile, che un nonnulla eccita e fa scoppiare in risa splendenti. È allegra in modo naturale, così come lo dice a Zimmermann[223], parlando di una attacco

---

[221] I Kurakin sono due: Alessandro (1752-1818) e Alessio (1759-1829). Il primo, dopo la morte del padre, si trasferì a San Pietroburgo dove divenne amico d'infanzia di Paolo I, amicizia che non era gradita alla nonna del futuro zar, Caterina II, e che costrinse Alessandro all'esilio. Dopo la morte di Paolo I e l'avvento del figlio Alessandro, Kurakin fu ambasciatore a Vienna e a Parigi. È anche ricordato per aver introdotto nei pranzi il «servizio alla russa», in cui le portate vengono servite singolarmente in successione, in sostituzione di quello «alla francese, nel quale tutti i piatti venivano portati contemporaneamente. Alessio Kurakin fu consigliere privato di Paolo I, procuratore generale e, con Alessandro I, ministro degli affari interni, membro dell'Assemblea permanente e dell'Assemblea di Stato.

[222] Jacob Johann von Sievers (1731-1808). Di origine tedesca, Sievers giunse in Russia a dodici anni per perfezionare la sua educazione presso lo zio, Karl von Sievers. Solo un anno dopo entrò nel Collegio degli Affari esteri e, nel 1748, venne inviato all'ambasciata russa di Copenaghen. Dal 1749 al 1755, fu segretario d'ambasciata Londra e, con il conte Černyšëv, viaggiò in Inghilterra, Francia e Germania. Partecipò alla Guerra dei Sette anni, raggiungendo il grado di maggiore generale, sotto gli ordini di Apraksin, e fu presente alle principali battaglie quali quelle di Gross-Jägersdorf, dove corre il rischio di essere ucciso, Zorndorf e all'assedio di Kolberg. Venne riformato per ragioni di salute nel 1761 e ne approfitta per recarsi in Austria e in Italia. Caterina ebbe l'occasione di conoscerlo nel corso di un viaggio di ispezione nelle province baltiche e, al termine di questo viaggio lo nominò governatore generale di Novgorod, carica alla quale, nel 1776, si aggiunse quella di governatore generale di Tver. Il suo interesse spaziò in numerosi settori, dall'agricoltura, dove introdusse la coltivazione delle patate, all'estrazione della torba e del carbone, alla modernizzazione dei cantieri navali. Ispirò anche la creazione della prima banca russa per gli assegnati e spinse all'abolizione della tortura. Lasciò i suoi incarichi nel 1781, ma nel 1792, venne richiamato in servizio per divenire ambasciatore in Polonia, dove rimase sino al 1794. Nel 1798 viene fatto conte e due anni dopo si ritira definitivamente dalla vita pubblica.

[223] Johann Georg Zimmermann (1728-1795). Amico di Goethe, Zimmermann fu un illustre medico, ma i suoi studi di retorica, storia e filosofia gli furono di ispirazione per un prolifica attività di scrittore, i cui testi più famosi riguardano il tema della *solitudine*. Fu al capezzale

passeggero di «ipocondria», che le aveva provocato la morte di Lanskoï, l'amante più caro di tutti, ma si impegna a conservare e sviluppare questa disposizione di spirito. Ne fa una questione di partito preso e di sistema.

«Madame, *bisogna* essere allegri», scrive a una delle sue amiche. «Non c'è che quello che fa in modo che si superi e si sopporti tutto. Parlo per esperienza, perché io ho superato e sopportato molte cose nella mia vita. Eppure, quando potevo, ridevo, e vi giuro che al momento in cui sono arrivata, in cui ho tutte le complicazioni della mia condizione, gioco volentieri, quando se ne presenta l'occasione, a mosca cieca con mio figlio e spesso anche senza lui. Diamo una ragione a tutto ciò; diciamo: è per la salute, ma, sia detto tra di noi, è in verità per ritornare bambini.»

«Rideva – dice il principe di Ligne – di una piccolezza, di una citazione, di una sciocchezza, e si divertiva con niente. È questo contrasto di semplicità tra quello che diceva in società e le grandi cose che faceva che la rendeva interessante.»

Giunge un giorno a mettere in dubbio se mai sia esistito un vero grande uomo senza una dote di buonumore. Propende per il no. La sua dote è così abbondante che nulla la esaurisce, né le preoccupazioni, né i dispiaceri, e neanche la noia delle cerimonie ufficiali. Ecco come se la cava in questa specie di ultima prova, la più temibile di tutte, ai suoi occhi:

«Ricetta per rendere qualcuno perfettamente contento: Prendete il paziente, chiudetelo solo in una carrozza a due posti, portatelo per cinque verste, fatelo scendere, portatelo alla messa, dove vi deve restare in piedi dall'inizio sino alla fine, concedetegli due lunghe udienze, dopo le quali che si cambi di vestito, invitatelo in seguito a una cena con una dozzina di persone: vedrete che sarà contento come un fringuello.»

Ha sessantatré anni quando scrive questo. In generale, del resto, si industria per ridurre questa parte del suo mestiere di sovrana allo stretto necessario, o a introdurvi degli elementi di distrazione. Il viaggio che fa, nel 1785, da San Pietroburgo a Tver, in compagnia dei ministri di Francia, d'Austria e

---

di morte di Federico II e raccolse questa esperienza in «A proposito di Federico il Grande e la mia intervista con lui poco prima della morte», del 1788. Caterina II, nel 1786, lo nominò cavaliere.

d'Inghilterra, e nel corso del quale si parla anche di affari importanti, nonostante questo non è che un lungo scoppio di risa. «Si rideva fragorosamente dalla mattina alla sera» scrive a Grimm. Discutendo con il conte di Ségur delle noie che continua ad avere con il sultano, immagina uno scherzoso scambio di note diplomatiche tra il suo ministro degli affari esteri e l'inviato francese, quest'ultimo lamentandosi di essere stato trascinato con la forza per ordine dell'imperatrice e sottoposto, per tutta la durata del viaggio che lei l'ha costretto a fare, ai peggiori trattamenti. Un «Estratto dei registri segreti del gabinetto di Sua Maestà Imperiale» è redatto a questo proposito, e la minuta come la copia di questo documento molto esteso sono di mano dell'imperatrice!

Nel 1777, un'inondazione che prende le proporzioni di una catastrofe, provoca a San Pietroburgo delle considerevoli devastazioni. Gli stessi palazzi imperiali non sono risparmiati. Un uragano che accompagna l'invasione delle acque rompe tutte le finestre dell'Ermitage, il soggiorno preferito da Caterina, creato e costantemente abbellito da lei. Centoquaranta navigli scompaiono nella Neva, davanti ai suoi occhi. Ecco come racconta l'avvenimento:

«Sono contenta di essere ritornata ieri, a mezzogiorno, da Tsarskoïe Celo, in città. C'era bel tempo, ma io dicevo: Oh, ci saranno dei temporali, perché il principe Potëmkin ed io, alla sera, giocavamo con le fantasticherie. Realmente, alle dieci della sera, ecco il vento che incomincia a spalancare rumorosamente una finestra in una camera; pioveva un po' e da quel momento è iniziata a piovere ogni sorta di cose: delle tegole, dei pezzi di ferro, dei vetri, dell'acqua, della grandine, della neve. Ho dormito profondamente e mi sono risvegliata alle cinque per un colpo di vento. Ho suonato e mi sono venuti a dire che l'acqua era alla mia porta e chiedeva di entrare. Ho detto: «Se è così, mandate a ritirare le sentinelle che sono nella corte interna, affinché non muoiano cercando di impedirle il passaggio...». Ho voluto vedere le cose più da vicino; me ne sono andata all'Ermitage. L'edificio e la Neva assomigliavano alla distruzione di Gerusalemme; il lungofiume, che non è ancora terminato, era coperto da vascelli mercantili a tre alberi. Ho esclamato: Buon Dio! La fiera ha cambiato di posto; bisognerà che il conte Münnich stabilisca la dogana là dove era il teatro dell'Ermitage...»

Continua con questo tono per tre pagine, prendendo in giro il conte Panin, «che ha avuto una riserva di pesca che si è stabilita nel suo maneggio», burlandosi della costernazione del suo entourage. Sicuramente, il suo ottimismo e il suo abituale eudemonismo giocano un ruolo in questo modo di rappresentare le cose, come anche il desiderio di diminuire all'esterno l'impressione che la catastrofe provoca. Poiché è a Grimm che scrive così, e le sue lettere a Grimm spesso sono come, ai nostri giorni, le comunicazioni ufficiali all'*agenzia Havas*. Ma la resistenza del suo temperamento e del buonumore che ne è il fondo ne è una buona parte. «L'allegria è il mio punto forte!», ripete sempre. Tutta la sua corrispondenza con lo «zimbello» deborda di quest'allegria gioiosa. In alcuni momenti, si direbbe che canta scrivendo:

«Verso la fine di questo mese vado a Mosca, e vi verrà chi potrà, la la, e vi verrà chi vorrà...»

È vero che a questa data ha firmato il trattato di Küçük Kaynarca[224] ed ha visto la fine della rivolta di Pugačëv[225], ma un mese dopo scrive ancora:

«Voi sapete che oltre a me vi è nel mio seguito un *altro io*... È il principe Repnin, ambasciatore molto allegro ed eccellente compagno di viaggio, che porto a Mosca senza cerimonie e che prenderà la serietà necessaria alla sua missione dove potrà, ma

---

[224] Il trattato di Küçük Kaynarca, firmato il 21 luglio 1774, pose fine alla guerra russo turca (1768-1774) e sancì la sconfitta dell'Impero Ottomano. Con la cessione della regione dello Edisan, compresa tra il Dniepr e il Bug, la Russia ebbe il suo accesso al Mar Nero e, quindi, ai Dardanelli. La Porta perse anche il Khanato di Crimea, che fu annesso ufficialmente alla Russia nel 1783.

[225] Emel'jan Ivanovič Pugačëv (1742-1775). La *Pugačëvtchina*, ovvero la rivolta guidata, tra il 1773 e il 1774, da Pugačëv, fu inizialmente sottovalutata da Caterina e dal suo stesso entourage probabilmente perché la Russia non era nuova nel veder comparire falsi zar o presunti eredi al trono. Pugačëv, analfabeta cosacco del Don e disertore dell'esercito imperiale, si finse Pietro III, sfuggito fortunosamente al destino che gli aveva preparato la moglie, e riuscì a coalizzare intorno a sé, anche con una terroristica campagna di reclutamento di massa, un forte esercito. In breve tempo riuscì a conquistare numerose regioni tra il Volga e gli Urali e la stessa città di Kazan. Solo a questo punto si capì che la rivolta poteva degenerare in qualche cosa di molto pericoloso e si decise di intervenire con durezza e in forze. L'esercito organizzato da Panin riuscì a battere i ribelli nell'agosto del 1774 nei pressi dell'attuale Volgograd e Pugačëv, in fuga, fu catturato dai suoi stessi compagni e consegnato. Fu giustiziato il 10 gennaio 1775. Sulla vicenda vedi di Marco Natalizi, *La rivolta degli orfani – La vicenda del ribelle Pugačëv*, Donzelli Editore, 2011, Roma.

non con me.»

È rispondendole con lo stesso tono che Grimm conserva il suo favore e la sua situazione di confidente preferito tra tutti. Se pensa di cambiar tono in occasione della morte di quella nuora compianta, ma non troppo, dall'imperatrice stessa, lo richiama subito all'ordine:

«Non rispondo mai alle geremiadi; non bisogna pensare molto alle cose per le quali non c'è rimedio . . . I morti sono morti, bisogna pensare ai vivi.»

Ha tuttavia la commozione pronta e, come abbiamo visto, la lacrima facile. Piange nel momento della partenza del figlio Paolo, quando va a raggiungere l'armata che deve misurarsi in Finlandia con gli svedesi, benché suo figlio Paolo non sia molto vicino al suo cuore. Piange apprendendo della morte dell'ammiraglio Greig[226]. Chrapowiçki ha notato una quantità considerevole di occasioni analoghe in cui si è manifestata la sua sensibilità. Quando apprende che Potëmkin non c'è più, è un vero diluvio di lacrime. Ma il sole non è mai lontano. E, come le prove di ogni sorta, gli anni scivolano su questo naturale buonumore senza scalfirlo. Ecco una lettera del sessantacinquesimo inverno. Una tinta di malinconia appare, forse, ma i giochi da bambini vi trovano ancora un'eco gioiosa e la moscacieca non ha perso il suo posto:

---

[226] Samuel Karlovich Greig (1736-1788). Consapevole dello stato di arretratezza della propria marina, Caterina decise di ricorrere all'esperienza della Gran Bretagna, richiedendo alcuni esperti ufficiali e Greig giunse in Russia proprio a seguito di questa richiesta. Si distinse ben presto sia per la capacità militare sia per quella organizzativa e raggiunse il grado di ammiraglio. Da governatore di Kronstadt rinnovò le strutture del porto e fece costruire un ospedale per la marina. Nel corso della guerra russo-svedese (1788-1790) Greig riportò numerosi successi, tra cui quello nella battaglia di Hogland (17 luglio 1788), dove forze che si opponevano erano pressoché uguali, ma il comportamento del duca Carlo di Södermanland (il futuro Carlo XII), che per gran parte dello scontro rimase rifugiato sottocoperta, diede modo all'ammiraglia comandata da Greig di affrontare favorevolmente la *Principe Gustavo*, che era agli ordini del vice ammiraglio Gustavo Wachtmeister, che fu costretto ad arrendersi. La battaglia, durata sei ore, ebbe termine con la fuga, propiziata dalla notte, della flotta svedese. Greig, pochi giorni dopo questa brillante vittoria, fu preso da febbre e fu portato a Reval (l'attuale Tallinn) dove morì, a bordo della «Rotislav», il 20 ottobre 1788, nonostante le cure prodigate da Roggerson l'esperto medico che subito inviò Caterina. La guerra russo svedese si concluse di fatto con la sconfitta russa nello scontro di Svenskund (9 luglio 1790) in cui l'armata imperiale perse circa diecimila uomini e un terzo della flotta, costringendo Caterina a richiedere la pace. Il successivo 14 agosto, a Värälä, fu sancito il trattato dove i due paesi si rendevano reciprocamente le conquiste fatte per ritornare alla situazione d'anteguerra.

«Avant'ieri, giovedì 9 febbraio, sono stati cinquant'anni che sono arrivata con mia madre a Mosca... Penso che qui, a Pietroburgo, non vi siano dieci persone in vita che si ricordano di quel mio arrivo. Prima di tutti c'è Betskoy[227], cieco, decrepito, e più che rimbambito, che chiede ai giovani se hanno conosciuto Pietro I. C'è la contessa Matuchkine, che, a sessantotto anni, ieri danzava a un matrimonio. C'è il grande coppiere Naryskin, che ho trovato a corte come gentiluomo di camera e la moglie. C'è il grande scudiero, suo fratello, anche se nega questo fatto perché lo fa sembrare troppo vecchio. C'è il gran ciambellano Šuvalov, che non esce più da casa per la vecchiaia. C'è una vecchia cameriera al mio servizio, che non ha più memoria... Ecco delle grandi testimonianze di vecchiaia e anche questo racconto lo è forse, ma che fare? E, malgrado questo, amo alla follia e come un bambino di cinque anni veder giocare a moscacieca e a ogni altro gioco. I ragazzini e i miei nipoti dicono che bisogna che io sia presente affinché vi sia l'allegria che piace a loro, e che sono più audaci e a loro agio quando ci sono che non quando sono senza di me. Sono dunque io ad essere *Lustigmacher*.

V

Salute morale – Facilità di rapporti nella vita privata – Generosità – Bontà – Caterina è stata crudele? – Ancora l'imperatrice e la donna – I suoi domestici l'adorano – Aneddoti – Impazienza e vivacità

---

[227] Ivan Ivanovich Betskoy (1702-1795). Di origini svedesi, nacque a Stoccolma, Betskoy o per meglio dire nel suo cognome completo Trubeckoj, fu l'artefice del sistema scolastico della Russia e presidente per un trentennio (1764-1794) dell'Accademia Imperiale delle Arti. Fu partecipe al colpo di stato che portò Elisabetta I sul trono e la sua vecchia amicizia con Giovanna Elisabetta di Holstein, madre di Caterina II, diede adito a qualche chiacchiera sulla reale paternità della futura zarina. Fu espulso dalla Russia nel 1747, in quasi concomitanza con Giovanna Elisabetta, e si stabilì a Parigi, dove trascorse un quindicennio e stabilì saldi rapporti con gli enciclopedisti e, in particolare, con Rousseau. Rientrò in Russia con l'avvento di Pietro III e non mancò di partecipare al colpo di stato che pose Caterina sul trono nel 1762. Di fatto fu il ministro dell'istruzione del regno di Caterina II e rivolse il suo interesse all'istruzione delle donne, degli orfani e del ceto medio, cioè di quei soggetti che avevano un ruolo più che marginale nella società russa dell'epoca.

C'è in lei, evidentemente, un felice equilibrio delle facoltà e un eccellente morale. È anche ciò che la rende gradevole da sopportare, facile da servire, meno portata forse all'indulgenza e alla mansuetudine di quanto voglia sembrare, ma per nulla fastidiosa, né esigente all'eccesso, né severa oltre misura. Al di fuori delle cerimonie ufficiali, delle quali sappiamo quale considerazione abbia, pur volendo dare loro il maggior splendore possibile, è cordiale. Ha una semplicità naturale che mette i suoi ospiti a loro agio e che le permette, comunque, di mantenere il suo rango e di farli stare al loro posto, senza che lei appaia preoccuparsene. Alla nascita di suo nipote Alessandro, lamentandosi che non esistevano più delle fate, «per dotare i bambini di tutto ciò che si vuole», scrive a Grimm: «Per quanto mi riguarda, avrei fatto loro dei bei regali e avrei loro sussurrato all'orecchio: Signore, con naturalezza, un tantino con naturalezza, e l'esperienza farà quasi tutto il resto.» Assume volentieri modi familiari. È una donna semplice. Talvolta, picchia il suo segretario sul ventre con un rotolo di carta, dicendogli: «Qualche giorno vi ucciderò così». Corrispondendo con il suo mastro di posta, Eck, gli scrive: «Mio signor vicino».

Il principe Ligne ha raccontato l'episodio del viaggio in Crimea quando decise che tutti le dessero del tu, usando la reciprocità. Questo capriccio le ritorna sovente. «Non credereste – scrive a Grimm – come amo che mi si dia del tu; vorrei che tutta l'Europa si desse del tu.» È, tuttavia, un gioco del quale non bisogna abusare con lei. Ma nessuno ci pensa. Bisogna sentirla raccontare il suo rapporto con madame Todi, una celebre prima donna, della quale è incapace di apprezzare il talento, ma alla quale paga, comunque, dei notevoli stipendi. Questo accade a Tsarskoïe Celo:

«Madame Todi è qui, dove passeggia in continuazione con suo marito. Molto spesso ci incontriamo faccia a faccia, senza però mai urtarci. Le dico: Bongiorno o buonasera, madame Todi; come state? Mi bacia le mani ed io la sua guancia; i nostri cani si annusano, prende il suo in braccio, io chiamo i miei. Ciascuno riprende la propria strada. Quando canta, l'ascolto e l'applaudo ed entrambi diciamo che stiamo molto bene insieme.»

Ella spinge molto lontano la sua condiscendenza nei rapporti sociali. Se qualcuno si azzarda a criticare la scelta dei suoi rapporti sentimentali e delle sue intimità, risponde:

«Sono stata per trentatré anni ciò che sono gli altri, e non sono ancora vent'anni che sono ciò che essi non sono. E questo insegna a vivere.»

Di contro, la compagnia dei grandi della terra facilmente le è di peso:

«Sapete perché temo la visita dei re? È perché normalmente sono dei personaggi noiosi, insipidi, e con loro bisogna avere un contegno rigido e severo. I personaggi famosi, inoltre, mi imbarazzano. Io voglio avere con loro la mia vivacità di spirito; talvolta con loro metto questa vivacità nell'ascoltarli e, poiché amo scherzare, il silenzio mi annoia.»

La sua munificenza, divenuta proverbiale, non è solo apparente. Grimm è spesso dispensatore, per suo conto, di elargizioni anonime. Ella vi mette talvolta molta delicatezza e una piacevole grazia:

«Vostra Altezza Reale – scrive al conte d'Artois nel momento in cui questi si appresta a lasciare San Pietroburgo – vorrà probabilmente fare qualche piccolo regalo alle persone che l'hanno circondata e servita nel suo soggiorno qui. Ma, come sapete, signor conte, io ho proibito ogni commercio e ogni comunicazione con la vostra disgraziata Francia; inutilmente voi cerchereste di acquistare delle bagatelle nella città; se ne trovano di più in Russia che non dentro al mio gabinetto, spero dunque che Vostra Altezza gradirà quelle che invio da parte della sua affezionata amica. Caterina.»

Quello che qui manca, come in parecchie altre cose, è la misura. Lo riconosce lei stessa in buona fede: «Non so donare, – dice – dono troppo o troppo poco». Si direbbe che portandola così in alto il suo destino le abbia fatto perdere il senso delle proporzioni. È prodiga o avara. Quando, a forza di spese e di liberalità eccessive, ha esaurito le sue risorse, si scopre «un cuore di roccia», per respingere le richieste più degne di interesse o le più giuste. Così assegna un terzo della pensione spettante al principe Viazemsky, che l'ha servita per trent'anni e del quale ha apprezzato il servizio. Egli ne muore dal dispiacere. Aveva cessato di piacerle.

Con coloro che le piacciono e mentre godono di questa fortuna, non sa fare di conto. Nel 1781, il conte Branicki[228] sposa una nipote di Potëmkin, ed ella regala 500.000 rubli di dote alla giovane sposa e altrettanti al marito per pagare i suoi debiti. Un giorno, si diverte a immaginare per che cosa potranno morire i principali personaggi della sua corte. Ivan Cernyŝëv[229] morirà di colera, la contessa Rumjancev per aver mescolato troppo le carte, madame Vsievolodsky di un eccesso di sospiri. E così di seguito. Quanto a lei, morirà di condiscendenza.

Non c'è solo della condiscendenza, c'è in lei una generosità istintiva che si afferma in diversi modi. Non vi è con le persone che onora della sua fiducia alcuno di quei mutamenti improvvisi di idee e di sentimenti così abituali nel suo sesso. Non sa essere diffidente. Uno degli artisti stranieri che aveva incaricato di considerevoli acquisti per la sua galleria dell'Ermitage, Reiffenstein, il «divino Reiffenstein», come lo chiamava lei, credette ad un certo momento che si mettesse in dubbio la sua

---

[228] Franciszek Ksawery Branicki (1730-1819). Dopo aver sperperato in gioventù il patrimonio lasciatogli dal padre, il nobile Branicki si arruolò nell'esercito francese contro la Prussia e poi in Curlandia per il giovane granduca Carlo Cristiano di Sassonia, con il quale partecipò alla Guerra dei Sette Anni. Lo stesso granduca Carlo Cristiano lo nominò successivamente alla sua ambasciata a San Pietroburgo, dove conobbe e strinse amicizia con il futuro re di Polonia, Stanislao Poniatowski, all'epoca ambasciatore polacco e amante della futura Caterina II. Il suo modo di fare e la conoscenza delle lingue lo fecero apprezzare da Stanislao che, quando venne eletto re di Polonia, nel 1764, lo nominò, in rapida successione, aiutante generale, luogotenente generale e generale d'artiglieria dell'armata lituana. La difesa di Stanislao nei confronti della famiglia Czartoryski, rivale del re, fu la ragione del favore di cui godette in questo periodo. Branicki fu, in seguito, nominato al comando di un corpo d'armata contro la confederazione di Bar, al fianco dei generali russi Apraskin e Kretchetnikov, ed è da questa data che gli storici polacchi ritengono che si sia venduto alla Russia. Nel 1781, sposò la nipote di Potëmkin, Alexandra von Engelhardt, ma già da qualche anno si era distanziato da Stanislao, soprattutto dopo la spartizione della Polonia che aveva visto la Prussia impadronirsi dei territori abitati da tedeschi, l'Austria di una parte della Galizia e la Russia del Dniepr. Pur essendo passato al partito filorusso, che si opponeva a quello filo prussiano e che era contrario all'abolizione del *liberum veto*, Branicki accetta, in un primo momento, la costituzione del maggio 1791 e vi presta giuramento, ma nello stesso tempo fa da collegamento tra i primi e la Russia che colse l'occasione, nel maggio del 1792, per invadere la Polonia e dare così avvio alla seconda spartizione del paese, ratificata nel novembre 1793. Terminò i suoi giorni nelle sue terre e non comparve più a San Pietroburgo, probabilmente nel timore di incontrare Stanislao.

[229] Ivan Cernyŝëv (1726-1797) fu soprattutto un diplomatico ed iniziò la sua carriera sotto la guida del fratello Zakhar compiendo diverse missioni a Copenaghen e a Berlino. Venne successivamente nominato plenipotenziario a Londra da dove rientrò nel 1770 per essere nominato vicepresidente dell'Ammiragliato. Con l'ascesa al trono di Paolo I venne nominato ammiraglio e maresciallo.

onestà. Grimm, che serviva da intermediario, si preoccupò a sua volta. «Andate a quel paese tutti e due – scrive allora l'imperatrice a quest'ultimo – con i vostri testamenti e i vostri resoconti! In vita mia non ho mai sospettato né dell'uno né dell'altro. Perché mi annoiate con queste meschinerie e delle inutili pochezze?»

E aggiungeva: «Nessuno parla male o ha screditato il «divino» ai miei occhi». Grimm poteva crederle sulla parola, fu sempre assolutamente refrattaria a questo genere di insinuazioni, così frequenti nelle corti. In generale, si screditava se stessi parlandole male degli altri. Potëmkin lo sperimentò a sue spese provando a far vacillare il credito del principe Viazemsky.

Quando si trattava, al contrario, di servire o di difendere i suoi amici, si mostrava pronta a tutto, anche a dimenticare il suo rango. Le annunciano che madame Ribas, la moglie di un avventuriero italiano[230] del quale ha fatto un ammiraglio, ha dolorose doglie da parto. Salta nella prima vettura che trova davanti alla porta del palazzo, entra precipitosamente nella camera della sua amica, si rimbocca le maniche, mette un grembiule, dice alla levatrice, «e cerchiamo di lavorare bene». Si giunge frequentemente ad abusare di questa debolezza che le si conosce. «Si sa che sono tanto buona da poter essere importunata», dice una volta. Ma è veramente buona? Sì, alla sua maniera, che non è propriamente quella di tutti. La padrona assoluta di quaranta milioni di uomini non rappresenta tutti. Madame Vigée-Lebrun[231] sognava di fare il ritratto alla grande sovrana: «Prendete – le disse qualcuno – per tela la carta

---

[230] José de Ribas (1749-1801), nato a Napoli, era figlio del console spagnolo in Italia, servì anche nell'esercito napoletano per quattro anni, dal 1765 al 1769. Entrò al servizio della Russia nel 1772, su suggerimento di Orlov. Partecipò alle guerre russo-turche del 1768-1774 e del 1787-1792. Raggiunse il grado di ammiraglio nel 1796. Dal 1793 al 1797 partecipò alla progettazione e alla costruzione della città di Odessa. Si dice sia stato avvelenato da uno dei cospiratori del complotto per uccidere Paolo I, complotto al quale anche Ribas, che pur morì alcuni mesi prima dello zar, non fu estraneo.

[231] Élisabeth Vigée-Lebrun (11755-1842) a soli quindici anni era già una pittrice professionista e fu tra i maggiori ritrattisti del suo tempo. Allo scoppio della Rivoluzione lasciò Parigi e fu invitata in tutte le maggiori corti europee da Roma a Londra, da Vienna a San Pietroburgo. Rientrò a Parigi solo nel 1802 e continuò la sua attività sotto il nuovo regime, che però non parve piacerle molto. Nel 1835 pubblicò i suoi *Souvenirs* che sono ancora oggi un interessante testimonianza dell'epoca.

dell'impero delle Russie, le tenebre dell'ignoranza per sfondo, le spoglie della Polonia come parati, il sangue umano per colore, per schizzo i monumenti del suo regno e per ombra sei mesi del regno di suo figlio.» C'è una parte di verità in questo cupo quadro. Ma vi mancano le sfumature. Al momento della terribile rivolta di Pugačëv, per quanto dura sia Caterina nella repressione di una rivolta che mette in gioco il suo impero, raccomanda al generale Panin di non impiegare che la severità indispensabile. Dopo la cattura del ribelle, pensa al sollievo delle vittime che ha fatto questa orribile guerra civile. Tuttavia, in Polonia, la condotta dei suoi generali è atroce per la maggior parte del tempo, e li lascia fare. Dopo il massacro che accompagna la presa di Varsavia, si complimenta con Suvorov[232]. Da lei, in quell'impero «da cui ora viene la luce», la frusta funziona come in passato, il bastone cade sempre sulle spalle sanguinanti del servo. Caterina lascia fare la frusta e il bastone. Si tratta di comprendere tutto ciò.

Si tratta, prima di tutto, di comprendere la concezione, una concezione molto ragionata e ponderata, del mestiere di so-

---

[232] Aleksandr Vasil'evič Suvorov (1729-1800). Il *generalissimo* Suvorov iniziò la sua carriera militare a tredici anni e vi trascorse tutta la vita combattendo praticamente su tutti i fronti, Italia compresa, dove si trovò a fronteggiare le truppe napoleoniche. Nella Guerra dei Sette anni (1758-1763) raggiunse il grado di colonnello, poi combatté in Polonia, dove prese Cracovia, nel 1768, e ancora nella guerra contro la Porta tra il 1773 e il 1774. Dal 1777 al 1783, ormai generale, prestò servizio in Crimea, per poi affrontare ancora una volta i turchi nella guerra del 1787-1792, dove ottenne due importanti vittorie a Focşani e sul fiume Rymnik. Fu l'artefice della catastrofica sconfitta dell'impero ottomano a Ismaïl, del 22 dicembre 1790. Firmata la pace con i turchi, fu nuovamente trasferito in Polonia, attaccò Varsavia ponendo fine all'insurrezione, del 1794, del generale polacco Andrzej Tadeusz Bonawentura Kościuszko, volta a liberare la Polonia e la Lituania dall'influenza russa, dopo la seconda spartizione del paese del 1793. Suvorov rientrò a San Pietroburgo nel 1795, ma l'anno successivo morì Caterina II e il successore, Paolo I, lo congedò per poi reintegrarlo, nel 1799, su espressa richiesta degli alleati, per guidare la campagna d'Italia contro le truppe di Napoleone. La campagna italiana iniziò con brillanti vittorie a Cassano d'Adda e sul Trebbia, ma ben presto, dopo la sconfitta del generale Korsakov da parte del francese André Massena a Zurigo, il *generalissimo* fu costretto a valicare il passo del San Gottardo per ritirarsi nell'alto Reno. Benché il suo esercito non fosse stato sconfitto, al suo ritorno in patria non gli furono tributati gli onori militari promessi. Tornò a San Pietroburgo agli inizi del 1800 e Paolo I si rifiutò di riceverlo. Suvorov morì nel maggio di quell'anno. Viene considerato il primo stratega della guerra moderna e ricordato anche per i suoi comportamenti originali e un po' folli, che ne fecero un personaggio talvolta criticato, anche perché non nascondeva il suo disprezzo per i favoriti.

vrana e delle sue esigenze, che si è andata formando nello spirito di questa autocrate. Non si fa la guerra senza provocare dei feriti e dei morti, non si sottomette un popolo geloso della sua libertà senza affogare la sua resistenza nel sangue. Volendosi impadronire delle province polacche – volontà legittima o no, è un punto da discutere a parte – si devono accettare tutte le conseguenze dell'impresa. È ciò che fa Caterina, assumendosi francamente e tranquillamente l'intera responsabilità dell'opera. Tranquillamente, poiché in queste materie la ragione di Stato sola la governa, al posto della coscienza ed anche del sentimento. Francamente, perché non è ipocrita. Commediante sì, e di prima grandezza, sempre per necessità del mestiere, che altro non è se non un ruolo da recitare. È in questo senso che l'inviato francese Durand ha potuto dire di lei: «La mia esperienza mi è inutile; questa donna è più falsa di quanto le nostre siano malandrine, e non posso aggiungere altro.» Ipocrita per gusto, per il piacere di ingannare, come tanti altri, o per il bisogno di ingannare anche se stessa, mai. «Era troppo orgogliosa per ingannare», ha detto anche il principe di Ligne.

In quello che fa o lascia fare in Polonia, ha degli imitatori, a cominciare da Maria Teresa stessa, la pia sovrana. Solamente, quest'ultima mischia le lacrime al sangue che fa versare. «Prende e arraffa sempre», come dice Federico; Caterina conserva gli occhi asciutti.

Caterina obbedisce anche a un altro principio di governo. Per assoluto che sia, un sovrano non può essere ovunque. Suvorov ha avuto ordine di prendere Varsavia. Prende la città. Come? È affar suo, e nessuno ha niente a che vedervi. Il principio è contestabile, ma noi non stiamo discutendo una teoria politica. Questo non è che uno studio sul carattere.

Infine, Caterina è una sovrana russa, e la Russia del diciottesimo secolo, senza andare più lontano, è un paese dove le idee europee in materia di giustizia, come in materia di sentimenti, non sono del tutto al loro posto, dove la sensibilità morale come la sensibilità fisica sembrano esse stesse obbedire ad altre leggi. Nel 1766, durante il soggiorno dell'imperatrice a Peterhof, un allarme notturno fa alzare dal letto Sua Maestà e il suo entourage. Gran baccano e grossa emozione. Si scopre che un cameriere, che si è azzardato a corteggiare una dama di camera di Caterina, ha causato tutto questo allarme. Il colpevole viene giudicato e condannato a ricevere cento colpi di frusta, il che equivaleva pressoché a una condanna a morte, ad avere il naso tagliato, e ad avere la fronte bruciata con un ferro rovente e a finire i suoi giorni in Siberia se scampa a tutto ciò. Nessuno trova da ridire sulla sentenza. È su simili atti e seguendo i livelli delle nozioni, dei sentimenti e delle sensazioni apparentemente proprie al contesto dove si producono, che conviene giudicare una sovrana, la quale, politicamente parlando, non potrebbe rivendicare, d'altro canto, l'attributo di bonacciona.

Al di fuori della politica, Caterina è una sovrana adorata e adorabile. Lo dimostrano i fatti. Il suo entourage intimo non ha che da lodare i suoi comportamenti. I suoi domestici sono dei ragazzini viziati. Conosciamo la storia dello spazzacamino. Sempre in piedi presto per lavorare più a suo agio nel silenzio delle ore mattutine, l'imperatrice, talvolta, si accende da sola il fuoco per non disturbare nessuno. Una mattino, facendo bruciare le sue fascine, sente nel camino delle grida penetranti, seguite da una bordata di ingiurie. Capisce ciò che sta accadendo, spegne immediatamente il fuoco e fa umilmente le sue scuse allo sfortunato spazzacamino che per poco non fa arrostire. La leggenda è conservata tra mille altre dai toni simili. Un giorno, la contessa Bruce, entrando nella camera da toilette dell'imperatrice, trova Sua Maestà sola, vestita a metà, con le braccia incrociate, nell'atteggiamento che si prende quando si sta aspettando qualcuno. Poiché si meraviglia, Caterina le spiega l'accaduto:

«Che volete, tutte le mie cameriere mi hanno abbandonata. Ho provato un vestito che mi andava così male che mi sono infuriata; allora mi hanno lasciata là . . . e aspetto che si calmino.»

Manda a Grimm una lettera pressoché indecifrabile e se ne scusa in questo modo: «I miei camerieri mi danno due penne nuove tutti i giorni, che mi credo in diritto di usare; ma quando sono usurate non oso chiederne delle altre, ma le tempero e ritempero come posso».

Una sera, dopo aver lungamente e inutilmente suonato, esce dalla sua anticamera e trova gli stessi camerieri impegnati in una partita di carte. Propone con calma a uno di essi di prendere il suo posto, per finire la partita per suo conto e perché egli possa fare una corsa urgente per lei. Scopre dei domestici mentre le rubano delle provviste destinate alla sua tavola: «Che sia l'ultima volta», dice con aria severa. Poi aggiunge: «E adesso, salvatevi velocemente prima che il maresciallo di corte vi acciuffi». Scorge nel cortile del palazzo una vecchia che insegue un pollo e che ben presto, a sua volta, viene inseguita dai suoi camerieri desiderosi di dar prova di zelo sotto gli occhi dell'imperatrice. Poiché quel pollo è un pollo «appartenente al tesoro di Sua Maestà» (*Kazionaia*), e la donna è la nonna di uno sguattero della corte: si tratta di un doppio crimine. Caterina, fatta la sua inchiesta, ordina che da quel momento venga dato tutti i giorni un pollo a quella poveretta, ma un pollo morto e pronto ad essere messo in pentola.

Sorveglia, cura con sollecitudine sino alla fine dei suoi giorni, e sopporta vicino a lei, nonostante le sue infermità, una vecchia balia tedesca.

«La temevo – scrive a Grimm, annunciandole la sua morte – come il fuoco, le visite dei re e dei personaggi famosi. Da quando mi vedeva, si impadroniva delle mia testa, mi baciava e mi ribaciava da soffocarmi. Inoltre, puzzava di tabacco da fumo, del quale suo marito faceva largo consumo.»

Tuttavia, è lontana dall'essere paziente, essendo di natura vivace, anche troppo vivace. È facilmente collerica. È uno dei suoi difetti più evidenti. Grimm la paragona al vulcano dell'Etna. Caterina chiama quella montagna in ebollizione «mio cugino», e chiede frequentemente sue notizie. Poiché conosce il suo difetto, e ciò che le permette di combatterlo efficacemente. Dopo essersi lasciata andare al primo impeto di collera, si rimbocca le maniche con un gesto che le è familiare, e si mette a camminare a grandi passi, bevendo a grandi sorsi dei bicchieri d'acqua. Mai dà degli ordini né firma qualcosa in questi momenti di temporanea esaltazione. Nel linguaggio, talvolta, si lascia andare a comportamenti di cattivo gusto. Le sue battute contro Gustavo III durante la guerra con la Svezia lo testimoniano. «Canaglia» in francese o «Bestia» in tedesco fanno troppo sovente parte del suo vocabolario. Tuttavia, ne prova sempre dispiacere e, con il tempo, a forza di controllarsi e di esercitare su se stessa il comando, arriva a mantenere un comportamento che rende pressoché inverosimile quella debolezza del suo carattere o del suo temperamento:

«Mi ha detto lentamente – racconta il principe di Ligne – che era stata molto vivace, cosa della quale non ci si poteva fare un'idea . . . Faceva sempre le sue tre riverenze al modo russo entrando in una sala, una a sinistra, una a destra e una al centro. Tutto da lei era misurato, metodico . . . Amava ripetere: «Sono imperturbabile», mettendo un quarto d'ora a pronunciare la parola.»

Sénac de Meilhan[233], che visitò la Russia nel 1790, conferma queste caratteristiche. In una delle sue lettere datate da San Pietroburgo, parla dell'impressione inesprimibile di tranquillità e di serenità che accompagna Caterina nelle sue apparizioni davanti alla corte. Non affetta la rigidità di una statua. Getta uno sguardo intorno che, si vede, abbraccia l'insieme e i dettagli. Parla lentamente, senza avere l'aria di cercare le parole, ma di scegliere, senza affrettarsi, quelle opportune.

Tuttavia, fino alla fine della sua vita, Caterina ha conservato l'abitudine, mettendosi a tavola, di appuntare il suo tovagliolo sotto il mento: «Altrimenti – confessa candidamente – non sarei capace di mangiare un uovo, senza versarne metà sul colletto».

VI

Temperamento – Sensualità – Né isterica né ninfomane – Congetture

Ha un temperamento particolarmente vivace, sanguigno, impetuoso, che si palesa in più di un risvolto della sua vita intima. Dovremo riparlarne. Diciamo prima di tutto che la spudoratezza dei suoi costumi, dei quali sarebbe ingenuo attenuare le proporzioni, non sembrava legata ad alcun vizio d'origine. È una sensuale che è imperatrice e che dà libero sfogo ai suoi sensi, lo fa come per tutto il resto, tranquillamente, anche imperturbabilmente, diremmo «con metodo». Non cede a degli smarrimenti di immaginazione o a degli squilibri di nervi. L'amore è per lei la funzione naturale di un organismo fisico e

---

[233] Gabriel Sénac de Meilhan (1736-1803) funzionario pubblico e scrittore, viene ricordato soprattutto per la pubblicazione delle *Considérations sur le luxe et les richesses* in polemica con le teorie di J. J. Rousseau. Emigrato per la Rivoluzione, giunge in Russia dove Caterina pensa di affidargli un incarico di storiografo, ma lascia ben presto il paese e muore a Vienna.

morale dotato di un'energia eccezionale, con il carattere imperioso e anche la durezza degli altri fenomeni della vita. Innamorata, Caterina lo è anche a sessantasette anni!

Gli altri suoi gusti sono di una persona equilibrata sia sul piano morale sia su quello fisico. Ama le arti, la compagnia delle persone intelligenti e istruite. Ama la natura. Il giardinaggio, la «piantomania», come dice lei, è una delle sue occupazioni preferite. Notiamo che se ama i fiori, non sopporta però i profumi troppo violenti, quello del muschio in particolare. Tutti i giorni, a una data ora che un colpo di campana annuncia a tutta la popolazione alata, compare a una finestra del palazzo e dà il becchime a migliaia di uccelli che hanno preso a riunirsi così per chiedere la loro pastura. Elisabetta nutriva le rane che rimanevano apposta nel suo parco: vediamo la differenza, la nota stravagante, morbosa. Niente di simile in Caterina. Ama gli uccelli, i cani, che giocano nel suo intimo un ruolo considerevole, e anche i cavalli. In generale, ama le bestie, ma sceglie quelle che hanno comunemente il favore del genere umano. Tutto questo è molto semplice, molto naturale, molto *normale*.

Elisabetta conduceva una vita sregolata, facendo della notte il giorno, senza regole fisse per nulla. Caterina, lo vedremo, è la regolarità in persona; a letto sempre presto, si alza all'alba, conduce le sue occupazioni come i suoi piaceri con un programma tracciato in anticipo e formulato precisamente. Elisabetta si ubriacava, Caterina è sobria, mangia poco e non beve che due dita di vino al suo pasto principale e non cena mai. In pubblico e anche nel suo entourage intimo, al di fuori dei misteri dell'alcova, ha un comportamento perfetto, non si permette mai un comportamento indecente né lo sopporta attorno a lei. E non è ipocrisia, poiché mostra e ostenta i suoi amanti.

Per trovare in lei qualcosa di snaturato, di *anormale*, qualcuno si è attaccato all'indifferenza che le è stata attribuita per i sentimenti familiari. Anche questo punto è suscettibile di controversia. Ha disprezzato e detestato suo marito, se addirittura non l'ha ucciso o lasciato uccidere, e non è stata tenera verso suo figlio, se non ha anche pensato di diseredarlo. Bisogna inoltre considerare ciò che sono stati, per lei e per la Russia, quel marito e quel figlio. Non ha mai tenuto a rivedere, non avendogli mai permesso di raggiungerla, il suo unico fratello, al quale è sopravvissuta per soli tre anni. Trovava che ci fossero abbastanza tedeschi come lui in Russia, lei compresa. Per lei, questo è certo, la testa ha sempre governato il cuore e, benché tedesca, non fu in alcun modo sentimentale. Ma fu, lo dimostreremo, una nonna squisita, amò appassionatamente i bambini.

La sua spudoratezza sensuale sembra così, nella sua fisionomia, un fenomeno isolato, non collegato al resto. Forse è soltanto un'apparenza, bisogna cercare una connessione, se non un rapporto di causa ed effetto, tra questo aspetto del suo essere intimo e un altro, che andiamo ora a investigare, cioè la cultura intellettuale di colei che amò chiamarsi allieva di Voltaire. Abbiamo già azzardato, del resto, qualche congettura in merito, parlando delle sue prime letture. Se, in effetti, c'è del metodo in quella follia dei sensi che non l'abbandona mai, anche al di là dell'età matura, c'è anche un certo cinismo di alto bordo, una certa tranquilla sicurezza, di cui un'anomalia fisiologica non potrebbe dare una spiegazione. Lo spirito filosofico del diciottesimo secolo è passato di là, dopo quello di Brantôme[234]. È ciò che metteremo meglio in luce nei successivi capitoli.

---

[234] Pierre de Bourdeille, detto Brantôme (1535-1614) fu uno scrittore «leggero», noto soprattutto per aver descritto la vita di cortigiani e soldati.

CAPITOLO II

INTELLIGENZA – SPIRITO – ISTRUZIONE

I

Facoltà intellettuali – Nessuno «spirito creativo» – Pretesa all'originalità – Immaginazione e buon senso – I castelli in aria – Prestigio esercitato – Effetto di miraggio – L'eloquenza e la verve di Caterina – Una «intervista autografa»

Caterina ha un grande carattere, ma non ha una grande intelligenza. Lei stessa non si riconosce «uno spirito creativo». Si picca, tuttavia, di avere dell'originalità: «In vita mia non ho mai potuto soffrire l'imitazione – scrive a madame Bielke – e, poiché bisogna parlar chiaro, dirò che sono originale quanto il più tipico degli inglesi». Ma è nei suoi gusti, nelle sue abitudini, nel suo modo di agire, vale a dire sempre nel suo carattere, piuttosto che nel suo spirito, che bisogna cercare questa nota personale. Non c'è un'idea nuova nella sua *Istruzione* per le leggi, che tuttavia scrive a trentasei anni, nella piena fioritura della sue facoltà mentali. È il mediocre lavoro di un allievo di retorica, al quale sia stata data, come compito, un'analisi di Montesquieu e di Beccaria, e che si è ben applicato, senza dar prova di un grande talento. Ma quest'opera le costa un'enorme fatica. Alla fine di marzo del 1765, vi lavora da due mesi, per tre ore al giorno. Le ore migliori, quelle del mattino, sono consacrate a questa occupazione. Verso la metà del mese di giugno ha riempito sessantaquattro pagine, e ha la sensazione di aver fatto uno sforzo straordinario. Si sente esaurita. «Ho vuotato il mio sacco – scrive – e dopo questo, non dirò più niente per tutta la vita». Ognuno di noi ha conosciuto questi proponimenti ed anche un po' quell'impressione di stanchezza che si prova dopo una lunga corsa a perdifiato. Ma, pur guardando al risultato dello sforzo, il mal d'autore di Caterina così confessato si presta a far pressoché ridere. Del resto, aveva vuotato, o creduto di vuotare, un sacco facile da rimpiazzare, perché non era il suo. Ne trovò parecchi di ricambio.

C'era qualche cosa nel suo sacco? Sì, prima di tutto molto buon senso, imparentato, cosa rara, e una grande ricchezza di immaginazione. Ha trascorso i trentaquattro anni del suo governo a costruire castelli in aria, delle costruzioni magnifiche, che non poggiavano su niente e svanivano al minimo refolo d'aria. Ma arrivò un giorno in cui una pietra, una sola pietra, si trovò, come per miracolo, piantata nel suolo all'angolo dell'edificio fantastico. Era stata Caterina a metterla là, ed era l'opera del suo buon senso. Il popolo russo, questo buon popolo che non era ancora arrivato a contare, né a contrattare, né a discutere con coloro che lo governano, faceva il resto. Portava il suo sudore, il suo sangue e, come quei colossi di pietra egiziani, dove si è accumulato lo sforzo di migliaia di esistenze sconosciute, l'edificio si erigeva lo stesso e prendeva una forma tangibile. La conquista della Tauride si era così compiuta. Fu un sogno di Caterina, messo in azione e tradotto in romanzo d'avventura da Potëmkin. La pietra angolare è comparsa all'improvviso in un porto del mar Nero, e la Crimea di oggi fu creata quel giorno.

Caterina sedusse e anche sbalordì con le sole doti del suo spirito la maggior parte di coloro che hanno potuto giudicarla e, tra quelli di spirito superiore, per esempio, Diderot, per nominarne solo uno. Ancora effetto del miraggio, crediamo, prodotto artificiale di una sorta di fascinazione nella quale si combinavano degli elementi diversi: la forza superiore della volontà, l'arte sovrana della messa in scena che noi già conosciamo, e un terzo elemento sorprendente, inatteso, pressoché inverosimile per questa tedesca del Nord, una verve straordinaria, sbalorditiva, che si stenta a credere non provenga dal sole del Midi. Sotto il profilo della ricchezza e della facilità di eloquio, che sgorga spontaneo dalle sue labbra, della verbosità, perché questo è il termine giusto, che bene la inquadra, Caterina è una meridionale. «Amo chiacchierare», ha detto e Grimm disperò di poter dare alla posterità un'idea di quella che fu la sua conversazione:

«Bisogna aver visto, in quei momenti, quella testa originale, quell'insieme di genio e di grazia, per avere un'idea della verve che la trascinava, delle frecciate che le sfuggivano, delle frasi che fluivano e si sovrapponevano le une sulle altre come le acque limpide di una cascata naturale. Non è nelle mie possibilità riportare letteralmente per scritto quelle conversazioni! Il mondo avrebbe avuto un prezioso e, forse, unico frammento della storia dello spirito umano. L'immaginazione e l'intelletto erano egualmente stupiti da quel colpo d'occhio d'aquila penetrante e rapido, la cui immensa portata passava come un fulmine. E come afferrare in quel repentino passaggio al volo quell'insieme di tratti luminosi, acuti, fuggitivi?...»

Quello che Grimm non ha osato tentare, Caterina stessa ha provato a fare. Nel 1780, all'indomani di una conversazione che aveva stupito il conte Ivan Ĉernyŝëv, ne inviò a questi, su sua richiesta, un rendiconto *letterale*. Siamo in possesso di questo pezzo. È curioso. Confesseremo che è anche deludente? Ci viene in mente l'osservazione che un vecchio saggio, giunto all'estrema vecchiaia e ridiventato un terribile ragazzo, faceva davanti a noi a un politico afflitto dalla manie di pubblicare dei discorsi che la Camera non aveva ascoltato.

«Scusate, signore, vedo a ogni passo, in quello che mi fate leggere, queste parole: «Sensazione, movimento prolungato, rumore...»Tuttavia, dopo aver ben cercato, non vedo nulla di ciò che voi definite straordinario...»

Un'impressione pressoché analoga abbiamo nella lettura del famoso rendiconto. Vi cerchiamo invano i tratti brillanti, le finezze spirituali, i colpi di genio, di cui parla Grimm.

Per cominciare una citazione dai *Litiganti* di Racine:

«Ma foi, sur l'avenir bien fou qui se fiera...»

serve da epigrafe ad alcuni pronostici politici, dove «il colpo d'occhio d'aquila» non è dato di intravedere:

«Prevedo che la Francia, l'Austria, la Prussia e la Russia si scontreranno per un po' di tempo, si faranno reciprocamente delle profonde ferite, si guariranno l'un l'altra e saliranno tutte e quattro al più alto grado della gloria.»

Tutto ciò sembra un consulto da sonnambulo stralunato, a meno che non si voglia riconoscervi una visione delle guerre dell'impero. Ma Caterina ha previsto la Rivoluzione, come qualcuno ha preteso? Non sembra proprio. A meno che non sia in questa frase: «Buffon ha predetto che un giorno una cometa nella sua corsa doveva travolgere e trascinare il nostro globo. Credo che sarà diretta dall'occidente all'oriente.»

Ma è nel più puro stile da cartomante e mademoiselle Lenormand[235] non avrebbe detto meglio. Gli errori commessi dalla monarchia in Francia non mancarono certo di colpire il penetrante spirito della zarina. Due anni prima, diceva al conte Černyŝëv: «Non mi piace che Maria Antonietta *rida tanto e su tutto*. È vero che è una donna e molto femminile; io lo sono assai poco, ma al suo posto e nelle sue condizioni temerei che mi dicessero: riderà bene chi riderà ultimo.» L'affermazione è significativa e porta lontano. In questo vedeva giusto, servita dal suo buon senso ed anche dal senso del ruolo di governo che nessuno dei suoi rivali nella storia moderna, ha forse posseduto allo stesso livello. Benché con capacità superiori, Federico e Napoleone sono stati probabilmente inferiori sotto questo aspetto alla loro prestigiosa rivale. Caterina ha avuto più accortezza, più fecondità nelle sue capacità, un tocco più delicato. È stata un'incomparabile virtuosa nell'arte di governare.

Ma ritorniamo al rendiconto della sua conversazione, o piuttosto del suo monologo. Vi si trova, a proposito dell'Inghilterra una frase disgraziata: «L'Inghilterra! Il fanatismo l'ha innalzata, il fanatismo la sostiene, il fanatismo la distruggerà.» Ci si chiede che cosa significhi tutto ciò e dove lo vada a prendere. Pensandoci, non è che una battuta di circostanza, come i nostri giornalisti ne fanno quotidianamente. Siamo nel 1780, e Londra è appena stata teatro di un movimento popolare contro il cattolicesimo, provocato dai maneggi di un ambizioso e poco avveduto lord Gordon. Al tradizionale grido: *No Popery!* una banda di ventimila energumeni ha invaso i dintorni di Westminster e gli stessi membri del Parlamento hanno subito qualche violenza. In questa crisi passeggera, Caterina si è azzardata a riscoprire una legge storica. Seguono dalla sua bocca, o dalla sua penna, alcune considerazioni filosofiche:

«Si possono avere impunemente intelligenza, talento, dei

---

[235] Marie Anne Adélaide Lenormand (1768-1843) fu una celeberrima negromante e cartomante.

buoni costumi, ragione, ma non la gloria, dei successi, della fortuna e, soprattutto, del favore.»

Ciò non è né molto nuovo né molto profondo e neanche molto giusto. Poiché si sono viste in ogni tempo persone di talento o persone virtuose soffrire in ragione del loro talento o della loro virtù, anche molto di più di persone ricche in ragione del loro sacco di scudi. Ecco un pensiero un po' meno banale: «Riportare una vittoria non è niente; una terra, è qualche cosa; il denaro è tutto. I ricchi hanno un folgorante impero sulla specie umana, perché gli stessi re finiscono per rispettare coloro che si sono arricchiti.»

La si direbbe una riflessione che uno spirito allevato alla scuola del materialismo si lascerebbe ispirare oggi dall'ossessione delle grandi fortune di cui questo secolo ha visto l'accrescimento vertiginoso. Eppure, il casato dei Rothschild non è ancora nato. Ma il padre di Alessandro il Macedone non ha già fatto analoghi pensieri?

Quanto all'insieme di brani, vi vediamo di veramente straordinario unicamente l'importanza che Caterina stessa e Černyšëv, sembrano aver loro attribuito. È vero, una parte del colloquio riferito, probabilmente il più interessante, ci sfugge. Le parole ci sono, ma il tono, l'effluvio imperioso del discorso, la voce impostata? Queste cose, e solo queste cose non hanno fatto tutto il successo di più di un oratore?

«Non c'è, divina principessa, né metodo né affettazione nelle vostre conversazioni. C'è quello spirito sovrano e *incomprensibile* che è vostra prerogativa.»

Così si esprimeva il maresciallo Münnich in una lettera indirizzata all'imperatrice qualche mese dopo la sua salita al trono. Anche per lui l'eloquenza di Caterina aveva qualcosa di enigmatico.

II

Lo spirito di Caterina – Le sue «parole» – Il suo modo di scherzare – L'origine tedesca – Impiego di locuzioni russe

Caterina ha avuto dello spirito nel «senso» più comune e più completo del termine? Ella non l'ha mai preteso, ed è già qualcosa. Dei tratti salaci, delle costruzioni felici, delle parole acute si incontrano qua e là nella sua corrispondenza. I contemporanei hanno notato qualche replica degna dei migliori maestri del genere. Il conte Cobenzl, l'ambasciatore austriaco che mise le radici a San Pietroburgo e vi si trovò ancora nel momento dei primi successi della Francia rivoluzionaria, aveva, come il principe di Ligne, la passione per il teatro. A sessant'anni, con la figura più ingrata del mondo e numerosi acciacchi, non rinunciava a comparire sulla scena, e le vittorie di Bonaparte non gli impedivano di moltiplicare nel suo palazzo feste, balli e spettacoli.

«Vedrete – disse un giorno l'imperatrice – che ci riserva le migliori commedie per il giorno dell'entrata dei francesi a Vienna.»

Normalmente, comunque, «lo spirito» di Caterina risente sia della sua origine tedesca sia delle sue frequentazioni poco scelte. Talvolta triviale, è raramente raffinata. Coltiva i giochi di parole e non disdegna il calembour. Nel 1793, dovendo dare udienza al ministro di Spagna, che si chiama Onis, dice al suo segretario: «Oggi mi presenteranno Agat-Onix e sua moglie Sard-Onix».

Ciò che colpisce in lei è la forza e talvolta la rudezza piuttosto che la felicità dell'espressione. Dopo la morte dello sfortunato Ivan di Brunswick, assassinato, anche lui, nella sua prigione, pubblica un manifesto alquanto maldestro e, poiché madame Geoffrin[236] ne è turbata, le risponde: «Da voi criticano questo manifesto; hanno criticato anche il buon Dio e qui criticano

---

[236] Marie-Thérèse Rodet Geoffrin (1699-1777). Di origini borghesi, Marie-Thérèse Rodet non ebbe in famiglia un'educazione formale, ma apprese dalla nonna, che la allevò dopo la prematura morte della madre, l'arte della conversazione. Si sposò, a soli quattordici anni, con il luogotenente della milizia Pierre François Geoffrin, anch'egli borghese ma ricco, essendo uno dei maggiori azionisti della «*Manufacture royal de glaces de miroirs*» di faubourg Saint-Antoine. L'aspirazione di avere un salotto dove ricevere uomini di lettere, ambasciatori, ministri e personalità iniziò a concretizzarsi tra il 1727 e il 1730, ma ebbe pieno sviluppo dal 1749, alla morte di Madame Tencin, titolare di un più famoso «salone», dove le stessa Geoffrin era stata introdotta qualche anno prima. Rimasta vedova, ebbe piena libertà nello sviluppare la sua aspirazione e dal 1749 al 1777 organizzò nel suo palazzo di rue Saint-Honoré quello che divenne il più famoso punto di ritrovo della seconda metà del secolo, in competizione con la sua rivale, Madame Deffand. La caratteristica e la novità del «salone» della Geoffrin fu quella di essere aperto agli artisti, ai letterati e ai filosofi, quali Diderot, Voltaire e D'Alembert. La sua notorietà le consentì di essere in corrispondenza con Gustavo III di Svezia, Caterina II e Stanislao II di Polonia.

spesso anche i francesi. Non è men vero che quel manifesto e la testa del criminale hanno fatto cessare tutte le discussioni.»

Al marchese L'Hôpital che si sarebbe azzardato a dirle che era «una testa calda»: «Che cosa preferireste: avere la testa calda o dire delle scempiaggini?»

A suoi cortigiani che si scannano uno con l'altro: «Se dessi retta a voi . . ., non c'è nessuno che non meriti di avere la testa tagliata.»

Volentieri dà al suo pensiero qualche espressione di originalità, adottando locuzioni o proverbi improntati al parlare popolare del paese. Un principe Lubomirski maneggia per ottenere la corona di Polonia e anche il favore dell'imperatrice, contro Poniatowski. Il suo ambasciatore a Varsavia, Repnin, la informa della cosa e Caterina scrive in fondo al dispaccio: «Una sella non si addice a una vacca.»

Tutto sommato, è soprattutto un spirito pratico, unito, per ravvivarlo, a un fondo di buonumore e di robusta gaiezza che lo scherzo non offusca mai e che, facilmente, giunge alla buffoneria. Tutta la sua corrispondenza con Grimm ne porta l'impronta. È di *humour* inglese piuttosto che di *spirito*, di quello spirito che, nel diciottesimo secolo, porta il segno di Voltaire.

III

Istruzione – Abbondanti letture – Loro scelta – «Una piccola studiosa con temperamento» – La morale di Helvetius – Sei volumi al giorno – Sapere mal digerito – Erudizione confusa – Lacune – Nozioni insufficienti in geografia – Conoscenze storiche – Saggi di scienze personali – «Périgord» è un nome slavo – Ortografia difettosa – La forma e il contenuto – Caterina ha preso la parte migliore – Assimilazione dello spirito e incarnazione del genio nazionale.

È istruita? Frequentemente lei stessa si dà dell'ignorante.

«Si serviva di questa affermazione – scrive il principe di Ligne – per prendere in giro i medici, i mezzi saccenti e i falsi conoscitori. Convenivo con lei che non aveva conoscenze di pittura e di musica; un giorno le dimostrai, suo malgrado, che il suo gusto nelle costruzioni era mediocre.» «Confessate – mi disse, mostrandomi il suo nuovo palazzo di Mosca – che c'è una magnifica infilata.» «È – le risposi – la bellezza di un ospedale, ma per una residenza è pietoso.»

All'Accademia di Berlino che, nel 1768, le offrì il titolo di membro onorario, l'imperatrice rispondeva modestamente:

«Tutta la mia scienza si riduce al sapere che tutti gli uomini sono fratelli.»

Eppure, un giorno che ebbe l'onore di accompagnare Sua Maestà nella passeggiata, l'ambasciatore inglese Harris fu meravigliato dalla molteplicità delle conoscenze che l'imperatrice rivelò inopinatamente in merito alla *costituzione e alle leggi del suo paese*. Quando, dopo aver lungamente parlato dei giardini inglesi, passò a discutere di Blackstone[237], il diplomatico si trovò in imbarazzo. Anche se quello che più tardi si chiamò lord Malmesbury non era il primo venuto. È vero che probabilmente, nel corso della sua ambasciata, non aveva avuto il tempo di rileggere con sufficiente cura la voluminosa opera del legislatore inglese e Caterina fu una lettrice alla quale si poteva applicare, per eccellenza, il detto latino: *Timeo hominem unius libri*. Perché si dava interamente al libro che aveva tra le mani: perché così erano i suoi rapporti con gli autori, buoni o cattivi, e con gli uomini e le cose. Il suo incontro con Harris aveva luogo nel 1779. In quel periodo si dimostrò appassionata di Blackstone (le sue lettere a Grimm lo testimoniano), come lo era stata di Montesquieu, e come lo sarebbe stata un giorno di Sénac de Meilhan[238] o di Mercier[239]. Quanto

---

[237] William Blackstone (1723-1780). Professore ad Oxford, membro della Camera dei Comuni, *barrister* a Westminster, Blackstone è ricordato per aver scritto il trattato analitico sul common law, *Commentaries on the Laws of England*, opera ancora oggi basilare per la conoscenza degli orientamenti classici del *common law*.

[238] Gabriel Sénac de Meilhan (1736-1803). Uomo di stato e scrittore, Meilhan fu avversario di Necker quando quest'ultimo venne nominato controllore generale delle finanze, posto al quale aspirava di sedere. Emigrò a Londra nel 1790 e poi a Roma. Ottenne l'autorizzazione di Caterina II a recarsi in Russia dove si reca passando per Vienna e per Varsavia, dove ha modo di incontrare Stanislao Poniatowski. Nel 1791 era a San Pietroburgo dove l'imperatrice, che gli concesse una pensione, pensava di dargli un posto politico e un incarico di storiografo. Ma i rapporti tra i due non furono quelli sperati e l'anno successivo Meilhan lasciò la Russia per andare a risiedere, nel 1794, ad Amburgo. Rientrò in Francia solo nel 1801, ma l'anno successivo, dopo la morte del figlio più giovane con il quale risiedeva a Parigi, lasciò nuovamente la Francia per Vienna, dove morì.

[239] Louis-Sébastien Mercier (1740-1814). Giornalista, drammaturgo ma, soprattutto, scrittore più che prolifico, Mercier viene ricordato soprattutto per il suo *Tableau de Paris*, del

alla scelta delle sue letture, era sovente dettata da considerazioni in cui non interveniva unicamente il gusto del sapere. Il cavaliere d'Éon scriveva al conte Broglie, nel 1762:

«L'imperatrice ha un gran gusto per la lettura e la maggior parte del suo tempo, da quando si è sposata, è stata impiegata a divorare gli autori moderni francesi e inglesi, che hanno maggiormente scritto sulla morale, la natura e la religione. È sufficiente che un libro sia condannato in Francia perché lei gli dia tutta la sua approvazione. Non abbandona più le opere di Voltaire, lo *Spirito*, di Helvetius e gli scritti dell'enciclopedista Jean-Jacques Rousseau. Si vanta di un grande coraggio, di essere un spirito forte e filosofico; in una parola, *è una piccola erudita con carattere.*»

Una piccola erudita con carattere! Il cavaliere indica così, alla sua maniera, con un tratto di penna, il legame che abbiamo supposto tra lo sviluppo intellettuale di Caterina e le intemperanze poco edificanti della sua vita intima. Tra l'amica dei filosofi e la creatrice dei favoriti in carica, è la morale di Helvetius che è servita da collegamento.

Sia quel che sia, avendo letto molto, durante il forzato tempo libero dei diciotto anni del regno di Elisabetta e i sei mesi del regno di Pietro, ha continuato successivamente quel tanto che i nuovi impegni le permettevano. Nel 1789, scambia con il conte di Ségur le curiosità letterarie del giorno. L'11 gennaio di quell'anno, secondo il rapporto di Chrapowiçki, invia al diplomatico francese delle *Mémoires pour servir à l'histoire de Charles II* (?) e gli chiede delle altre opere, che non ha ancora avuto il tempo di leggere, assorbita dagli impegni politici: le *Mémoires* di Montluc e quelle di Villeroi. Una settimana dopo, visto che la politica languiva, legge fino a sei volumi al giorno, e se ne vanta:

«Almeno diranno che ho un'erudizione letteraria», dice a Chrapowiçki.

«Tutti, da tempo, lo sanno», risponde quest'ultimo.

L'imperatrice ha un sorriso per il cortigiano bene informato.

«Dicono veramente questo?»

---

quale iniziò la pubblicazione dei primi due volumi, nel 1781, in forma anonima, e rappresenta un documento straordinario e insostituibile dei costumi dell'epoca. L'opera, in dodici volumi e più di mille capitoli, fu portata a termine nel 1788 ed ebbe anche un seguito nel *Nouveau Paris*, sei volumi pubblicati nel 1800.

Nel frattempo, legge anche *Clarisse*[240] e altri romanzi.

Certamente non era in grado né di assimilare né di coordinare conoscenze acquisite in quel modo, al passo di sei volumi al giorno; la sua educazione finisce come è iniziata e assomiglia alla sua politica: un insieme di elementi disparati e confusi. La sua erudizione raccogliticcia ha enormi lacune. Le sue conoscenze di geografia, per esempio, sono alquanto insufficienti. Nel 1787, dopo il viaggio in Crimea, chiede a Chrapowiçki quali sono i fiumi che fanno da frontiera alla Russia dalla parte della Turchia. Nello stesso periodo, si informa curiosamente dei gradi di longitudine occupati dal suo impero. Le dissero una cifra. «Ma è la stessa che mi avete dato prima dell'annessione della Crimea e della Russia Bianca!»

Non capisce che l'acquisizione di quelle province non ha cambiato, in quel senso, la misurazione del suo vasto impero.

Di tutte le materie, la storia è forse quella che ha più avuto la sua attenzione. Tuttavia, non è arrivata a possederne che delle conoscenze alquanto superficiali. Quanto alla sue velleità di scienza personale, ai suoi tentativi di esegesi storica, o alle sue ricerche di etnografia comparata e di linguistica, sfiorano il ridicolo. Vi mette tutta l'ingenuità abituale dei dilettanti e, inoltre, il difetto capitale della sua intelligenza: l'ossessione del partito preso e dell'idea fissa. È così che, lanciatasi sulla pista di un ragionamento ipotetico sulla razza slava attraverso il mondo intero, accanitasi nel seguire ramificazioni immaginarie che scopre in continuazione, arriva a vedere slavi ovunque, e persino in America: il Perù, il Messico, il Cile le paiono popolati da colonie slave, pieni di località con nomi con desinenze o con radici slave. Ne intravede anche in Francia: Périgord, per esempio, le sembra composto da tre sillabe slave, senza contestazione possibile.

Le sue citazioni sono per lo più inesatte e sovente bizzarramente contraffatte. Scrivendo alla principessa Dachkov attribuisce a madame Deshoulières[241] i seguenti versi:

«Je suis charmé d'être ni Grec ni Romain,

---

[240] *Clarissa* è un romanzo dello scrittore inglese Samuel Richardson (1689-1761), edito nel 1748, con il titolo originale *Clarissa: Or the History of a Young Lady*.
[241] Antoinette de Lafon de Boisguérin des Houlières o Deshoulières, nata Antoinette du Ligier de la Garde (1634 c. –1694) fu scrittrice e poetessa.

«Pour garder encore quelque chose d'humain.»

facendo torto alla povera Antoinette de Ligier e a Corneille che ha scritto:

«Je rends grâce aux dieux de n'être pas Romain,
«Pour conserver encore quelque chose d'humain.»

Infine, la base della sua educazione, quella ricevuta da madame Cardel e ai *Prüfungen* del noioso Wagner, sembra essere stata ed essere rimasta assai mediocre. Mischia volentieri delle frasi tedesche al suo francese scorretto, ma non dimostra una conoscenza più soddisfacente della sua lingua madre. Vi commette errori su errori e più errori di sintassi e di grammatica che errori di ortografia. Confonde abitualmente *mir* e *mich*. Il suo russo non va meglio. Ne ha consapevolezza e se ne scusa un giorno con uno dei suoi segretari:

«Non burlatevi della mia ortografia. Vi spiego come non sono riuscita a migliorarla. Al mio arrivo in questo paese, ho incominciato a imparare il russo con assiduità. Ma mia zia Elisabetta, avendo saputo delle mie difficoltà con i miei maestri, fece venire la mia prima dama di corte e le ordinò di porre fine a quegli studi. «Ne sa abbastanza», disse. Da allora non ho potuto proseguire la mia istruzione che sui libri e senza precettori.»

Eppure ha fatto di meglio che non apprendere l'ortografia russa: è riuscita ad appropriarsi e a rendere suo il genio stesso della lingua nel suo fondo e nel significato più intimo, nelle sue locuzioni familiari, nelle sue forme idiomatiche, nei suoi fantasiosi giri di frasi. E, con la lingua, lo spirito intero del popolo è penetrato in lei. È questa conquista che le ha permesso di fare, così vittoriosamente, quella del suo impero, non intendiamo solo il potere strappato alla debolezza, alla viltà e alla follia di Pietro, ma il posto che questa tedesca è arrivata a occupare alla fine della sua vita, e soprattutto dopo la sua morte, nella vita, nella storia, nello sviluppo nazionale di una razza straniera e ostile. Perché si può dire che è soprattutto dopo la sua morte che è diventata ciò che noi vediamo oggi, la grande figura, colossale e radiosa allo stesso tempo, maestosa e dolce, davanti alla quale si inchinano in un unico afflato di riconoscenza, di fierezza e d'amore, l'umile mugik e il dotto, scuotendo la polvere dei ricordi e delle leggende già vecchie di un secolo. La sua morte non fu molto pianta in Russia. Vi fece appena sensazione. Non avevano avuto il tempo di comprenderla e troppo poco numerosi erano coloro dai quali avrebbe potuto essere capita. Ma l'anima della nazione, la sua coscienza storica erano come incorporate in lei, e questa incarnazione doveva rivivere davanti alla posterità, nel ricordo commosso delle grandi cose compiute da lei, nell'apoteosi postuma dell'incomparabile sovrana, e non solamente della *grande Caterina*, ma anche e soprattutto della «*piccola madre*», di *matuchka*, la cui immagine popolare ha valicato la soglia dei casolari e vi brilla vicino al focolare, tra le icone venerate.

È anche in questa capacità di penetrare e assimilare il fondo piuttosto che la forma delle cose che si è rivelata in generale la superiorità di Caterina. Se ha citato in modo sbagliato Corneille, seppe però prendere agli scrittori francesi molto di più di qualche parola: delle idee, e quasi sempre le migliori. Anche lei ne ebbe che non sono da disprezzare. Proviamo a farne una rapida analisi.

CAPITOLO III

IDEE E PRINCIPI

I

Né coerenza né sistematicità – Empirismo – Instabilità di idee e di principi – Qualche idea e qualche principio stabili – Senso del dovere – Culto della posterità – Nazionalismo russo – Idee smisurate della grandezza della Russia – Il grande pensiero del regno: il progetto «greco»

Con il carattere che le conosciamo, Caterina non è certo una donna dai principi immutabili né di idee ferme. Le sue idee fisse non sono tali che per un momento: non sono delle stelle che guidano la sua vita, sono delle comete. Cosa curiosa, questa tedesca ha orrore del dottrinarismo e dei dottrinari, dello spirito sistematico e degli uomini sistematici.

«Voltaire, mio maestro – scrive – proibisce di predire, perché quelli che si impicciano di presagire amano costruire dei sistemi e chi costruisce dei sistemi vuole anche farci entrare *was sich passt und nicht passt, und reimt und nicht reimt*[242], e poi l'amor proprio diventa amore del sistema, il che genera la testardaggine, l'intolleranza, la persecuzione, droghe dalle quali il mio maestro dice di guardarsi.»

I dottrinari sono per lei dei ciarlatani e i costruttori di sistemi inventori di palloni aerostatici. Non crede ai palloni aerostatici e mette il conte di Saint Germain, Montgolfier e Cagliostro sullo stesso piano. Diffida persino delle persone di mestiere, dei professionisti. Quello che noi oggi chiamiamo «un diplomatico di carriera» è per lei sinonimo di un perfetto imbecille. Si arrabbia in ogni momento contro i parrucconi, «*die perrückirte Haüpter*»: «la maggior parte del tempo tutto quello che fanno e che scrivono è gonfio di vento, di vuoto e di oscurità». Non può soffrire un busto di Voltaire fatto da Houdon che le è stato inviato, perché il «suo maestro» vi appare con una parrucca.

---

[242] Ciò che si adatta e non si adatta, che fa rima e che non fa rima.

In diplomazia, come in politica, come in ogni cosa, crede soprattutto all'improvvisazione. La stessa arte della guerra le sembra aver bisogno di altra cosa. Trova del tutto naturale che Alessio Orlov[243], mettendo per la prima volta in vita sua il piede su di un vascello, sia un uomo di mare completo, comandi a degli ammiragli che hanno conquistato il loro grado e la loro reputazione nella marina inglese, e portino a lui solo la più bella vittoria navale dei tempi moderni.

È un'empirica. Celebre il suo motto: «Tutta la politica è fondata su tre parole: circostanze, congetture e congiunture», ne è testimonianza. È per questo che disprezza i medici e ha in odio le medicine, crede ai rimedi popolari e se ne serve volentieri per lei e per gli altri. «I medici, i chirurghi di ogni Facoltà... sono tutti delle bestie che mangiano fieno.» Nel 1783, una persona che era con lei da trentatré anni muore nonostante le cure! Male e medici sono diventati sinonimi per lei. Le «gocce di Bestužev», ecco un rimedio prezioso e universale! «Non so di che cosa siano composte queste gocce, – dice – so solamente che vi sono materiali ferrosi. Le si somministra come la *quiquina*[244] (*sic*); le distribuisco e le prendo in tutti i casi.» Nel 1789, avendo sofferto di coliche ventose, si rallegra di essere stata pienamente guarita dal metropolita di Pietroburgo, Pietrov, che le ha circondato interamente il corpo con cuscini pieni di camomilla.

È sempre lei che scrive: «Sulla salute e sulla malattia ho, come per la maggior parte delle altre cose, una mia opinione (*sic*): l'una e l'altra sono unicamente un conflitto tra quantità di misure giuste o sbagliate.»

Questo prova che non ha alcun carattere sistematico, neanche nel disprezzare i sistemi.

Attraverso le sue migrazioni nel dominio del pensiero e del ragionamento speculativo ha, d'altra parte, qualche punto di riferimento pressoché invariabile.

«Ciò che vi è di certo – scrive qualche anno prima della sua

---

[243] Aleksej Grigor'evič Orlov (1737-1808). Comandante delle forze navali russe, Aleksej Orlov ebbe il momento di maggiore gloria nella vittoria conseguita a Çeşme il 6 luglio 1770, nel corso della guerra russo-turca del 1768-1774, quando sbaragliò la flotta nemica. Prese anche parte attiva al colpo di stato che portò Caterina al trono e si sparse la voce che avesse strangolato Pietro III. Era un uomo fisicamente atletico, abile e temuto.

[244] Probabilmente si riferisce alla *quinquina*, cioè alla corteccia di china.

morte – è che non ho mai intrapreso alcunché senza essere stata intimamente persuasa che ciò che facevo ero conforme al bene dell'impero: quest'impero aveva fatto infinite cose per me; ho creduto che tutte le mie facoltà individuali costantemente impiegate per questo impero, per la sua prosperità e il suo interesse superiore, potevano appena bastare a sdebitarmi nei suoi confronti.»

A questa concezione dei suoi doveri si aggiunge in lei un sentimento elevato di responsabilità davanti a una giurisdizione superiore, la sola di cui accetta la competenza nei suoi confronti. Non è quella del sapiente «che si vanta di fare le leggi ai re». Ha troppo letto Voltaire e non abbastanza Bossuet:

«Non vi è che la posterità che ha diritto a giudicarmi. È a lei che faccio appello: posso dirle coraggiosamente ciò che ho trovato e ciò che lascerò.»

Nel corso del soggiorno di Falconet a San Pietroburgo, una discussione epistolare nacque tra lui e Diderot in merito alla considerazione che un artista doveva avere per il giudizio dello stesso tribunale postumo: Diderot si faceva difensore della sua autorità suprema, mentre Falconet pretendeva di doversi confrontare unicamente con i giudizi della sua coscienza artistica. Sareste disposto – scrisse allora Diderot al suo amico – a lasciare la decisione della nostra discussione al giudizio della mia benefattrice? State attento , amico mio, questa donna è ebbra del sentimento dell'immortalità, e ve la garantisco prosternata davanti all'immagine della posterità.» Falconet accettò l'arbitraggio, aggiungendo tuttavia che qualunque fosse stata la decisione non avrebbe cambiato parere: «Trovate sulla terra una potenza abbastanza forte per togliermi la fisionomia senza cambiarmi la testa, e avrò torto.» Non conosciamo l'esito della disputa.

Un punto sul quale Caterina era costante e convinta, è il carattere nazionale, essenzialmente russo, che intende imprimere al suo governo e che cerca di far prevalere nell'intero sviluppo politico, intellettuale e morale del popolo slavo, ai destini del quale la principessa tedesca è stata chiamata a presiedere. Non solamente gli atti amministrativi e legislativi del suo regno, ma i suoi minimi fatti e gesti portano la traccia di questa preoccupazione costante. Falconet ebbe a battagliare per non rivestire Pietro I[245] del suo costume nazionale russo, che lo zar aveva fatto tanto per proscrivere nel suo impero. Caterina avrebbe voluto che ci si dimenticasse di questo fatto nella storia del grande riformatore. Avrebbe anche voluto che si immaginassero non solamente sul presente, ma anche sul passato della sua patria di adozione, una quantità di cose contrarie alla realtà, ma conformi all'idea che si era data e che voleva dare agli altri su questo paese dai vasti orizzonti, propizi ai voli dell'immaginazione. È così arrivata a rifare a modo suo l'intera storia della vecchia patria moscovita. Nel 1790, Sénac de Meilhan si offre come storiografo del grande impero, ma lei esita ad accettarlo. Saprà egli disfarsi dei *pregiudizi* «che la maggior parte degli stranieri hanno contro la Russia?». Fino a credere, per esempio, «che prima di Pietro il Grande questo impero non aveva né leggi né amministrazione». Ora, «è vero che i torbidi che sono seguiti alla morte dello zar Ivan Vassilevitch[246] avevano arretrato la Russia di quaranta o cinquanta anni, *ma prima di quel periodo essa andava al passo con tutta l'Europa... i granduchi di Russia avevano la parte più significativa negli affari dell'Europa ed erano alleati e parenti con tutte le case sovrane del nostro emisfero...*»

Di colpo, il povero Sénac disperò di potersi mettere al livello di quel compito. Ma anche su questo punto, Caterina era fermamente convinta e scriveva a Grimm: «Nessuna storia fornisce uomini migliori e più grandi della nostra (per *nostra* intendeva quella della Russia). Amo questa storia alla follia.»

Ovviamente, pretendeva che si desse un ruolo primario al suo regno, «perché noi viviamo in un tempo in cui, ben lontani dallo sminuire il clamore delle azioni e delle cose, si tratta piuttosto di sostenere gli spiriti». Sénac si sarebbe lasciato «dirigere» a questo proposito?

Scorgiamo in ciò ancora un riflesso di quella esagerazione smisurata con la quale il vasto impero, divenuto così inopinatamente proprietà e cosa sua, si era a poco a poco disegnato nel pensiero della zarina, e scopriamo una stella fissa in più nel suo firmamento. Questa idea iperbolica di grandezza, applicata a tutti gli elementi costitutivi del patrimonio nazionale, al pas-

---

[245] Si tratta della statua di Falconet che a San Pietroburgo ricorda Pietro I.
[246] Ivan IV detto il Terribile (1530-1584).

sato come al presente della Russia, al suo territorio come alla sua popolazione, alla sua potenza materiale come al suo valore morale, alla sua preponderanza nel mondo slavo come al suo ruolo europeo, è una di quelle che non abbandonarono mai Caterina e di cui ha maggiormente subito il fascino. A questo proposito appare posseduta da una reale vertigine. È allucinata e come ipnotizzata davanti a questa colossale concezione. Per alta che sia la concezione che ha e che si abbia di lei stessa, dei meriti del suo governo e delle nobili imprese che gli hanno dato lustro, non esita a farsi piccola nel paragone.

«Tutto ciò che posso fare per la Russia non è che una goccia nel mare.»

La Russia è il mare, l'oceano dalle insondabili profondità, dalle rive sfuggenti a perdita d'occhio. È per questo che ha voluto annegarvi il suo passato e persino la patria tedesca. E, tuttavia, è lei che, nel 1782, scrive a Grimm, lamentandosi dei comportamenti del sultano Abd-ul-Hamid: «*Das unmöglich dass ich mir sollte auf die Nase spielen lassen*[247]. Voi sapete che nessun tedesco lo ha mai permesso.» Il fatto è che ha lo spirito essenzialmente volubile, le accade, talvolta, di non sapere cosa vuole e anche di non sapere ciò che dice, soprattutto quando discute con il suo confidente, penna alla mano, vale a dire nei suoi momenti di abbandono più completo e di rilassamento dalle pesanti fatiche del suo arduo mestiere. Ma si applica coscienziosamente al suo programma russofilo, e russa è diventata dalla testa ai piedi, non solo in superficie e per un artificio da brava commediante, ma sinceramente e profondamente, nel suo spirito e nella carne, nel suo linguaggio meno affettato, nel suo gesto più familiare e nel suo pensiero più recondito. Le righe che seguono non sono state verosimilmente viste da alcuno prima dell'ora della sua morte:

«Mai l'universo produsse individuo più maschio, più serio, più franco, più umano, più cordiale, più generoso dello scita (scita e russo sono per lei sinonimi). Nessun uomo lo eguaglia in regolarità dei tratti, in bellezza del viso, nello splendore dell'incarnato, nella corporatura e nell'altezza, poiché ha generalmente le membra o possenti o nervose e muscolose, la barba folta, i capelli lunghi e folti; naturalmente lontano da ogni

---

[247] Impossibile che mi lasciassi prendere in giro (menare per il naso).

furberia e inganno: la sua rettitudine, la sua probità ne aborrono gli illeciti intrighi. Non c'è sulla terra né cavaliere, né fante, né marinaio, né lavoratore che lo eguagli. Nessun individuo ha più tenerezza per i suoi bambini e i suoi parenti. Ha una deferenza innata per i suoi genitori e per i superiori. È pronto, preciso e fedele nell'obbedienza.»

È pressoché un delirio! Anche se riconosciamo che certi ricordi personali, troppo compiacentemente evocati, vi avevano una parte. Con il tempo, tuttavia, qualche cosa di più immateriale, di più puro e di più profondo è entrato sicuramente nell'amore che certi russi hanno potuto dare a Caterina per la Russia.

Non dimentichiamo, tra le idee alle quali è rimasta fedele, quella che potremmo chiamare il grande pensiero del regno: il progetto greco. Vedremo che, dal 1762, se ne è occupata, prestando ascolto alle insinuazioni di Münnich. Se ne è occupata ancora alla vigilia della sua morte. Era anche un bel sogno dai contorni fantastici. La resurrezione della Grecia, la liberazione degli iugoslavi si mischiavano ad altre visoni egualmente abbaglianti, ma meno disinteressate. Costantinopoli che apriva le sue porte alla cristianità rappresentata da un'armata russa; la croce rimpiazzata sul duomo di Santa Sofia dalla doppia croce greca, accostata a un'aquila imperiale a due teste. È per questo che il secondo figlio di Paolo si chiamò Costantino, e non Pietro o Ivan; è per questo che ebbe una balia greca e un domestico greco, che più tardi divenne un personaggio: il conte Kuruta. Ebbe anche un corpo di cadetti greci, un'eparchia greca a Kherson, di nuova fondazione, affidata a Eugenio, un bulgaro. Ebbe medaglie incise sulle quali si scorgevano delle immagini simboliche e suggestive: da una parte l'imperatrice, dall'altra Costantinopoli in fiamme, un minareto che crollava nel mare e la croce risplendente al di sopra delle nuvole. La lettura del giornale di Chrapowiçki è non meno istruttiva in merito. Il 17 agosto 1787, esaminano un progetto segreto di Potëmkin che propone la presa di Baku e di Derbent. Per farlo si approfitterebbe dei disordini della Persia e, con altre annessioni, si creerebbe una provincia, chiamata «Albania», che servirebbe da appannaggio provvisorio al granduca Costantino. Il 21 aprile 1788, si tratta della Moldavia e della Valacchia: queste province devono restare indipendenti per servire da nocciolo alla futura «Dacia», vale a dire alla futura monarchia greca. Il 9 ottobre 1789, si mettono i puntini sulle *i*. I greci hanno bisogno di essere «scossi»: Costantino può incaricarsi di ciò. È un ragazzo che ha un futuro. In trent'anni andrà da Sebastopoli a Costantinopoli...

Ecco all'incirca che cosa c'è stato di stabile nel modo di guardare le cose di quel mondo che è stato quello di Caterina la Grande. Proviamo a esaminare il resto.

II

Le altre idee di Caterina – Caos – Esame personale di coscienza – Idee filosofiche – Idee religiose – Incongruenze – «I miei cari birichini di gesuiti» – Tolleranza religiosa

È il caos da sbrogliare. Un caos di dimensioni grandiose, disordinato in proporzione. Ecco, tuttavia, qualcosa che sembra fatto per guidarci: ancora un documento autobiografico, una sorta di esame di coscienza scritto da Caterina e datato 1789:

«Se il mio secolo mi ha temuta – vi leggiamo – ha avuto un grande torto; non ho mai voluto ispirare terrore ad alcuno; mi sarei augurata di essere amata e stimata per quello che valgo, e niente di più. Ho sempre pensato che mi si calunniasse, perché non mi si comprendeva. Ho visto molte persone che avevano un'intelligenza molto superiore alla mia. Non ho mai odiato né invidiato alcuno. Il mio desiderio e il mio piacere consistevano nel fare felice qualcuno... La mia ambizione, sicuramente, non era ispirata da sentimenti cattivi, ma forse ho creduto troppo che gli uomini fossero suscettibili di diventare ragionevoli, giusti e felici... Ho stimato la filosofia perché la mia anima è sempre stata sinceramente repubblicana. Convengo che questo atteggiamento è in singolare contrasto con il potere illimitato della mia posizione, ma è anche vero che nessuno in Russia può dire che ne abbia abusato. Amo le belle arti per pura inclinazione. I miei scritti li guardo come poca cosa; mi è piaciuto fare delle prove in diversi generi; mi sembra che tutto ciò che ho fatto sia alquanto mediocre; non vi ho mai attribuito alcuna importanza, passato il divertimento. Per quanto riguarda la mia condotta in politica, ho cercato di perseguire i progetti che mi sono parsi più utili per il mio paese e i più sopportabili per gli altri. Se ne avessi conosciuti di migliori, li avrei adottati . . . Se sono stata pagata con l'ingratitudine, almeno nessuno potrà dire che ho mancato di riconoscenza. Spesso mi sono vendicata dei miei nemici facendo loro del bene o perdonandoli (*sic*). L'umanità in generale ha avuto in me un amico, che non si è smentito in nessuna circostanza.»

C'è ancora e sempre molto buonsenso in questo brano; vi è anche la testimonianza di una coscienza molto soddisfatta di se stessa. Caterina, evidentemente, aveva la certezza di essere rimasta fedele, per tutta la sua vita, alle quattro regole di condotta che si era proposta e che nel corso dello stesso anno indicava così a Potëmkin: «essere leale, modesta, affezionata e riconoscente al massimo». Metteva anche al suo attivo altri meriti e altre qualità, tranne quella, modestamente esclusa, di essere stata una buona scrittrice. Il 1789 fu per lei, notoriamente, un periodo di raccoglimento, di meditazioni retrospettive e di penetranti indagini interiori. Il risultato le parve soddisfacente. È stata sincera con se stessa? Probabilmente sì. Così sincera che il 6 giugno 1791, nel momento culminante della seconda guerra turca, scatenata dalla sua sola ambizione, sostenuta unicamente dalla sua energica volontà, scriveva queste righe: «Il Dio della guerra non è nel mio cuore; non ho mai attaccato nessuno, ma so difendermi.»

Era femmina nell'immaginarsi e nel voler far credere agli altri che era stata la Polonia che aveva incominciato nel 1772, e che prendendo Varsavia, venti anni più tardi, Suvorov non aveva fatto che difendere San Pietroburgo.

Esaminiamo tuttavia i punti più salienti della sua confessione. Si è interessata di filosofia, dice. Forse è portata a confondere la filosofia con i filosofi. Inoltre, questi ultimi non godettero sempre presso di lei di un eguale favore. Il conte Gyllenborg[248] le aveva detto che aveva «uno spirito filosofico», Voltaire glielo ripeté, e lei finì col crederci. Lo abbiamo già detto: fu uno degli errori della sua vita. In realtà, il suo spirito, essenzialmente pratico, sembra essere stato assolutamente ribelle

---

[248] Henning Gyllenborg Adolf (1713-1775), diplomatico e uomo politico svedese, conobbe Caterina quando era ancora granduchessa, all'età di quindici anni, e fu colpito dalla sua passione per la lettura. Vedi *Memorie di Caterina II la Grande*, A&P edizioni, Milano, 2012, pp. 20-21.

alla speculazione pura. Uniformò sempre le sue idee ai suoi interessi. Si è mai soffermata su un'idea astratta? Le idee dalla forma filosofica che si incontrano, assai raramente del resto, nella sua corrispondenza o nella sua conversazione, hanno esse stesse un'altra portata, come quel passaggio in cui parve aver avuto la chiara visione della legge suprema imposta all'umanità dalla scienza sociologica moderna. Guardando un giorno delle cornacchie e dei passeri volare nell'aria dopo un temporale, disse: «Eccoli gioire nella speranza dei vermi e dei ranocchi che la pioggia farà uscire dalla terra. *Tutti mangiano reciprocamente in questo mondo.*» Come quell'altra volta in cui tracciò un divertente ritratto delle persone della corte:

«I giudizi dei cortigiani sono, generalmente, dell'ordine di coloro che meritano meno attenzione. Queste persone, benché portino la testa alta, hanno la vista corta. Assomigliano a coloro che si trovano ai piedi di una torre: le cose che sono sopra di essa, che si vedono a volo d'uccello, normalmente sfuggono loro.»

In mancanza di idee filosofiche propriamente dette, quali sono le idee religiose di Caterina? È un enigma. Non parliamo, beninteso, della religione della sua infanzia: è cosa dimenticata, cancellata dalla sua memoria come dalla sua coscienza, così ben dimenticata e cancellata interamente che nel 1774 scriveva tranquillamente: «Martin Lutero era un tanghero». Ma la sua nuova fede e il suo nuovo culto? Sembra che spesso lo tenga in poco conto. A dire il vero, sembra avere l'aria di beffarsene. Scrivendo a Grimm da Kiev, la città santa, gli invia dei complimenti da parte di san Vladimiro e parla con molta disinvoltura delle reliquie del santo che ha visitate. Dà a Rumjancev il soprannome di san Nicola e si lascia andare, a questo proposito, a delle scempiaggini alquanto irriguardose per l'ortodossia. Ha delle battute di reale cattivo gusto sulla preparazione dell'olio santo a Mosca.

È libertinaggio alla maniera di Voltaire. È forse deista come il suo maestro? Nel 1770, scriveva a madame Bielke:

«Sono contenta di essere nel numero degli imbecilli che credono in Dio.» Eppure, talvolta, la si crederebbe infeudata nel puro razionalismo. Scriveva:

«Eulero[249] ci ha predetto la fine del mondo per il mese di luglio del prossimo anno. Per questo fa venire appositamente due comete, che faranno non so cosa a Saturno, che a sua volta verrà a distruggerci. Ora, la granduchessa (Maria Fedorovna, moglie del granduca Paolo) mi ha detto di non credere a nulla perché le profezie del Vangelo e dell'Apocalisse non si sono ancora compiute e, segnatamente, l'Anticristo non è ancora giunto, né tutte le credenze si sono riunite. Per quanto mi riguarda, a tutto ciò rispondo come il Barbiere di Siviglia. Dico all'uno: «Dio vi benedica», e all'altro «Va a dormire» e vado avanti. Cose ne pensate?»

Ma ecco che nel 1790 un confessore si azzarda a sospettare della purezza della sua fede. «Ho immediatamente recitato racconta a Chrapowiçki – tutto il Simbolo e se vuole delle prove gliele darò così come non le ha mai immaginate. Credo a tutto ciò che è stato stabilito dai sette concili, poiché i Padri

---

[249] Leonhard Euler o Eulero (1707-1783). La figura di Eulero, matematico e fisico svizzero, è tutt'oggi per i suoi contributi in campo scientifico, di importanza fondamentale per l'enorme messe di formule, metodi, teoremi, relazioni, criteri ed equazioni che produsse in una vita di costante applicazione e lavoro. A lui dobbiamo la simbologia matematica ancora in uso: ad esempio i per i numeri immaginari, $\sum$ per la sommatoria, π per indicare il pi greco, $f(x)$ per la funzione e l'attuale notazione per le funzioni trigonometriche di seno e coseno. Figlio di un pastore protestante, entrò all'Università di Basilea a tredici anni e si laureò in filosofia. Il padre, che desiderava diventasse teologo, gli fece studiare il greco e l'ebraico, ma Johann Bernoulli (1667-1748) matematico e amico di famiglia, lo convinse a lasciargli intraprendere la carriera scientifica. Nel 1726 prese il dottorato con una tesi sulla propagazione del suono. Il suo trasferimento a San Pietroburgo avvenne nel 1727, su proposta di uno dei figli di Bernoulli, Daniel, che lavorava all'Accademia imperiale delle scienze e che lo propose per la cattedra di medicina. Come ovvio, passò ben presto all'insegnamento della matematica. Con l'avvento al trono di Pietro II, uomo di corte vedute e sospettoso di tutto ciò che non fosse russo, furono tagliati i fondi a Euler e ai suoi colleghi stranieri. Lo studioso, nel 1741, accettò l'offerta di Federico II per un posto all'Accademia di Berlino, dove si trasferì con la famiglia e visse per i successivi venticinque anni. In questo periodo, Euler fece anche da tutore alla principessa d'Anhalt-Dessau, nipote di Federico, alla quale scrisse oltre duecento lettere riguardanti le scienze che, raccolte in un libro, ebbero grande successo (per l'edizione italiana: Eulero, *Lettere a una principessa tedesca*, a cura di G. Cantelli, Bollati Boringhieri, Torino, 2007). La figura del matematico svizzero, rimasto semplice nello stile di vita, era tuttavia dissonante con la corte di Federico e questo lo portò a lasciare il suo incarico per ritornare in Russia, sul cui trono sedeva ora Caterina II. Nel corso della sua permanenza in Germania, la sua vista subì un grave deterioramento, soprattutto all'occhio destro, e una successiva cataratta al sinistro lo reso quasi completamente cieco. Fu la sua prodigiosa memoria che gli consentì di proseguire la sua attività fino alla morte per emorragia cerebrale.

santi di quei tempi erano quasi degli apostoli e potevano meglio discettare di noi.»

Caterina dà poca importanza, come vediamo in numerosi brani della sua corrispondenza, alle pratiche esteriori del culto, i «bigottismi», come li chiama lei. Prende di mira soprattutto le cerimonie della Chiesa cattolica, ma è chiaro che le sue osservazioni e suoi sarcasmi hanno una portata più generale, la Chiesa ortodossa non essendo da meno della sua vicina. Dice, parlando di una devozione praticata in Spagna: «La forma di questa cerimonia, aumentando le bambinate di questo mondo, unisce le cerimonie religiose con i giochi dei fanciulli e porta con sé il marchio del paese dove è nata e il suo carattere nazionale. È un paese che formicola di conventi, di congregazioni, di regolari, di irregolari, di canoniche, di abbazie, di prebende, etc. Tutti gli individui vi fanno i più bei voti. L'inutilità per l'umanità di queste istituzioni è stata tuttavia così chiaramente riconosciuta nei paesi più illuminati, che si è cercato sempre il modo di diminuirle. Colui che fa il bene per il bene non ha bisogno né di bambinate né di paramenti tanto ridicoli quanto frivoli.»

Pretende anche di imitare l'esempio dei «paesi più illuminati». A proposito del malcontento manifestato dal Papa per la secolarizzazione di alcuni beni ecclesiastici in Germania: «Ecco del chiasso per una dozzina o una ventina in più o in meno di conventi nel mondo! Come se non si fosse mai secolarizzato! Personalmente quando desidero che vi sia un convento di meno, faccio loro dire chiaramente: «Andatevene in un altro», e nessuno discute più e nessuno si dà pena per questo.»

Ma il 4 aprile 1790, scrivendo all'ammiraglio Čičagov, che è alla vigilia di misurarsi con la flotta svedese, gli invia un'immagine sacra[250]. L'ammiraglio Spiridov[251] ne ebbe uno

---

[250] Vasilij Jakovlevič Čičagov (1726-1809) fu il vincitore di Reval (13 maggio 1790), una delle battaglie fondamentali che permisero alla Russia di uscire vincente dal conflitto con la Svezia. Educato in Inghilterra, Vasilij Čičagov fece ritorno in patria all'età di sedici anni per entrare nella marina dell'impero e compiere in essa tutta la sua carriera, sino ad arrivare al grado di ammiraglio. Nel 1764 fu anche a capo di una spedizione, che durò due anni ma che non ebbe successo, volta a individuare un possibile passaggio che univa l'Atlantico al Pacifico.

[251] Grigori Andreïevitch Spiridov (1713-1790). Con Alexeï Orlov, Spiridov fu uno dei fautori della vittoriosa battaglia di Çeşme che si svolse il 5-7 luglio 1770 in cui fu distrutta la flotta turca e che permise alla Russia di stabilire la sua supremazia sul Mar Egeo. Entrato in mari-

analogo alla battaglia di Çeşme. Non è una bambinata tutto ciò? E non è tutto. Mettendo la sua firma in fondo alla lettera, fa il segno della croce. Ed è un gesto che le è familiare, perché aveva fatto altrettanto due anni prima inviando degli ordini di combattimento all'ammiraglio Greigh. È sincera? Si potrebbe crederlo. Ma no, non è che una recita da parte sua, messa in scena e metodo di governo, lo spiega lei stessa: «Ci sono delle persone che confondono la superstizione con la pietà; *ma bisogna approfittare delle credenze popolari.*» Perciò, la fede dei valorosi ammiragli nella virtù delle immagini dei santi non è che superstizione, e ciò che Caterina fa a questo riguardo non è che blandire l'ingenua credulità di gente semplice. Ma i segni della croce per chi e per che cosa sono?

Talvolta, si direbbe che lo spirito luterano non è del tutto spento in lei, nel vedere l'accanimento con il quale se la prende in ogni occasione con la Chiesa cattolica e con il suo capo; cosa che non ha niente in comune con lo spirito ortodosso, molto più tollerante, indifferente o conciliante.

«Non invidio per niente Vostra Maestà – scrive nel 1782 a Giuseppe II – il raro privilegio, di cui gode attualmente, di essere alloggiato porta a porta con Pio VI. Per parlare sinceramente, vorrei sapere che il papa ha lasciato Vienna; non so perché non posso pensare senza una specie di inquietudine a questo soggiorno. Un prete italiano, per tutti quelli che non sono cattolici, è oggetto di una sorta di apprensione.»

È vero che Giuseppe, capo del Sacro Romano Impero, risponde con lo stesso tono:

«Confesso sinceramente a Vostra Maestà che durante le tre ore al giorno che ho trascorso regolarmente a sragionare di teologia con lui (il papa) su argomenti sui quali noi dicevamo spesso delle parole senza comprenderle, accadeva che restavamo spesso muti a guardarci, come per dirci che non capivamo niente né l'uno né l'altro e tutto ciò era stancante e odioso.»

Nel 1780, all'epoca del suo incontro con l'imperatore a Mogilev, Caterina si vanta di aver discusso e riso con lui durante

---

na all'età di dieci anni, percorse tutti i gradi della carriera militare, per essere promosso ammiraglio nel 1762. Nel corso della guerra russo-turca del 1768-1774 comandò una squadra della flotta del Mar Baltico inviata, nell'estate del 1769, nel Mediterraneo per sostenere i greci nella loro lotta contro i turchi. Si dimise dalla marina nel 1774.

tutta la lunghezza del servizio celebrato nella chiesa cattolica del luogo. Tutto ciò, comunque, non le ha impedito di apprezzare e di gustare la pompa dispiegata in questa occasione dagli officianti della chiesa, che non sono altro che dei gesuiti recentemente mandati da lei in questa provincia. «Tutti gli altri Ordini – scriveva a questo proposito – sono dei maiali (*sic*) al loro confronto.»

Ma proprio la sua condotta nei confronti di quest'Ordine, come l'idea che si è fatta dei suoi meriti, è soggetta alle più imprevedibili variazioni. Fino al 1785, Caterina sembrava incantata da questi religiosi e dal pensiero che aveva avuto di raccoglierli presso di sé, dopo la soppressione dell'Ordine pronunciata dalla Curia romana (21 luglio 1773). È un tiro che ha giocato al papa e ai suoi vicini della Polonia, recentemente smembrata, perché i suoi gesuiti, «questi buoni furfanti di gesuiti», come spesso li chiama, l'aiuteranno a tenere a bada e ad ammansire i suoi nuovi sudditi polacchi della Russia Bianca. Infatti, essi si impegnano e Caterina non manca di testimoniare loro la sua riconoscenza. Per qualche anno, vi è uno scambio di cortesie e di manifestazioni adulatorie. I buoni padri fanno una magnifica accoglienza alla sovrana nella loro chiesa di Mogilev. Lei proibisce la vendita e ordina la confisca delle copie di una storia dell'Ordine, che è ingiuriosa. Loro la incensano, lei intende difenderli «contro il vento e la marea». «È – diceva – una semenza troppo preziosa per lasciarla disperdere . . . Perbacco, come sono bravi!» Ma, improvvisamente, tutto cambia. I «buoni furfanti» sono diventati dei «furfanti» e basta. Che cosa hanno fatto? Si sono immischiati in cose che non li riguardavano. Hanno osato mettere sul tappeto la riunione delle due Chiese. «Sono delle bestie, e poi ancora, delle bestie, bestie e bestie noiose.» Non godono di «un soldo di credito» in Russia.

Tuttavia, quando la Rivoluzione scoppia in Francia e comincia a diventare una minaccia per i troni vicini, Caterina si ricorda delle sue vecchie predilezioni. I soldati di Brunswick non sono in grado di ristabilire l'ordine politico e sociale: bisognerebbe mettere al seguito della loro armata qualche migliaio di gesuiti; questi assolverebbero il compito.

L'insediamento dei gesuiti nella Russia Bianca sarebbe ancora da parte della sovrana un atto di tolleranza religiosa? Forse.

Dal 1763, Caterina si vanta di applicare a questo riguardo nel suo impero le idee più liberali. Alcuni gesuiti, allora non proscritti, si erano rifiutati a Mosca di interrare un francese morto senza aver ricevuto i sacramenti, e Caterina ordina allora di espellere quei religiosi e se ne vanta con Voltaire. Ne prende spunto anche per condannare in termini eloquenti il generale spirito di intolleranza: «Tutti i miracoli del mondo non cancelleranno la colpa di aver impedito la pubblicazione dell'*Encyclopédie*!» Nello stesso tempo i dissidenti della Chiesa ortodossa, i *raskolniks*, si sono risollevati dalla loro secolare decadenza: hanno riavuto i loro diritti civili, sono stati ammessi a prestare giuramento e a deporre in giudizio. Solamente, accade a loro quello che deve accadere anche per i gesuiti. Dal 1765, si scatena un conflitto. I *raskolniks*, imbaldanziti, si credono in diritto di erigere delle chiese. Fermi! Il santo sinodo fa appello al Senato; il senato ordina la distruzione degli edifici e Caterina lascia che la sentenza venga eseguita.

Già sappiamo che ella non si vanta di una grande rigidità di principi. L'assoluto non è la caratteristica di questa sovrana assoluta, e avrebbe inventato l'opportunismo se non fosse già stato inventato da tanto tempo. L'anno 1772 sollecita il suo intervento in un altro affare religioso di carattere particolare. La famosa e infame setta degli *skopcy*[252], o mutilatori, ha preso all'improvviso uno sviluppo inquietante nel governatorato di Orel. Caterina mette subito da parte il principio di tolleranza e fa coraggiosamente appello al knut. Esecuzioni sommarie riporteranno la ragione negli spiriti traviati. Ha torto? Questo stesso anno ce la mostra ancora sotto un aspetto del tutto differente. Il santo sinodo, che ha ottenuto la repressione dei *raskolniks*, si azzarda a lamentarsi del governatore di Kazan, il quale, in violazione di un vecchio ukase, ha autorizzato in quella città la costruzione di un certo numero di moschee. Caterina risponde con queste nobili parole: «Come Dio sopporta sulla terra tutte le confessioni, tutte le lingue, tutte le religioni, l'imperatrice, seguendo in questo la sua santa volontà e i suoi

---

[252] La setta degli *skopcy* era una derivazione dei *vecchi credenti* (*raskolniks*), cioè dei dissidenti della riforma religiosa introdotta nel XVII secolo dal patriarca della Chiesa ortodossa di Nikon. Gli *skopcy* predicavano la mortificazione del corpo, sino all'automutilazione del pene per gli uomini e del seno per le donne e affermavano che Dio aveva creato gli uomini senza attributi sessuali che erano creazione di Satana.

principi, agisce allo stesso modo, chiedendo solamente che tra i suoi sudditi regnino sempre l'amore e la concordia.»

Il governatore ha agito secondo le sue intenzioni.

Perché le moschee e non le chiese dei *raskolniks*? Perché la questione del *raskol*, come quella della setta degli *skopcy*, ha una valenza politica e sociale; il fatto è che Kazan è una città tartara e maomettana, come la Russia Bianca è una provincia polacca; perché tutto ciò fa capo a un semplice problema di ordine interno. Affidando a Volkov la faccenda degli *skopcy*, Caterina gli raccomanda di trattarla *civilmente*, nella forma amministrativa ordinaria.

Ma, nell'ordine civile, come nell'ordine religioso, possiamo dire che è stata una liberale? È, dal punto di vista delle sue idee e dei suoi principi, un grande problema da risolvere.

III

Il liberalismo di Caterina – Nobili aspirazioni dei primi anni – I principi filosofici e la pratica del governo autocratico – Tragico conflitto – La rivolta di Pugačëv e la Rivoluzione francese – Influenza di queste due crisi sull'animo di Caterina

Abbiamo visto Caterina parlare del suo «animo repubblicano». L'espressione ritorna parecchie volte nelle sue confidenze intime, e ogni volta il tono, l'accento che vi mette sembrano indicare che parli seriamente. È possibile che abbia ingannato se stessa sino a questo punto? Propendiamo per un'altra spiegazione. Senza che vi abbia particolarmente badato, nel corso della sua prodigiosa carriera, un dramma, crediamo, si sia svolto nel suo cuore, che ha messo in tragico conflitto le convinzioni, le tendenze, le aspirazioni generose, frutto di una straordinaria cultura intellettuale con le dure esigenze del mestiere di sovrana russa. Di fronte alle esigenze di un regime autocratico, Caterina ha potuto ripetere, dopo Fedro:

> *... Quum gravatam navita adversa ratem*
> *Propellit unda, cedit in vanum labor*

Ed ancora, negli ultimi anni della sua vita, riguardando i sogni della sua giovinezza e le realtà effettive della storia della sua carriera, poté dire con rimpianto: «Queste hanno ucciso quelli.»

Liberale, certo, lo fu un giorno.

«Auspico e desidero solo il bene per questo paese dove Dio mi ha messo; egli me ne è testimone ... Libertà, anima di tutte le cose, senza di te tutto è morto. Io voglio che si obbedisca alle leggi, ma nessuna schiavitù. Voglio un fine comune, rendere le persone felici, ma nessun capriccio, né bizzarria, né tirannia che lo faccia venir meno ... »

Tutto questo è probabilmente datato 1761, sono note simili a quelle che abbiamo già trovato, scarabocchiate di fretta, lasciate al caso di un'ispirazione istintiva, che non si rivolgono ad alcuno, che riportano il pensiero solitario e il travaglio di un'intelligenza e di una coscienza. C'è di tutto in queste note, anche delle indicazioni per la conduzione di un allevamento di ostriche. C'è il ricordo e il bizzarro intrico di una serie di letture incoerenti e troppo frettolose. Ci sono delle sciocchezze, come quel progetto per l'affrancamento progressivo dei servi con una legge, che, ad ogni passaggio di proprietà, darebbe la liberta ai contadini appartenenti al possedimento venduto. Ma vi è che in tutto questo aleggia un soffio, un sussulto d'animo, dove bisogna sicuramente riconoscere il contraccolpo del movimento emancipatore dell'Europa.

«Non c'è niente che mi ripugni più delle confische dei beni dei colpevoli, chi sulla terra ha il diritto di togliere ai figli l'eredità che hanno ricevuto da Dio stesso?»

Scrivendo queste parole, Caterina ha esternato ciò che ha avuto di più nobile, di più elevato e di più puro nello spirito umanitario contemporaneo.

Ahimè, non abolì nel suo impero la legge delle confische e, al momento della spartizione della Polonia, ha presieduto alla messa in pratica di un sistema che, con la copertura di necessità politiche, non era che un'opera di confisca in massa, compiuta senza neanche il pretesto di un'azione giudiziaria, a beneficio di uno stormo di avidi cortigiani. Ha tuttavia provato, nel corso della prima metà del suo impero, a mettere il suo governo all'altezza delle belle ispirazioni che aveva, e i suoi atti in rapporto alle sue idee. Nel 1763, cerca di restringere, se non proprio di sopprimere, l'uso della tortura. Prima di applicarla, dovranno essere impiegati tutti i mezzi di persuasione, ivi compreso l'intervento dell'autorità spirituale. Ma poiché l'eloquenza dei pope dalla lunga barba non le ispira una sufficiente fiducia, Caterina pensa di redigere per loro uso un manuale contenente le esortazioni più adatte a provocare la confessione del criminale. L'anno dopo, in una memoria redatta per suo figlio e i suoi successori, relativa al caso di un ministro dell'imperatrice Anna messo sotto accusa e condannato, benché innocente, non teme di inserirvi questa dichiarazione: «Il sovrano è sempre colpevole se i suoi sudditi sono scontenti di lui.»

Nel 1766, ricevendo dal conte Saltykov[253], governatore di Mosca, un rapporto su certe punizioni che aveva dovuto infliggere, ma che aveva cercato di ridurre il più possibile, scrive a margine: «Molte grazie al conte Piotr Siemionovitch che fa uso dello staffile con la massima circospezione. Vogliate continuare così.» Nel corso dello stesso anno, apprende che un principe Hovanski si permette delle violente critiche al suo governo. Ella ne fa partecipe lo stesso conte Saltykov in una lettera alquanto curiosa. Evidentemente, benché abbia soggiornato in Francia, il principe ha dimenticato che si mettono le persone alla Bastiglia per simili discorsi. Fortunatamente per lui, l'imperatrice non è cattiva, e la cattiva lingua di un principe Hovanski non la farà cambiare di carattere. Solamente, Saltykov lo avvertirà «che se non starà zitto, andrà in un posto dove i corvi faticheranno a trovare le sue ossa». Segue una postilla in francese: «Fategli molta paura, affinché trattenga la sua abominevole lingua, poiché, in caso contrario, sarò obbligata a fargli molto più male di quello che la paura possa causargli.»

È ancora nel 1766 che il pensiero intimo della sovrana si traduce in un tratto quasi sublime nella sua ingenua goffaggine. Un funzionario, suo consigliere per i progetti di riforme legislative, certo Vasili Buskakov, si lamenta per la soppressione

---

[253] Piotr Semionovitch Saltykov (1697-1772) militare e uomo di stato, fu inviato in Francia da Pietro il Grande per acquisire l'arte della navigazione e vi rimase per circa venti anni. Nel 1759, durante la Guerra dei Sette anni, fu comandante in capo delle forze russe e, come ricompensa delle vittorie riportate a Kay e Künersdorf, venne nominato feldmaresciallo. Nel 1763 divenne governatore di Mosca, carica che ricoprì sino al 1771, quando Caterina lo sollevò dalla funzione per aver lasciato la città senza permesso, mentre era in corso un'epidemia di peste bubbonica.

totale della tortura proposta dall'imperatrice e indica dei *casi* in cui l'uso gli sembra indispensabile.

«Ciò è incomprensibile! – scrive Caterina – Non esistono *casi* dove l'umanità soffre!»

In quel periodo, le accade spesso di cambiare in semplice esilio o in deportazione le pene corporali pronunciate dai tribunali. Per certi reati più gravi, allevia la pena di almeno la metà. Nello stesso tempo, si occupa di introdurre dei miglioramenti nelle prigioni e cerca di mitigare i sistemi troppo barbari di reclutamento. Un giorno, nel momento in cui entra nella camera dell'imperatrice, mademoiselle Engelhardt[254], successivamente contessa Branicka, vede Sua Maestà mentre sta firmando una carta, si ferma, esita un istante, poi mette definitivamente il foglio intatto in un cassetto. Non può nascondere un moto di sorpresa e Caterina, che se ne accorge, soddisfa subito la sua curiosità. Si tratta di una sentenza che necessita della sua firma per essere esecutiva. Ebbene, essendo di cattivo umore quella mattina, ha paura di essere troppo severa, come le è già successo in casi analoghi. Ha quindi preso la decisione di rimandare il tutto all'indomani.

Nel 1774, nel corso della rivolta di Pugačëv, troviamo questa riflessione in una lettera indirizzata a Sievers[255]:

«Con ogni probabilità, tutto questo finirà con degli impiccati.

---

[254] Una delle nipoti di Potëmkin.
[255] Jacob Johann von Sievers (1731-1808). Di origine tedesca, Sievers giunse in Russia a dodici anni per perfezionare la sua educazione presso lo zio, Karl von Sievers. Solo un anno dopo entrò nel Collegio degli Affari esteri e, nel 1748, venne inviato all'ambasciata russa di Copenaghen. Dal 1749 al 1755, fu segretario d'ambasciata Londra e, con il conte Černyšëv, viaggiò in Inghilterra, Francia e Germania. Partecipò alla Guerra dei Sette anni, raggiungendo il grado di maggiore generale, sotto gli ordini di Apraksin, e fu presente alle principali battaglie quali quelle di Gross-Jägersdorf, dove corse il rischio di essere ucciso, e di Zorndorf e all'assedio di Kolberg. Venne riformato per ragioni di salute nel 1761 e ne approfitta per recarsi in Austria e in Italia. Caterina ebbe l'occasione di conoscerlo nel corso di un viaggio di ispezione nelle province baltiche e, al termine di questo viaggio, lo nominò governatore generale di Novgorod, carica alla quale, nel 1776, si aggiunse quella di governatore generale di Tver. Il suo interesse spaziò in numerosi settori, dall'agricoltura, dove introdusse la coltivazione delle patate, all'estrazione della torba e del carbone, alla modernizzazione dei cantieri navali. Ispirò anche la creazione della prima banca russa per gli assegnati e spinse all'abolizione della tortura. Lasciò i suoi incarichi nel 1781, ma nel 1792 venne richiamato in servizio per divenire ambasciatore in Polonia, dove rimase sino al 1794. Nel 1798 viene fatto conte e due anni dopo si ritira definitivamente dalla vita pubblica.

Quale prospettiva per me che non amo le impiccagioni! L'Europa crederà che siamo ritornati ai tempi di Ivan Vasil'evič.»

Vediamo come si dibatte contro le fatalità del suo governo e del sistema politico che ne è collegato, come si richiama al giudizio dell'Europa «illuminata». Ahimè, l'Europa «illuminata» non pensava affatto a trattenerla sulla china dove la trascinava la pesante macchina autocratica. Voltaire era pronto a riconoscere che le impiccagioni avevano del buono, quando si trattava di farne uso per sbarazzare la grande Caterina dai suoi nemici. Persino una donna, persino madame Bielke era dello stesso parere e, nel 1767, consigliò alla sua imperiale amica di troncare l'opposizione che il vescovo di Cracovia le faceva in Polonia, inviando il prelato in Kamchatka. Caterina finì con l'ascoltare il consiglio. Se non in Polonia, dove la cosa non era facile, almeno altrove provò per lungo tempo a rimanere fedele al programma liberale che così definiva in un'altra lettera a Sievers:

«Sapete meglio di chiunque altro come detesti ogni violenza. In ogni circostanza ho preferito la via della dolcezza e della moderazione.»

Ma a Varsavia stessa, sogna talvolta un ritorno a questi principi. È conservato, nelle note scritte di suo pugno nel maggio 1772, un progetto di istruzioni per i governatori delle province polacche in virtù del trattato di spartizione; questo progetto sarebbe un ulteriore monumento di gloria per Caterina la Grande e quasi la scuserebbe di aver partecipato all'opera di spoliazione, se fosse stato messo in atto.

«Voi avrete cura – scriveva l'imperatrice – affinché al momento del passaggio di queste province sotto il nostro scettro, sia messa fine a tutte le oppressioni, vessazioni, ingiustizie, brigantaggio, assassinii, e, nelle inchieste giudiziarie, alle orribili torture ed anche a tutti i supplizi e punizioni crudeli. In una parola, desideriamo che queste province non siano sottomesse solo con la forza delle armi, ma anche che vi impegnate a conquistare il cuore degli abitanti stessi al nostro impero con un governo buono, ben ordinato, giusto, indulgente, dolce e umano.»

Nello stesso tempo, Caterina indicò ciò che intendeva per un governo «giusto» e «umano» in un seguito di paragrafi, uno dei quali sanciva per i nuovi sudditi dell'impero il diritto di conservare le loro leggi e i loro costumi nazionali e il privilegio di una giurisdizione autonoma con l'uso della loro lingua. Molti polacchi, ancora oggi, non chiederebbero di più.

Queste aspirazioni generose corrispondevano a un'idea fermamente radicata nell'imperatrice. Un giorno discutevano davanti a lei sui mezzi per ristabilire l'ordine e la tranquillità tra le turbolente tribù dei turchi; alcuni raccomandavano l'impiego delle armi, altri delle energiche misure amministrative, Caterina espresse così il suo parere: «Conosco un solo modo efficace: il commercio e gli agi della vita addolciranno i costumi di quei popoli.» Nel 1770, durante la prima guerra turca, quando Rumjancev la informò dei comportamenti di uno dei suoi colleghi, il generale Schtofeln, che, in Moldavia, bruciava città su città e villaggi su villaggi, l'imperatrice lasciò scoppiare la sua indignazione: «Quella maniera di fare la guerra ricordava le vecchie prodezze delle armate russe sul Volga e sulla Sura.» Non ci teneva a evocare questi ricordi, né a far ritornare la Russia alla sua origine storica. Era abbastanza infastidita dalla «falsa aria di Ispahan[256]» che Mosca conservava, e che sperava di farle perdere «andando in collera». Voleva una Russia civilizzata e istruita. «Non temerò mai i popoli istruiti», era solita dire.

Anche in economia politica i suoi istinti, piuttosto che le sue idee, poiché in materia non ne aveva, la ricollegavano alla scuola liberale. Detestava i monopoli, condannava le lotterie. «Ho orrore per il solo nome di lotteria; è sempre una truffa rivestita di formalità oneste.» Tuttavia, con un'incoerenza abbastanza abituale al suo spirito, si dichiarava ora abbastanza favorevole al protezionismo più energico, ora difensore degli interessi del consumatore contro quelli del produttore, sino a voler applicare diritti d'uscita per il grano.

Se crediamo a Grimm, l'intero programma politico di Caterina, quello cui rimase fedele per tutta la vita, si riassumeva in un progressivo cammino per la soppressione del potere assoluto. Non ammetteva, in questo le daremo facilmente ragione, che una riforma di questo genere potesse essere fatta brusca-

---

[256] Ispahan è una delle più antiche città dell'Iran a sud di Teheran e fu la capitale dell'impero persiano sotto la dinastia dei Safavidi. Fu distrutta da Tamerlano nel 1387.

mente. Conveniva scalfire progressivamente le fondamenta stesse del despotismo, dando a poco a poco ai popoli che ci si proponeva di emancipare, la consapevolezza da essi ignorata e il gusto della libertà. Nell'attesa, il regime autocratico si imponeva come una necessità provvisoria. Non abbiamo alcun desiderio di contraddire queste asserzioni. Per la sua origine, la sua educazione e anche, e soprattutto, per l'influenza degli esempi che ebbe sotto i suoi occhi, dal suo arrivo a Mosca, Caterina ha potuto essere indotta, in effetti, a condannare in via di principio, il principio stesso del potere che era diventato il suo. Si verificò allora questo fatto: in un primo tempo, come abbiamo detto, esercitò questo potere, che giudicava barbaro e destinato a scomparire in un futuro più o meno prossimo, in modo provvisorio e per necessità; ma esercitandolo, ne subì anche l'influenza, vi si adattò e ne perse di vista gli inconvenienti, apprezzandone meglio i vantaggi. Per dirla tutta, vi prese gusto. In secondo luogo, frequentando, come fece, la filosofia e i filosofi, giunse, per altra via, alla convinzione che quel modo di governare dispotico era, non solo in Russia, ma ovunque, il migliore di tutti.

L'abbiamo detto: la dottrina di Voltaire e soprattutto quella degli enciclopedisti, senza parlare di Rousseau, del quale non apprezzava il genio, conducevano direttamente a questo risultato. La teoria del *dispotismo illuminato* è uscita da questa scuola ed era fatta per sedurre l'erede di Pietro il Grande. Tra questa teoria, come la concepivano i filosofi, e la pratica dell'autocrazia zarista in Russia, c'era certamente un abisso. Ma Caterina doveva inevitabilmente oltrepassarlo. Oltre all'azione corruttrice dello stesso potere che esercitò, una terza influenza entrò in gioco.

Nel corso del suo regno, subì due crisi che esercitarono sulle sue idee un'energica azione contraria all'atteggiamento iniziale; andando incontro alla libertà, fece due incontri, che le diedero la voglia di ritornare sui propri passi: dapprima quello con Pugačëv, quel sinistro rappresentante delle franchigie popolari, che si affermava con odiosi eccessi; poi quello della Rivoluzione francese, quella penosa bancarotta dell'ideale filosofico annegato nel sangue. Il liberalismo di Caterina non resistette a questa doppia prova. Ebbe ancora un bel discutere con i suoi amici filosofi sul tema dell'emancipazione progressiva delle masse asservite, e anche a legiferare per capriccio in questo senso, lo spirito primitivo, la fede, la sicurezza di fare bene non c'erano più. L'energia si era esaurita. Dal 1775, all'indomani della repressione della rivolta di Pugačëv, il cambiamento diventa appariscente: d'ora innanzi le decisioni dell'imperatrice e quelle dei suoi diretti subordinati fanno da sole la legge, annullano l'azione dei corpi costituiti, qualsivoglia essi siano, come il Consiglio di Stato, che Caterina ha richiamato in vita. Ed è sempre meno questione di usare clemenza. Si invia, al contrario, un'aspra reprimenda al conte Zahar Tchernychev[257], vicepresidente del Consiglio di guerra, per il ritardo di una sentenza di fustigazione, di asportazione del naso e di deportazione in Siberia di un certo Bogomolov, che, ubriaco, si era attribuito il nome e la qualità di Pietro III[258]. Ed è lontano il tempo in cui, parlando della *Spirito delle leggi*, lo chiamava: «il Breviario dei sovrani, per poco senso comune che abbiano», o in cui scriveva a madame Geoffrin: «Il nome del presidente Montesquieu pronunciato nella vostra lettera mi ha strappato un sospiro; se fosse in vita, non risparmierei... (*sic*). Ma no, egli si rifiuterebbe come...»

Caterina voleva dire che non avrebbe risparmiato niente per convincere l'illustre scrittore ad andare a San Pietroburgo, ma che senz'altro egli avrebbe rifiutato, come aveva fatto d'Alembert. Perché all'epoca d'Alembert era sembrato «all'allieva di Voltaire» un uomo capace di consigliare un'imperatrice di Russia! Noi diremo altrove come e perché egli rifiutò questo onore.

La Rivoluzione doveva concludere ciò che Pugačëv aveva iniziato e consacrare un divorzio definitivo tra la Caterina degli anni giovanili e la sovrana imperiosa e altera che, nel 1792, fu la prima a suonare il campanello d'allarme in tutta Europa contro l'opera teorica dei filosofi bruscamente e brutalmente trasportata nell'attuazione pratica.

---

[257] Zahar Grigorievitch Tchernychev (1722-1784). Membro della massoneria, Tchernychev fu militare, presidente del Collegio di guerra dal 1763 al 1774, uomo politico e governatore di Mosca. Partecipò, al comando di un'armata, alla Guerra dei sette anni. La sua abilità e i suoi successi provocarono però l'invidia di Potëmkin che convinse Caterina II ad allontanarlo dalle cariche ricoperte, nel 1774, per affidargli la più defilata missione di amministratore della Russia Bianca.

[258] Era questo l'argomento che usava Pugačëv nel sollevare le popolazioni contro Caterina.

IV

Caterina e il movimento rivoluzionario – Simpatie iniziali – Indifferenza – Caterina non vede arrivare la tempesta – La presa della Bastiglia – Rapida reazione – Giudizio di Caterina sulla Rivoluzione e sugli uomini della Rivoluzione: La Fayette, Mirabeau, Mallet du Pan, il duca di Orléans, l'abate Sieyès – La visione di Napoleone – Campagna antirivoluzionaria – In Europa e in Russia – Gli ultimi principi di Caterina

Ancora nel 1769, la causa della libertà non ha in tutta Europa un difensore più entusiasta dell'imperatrice di Russia:

«Ai bravi corsi, difensori della loro patria e della libertà, e in particolare al generale Paoli[259]: Signori! Opporsi all'oppressione, difendere e salvare la patria da un'ingiusta usurpazione, combattere per la libertà, ecco ciò che tutta l'Europa vi vede fare continuamente da molti anni. È dovere del genere umano aiutare e favorire chiunque testimoni dei sentimenti così nobili, così grandi e così naturali.»

La lettera è di pugno di Caterina e firmata: «I vostri sinceri amici, gli abitanti del Polo Nord (*sic*).» Vi è allegato un aiuto in denaro, che deve passare agli occhi dei bravi corsi come il prodotto di una sottoscrizione. Questo, probabilmente, per risparmiare loro l'umiliazione di essere sovvenzionati da una sovrana assoluta, e anche per far credere loro che vi è, nei dintorni del «Polo Nord», un numero rispettabile di persone ca-

---

[259] Filippo Antonio Pasquale de Paoli (1725-1807). Patriota corso, Paoli ebbe alterne fortune nelle sue lotte per l'indipendenza della Corsica. Quando nel 1755, al suo rientro da un lungo esilio nel regno di Napoli, divenne comandante delle forze ribelli dell'isola e, quando venne proclamata l'indipendenza, attaccò con successo in tutta l'isola i genovesi che, ad eccezione di alcune cittadine costiere, dovettero cedere. Conquistò anche l'isola di Capraia che però i genovesi furono costretti a cedere alla Francia per la loro situazione di crisi economica. L'intenzione di farne un possedimento personale di Luigi XV diede avvio a nuovi scontri che terminarono nel 1769 con la sconfitta di Paoli, che si rifugiò in Gran Bretagna. Rientrò a Parigi nel 1789 e fu rimandato in Corsica con il grado di generale, ma nel 1793, disgustato dagli orrori della Rivoluzione e accusato di tradimento dalla Convenzione, dichiarò la separazione dell'isola dalla Francia e cercò sostegno dall'Inghilterra, alla quale ne offrì la sovranità. I suoi propositi fallirono e dovette nuovamente andare in esilio in Inghilterra, dove morì.

paci di appassionarsi alla causa che difendono.

Nel 1781, Caterina prende le difese di Necker[260]. Il suo famoso *Resoconto al Re*, che non è che un atto di accusa contro la gestione delle finanze reali, vale a dire contro la sovranità, la incanta e la diverte. Non dubita che il cielo abbia destinato l'abile ginevrino a fare la salvezza della Francia.

In questo momento non ha certo una particolare inclinazione per la Francia, né per gli avvenimenti che vi si stanno sviluppando; ma nei suoi sentimenti ostili o di disprezzo, vi è più la corte che non il popolo, e il regime battuto sulla breccia delle rivendicazioni sociali non gode del suo favore. È l'impressione che si deduce dalla corrispondenza che scambia con suo figlio e sua cognata nel corso del soggiorno delle Loro Altezza Imperiali, che viaggiavano sotto il nome di conte e contessa del Nord, nel 1782 a Parigi. Eccone un brano, è Caterina che scrive:

«Che Dio benedica la Cristianissima Regina, i suoi pompon, i suoi balli e i suoi spettacoli, il suo belletto e le sue barbe sistemate bene o male. Non mi dispiace che tutto ciò vi annoia e che accresce il vostro desiderio di ritornare. Ma come mai Parigi, tutta pazza per gli spettacoli, non ne ha meglio dei nostri? Lo so bene: il fatto è che tutti lasciano gli spettacoli buoni per quelli cattivi. In fatto di tragedia domina il genere atroce; chi non sa fare né commedie per ridere né tragedie per piangere fa dei drammi; la commedia al posto di far ridere fa piangere, niente è più al proprio posto; persino i colori portano nomi abietti e indecenti: tutto questo non incoraggia alcun talento, ma lo snatura.»

Una corte frivola e corrotta in mezzo a una società avvilita e spinta dal cattivo esempio che viene dall'alto, sulla china di una decadenza fatale, ecco l'idea che Caterina sembra, a quell'epoca, essersi fatta della patria del suo «caro maestro», il quale, del resto, le fornisce le considerazioni di questo severo giudizio, rinnegando ad ogni piè sospinto la sua parentela con

---

[260] Jaques Necker (1732-1804). Necker, che da semplice impiegato ginevrino, divenne banchiere e direttore generale del Tesoro di Luigi XVI, introdusse per la prima volta, nel gennaio 1781, un atto di trasparenza nell'amministrazione, pubblicando un «*Resoconto al Re*», in cui spiegava il funzionamento delle finanze reali, i principi della sua amministrazione e la situazione finanziaria del paese.

gli spregevoli «Velches»[261]. Ciò che tuttavia domina in lei, è un sentimento di indifferenza nei confronti degli uomini e delle cose di quel paese. Lungamente, sino anche alla soglia della crisi rivoluzionaria, gli avvenimenti che si svolgono in quel luogo lontano, le sembrano di nessuna importanza generale. Qualunque cosa sia stata detta in merito, non ha visto in alcun modo arrivare la tempesta. Il 19 aprile 1789, scrive testualmente a Grimm: «Non sono del parere di coloro che credono che siamo vicini a una grande rivoluzione.» Apprendendo, nel corso del suo viaggio in Crimea, la decisione presa da Luigi XVI di convocare un'assemblea dei notabili, non vi scorge che l'imitazione della sua «Commissione legislativa». Invita La Fayette a raggiungerla a Kiev. Per aprirle gli occhi sull'opera che i vari La Fayette preparano, ci vuole il colpo di tuono della presa della Bastiglia. Allora incomincia a capire di che cosa si tratta, e la *Gazzetta di San Pietroburgo*, che non aveva parlato della riunione degli Stati Generali e del giuramento della Pallacorda, scoppia, questa volta, in proteste indignate: «La mano trema per l'orrore . . . , etc.» Si intuisce il seguito dell'articolo. Presto i costituenti sono paragonati dal foglio ufficioso a delle «persone ebbre», nell'attesa che i loro successori lo siano a dei «cannibali».

A partire da questo momento, le idee di Caterina subiscono una rapida trasformazione, ed è curioso seguire, nella sua corrispondenza e nei suoi incontri confidenziali, i progressi di questa evoluzione. Nel giugno 1790, Grimm, che non ha ancora avuto modo di scorgere il cambiamento che si sta operando nell'animo della sovrana, chiede il ritratto dell'imperatrice per Bailly, offrendo in cambio quello dell'eroe rivoluzionario del giorno. Caterina risponde:

«Ascoltate, dunque, non posso dare seguito alla vostra richiesta, e inoltre conviene così poco al sindaco[262], che ha sottratto la Francia al regime monarchico avere un ritratto dell'imperatrice *più aristocratica d'Europa*, quanto a questa inviarlo al sindaco: significherebbe mettere questo *démonar-*

---

[261] «Velches» è un termine che Cesare Cantù (1804-1895), nella sua *Storia Universale*, attribuisce alla definizione di Valloni (Wallons o Welskes).
[262] Jean Sylvain Bailly (1736-1793), deputato alla Assemblea costituente e, successivamente, presidente dell'Assemblea nazionale, nel luglio del 1789 fu eletto sindaco di Parigi. Fu ghigliottinato nel 1793.

chiseur e *l'aristocraticissima* imperatrice in contrasto con se stessi e con le loro funzioni passate, presenti e future.»

E due giorni dopo:

«Vi ripeto di non donare al sindaco *démonarchiseur* il ritratto *più aristocratico d'Europa*, non voglio avere nulla a che fare con Jean Marcel che vedremo presto sul patibolo.»

Ecco così i repubblicani gettati a mare. Non si può dire lo stesso della filosofia. L'imperatrice la tiene ancora in considerazione. Cerca di disimpegnare la propria responsabilità dagli avvenimenti in corso:

25 giugno 1790

«A Grimm.

«Bisognerà che l'Assemblea nazionale faccia gettare nel fuoco tutti i migliori autori francesi e tutto ciò che ha sparso la loro lingua in Europa, poiché tutto ciò depone contro l'abominevole scompiglio che fanno . . . Per la massa e la sua opinione, non è il caso di tenerla in considerazione.»

È soprattutto quest'ultima frase che denuncia la contrapposizione, ormai irriducibile, e che non poteva che aggravarsi, tra lo spirito di Caterina e quello della Rivoluzione. È il ruolo, sempre più preponderante, della massa di avvenimenti di cui Parigi diventa teatro, che sciocca e offende la sovrana. Ci fu un tempo in cui, anche a questo proposito, nutriva altre idee. All'inizio del suo regno, riunendo la sua *Commissione legislativa*, non faceva altro, in fondo, che appellarsi alla massa dei suoi sudditi. Ma è anche allora, che essendo entrata in contatto, per la prima volta, con l'elemento popolare, che giunse a cambiare a poco a poco l'atteggiamento nei suoi confronti. Forse ebbe torto a generalizzare le sue impressioni, ma mancava di punti di paragone. Dovette farsi un'opinione sugli esempi che aveva sotto gli occhi, e questa opinione si tradusse in un disprezzo profondo. Nel 1787, al suo segretario Chrapowiçki, che le faceva notare l'enorme affluenza di contadini che accorrevano per vederla e salutarla in una città di provincia, risponde con un'alzata di spalle: «Vengono allo stesso modo per vedere un orso.» È lo stesso spirito che parla per sua bocca due anni dopo, quando, alludendo alla composizione dei club

politici in Francia, dice: «Come fanno dei calzolai ad immischiarsi di politica. Un calzolaio sa fare solo le suole.»
E ben presto la filosofia è abbandonata a sua volta. Caterina parla ancora e con stima dei «buoni autori francesi», ma fa la sua scelta e, messo da parte Voltaire, getta ai rifiuti tutti quelli del diciottesimo secolo. Diderot, d'Alembert e Montesquieu stesso sono sacrificati in un sol colpo:

12 settembre 1790

«A Grimm.

«Bisogna dire la verità, il tono che regna da voi è il tono della crapula; non è il tono che rese illustre la Francia . . . Che cosa faranno i francesi dei loro migliori autori, *i quali vissero pressoché tutti sotto Luigi XIV*? Anche Voltaire, tutti sono realisti; predicano l'ordine e la tranquillità e tutto ciò che è contrario al sistema dell'idra dalle dodici teste.»

L'Assemblea nazionale è giudicata sempre più aspramente. Il 7 agosto 1790, Chrapowiçki annota nel suo giornale: «Detto in presenza di Sua Maestà, parlando della Francia: «È un paese metafisico; ogni membro dell'Assemblea è un re e ogni cittadino un animale.» Giudizio accolto con approvazione.»
Nello stesso tempo, si scriveva a Grimm:

«27 settembre 1790

«A letto, ho fatto delle riflessioni e, tra le altre, ho pensato che una delle cause per cui i Mathieu de Montmorency, i Noailles, etc., sono così poco educati e pensano così poco nobilmente da essere stati i primi promotori del decreto che abolisce la nobiltà, . . . deve in verità essere ricercata nell'abolizione che avete fatto delle scuole dei gesuiti: si ha un bel dire, quei furfanti vegliavano sui costumi e suoi gusti delle gioventù, e tutto ciò che la Francia ha avuto di meglio è uscito dalle loro scuole.»

«13 gennaio 1791.

«Non si sa mai se siate ancora in vita in mezzo ai delitti, alle carneficine e ai torbidi di quella banda di briganti che si è impadronita del governo della Francia e che sta per farne la Gallia di Cesare. Ma Cesare li sconfisse! Quando verrà questo Cesare? Perché verrà, non dubitatene.»

«13 maggio 1791

«La migliore delle costituzioni possibili è una diavoleria, poiché fa più disgraziati che felici e le brave e oneste persone ne soffrono e non ci sono che gli scellerati che vi trovano del bene, perché si riempiono le loro tasche e nessuno li punisce.»

Ecco il modo moderato con cui Caterina è capace, all'epoca, di discutere uno dei principi rivoluzionari più offensivi per lei. La sua lettera, del 30 giugno 1791, al principe di Ligne lo testimonia:

«Penso che gli accademici dovrebbero indire un primo premio per il quesito: che cosa diventano l'onore o il valore, sinonimi preziosi alle orecchie degli eroi, nell'animo di un cittadino attivo sotto un governo sospettoso e geloso sino al punto di proscrivere ogni distinzione, mentre la natura stessa ha dato all'uomo intelligente la preminenza sullo stupido, fra il coraggio fondato sul sentimento della forza del corpo e quello fondato sulla forza del cervello? Secondo premio per il quesito: abbiamo bisogno dell'onore e del valore? E, se ne abbiamo bisogno, perché non si debba proscrivere l'emulazione e sostituirla con la sua insopportabile nemica: l'eguaglianza.»

Ma ben presto viene trasportata dai sentimenti violenti:

«1° settembre 1791

«Se la Rivoluzione francese si espanderà in Europa, verrà un altro Gengis Khan o Tamerlano a ricondurla alla ragione: ecco il suo destino, siatene certo. Ma questo non avverrà nel corso della mia vita, mi auguro in quella di Alessandro[263].»

---

[263] Il nipote, figlio di Paolo I.

Giunge la notizia della morte di Luigi XVI. Caterina, l'abbiamo raccontato, si sente come colpita al cuore. Si mette a letto, ha la febbre, si lamenta con il suo confidente:

«1° febbraio 1793

«Bisogna assolutamente sterminare persino il nome dei francesi! L'eguaglianza è un mostro. Vuole (*sic*) essere re!»

Questa volta, l'olocausto è totale. Voltaire ne è coinvolto con gli altri. Poi, vi sono nella bocca e nella penna dell'imperatrice degli appelli quasi selvaggi alla vendetta e dei progetti di repressione stravaganti:

«15 febbraio 1794

«Propongo a tutte le potenze protestanti di abbracciare la religione ortodossa, per preservarsi dalla peste irreligiosa, immorale, scellerata e diabolica, nemica di Dio e dei troni, poiché è la sola apostolica e veramente cristiana. È una quercia dalle radici profonde.»

Perciò, dopo Cesare, chiama Tamerlano e la sua spada sterminatrice; dopo i gesuiti, un pope dalla lunga barba, che farà entrare i popoli perduti nel gran girone salvifico della Chiesa ortodossa. Il Cesare di cui parla è quello che la Francia e l'Europa dovranno effettivamente subire? Sì e no. Quel Cesare, dapprima, non lo ha scorto. Nel 1791 pensava, e il senso della sua indicazione lo rivela, a qualche giustiziere proveniente dall'esterno. In prospettiva, non aveva che un qualsivoglia Brunswick. Solamente più tardi, la sua visione cambia d'aspetto e si precisa nello stesso tempo, e allora, bisogna dirlo, si avvicina alla realtà e quasi la tocca. Caterina *vede* Napoleone prima che compaia; lo indica con il dito, descrive i suoi tratti:
«Se la Francia esce da tutto questo – queste righe sono dell'11 febbraio 1794 – avrà più vigore che mai; sarà obbediente e dolce come un agnello; ma è necessario un uomo superiore, abile, coraggioso, al di sopra dei contemporanei e forse del suo stes-

so secolo. È nato? Esiste? Verrà? Tutto dipende da questo. Se esiste impedirà l'ulteriore rovina, ovunque si trovi, in Francia o altrove.»

Gli uomini della Rivoluzione che hanno preceduto Napoleone si trovano, beninteso, ad avere la loro parte nell'indignazione dell'imperatrice e nella severità dei suoi giudizi. La Fayette è ora chiamato: «Dadais le Grand[264]». Mirabeau è dapprima trattato meglio. Gli elogi prodigati al suo tardivo lealismo dalla *Gazzetta di San Pietroburgo* indicano che non si ignorano le relazioni del tribuno con la legazione russa a Parigi e i servizi che questa si attende da lui. Ma, dopo la sua morte, l'opinione personale di Caterina si afferma energicamente in senso contrario:

«Mirabeau – scrive a Grimm – era l'essere colossale o mostruoso del nostro tempo, perché in un altro sarebbe stato cacciato, detestato, imprigionato, impiccato, bruciato, etc.»

E tre giorni dopo:

«Non mi piacciono gli onori resi a Mirabeau, e non ne comprendo la ragione, a meno che non si tratti di incoraggiare la scelleratezza e tutti i vizi. Mirabeau merita la stima di Sodoma e Gomorra.»

Si è ricreduta anche sul conto di Necker:

«Condivido le opinioni di M.F. (?) per Mallet du Pan[265] e per quella bestia plebea di Necker: li trovo entrambi odiosi, ma oltre a ciò chiacchieroni ed estremamente noiosi.»

E non è tenera neanche con il duca di Orléans:

«Spero che mai nessun Borbone vorrà più portare il nome di Orléans, dopo l'orrore che l'ultimo che l'ha portato ispira.»

Quanto all'abate Sieyès, lo liquida così:

«Sottoscrivo l'impiccagione della abate Sieyès.»

È giusto dire che i rivoluzionari la ripagano con la stessa moneta. Volney rimanda la medaglia d'oro con cui l'imperatrice l'aveva un tempo gratificato. Sylvain Maréchal, nel suo *Jugement dernier des rois*, mostra l'autocrate delle Russie che si abbandona a un grottesco pugilato con il Papa, che le lancia la sua tiara sulla testa, dopo di che l'imperatrice è inghiottita con

---

[264] «Babbeo il Grande».
[265] Jacques Mallet du Pan (1749-1800) fu di fatto l'autore del famoso *manifesto di Brunswick*, del luglio 1792, indirizzato alla popolazione, contro la Rivoluzione e in difesa degli *emigrati*.

tutti i suoi complici da un vulcano che si apre sotto i suoi piedi. Il *Moniteur* non è mai amabile con lei.

Tuttavia, vi è da osservare che, inizialmente e per un periodo di tempo abbastanza lungo, Caterina benché condanni severamente il movimento rivoluzionario, non intraprende contro di esso né in Russia né altrove, alcun atto di repressione diretta. Resta spettatrice passiva e in qualche modo disinteressata del precipitare degli avvenimenti. Con il suo atteggiamento sembra affermare che quelle cose non la riguardano personalmente; che qualunque cosa accada, non ha nulla da temere da questa crisi, né per lei né per il suo impero. Al fondo, ne resta probabilmente convinta fino alla fine. Anche stavolta, però, accade che le combinazioni, o per meglio dire, le improvvisazioni della sua politica, vengono ad imporsi sulle sue convinzioni. L'epoca esatta in cui si decide a uscire dalla sua inazione indica sufficientemente le ragioni che la fanno agire: è il momento in cui, avendo regolato le sue questioni con la Turchia e con la Svezia, giudica venuta l'ora di intervenire in Polonia e di mettere mano all'ultima opera magistrale del suo regno. La Rivoluzione francese appariva ai suoi occhi come una di quelle «congiunture» propizie che, con le congetture e le circostanze, fanno, secondo quanto immagina, tutta la politica. Un dialogo con il suo segretario Chrapowiçki, alla data del 14 dicembre 1791, illumina chiaramente il suo pensiero a questo riguardo:

«Mi rompo la testa per impegnare le corti di Berlino e di Vienna sulla questione francese.»

«Non sono molto attive.»

«No. La corte di Berlino si farebbe avanti, ma quella di Vienna temporeggia. Non mi capiscono! Ho torto? Voglio impegnarli in questa questione per avere le mani libere. Ho parecchie imprese che non ho portato a termine. Conviene che siano coinvolti e non mi siano di ostacolo.»

E subito Caterina si mette in moto. Fino a questo momento si è accontentata di far pubblicare a Parigi, dal suo ministro Simolin (nell'agosto 1790), un ukase che ordinava a tutti i suoi sudditi di lasciare la Francia, per evitare che un gran numero tra essi seguisse l'esempio del giovane conte Alessandro Stroganov, che era entrato con il suo precettore in un club rivoluzionario. Ma non aveva ancora pensato a proscrivere nel suo impero le pubblicazioni incendiarie che venivano dalle rive della Senna. La Russia rimaneva il solo paese in Europa aperto alla circolazione della gazzette stampate a Parigi. Un numero del *Moniteur* fu confiscato, perché si esprimeva in modo sconveniente nei confronti del granduca Paolo e di diversi personaggi della corte. A partire da quel giorno, Caterina volle esaminare ciascun numero prima di autorizzarne la distribuzione. Ne vide ben presto uno in cui le stessa, a sua volta, era bistrattata: la qualificavano come «Messalina del Nord». «Questo riguarda solo me», disse fieramente e ordinò la distribuzione. Tollerava la presenza a San Pietroburgo del fratello di Marat che, pur disapprovando il furore sanguinario dell'altro, non nascondeva i suoi sentimenti repubblicani. Precettore nella casa del conte Saltykov, andava spesso alla corte con il suo allievo. Solo nel 1792, egli cambia nome e prende quello di Boudri. È allora che tutto cambia improvvisamente intorno a lui: l'imperatrice si imbarca nella campagna antirivoluzionaria, da principio senza grande entusiasmo, per pura manovra politica, ma sempre più sinceramente e anche appassionatamente, entrando a poco a poco nel personaggio che ha voluto interpretare e prendendone, naturalmente, le idee, i sentimenti e gli istinti. Non si accontenta di combattere lo spirito rivoluzionario in Francia e presso i francesi, ma prosegue la sua campagna in Russia, presso gli stessi russi, il che è veramente fargli troppo onore. Per la Francia, redige, nel 1792, una memoria sul modo di operare il ristabilimento della monarchia. Non vi dà prova di grande giudizio. Crede che un corpo di diecimila uomini, che attraverserebbe il paese da un'estremità all'altra, sarebbe sufficiente alla bisogna. La spesa non sarebbe che di 500.000 *lire* che si prenderebbero in prestito a Genova. La Francia, una volta restituita al suo re, rimborserebbe la somma. Nei confronti dei francesi imbevuti dello spirito rivoluzionario, che possono trovarsi sotto il suo dominio, immagina il famoso ukase del 3 febbraio 1793, che li costringe, sotto la minaccia di un'espulsione immediata, a prestare un giuramento, la cui formula non avrebbe potuto essere meglio concepita da un tribunale d'inquisizione. Non tratta i suoi sudditi con maggiore indulgenza. Per premunirli contro il contagio del giacobinismo, fa ricorso a delle armi che, all'inizio del suo regno, avrebbe più che disprezzate. Apprendendo della scelta che ha fatto di Prozorofski per il posto di governatore di Mosca, Potëmkin scrive alla sua imperiale amica:

«Avete estratto dal vostro arsenale il più vecchio pezzo di artiglieria, che certamente tirerà al bersaglio che gli indicherete, poiché non ha un proprio orientamento; ma state attenta che non sporchi di sangue, nella posterità, il nome di Vostra Maestà.»

Prozorofski e i suoi collaboratori di Mosca e di San Pietroburgo: Arharov, Chechkovski e Pestel, sembrarono, secondo la forte espressione di uno scrittore russo, «come usciti inopinatamente alla luce del giorno da camere di tortura del *Préobrajenski Prikaz*, già cadute nella notte dell'oblio». Il processo del pubblicista moscovita Novikov[266], condannato a quindici anni di fortezza, per il seguito dato a pubblicazioni alle quali l'imperatrice stessa aveva collaborato in altri tempi, inaugura un regime che giustifica anche troppo le apprensioni di Potëmkin. Caterina se la prende persino con le cravatte alla francese, alte e che coprono il mento, che i dandy di San Pietroburgo, il principe Galitzin in testa, si ostinano a portare.

Avremo occasione di ritornare su questi particolari. Cerchiamo, in questo momento unicamente di far luce sulle idee ispirate a Caterina dal grande cataclisma politico e sociale della fine del diciottesimo secolo. Si deve convenire che queste idee furono meschine. Caterina non seppe vedere ciò che, con deplorevoli errori e colpevoli aberrazioni, il movimento che cercò di reprimere portava con sé di nobile, di elevato di generoso. Forse il solo raziocinio non era sufficiente alla comprensione di simili fatti. Era necessario un livello di coscienza che Caterina non possedette mai. Cercando di combattere la Rivo-

---

[266] Nikolaj Ivanovič Novikov (1744-1818). Un certo talento letterario ma soprattutto giornalistico, e grandi capacità organizzative consentirono a Novikov di fondare, con altri, la Compagnia Tipografica, una fiorente «casa editrice», oltre che scuole e farmacie per i meno abbienti e a dar vita a una serie di attività volte a sollevare la condizione degli indigenti. Inizialmente, Caterina II, se non con favore, vide con tolleranza l'attività di questo brillante giornalista ma, il 25 aprile 1792, lo fece arrestare, confiscando i suoi averi. Il mutato atteggiamento da parte dell'imperatrice è tutt'ora oggetto di ricerca, senza dubbio vi ebbe un ruolo fondamentale l'adesione di Novikov alla massoneria e all'attività di proselitismo operata dalla Fraterna Società della Cultura, ma probabilmente vi fu anche il timore dell'influenza della Rivoluzione in questa chiusura da parte di colei che voleva essere considerata la più illuminata sovrana d'Europa. Novikov fu liberato dopo quattro anni con l'avvento di Paolo I, ma la dura prova non gli permise di riprendere la sua attività. Vedi di Raffaella Faggionato, *La fine di un'utopia. Contributo alla storia della massoneria nella Russia di Caterina II*, Rivista storica Italiana, anno CV, 1993, Fascicolo I.

luzione, colse l'occasione per strangolare sulle rive della Vistola l'ultima vestigia dell'indipendenza nazionale: era questione politica, tralasciamo ogni considerazione. Ma, terminata la lotta in Polonia, non ebbe né uno slancio del cuore, lei donna, né un barlume di intelligenza, lei grande sovrana, per ciò che aveva costituito l'onore della Repubblica morente e per la sua riabilitazione davanti ai posteri, per l'ultima resistenza dei vinti e per l'eroe che ne personificò l'inutile sforzo e il tragico destino. Dopo averlo fatto andare a San Pietroburgo come un malfattore, questo soldato vinto, che Michelet chiamava «l'ultimo cavaliere dell'Occidente e il primo cittadino dell'Europa orientale», del quale Napoleone più tardi al culmine della sua potenza, sollecitò il concorso e che, abitando in una locanda svizzera, non si lasciò abbagliare da Napoleone, non provò nemmeno la curiosità di vederlo. Si accontentò di ingiuriarlo. «Kostiuchko[267] – non ne imparò mai il nome con esattezza – portato qui, è stato riconosciuto come uno stupido nel senso pieno del termine, assolutamente inferiore al suo compito.» Ecco il suo modo di giudicare un uomo. «La mia povera bestia di Kostiuchka.» (*sic*), leggiamo in un'altra delle sue lettere. È tutta la pietà che seppe dare al soldato appena sconfitto sul campo di battaglia di Macieiowice, con il cuore straziato e con il fianco squarciato da una ferita, per la quale si poteva credere che l'anima intera di un grande e nobile popolo esalasse in un grido di suprema agonia.

Paolo I, arrivando al potere, andò, dicono, a vedere l'ex condottiero nella sua prigione e si inchinò davanti a lui, chiedendogli perdono per sua madre. Forse è solo una leggenda e, se così, tanto peggio per il figlio di Caterina. Nondimeno rese la libertà al prigioniero. Caterina non ci aveva pensato.

Abbiamo sentito un tedesco, che ancora oggi occupa una posizione di primo piano a Vienna, dirci che essendo cosmopolita, amava egualmente tutte le nazionalità, meno una, la sua,

---

[267] Andrzej Tadeusz Bonawentura Kościuszko (1746-1817) guidò l'omonima insurrezione, nel 1794, che mirava a liberare la Polonia e la Lituania dall'influenza russa. L'effetto della fallita rivolta fu disastroso per la Polonia che, di fatto, cessò di esistere per oltre un secolo. Battuto da Suvorov, fu portato prigioniero a San Pietroburgo. Fu lasciato in libertà da Paolo I e andò in esilio in Francia, nei pressi di Parigi. Kościuszko combatté anche nella guerra di Indipendenza americana, dove ebbe parte decisiva in numerose occasioni per la sua capacità di ingegnere.

perché, a fianco di numerose qualità, essa aveva un difetto che gli ripugnava: non sapeva essere generosa.

In un certo senso e sotto questo punto di vista, del quale non vogliamo accertare la giustezza, Caterina rimase tedesca. Amò donare e qualche volta perdonare, ma rimase inaccessibile a certi sentimenti che la debolezza, la sofferenza, la disgrazia, risvegliano naturalmente nei cuori sensibili. Le idee che le conosciamo non le permettevano anche di cogliere un certo tipo di grandezza umile. La sua semplicità era solo apparente, frutto di un'abile messa in scena. Ancora una volta recitava un ruolo mostrandosi sotto questo profilo. Acconsentiva a scendere dall'Olimpo e vi provava anche piacere, ma bisognava che l'Olimpo e tutto il suo apparato non fossero lontani. È per questo che nel 1782 si rifiutò di ricevere Franklin. «Non mi piace», diceva. Non lo capiva. Nel 1795 non comprese Kościuszko.

È vero che Caterina non imitò mai uno dei sovrani, suo contemporaneo, per il quale nutrì lungamente un profondo disprezzo, vale a dire Luigi XV, ripetendo alla sua maniera il famoso motto: «*Après moi le déluge*»? «*Poslie mienia hot trava nie rosti*» (dopo di me l'erba può smettere di crescere), la si sarebbe sentita dire negli ultimi anni. Possibile. Ma per arrivare a questo punto le fu necessario rinnegare tutto ciò che aveva fatto la gloria e la vera grandezza del suo regno e che ancora oggi vale al suo nome quell'immortalità di cui ebbe «l'ebbrezza» sublime.

PARTE II

LIBRO SECONDO
LA SOVRANA

CAPITOLO I

ARTE DI GOVERNO

I

Una sovrana intraprendente e un paese incolto – Il bilancio del regno di Caterina – «492 imprese compiute – La parte buona – Gli altri elementi del successo – Arte della messa in scena e padronanza di se stessa – Potere esercitato sugli altri – Un diplomatico francese nello sconforto

«Amo i paesi incolti», ha scritto Caterina. «L'ho detto mille volte: sono brava soltanto in Russia.» Conferma così la prodigiosa lucidità di mente che le permetteva di compiere, almeno occasionalmente, una cosa ardua: un giusto apprezzamento dei suoi meriti. Il principe Enrico di Prussia, che, inviato per riconoscenza a San Pietroburgo da suo fratello, vi vide la sovrana da vicino e la studiò con l'applicazione di un tedesco che vuole andare al fondo delle cose, un giorno disse, parlando con il conte di Ségur:
«Ella (Caterina) emana un grande fulgore; tutti la esaltano, tutti la immortalano mentre è ancora in vita. Altrove, ovviamente, brillava assai meno, ma nel suo paese ha più spirito di coloro che la circondano. Si è grandi con poco su un simile trono.»
Caterina, infine, non misconosceva uno degli elementi, forse il più essenziale, dei suoi successi: la fortuna. «Ho semplicemente fortuna», diceva volentieri. Come, d'altro canto, avrebbe fatto a non accorgersi nel percorso della sua vita di questo fattore indispensabile a ogni nostra prosperità? Nel 1770, copiava di suo pugno una nota del suo ammiraglio improvvisato, il comandante in capo delle sue forze del Levante, Alessio Orlov, il quale, benché non avesse visto fino a quel momento né vascelli né marinai, ne sapeva abbastanza in capo a otto giorni per capire che coloro con i quali gli era stato imposto di vincere «non valevano un accidente». Gli uomini non sapevano o non volevano manovrare, gli ufficiali non sapevano o dimenticava-

no di comandare, le navi si incagliavano o perdevano le loro attrezzature. «I capelli si rizzano sulla testa, guardando queste cose», scriveva Orlov. «Se si avesse a che fare con gente diversa dai turchi, il compito di questa squadra non protrarrebbe a lungo.» È questa squadra con il suo ammiraglio che riportò la vittoria di Çeşme, distruggendo completamente una delle più belle flotte che la Turchia abbia mai messo in mare. E nel 1781, Caterina inviava a Grimm il seguente riassunto della storia del suo regno, redatto dal suo nuovo segretario e factotum, Bezborodko[187], nella bizzarra forma di un inventario:

Governi eretti secondo la nuova forma	29
Città costruite	144
Convenzioni e trattati conclusi	30
Vittorie riportate	78
Editti memorabili, portanti leggi o fondazioni	88
Editti per migliorare le condizioni del popolo	123
Totale	492

Quattrocento novantadue importanti imprese all'attivo! Questo sbalorditivo bilancio, dove si rivela in modo ingenuo ciò che vi era di romanzesco, di stravagante, di un po' infantile e di molto femminile nello straordinario genio che dominò la Russia e un po' l'Europa per trenta quattro anni, farà certo ridere il lettore. Nondimeno, corrisponde, in realtà, a un insieme di grandi imprese portate a termine sotto l'ispirazione diretta della sovrana.

E tutto questo sarebbe semplicemente effetto della fortuna? Certamente no! Il principe Enrico di Prussia si è mostrato

---

[187] Alexandre Bezborodko (1747-1799). Uomo geniale, dotato di una prodigiosa memoria e capacità di apprendere, Bezborodko divenne, alla morte di Panin, il protetto di Potëmkin e ascoltato consigliere di Caterina II che lo aveva preso come segretario, su raccomandazione di Rumjancev, nel 1774. Fu uomo particolarmente attivo, caratteristica non proprio comune nell'ambiente di corte, e ben presto divenne l'interlocutore privilegiato della zarina in materia diplomatica ed ebbe modo di essere il principale fautore di importanti accordi quali quelli conclusivi della guerra russo turca del 1787-1792 e della guerra contro la Svezia di Gustavo III del 1788-1790. La diplomazia, tuttavia, non esauriva l'attivismo di Bezborodko che si occupò anche dell'amministrazione interna dell'impero riformando le poste, migliorando il sistema bancario, regolamentando le finanze, costruendo strade e che riuscì anche a far ritornare nell'ambito della chiesa ortodossa gli Uniati. Fu gran cancelliere dell'impero e ministro degli esteri dal 1797 al 1799, cioè con Paolo I.

troppo severo, Caterina ha voluto essere troppo modesta, e noi l'abbiamo riconosciuto precedentemente parlando del carattere della grande sovrana. Con un carattere come quello, generalmente non è il caso a pesare sulla bilancia dei destini umani che si è chiamati a decidere. Caterina vi mise prima di tutto delle notevoli qualità di temperamento. Il 3 luglio 1764, l'inviato di Federico, conte Solms, scriveva al suo padrone:

«Da parte della nazione vi è molto malcontento e fermento, e molto coraggio e fermezza, perlomeno in apparenza, da parte dell'imperatrice. È partita da qui (per la Livonia) con l'aria più serena e l'atteggiamento più sicuro, benché, due giorni prima, vi fosse stato un ammutinamento tra le guardie.»

In un'altra circostanza il principe di Ligne ha annotato:

«Sono stato l'unico che ha visto che per un quarto d'ora solamente l'ultima dichiarazione di guerra dei turchi le fece pensare modestamente che non vi era nulla di stabile al mondo, e che la gloria e i successi erano incerti. Uscì dal suo appartamento con l'aria serena come quella che aveva prima della partenza del suo corriere.»

Imponendo a tutti, ai suoi amici come ai suoi nemici, questo atteggiamento, Caterina non si lascia mai sopraffare da nulla né da nessuno, né mai perde il contegno. Nel 1788, nel momento in cui sta per scoppiare la guerra svedese, vi è nell'armata, come nell'amministrazione, ma soprattutto nell'armata, una grave carenza di uomini. Il conte d'Anhalt si presenta, forte di una reputazione militare europea, per prestare i suoi sevizi. Ma chiede il rango di generale in capo e il comando supremo. Rifiuto di Caterina. Stupore indignato del condottiero tedesco, che dichiara che andrà in campagna a piantare cavoli. «Curateli bene», risponde tranquillamente l'imperatrice.

Per accrescere il prestigio che esercita, non disdegna, talvolta, di ricorrere a certi artifici, a certi effetti che rasentano l'affettazione e la posa. Il conte di Ségur, presentando le sue credenziali, ravvisa «qualche cosa di teatrale» nell'atteggiamento dell'imperatrice, ma «questo qualcosa» dà al nuovo venuto una così grande emozione, che dimentica il suo discorso preparato prima e comunicato secondo l'etichetta. È obbligato ad improvvisarne un altro. Uno dei suoi predecessori, ancora più emozionato, non era mai riuscito, se bisogna credere a Caterina, ad andare oltre queste parole: «Il re mio signore...», che ripeté tre volte di seguito. Alla terza volta, Caterina mise fine al suo supplizio dicendo che conosceva da lungo tempo i buoni sentimenti del suo signore per lei. Ma, a partire da questo momento, lo ritenne uno stupido, benché questi avesse a Parigi la reputazione di uomo brillante. Ella non era indulgente che per i suoi domestici. È meglio dire che era in diritto di mostrarsi esigente nei confronti di coloro che avevano l'opportunità di rivolgerle la parola, poiché, come ha osservato il principe di Ligne, possedeva «l'arte di ascoltare». «Con la sua presenza di spirito, – dice – aveva l'aria di ascoltare anche quando pensava ad altro.» Il principe di Ligne aggiunge tuttavia che per lui la sua imperatrice, Maria Teresa d'Austria, possedeva «ben più attrazione e capacità di seduzione». Caterina mostra maggiore autorità. Ha anche cura di difendere contro ogni attacco questo lato del suo prestigio sovrano. Un giorno, a un pranzo ufficiale, avendo da manifestare del disappunto all'inviato di una potenza straniera, gli fece una di quelle scene di cui Napoleone più tardi si dimostrò così prodigo. In mezzo alla sua sfuriata, sente che il suo segretario, Chrapowiçki, a mezza voce fa osservare che è disdicevole che la *matuska* vada in collera a tal punto. Ella si blocca di colpo, cambia conversazione, si mostra amabile e allegra sino alla fine della colazione, ma alzandosi da tavola, va diritta verso colui che l'aveva interrotta: «Come osi criticare le mie parole in pubblico!» La sua voce trema di collera e la tazza di caffè che tiene in mano corre il rischio di cadere a terra. Lascia la tazza senza vuotarla. Questi si crede perso. Ritorna a casa in attesa, perlomeno, di un ordine di partenza per la Siberia. Vanno a cercarlo da parte di Sua Maestà. Caterina è ancora molto eccitata e lo riempie di rimproveri. Egli cade in ginocchio. «Tenete – gli dice allora l'imperatrice offrendogli una tabacchiera tempestata di diamanti – conservatela e, quando avrete ancora delle osservazioni da fare in pubblico su quello che dico o faccio, trattenete la lingua e prendete una presa. L'avvertimento potrà essermi utile.»

Con una tale padronanza di se stessi, è raro che non ne si eserciti una altrettanto grande sugli altri. Quella di cui dispone Caterina è enorme e tutti i tratti del suo carattere, del suo temperamento, del suo spirito contribuiscono a valorizzarla. Il suo contegno si impone e affascina, la sua energia, la sua foga, il suo brio giovanile, la sua fiducia, la sua audacia, la sua verve, la sua maniera di presentare le cose così come queste si presentano ai suoi occhi, vale a dire con le apparenze più seducenti, il suo disprezzo del pericolo e delle difficoltà, fatto per una buona metà di ignoranza e per un buon terzo di follia avventurosa, il suo modo di sognare a occhi aperti, quella sorta di allucinazione grandiosa nella quale si pone e attraverso la quale finisce con l'interpretare la realtà, tutto questo le serve a far marciare gli uomini buoni o cattivi, abili o maldestri, di cui dispone e che spinge alla meta come un cavaliere con un cavallo, adulato o frustato di volta in volta, speronato, scosso e portato in qualche modo dallo sforzo di una volontà che decuplica il lavoro dei suoi muscoli. Bisogna leggere la corrispondenza della sovrana con i suoi generali della prima guerra turca, Galitzin e Rumjancev. Galitzin è una nullità, Rumjancev un abile militare. Caterina sembra non rendersene conto. Bisogna che marcino di conserva. Bisogna che entrambi battano i turchi. È impossibile che non ci riescano. I turchi, che cosa volete che siano? Un branco, non un'armata! E poi, «l'Europa li guarda!» Crede di sentirsi Napoleone alle piramidi. Ella ringrazia Rumjancev per un pugno di turchi che le ha mandato, ma la cattura di due *ospodari*[188] sarebbe più utile ai suoi fini. Non è ancora abbastanza: «Vi prego, alla prima occasione, di inviarmi lo stesso visir e, se Dio lo permette, Sua altezza il sultano in persona.» Del resto, si occupa di rendere loro la vittoria facile: «Dà fuoco all'impero turco nei quattro angoli.» Ne informa preventivamente il suo ministro della guerra, affinché si prepari: «Signore, signore, mi servono molti cannoni . . . Che fare se questi cannoni sono cari? . . . » Atteggiamento che si direbbe più adatto a una reclamo per un supplemento di costumi a un sarto. E aggiunge: «Attualmente ho un'armata a Cuban, un'armata assegnata alla guerra ai turchi, un'armata contro quegli scervellati dei polacchi, sono pronta a saltare al collo della Svezia e ho ancora tre *sumathoi* (baruffe) *in petto*, che non oso mostrare. Mandami, se puoi, senza attirare l'attenzione, una carta del Mediterraneo e dell'Arcipelago, e poi prega Dio, Dio sistemerà tutto.»

---

[188] Governanti della Valacchia e della Moldavia.

Ma ecco che nel settembre 1771, uno dei luogotenenti di Rumjancev, il generale Essen, subisce una disfatta sotto le mura di Giurgiṭa. Non è niente! «Dove c'era dell'acqua, ce ne sarà ancora», dice il proverbio russo. Il proverbio russo ha ragione. «Dio ci ama molto, ma ci punisce talvolta per non renderci troppo fieri.» Bisogna andare avanti e tutto si aggiusterà. Rumjancev va avanti, passa la riva destra del Danubio. Vittoria! Grida Caterina. Subito una penna per inviare la buona notizia a Voltaire, per diffonderla attraverso l'intera Europa. Ahimè! Per obbedire alla sua sovrana Rumjancev ha osato troppo. È obbligato a battere in ritirata. Si scusa invocando lo stato della sua armata. Immagina che vicino all'imperatrice vi siano suoi nemici che tramano per lasciarlo senza viveri e munizioni. «Non sa ciò che si dice!» Caterina non ha mai sentito che egli avesse dei nemici capaci di nuocergli presso di lei. È impossibile che questo accada. «Non ha attorno persone che le bisbiglino all'orecchio . . . Non ama i delatori . . . Giudica le persone capaci di fare bene per quello che fanno.» Probabilmente, l'armata di Rumjancev è debole. Tanto più che ha dovuto soffrire nelle marce e nelle contromarce da una riva del Danubio all'altra . . . (Una battuta ironica, di sfuggita). Ma l'imperatrice non potrebbe scordare l'iscrizione incisa sull'obelisco che ricorda la vittoria riportata a Kagul da Rumjancev: riporta che egli non aveva che diciassettemila uomini ai suoi ordini! Con la sua capacità e la sua energia, egli può rinnovare questo fatto d'armi. Purché non si lasci andare allo scoramento. Avanti! Avanti!

II

Abilità nel maneggiare gli uomini – La sovrana e la seduttrice – Una Circe imperiale – La vestaglia del principe Potëmkin – I servitori dell'imperatrice – Nella buona e nella cattiva sorte Caterina non abbandona mai i suoi – Prestigio sovrano.

Questa corrispondenza mette anche in luce un'altra superiorità di Caterina: la sua abilità nel maneggiare gli uomini. In questo, è semplicemente meravigliosa. Ha tutte le risorse di un diplomatico rotto al suo mestiere, di uno psicologo sottile e di una donna capace nell'arte della seduzione, le impiega, insieme o separatamente e le maneggia con una maestria senza pari. Se è vero che prende talvolta i suoi amanti per generali o uomini di stato, è altrettanto vero che all'occasione tratta i suoi generali e i suoi uomini di stato come degli amanti. Là dove la sovrana non otterrebbe niente, interviene la Circe. Quando non servirebbe a nulla comandare, minacciare o punire, diventa seduttrice e carezzevole. Ha per i soldati che manda alla morte, chiedendo loro di riportare una vittoria, attenzioni delicate, premure adulatorie, adorabili moine. Dopo la battaglia di Kinburn (ottobre 1787), volendo inviare dei distintivi d'onore agli eroi della giornata, li dispone con le proprie mani in un cestino fiorito, che invia a Potëmkin. Nel settembre 1789, invia al principe di Nassau-Siegen[189], nuovo comandante della sua flotta, due vestaglie calde, «simili a quelle che ho fatto mandare l'inverno scorso al maresciallo principe Potëmkin davanti a Otchakov, e che gli hanno fatto un gran bene, a quanto mi ha detto egli stesso». Lusinga le ambizioni letterarie del conte di Ségur facendogli una dolce violenza per mettere in scena il suo *Coriolano* e, nel corso della rappresentazione, gli prende le mani per obbligarlo ad applaudire se stesso. Si dà anche l'aria di aver imparato la commedia a memoria, recitando una dozzina di versi ad alta voce, dove, è vero, ha colto un'allusione politica che si compiace di sottolineare.

---

[189] Karl Heinrich Otto de Nassau-Siegen (1745-1808). Nato in Piccardia, entrò nella Marina reale francese all'età di quindici anni. Dopo aver partecipato alla Guerra dei Sette anni (1756-1763) con Louis Antoine de Bougainville fece il giro del mondo e, ritornato in Francia, organizzò una spedizione in Africa centrale. Passò poi al servizio della Spagna, in occasione della guerra contro gli inglesi, nel 1780, e fu promosso da Carlo III maggiore generale. Alla fine del 1786 giunse in Russia e partecipò al viaggio che Caterina II fece l'anno successivo in Crimea. Entrò nella marina imperiale con il grado di contrammiraglio per partecipare alla guerra russo-turca (1787-1792) nel corso della quale inflisse numerose sconfitte al nemico. Entrato in conflitto con Potëmkin, lasciò la Russia per ritornare in Francia e in Spagna con l'obiettivo di realizzare un'unione tra l'Austria, la Francia, la Spagna e la stessa Russia, ma il tentativo non andò a buon fine. Partecipò poi alla guerra russo-svedese (1789-1790) dove conseguì una importante vittoria a Svensksund, il 4 agosto 1789, ma nel luglio dell'anno successivo subì una disastrosa sconfitta nella seconda battaglia di Svensksund, dove la marina svedese annientò la flotta russa. Fu comunque nominato ammiraglio, ma non si riprese mai da questa sconfitta, e dopo aver ripetutamente chiesto il congedo, si ritirò in Ucraina nei suoi possedimenti.

La fortuna sorride ai suoi sforzi, che ha sollecitati e stimolati, ed è riconoscente a profusione: onori, pensioni, doni in denaro, in contadini e terre, piovono sugli artefici della sua gloria. Ma non le accade di abbandonare coloro che hanno avuto unicamente il torto di essere sfortunati. Nel luglio 1790, il nuovo comandante della sua flotta, si fa battere vergognosamente. Immediatamente gli scrive:

«Spero che voi mi conosciate abbastanza bene per essere persuaso che i pettegolezzi della città, che apparentemente vi sono arrivati, non avranno alcun effetto sulla mia predisposizione d'animo. Conosco perfettamente il vostro zelo e gli rendo giustizia. Ho sinceramente condiviso il vostro dispiacere e sono sinceramente spiaciuta di vedere che esso giunge a compromettere la vostra salute ... Dio mio, chi non ha mai avuto rovesci nella sua vita? I più grandi condottieri non hanno avuto delle giornate disgraziate? Il defunto re di Prussia era veramente grande soltanto dopo un grande rovescio ... Ricordatevi, mio principe, dei vostri successi al Sud e al Nord, dominate gli avvenimenti e andate nuovamente contro il nemico, al posto di chiedermi di nominare un nuovo comandante della flotta. Se lo facessi in questo momento vi esporrei ai vostri avversari. Ho troppa considerazione dei servizi che mi avete reso per non sostenervi, soprattutto in un momento in cui voi soffrite, a quanto mi dite, nel corpo e nello spirito.»

Lo sostiene, in effetti, nei confronti e contro tutti. Quando, per ottenere il suo ritiro in pensione, invoca le sue condizioni disagiate, gli risponde che sarebbe per lei doloroso non potervi porre rimedio. «Ho amato per tutta la mia vita occuparmi degli affari di coloro che hanno fatto i miei.» E, poiché il clamore della corte e della città contro il generale vinto non cessava, gli scrive ancora:

«Voi avete agito seguendo un piano approvato da me e in base ai miei ordini che, emanati da una suprema autorità, non potrebbero essere sottoposti ad alcun esame, e per quanto a lungo io viva, non sopporterei mai che ciò che ho ordinato sia sottoposto a revisione di anima viva; del resto nessuno oserebbe farlo. Voi avete ragione e voi dovete aver ragione, perché io giudico che voi avete ragione. È probabilmente una ragione aristocratica, ma non potrebbe essere altrimenti senza mettere tutto sottosopra.»

Ed è sempre così. Nel 1794, il generale Igelström[190], essendosi lasciato sorprendere da una rivolta popolare a Varsavia, viene messo in pensione d'ufficio, ma un giorno in cui l'entourage dell'imperatrice si accanisce con le critiche contro di lui, ella alza la voce: «Silenzio signori, non dimenticate che mi ha servito per trent'anni e che gli devo la pace con la Svezia.»

Un frammento di conversazione con il conte Nicolas Rumjancev , figlio dell'eroe della prima guerra turca, che ci viene riportato da Gretch, indica d'altra parte, l'abbondanza dei mezzi di cui dispone e dei quali fa uso per ottenere l'aiuto di utili amicizie. Chiede al conte se crede che governare gli uomini sia cosa facile. «Penso che non ci sia niente di più difficile», risponde Rumjancev. «Andiamo! È sufficiente osservare tre principi: il primo è agire in modo tale che le persone credano che sono esse stesse a voler fare ciò che voi ordinate.» «Non c'è bisogno d'altro», la interrompe Rumjancev inchinandosi. L'ammiraglio Čičagov[191] racconta, da parte sua, che suo fratello, che era gentiluomo di camera, ebbe la sfortuna di arrivare un giorno in ritardo per prendere servizio. L'imperatrice se ne accorse e non mancò di rilevare questa negligenza, ma lo fece prodigando elogi alla memoria del padre di Čičagov il quale, in cinquant'anni di servizio, non mancò una sola volta al suo posto. I testimoni di questa scena rimasero convinti che il giovane gentiluomo avesse ricevuto una straordinaria prova del favore dell'imperatrice, mentre egli confessò più tardi di non essere mai stato così infelice e confuso. «Ho come principio lodare ad alta voce e di rimproverare a bassa voce», diceva Caterina.

Non è facile immaginare la conseguenza che una parola della sua bocca, un segno della sua mano, la più lieve testimonianza di soddisfazione o di malcontento proveniente da lei, abbiano finito per avere negli animi semplici, per la maggior parte, e

---

[190] Otto Einrich Igelström (1737-1823). Educato a Riga e a Lipsia, Igelström, svedese di origine, entrò nell'esercito russo nel 1753 e partecipò alla guerra russo-turca del 1768. Successivamente comandò il contingente di occupazione russo in Crimea, nel 1784 e partecipò anche alla guerra russo-svedese (1788-1790). Nominato comandante delle truppe russe in Polonia non fu in grado di sedare la rivolta di Varsavia del 1794 e fu destituito.

[191] Vasilij Jakovlevič Chichagov o Tchichagov (1726-1809). Abile ammiraglio, Chichagov organizzò un'importante spedizione con lo scopo di individuare un eventuale passaggio tra l'Atlantico e il Pacifico, a Nord della Siberia. Partecipò a numerose battaglie, tra cui si ricorda quella di Reval, del 13 maggio 1789, che permise di sconfiggere la Svezia.

facilmente impressionabili, con i quali ebbe a che fare. Čičagov ricorda anche che un generale Voronov, comandante del porto di Reval, che aveva conosciuto bene, fu colpito da un attacco apoplettico, di cui morì, al solo pensiero di essere incorso nel malcontento della sovrana. Un sottufficiale di nome Stepan Chiraï, inviato all'imperatrice da Suvorov con la notizia della conquista di una fortezza, ritornò dalla sua missione con la croce di San Vladimiro di 4ª classe, che la stessa imperatrice gli aveva apposto sul petto. Trent'anni più tardi, l'imperatore Nicola pensò, il giorno della sua incoronazione, di farlo avanzare di una classe. Egli rese la nuova croce: non poteva decidersi a lasciare quella che aveva ricevuto dalla mano di «matuchka»!

III

Frenetica attività – La preoccupazione del governo e i meloni di Astrakan – Caterina nel ruolo di mezzana – Caterina dirige le operazioni della guerra di Svezia e fa le funzioni dell'intendenza militare – Un convoglio improvvisato di approvvigionamenti.

Abbiamo già parlato dell'attivismo di Caterina. È un ulteriore elemento, per nulla trascurabile, della sua prodigiosa fortuna. A questo proposito, ella si è sempre, e fino alla fine della sua vita, prodigata senza risparmio. È stata veramente «la sentinella che non hanno mai rilevato», cantata nel 1787 dal poeta Deržavin[192].

---

[192] Gavriil Romanovič Deržavin (1743-1816). Considerato il maggiore poeta russo del '700, Deržavin non si limitò alla carriera letteraria ma fu anche militare e burocrate di alto rango. Figlio di piccoli proprietari terrieri, benché nobili, a diciotto anni giunse a San Pietroburgo e si arruolò nel reggimento dei granatieri Préobrajenski, dove seppe distinguersi e divenne ufficiale. Seppe cogliere l'occasione di distinguersi durante la rivolta di Pugačëv, nel 1773, quando, trovandosi a Kazan', sua città natale, scrisse un messaggio di fedeltà all'imperatrice a nome di tutta la nobiltà del luogo. Diventò così coadiutore del generale Bibikov, uno degli artefici della repressione della rivolta, dandogli, con le sue conoscenza del territorio, un aiuto per la cattura del ribelle. Per questa sua opera, nonostante si fosse rivolto a Potëmkin per ottenere una promozione, ebbe invece il congedo, una donazione in terreni in Bielorussia e il trasferimento al servizio civile agli ordini del principe Vjazemskij. Il suo carattere integerrimo e la sua onestà non comune nella burocrazia dell'epoca gli crearono non pochi problemi ovunque prestasse la sua opera. Comunque, anche in questa car-

Durante i primi anni, secondo la testimonianza del feldmaresciallo Münnich[193], lavorava quindici ore al giorno, e due anni

---

riera seppe distinguersi e ritornò nella sua Kazan' come governatore, per esserlo successivamente anche di Olonec e di Tambov (1784-1785).
Non mancò di raccogliere un'ampia documentazione sulla corruzione dell'amministrazione burocratica, che sottopose alla zarina nel 1790, quando fece ritorno nella capitale. Nel 1791 divenne senatore e segretario dell'imperatrice nell'ufficio delle petizioni, incarico che mantenne anche con Paolo I. Fu poi, per un breve periodo di tempo, anche ministro della giustizia sotto il regno di Alessandro I. Si ritirò dalla vita pubblica, nel 1803, andando a stare nella sua proprietà di Zvanka, vicino a Novgorod.

[193] Burkhard Christoph von Münnich (1683-1767). Fu la tipica figura di militare dell'epoca. Di origine danese, entrò nell'esercito francese, nel 1699 a sedici anni, come ingegnere poi, allo scoppio della Guerra di successione spagnola, ritornò in Germania e fu al servizio del Granducato d'Assia e in quello dell'Assia-Kassel. Nel 1706, raggiunse le truppe del principe Eugenio in Italia e ben presto conseguì il grado di maggiore, dopo aver partecipato alla battaglia di Castiglione e alla presa di numerose fortezze. Si distinse nella battaglia di Malplaquet (1709) e venne gravemente ferito in quella di Denain (1712), dove fu fatto prigioniero. Nominato colonnello al suo rientro in patria, nel 1713, fu incaricato dal langravio dell'Assia di attuare il piano di un canale di congiunzione tra la Fulda e il Weser. Nel 1716 entrò al servizio della Polonia del principe elettore di Sassonia (futuro re di Polonia) ed ebbe ben presto il grado di generale maggiore e ispettore generale delle armate polacche. Allontanato dalla Polonia, nel 1721, si recò a San Pietroburgo dove assunse la carica di ingegnere generale di Pietro il Grande. L'opera alla quale fu applicato era il completamento di un collegamento tra il canale del lago Ladoga, il Volochov, e la Neva. L'opera fu inaugurata nel giugno del 1728, quando, dopo la morte della zarina Caterina I, sedeva sul trono, da poco meno di un mese, Pietro II. Quest'ultimo, troppo giovane per governare, fu posto sotto la tutela di Menchikov, che non amava Münnich, ma nonostante ciò riuscì ad essere governatore dell'Ingria, della Carelia e della Finlandia, fu anche nominato generale in capo, fatto conte e decorato con l'Ordine di Sant'Alessandro Nevski. Con la zarina Anna assunse il grado di feldmaresciallo e fu messo alla testa dell'amministrazione militare, che riformò sul modello di quelle occidentali. Ministro nel 1731, l'anno seguente assunse la carica di presidente del Collegio militare. Rinnovò e ampliò l'organizzazione dell'esercito russo, modificandone anche il sistema di reclutamento. Tra le sue creazioni vi fu la scuola del corpo dei cadetti e il reggimento Ismaïlovski. Nominato ministro della Guerra dalla zarina, gli venne affidato il comando nella Guerra di successione polacca (1733-1738), anche con il fine, da parte di Ostermann e di Biron, favoriti della zarina, di allontanarlo da corte. Dopo la cacciata del re Stanislao Leszczynski (1734) venne posto sul trono di Polonia il principe Poniatowski. Le sue più folgoranti azioni si ebbero contro i turchi, nella guerra che la zarina intraprese tra il 1736 e il 1739. Conquistò la Crimea, prese Očakiv, dopo un famoso assedio, sconfisse i turchi a Stavučany nel 1739. L'Austria, però, fu sconfitta dall'esercito ottomano a Grocka e chiese una pace separata, che ebbe, come immediata conseguenza, la disponibilità, da parte della Porta, di ingenti forze da opporre all'esercito russo. Fu quindi concluso un accordo con il sultano, sancito a Nyssa il 3 ottobre 1739. La zarina Anna aveva destinato alla sua successione il suo pronipote, nato il 5 ottobre 1740, ma morì il 28 dello stesso mese. La reggenza venne affidata a Biron, il quale però, poco meno di un mese dopo, venne arrestato dallo stesso Münnich, per ordine di Anna Leopoldovna, madre di Ivan VI, il predestinato al trono. Münnich divenne primo ministro ma la sua propensione ad un'alleanza con la Prussia contro il volere della reggente che la voleva con l'Austria, deter-

prima della sua morte, Caterina scriveva a Grimm:

«Potete tormentarmi come volete, non abbiate timore. Sono così abituata ad essere tormentata in ogni direzione, che da tempo non mi accorgo nemmeno di esserlo. Nella mia condizione, siete costretto a leggere quando vorreste scrivere e a parlare quando vorreste leggere; bisogna ridere quando si vorrebbe piangere; venti cose ne impediscono venti altre, e voi non avete mai il tempo di pensare un momento e, malgrado ciò, dovete agire subito, senza mai sentire la stanchezza né del corpo né dello spirito. Tutto in ogni momento richiede che voi siate all'erta.»

Abbiamo già visto, in effetti, che si fa carico di parecchie cose. Nel 1767, avendo constatato durante il suo soggiorno a Mosca la scarsa qualità dei meloni che vi si mangiano, fa venire dall'Astrakan e dall'Orenburg delle semenze di una qualità superiore. Sappiamo che qualche anno più tardi, si servì di un invio di questi frutti per accattivarsi la simpatia di Federico. Pensa anche alle patate e si impegna a favorire l'introduzione di questo tubero nella coltura nazionale. Invia al conte Saltykov dei rimedi contro la peste. Ne scova di terribili, come quello di far mettere l'appestato in un posto freddo e secco, di dargli da bere dell'acqua fredda con dell'aceto e di farlo sfregare due volte al giorno con il ghiaccio. Nel 1768, si rivolge allo stesso funzionario per far venire da Mosca a San Pietroburgo delle giovani dame carine, che l'aiuteranno a fare gli onori della sua capitale al re di Danimarca, la cui visita è stata annunciata. Il figlio del conte Saltykov dovrà assistere il padre nella scelta tra le bellezze locali. Vi sono delle note di suo pugno che riguardano la fabbricazione dell'acquavite. Combina matrimoni e, se le unioni che ha assortito sono turbate, si intromette per riportare la pace e la reciproca soddisfazione. Si occupa di rendere al

---

minò un ulteriore cambiamento negli equilibri. Venne privato dei suoi incarichi, gli rimase solo l'armata. Cadde ammalato e quando guarì la reggente gli accordò una pensione e una guardia d'onore, ma nuovi e più radicali cambiamenti erano alle porte. Il 6 dicembre del 1741, Elisabetta salì al trono con un colpo di stato e un mese dopo, il 27 gennaio 1742, Münnich venne condannato a morte, come partigiano di Ivan VI. La pena venne commutata in esilio, dove rimarrà per vent'anni, sino al 1762, quando, il nuovo zar, Pietro III, lo richiama. Un'altra breve parentesi, poiché sei mesi dopo Caterina II prende il potere. Venne da lei nominato direttore generale dei canali e dei porti della Russia, funzione che manterrà sino alla sua morte.

principe Lapukhin sua moglie, che è fuggita dal focolare familiare e che fa prelevare *manu militari* dalla casa materna, dove si era rifugiata, per restituirla al marito. Rivede, prima di autorizzarne la rappresentazione, le commedie di Sumarokov[194], definendo le modifiche che vi trova da apportare delle «correzioni di una illetterata». D'altronde, non soltanto corregge, ma censura anche, pur generalmente in modo alquanto liberale. Il censore in carica, Yelagin[195], pose una volta il suo veto alla messa in scena di una delle opere del celebre autore, ma l'imperatrice revocò la sentenza e ordinò di passare oltre. Tutto questo unito all'esercizio diretto, sovente e sempre alquanto zelante, delle funzioni straordinariamente complesse e «universali» di una sovranità assoluta. Nel 1789 e nel 1790, essendo assente Potëmkin, suo *alter ego*, perché occupato a sud dell'impero con la guerra turca, è lei che porta, e porta valorosamente, tutto il peso della guerra con la Svezia. Dal maggio al luglio 1789, avendo nominato l'ammiraglio Čičagov comandante in capo della sua flotta del mar Baltico, in sostituzione dell'ammiraglio Greigh, deceduto poco prima, Caterina non scrive meno di *trenta* lettere al nuovo titolare di quel posto di fiducia: «alcune», racconta il figlio di Čičagov, «relative alle grandi operazioni, altre dedicate ai dettagli che suggeriva indicando i diversi punti da occupare sulla costa della Svezia, designando anche tra gli ufficiali stranieri quelli che si potevano impiegare con maggiore utilità. Dava anche, nello stesso tempo, le notizie su tutto quello che veniva a sapere sulla condizione e sui movimenti del nemico. Entrava nei dettagli dell'amministrazione, ordinava la costruzione di diversi edifici, come caserme e ospedali, la riparazione e la messa in funzione del porto di Reval, etc.»

---

[194] Alexander Petrovič Sumarokov (1717-1777). Scrisse molto e con regolarità questo nobile moscovita che fu poeta e drammaturgo, e creò il teatro classico in Russia. La fama di Sumarokov è legata alle commedie ispirate alla storia russa, alle leggende e al teatro shakespeariano. Scrisse anche i libretti di due opere, delle quali una del compositore italiano Francesco Araja.

[195] Ivan Perfilievich Yelagin (1725-1794). Poeta di poco conto, Yelagin fu segretario ufficioso di Caterina II con la quale entrò in amicizia prima che questa divenisse imperatrice. Bandito da corte da Elisabetta I, nel 1758, quando Caterina salì al trono fu nominato direttore dei teatri di corte, funzione che esercitò con non poco dispotismo. Fu uno dei fondatori della massoneria in Russia.

Qualche anno più tardi, ritornava così sui ricordi di quell'epoca:

«C'è un motivo per cui in quel momento mi comportai bene: ero sola, pressoché senza alcun aiuto e temendo di mancare in qualche cosa per ignoranza o per dimenticanza, ero diventata di un attivismo di cui non mi credevo capace. Mi occupai di cose incredibili, divenni il provveditore dell'armata che, a parere di tutti, è stata meglio nutrita in una regione che non forniva alcuna risorsa. Un giorno, il conte Potëmkin mi venne a dire che gli erano necessarie quattrocento vetture e ottocento cavalli. Era mezzogiorno, inviai subito alcuni uomini a Tsarskoïe-Celo e ordinai loro di chiedere ai contadini quanti erano disposti a donarne volontariamente sia di cavalli sia di vetture, per questa impresa. Essi, immediatamente, promisero di soddisfare la richiesta e, alle sei di sera, arrivarono al conte Potëmkin quattrocento vetture a due cavalli, che non hanno lasciato l'armata della Finlandia sino al mese di ottobre.»

Beninteso, è la storia di una crisi passeggera, e l'intromissione di Caterina in simili dettagli dell'amministrazione non è sempre così penetrante né così costante. Nei momenti di calma, lascia volentieri il lavoro a dei sottoposti. Cerca degli svaghi o, meglio, rivolge la sua attività ad altri campi. Del resto è una delle sue massime preferite la necessità di alternare il lavoro e il piacere o, come dice in russo in un modo più pittoresco, il «fare e il non fare». Comunque, tutto risente talmente dell'impulso sovrano che dà agli uomini e alle cose, che è lei che sembra fare tutto e che, a distanza, sembra presente ovunque. È ad uno di quei momenti che si riferisce il seguente quadro di governo, tracciato da un osservatore non privo di sagacia, ma poco portato alla benevolenza. Leggiamo in un dispaccio di Durand, l'incaricato d'affari francese:

«Chi non sarebbe disposto a credere alle voci che circolano a Pietroburgo (novembre 1774), che tutti gli organi del ministero sono in una costante tensione, che si tengono dei lunghi e frequenti consigli, che Caterina II vi fa discutere le decisioni da prendere, che valuta i pareri e prende le decisioni dopo l'esame che ne ha fatto? Niente di tutto questo. Rumjancev dirige i negoziati per la pace e i movimenti di truppe come ritiene opportuno, con l'aiuto di qualche subalterno. Panin cerca degli espedienti per eludere le pretese del re di Prussia, guadagnare tempo e dedicarsi il meno possibile al lavoro. Potëmkin occupa mollemente il suo posto; si accontenta di firmare qualche documento e fa gridare allo scandalo per il suo fasto, la sua alterigia e per le decisioni azzardate dei suoi uffici . . . La flotta è interamente alla discrezione del conte Alessio Orlov. Il granduca, grande ammiraglio trascorre il tempo a recitare commedie; e l'imperatrice, che ha smesso di istruirlo, lo incoraggia nei suoi divertimenti, dicendogli che tanto si annoia a teatro, tanto ha piacere nel vedere rappresentazioni che sono ravvivate da attori efficaci. Caterina, sommersa da una quantità di progetti di edifici, ha disgusto per il lavoro amministrativo e non si occupa che di costruzioni che non è in grado di concepire ma dove sottopone l'arte ai suoi capricci. Le persone all'interno aggiungono . . . che non rifiuta alcun favore personale a Potëmkin, mentre si fa molta fatica a ottenere i più piccoli per altri. La sua generosità non è quindi senza limiti. Il gusto di Caterina per il comando va più lontano del suo amore e separando dal trono l'applicazione e il lavoro vuole conservare l'autorità.»

Il gusto del comando, l'amore geloso dell'autorità, questi furono in effetti i tratti più salienti e più costanti della personalità di Caterina, da quando si è trovata alla testa dello stato. Tuttavia, vi ha fatto incontestabilmente una figura più che buona. Ma vi portava qualcosa in più delle qualità che abbiamo già cercato di analizzare.

IV

I metodi personali di Caterina – Una nuova arte – Un precursore di Bismarck – La sorpresa dell'Europa – Giudizi negativi dei diplomatici della vecchia scuola – Opinione del barone di Breteuil e del conte di Solms – Apprezzamenti del conte di Saint-Priest – Nuove competenze messe in gioco da Caterina – La stampa e l'opinione pubblica – Inaugurazione del giornalismo militante – I «rettili» del diciottesimo secolo – Una réclame colossale – Pratica accessoria dei vecchi metodi – Il gabinetto nero di Caterina – Preponderanza dei nuovi metodi e dell'improvvisazione – Le vecchie tradizioni – Una zaffata di vecchia provincia moscovita – Trionfo del dispotismo – Opinione di Caterina sulla sua scienza di governo – Confronto con i metodi della monarchia in Francia

Metodi di governo in parte alquanto personali e in parte anche molto nuovi. L'effetto prodotto dall'apparizione di Caterina nella politica contemporanea ricorda, per certi aspetti, quello che produssero, ai giorni nostri, le prime sfolgoranti imprese del grande uomo di stato della moderna Germania. Allora come oggi, vi fu sorpresa e quasi scandalo tra i politici della vecchia scuola. Uno di questi, peraltro dotato di un'intelligenza eccezionalmente aperta, il conte di Saint-Priest[196], ha così tradotto l'impressione comune: «Non eravamo ancora abituati a incontrare da parte dei principi quella verve di dialogo, quelle improvvisazioni avventurose e salaci, delle quali Federico aveva dato qualche esempio considerevole, ma recente. Fino ad allora i re si erano limitati a parlare per monosillabi a degli interlocutori inchinati nella rispettosa attesa di una parola... Il barone di Breteuil, il duca di Choiseul stesso, furono disorientati dall'eloquenza della nuova imperatrice di Russia. Questa tipologia così nuova sfuggiva alla loro intelligenza. Nessuno, in un primo momento, seppe comprendere nulla di quella mescolanza di energia e di finezza, di prudenza dissimulata e di apparente indiscrezione, di tanta severità accompagnata da tale sollecitudine, di tanta grazia in mezzo a commozioni così vive. Tutto questo era inaspettato e disturbava la vecchia routine diplomatica.»

In realtà, il barone di Breteuil fu lontano dall'essere sedotto e

---

[196] François Emmanuel Guignard de Saint-Priest (1735-1821). Autore di importanti memorie sulla Rivoluzione, Saint-Priest ebbe una lunga carriera di diplomatico e di uomo politico. Nel 1764, venne nominato ambasciatore in Portogallo e poi a Costantinopoli nel momento in cui stava per scoppiare la guerra tra la Porta e l'impero russo e fu l'artefice della liberazione di Repnin, che era stato fatto prigioniero. Contribuì fattivamente alla pace tra l'impero ottomano e la Russia con il trattato del marzo 1779 di Aïnali-Kavak. Venne poi nominato, nel 1787, ambasciatore in Olanda, che era però in preda alla guerra civile e raggiunse la sua destinazione solo nel marzo dell'anno successivo. Partecipò agli Stati Generali del 1789 e venne nominato ministro degli interni da Luigi XVI. Nell'ottobre del 1789, assistette all'invasione di Versailles da parte del popolo, che voleva riportare il re a Parigi. Diede poi le dimissioni dall'incarico alla fine del 1790 e si recò a Stoccolma e successivamente a San Pietroburgo. Ebbe così inizio un lungo pellegrinaggio in diversi paesi, tra cui l'Italia dove fu a Verona, che si concluse solo con la Restaurazione.

molto vicino ad essere scioccato dai primi colloqui confidenziali dei quali lo gratificò Caterina dopo la sua salita al trono. La granduchessa non aveva mancato di ispirargli una certa ammirazione, mischiata a qualche inquietudine; l'imperatrice gli parve non all'altezza del suo ruolo. Non capiva nulla di quella sovrana che, parlando con enfasi della sua potenza e della «bellezza della sua posizione», confessava ingenuamente che non era felice perché aveva attorno della gente «senza educazione» e «impossibile da accontentare»; a volte vantava la superiorità delle sue capacità e a volte si lasciava andare in invettive sulla disonestà e l'ignoranza dei suoi sudditi più illustri; esprimeva inquietudini sulla solidità della sua «costruzione politica», poi si rallegrava di essere riuscita a farsi passare agli occhi di tutti per «devota e avara», facendo appello alle conoscenze che il barone poteva avere del suo vero carattere su questi due punti; sembrava sollecitare dei complimenti, poi, quando li aveva ottenuti, rispondeva seccamente: «Dicevano pressappoco la stessa cosa a Nerone»; sembrava concepire le relazioni che intercorrono tra un'imperatrice e un ministro plenipotenziario come una conversazione galante, corredata da uno scambio di bigliettini spiritosamente stilati; ne redigeva in continuazione, in uno stile tutt'altro che affettato, gettando di fretta la sua improvvisazione sui pezzi di carta e scusandosi, nel *post scriptum*, dei suoi «gentili scarabocchi». Tutto questo confondeva e sconcertava il diplomatico francese, e gli faceva scrollare il capo. Giungeva alla conclusione che si trattava di un «regno mediocre», aggiungendo sentenzioso:

«*Tel brille au second rang qui s'éclipse au premier.*»

Nello stesso periodo, il conte di Solms inviava a Federico un quadro ancora più pessimista. Una nuova rivoluzione gli sembrava pressoché inevitabile in un avvenire vicino. «Non ci vorrebbe che una testa calda ... Persone che conoscono la Russia da quarant'anni convengono che mai hanno visto una depressione così universale, un malcontento così generale, e che nessuno si prende la pena di nascondere. Si tengono dei discorsi così liberi, così avventati, così poco misurati contro l'imperatrice che ci si crederebbe in Inghilterra e, se un'opinione può acquisire una qualche autorità per il consenso unanime, è certo che il regno dell'imperatrice Caterina deve fare, come quello dell'imperatore suo sposo, una fugace apparizione nella storia del mondo.»

Qualche anno dopo, questa fuggitiva apparizione sembrava essersi stagliata sull'orizzonte europeo non più come una meteora, ma come un abbagliate astro. Caterina imponeva il silenzio ai suoi detrattori, sollecitando da un punto all'altro del continente un concerto di elogi come non si era mai sentito attorno a un nome di un sovrano. Anche questo era una novità. Lo stesso Luigi XIV era stato adulato più silenziosamente. Possiamo dire che Caterina inventò, o perlomeno introdusse in politica, uno strumento d'azione fino ad allora sconosciuto: la réclame. Possiamo anche dire che fu la prima a intuire il ruolo di quell'altro fattore, chiamato ad occupare nella vita moderna un così grande spazio: la stampa. E non solo la stampa del libro, ma anche e soprattutto, la stampa periodica. Vi sono stati dei giornali prima di lei; non vi era stato del giornalismo politico propriamente detto, nel senso attuale della parola. Inventò anche quello, o quasi, e se ne servì con una abilità che è poi rimasta insuperata. Bismarck, a questo riguardo, non è stato che un imitatore. Caterina ha avuto prima di lui i suoi «rettili», alimentati in margine ai fondi segreti, e da loro, i suoi «articoli ufficiosi», i suoi «comunicati», più o meno ufficialmente timbrati, le sue «insinuazioni» più o meno abilmente camuffate, il suo servizio di «annunci» e il suo piccolo gioco di «veline». Anche lei praticò il giornalismo militante, perché lo scambio di lettere con i suoi corrispondenti accreditati, con Voltaire, con Grimm in Francia, con Zimmermann e anche con madame Bielke in Germania, in fondo non è cosa diversa. Le sue lettere con Voltaire sono conosciute, ancor prima di essere pubblicate, da tutto il pubblico attento ai minimi fatti e gesta del patriarca di Ferney, e questo pubblico è tutto il mondo. Grimm non fa abitualmente vedere le lettere che riceve, ma ne riporta il contenuto in tutti i circoli che frequenta, e frequenta tutta Parigi. Così gli altri. Quelle lettere sono degli articoli, quella corrispondenza è una gazzetta. E, inoltre, Grimm ha il suo giornale, che invia ai quattro angoli dell'Europa nei luoghi più opportuni e dove fa pervenire l'eco diretta del pensiero imperiale. Voltaire ha un milione di lettori ogni volta che lancia un opuscolo a sensazione, e i suoi opuscoli sono frequentemente dettati del tutto o perlomeno ispirati da una parola o da un segno che proviene «da dove ora viene la luce», a quanto afferma Voltaire. Talvolta ne redige su espressa ordinazione e, di conseguenza, a pagamento. Ritorneremo altrove su questi dettagli. Bisogna leggere la corrispondenza, tutta la corrispondenza di Caterina durante un anno di crisi come fu quello del 1773-1774, per vedere come concepisce e pratica questo strumento ancora poco in uso ai suoi tempi. Alla stessa data, scrivendo al generale Bibikov, comandante dell'armata che combatte nei dintorni di Orenburg, alle prese con Pugačëv, gli manifesta le sue angosce segrete, le sue incertezze, febbrilmente, con frasi aspre, dove si pensa di intuire come un singhiozzo, dopo di che, riprendendo la sua penna, invia a madame Bielke un bollettino del tutto differente, dalla piega allegra, disinvolta e pimpante: «Tutto questo finirà tra poco... Sono felice di potervi dire che questa rivolta di Orenburg è sul punto di crollare.» Abbiamo già indicato numerose volte la cura che prende nel pubblicare strombazzando gli accadimenti fortunati che le capitano, ingrandendoli il più possibile, e nel nascondere le sfortune. Nel giugno 1789, dopo la sconfitta subita a Porrassalmi[197], proibisce la distribuzione della corrispondenza privata che proviene dall'estero.

Tutto questo fa parte di un sistema, e questo sistema si ricollega all'intuizione straordinaria di questa donna nata in una piccola corte tedesca e messa sul trono più dispotico d'Europa; meglio ancora, della comprensione, già chiara allora, che si scopre in lei della grande forza del mondo moderno, l'opinione pubblica. È, non esitiamo a crederlo e a dirlo, per aver scoperto questa forza e aver pensato di servirsene, che Caterina ha potuto avere quel ruolo che le attribuisce la storia. La metà del suo prestigio europeo è venuta dall'ammirazione di Voltaire, sollecitata, captata, curata da lei con un'arte infinita, anche pagata, al bisogno. E questo prestigio, tutto a favore della sua politica all'estero, le ha dato all'interno del suo impero uno splendore e un'energia che, soli, le hanno permesso di chiedere ai suoi sudditi e ottenere da loro lo sforzo gigantesco che ha fatto la sua grandezza e la sua gloria. In questa strada, ha fatto ancora opera di innovatrice e precorritrice, prima dei grandi

---

[197] È la guerra russo-svedese del 1788-1790; la battaglia di Porrassalmi ebbe due fasi: la prima il 13 giugno e la seconda il 19 giugno del 1789.

rivolgimenti di idee e di uomini della storia moderna.

Non ha tralasciato per questo, d'altronde, né in politica né in diplomazia, la pratica di certi procedimenti tramandati dal passato. Così, gli atteggiamenti indiscreti che sbigottivano il barone di Breteuil, le ostentazioni di sincerità, la maniera di trattare gli affari alla luce del giorno che sembrava voler inaugurare, non le impedirono di avere un Gabinetto segreto. Nel 1789, è violando il segreto di un dispaccio del conte di Montmorin, allora ministro degli affari esteri, che venne a conoscenza delle intenzioni del gabinetto di Versailles di sostenere contro di lei la causa di Gustavo III. Il conte di Ségur, che condannava queste intenzioni, e le aveva confidate solo al suo collega austriaco, credette a un'indiscrezione del conte Cobenzl.

Ma, in generale, fa abbastanza poco caso ai passati procedimenti e ai vecchi metodi. Ha soprattutto improvvisato. Nel settore dell'amministrazione, uno dei suoi primi provvedimenti è l'istituzione di un numero considerevole di commissioni speciali, chiamate ad aiutarla nella conduzione di ogni affare particolare. È una *creazione*, e l'effetto ne è così caratterizzato da un testimone poco sospetto di parzialità, il conte di Solms, l'inviato di Federico che, in generale, non si attende nulla di buono dal nuovo regime:

«Il governatori delle province e delle città, il clero, i giudici, gli ufficiali, che approfittavano tutti del rilassamento dei precedenti regni, si erano per così dire resi indipendenti ciascuno nelle diocesi o nei distretti sottoposti al loro controllo. Si comportavano da tiranni verso il popolo ... Le nuove disposizioni, che li obbligano a una vita laboriosa, disinteressata, li scontentano ... »

Un'altra innovazione di Caterina è il diritto di petizione largamente accordato a tutti i suoi sudditi, come mezzo per conoscere i loro bisogni. Vi è da rilevare, comunque, che nello stesso tempo la zarina prende delle disposizioni affinché nessuna domanda le possa arrivare direttamente. Non è più permesso spiare il passaggio dell'imperatrice per mettere una nota nella sue mani. Questa abitudine, passata per così dire come uso legale, è proscritta con le pene più severe: il *knut* e la Siberia. Caterina pretende così di risparmiarsi i malumori dei malcontenti.

«Non sono mai io che rifiuto», dice un po' cinicamente.

L'incaricato d'affari francese, Durand, riporta a questo riguardo un episodio significativo. Nel gennaio 1774, una lettera anonima indirizzata all'imperatrice si trova, non si sa come, sulla sua scrivania. In pubblico si suppone che contenga delle gravi accuse contro il procuratore generale, principe Viazemsky. Caterina fa subito pubblicare un avviso con il quale invita l'«onesto uomo», autore della lettera, a farsi conoscere, perché possa, dandogli soddisfazione, ricompensarlo del servizio reso. L'«onesto uomo», non manifesta alcuna fretta nel tradire il suo incognito e ha ragione poiché, dopo qualche tempo, si apprende che la sua lettera è stata pubblicamente bruciata dal boia.

Si ravvisa in questo un ritorno alle tradizioni che la sovrana ha trovato nella pratica di quel governo al quale voleva dare una nuova immagine, che cercava, dopo Pietro I, di avvicinare al modello europeo, imprimendogli la sua personale ispirazione. L'istruzione ufficiale redatta nel 1764, sotto sua dettatura, per il procuratore generale di cui si è parlato, porta la stessa impronta e tradisce il sentore della vecchia tradizione moscovita. Le accuse infamanti, le invettive, gli oltraggi che vi si riscontrano all'indirizzo del predecessore di Viazemsky (Hlibov), sono di uno stile che fu familiare ai vecchi zar, ma che meraviglia sotto la penna di Caterina. Vi si trovano, tuttavia, delle riflessioni di un altro genere e qualcuna di uno stile del tutto originale:

«Amo molto la verità – vi dice l'imperatrice – e voi potete dirla senza temere nulla e contraddirmi senza alcun pericolo, purché questo serva al bene dello stato. Apprendo che tutti vi considerano un uomo onesto e spero che voi proviate che le persone di questa specie possano vivere a proprio agio alla mia corte.»

È ancora un lascito del passato e una reminiscenza dei costumi introdotti in Russia dalla conquista tartara, il modo in cui Caterina interpreta i poteri che dà ai suoi subordinati. I suoi governatori generali di provincia somigliano stranamente ai pascià turchi. Kayserling, il suo ambasciatore a Varsavia, intrattiene una corte che eclissa quella di Poniatowski, e Potëmkin sembra molto vicino a ritagliarsi un regno indipendente nelle province del Sud. Ma ella non tralascia di correggere, fino a un certo punto, i vizi del sistema con dei metodi di controllo e di sorveglianza alquanto moderni. Dice: «Conferisco molta autorità a coloro che impiego; se qualcuno talvolta se ne serve per fare del male, tanto peggio: cerco di saperlo.» È realmente avanti rispetto alla sua epoca, quando raccomanda ai suoi funzionari di «tastare il polso dei costumi del popolo». Del resto, professa un grande rispetto per i costumi locali. Durante il viaggio in Crimea, il principe di Ligne e il conte di Ségur essendosi divertiti un giorno a sorprendere, sotto il velo che copre abitualmente la loro figura, delle giovani ragazze tartare, che peraltro trovano molto brutte, Caterina disapprova in modo deciso questo gioco. È un «cattivo esempio» che non bisogna dare.

Per contro, là dove la sua autorità personale è in gioco, le sue innovazioni in senso liberale, i suoi tentativi di regime costituzionale, sono per la maggior parte del tempo una pura forma. Scrive al principe di Ligne: «Sono sempre dell'avviso del mio consiglio, quando esso è del mio.» Questo consiglio è, ancora una volta, un'improvvisazione dell'imperatrice, un'imitazione dei consigli di gabinetto in uso negli altri governi monarchici, ma con un ruolo ben più marginale. Nel 1762, Panin aveva presentato il progetto di un'*Assemblea di consiglieri*, la cui organizzazione avrebbe avuto come effetto, secondo Villebois, di sopprimere a poco a poco il potere personale. Dopo aver studiato a lungo il progetto, Caterina l'adottò, nominò i consiglieri, insistette perché fossero chiamati con un altro nome, un nome *russo*, poi ci ripensò, fece depositare il dossier dell'affare nell'archivio, e non se ne parlò più. Al contrario, si industriò a poco a poco per quasi sopprimere l'autorità dei corpi dello stato già esistenti, come il Senato e il Santo Sinodo, nello stesso momento in cui offriva cinquanta rubli a ogni soldato della guardia che volesse abbandonare il servizio ed esprimesse il desiderio di ritirarsi a Mosca. Coloro che annunciavano l'intenzione di andare fino a Kazan ricevevano novanta rubli. Era ancora un modo per annientare uno dei poteri rivali al suo. Tuttavia, nel primo anno del suo regno, assistette undici volte alle sedute del Senato, ma raccomandò ai membri dell'assemblea di non occuparsi, in sua assenza, «di cose estranee agli affari».

È giusto dire che, nell'esercizio della sua autorità personale, così isolata e rafforzata, porta una coscienziosa scrupolosità. Il principe Sergej Galitzin racconta nei suoi *Souvenirs* la storia di un decreto del senato, in fondo al quale la sovrana aveva apposto la firma. La carta andò al procuratore generale, dal procuratore generale al semplice procuratore, da questi al segretario generale, dal segretario generale al segretario particolare, per finire a uno scrivano. Questi era ubriaco. Portando gli occhi, in quello stato, sulla firma imperiale, preceduta dalla formula sacramentale: «Così sia» (*byt pa siemu*), cominciò a urlare: «Tu menti, che non sia così», e a grandi colpi di penna scarabocchiò il foglio con queste parole ripetute cento volte. Immaginiamo il terrore degli uffici alla scoperta di questa profanazione. Il procuratore generale si gettò ai piedi dell'imperatrice. «Ebbene – rispose la zarina – ne farete fare un'altra copia. Ma forse è un avvertimento. Bisogna rivedere il decreto.» Il decreto, rivisto, fu effettivamente emendato.

Abbiamo precedentemente detto come diffidasse dei sui impulsi. Conoscendo i suoi difetti, giunse, con uno sforzo continuo della sua volontà, alla pratica delle virtù opposte. È così che con l'effervescenza abituale del suo spirito e lo slancio continuo della sua immaginazione, poteva dire nel 1782: «Non ho mai visto nessun entusiasmo, senza averci versato sopra dell'acqua.» Questa volta, però, trovava un'applicazione infelice del principio: si trattava di una sottoscrizione aperta a Parigi per il rimpiazzo di una parte della flotta di de Grasse, distrutta da un fortunale. Il granduca Paolo, trovandosi allora ospite della Francia, aveva tenuto a prendervi parte: «Malgrado l'entusiasmo – scriveva Caterina a questo proposito – non c'è anima che non rimpianga alquanto e non si lamenti della somma che ha sottoscritto.»

Nel 1785, spiegava così al conte di Ségur, che l'interrogava in merito, il segreto che le aveva permesso di regnare così tranquillamente, dopo la presa di possesso del suo potere così burrascosa:

«Il modo è molto semplice: mi sono creata dei principi, un piano di governo e di condotta, da cui non mi discosto mai; la mia volontà, una volta emanata, non cambia. Qui tutto è costante; ogni giorno assomiglia a quelli che l'hanno preceduto. Poiché si sa su che cosa contare, nessuno si inquieta. Dal momento in cui ho dato un posto a qualcuno, egli è sicuro, a meno di non commettere un crimine, di conservarlo.»

«Ma – chiese ancora il principe di Ségur – che cosa fareste se vi accorgeste che vi siete sbagliata nella scelta di un ministro?»

«Lo terrei... Solamente, lavorerei con uno dei suoi sottoposti; quanto a lui, conserverebbe il suo titolo e il suo posto.»

Dopodiché, raccontava come, avendo ricevuto la notizia della vittoria di Çeşme, giudicò opportuno che il ministro della guerra, al quale da qualche tempo non lasciava che le «bagatelle d'ufficio», giusto per impegnarlo, non venisse a sapere unicamente e anticipatamente dalla voce pubblica il felice avvenimento. Per questo, lo fece chiamare alle quattro del mattino. Credendo che si trattasse di ricevere un rimprovero per un recente disordine che si era verificato nella sua amministrazione, il ministro non era ancora stato del tutto introdotto che si mise a balbettare delle scuse:

«Vi giuro, madame, che non ho alcuna responsabilità in questo affare...»

«Perbacco, signore, lo so bene!»

Verso la stessa epoca, commentando gli avvenimenti che in Francia precipitavano, Caterina vi trovò un'occasione per mettere in risalto le proprie massime di condotta e i suoi mezzi d'azione. A proposito dell'affare del collier, diceva: «Grazie a Dio, non mi sono mai trovata nella situazione di avere a che fare con un cardinale ingannato... Ma (*sic*), se fosse solo una vittima? Da voi questo è un delitto? Perdonatemi se sospetto il barone di Breteuil di aver ordinato quell'arresto; conosco il mio uomo; ma su questo punto si fa bene a consigliare ai re di non affrettarsi mai: *Das kommt immer früh genug und mann könnte die Zeit nehmen wenn alle Leute geschrieen hätten dass es so seyn musste und sollte*. In casi analoghi ho spesso fatto la tonta; del resto, non ci capisco nulla e allora mi basavo sul consiglio degli altri che maggiormente mi poneva dalla parte della ragione e della giustizia. Così, con questo scudo davanti a me procedevo tra le spine e i rovi del mestiere.»

Nell'agosto 1789, dichiarava a Chrapowiçki che dalla sua ascesa al trono aveva avuto la sensazione che in Francia vi sarebbe stato qualche fermento. Tuttavia, non lo credeva così pericoloso. «Ma non sono stati capaci di servirsi della disposizione degli animi. Avrei portato dalla mia parte La Fayette, come un ambizioso, e ne avrei fatto il mio difensore. Che cosa ho fatto arrivando al trono?»

Uno dei trionfi ottenuti dalla sua abilità, e uno di quelli di cui amava maggiormente vantarsi, fu la conquista, la conquista morale, che arriva a fare della città di Mosca. Fu un lavoro lungo e arduo. La vecchia città moscovita si mostrava recalcitrante allo spirito del nuovo regno. Gli sforzi compiuti da Caterina per farle perdere la sua somiglianza con la capitale della Persia irritavano la popolazione. Tuttavia, alla fine del 1785, l'imperatrice poté scrivere:

«Quella pettegola (Mosca) ha tanto berciato, ma alla fine ha dovuto ricevermi come non ha ricevuto mai nessuno, a dire delle sue stesse più vecchie comari di entrambi i sessi.»

V

I suoi difetti – Mancanza di abilità nella scelta degli uomini eretta a metodo – Massime avventurose – Esagerato consumo e penuria di capi – Stravagante ottimismo – La leggenda dei villaggi dipinti sulla tela – Realtà analoghe – Caterina «guarda e non vede» - La conquista della Tauride – Una fiera gigantesca – La costruzione di una metropoli – Jekaterinoslav – Una città che un governatore di provincia non riesce a trovare – La vittoria dell'obbedienza passiva – Un banchiere che corre il rischio di essere impagliato – Il potere del denaro – Spreco e corruzione – Risultati ottenuti.

Questa arte sovrana di Caterina non era esente da difetti. Se ne rilevano alcuni tipici del suo sesso, del quale non seppe ripudiare le servitù e le debolezze. «Ah! – si lamentava un giorno – Se il cielo mi avesse dato al posto delle gonne un bel paio di pantaloni di pelle . . . mi farei forte nel rispondere a tutti. È con gli occhi, è con le braccia che si governa, e una donna non ha che le orecchie.» Le *gonne* non le causavano solo questo imbarazzo. Abbiamo già fatto allusione a una mancanza che pesò fortemente sulla condotta degli affari durante il suo regno: questa grande conduttrice di uomini non conosceva gli uomini. Sapeva ammirevolmente servirsene, non sapeva sceglierli. Il suo giudizio, normalmente così giusto e penetrante, la sua grande lucidità, su questo punto l'abbandonavano. Non arrivava a distinguere negli altri né le qualità né i difetti che scopriva e analizzava in se stessa con una chiarezza di vedute straordinaria. C'era, a questo proposito, una lacuna nella sua intelligenza e questa era dovuta, almeno in parte, all'influenza del suo temperamento. Sembra che la visione dell'uomo, in generale, sia stata offuscata nel suo sguardo da quella corrente di passione che la travolse per tutta la vita. Il generale, l'uomo di stato, dei quali aveva bisogno, non li vedeva che attraverso il maschio, che le piaceva o non le piaceva. Quello che cercava per prima cosa nella figura di un capo per qualsivoglia impiego, era il lato romantico, l'apparenza esteriore più o meno seducente. Che abbia preso Potëmkin per un uomo abile, è un errore scusabile: non era forse che un folle, ma aveva la follia geniale. Apparteneva a quella categoria di uomini dei quali si dice che sono una forza della natura. E questa forza, lanciata attraverso lo spazio immenso di un «paese incolto», per il quale Caterina stessa si sentiva nata, aveva la sua validità. Ma dopo Potëmkin venne Zubov[198]. Questi non era che un fantoccio: Caterina lo prese per un uomo di genio.

Le accadde anche il contrario. Avendole Rumjancev presentato uno dei suoi luogotenenti, il generale Weissmann, che reputava degno di rimpiazzarlo in caso di necessità, Caterina si intrattenne a tre riprese con questo ufficiale e, dopo averlo attentamente scrutato, «finì col concludere che era un perfetto imbecille». Il disgraziato si fece ammazzare poco dopo nella battaglia di Kutchuk-Kaïnardji[199]. Era, a giudizio di tutti gli

---

[198] Platon Aleksandrovitch Zubov (1767-1822). «Ciò che era stato tollerabile in un Potëmkin divenne insopportabile in un giovanotto che alla morte di Caterina aveva appena ventinove anni, e che si circondava di intelletti di second'ordine.» (Vedi Isabel de Madariaga, *Caterina di Russia*, Einaudi, Torino, 1998, p. 768). Ultimo amante di Caterina, Platon Zubov era poco intelligente, di cultura alquanto limitata e spropositatamente avido di denaro. Grazie alla sua relazione con la zarina, della quale era più giovane di trentotto anni, divenne gran maestro di artiglieria, governatore generale della Nuova Russia e di Crimea, senatore, principe del Sacro Romano Impero e, ovviamente, cavaliere di molti ordini russi. Alla morte di Caterina fu allontanato dalla corte e poco dopo Paolo I gli ordinò di lasciare la Russia. Ottenuto il permesso, dopo qualche anno trascorso in Polonia e in Germania, di rientrare a San Pietroburgo, divenne uno dei capi della cospirazione che detronizzò e assassinò lo zar Paolo in favore del figlio Alessandro, ma da questi non godette di alcun favore e morì in disparte e dimenticato.

[199] Dove fu poi firmato, il 21 luglio 1774, l'omonimo trattato che pose fine alla guerra russo turca (1768-1774) e sancì la sconfitta dell'Impero Ottomano. Con la cessione della regione dello Edisan, compresa tra il Dniepr e il Bug, la Russia ebbe il suo accesso al Mar Nero e, quindi, ai Dardanelli. La Porta perse anche il Khanato di Crimea, che fu annesso ufficialmente alla Russia nel 1783.

uomini competenti, un soldato eccezionale, valoroso tra i valorosi. Uno storico l'ha chiamato «l'Achille dell'armata russa».

Queste sviste furono frequenti. Ma Caterina fece di più e peggio. Con il carattere volitivo che le era proprio e l'infatuazione che i suoi successi le diedero, giunse a poco a poco a trasformare il suo difetto capitale in partito preso, ad erigerlo a sistema: un uomo ne valeva un altro ai suoi occhi, per poco che fosse docile e pronto ad obbedirle. Ebbe a questo proposito delle massime che sconcertarono i suoi ammiratori:

«Ditemi – scriveva a Grimm – se mai sovrano ha scelto i suoi ministri e i suoi collaboratori seguendo la voce pubblica più di Luigi XVI? E noi abbiamo visto dove è arrivato. Secondo me, in nessun paese mancano gli uomini. Non si tratta di cercare, si tratta di impiegare ciò che si ha nella propria tasca. Hanno continuamente detto di noi che abbiamo scarsità di uomini; malgrado questo, abbiamo fatto tutto. Pietro I ne aveva che non sapevano né leggere né scrivere; ebbene, le cose non funzionavano egualmente? *Ergo* non c'è carenza di uomini; ce n'è in abbondanza, si tratta di farli funzionare: tutto procederà per il meglio, se ci sarà qualcuno che li farà funzionare.»

E altrove:

«Sicuramente gli uomini di merito non mancano in ogni tempo, poiché sono gli uomini che fanno gli affari e gli affari che fanno gli uomini; non ne ho mai cercati e ho sempre trovato sottomano uomini che mi hanno servita, e sono stata ben servita per la maggior parte del tempo.»

Questo non le impedisce di essere portata un giorno a fare questa riflessione, che mette in una lettera indirizzata al principe di Ligne:

«Ah! Principe mio, chi sa meglio di me che ci sono persone che ignorano che una città marittima ha un porto!»

E quest'altra:

«Non sono i principi che ci mancano; è nell'esecuzione, nell'applicazione che vi è sovente del torbido e del sospetto.»

Nel 1774, Caterina è sul punto di andare a Mosca per tener testa a Pugačëv al quale, dopo la morte di Bibikov, non sa chi opporre. Tiene un consiglio: Grigorij Orlov dichiara che ha dormito male e che non ha idee; Razumovskij e Galitzin tacciono; Potëmkin è per quello che deciderà l'imperatrice; Panin solo ha il coraggio di esprimere un parere, e questo parere è che l'imperatrice debba fare appello a suo fratello, il generale Panin, dei cui servizi si è privata da molto tempo, pensando che un altro avrebbe fatto altrettanto bene al suo posto. Essendo il pericolo incombente, Caterina si sottomette, sacrifica il suo amor proprio e Panin salva la sua corona e l'impero. Nel 1788, dopo un primo scontro con gli svedesi, fa portare davanti a un consiglio di guerra quattro comandanti di fregata; all'indomani scrive a Potëmkin: «Meritano la forca, ma non possiamo avere altra scelta, a meno che non cada dal cielo.»

Il fatto è che con la molteplicità delle sue imprese e anche con le sue idee su questo punto, che non sono che l'espressione dei suoi capricci, fa un consumo terribile di uomini. La sua massima «gli affari fanno gli uomini», la porta a moltiplicare all'eccesso il numero dei funzionari. A detta di un testimone, fatta esclusione delle due capitali e di qualche altra città più popolata, c'è in provincia *un* funzionario ogni dieci abitanti. E la sua idea che un uomo ne vale un altro fa in modo che in ogni momento per un niente, per una parola che la ferisce, per un'espressione del viso che trova spiacevole, o anche senza motivo, per il piacere del cambiamento o l'attrattiva di avere a che fare con una nuova figura, così come lo confessa ingenuamente in una lettera a Grimm allontana, in disgrazia, o semplicemente scarta, tale o talaltro dei suoi migliori servitori. Nel 1788, Rumjancev, il più grande uomo di guerra che la Russia abbia prodotto prima di Suvorov, è ancora in vita e in condizioni di prendere un comando, e Alessio Orlov, l'eroe di Çeşme, brucia dal desiderio di rinnovare le sue vecchie imprese. Ha a suo vantaggio una lunga pratica, che risale al 1770, e un nome che l'entusiasmo stesso di Caterina ha circondato di una tale aureola, la cui sola reputazione vale per lei una flotta e un'armata. Ma l'uno e l'altro, Rumjancev e Orlov, sono stati da tempo sacrificati a Potëmkin, e Caterina è ridotta a cercare dei generali e dei comandanti di squadra in Inghilterra, in Olanda, in Germania. Alla fine trova Nassau-Siegen che, dopo averla incantata con le sue arie da gradasso e i suoi costumi da teatro, le costa poco dopo una flotta e la vergogna di un disastro senza precedenti nella storia della giovane marina russa.

L'ottimismo stravagante, che fa parte del carattere di Caterina, e che dei collaboratori come Nassau e Potëmkin alimentano con cura, è ancora da portare al suo passivo in questo capitolo. La storia degli scenari dipinti sulla tela che, durante il suo viaggio in Crimea, avrebbero dovuto rappresentare, al passaggio dell'imperatrice, dei villaggi inesistenti, è stata smentita. Ma in base alla testimonianza di coloro stessi che ne hanno contestato la veridicità, viene quasi da pensare che sia vera. Il principe di Ligne è nel novero di questi ultimi: osserva, tuttavia, che Caterina, non andando mai a piedi, non poteva vedere se non quello che le volevano mostrare e si immaginava frequentemente che una città era stata costruita e abitata, «quando questa città non aveva strade, le strade non avevano case e le case non avevano tetti, porte e finestre». Il conte di Langeron, che fu più tardi governatore di queste stesse province, e le cui *Mémoires* non rivelano alcun partito preso di ostilità retrospettiva, insiste ancora su questo apprezzamento. Un proclama del governatore di Harkov, Vassili Tchertkov, pubblicato nella stessa epoca per annunciare agli abitanti la venuta della sovrana e indicare loro i relativi doveri in questa solenne circostanza, è egualmente significativo in questo senso. È severamente raccomandato agli amministrati di Tchertkov di indossare i loro abiti migliori, recandosi in massa al passaggio di Sua Maestà. Le ragazze dovranno pettinarsi con cura e avere dei fiori nei loro capelli. Fiori saranno anche sparsi dalle loro mani sulla strada che seguirà l'imperatrice, e tutta la popolazione «esprimerà la sua felicità con gesti e atteggiamenti appropriati». Le case lungo la strada dovranno essere ridipinte, i tetti saranno riparati, le porte e le finestre ornate di festoni e, per quanto possibile, di tappeti gradevoli alla vista. È proibito ubriacarsi e sottoporre a Sua Maestà la minima richiesta, questo sotto pena della frusta e dei lavori forzati. I magistrati locali veglieranno inoltre a che il passaggio della sovrana non sia pretesto per aumento dei prezzi degli alimentari. Il principe Chtcherbatov racconta, da parte sua, che a Mosca erano stati cacciati fuori dalla città tutti i mendicanti, affinché la sovrana non li vedesse. «L'imperatrice ha guardato, ma non ha visto» (*vidiela i ne vidala*), aggiunge servendosi di un gioco di parole intraducibile. È così che è giunta a convincersi «che non c'erano persone magre in Russia». Ne dà un giorno assicurazione a Grimm!

Ma tutta la conquista e tutto lo sviluppo della penisola della Tauride non furono, nelle mani di Potëmkin, che un colossale spettacolo messo in scena da questo prodigioso improvvisatore e scomparvero con lui. Non sappiamo, vedendolo all'opera, ciò che bisogna ammirare di più: il suo straordinario attivismo e la fertilità della sua immaginazione o l'inverosimile ingenuità con la quale Caterina ed egli stesso prendono seriamente questa creazione, che appare folle, del sogno e della mistificazione infantile. Si tratta di trasformare un deserto in un paese coltivato, civile, popolato, fervido di industrie e arti, e si tratta di farlo in qualche anno, come per incanto. Potëmkin si mette all'opera. Fa sorgere vaste foreste nelle steppe, fa venire le semenze di tutti i legumi più conosciuti, piante delle vigne, coltiva dei gelsi per l'allevamento del baco da seta, fa costruire delle fabbriche, dei teatri, dei palazzi, delle caserme e delle cattedrali. Riempie la penisola di città magnifiche. La storia di queste città è stupefacente. Gli esempi che l'America offre oggi al nostro stupore, nello stesso genere di improvvisazione, sono superate. Nel 1784, cercano un'ubicazione per la capitale della provincia, che deve ricevere il nome di «Jekaterinoslav», gloria di Caterina. Due mesi dopo che il luogo è designato, si occupano già di costruirvi un'università, aperta non solo agli indigeni, ma anche agli stranieri che contano di attirare da ogni angolo d'Europa. Immediatamente un'armata di operai viene stanziata sulla riva destra del Dniepr, nel posto scelto, non lontano dall'umile villaggio tartaro che si chiama Kaïdak; il luogotenente Sinielnikov, che li comanda, riceve duecentomila rubli per le prime spese e l'opera ha inizio. La città deve costeggiare il fiume per un'estensione di venticinque verste (circa trenta chilometri), e coprire trecento verste quadrate di terreno con delle strade larghe duecento piedi. Deve essere provvista di un parco, con giardino botanico, bacini d'acqua dedicati alla pescicoltura e diverse altre attrattive. Al centro si innalzerà il palazzo del principe della Tauride, Potëmkin il Magnifico. Attorno si edificheranno i palazzi dedicati ai diversi servizi dell'amministrazione; poi verranno le abitazioni degli operai impiegati nella costruzione della città, le botteghe, i laboratori artigiani e, infine, le case della popolazione che vi deve giungere. Dodici grandi fabbriche, delle quali una per tessuti di seta, vengono progettate e fondi per costruirle messi da parte. Un palazzo di giustizia nello stile delle vecchie basiliche, un grande bazar nello stile dei Propilei, una Borsa, un teatro, un Conservatorio di musica, infine una cattedrale sul modello della chiesa di San Pietro, ma *più grande*, si eleveranno insieme in diversi punti della città, opportunamente scelti. I materiali sono pronti, a detta di Potëmkin. D'altronde, si fanno già arrivare professori per l'Università e per il Conservatorio. Il celebre Sarti[200] deve dirigere quest'ultimo. Per la cattedra di Storia all'Università, viene chiamato un francese di nome Guyenne, che è militare di professione. Ma non si guarda molto per il sottile. Pensano anche a un osservatorio. Immaginano una sorta di quartiere latino per i docenti e per gli studenti.

Questi sono i progetti, vediamo i risultati. Il palazzo di Potëmkin è effettivamente costruito, con delle serre di cui una per gli ananas, una per gli allori e gli aranci, altre ancora per i melograni, i datteri, etc. La fabbrica di tessuti di seta è egualmente costruita. Costa duecentoquarantamila rubli e funziona per due anni, dopodiché diverse ragioni, tra questa la mancanza di materia prima, inducono a desistere dalla sua gestione. In effetti, l'allevamento dei bachi da seta, per il quale era stato assunto dall'estero un direttore con un considerevole stipendio, produce un massimo di *venti libbre* di seta all'anno! Il restante della grande città rimane allo stato di chimerica concezione. Jekaterinoslav deve accontentarsi di diventare con il tempo una piccola cittadina di provincia. Kherson, della quale Giuseppe II pose la prima pietra nel 1787, dicendo che Caterina avrebbe posato l'ultima, ebbe un destino relativamente più brillante. In altri punti dell'impero, del resto, la rapida creazione di centri amministrativi o industriali correva simili rischi. Nel 1787, il poeta Deržavin, accompagnando il governatore di Petrosavodsk in un viaggio intrapreso per l'inaugurazione di una città elevata contemporaneamente a capoluogo di provincia del distretto, non poté mai arrivare alla fine del suo viaggio: la città introvabile esisteva solo sulla carta!

Tuttavia, la Crimea fu conquistata e giunse ad essere popolata.

«Tale è la Russia, - diceva il conte di Ségur – la doppia magia del potere assoluto e dell'obbedienza passiva, che nessuno

---

[200] Il compositore italiano Giuseppe Sarti (1729-1802) giunse in Russia, su invito di Caterina II, nel 1784, come direttore dell'Opera di San Pietroburgo, e vi rimase sino al 1801, quando desiderò rientrare in Italia per motivi di salute.

mormori che tutto manca e tutto procederà, benché nulla sia stato previsto e preparato in tempo.»

Tutto procedette, in effetti, da un capo all'altro del regno di Caterina, e *l'obbedienza passiva* vi ebbe probabilmente una grande parte. Conosciamo l'avventura del banchiere inglese Sutherland, di San Pietroburgo. Un giorno, il capo della polizia di Caterina, Ryleïev, si presenta da lui e, con il massimo riguardo, lo informa di un ordine della sovrana concernente la sua persona, ordine che egli stesso non può che deplorare, ma che non è in suo potere non eseguire. In sostanza, ha ricevuto l'incarico di *far imbalsamare* il povero finanziere. Si può immaginare lo sgomento di quest'ultimo. Fortunatamente, l'equivoco è chiarito in tempo. L'imperatrice aveva parlato di far imbalsamare un suo cane favorito che era appena morto e del quale il nome inglese aveva indotto Ryleïev in errore. Il medico inglese Dimsdale racconta da parte sua, nelle note che ha lasciato sul suo soggiorno in Russia, che volendo prendere per vaccinare l'imperatrice la linfa di un bambino di due poveri *mugik*, trovò l'opposizione della madre: secondo un credenza allora diffusa sarebbe stata la morte del piccolo. Ma intervenne il padre: «Se l'imperatrice ci ordina di tagliare le due gambe del bambino, non lo faremmo?» Dimsdale aggiunge un altro elemento: il bambino ammalato era tenuto in un ambiente surriscaldato, in un'aria mefitica, perché secondo i genitori aprire una finestra lo avrebbe ucciso. Ma Dimsdale mostrò un rublo: si aprì tutto ciò che volle.

L'aneddoto rivela un ulteriore elemento, universale e onnipotente, messo dalle usanze del paese a disposizione di Caterina. Ella non trascurò di farne uso. Se ne servì risolutamente e a oltranza, secondo il suo metodo abituale. Donò molto e lasciò prendere ancora di più. Lo sperpero di denaro fu enorme in ogni branca dell'amministrazione. Un giorno, Caterina, in preda a un violento mal di testa, ebbe un sorriso: «Non era meravigliata di soffrire così, avendo visto nei suoi conti che utilizzava un *pudo* (sei chilogrammi) di cipria al giorno per i suoi capelli!» Possiamo giudicare il resto da questo dettaglio. Ma i conti che l'inglese Harris inviava alla sua corte con i dettagli *delle decine di migliaia di sterline* impiegate dal suo collega francese per corrompere i funzionari dell'imperatrice non erano meno fantasiosi. Il barone di Breteuil fu il solo ministro francese a quell'epoca con il potere di impiegare in questo modo una somma considerevole, fino a un milione di franchi. Ma non ne fece uso. I suoi successori dovettero faticare molto per avere a disposizione qualche decina di migliaia di lire destinate all'acquisto di certi favori o di qualche documento segreto. E questi tentativi, considerati a Versailles anche come inutili e pericolosi, non ebbero in generale, sotto il regno di Caterina, alcun successo. Un funzionario dell'imperatrice, che ebbe o parve avere voglia di una bella carrozza fabbricata a Parigi, si ravvide prima di aver ricevuto il regalo e ne informò l'imperatrice, che gli dettò personalmente una lettera di rifiuto ironicamente educata. Dopo il barone di Breteuil, in una lunga serie di agenti rappresentanti la politica francese che gli succedettero a San Pietroburgo, il conte di Ségur giunse, unico, ad esercitare una certa influenza, e il denaro del quale peraltro sarebbe stato in difficoltà a servirsi, non ne ebbe alcun ruolo.

Dopo il 1762 fino alla morte di Caterina, non vi fu che un solo grande corruttore nel suo impero, ed è ella stessa che ne detiene il titolo. È certo che ne ha fatto uso per il bene del suo impero, concepito a modo suo, e che vi trovò le risorse per il compimento di grandi cose. Non è meno certo che la morale ne abbia avuto a soffrire e che l'influenza delle idee e delle abitudini così incardinate nel genio nazionale era destinata a esercitare sul suo sviluppo ulteriore una lunga e funesta azione.

Proveremo ora a passare rapidamente in rivista i risultati ottenuti con tutte queste risorse riunite nella mano della prestigiosa sovrana.

CAPITOLO II
POLITICA INTERNA

I

La difesa del trono – Cospiratori e pretendenti – Un vescovo in rivolta – La morte dello zar Ivan – La censura politica – Le opera di Jean-Jacques Rousseau – La grande crisi politica e sociale del 1771-1775 – Emel'jan Ivanovič Pugačëv – Regime reazionario

I popoli felici non hanno storia: a partire dal 1775, il popolo russo poté, dal punto di vista della politica interna, ascriversi in questi fortunati. Dopo il grande sforzo che dovette compiere per reprimere la rivolta di Pugačëv, Caterina si sentì dapprima stremata, poi disillusa e, infine, si lasciò assorbire dalle imprese all'esterno, dalla conquista della Crimea, dalla seconda guerra turca, dalla seconda e terza spartizione della Polonia e dalla campagna antirivoluzionaria. Sino al 1775, affermò ed ebbe bisogno di affermare la sua attività esuberante in tutte le direzioni. Dovette dapprima difendere il suo trono da una serie di imprese più o meno minacciose. Adottò una serie di misure di polizia, più o meno fatte per aumentare la sua gloria.

Già mese di ottobre del 1762, un certo Pietro Hruchtchov fu accusato, con i fratelli Simon, Ivan e Pietro Guriev, di aver complottato per il ristabilire sul trono Ivan di Brunswick, rinchiuso, come sappiamo, dal 1741 in una prigione. Condannato con i suoi complici alla deportazione dal governatore di Orenburg, Hruchtchov prese parte nel 1772 alla sollevazione degli esiliati in Siberia, diretta da famoso Beniowski[201]. Questi riuscì a fuggire, dopo una serie di avventure romanzesche, guadagnò

---

[201] Ungherese di nascita e naturalizzato francese Maurice-Auguste Beniowski (1746-1786) partecipò alla Confederazione di Bar e fu catturato dai russi, che lo deportarono in Siberia. Riuscì a fuggire e ritornò in Francia attraversando il Pacifico. Inviato da Luigi XV in Madagascar si fece proclamare re dagli indigeni e, dopo varie peregrinazioni in Inghilterra, Brasile e Stati Uniti, fu ucciso nella «sua» isola dagli stessi francesi.

l'Occidente dell'Europa dall'America e servì nell'armata francese con il grado di capitano.

Questa congiura, vera o falsa, poiché delle vere intenzioni criminali non paiono chiaramente accertate agli accusati, è stata sovente confusa con un'altra avventura posteriore a quella data, nella quale la principessa Dachkov si trovò compromessa. Nel maggio 1763, durante il soggiorno a Mosca che Caterina fece per la sua incoronazione, nuovi arresti per alto tradimento furono ordinati dall'imperatrice. Ma il disgraziato Ivan, che vegetava sempre nella sua prigione, questa volta non era in causa. Si trattava di tutt'altra cosa. Si era sparsa la voce che Caterina pensava di sposare Grigorij Orlov. Alcuni di coloro che avevano preso parte più attiva alla elevazione della nuova zarina Fédor Hitrovo in testa, giudicarono che gli interessi dell'impero fossero lesi da questo progetto vero o supposto. Impedire all'imperatrice di darvi seguito o, in caso di ostinazione da parte sua, uccidere il favorito; tale sarebbe stato il fine del complotto. Hitrovo fu tradito da uno dei suoi amici, che denunciò nello stesso tempo, come suoi complici: Panin, Tieplov, Passek, la maggior parte degli eroi della giornata del 12 luglio, e la principessa Dachkov. Arrestato, Hitrovo si assunse tutte le responsabilità dei fatti incriminati. Credeva di servire l'impero e l'imperatrice. La principessa Dachkov, interrogata, rispose che non sapeva nulla, ma che se anche avesse saputo qualcosa, avrebbe taciuto. Affermò inoltre che se l'imperatrice voleva che portasse la sua testa sul patibolo, dopo averla aiutata a mettere una corona sulla sua, era pronta! L'affare non ebbe un seguito molto grave. Solo Hitrovo fu esiliato nella sua terra del governatorato di Orel. Fu inoltre immediatamente pubblicato, nelle strade di Mosca, un ukase, che altro non era che il rinnovo di un atto precedente del governo di Elisabetta (5 giugno 1757), e con il quale era proibito agli abitanti di occuparsi di cose che non li riguardavano. Gli affari di Stato, in generale, erano compresi nell'enumerazione degli oggetti così qualificati. L'interdizione fu rinnovata nel 1772.

Pressoché nello stesso periodo, un prete, l'arcivescovo di Rostov, Arsenio Matsieievitch, sollevava lo stendardo della rivolta in modo alquanto azzardato. La politica di Caterina nei confronti del clero ortodosso si prestava a critiche abbastanza fondate. Salendo al trono, si era pronunciata con vigore contro le misure per le quali Pietro III si era attirato la disaffezione, se non l'opposizione vera propria della Chiesa. Ella aveva fatto aprire le cappelle private, chiuse per ordine dello zar, proibire la rappresentazione delle commedie pagane a teatro, rinforzato la censura dei libri; infine, aveva fermato la secolarizzazione dei beni ecclesiastici. Bruscamente, si ricredette e revocò tutte queste misure, protettrici di interessi dei quali non riteneva più utile avere riguardo. Una parte dei beni resi ai loro vecchi detentori fu oggetto di nuove confische. Il clero in massa chinò la testa, come aveva fatto precedentemente. Arsenio da solo si elesse a difensore dei diritti comuni misconosciuti e oltraggiati. Giunse persino ad introdurre nel rituale delle nuove formule che, con la scusa di anatemizzare i nemici della Chiesa, miravano direttamente all'imperatrice. Arrestato e tradotto alla presenza della sovrana, andò su tutte le furie, sembra, e pronunciò un discorso di una tale violenza da obbligare Sua Maestà a tapparsi le orecchie. Fu condannato alla degradazione e all'internamento in un chiostro, dove dovette, per ordine espresso, compiere i più umili uffici, portare l'acqua e fare la legna. Quattro anni più tardi, dopo un nuovo tentativo di rivolta, scambiò il chiostro con una prigione meglio sorvegliata. Scelsero la fortezza di Reval, affinché non potesse parlare in russo ai guardiani del luogo, visto che questi non sapevano che il lettone. Cambiò il nome e si chiamò unicamente il contadino André *Vral*, vale a dire bugiardo, o *Brodiaguine*, cioè brigante. Morì nel 1772. Un anno prima, un mercante di nome Smoline aveva rinnovato la protesta dello sfortunato vescovo contro gli attacchi ai diritti del clero. In una lettera indirizzata all'imperatrice e piena delle più virulente invettive, accusava apertamente la sovrana di aver messo la mano sui beni ecclesiastici unicamente per distribuirli a Orlov e ad altri favoriti. Terminava con questa apostrofe: «Tu hai un cuore di pietra come Faraone... Di quale punizione non sei tu degna, tu che tutti i giorni fai punire ladri e briganti!» Caterina provò che l'energumeno la calunniava, mostrandosi clemente. Smoline ebbe solo cinque anni di fortezza, dopo i quali, su sua domanda, sembra, divenne monaco e non fece più parlare di sé.

Tuttavia, già nel 1764, la morte di Ivan di Brunswick aveva aggiunto una macchia di sangue a quella che il dramma di Ropcha lasciava nel folgorante orizzonte del nuovo regno. Ivan, lo ricordiamo, era quel piccolo imperatore di due anni, detronizzato da Elisabetta nel 1741. Dapprima internato con il resto della sua famiglia a Holmogory, sul mar Bianco, poi, da solo, nella fortezza di Schlüsselburg era cresciuto nell'ombra della sua segreta. Lo dicevano ammalato mentale e balbuziente; ma aveva regnato, e un colpo di mano simile a quello che lo aveva fatto scendere dal trono poteva farvelo ritornare: rimaneva una minaccia. Rendeva inquieto lo stesso Voltaire, il quale pronosticava che i filosofi non avrebbero trovato un amico in lui. Nel settembre 1764, scomparve. L'avvenimento è stato oggetto di racconti e di commenti contraddittori, dove la storia corre il grande rischio di smarrirsi. Per servire la sua imperiale benefattrice, il patriarca di Ferney si occupò di «aggiustare» l'accaduto. Anche altri vi lavorarono, e Caterina per prima. Ecco i fatti conosciuti. Un ufficiale di nome Mirovič, che era di guardia alla fortezza di Schlüsselburg, convinse una parte degli uomini sotto i suoi ordini a dargli man forte per liberare lo «zar». Ma Ivan aveva vicino a lui due sorveglianti, ai quali era appena stata data un precisa consegna: dovevano uccidere il prigioniero piuttosto che lasciarlo uscire. Essi lo uccisero. Caterina fu sospettata di complicità in questa morte: si credette a un tranello combinato in accordo con Mirovič. Questi, è vero, si lasciò giudicare, condannare e giustiziare senza dire una parola; ma non gli avevano fatto credere che sarebbe stato graziato all'ultimo momento? Esistevano dei precedenti: sotto Elisabetta, numerosi alti dignitari, Ostermann, tra gli altri, avevano così beneficiato della clemenza imperiale nel momento in cui la loro testa giaceva già sul ceppo.

Vi furono degli strani dettagli nel processo: su un ordine espresso dell'imperatrice, non si fece alcuna indagine per scoprire altri complici, eppure probabili, del crimine. Non si infastidirono i famigliari di Mirovič. Sarebbe sconveniente voler stabilire un'accusa su indizi così vaghi. Caterina mostrò una volta di più, in questa circostanza, la forza d'animo di cui disponeva. Stava facendo un giro in Livonia quando le giunse la notizia dell'accaduto. Non affrettò il suo ritorno e non mutò itinerario.

Ma la grande crisi politica all'interno dell'impero fu quella del 1771-1775. In ogni tempo, sino alla soglia del secolo presente, la Russia è stata la classica terra dei pretendenti, che dalla prima metà del diciassettesimo secolo, dopo l'estinzione della dinastia dei Rurik[202], si succedettero a brevi intervalli. Sotto Caterina ve ne è una serie pressoché ininterrotta. Nel 1765, due soldati disertori, Gavrilo Kremniev e Ievdokimov, prendono in successione il nome di Pietro III. Nel 1769, nuova apparizione dell'ombra sanguinante dello zar assassinato, ed è ancora un disertore, Mamykin, che veste l'ambiziosa e tragica maschera. Emel'jan Pugačëv non è quindi che un continuatore. Ma questa volta, Caterina non ha più a che fare con un oscuro complotto o un tentativo puerile, di cui qualche colpo di *knut* o di scure avrebbero facilmente ragione. Una vera tempesta si scatena dietro il feroce *samozvaniets*, minacciando di far vacillare il trono e le fondamenta stesse dell'impero, nel crollo generale dell'ordine politico e sociale tutto intero. Ora non si tratta di un semplice duello tra usurpatori più o meno bene armati per la difesa o la conquista della corona, che da molto tempo appartiene a chi la sa afferrare. La lotta che si scatena ha un altro nome e un'altra portata. È una lotta tra lo *stato moderno*, che Caterina cerca di sprigionare dall'opera incompiuta lasciata da Pietro I ai suoi eredi, e lo *stato primitivo* nel quale la massa del popolo si ostina ancora a vivere, tra l'organizzazione e il disordine inorganico, che è il modo naturale dell'esistenza dei popoli selvaggi, tra la centralizzazione e la forza centrifuga, che è propria a quello stato di natura. È ancora il grido della miseria, nella quale restano immersi i bassifondi popolari, che si leva contro lo splendore improvviso di una classe, alquanto ristretta, di privilegiati. È una protesta oscura della coscienza nazionale contro i panegirici dei filosofi e dei poeti, dei Voltaire e dei Deržavin, che celebrano a gara lo splendore del nuovo regno. Infatti, se Caterina ha già fatto molto affinché, sulle altezze dove plana con la sua corte di dignitari e favoriti, con tutta la pompa e tutta la maestà del suo rango sovrano, il suo nome, il suo potere, la sua grandezza siano circondate da uno splendore incomparabile, non ha ancora fatto nulla, o pressoché, per coloro che sono in basso, per gli umili, per i piccoli, che penano, che soffrono come in passato, che non hanno alcuna parte, non

---

[202] La dinastia dei Rurik ebbe termine con la morte dello zar Fëdor I, nel 1598, che aprì il cosiddetto «Periodo dei Torbidi, che si protrasse sino al 1613, con la salita al trono di Michele I, fondatore della dinastia dei Romanov.

comprendono quei trionfi e quelle conquiste che vengono dall'alto e unicamente si irritano a quell'abbaglio che vi compare, e che fa loro vedere meglio la profondità della loro miseria. Tra questi, il breve regno di Pietro III aveva risvegliato delle speranze e lasciato dei rimpianti. La secolarizzazione dei beni del clero, cominciata dall'imperatore, era parsa l'avvio all'affrancamento dei sevi della gleba ed effettivamente vi poteva condurre. I servi dei beni secolarizzati diventavano liberi. Abbiamo visto che Caterina interruppe quest'opera. Pietro aveva anche inaugurato un regime di tolleranza assoluta nei confronti dei dissidenti. Non si preoccupava di fare da gendarme a beneficio della Chiesa ortodossa. La leggenda, come al solito, ingigantiva i suoi meriti. Gli *skoptsi* o mutilatori, in particolare, veneravano in lui un santo e un martire della loro causa. La sua affiliazione alla setta sarebbe stata la ragione determinante della sua morte. Gli incidenti della sua vita coniugale davano verosimiglianza a queste favole. Caterina, l'abbiamo visto, non seguì su questa strada gli errori del suo sposo, e ciò che aveva fatto la sua vittoria si ritorceva ora contro di lei. Il *raskol*[203] giocò un ruolo considerevole nel movimento insurrezionale, e con lui tutti gli elementi di malcontento e di disordine, sino all'inquietudine delle razze asiatiche alle prese, nei dintorni di Kasan e di Mosca stessa, con l'egemonia russificatrice dello Stato: tutto questo entrò in lizza contro lo stato e contro il regime creato o mantenuto dallo stesso. Emel'jan Pugačëv non servì che da strumento e da prestanome a questa sollevazione in massa dei rancori e degli appetiti di un immenso proletariato[204]. Prima della sua apparizione, degli esempi isolati di rivolta nei ranghi dei servi della gleba vi erano stati frequentemente. Nel 1768, si ebbero, nel solo governatorato di Mosca, nove casi di proprietari uccisi dai loro contadini. L'anno seguente ce ne furono ancora otto e tra le vittime vi fu uno degli eroi della Guerra dei Sette anni, il generale Leontiev, fatto prigioniero sul campo di battaglia di Zorndorf e maritato

---

[203] Per *raskol* (scisma) si intende la divisione della Chiesa ortodossa, avvenuta nel 1653 a causa delle riforme introdotte dal Patriarca Nikon, che miravano a uniformare le pratiche liturgiche della chiesa russa e di quella greca. Nacque così il movimento dei Vecchi Credenti.
[204] Sulla rivolta di Emel'jan Pugačëv vedi di Marco Natalizi, *La rivolta degli orfani – La vicenda del ribelle Pugačëv*, Donzelli Editore, 2011, Roma.

a una sorella del vittorioso Rumjancev.

Emel'jan Pugačëv era il figlio di un cosacco del Don. Aveva preso parte come soldato alla Guerra dei Sette Anni, si era distinto, aveva servito ancora contro i turchi, poi aveva disertato. Catturato, si era salvato e iniziò una carriera da fuorilegge e da brigante, che doveva sfociare nella sanguinante epopea che pose fine alla sua vita. Una verosimiglianza accidentale che avrebbe avuto con Pietro III e che l'avrebbe aiutato a impersonificare il suo ruolo è stata negata e non sembra avallata da alcuna testimonianza attendibile. I ritratti del *samozvaniets* che sono stati conservati non ne evidenziano alcuna traccia. Pietro III aveva una volto da scimmia contratto in una smorfia; Pugačëv mostra il comune tipo di mugik russo. Prese il nome del defunto imperatore come altri avevano fatto prima di lui. Ma ebbe la funesta occasione di comparire nel momento segnato dal fermento sociale, del quale abbiamo indicato le cause. Non provocò il sommovimento che si stava preparando da tempo; fu piuttosto questo movimento che si appropriò di lui. Non provò neanche a dirigerlo. Si mise alla sua testa e si gettò in avanti a testa bassa, spinto dall'onda tumultuosa e ringhiante. Fu una corsa terribile, che coprì di rovine fumanti e insanguinate metà dell'immenso impero. In capo a quattro anni, la forza disciplinata dell'elemento organizzato ebbe la meglio sull'elemento selvaggio. Pugačëv, vinto e fatto prigioniero da uno dei luogotenenti di Panin, fu portato a Mosca in una gabbia di legno, condannato a morte e giustiziato. Il boia gli mozzò la testa prima di squartarlo. Caterina affermò che fu per suo ordine: teneva ad apparire più umana di quanto fosse stato Luigi XV con Damiens[205]. Eppure, ella aveva da vendicare altre ingiurie e altri crimini. Le vittime fatte da Pugačëv alla testa delle sue bande erano innumerevoli e Caterina ebbe molta paura. Aveva un bell'inviare a Voltaire trovate più o meno spiritose sul conto del «marchese di Pugačëv»!

Un tratto bizzarro di questa avventura, ma di una bizzarria che abbiamo visto ripetersi frequentemente in analoghe circostanze, fu che, pur sollevandosi contro lo Stato, così come lo vedevano tra le mani di Caterina, Pugačëv e i suoi compagni

---

[205] Robert François Damiens (1715-1757) fu autore, il 5 gennaio 1757, di un attentato a Luigi XV, e fu l'ultimo condannato allo squartamento in Francia.

non ebbero nulla di più urgente che imitarne l'organizzazione, perlomeno di scimmiottarla, fino ai minimi dettagli delle forme esteriori. Dopo aver sposato una figlia del popolo, il finto imperatore ebbe cura di donarle una sorta di corte d'onore. Giovani contadine, istruite a colpi di bastone, recitarono la parte delle *freilines* in modo grottesco, cimentandosi in riverenze cerimoniose e in rispettosi baciamano. Per aumentare l'illusione della sua soppusta regalità, Pugačëv immaginò anche di dare ai suoi principali luogotenenti i nomi dei personaggi più in vista dell'entourage di Caterina: il cosacco Tchika prese il nome di Tchernychev con il titolo di feldmaresciallo. Altri si chiamarono: conte Vorontsov, conte Panin, conte Orlov, etc.

Questa commedia costò cara a tutti. Caterina vi perse il restante suo entusiasmo d'altri tempi per la riparazione delle iniquità sociali; la Russia, a parte le immense perdite materiali, non appariva più il regno che si era annunciato fecondo di riforme umanitarie. La politica interna di Caterina portò fino alla fine, come abbiamo già detto, la traccia di questi anni terribili, e come la cicatrice sanguinante dei colpi ricevuti e resi durante una lotta che fu un combattimento a morte. Si ebbero altre morti oltre a coloro che perirono per il ferro e il fuoco. Alcune delle idee che Caterina aveva portato con sé al governo dell'impero restarono sul campo di battaglia, erano forse ciò vi aveva portato di meglio.

Dal punto di vista delle attribuzioni dello Stato in materia di alta polizia, il regime che praticò, a partire soprattutto dal 1775, fu in un certo senso più reazionario di quello inaugurato da Pietro III. Pietro aveva soppresso la sinistra cancelleria segreta, vergognosa eredità di un tempo che la Russia poteva sperare di non rivedere più. Caterina non volle ristabilire l'istituzione nelle sue forme odiosamente antiquate, ma a poco a poco, lasciando da parte il nome, fece in modo di avere la stessa cosa pressoché interamente: ebbe Ivanovitch Chechkofski. Una leggenda si è creata attorno alla misteriosa figura di questo funzionario, dal quale Caterina non si separò mai. La realtà, senza eguagliare l'orrore dei ricordi lasciati dai carnefici di Ivan Vassilevitch[206], fu probabilmente di natura tale da gettare qualche ombra sulla reputazione che l'amica dei filosofi

---

[206] Ivan IV, detto anche Ivan il Terribile (1530-1584).

pretendeva di conservare in Europa. Nelle sue mani vi fu una macchina poliziesca subdola e ipocrita. Chechkofski non aveva né attribuzioni ufficiali corrispondenti alla sua funzione, né un'organizzazione apparente del suo lavoro inquisitoriale. Ma aveva l'occhio e la mano ovunque. Sembrava possedere il dono dell'ubiquità. Non arrestava nessuno: invitava a pranzo, e non ci si azzardava a rifiutare l'invito. Dopo pranzo, discutevano, e le mura delle confortevole e discreta casa non tradivano mai il segreto di quelle conversazioni. Una particolare poltrona, così sembra, era riservata al convitato, che una parola, sempre amabile, ma significativa, invitava a varcare la temuta soglia. Improvvisamente questa poltrona imprigionava colui che era stato educatamente invitato a prendervi posto, e scendeva con lui in una botola, in modo tale però che la testa e le spalle della persona rimanessero visibili. La vittima rimaneva così sconosciuta agli aiutanti di Chechkofski, solo la parte inferiore del corpo veniva sottoposta da costoro a un trattamento più o meno rigoroso. Chechkofski si voltava dall'altra parte e fingeva di non sapere ciò che stava accadendo. Terminato il trattamento e rimessa a posto la poltrona con il suo ospite, con un incredibile voltafaccia, riprendeva la conversazione dove quella piccola sorpresa l'aveva interrotta. Raccontano che un giovanotto, avvertito di ciò che l'attendeva, approfittò della sua presenza di spirito e della sua grande forza muscolare per spingere lo stesso Chechkofski al posto che gli era destinato sul fatale seggio. Dopodiché guadagnò la porta. Immaginiamo il resto. Chechkofski morì nel 1794, lasciando una grossa fortuna.

Le leggi di cui Caterina si proponeva di dotare la Russia nel 1767, copiando Montesquieu e Beccaria, non prevedevano tutto questo. Ma vediamo la sua opera legislativa.

II

Caterina legislatrice – L'«Istruzione» per la commissione legislativa – Montesquieu e Beccaria – Influenza dei conservatori russi e di Voltaire – Un Montesquieu russo: Ivan Possochkov – La riunione dell'Assemblea – I cahier – Le prime sedute – L'Assemblea fa dell'anatomia al posto di legiferare – Un «gabinetto di lettura» - Risultati negativi – Chiusura della sedute – Giudizio d'opinione – Il Parlamento di Parigi e l'imperatrice di Russia – Nuove preoccupazioni di Caterina – Riprende la mania legislativa – Riforme parziali – Mancanza d'insieme – Bisognerebbe cominciare dall'inizio – La questione del servaggio – La sorte dei contadini in Russia – L'opinione di Diderot – Quella di Ségur – Il processo di Daria Saltykov – Una donna che fa centotrentotto vittime – Il codice criminale di Rumjancev – Riassunto

Nel corso del 1765, Caterina, scrivendo a d'Alembert, gli annuncia in questi termini il prossimo invio di uno scritto di sua composizione, che desidera sottomettere alla sua approvazione:

«Vi vedrete come, per l'utilità del mio impero, abbia saccheggiato il presidente Montesquieu, senza nominarlo: spero che, se dall'altro mondo mi vede lavorare, mi perdonerà questo plagio, per il bene che ne deve risultare per venti milioni di uomini. Amava troppo l'umanità per formalizzarsi. Il suo libro è il mio breviario.»

Due anni dopo, l'opera non è ancora pronta, e Caterina ne dà così la giustificazione al grande filosofo che ha scelto come arbitro:

«Ciò di cui vi ho detto più volte che mi occupo non assomiglia più a quello che avrei voluto inviarvi. Ho cancellato, strappato e bruciato più della metà, e Dio sa cosa diventerà il resto.»

Verso la metà del 1767, tuttavia, i lavori di Caterina arrivarono al loro termine; il frutto del suo lungo sforzo viene pubblicato: è la famosa *Istruzione* per la Commissione legislativa, che ha deciso nello stesso tempo di riunire. L'ultima pagina contiene questa invocazione:

«A Dio non piaccia, essendo stata portata a termine l'opera da noi affrontata, che vi sia un'altra nazione al mondo dove la giustizia sia meglio amministrata e, di conseguenza, la prosperità generale più grande. Il fine che ho perseguito in quel caso non sarebbe stato raggiunto. Non voglio vivere per vedere questa disgrazia.»

Caterina, lo si vede, si faceva una grande idea della portata della sua impresa. Con l'aiuto del presidente Montesquieu, è una rivoluzione che si proponeva di compiere e una nuova epoca che credeva di aprire nella storia non solamente della

Russia, ma di tutte le nazioni europee. Sottomesso alle nuove leggi che gli si stava per dare, il popolo russo prendeva la testa del mondo civilizzato. Designando però l'autore dello *Spirito delle leggi* come suo unico collaboratore nella preparazione della grande opera, Caterina non forniva l'intero segreto del suo lavoro. Faceva torto a un altro collaboratore egualmente anonimo e sfruttato. *L'Istruzione* da lei redatta non è altro che una raccolta dei principi, formulati in una serie di paragrafi, un'antologia politica e filosofica, destinata a guidare i futuri legislatori nella redazione del nuovo codice, che bisogna dare alla Russia. Ebbene, su cinquecento ventisei un po' più della metà solamente rappresentano un prestito tratto da Montesquieu, il resto è preso, e pressoché copiato testualmente, dal *Trattato dei delitti e delle pene* di Beccaria[207].

Abbiamo precedentemente parlato del valore di questa composizione dal punto di vista della forma. Quanto alla sostanza, le linee generali che vi si possono individuare corrispondono al carattere generale delle idee e delle tendenze di Caterina in quel periodo della sua vita. Liberalismo, ottimismo e sentimentalismo, queste sono le note che vi dominano. Gli appelli al sentimento, al patriottismo, all'umanità, all'amore del prossimo si incontrano dappertutto. «I ricchi non devono opprimere i poveri» (§ 35). «L'amore per la patria è un mezzo per prevenire i crimini» (§ 81). Vi sono dozzine di paragrafi di questo tenore. Un paragrafo isolato (§ 416) rasenta il socialismo. Gli abituali contrasti della ricchezza a contatto con la povertà vi sono rappresentati in modo da accontentare i più convinti partigiani della dottrina egualitaria. Si tratta, a più riprese, di uguaglianza e di libertà (§§ 14, 16, 34, 36, 37, 39) e anche del diritto naturale e dei suoi conflitti con il diritto positivo (§§ 405, 407, 410) Le antitesi tra le leggi e i costumi, tra gli errori politici e gli errori morali, tra la detenzione e l'imprigionamento (§ 56, 59, 60, 167-174), vi sono rappresentate con tutta l'originalità e lo spirito che Montesquieu e Beccaria

---

[207] (N.d.A.) *L'Istruzione*, scritta da Caterina in francese, fu dapprima pubblicata in russo, poi in tedesco. Una versione francese, della quale Balthazard intraprese la pubblicazione a Losanna, diede luogo alla scoperta dei «prestiti» che Caterina utilizzò da Cesare Beccaria. Essendosene accorto Balthazard giudicò più comodo copiare le pagine corrispondenti dalla traduzione del giurista italiano, fatta nel 1766 dall'abate Morellet. Fece altrettanto per Montesquieu. Il plagio fatto dall'imperatrice venne così alla luce.

vi hanno fatto brillare. Le torture e i raffinati supplizi sono condannati come meritano di esserlo (§ 79, 194, 206). I paragrafi 209-210 contengono anche un'argomentazione contro la pena di morte, con una restrizione, tuttavia, concernente il caso di necessità politica. Non bisogna che Montesquieu e Beccaria impediscano all'imperatrice di Russia di difendere la sua corona contro i Pietro III e gli Ivan VI, veri e falsi. Per contro, il paragrafo 518 contiene questa nobile dichiarazione, che è tutto un programma di politica liberale: «I popoli non sono stati creati per noi; noi non esistiamo che per i popoli.» È la condanna dell'assolutismo? No. Chiamando ancora Montesquieu in aiuto, Caterina trova – che cosa non si trova in un buon autore? – che egli si pronunci per questa forma di governo (§ 9) e anche per i privilegi di classe, soprattutto per quelli della nobiltà (§ 360). Come tratta il terzo stato? Ne dà una definizione alquanto oscura (§§ 377-378). Quanto ai contadini, pressappoco non ne fa menzione. Ha paura di dire troppo su questo capitolo? È possibile. Si toglie dall'imbarazzo mettendo da parte l'argomento. Tocca la questione da lontano con qualche frase vaga, che mira a porre dei principi, ancor meno a preparare degli articoli di legge. Esprime, di sfuggita, il parere che non bisogna ridurre la gente in schiavitù se non dopo attenta riflessione (§ 253) e che i servi meritano di essere difesi contro l'abuso dei maltrattamenti (§ 258). È la dottrina della *schiavitù illuminata*, che fa da contraltare a quella del *dispotismo illuminato*. Di fatto, il paragrafo 269, integralmente copiato dallo *Spirito delle leggi*, si pronuncia contro l'abolizione immediata della schiavitù.

Vediamo come, anche nel 1767, il liberalismo teorico di Caterina soffriva già di compromessi con la pratica del contesto sociale e politico nel quale operava. Ma anche l'intero testo della sua *Istruzione*, come è stato pubblicato nel 1767 e come ci è giunto, non è che il risultato di un compromesso tra l'ispirazione originale dell'imperatrice e la pressione delle influenze ambientali, che si rivelano nel lavoro di redazione proseguito per due anni e nelle continue correzioni che ne determinavano il prolungamento. Prima di d'Alembert, altri giudici, presi nell'entourage di Caterina, furono chiamati a valutare la sua opera e a far sentire la voce dell'opinione locale in risposta a quella della filosofia. Conosciamo le osservazioni fatte da due di questi: l'autore Sumarokov e il capo ufficio Baskakov. Erano di natura tale da fermare Caterina sul cammino dove i suoi amici dell'Occidente l'avevano posta. Perciò Caterina diceva a d'Alembert che il suo lavoro, nel 1767, non assomigliava per niente a quello che era stato due anni prima. Possediamo qualche frammento del manoscritto primitivo. Fa rimpiangere ciò che è stato perso per sempre. Per quanto concerne in particolare la scottante questione della schiavitù, vi leggiamo le seguenti massime:

«L'esistenza simultanea di una schiavitù personale e reale è un grande abuso... Ogni uomo deve avere di che vestirsi e nutrirsi conformemente al suo stato, il tutto fissato dalla legge... Le leggi devono provvedere affinché i servi non siano abbandonati a loro stessi nella vecchiaia e nella malattia... Le punizioni inflitte ai servi dai loro padroni dovrebbero esistere per un diritto di giurisdizione e non per un diritto di proprietà... La condizione dei contadini potrebbe essere regolata da leggi, che dovrebbero dare loro i mezzi per acquisire la loro libertà.»

Giudicati pericolosi, questi passaggi sono scomparsi nella redazione definitiva. Osserviamo inoltre, attingendo alla fonte che abbiamo indicato dei materiali del suo lavoro, che Caterina ha cercato delle idee e dei principi isolati piuttosto che un'ispirazione generale. Si può dire che ha plagiato Montesquieu e Beccaria con lo spirito di Voltaire, corretto con quello dei vecchi conservatori russi. È così che si spiega l'aspetto composto dell'opera, nella quale il pensiero dell'autore, del resto, si riflette abbastanza esattamente. Su certi punti, l'influenza si è affermata nella direzione di un liberalismo più avanzato. Così, i paragrafi 261 e 295 dell'*Istruzione*, nonostante la prudente riserva di Montesquieu, al quale il paragrafo 260, citato precedentemente, si è ispirato, si spingono a stabilire la necessità di dotare della proprietà delle terre da loro coltivate quei servi che si è deciso di non affrancare. Ne risultano non poche asserzioni in antitesi le une con le altre. Ma sappiamo che le contraddizioni non preoccupavano Caterina.

In generale, è la dottrina dell'assolutismo che lo spirito di Voltaire ha fatto prevalere nella composizione dell'*Istruzione*. È ancora essa che si affermò nella riunione dell'Assemblea legislativa incaricata di mettere in opera il pensiero dell'imperatrice. L'idea stessa di questa *Istruzione*, l'idea di tracciare così per i legislatori il canovaccio obbligatorio dei loro lavori, elaborato nella mente di qualche pensatore straniero, al posto di consigliarli a compulsare le abitudini, i costumi, le tradizioni locali; l'idea di sostituire in anticipo un'iniziativa individuale all'iniziativa collettiva dei poteri costituiti per redigere la legge, che si riducono così al ruolo di semplici prestanome, questa idea è tutta volterriana. Inizialmente, il patriarca di Ferney non attribuì alcuna importanza all'Assemblea in questione. Vi vide soprattutto un'occasione per far valere i suoi principi di tolleranza religiosa. Poiché Caterina gli aveva parlato di diverse religioni: greca, musulmana o anche pagana, destinate a incontrarsi nella futura legislatura, la sua immaginazione si era messa al lavoro e questa prospettiva lo seduceva. Avrebbe voluto inviare la Sorbona a Mosca. Per quanto riguardava il legiferare, pensava che Caterina se la cavasse meglio da sola.

All'inizio, Caterina prese molto sul serio la sua Assemblea. L'idea di una convocazione di questo genere non era nuova, anche in Russia. Già nel 1648, un codice di leggi, redatto su ordine dello zar Alessio, era stato letto e discusso in una riunione di nobili. Nel 1720, si ebbe una commissione legislativa, alla quale Pietro I invitò anche degli stranieri, ma i cui lavori non produssero alcunché. Negli ultimi anni del regno del grande zar, un pensatore alquanto originale, che potremmo definire, fatte le debite proporzioni, il Montesquieu russo, un filosofo di nome Ivan Possochkov, auspicò la riunione di un'assemblea che comprendesse i deputati di tutte le classi sociali. Se ne parlò ancora sotto Caterina I, sotto Pietro II e sotto Elisabetta. Ma per un'inversione dell'ordine naturale delle cose, che è fatto per chiarirci la condizione nella quale si trovava la Russia dell'epoca, la resistenza a questi tentativi d'appello al popolo veniva soprattutto dal popolo stesso. L'elemento popolare si rifiutava di venire in aiuto allo Stato in supplenza nell'esercizio delle funzioni legislative, esercitate sino a quel momento senza condivisione. Caterina II decise di vincere questa resistenza. Un manifesto imperiale, pubblicato il 14 dicembre 1766, ricevette, questa volta, una pronta risposta. Pochi collegi elettorali si astennero dall'inviare dei deputati. La Piccola Russia, unica, approfittò dell'occasione per manifestare le sue tendenze separatiste. Non partecipò quindi all'assemblea. Le riunioni elettorali ebbero sei giorni per la discussione della redazione dei *cahier*. Malgrado questo lasso di tempo così breve, nel complesso il lavoro fu fatto abbastanza bene. L'esercizio del diritto di petizione aveva in questo senso preparato gli spiriti. Vi erano tanti argomenti di lamentala! Vennero redatti circa millecinquecento documenti, dei quali due terzi presentati dai contadini, si intende dai contadini liberi, cioè quelli della Piccola Russia e quelli dei possedimenti della corona. I servi della gleba, vale a dire la stragrande maggioranza, non avevano voce in capitolo. Alcuni documenti, soprattutto tra quelli che provenivano dalla nobiltà, sembrarono concepiti in modo da dare ragione a Voltaire. Così, la nobiltà di Murom dichiarò *di non avere niente da chiedere né nulla di cui lamentarsi*. Ma, in generale, le domande e le lamentele non mancarono, e il lavoro dei legislatori fu ben preparato.

Caterina non aveva però pensato a organizzare anticipatamente questo lavoro. Non se ne rese conto sino all'aprile del 1768, cioè circa nove mesi dopo l'apertura dell'Assemblea, che ebbe luogo il 31 luglio 1767. Il regolamento che fece allora preparare servì a ben poco. Il lavoro di codifica era passato tra le mani di diverse commissioni, diciannove per l'esattezza, che si divisero i compiti. Non ne doveva uscire alcunché. Quanto all'Assemblea stessa, non fu che un gabinetto di lettura. Vi fu letta l'*Istruzione* redatta da Caterina e si pianse di tenerezza ascoltando l'invocazione che la chiudeva. È vero che l'imperatrice era presente in un palco. In seguito, furono letti i *cahier*. Contrariamente alle previsioni, le sedute rimasero molto tranquille. Non vi furono neanche discussioni propriamente dette. Talvolta, furono fatte osservazioni sui documenti in lettura, ma si producevano nella forma di memoria collettiva redatta da un gruppo di deputati e generalmente giungevano in ritardo. Si leggevano già altre cose e si passava oltre.

Vi era una ragione fondamentale che impediva all'Assemblea di finalizzare il suo lavoro: la maggior parte dei suoi membri non aveva alcuna idea del vero scopo che era assegnato ai loro lavori e non giunsero neanche a definirlo. Le prime sei sedute furono impiegate a cercare un titolo laudativo da assegnare all'imperatrice. Gregorio Orlov propose: «Caterina la Grande, saggissima madre della patria». Caterina criticò aspramente la puerilità di questa preoccupazione: «Li ho riuniti per esaminare delle leggi – scriveva al presidente dell'Assemblea, Bibikov – e si occupano dell'anatomia delle mie qualità.» Rifiutò il titolo. Ma la lezione non servì. In ogni momento l'Assemblea divagava e perdeva la strada e il suo tempo. Nel corso di una discussione sui diritti dei commercianti, Leone Naryskin chiese la parola per leggere un lavoro sull'igiene. I diritti dei commercianti furono dimenticati di colpo. Un'altra importante deliberazione fu interrotta da un membro che aveva da raccomandare un rimedio sovrano contro i geloni.

I lavori dell'Assemblea si trascinarono così prima a Mosca, poi a San Pietroburgo, a partire dal febbraio 1768. Caterina a poco a poco se ne disinteressò e finì col tralasciare completamente la questione. Si rendeva conto che non si sarebbe giunti a nulla e che non vi era possibilità di approdare a qualcosa. Forse subiva la pressione di influenze ostili, che la sterilità di questo lavoro legislativo non riusciva a disarmare. Infine, il suo spirito così volubile si lasciò distrarre da altre preoccupazioni. Era sopraggiunta la guerra turca. Il 18 dicembre 1768, il presidente Bibikov annunciò ai suoi colleghi che, poiché le necessità della guerra chiamavano nei ranghi dell'armata un gran numero di deputati, le sedute dell'Assemblea dovevano cessare, per ordine di Sua Maestà. Un deputato ebbe l'ingenuità di chiedere se mai sarebbero riprese. Bibikov rispose affermativamente; ma in quel momento, racconta un contemporaneo, si udì nel palco imperiale il rumore di una poltrona rovesciata con violenza, seguito dal fruscio di una gonna di seta che si allontanava precipitosamente: era la risposta dell'imperatrice.

Infatti, non si parlò più di una nuova sessione legislativa. Più tardi Caterina cercò di cambiare le carte in tavola. Nel 1787, scriveva a Grimm: «Ciò che ha fatto la fortuna della mia Assemblea di deputati è il fatto che io ho detto: «Tenete, ecco i miei principi, dite le vostre lamentele: dove vi fa male la scarpa? Andiamo, rimediamo, non ho alcun sistema prestabilito, desidero il bene comune: esso è anche il mio. Andiamo, lavoriamo, fate dei progetti, esaminate la situazione.» Ed essi si misero a studiare, a raccogliere materiali, a parlare, a sognare, a discutere, e la vostra umile servitrice era ad ascoltare ed era alquanto indifferente a tutto ciò che non riguardasse l'utilità e il bene comune.»

Dove Caterina potesse scoprire la «fortuna» di quella legislatura che non aveva fatto alcuna legge, sarebbe difficile da dire. Probabilmente, Federico II le prodigò degli elogi e l'Accademia di Berlino chiamò la legislatrice nel suo seno. A Parigi, l'avvocato Blonde pubblicò, nel 1771, contro Maupeou, un pamphlet intitolato *Il Parlamento giustificato dall'imperatrice di Russia*, composto da citazioni interamente copiate dall'*Istruzione* di Caterina per la Commissione legislativa. Ma in generale l'opinione contemporanea rimase fredda. Gli inviati delle potenze straniere a San Pietroburgo giudicavano i lavori della Commissione nel loro reale valore. L'inglese Henry Shirley le trattava come un «semplice scherzo». L'incaricato francese Rossignol scriveva:

«Sono molto attento nel seguire le operazioni dell'assemblea della dieta delle nazioni russe, benché pensi, come si è generalmente convinti qui, che questo fenomeno straordinario non sia che una commedia . . . Sono i favoriti e i fidati dell'imperatrice che dirigono tutto, che fanno la lettura delle leggi con una voce così precipitosa o così bassa che appena li si sente, interrompendosi spesso. Chiedono poi l'approvazione dell'Assemblea, che si guarda bene dal rifiutare ciò che non ha sentito e ancor meno compreso . . . »

Stando al rapporto di un altro inviato francese, Sabatier de Cabre, un certo numero di deputati si sarebbe affrettato a vendere la medaglia d'oro che dovevano portare come insegna della loro funzione. Tuttavia, l'*Istruzione* di Caterina ebbe una fortuna inaspettata: ne fu proibita la pubblicazione in Francia!

La guerra turca, la spartizione della Polonia e la lotta con Pugačëv allontanarono per otto anni Caterina da ogni nuovo tentativo di riprendere una via dove «la sua fortuna» non aveva voluto seguirla. Il trionfo dell'arbitrio si affermò in questo lungo periodo. La parola fu al cannone, agli ukase perentori e alla frusta. Nel settembre 1773, il prefetto di polizia di Pietroburgo, Tchitcherin, aveva fatto frustare crudelmente dei domestici appartenenti a diversi personaggi altolocati, e il vice cancelliere, principe Galitzin, andò a lamentarsi per i suoi. «Non faccio alcuna differenza tra i miei sudditi, perché volete che Tchitcherin la faccia?», si limitò a rispondere l'imperatrice. Ecco quale era in quel momento il suo modo di intendere l'uguaglianza.

Verso il 1776, la politica estera stava languendo e Caterina si lasciò a poco a poco riprendere dalle sue vecchie passioni; ma lo slancio che la trasportava in altri tempi su questa strada era venuto meno.

«La legislomania procede stentatamente.» Scrive a Grimm. «Talvolta ritrovo alcuni frammenti, ma non l'insieme, quell'insieme in cui tutte le cose si collocavano da sole, ora per diritto ora per rovescio, ponendosi meravigliosamente bene nello stesso quadro... Non ne so la ragione, se è la materia o la testa, ma i passi avanti sono rari; è una febbre lenta e continua, senza entusiasmo...»

Per contro, rileviamo in quest'epoca, sotto la sua penna, una frase che prova che, ritornando su vecchi errori, è andata a fondo delle cose e ha finito col comprendere di che cosa la legislazione di un paese doveva essere fatta. Voltaire le aveva inviato il suo *Valore della giustizia e dell'umanità*, destinato nelle sue intenzioni a servire da base alla redazione di un codice criminale per la Russia. Pensava che con cento luigi dati a uno scrivano qualunque, Caterina avrebbe risolto la faccenda. «Ma non è così – osserva Caterina in una lettera indirizzata al suo confidente – che si redige un codice... Per farlo, bisogna pescare nel cuore, nell'esperienza, nelle leggi, nelle abitudini e nei costumi di una nazione, e non nella borsa.»

Nel 1779, studia le leggi danesi, «per sapere perché in quel paese, secondo Tristram Shandy[208], tutti gli uomini sono allo stesso livello; possono anche spaccarsi la testa, ma non nasce mai una contesa giudiziaria». La prospettiva che questo studio le fa scoprire non la entusiasma, anzi, ne ha «la mente inaridita»: «Tutto è previsto, di conseguenza nessuno pensa con la propria testa, e ognuno diventa pecorone. Eccellente capolavoro! Sarei più contenta di gettare al fuoco tutto ciò che, secondo voi, ho messo sottosopra, anziché fare una bella legislazione che producesse l'insopportabile razza di montoni insulsi e stupidi.»

Fino alla fine della sua vita rimesta quest'ordine di idee e di problemi e legifera in maniera intermittente. Nel 1787, durante il suo soggiorno a Kiev, fa emanare una legge contro i duelli, accompagnata da una scelta di alti principi morali che sem-

---

[208] *Vita e opinioni di Tristram Shandy, gentiluomo*, è un romanzo, in nove volumi, dello scrittore britannico Laurence Sterne (1713-1768).

brano tratti dall'*Imitazione*. L'opera d'insieme che aveva sognato e annunciato nel 1767 rimane assente. Vi è una ragione principale in questo, e altre secondarie: quest'opera avrebbe dovuto essere affrontata dall'inizio e l'inizio era la riforma, se non la radicale soppressione, della servitù della gleba.

Questa questione è, bisogna dirlo a onore di Caterina, una di quelle che di più e per lungo tempo hanno occupato la sua mente. Quando era ancora granduchessa, come abbiamo visto, concepiva progetti, del resto poco praticabili, per l'affrancamento dei contadini della gleba. Aveva, con le sue letture, scoperto, non sapremmo dire dove, la storia di un'emancipazione generale e contemporanea dei servi di Germania, di Francia, di Spagna e di altri paesi, che sarebbe stata l'opera di un concilio! Si chiedeva se una riunione di archimandriti avrebbe potuto, in Russia, produrre lo stesso positivo risultato. Giungendo al potere, inaugurò la grande opera per la riforma della condizione dei servi nei beni ecclesiastici confiscati a favore del tesoro: i contadini che vi si trovavano diventavano unicamente soggetti a una leggera tassazione; tutto ciò che guadagnavano in più rimaneva di loro proprietà e potevano, pagando una modica somma, liberarsi interamente. Era la libertà offerta in premio al lavoro e all'operosità degli interessati, era un'idea certamente produttiva. L'esecuzione non mancò di presentare qualche inconveniente: i monaci, spogliati, si ritrovarono di colpo ridotti in miseria. Secondo la relazione del marchese Bausset, restavano loro circa otto rubli all'anno a testa per vivere, si vedevano obbligati a mendicare per le strade e l'avvilimento del clero nazionale, uno dei punti dolorosi della Russia moderna, ha, almeno in parte, origine da questo. Ma vi furono circa un milione di contadini liberati, o sul punto di esserlo. Era un inizio. Per andare oltre, Caterina contò sulla sua Commissione legislativa. Incontrò, come abbiamo visto, forti resistenze. La sua *Istruzione* subì in merito a ciò numerosi ritocchi. La massa dei contadini servi della gleba non ebbe nemmeno dei rappresentanti in seno all'Assemblea, e vi si discusse unicamente la questione di sapere chi avesse il diritto di possederne. Si scoprì che tutti volevano questo diritto: lo pretesero i mercanti, anche il clero, ancora i cosacchi, desiderosi di rivendicare i loro privilegi. Queste manifestazioni di uno spirito ribelle alle sue idee umanitarie, irritavano Caterina.

Delle note da lei scritte in questo periodo ci forniscono un curioso riflesso delle sue impressioni:

«Se non è possibile concedere la dignità di persona a un servo, egli non è dunque un uomo. Chiamatelo animale, il che ci darà molta gloria e reputazione di umanità nel mondo intero ... La legge del servaggio risposa su un principio onesto stabilito da animali per degli animali.»

Ma i deputati della Commissione non leggevano queste note e, probabilmente, non sarebbero state sufficienti a cambiare i loro sentimenti. Da ogni parte, Caterina cozzava contro un'opposizione invincibile. Già nel 1766, aveva sottoposto alla Società di economia politica, fondata sotto i suoi auspici, una richiesta per risolvere la questione relativa al diritto del coltivatore sulla terra bagnata dal suo sudore. Centoventi risposte furono inviate in russo, in francese, in tedesco e in latino. Fu Béardé de l'Abbaye, membro dell'Accademia di Digione, che vinse il premio di mille ducati. Ma, con tredici voti contro tre, la Società di economia si oppose alla pubblicazione del suo lavoro.

Caterina finì col persuadersi che aveva a che fare con un problema momentaneamente insolubile e pericoloso da affrontare. La rivolta di Pugačëv la rafforzò in questa idea. Nel corso di una conversazione che ebbe in quel periodo con il direttore delle dogane V. Dahl, esprimeva l'opinione che si rischiava, sollevando la questione, di provocare una rivoluzione *simile a quella dell'America*. Evidentemente, non aveva che nozioni alquanto incomplete su ciò che accadeva in quel momento dall'altra parte dell'Oceano. «Chissà, tuttavia?» Aggiungeva. «Sono riuscita a portare a termine felicemente tante altre cose!» Nel 1775, scrivendo al suo procuratore generale, principe Viazemsky, insisteva ancora sulla necessità di fare qualcosa per i disgraziati servi, senza di cui «essi pretenderanno prima o poi per se stessi la libertà che noi rifiutiamo loro». Il conte Bludov ha preteso di aver visto tra le mani dell'imperatrice, nel 1784, un progetto di ukase che stabiliva che i figli dei servi nati dopo il 1785 sarebbero stati liberi. Questo ukase non vide mai la luce. Nelle carte dell'imperatrice trovate dopo la sua morte, si è rinvenuto un altro progetto relativo all'organizzazione dei contadini liberi, in particolare dei novecentomila servi liberati dalla secolarizzazione dei beni ecclesiastici. Questo documento è stato pubblicato nel ventesimo volume della *Recueil de la Société impériale d'histoire russe*. Le numerose correzioni che vi sono nell'originale, scritto interamente di pugno da Caterina, provano che vi ha lungamente lavorato. Peraltro, non è arrivata che all'idea abbastanza bizzarra, e probabilmente disgraziata, di un'applicazione delle istituzioni municipali alle condizioni, molto diverse, della vita rurale. Questa concezione è rimasta egualmente sterile.

C'erano ancora numerose ragioni perché tutto rimanesse così. Di fatto, l'ascesa di Caterina, nel 1762, era stata l'opera della nobiltà o perlomeno di un élite, non del popolo. Ne risultava per la nuova zarina l'obbligo tassativo di appoggiarsi su questo elemento e di contare su di esso. Del resto, anche prima della sua ascesa al trono, lo «spirito filosofico» di Caterina e il suo liberalismo non le impedivano di professare un certo culto per le vecchie famiglie. Le sue *Memorie*[209] lo testimoniano. Con il tempo, sostituì alla vecchia aristocrazia dei Naryskin, dei Saltykov, dei Galitzin, di cui si era composto il suo primo entourage, un'aristocrazia di recente creazione, dove brillarono gli Orlov e i Potëmkin. Ma fu solo uno scambio. D'altra parte, vi è da considerare che a quell'epoca un liberale della tempra di Diderot arrivava facilmente, dopo aver esaminato la questione del servaggio russo in compagnia della principessa Dachkov, a giudicare una riforma radicale su questo punto come prematura. Le osservazioni della principessa erano sufficienti a far vacillare nello spirito del filosofo delle convinzioni formate e maturate nel corso di vent'anni. Probabilmente, ne riemerse traccia nei colloqui che Diderot ebbe più tardi con Caterina stessa. Dieci anni dopo, il conte di Ségur, avendo probabilmente visto dei contadini russi attraverso i vetri della carrozza imperiale, esprimeva scherzosamente la convinzione che *la loro sorte non lasciava nulla a desiderare*. Caterina doveva finire, e in effetti finì, col convincersene anche lei. Nelle sue note sul libro di Radiščev[210], un liberale convinto e intransigente che,

---

[209] *Memorie di Caterina II la Grande*, A&P edizioni, 2012, Milano.
[210] Aleksandr Nikolaevič Radiščev (1749-1802). La sua opera *Viaggio da San Pietroburgo a Mosca*, del 1790, dove condannava la servitù della gleba e descriveva la condizione del popolo, gli costò l'esilio in Siberia. Radiščev fu influenzato, grazie ai suoi soggiorni all'estero, dal pensiero filosofico illuminista e scrisse anche opere di carattere economico e politico.

nel 1790, credette che fosse ancora il tempo di fare della filosofia e pagò caro questo errore, l'imperatrice è arrivata ad affermare, come fatto incontestabile, che non vi sono al mondo contadini trattati meglio di quelli russi, né padroni più dolci e umani di un proprietario di servi in Russia! Per conoscere la verità non occorre andare lontano nell'esame dei fatti appartenenti alla storia della servitù russa, storia che assomiglia a un doloroso martirologio. Come esempio dell'umanità testimoniata dai grandi signori russi verso i contadini loro servi, il conte di Ségur ha disgraziatamente ritratto nelle sue *Memorie* una contessa Saltykov. I primi anni del regno di Caterina vi fu grande clamore per il processo e la condanna della contessa Daria Saltykov, accusata di aver ucciso, con i supplizi più raffinati, sino a centotrentotto dei suoi servi dei due sessi. Settantacinque vittime, tra cui una ragazzina di dodici anni, furono accertate nel corso dell'inchiesta. Nonostante il grido della coscienza popolare, che ha conservato del nome della *Saltytchiha* un ricordo spaventoso, Caterina non osò fare completa giustizia. I complici più o meno volontari dell'orribile donna, il pope che presiedette alla sepoltura delle vittime e i valletti che li percossero, ricevettero il *knut* in una delle piazze di Mosca; la contessa Saltykov se la cavò con una condanna alla prigione perpetua. Era già un progresso: sotto il regno di Elisabetta, sotto quello di Pietro III, gli stessi fatti universalmente conosciuti erano rimasti impuniti. Il *knut* spettava in sorte ai denunziatori di simili abominevoli fatti.

Il caso della *Saltychiha* fu eccezionale; la regola restava invariata. La legislazione in vigore non limitava in alcun modo il diritto dei proprietari in relazione alle punizioni corporali da infliggere ai loro servi della gleba. Li autorizzava ad inviarli in Siberia. Era un modo per popolare le vaste lande deserte di quel paese d'esilio. Caterina vi aggiunse la facoltà di completare l'esilio con dei lavori forzati. Quanto al resto, la legge rimase muta come in passato. E la giurisprudenza era mutevole come in passato. Nel 1762, il senato colpì con la deportazione un proprietario che aveva fatto frustare un contadino fino alla morte. Ma, nel 1761, un fatto analogo non ebbe per sanzione

---

Quando Paoli I gli consentì di ritornare dall'esilio, dovette fronteggiare nuovi ostacoli e persecuzioni che lo portarono al suicidio.

che una penitenza religiosa. Ci è stato conservato un documento curioso: è una lista delle punizioni inflitte, nell'anno 1751 e oltre, nelle proprietà del conte Rumjancev. La lettura è angosciante: si crede si tratti di un terribile incubo. Per essere entrato nella camera dei suoi padroni mentre dormivano e aver così disturbato il loro sono, una serva viene bastonata e *condannata alla privazione del suo nome*: la chiameranno solo con un soprannome che è un'ingiuria, e i contravventori saranno puniti con *cinquemila colpi di bastone* (leggiamo bene cinquemila) «*senza pietà*». Cinquemila colpi di bastone sono del resto lontani dal costituire un *massimo*. Una specie di codice criminale, in uso nelle stesse proprietà, contempla dei castighi ben più severi. È anche previsto che l'applicazione di queste pene non causi eccessivo danno al proprietario, privandolo per troppo tempo del lavoro dei domestici così puniti. Vi è detto che l'uomo che ha ricevuto diciassettemila colpi di bastone (*sic*) o cento colpi di *knut* – le due pene sono considerate equivalenti – *non potrà restare a letto più di una settimana*. Se ritarda ad alzarsi e a ritornare al lavoro, *sarà privato del cibo*.

Questo codice fu in vigore durante il regno di Caterina e corrispondeva pressoché alla pratica comune. Di fatto, attraverso diversi tentativi contraddittori, Caterina ha operato in questa direzione unicamente con due atti, ed entrambi hanno rappresentato una sensibile recrudescenza del precedente regime. Dal punto di vista del trattamento dei servi da parte dei loro padroni, sopprimendo il diritto alla lamentela diretta al sovrano, ha soppresso l'unico correttivo, del resto alquanto insufficiente, che attenuava, in una certa misura, degli abusi mostruosi. Si incominciò a mandare i querelanti ai loro proprietari, vale a dire ai loro carnefici; poi si applicava loro la pena della frusta. Nel 1765 un ukase del senato sostituì alla pena della frusta quella del *knut*[211] e dei lavori forzati. Nel 1779, un pittore francese di nome Velly, incaricato di fare il ritratto dell'imperatrice, corse il rischio di fare conoscenza con questa nuova legislazione, poiché aveva approfittato di una seduta con

---

[211] *Knut* è semplicemente una tipo di frusta in uso in Russia, costituita da un manico di legno alla cui estremità era unita una treccia di cuoio con un anello di rame, al quale erano collegate strisce di cuoio ruvido e arrotolato che terminavano con ganci o punte metalliche.

l'imperatrice per presentarle una petizione.

Fu necessario un intervento diplomatico per trarlo d'impaccio. Dal punto di vista della legge del servaggio, la grande opera del regno di Caterina fu l'introduzione del diritto comune russo nelle vecchie province polacche della Piccola Russia, vale a dire la trasformazione dei contadini liberi che vi si trovavano in servi della gleba.

Nel 1774, discutendo con Diderot, poiché questi parlava con qualche disgusto della sporcizia che aveva visto da parte dei contadini nei dintorni di San Pietroburgo, l'imperatrice si sarebbe lasciata sfuggire: «Perché mai dovrebbero avere cura di un corpo che non è il loro?» Queste amare parole, se sono state pronunciate, riassumono uno stato di cose con il quale aveva finito col conciliare le sue aspirazioni umanitarie.

Nel 1798, in una serie di annunci inseriti nella *Gazzetta di San Pietroburgo* (n° 36), a fianco all'offerta di uno stallone dell'Holstein da vendere, figurava quella di qualche esemplare dell'*Istruzione per la commissione legislativa*, conservata nella tipografia dell'Accademia, sotto queste righe:

«Se qualcuno vuole acquistare una famiglia, o un giovanotto e una ragazza separatamente, può rivolgersi alla lavandaia di indumenti di seta davanti alla chiesa di Kazan. Il giovanotto, di nome Iva, ha ventuno anni; è sano, robusto e sa arricciare i capelli alle signore. La ragazza, ben fatta e di bel portamento, si chiama Marfa, ha quindici anni, sa cucire e ricamare. Possono essere esaminati e acquistati a un prezzo ragionevole.»

Questo riassume i risultati che Caterina, come legislatrice, aveva lasciato in eredità al suo successore.

Per quanto difettosa, incompleta e incoerente sia stata l'opera da lei intrapresa in questo campo, tuttavia ha segnato un'epoca nella storia dello sviluppo nazionale. A strappi e sussulti, assommando editti, carte e regolamenti di ogni genere, elementi bizzarri ed eterocliti, dove gli elementi più diversi, legislazione civile e legislazione penale, organizzazione amministrativa e organizzazione giudiziaria, si trovavano riunite alla rinfusa (come nella famosa *Istituzione dei governi*, del 1775, come negli statuti concessi nel 1785 alla nobiltà e alle città), Caterina ha finito, pur continuando a definirsi priva di *spirito creativo*, col creare un modello nel quale tutta la vita sociale ed economica del paese si è trovata assimilata per un lungo spazio di tempo. La Russia, nel bene e nel male, lo conservò sino al regno di Alessandro II. E, nei confronti del passato, quest'opera rappresentò, nel suo insieme, un considerevole progresso.

III

Amministrazione della giustizia – Riforme audaci – Il principio elettivo – Addolcimento delle pene – Il knut – Caterina nel ruolo di giustiziere supremo

Per quanto concerne l'amministrazione della giustizia, con numerosi altri tentativi incoerenti e infruttuosi, l'iniziativa di Caterina si è ugualmente affermata con qualche tratto duraturo, che porta il segno del suo spirito audace e intraprendente. Il principio elettivo applicato alla costituzione dei tribunali di ogni specie, il diritto riconosciuto ai sottoposti a giudizio di essere giudicati da loro pari, queste riforme audaci molto discusse al momento, e di fatto molto discutibili, hanno costituito, per circa un secolo, l'organizzazione giudiziaria del paese. Tra i contemporanei, uno straniero, Mercier de la Rivière[212], se ne è mostrato alquanto entusiasta; un indigeno, autore di *Memorie*, alle quali abbiamo già fatto ricorso (Vinski), le ha giudicate molto meno meritevoli di elogio. A suo parere, ebbero come unico effetto mettere 326 giudici là dove, precedentemente, ve n'erano 50:

«Il più chiaro risultato di queste illuminate riforme per il povero agricoltore è che al posto di tre montoni ne deve portare ora 15 in città», per mantenere dei buoni rapporti con la giustizia.

Forse questa differenza di giudizio non era che la distanza, sovente constatata dalla stessa Caterina, tra i principi la cui giustezza la seduceva e la loro applicazione, dove scorgeva «qualcosa di losco e di sospetto».

Caterina si è anche preoccupata di accelerare nelle diverse

---

[212] Pierre-Paul Lemercier de La Rivière (1719-1792), economista fisiocratico, parlamentare e intendente della Francia in Martinica, fu chiamato in Russia da Caterina II nel 1767.

giurisdizioni l'andamento delle pratiche degli affari, che era di una lentezza esasperante. Nel 1769, un mercante di Mosca, Popov, era giunto a lamentarsi davanti tribunale della lentezza delle procedure, dicendo che in Russia sotto il regno di Caterina II non vi era giustizia, l'imperatrice fece cancellare dal verbale quelle audaci parole, ma diede ordine nello stesso tempo di terminare il procedimento di Popov nel più breve tempo, «affinché vedesse che in Russia vi era della giustizia».

Lo zelo della sovrana era lodevole, ma in generale produceva poco effetto. La macchina era troppo pesante perché una mano, pur energica come la sua, potesse governare il massiccio ingranaggio. Nel 1785, degli armatori francesi attendevano ancora a San Pietroburgo il regolamento di certe indennità a loro dovute e riconosciute come esigibili per dei danni che avevano subito durante la prima guerra turca. Il conte di Ségur, che si era impegnato a loro favore, scriveva che non aveva potuto ottenere altro se non che da rinvii di settimana in settimana si era passati a quelli di giorno in giorno. Aggiungeva:

«Quanto ai debiti particolari, non rifiuterò certo loro i miei buoni uffici, ma ne ho garantita già all'inizio l'inutilità. Il ministro d'Inghilterra ed io siamo convinti, da una triste esperienza, che qui è impossibile far pagare anche le lettere di cambio più sacre, quando il debitore non ne vuole sapere. Le leggi gli sono contrarie, ma la corruzione dei giudici, l'indolenza dei tribunali, l'uso e l'esempio sono sempre a suo favore. L'imperatrice è sul punto di decidere l'affare del signor Prory, di Lione, e il debitore dichiara ad alta voce che, se è possibile fargli perdere il processo, sarà almeno impossibile farglielo pagare. Questa negligenza inconcepibile nell'esecuzione di un ukase, relativamente ai debiti, è prodotta dal disordine generale delle persone eminenti di questo paese, che sono tutte corrotte e che proteggono la disonestà dei commercianti russi che le sostengono.»

L'iniziativa dell'imperatrice e il suo diritto di giustizia suprema si manifestavano più frequentemente e in maniera più efficace, come abbiamo già detto, nella mitigazione delle eccessive severità alle quali la giurisdizione ordinaria non rinunciava. Caterina si vantava di non aver mai firmato una condanna a morte. Tuttavia ha lasciato che Pugačëv, e prima di lui Mirovič, portassero la loro testa sul patibolo. Ma ella usava, in questi casi eccezionali, un sotterfugio: dicendosi direttamente in causa per gli attentati che si trattava di punire, rinunciava, per l'occasione, alle sue prerogative di suprema giustizia, per non essere, diceva, giudice e parte. In generale, si impegnò a sostituire la deportazione alla pena capitale, e anche a quella della frusta. Lasciò, tuttavia, applicare talvolta lo *knut*, anche come strumento di coercizione, per provocare le confessioni degli accusati. E bisogna sapere che cosa era questo genere di tortura. Il *knut* era una frusta munita di una correggia il cui cuoio, preparato con un procedimento particolare, possedeva allo stesso tempo l'elasticità del cauccù e la durezza dell'acciaio. Maneggiato da un carnefice che prendeva respiro per picchiare con maggiore forza, la correggia penetrava nelle carni e vi incideva ad ogni colpo un profondo solco, che metteva a nudo le ossa. Cento colpi erano considerati come un limite al di là del quale la resistenza, vale a dire la vita del fustigato, anche dotato di un vigore eccezionale, non poteva protrarsi. Generalmente, i *soggetti* perdevano conoscenza al decimo o al quindicesimo colpo. Se si continuava, si picchiava ben presto solo un cadavere. L'abilità del carnefice consisteva nel prendere le distanze, in modo tale da allungare le striature sanguinanti sulla schiena del condannato le une a fianco delle altre, senza tralasciare un pollice di carne. Al momento di picchiare lo *zaplietchnik* (così chiamato perché portava la mano che teneva la frusta dietro le sue spalle per dare al colpo maggiore forza) gridava alla vittima: *Bieriegis!* (Scansati), come per una suprema ironia. Nelle camere di tortura lo *knut* era comunemente associato con la corda: picchiavano la vittima dopo averla sospesa in aria con le braccia, che erano state precedentemente legate dietro la schiena, in modo tale da provocare una slogatura delle articolazioni e un dolore intollerabile.

Sappiamo che Caterina fu un'avversaria risoluta della tortura. Tuttavia, nel corso di un processo che si trascinò dal 1765 al 1774, e dove si trovavano sotto accusa degli incendiari, la tortura fu applicata tre volte agli accusati.

Una leggenda, della quale non sappiamo verificare la fonte, ci mostra la sovrana nel ruolo di giustiziera con quello che noi oggi chiameremmo «un crimine passionale». Il caso è dei più complicati. Una giovane contadina, figlia di genitori ricchi, ama un giovane uomo povero. Sorpresa da suo padre, caccia il suo amante sotto i materassi del letto comune. Coricarsi nello stesso giaciglio era allora cosa comune in Russia, anche presso famiglie agiate. Il padre si stende sul letto e soffoca il disgraziato. Sopraggiunge un vicino. Informato di ciò che è accaduto, toglie il cadavere e lo getta in mare. Ma come prezzo della sua complicità, obbliga la fanciulla a diventare sua amante. Ella ha un bambino e questi lo annega. Poi, avendo bisogno di denaro, lo chiede alla sfortunata che, per dargliene, ruba a suo padre. Infine egli la obbliga a seguirla al cabaret, dove vuole fare mostra della sua conquista. Ella vi si reca, ma uscendo, dà fuoco. Il cabaret brucia con tutti quelli che vi si trovano. Viene arrestata. È accusata di furto, d'infanticidio e di incendio. I tribunali la condannano. Caterina l'assolve. Limita la sua punizione a una penitenza religiosa.

IV

Amministrazione civile – Attività – Mancanza d'ordine – Ostacoli che incontra l'iniziativa della zarina – Cosa si fa degli appestati a Mosca – Il rapporto dell'ispettore di polizia Longpré – Profezia di Diderot

È nell'ambito dell'amministrazione propriamente detta che Caterina ha esercitato, dall'inizio alla fine del suo regno, l'attività più fervida e, fino a un certo punto, più feconda. Si è occupata di tutto. Abbiamo di lei un lavoro personale, molto voluminoso, sulla costruzione di manifatture. Nel 1783, si è occupata di riformare la toilette delle dame e dei signori della sua corte, volendola rendere meno costosa: la riforma non era fatta per piacere ai fabbricanti. Elisabetta, secondo quanto racconta Galovkine nelle sue *Memorie*, obbligava la bella Naryskin a portare le sue gonne senza guardinfante, affinché le grazie delle sue forme non mettessero in ombra le sue. Per delle ragioni meno personali, Caterina fece ricorso a delle leggi suntuarie e la moglie del granduca Paolo, ritornando da Parigi, dovette rinviare, senza sballarle, le meraviglie che la famosa mademoiselle Bertin aveva messo nelle sue casse. Bisogna dire, in generale, con molta energia e buona volontà, che l'iniziativa della sovrana si è mostrata in questa direzione, come nelle altre, priva di continuità e di una conoscenza approfondita delle cose, frammentaria, capricciosa e avventata.

«In questo impero si fanno troppe cose in una volta sola, – scriveva il conte di Ségur nel 1787 – il disordine causato dall'eccessiva precipitazione soffoca la maggior parte delle creazioni di genio. Si vuole, nello stesso tempo, formare un terzo stato, attirare il commercio straniero, costruire stabilimenti di ogni genere, estendere l'agricoltura, aumentare la circolazione di carta moneta, far alzare i cambi, abbassare l'interesse del denaro, fondare delle città, popolare dei deserti, creare una nuova marina per il Mar Nero, conquistare un vicino, incatenare l'altro ed estendere la propria influenza in tutta Europa. È certo che è troppo da fare.»

Caterina, del resto, aveva lottato contro enormi difficoltà. Il primo anno del suo regno, si accorse che al Senato, che si occupava delle questioni più complesse dell'amministrazione del paese, non c'era una carta che indicasse la posizione dei capoluoghi di governatorato, dei quali si decidevano le sorti senza sapere se erano vicini al mar Nero o al mar Bianco. Inviò un commesso all'Accademia delle Scienze con 5 rubli, per acquistarne una. Si impegnò energicamente nella repressione dei molteplici e stravaganti abusi, ai quali i funzionari di tutte le branche dell'amministrazione erano soggetti; la Russia le deve, in questa direzione, un serio progresso, ma anche in questo caso l'impresa supera le sue forze. Un giorno inviava un ufficiale della sua guardia, Maltchanov, a Mosca, per condurre un'ispezione e mettere in luce le malversazioni che le erano state segnalate. Maltchanov aveva bisogno di un passaporto per viaggiare. La Russia in ogni tempo è stato il paese dei passaporti. Perdette tre giorni in corse obbligate da un ufficio all'altro per ottenerne uno. Nel frattempo, i delinquenti, avvisati, si mettevano in regola. Una corruzione sfrontata permeava ogni livello dell'amministrazione. Nel 1770, durante la peste di Mosca, gli ufficiali di polizia si mettevano d'accordo con gli ufficiali sanitari per taglieggiare i ricchi borghesi della città: denunciavano i disgraziati come sospetti di essere affetti dal male che decimava la città; il medico, con il pretesto di esaminare i soggetti così segnalati, imbrattava loro le mani con del nitrato d'argento, delle macchie nere vi apparivano ben presto e i presunti appestati venivano messi in quarantena: se non si riscattavano con una somma, approfittavano della loro assenza per depredare le loro case. Anche a San Pietroburgo, un testimone attendibile, l'ispettore di polizia Longpré, inviato da Parigi nel 1783, con una missione di ordine giudiziario, segnala dei disordini deplorevoli: le strade per nulla o male sorvegliate, incendi che distruggono in un momento interi quartieri della città, etc. Circa alla stessa epoca, l'inviato inglese Harris menziona il caso di uno dei suoi compatrioti che, vittima di una rapina a mano armata, derubato di una forte somma di denaro, prova invano a interessare degli ufficiali subalterni di polizia alla sua disgrazia, finisce per rivolgersi al luogotenente di polizia in persona, e lo trova alle sette di mattina occupato a risolvere un solitario con delle carte di sudice carte.

Una delle opere più durature di Caterina, tra le più meritorie e meglio riuscite, fu la «Casa dei trovatelli», creata nel 1763. Le furono accordati privilegi e favori come a nessun altra istituzione furono mai concessi: esenzione dalle imposte e dalle corvè, diritto autonomo di giustizia e di polizia, libertà personale sia per gli allievi sia per il personale, monopolio della lotteria, partecipazione agli incassi dei teatri, etc. Una rendita di cinquantamila rubli fu assegnata dall'imperatrice per il mantenimento della Casa, della quale un filantropo, Procopio Demidov, costruì a proprie spese l'enorme edificio. Betskoy[213], nominato direttore, vi impiegò tutta la sua fortuna (circa due milioni di franchi) e vent'anni di assiduo lavoro. Un'opera da lui pubblicata nel 1775 con il titolo: *Piano e statuto delle diverse istituzioni ordinate dall'imperatrice Caterina per l'educazione della gioventù*, fornisce un'idea della grandiosità dell'opera.

---

[213] Ivan Ivanovich Betskoy (1702-1795). Di origini svedesi, nacque a Stoccolma, Betskoy o per meglio dire nel suo cognome completo Trubeckoj, fu l'artefice del sistema scolastico della Russia e presidente per un trentennio (1764-1794) dell'Accademia Imperiale delle Arti. Fu partecipe al colpo di stato che portò Elisabetta I sul trono e la sua vecchia amicizia con Giovanna Elisabetta di Holstein, madre di Caterina II, diede adito a qualche chiacchiera sulla reale paternità della futura zarina. Fu espulso dalla Russia nel 1747, in quasi concomitanza con Giovanna Elisabetta, e si stabilì a Parigi, dove trascorse un quindicennio e stabilì saldi rapporti con gli enciclopedisti e, in particolare, con Rousseau. Rientrò in Russia con l'avvento di Pietro III e non mancò di partecipare al colpo di stato che pose Caterina sul trono nel 1762. Di fatto fu il ministro dell'istruzione del regno di Caterina II e rivolse il suo interesse all'istruzione delle donne, degli orfani e del ceto medio, cioè di quei soggetti che avevano un ruolo più che marginale nella società russa dell'epoca.

Diderot, che ne curò la traduzione e la stampa, realizzata a L'Aia, vi aggiunse una nota dove leggiamo queste righe:

«Quando il tempo e la costanza di questa grande sovrana le avranno portate al punto di perfezione del quale esse (le istituzioni) sono tutte suscettibili e che parecchie hanno già raggiunto, visiteranno la Russia per conoscerle, come in altri tempi si visitava l'Egitto, Sparta e Creta, ma con una curiosità che sarà, oso dire, meglio fondata e meglio ricompensata.»

Effettivamente, cominciamo, ai nostri giorni a visitare la Russia. È vero che non è esattamente con la preoccupazione che prevedeva Diderot.

V

La politica finanziaria di Caterina – Da dove viene il denaro? Gli assegnati e i prestiti – Né bancarotta né rivoluzione – Il credito della Russia non ha limiti – Una teoria economica a parte – La sua giustificazione – Risultati acquisiti – Ancora Possochkov

Una parte dell'amministrazione di Caterina si presenta alla mente sotto le apparenze di un problema che sfida ogni soluzione: la sua politica finanziaria. Ciò che erano le finanze della Russia al suo avvento, l'ha detto in un diario intimo del quale, per sfortuna, ci è stato conservato solo un frammento:

«Ho trovato l'armata accantonata in Prussia senza un soldo da otto mesi; nella cassa dell'impero 17 milioni di rubli di buoni del tesoro non pagati; una circolazione monetaria di 100 milioni di rubli, dei quali 40 milioni presi in contanti dall'estero; pressoché tutte le branche del commercio monopolizzate in mano a dei privati; le entrate delle dogane concesse in locazione per 2 milioni; un debito di 2 milioni contratto in Olanda dall'imperatrice Elisabetta; nessun credito e nessuna fiducia all'estero; all'interno i contadini in rivolta ovunque e, in certe contrade, gli stessi proprietari pronti a imitare il loro esempio.»

Era il risultato di un regime che Pietro I aveva trovato in vigore, che non aveva provato a modificare, che derivava da un insieme di idee e di tradizioni, eredità diretta della dominazione tartara e del costume asiatico, e si riassumeva nel saccheggio di tutte le risorse economiche del paese.

«Si è tassato tutto ciò che si è giudicato possibile, persino le lunghe barbe dei mugik, che si sono trovati a pagare un diritto di entrata alle barriere delle città! Per incassare le imposte, si fece ricorso al ferro e al fuoco, alle esecuzioni militari e a metodi ingegnosi di tortura, collaudati dall'esperienza di secoli. Poiché il tesoro rimaneva vuoto, si sono date in appalto le entrate, le hanno vendute o messe nelle lotterie. Si è deciso, nella disperazione di venirne a capo, di prendere il tutto per la parte, l'oggetto stesso della tassazione per la tassazione e si creato, nel 1729, l'«Ufficio dei beni confiscati.»

Che cosa fa Caterina in questa situazione? Comincia col cercare dei palliativi. Mette le risorse della sua cassa privata a disposizione dello Stato. Poi prova a correggere l'organizzazione del Tesoro pubblico. Il vizio capitale di questa organizzazione è la mancanza di unità: le finanze dell'impero sono nelle mani di diverse istituzioni indipendenti le une dalle altre, ciascuna delle quali tira dalla sua parte e che non si intendono se non per fare a gara nel dilapidare. Caterina tenta una unificazione e una centralizzazione dei servizi. Delle riforme isolate, la soppressione dei monopoli e dei privilegi facenti capo a un certo numero di società commerciali, la realizzazione della riforma delle dogane, portano alcune nuove entrate. Ma l'insieme di quanto incassato resta assai basso: non supera di molto i 17 milioni di rubli (circa 85 milioni di franchi). Si tratta di portarlo al livello delle nuove esigenze della politica imperiale, che vuole portare alla pari con quella delle grandi potenze europee, della Francia, che ha un budget vicino al mezzo miliardo di franchi; dell'Inghilterra, che ne uno di 12 milioni di sterline. Non basta! Caterina vuole eclissare tutti i suoi rivali dell'Occidente. Per le sue numerose imprese all'estero, per il fasto della sua corte, per le sue elargizioni alla folla dei suoi adulatori, dei quali l'Europa è ben presto piena, per l'oro che semina a piene mani sui suoi favoriti, intende cancellare il ricordo del grande re, del Re Sole, la cui prestigiosa carriera ossessiona la sua immaginazione.

C'è quasi riuscita! La prima guerra turca costa 47 milioni e mezzo di rubli. E, dopo una tregua di qualche anno, il proseguimento dei grandi progetti ricomincia all'estero con l'annessione della Crimea, con la seconda guerra turca, la guerra di Svezia, la conquista della Polonia, la spedizione di Persia, etc. All'interno, la spesa non è inferiore. Il favoritismo costa in trentaquattro anni circa 50 milioni di rubli. Il mantenimento della corte, il disordine e la dilapidazione che ne conseguono richiedono somme enormi. Dal 1762 al 1768, per la manutenzione del solo palazzo di Peterhof vengono stanziati 180.000 rubli (900.000 franchi), e quando l'imperatrice vi arriva nel giugno 1768 trova ovunque la più completa rovina. Il denaro è andato altrove. Nel 1796, è a un budget di circa 80 milioni di rubli al quale Caterina deve far fronte.

Quasi ci riesce! Da un capo all'altro del suo regno, sopperisce a tutto. Paga tutto e tutti, l'apprendistato di Alessio Orlov sulla sua flotta dell'Arcipelago, le follie di Potëmkin e l'entusiasmo di Voltaire. Lascia colare l'oro dalle sue mani e sembra averne sempre e non esserne mai priva. Come? Con quale prodigio? La spiegazione è facile da dare; ma per capire questa spiegazione, bisogna penetrare un segreto del quale Caterina ebbe, e fu il suo merito e la sua grande forza, se non la conoscenza ponderata, almeno l'intuizione geniale. Alle prese con le difficoltà finanziarie che abbiamo detto, sarebbe stato strano che i governanti dell'impero non pensassero, un giorno o l'altro, a un espediente che, per quanto disastrosa la sua pratica si fosse dimostrata in Occidente, non mancava ancora di sedurre le immaginazioni. Giungendo al potere, Pietro III decretò immediatamente la creazione di una *banca* e la messa in circolazione di *biglietti* per la somma di 5 milioni di rubli. Questa idea dell'imperatore inizialmente non piacque all'imperatrice. La macchina degli assegnati, della quale non comprendeva bene il funzionamento, non le suggeriva niente di buono. Ma, nel 1769, le esigenze della guerra turca ebbero il sopravvento sulle sue ripugnanze e sui suoi scrupoli e, da allora, lo strumento della sua potenza finanziaria, il potere magico che, dal 1769 al 1796, ha sostenuto la fortuna e la gloria della grande sovrana, nutrito lo sforzo colossale e sempre ripetuto del suo regno e supplito alle sue prodigalità, era creato. In ventisette anni, Caterina ha fatto stampare assegnati per 157.700.000 di rubli . Aggiungendo 47.739.130 di rubli da una parte e 82.457.426 di rubli dall'altra per i prestiti contratti all'interno o all'estero nello stesso periodo, arriviamo a un totale di 287.896.556 rubli, ossia circa un miliardo e mezzo di franchi, prelevati dal credito pubblico. Ecco come e con che cosa Caterina ha pagato.

Il lettore ha già fatto la riflessione che il suo caso non è stato eccezionale nell'Europa contemporanea. Probabilmente. Pietro III non ha inventato la stampa degli assegnati, Caterina non è stata la sola a servirsene. Solamente, ed è qui che l'eccezione, il prodigio e il segreto al quale abbiamo fatto cenno appaiono nella storia, solamente si sa a che cosa questo sistema abbia portato negli altri paesi: la bancarotta, la terribile bancarotta, della quale parlava Mirabeau, non ha tardato a fare giustizia delle illusioni così messe in circolazione sotto la stampigliatura ufficiale dello Stato, nell'attesa che lo Stato stesso fosse portato davanti al tribunale delle rivendicazioni popolari e mandato in fallimento dalla rivoluzione. Ebbene, la Russia non ha visto nulla del genere, né sotto il regno di Caterina, né sotto il regno dei suoi successori. E niente del genere ha potuto prodursi per una ragione molto semplice: ciò che è successo altrove è accaduto perché l'abuso del credito ha condotto all'esaurimento più o meno rapido, ma fatale, della *base di garanzia* – capitale, depositi di metalli, immobili ipotecati – che serviva da pegno alle emissioni di cartamoneta o ai prestiti. Questo non poteva accader in Russia e non può accadere ancora oggi, perché il pegno, l'unica garanzia sulla quale è riposto e riposa sempre il credito pubblico, tutto il credito interno ed estero del paese, è *eterno*. E in che cosa consiste questa garanzia? L'irsuto filosofo, il pensatore mezzo selvaggio che, sotto il regno di Pietro I, affrontò questi problemi nella sua mente poco colta, ma non sprovvista di profondità, Possochkov, l'ha spiegata nel suo pittoresco linguaggio: « Ciò che fa il valore di una moneta non è l'oro, l'argento, il cuoio, la materia più o meno preziosa che è stata impiegata per farla; no, niente di tutto ciò fa che questa moneta sia ricevuta in cambio di un moggio di grano o di un pezzo di stoffa. Ciò che ne garantisce il valore è l'effige dell'imperatore incisa sul metallo, è la volontà dell'imperatore, espressa con quell'immagine, di attribuire a quel pezzo di metallo una tale efficacia, che viene accettata senza esitazione in cambio di cose che hanno un valore reale, poiché servono agli usi reali della vita. E per questo la materia di cui è fatta la moneta importa poco. La volontà dell'imperatore potrebbe attribuire lo stesso valore a un pezzo di cuoio, a un foglio di carta e questo sarebbe sufficiente ...»

Tutta la teoria del debito pubblico, come ha funzionato in Russia all'epoca di Caterina e come funziona ai nostri giorni, all'incirca, è contenuta in queste parole, ed così pure tutta l'economia finanziaria che Caterina ebbe a disposizione. È per aver adottato questa teoria, per averla risolutamente messa in pratica, per non aver esitato a farla valere a oltranza sul docile spirito dei suoi sudditi, che ha potuto fare tutto ciò che ha fatto. Poiché la fiducia stabilita all'interno oltrepassò i confini del regno, il denaro attirò il denaro, i contributi prelevati all'estero vennero ad aggiungersi a quelli che diede il paese stesso e l'insieme di queste risorse artificialmente create stimolò la produttività nazionale, gonfiò le risorse delle imposte.

«Si avrebbe torto – scrivevamo nel 1885 – nel vedere in questa concezione il frutto di un'aberrazione passeggera. Si potrebbe, con maggiore ragione, crederla inerente al genio del popolo che l'ha vista nascere e scoprire, in ogni caso, che ha il carattere di un fenomeno particolarmente durevole e resistente, poiché ancora oggi ai destini finanziari dell'immenso impero. La banca creata da Pietro III con un tratto di penna non ha né capitale costituito, né depositi di metalli immagazzinati nei suoi forzieri, né garanzie reali.» Vi è, d'altronde, al fondo di questa concezione, un'altra idea oltre a quella della potenza illimitata del sovrano. Il sovrano, la cui augusta immagine brilla sul rovescio dei rubli d'argento e degli imperiali d'oro, vi figura come il rappresentante, la personificazione globale della *ricchezza nazionale*. Ed è questa ricchezza che, non essendo mai stata misurata e non potendolo essere, appariva all'immaginazione popolare come sconfinata. È questa, propriamente parlando, che serve da ipoteca alle emissioni della cartamoneta e dei buoni di rendita dello Stato. Così la formula è completa. Essa si è imposta e si impone sempre alla massa del popolo russo. Con essa, la Russia si è messa e si è mantenuta al di fuori della pratica universale e delle condizioni che regolano ovunque altrove la vita economica delle nazioni come dei privati. Con essa, con l'affermazione perentoria dei principi che le fanno da base, per la fede acquisita con questa affermazione nei profondi sentimenti della massa, ella ha potuto, non solo sostenere la sua esistenza, ma mantenerla all'altezza di un ruolo al di fuori delle sue reali forze. Ciò che ha sempre fatto e fa ancora altrove la disgrazia degli assegnati, ciò che ha determinato la bancarotta di Law[214] e obbligato un abitante di Parigi, volendo mangiare bene nell'anno III della prima Repubblica, a spendere 3.000 franchi per la sua parte, è il crollo della fiducia. Qui, in Russia, la fiducia non è mai crollata. Ancora oggi non lo è, perché si ricollega a legami artificiosamente intrecciati con la fede ai destini stessi della patria. Ci si è rivolti non al credito, ma alla *credulità* pubblica, ci si è sottratti grazie a questa all'effetto delle leggi che governano il credito là dove si è obbligati a farne ricorso. È stato necessario un mostruoso eccesso, che è sfociato in un formidabile ingombro di carta stampata, per far intervenire non queste leggi, ma quelle, più difficili da eludere, che presiedono ai rapporti tra domanda e offerta. È stato soprattutto necessario l'intervento di elementi esterni, il contraccolpo fatale delle inevitabili relazioni con i sistemi finanziari dei vicini. Ma la fiducia nazionale non subì scosse. Del resto, si mise fuori corso il denaro in eccesso e si ricominciò con nuove spese. La fiducia nazionale sopportò bene questa prova. Nel 1843, dopo numerose operazioni di questo genere, un appello ad essa, un'abile pubblicità sono state sufficienti perché la polizia si vedesse obbligata a intervenire agli sportelli assediati dalla folla avida di scambiare i sacchi di scudi sonanti e barcollanti, che portava con sé, contro le mazzette di *carta verde* che si offrivano in cambio. Circolava la voce che l'oro e l'argento *avrebbero perso da quel momento tutto il valore*; la *carta verde* sola ne avrebbe avuto uno. E questa voce incontrò una fede universale!

«Arrivando qui bisogna perdere – scriveva il conte di Ségur

---

[214] John Law (1671-1729), viene maggiormente ricordato per il fallimento come finanziere del «Sistema Law» che non per il suo contributo come economista. Nel 1694, Law uccise in duello Edward Wilson, noto personaggio mondano della capitale, fu imprigionato e condannato a morte ma, con la sospensione della condanna, riuscì a fuggire e a iniziare un peregrinaggio europeo, sostenuto finanziariamente dal gioco d'azzardo, attività in cui eccelleva grazie alla sua capacità innata di calcolo delle probabilità. Pubblicò le *Considerazioni sulla moneta e il commercio* nel 1705, testo trascurato generalmente dagli economisti, ma che ebbe considerazioni positive da Schumpeter. All'epoca la Francia di Luigi XIV soffriva di una grave crisi monetaria e finanziaria e Law, che aveva visto i successi della Banca d'Inghilterra, creò la Banque Générale, con diritto di emettere biglietti bancari. A seguire fondò la Compagnia d'Occidente, poi Compagnia delle Indie, la cui fusione con la Banque Générale e la speculazione sul titolo della società su supposti ma inesistenti guadagni, creò un clamoroso dissesto finanziario. Law fuggì il Belgio e poi a Venezia, dove morì ed è tutt'ora sepolto nella Chiesa di San Moisè.

da San Pietroburgo nel 1786 – le idee che ci si è fatti delle operazioni finanziarie negli altri paesi. Negli altri stati d'Europa, il sovrano dirige l'attività, ma non l'opinione pubblica; qui anche l'opinione pubblica gli è sottomessa, e la moltitudine di biglietti di banca, la certezza che nessun fondo potrebbe rimborsarli, la svalutazione della moneta, che non lascia alle monete d'oro e d'argento che la metà del loro valore, in una parola, tutto ciò che provocherebbe in un altro paese la bancarotta e le più funeste rivoluzioni, non provoca qui non solo alcuna scossa, ma neanche il minimo attentato alla fiducia, e sono persuaso che qui l'imperatrice farebbe accettare del cuoio come moneta, se l'ordinasse.»

Era la stessa opinione di Possochkov.

Si ebbe, sotto il regno di Caterina, qualche momento difficile. Nel 1783, l'imperatrice fece un regalo di 50.000 rubli alla moglie del granduca Paolo in occasione del parto dell'erede e altri 30.000 rubli al granduca. Quando le loro Altezze Reali vollero prendere possesso di quanto assegnato, si trovò che la cassa era vuota. Garnofski, l'uomo di fiducia di Potëmkin, racconta nelle sue *Memorie* che nel 1788, avendo il suo capo richiesto una somma in oro, relativamente poco considerevole, per le spese da fare in Crimea, faticò molto, dopo aver battuto l'intera città, a mettere insieme 80.000 ducati. Al cambio, il rublo in carta perse in certi momenti sino al cinquanta per cento. Nel 1773, parlò alla sovrana di certi progetti di un finanziere che offriva di farle guadagnare 30 milioni in quattro mesi senza che ciò costasse niente ad alcuno, Caterina rispose spiritosamente: «Sono abituata a dire ai fabbricanti d'oro e agli inventori di progetti per far denaro: Signori, fateli per voi stessi, affinché non siate obbligati a chiedere l'elemosina». Fu tuttavia curiosa di conoscere di che cosa si trattasse. I 30 milioni sarebbero stati i benvenuti in quel momento! Questo non le impedì di spenderne il doppio in Crimea e il triplo nella seconda guerra turca, che non è valsa alla Russia alcun serio vantaggio.

VI

L'armata – Lo spirito militare e il favoritismo - Disorganizzazione – Abbandono dell'opera lasciata da Pietro I – I reggimenti gestiti dai colonnelli – Il soldato russo – La vittoria a buon mercato – Riassunto

Vi è poco da dire sull'armata sotto il regno di Caterina. Questo regno fu guerreggiante; non favorì né il militarismo, né lo spirito militare. Lo spirito militare vive di disciplina, di rispetto della gerarchia e anche di ambizione. Facendo di Alessio Orlov un ammiraglio e di Potëmkin un generale in capo, Caterina non coltivò per niente questi sentimenti. Nel 1772, al congresso di Fokchany, Gregorio Orlov, che non aveva mai visto un campo di battaglia, pretese di parlare da padrone a Rumjancev, il vincitore di Kagul, e poco mancò che il comando dell'esercito non gli fosse in parte assegnato. Ma alcuni anni dopo, Rumjancev doveva ritirarsi davanti a un altro favorito. Quando non ebbe più Rumjancev al comando e prima dell'arrivo di Suvorov, l'armata fu in generale mal comandata. Ma il soldato era quello che si è visto successivamente, come è recentemente comparso sotto le mura di Plewna[215], dove aveva di fronte solo dei soldati turchi messi, per così dire, fuori combattimento, prima di aver combattuto, dalla tattica europea, o dei polacchi che, come i turchi, rimanevano dal punto di vista dell'arte della guerra, indietro di due secoli. Caterina evitò accuratamente ogni conflitto con le disciplinate truppe dell'Occidente. Quando provò a saggiare gli svedesi, che tuttavia erano un misero avversario per la Russia, ebbe a pentirsene. D'altronde, fu vittoriosa a buon mercato, come diceva il principe Enrico di Prussia. Nessun dubbio, comunque, che la sua indomabile energia e la sua audacia abbiano contribuito alle vittorie delle sue bandiere.

Dei giudici competenti l'hanno accusata, soprattutto per quanto concerne l'amministrazione militare, di aver guastato l'opera di Pietro il Grande. Nel 1763, firmò una riforma che mise i reggimenti interamente nelle mani dei colonnelli, Pietro aveva affidato i servizi amministrativi a degli ispettori, che erano degli impiegati del commissariato generale, ossia di un'intendenza fortemente centralizzata. L'abbandono di questa organizzazione diede luogo a numerosi abusi. Secondo la

---

[215] Si riferisce alla Guerra di indipendenza rumena che fu parte del più ampio conflitto turco-russo (1877-1878), che vide la Romania a fianco della Russia. A Plewna (o Pleven) i russi subirono gravi perdite da parte dei turchi, ma riuscirono comunque a conquistare la città.

relazione del conte di Ségur, l'armata russa contava, nel 1785, effettivi per circa cinquecentomila uomini, dei quali duecentotrentamila di truppe regolari. Ségur osservava tuttavia che il disordine che regnava negli uffici del ministero della guerra non permetteva di avere un ragguaglio molto preciso, e che le cifre ufficiali non erano attendibili. Aggiungeva: «Numerosi colonnelli mi hanno confessato che guadagnano dai 3 ai 4 mila rubli annualmente sui reggimenti di fanteria e che quelli di cavalleria procurano ai loro capi 18.000 rubli. » Il conte di Vergennes scriveva da parte sua, nello stesso periodo: «Le flotte russe non guadagnano in celebrità allontanandosi dal Baltico. Quella che è comparsa per ultima nel Mediterraneo non ha lasciato un buon ricordo. Livorno si lamenta in particolare degli ufficiali, che hanno molto speso e poco pagato.»

Riassumendo, Caterina intraprese e iniziò moltissime cose, pressoché nulla fu portato a termine. Era nella sua natura andare avanti senza guardare quello che lasciava dietro. Lasciò numerose rovine.

«Prima della morte di Caterina, - è stato scritto – la maggior parte dei monumenti del suo regno assomigliava già a delle rovine.»

Un demone era in lei che la spingeva sempre al di là del presente e del risultato già conseguito, senza neanche lasciarle la soddisfazione di fermarsi e di compiacersi dell'opera terminata. Questo demone, forse, non era che quello dell'ambizione, e di un'ambizione talvolta meschina e puerile. Quando aveva fatto i piani e posto le fondamenta di un edificio, ne faceva fare una medaglia e, coniata la medaglia e messa nel suo studio, non pensava più alla costruzione. La famosa chiesa di marmo, iniziata nel 1780, era ancora all'inizio vent'anni dopo.

Ma era forse questo il provvidenziale ruolo della grande zarina. Era semplicemente il compito di trascinare in una corsa vertiginosa questo popolo, addormentato sotto una coltre di neve, del quale Pietro I non era riuscito a scrollare interamente il sonno secolare, e che non aveva bisogno che di essere scosso dal suo torpore per seguire la sua naturale china e avanzare, come un torrente che niente arresta, verso un misterioso destino. E forse Caterina non aveva interamente torto scrivendo a Grimm, all'indomani del giorno in cui fu inaugurato il monumento da lei elevato al grande zar, suo predecessore:

«Pietro I, dall'alto del suo monumento, ci è sembrato avere un'aria tanto spavalda quanto grande; lo si sarebbe detto molto contento della sua creazione. Per lungo tempo non ho potuto fissarlo; sentivo una profonda commozione e quando ho guardato attorno a me, ho visto tutti con le lacrime agli occhi. Il volto era rivolto dalla parte opposta del mar Nero, ma il suo sguardo diceva molto bene che non si faceva illusioni. Era troppo lontano per parlarmi, ma mi è parso avere un'aria di soddisfazione che mi ha stimolata e incoraggiata a cercare di fare meglio in avvenire, se posso.»

CAPITOLO III

POLITICA ESTERA

I

Carattere generale della politica di Caterina – Programma pacifico dei primi anni – Ragioni che hanno portato Caterina ad abbandonarlo – Una lettera del conte Vorontsov ad Alessandro I – Le nuove tendenze dell'imperatrice – Febbre guerriera, intraprendente e conquistatrice – Iniziativa personale – «L'imperatrice non ha più ministri» - Influenza del temperamento e del sesso – La sovrana e la donna – Riforme nel dipartimento degli affari esteri – Riassunto

L'illustre storico tedesco Sybel[216] scriveva nel 1869:
«Ancora ai nostri giorni, non vi è questione scottante sollevata in Germania dove non scopriamo la traccia della politica di Caterina II.»
Questa osservazione potrebbe essere generalizzata ed estesa pressoché a tutta l'Europa. Molto ambiziosa, molto femminile, talvolta leggermente infantile, la politica estera di Caterina è stata una politica di espansione universale. L'inizio del suo regno, tuttavia, sembrò annunciare tutt'altra cosa.
Salendo al trono, l'imperatrice si manifestò risolutamente come una sovrana pacifica, disposta, se non provocata, a non molestare alcuno, desiderosa di evitare ogni conflitto con i suoi vicini e determinata a consacrare ogni attività ai problemi interni di un impero che offriva un campo sufficientemente vasto al suo spirito intraprendente. Questo programma, del resto, era in sintonia, anche dal punto di vista delle relazioni internazionali, con un'ambizione che non rinunciava ai propri diritti su nessun terreno, ma che si lasciava condurre dalle ispirazioni più generose. Rivolgendosi al conte Kayserling, suo ambascia-

---

[216] Heinrich von Sybel (1817-1895) fu professore di storia in diverse università e politico liberale.

tore a Varsavia, Caterina scriveva:

«Vi dirò chiaramente che il mio scopo è di essere legata da amicizia con tutte le potenze, e tenermi anche sulla difensiva, al fine di potermi schierare sempre dalla parte del più oppresso ed essere con questo l'arbitro dell'Europa.»

Non pensava ancora, evidentemente, alla spartizione della Polonia. Respingeva tutte le idee di conquista. La stessa Curlandia non la tentava. «Ho abbastanza popoli da rendere felici – diceva – e quel piccolo angolo di terra non aggiungerà nulla alla mia fortuna.» Pensava di confermare il trattato di pace perpetua con la Turchia. Riduceva o lasciava ridurre gli effettivi dei suoi reggimenti. Non si affrettava a riempire i vuoti dei suoi arsenali creati dalle rovinose guerre dei regni precedenti. Ripeteva che era necessario, prima di ogni altra cosa, rimettere il paese in ordine e aggiustare le finanze.

Come è arrivata ad abbandonare così velocemente e così completamente questo iniziale orientamento? Siamo in grado di portare in merito una preziosa testimonianza. L'uomo al quale la dobbiamo è uno di quelli che rappresentano l'onore del loro paese, e la franchezza del suo linguaggio è fatta per gettare una viva luce su questo lato oscuro di una prestigiosa storia che sembra anche indicare che alcuni sentimenti, oggi sconosciuti e screditati in Russia, non vi sono stati estranei nelle anime nobili. Qualche anno dopo la morte di Caterina, in una lettera indirizzata ad Alessandro I che era appena salito al trono, il conte Simone Vorontsov[217] scriveva queste righe:

«La defunta imperatrice voleva la pace e la voleva lunga... Tutto era calcolato per questo. Fu la Prussia a indurre il conte Panin a rovesciare i miglioramenti appena introdotti nella costituzione della Polonia, per impadronirsi di quel paese. Fu la Prussia che persuase questo stesso ministro a esigere che tutti i dissidenti polacchi fossero ammessi a tutte le cariche dello Stato, cosa impossibile senza impiegare contro i polacchi le più forti violenze. Così avvenne e si formarono le confederazioni, delle quali si aveva la massima cura di nascondere il numero all'imperatrice. Furono arrestati dei vescovi, dei senatori in piena Dieta, furono inviati in esilio in Russia. La nostre truppe

---

[217] Semion Romanovitch Vorontsov (1744-1832) ebbe una lunga carriera diplomatica e fu ambasciatore di Russia a Venezia e a Londra.

entrarono in Polonia, saccheggiarono ogni cosa, inseguirono i confederati persino dentro le province turche e questa violazione provocò la guerra che i turchi ci dichiararono. È all'epoca di questa guerra che datano i debiti dello Stato verso l'estero e la creazione della carta moneta all'interno, due calamità che fanno gemere la Russia.»

Fu dunque la Prussia, per assicurarsi la complicità della Russia nelle sue mire sulla Polonia, a trascinare la politica di Caterina in un corso di imprese violente e che violavano tutti i diritti, in cui si trovò presa come in un ingranaggio. Tuttavia, in un modo o nell'altro, pensiamo che questo sbocco fosse per lei inevitabile. Prussia a parte, Caterina ebbe, sin dall'inizio, un'idea della sua potenza troppo alta, perché non fosse tentata, un giorno o l'altro, di servirsene, e aveva inoltre una concezione del suo ruolo troppo altera, perché si lasciasse dominare da un qualunque scrupolo. Nell'ottobre 1762, alla corte di Danimarca che le aveva proposto di rinunciare alla tutela di suo figlio, in relazione al ducato dell'Holstein, rispose con queste caratteristiche parole: «Probabilmente, il fatto che un'imperatrice sovrana sia tutrice di un feudo dell'impero per suo figlio è singolare; ma è ancora più strano che una dama, che ha cinquecentomila uomini pronti ad agire per il suo pupillo, si senta dire che non deve avere a che fare con uno *Schwerdt* (*sic*) che può a fatica mantenere trecento uomini.»

È pertanto non meno probabile, se non certo, che lanciandosi nella via che doveva portarla così lontano dai suoi primi progetti di raccoglimento e di pacifico lavoro, Caterina non sapesse dove andava a parare; che fu trascinata dalla corrente, che i suoi primi successi la inebriarono, e che così precipitò, suo malgrado e senza che se ne rendesse conto, in una febbre guerriera e conquistatrice. In certi momenti, questa febbre parve un impazzimento e non si curò più né di calcolare i mezzi di cui disponeva, né di tenere in alcun conto le considerazioni sia di prudenza sia, anche, di giustizia. Il marchese di Vérac scriveva al conte di Vergennes nel 1782: «Qui (*in Russia*) si cerca con affanno e senza discernimento tutto ciò che sembra promettere nuovo splendore all'impero e al regno di Caterina II. Non ci si prende la pena di calcolare i mezzi; si va all'arrembaggio...»

Darsi da fare, non importa come; agire, non importa dove;

fare scalpore, non importa a quale prezzo, tale sembra in effetti la preoccupazione costante di Caterina, a partire dalla prima guerra turca. Con l'aiuto della sua «fortuna», si convinse che sarebbe uscito sempre qualcosa di propizio per la sua gloria e per la grandezza del suo impero. «La fortuna, che corona tutte le imprese dei russi – scrive il conte di Vergennes nel 1784 – le avvolge in un'atmosfera radiosa (sic), al di là della quale non vedono nulla.» All'audace zarina non bisogna fare domande sull'idea generale che guida il suo sistema politico e le sue imprese. Risponderebbe: «Circostanze, congiunture e congetture.» Quanto a conciliare le sue imprese con una legge morale superiore, di umanità o di diritto internazionale, non ci pensa neppure. «È tanto inutile parlare qui di Pufendorf[218] o di Grozio[219] - scrive nel 1770 da San Pietroburgo l'inviato inglese Macartney – quanto parlare a Costantinopoli di Clarke[220] o di Tillotson[221].»

Caterina inaugura, nella condotta degli affari esteri, un regime di iniziativa personale, fatto per imprimere loro uno stile avventuroso, poiché vi mette il suo temperamento di femmina nervosa e facilmente eccitabile. Vi dispiega, soprattutto all'inizio, un attivismo straordinario. Vuole dettare lei stessa tutta la corrispondenza diplomatica. Certo, si accorge ben presto che non riesce a sopperire a tutto e che il servizio ne soffre. Ma allora prende la decisione di distaccare per sé gli affari più importanti, lasciando al ministro, vale a dire al conte Panin, il grosso del lavoro. Scrive al conte Kayserling, il 1° aprile 1763: «In futuro, spero che il segreto sia meglio salvaguardato, perché non metterò alcuno a parte di qualsivoglia affare confidenziale.» I suoi predecessori si facevano comunicare i dispacci degli inviati residenti all'estero con brevi estratti. Caterina vuole vedere gli originali, li legge e li annota. Queste annotazioni sono curiose. A margine di un dispaccio del conte Galitzin, suo ambasciatore a Vienna, che informa che le corti di Vienna e di Versailles incitano la Porta a mischiarsi degli affari della Polonia, scrive: «Egli non vive in questo mondo, perché ignora ciò che persino i monelli di strada sanno, oppure dice meno di

---

[218] Samuel von Pufendorf (1632-1694) giurista e filosofo tedesco.
[219] Ugo Grozio (1583-1645) filosofo, giurista e scrittore olandese.
[220] Samuel Clarke (1675-1729) filosofo inglese.
[221] John Tillotson (1630-1694) arcivescovo di Canterbury.

quello che sa . . . » Il principe Repnin scrive da Varsavia che nel corso di una conversazione che ha avuto con l'inviato prussiano, barone Goltz, questi ha riconosciuto che gli ordini del re suo signore non gli sembravano conformi agli interessi dei suoi sudditi, benché potessero esserlo a quelli del sovrano, e Caterina annota: «Egli ha dunque un'altra gloria, oltre a quella del bene dei suoi sudditi? Questa è una di quelle stranezze incomprensibili per la mia testa.» Nel 1780, in occasione della prima visita che ha fatto alla sovrana, Giuseppe II è messo al corrente di questo metodo di lavoro e se ne meraviglia. Fino al momento di questo incontro, che ebbe nella storia di Caterina un ruolo decisivo, l'autorità di Panin, come capo del dipartimento degli affari esteri, rimase comunque molto grande. Era stata questa autorità che, contro venti e maree e anche contro le ripugnanze personali dell'imperatrice, conservava i legami che univano la sua politica all'alleanza prussiana. L'arrivo di Giuseppe porta un cambiamento improvviso. Prendendo un brusca decisione, Caterina mette il suo ministro in quarantena, per negoziare sola la nuova alleanza che apre ai suoi occhi degli orizzonti radiosi, dalla parte del mar Nero. E ben presto Panin non conta più nulla. Sarà sufficiente un semplice funzionario, docile nell'eseguire le ispirazioni del pensiero imperiale. Se ne trova uno, eccellente per questo compito: è Bezborodko. «Propriamente parlando, l'imperatrice non ha più ministri», scrive il marchese di Vérac nel settembre 1781.

Questa politica personale, per superiori che siano le qualità dell'intelligenza e soprattutto del carattere di cui Caterina dà prova, non è immune dall'essere soggetta, anch'essa, a numerose manchevolezze. Vi emergono delle infatuazioni seguite da disincanti altrettanto poco giustificati, l'immaginazione vi gioca un ruolo capitale, la donna vi compare troppo sovente a fianco della sovrana. È una donna, e una donna in collera, che il 4 agosto 1796 redige per il conte Budberg, ministro di Russia a Stoccolma, una nota destinata a condurre alla ragione il re di Svezia, che pretende di andare a San Pietroburgo senza prendere in anticipo l'impegno di sposarvi la nipote dell'imperatrice. Che resti allora a casa sua, questo principe maleducato! Si è ormai stanchi delle futilità che annebbiano il suo cervello. Quando si ha il desiderio di fare qualcosa, non si fa che far nascere delle difficoltà in ogni momento . . . Il documento, il documento ufficiale che deve passare per la cancelleria, è redatto interamente con questo tono. Ma è una lettera diplomatica? La si direbbe piuttosto una lettera confidenziale indirizzata a una persona intima, che si prende come testimone della propria impazienza e della propria collera, al solo scopo di sfogare i propri nervi. E perché la somiglianza sia più completa, vi è un *post scriptum*, che ne contiene altri quattro, ciascuno dei quali afferma esattamente il contrario del precedente. Il tutto termina con un consenso al viaggio, che si era respinto con tanto vigore, non condizionato né preceduto da alcun impegno preciso.

Talvolta, Caterina è consapevole dell'influenza del suo temperamento sulla sua politica e degli elementi poco ponderati che questa influenza vi ha introdotto. A proposito della neutralità armata, pubblicata il 28 aprile 1780, scrive a Grimm:

«Voi direte che ho agito in modo *vulcanico*, ma non c'era modo di fare altrimenti.»

Aggiunge una riflessione che abbiamo già trovata sotto la sua penna e che sembra indicare che non ha dimenticato la sua origine tedesca e che tiene a vantarsene: «*Denn die Teutschen* – afferma – *hassen nicht so als wenn die Leute ihnen auf die Nase spielen wollen; das liebte der Her Wagner auch nicht.*[222]»

Ma non è che un modo di parlare, o tutt'al più, una prova che disconosce, talvolta, la trasformazione che si è operata in lei e che l'ha unita alla sua patria di adozione per le fibre più intime del suo essere; poiché la sua politica estera, come quella interna, è proprio russa, come il suo modo di sentire e di pensare, come la sua mente. Russi, e non tedeschi, sono gli elementi personali di successo che mette al servizio della sua ambizione, come i difetti che ne compromettono lo sviluppo. Perché non c'è niente di tedesco in quel modo di precipitarsi in avanti con gli occhi chiusi, o di sognare ad occhi aperti, che le è proprio; di sfidare la ragione e il calcolo. Si può anche dire che è riuscita proprio per l'impiego di queste maniere assolutamente contrarie allo spirito tedesco. Un tedesco freddo e metodico non avrebbe intrapreso la prima guerra turca. «L'armata – scrive il

---

[222] «Perché non c'è cosa che i tedeschi odino di più del fatto di essere presi in giro. Anche il signor Wagner non lo sopporta.»

conte Vorontsov – era ridotta, incompleta, dispersa in tutto l'impero. Era necessario farla marciare nel cuore dell'inverno sulla frontiera turca, inviare i cannoni, i mortai, i brulotti e le bombe dall'arsenale di San Pietroburgo a Kiev.» Al momento dell'esplosione della seconda guerra turca e della guerra svedese, fu ancora peggio. Nel 1783, poiché la rottura con la Porta appariva prossima, si pensò di ritirare dall'Estonia un reggimento di dragoni che doveva essere dai 1.200 ai 1.500 uomini. Trovarono 700 uomini, 300 cavalli e non una sella! Caterina non se ne preoccupò. Aveva la fede, che disprezza gli ostacoli e non ammette gli impedimenti. Questa fede, che trasporta le montagne e fa viaggiare i cannoni da una parte all'altra dell'impero, che misura parecchie migliaia di chilometri, non è una qualità tedesca.

D'altronde, in politica estera Caterina ha saputo compiere grandi cose con dei mezzi che l'illusione costante in cui visse raddoppiava e triplicava ai suoi occhi, ma che furono materialmente mediocri. Supplì alla loro insufficienza con l'apporto di una forza morale che fu considerevole.

Anche dal punto di vista dell'amministrazione del dipartimento degli esteri, fece fare alla Russia un reale progresso. Non ritraendosi davanti a un lavoro che, tra i sovrani contemporanei, solo Federico non si mostrava sdegnoso e incapace di fare, e aggiungendovi quell'autorità che sempre aveva, diede ai servizi del dipartimento un'unità di direzione che precedentemente non avevano mai avuto. Nello stesso tempo, vi faceva prevalere delle abitudini di probità e di dignità professionale alquanto estranee agli errori di un recente passato. Nel giugno 1763, l'inviato inglese Buckingham, che insisteva con il cancelliere Vorontsov per la conclusione di un trattato commerciale, trovò del tutto naturale appoggiare la sua richiesta con l'offerta di una gratificazione personale di 2.000 sterline. Ma immediatamente Vorontsov rispose: «Lascio a chi conosce i vergognosi traffici che mi si propongono calcolare se 2.000 o 200.000 monete bilanceranno la vendita degli interessi della mia sovrana.» Bestužev, il cancelliere di Elisabetta, non parlava questo linguaggio.

II

Le alleanze – Il sistema di Pietro III e quello di Caterina – Similitudini e differenze – L'opera personale di Caterina – «Il sistema del Nord» – L'alleanza prussiana – La luna di miele – Il divorzio – Federico e il suo successore – Il grosso «Gu» – L'alleanza austriaca – L'affare della successione bavarese – Il congresso di Teschen – Una lettera di Maria Teresa a Caterina – Giuseppe II va a Mogilev – Progetto di spartizione della Turchia – La pelle dell'orso – Un'imperatrice che si invaghisce di un imperatore – Disincanto – L'alleanza inglese – I successi di Harris a Pietroburgo – «La neutralità armata» – Contro chi sarà diretta? – L'Inghilterra offre a Caterina di cederle Minorca – Esitazioni dell'imperatrice – «La sposa è troppo bella» – Rifiuto – L'incantesimo è rotto – Minacce di guerra – L'alleanza inglese è tramontata

L'ALLEANZA PRUSSIANA

In alcune note sul libro di Rulhière, che sono state pubblicate, Luigi XVI ha osservato che tutto sommato, dal punto di vista della politica estera, Caterina non ha fatto che seguire il sistema inaugurato da Pietro III. Il giudizio è giusto solo a metà. Il sistema del defunto imperatore, quello che il trattato del 19 giugno 1762 concluso con Federico II aveva messo in opera, era non solamente la rottura con i vecchi alleati della Russia, con l'Austria e la casa dei Borboni, era anche la guerra contro l'Austria e i suoi alleati, era la guerra contro la Danimarca, di concerto o in connivenza con il re di Prussia, era infine un'intesa di due potenze in merito alla Curlandia, dove il principe di Holstein doveva essere installato, e un'azione comune in Polonia, dove i due sovrani dovevano far valere le lagnanze dei dissidenti religiosi. Per certi versi la politica di Caterina fu altro. Debuttò con un partito preso di neutralità assoluta. Tchernychev, il comandante in capo delle forze russe, sul quale Federico faceva affidamento per una cooperazione effettiva, ricevette l'ordine di far retrocedere il suo corpo d'armata. Un riavvicinamento tra la Russia e la Prussia, tuttavia, fu definitivamente consacrato con il trattato dell'11 aprile 1764. Ma non era questa l'alleanza sognata da Pietro III. L'Inghilterra si unì ben presto, come aveva sperato il defunto imperatore, ma lo fece anche la Danimarca, il che andava contro le idee del predecessore di Caterina. Era il *Sistema del Nord*, opera personale di Caterina. Questo sistema condusse, nel 1763, al ristabilimento di Biron[223], e nel 1764 al regolamento provvisorio degli affari della Polonia, con l'elezione di Poniatowski[224], sempre in accordo con la Prussia. E fu pressoché tutto quello che Pietro III aveva desiderato.

Fu anche tutto ciò che Federico poteva desiderare e molto di più di quanto avesse potuto sperare con l'avvento della zarina. Il primo manifesto da lei pubblicato lo trattava come «nemico mortale». Durand ha raccontato, in uno dei suoi dispacci, che esaminando le carte di suo marito, Caterina vi aveva trovato una lettera di Federico alquanto elogiativa verso di lei. Questa

---

[223] Ernst Johann von Biron o Bühren (1690-1772). Fu un personaggio controverso, senza scrupoli, avido di denaro e di potere. Unica educazione che ricevette fu quella dell'Accademia di Königsberg, che lo espulse per condotta «bellicosa». Giunse in Russia nel 1714, ma in questa prima fase ebbe poco successo e fece rientro in patria, dove ebbe l'appoggio di sua sorella, fidanzata del ministro reggente, Peter Bestužev, che era stato amante di Anna Ivanovna. Approfittando dell'assenza di Bestužev lo soppiantò nei favori di questa e riuscì a farlo confinare in Siberia con la famiglia. Quando Anna salì al trono, nel 1730, rientrò a Mosca dove fu nominato Gran Ciambellano, Conte dell'Impero e adottò le armi della casata francese dei Biron. La ricchezza accumulata gli permise, quando si estinse la linea dei Ketter, reggenti di Curlandia, di esserne il successore. Morente, Anna lo nominò reggente per l'erede Ivan, futuro zar. La reggenza durò tre mesi poiché venne sorpreso mentre tentava di uccidere il feldmaresciallo Burkhard Christoph von Münnich, suo vecchio rivale. Condannato a morte per squartamento, venne graziato dalla nuova reggente, Anna Leopoldovna, madre di Ivan VI e fu mandato, dopo la confisca di ogni suo bene, al confino in Siberia. Ne ritornò solo ventidue anni dopo, nel 1762, quando Pietro III lo richiamò a Corte. Nel 1763, la nuova zarina, Caterina II, lo ristabilì nella reggenza del suo ducato, dove nove anni dopo, nella capitale Mitau, morì.

[224] Stanislao II Augusto Poniatowski (1732-1798), ultimo re di Polonia, all'età di vent'anni faceva parte della Dieta (Sejm) e, per accrescere le sue possibilità di carriera, si appoggiò alla potente famiglia dello zio, gli Czartoryski. Nel 1755, fu inviato in Russia con l'ambasciatore inglese Hanbury Williams e qui, sostenuto dal cancelliere Bestužev-Rjumin, fu accreditato come ambasciatore della corte russa in Sassonia. Con il colpo di stato polacco del 1764, supportato dalle truppe russe e organizzato dalla famiglia Czartoryski, Poniatowski venne eletto re della Confederazione Polacco Lituana. Spodestato nel 1770 dalla Confederazione di Bar venne imprigionato ed estradato da Varsavia. Nel 1791 si oppose alla nuova costituzione, insieme al partito dei Sejm, e si alleò con la Russia le cui truppe invasero il paese, dando avvio alla guerra russo polacca. Dopo alcuni scontri Poniatowski aderì alla Confederazione. Al termine di questo conflitto la Polonia venne nuovamente smembrata. Con la terza spartizione del paese Stanislao, nel 1795, fu costretto ad abdicare e si rifugiò a San Pietroburgo, dove morì.

lettera avrebbe cambiato i suoi atteggiamenti.

Rinnovata con i trattati dell'11 agosto 1764, del 24 ottobre 1769 e del 1° aprile 1777, l'alleanza prussiana durò fino al 1781, senza tuttavia arrivare al termine che le era stato assegnato dall'ultimo trattato, concluso per un periodo di cinque anni. In effetti, il 21 aprile 1781, l'alleanza austriaca rompeva perentoriamente dei legami che si erano a poco a poco sfaldati. I rapporti di Federico con la sua vecchia amica d'ora innanzi furono sempre più freddi e divennero burrascosi negli ultimi anni che precedettero la morte del re. Con il successore di Federico II la tempesta si scatenò. Federico Guglielmo[225], *Gu*, il grosso *Gu*, come lo chiamava nelle sue lettere a Grimm, è certamente l'essere al mondo per il quale Caterina ha manifestato la maggiore avversione e il maggiore disprezzo. I passaggi della sua corrispondenza dove parla di lui sono un vocabolario di ingiurie. Questo tuttavia non le ha impedito, nel 1792 (un anno critico), di firmare con la Prussia, il 7 agosto, un nuovo trattato di alleanza, benché il 14 luglio precedente ne avesse firmato un altro con l'Austria. La politica di Caterina di fronte alle due corti tedesche, il cui continuo antagonismo favoriva i suoi progetti, non è stata, per molti aspetti, che un semplice gioco altalenante. Tuttavia, anche i suoi personali sentimenti vi giocarono un ruolo. Ammirò sinceramente Federico, pur vietando a se stessa di imitarlo; detestò cordialmente il grosso *Gu*, e considerò seriamente Giuseppe II un grande uomo.

---

[225] Federico Guglielmo II di Prussia (1744-1797) non fu certo il degno erede dello zio Federico II, per carattere e per capacità, ma il giudizio storico sul suo regno soffrì soprattutto dei suoi comportamenti privati. Venne, infatti, ricordato più per le sue amanti che non per la sua azione di governo. Non avendo avuto figli maschi dalla prima moglie, si sposò una seconda volta con Federica Luisa, figlia di Luigi IX d'Assia-Darmstadt, dalla quale ebbe sette figli. Non mutò, comunque, la sua propensione ai rapporti extraconiugali e la sua più celebre amante fu Wilhelmine Enke, dalla quale ebbe cinque figli. Sul piano interno la sua azione fu inficiata da due editti, emanati alla fine del 1788, l'uno religioso e l'altro censorio che privarono il popolo delle sole libertà sopravvissute al regno di Federico II. A livello amministrativo il mancato ricambio del personale che aveva servito, anche egregiamente, il suo predecessore, ebbe effetti negativi sulla pubblica amministrazione. Militarmente si ebbe analogo problema nell'affrontare il debole esercito rivoluzionario francese che fu in grado di conseguire la pur infruttuosa vittoria di Valmy. Malgrado e nonostante tutto ciò, Federico Guglielmo II, lasciò la Prussia con un territorio più ampio, composto da una reale entità statale, e con una popolazione accresciuta dai nuovi e ampi territori che le derivarono con la seconda e la terza spartizione della Polonia.

L'ALLEANZA AUSTRIACA

Anche l'alleanza austriaca fu una sua opera personale. Nel 1789, dopo le tremende delusioni della seconda guerra turca, intrapresa a spese comuni, ne rivendicava ad alta voce la responsabilità. Scriveva a Potëmkin: «Qualunque sia il peso di questa alleanza per noi, sarà sempre più leggero di quello dell'alleanza prussiana, che è tutto ciò che vi è di più ignominioso e insopportabile al mondo. *Ho sfortunatamente visto da molto vicino questo giogo e sono saltata dalla gioia, voi ne siete testimone, quando ho intravisto solo una piccola luce per uscirne.*» Fu il congresso di Teschen, riunito nel mese di marzo del 1779, per il regolamento della successione bavarese, che preparò il riavvicinamento delle due corti. Caterina, tuttavia, vi prese posizione nettamente a favore della Prussia. Giuseppe II, lo sappiamo, aveva voluto approfittare della morte dell'elettore Massimiliano Giuseppe (30 dicembre 1777), per estendere da quella parte i suoi possedimenti. Federico si era posto come difensore dell'integrità della costituzione germanica. Dopo lunghe esitazioni, Caterina si pronunciò per quest'ultima causa. Ma davanti alla minaccia di una guerra, «che trovava penoso ricominciare alla sua età», Maria Teresa aveva fatto capitolare la sua fierezza: aveva scritto a Caterina per sollecitare la sua mediazione. Il ghiaccio era rotto. Il viaggio di Giuseppe II in Russia fece il resto.

Gli studiosi tedeschi sono oggi pressoché d'accordo nel riconoscere che il trattato russo-austriaco del 1781 favoriva soprattutto gli interessi della Russia. L'alleanza così contratta era diretta principalmente contro la Turchia, e da quella parte solo la Russia poteva sperare di ottenere seri vantaggi. È certo tutto questo? A noi pare che nel 1781, perlomeno, le speranze fossero uguali da una parte e dall'altra. L'alleanza ebbe di fatto come effetto principale assicurare alla Russia il concorso morale dell'Austria per l'occupazione della Crimea; ma di questo il trattato del 1781 non faceva alcuna menzione. Non vi si citava assolutamente la Crimea; si parlava di spartire l'impero Ottomano, e Giuseppe contava di averne la sua parte. Caterina trovò anche che volesse una parte troppo grande e questo fu la prima causa di un dissidio che andò ad aggravare, fino dapprima a paralizzare, e a compromettere in seguito, le misure concordate per l'esecuzione dei loro progetti. Federico l'aveva previsto, dicendo che quando si sarebbe trattato di spartire la Turchia, gli interessi dell'Austria e della Russia si sarebbero dimostrati inconciliabili. Giuseppe esitò ad entrare in campagna e Caterina ne approfittò per seguire quello che chiamava «un cammino indipendente». Ne seguì l'annessione della Crimea, che Giuseppe non osò ostacolare e alla quale, per questo, cooperò moralmente. Sperò ancora che la teoria degli *equivalenti*, allora in voga nel diritto internazionale europeo, gli sarebbe valsa un giorno una compensazione. Avrebbe fatto valere i suoi diritti quando la vittoria li avrebbe consacrati, e si decise in fin dei conti a fare la guerra proprio per mettere dalla sua parte l'eloquenza del cannone. Però, la vittoria non arrivò. Disastrosa per i due alleati, la guerra lo fu soprattutto per Giuseppe, che da allora non ebbe diritto che al silenzio. Del resto, non poteva più essere questione di spartizione: la pelle dell'orso era scomparsa.

Giuseppe II ebbe il destino di tutti i conquistatori sfortunati. Ma il suo stesso linguaggio, alla conclusione del trattato del 1781, prova che conservò tutto il suo sangue freddo e la preoccupazione esclusiva dei propri interessi. Lo spirito di abnegazione e la forza di una volontà disposta ai sacrifici e alle condiscendenze gli erano sconosciuti; così l'alleanza non poté prendere la forma di un atto diplomatico, essendosi l'imperatore rifiutato ostinatamente di accordare l'*alternat*, vale a dire l'alterna prerogativa delle firme sui due esemplari del trattato, come voleva Caterina. Ci si accontentò di uno scambio di lettere che enumeravano i reciproci impegni. L'entusiasta fu, in questa circostanza come in molte altre, l'impetuosa Caterina. L'amicizia dell'Austria le apriva, non ne dubitava, le porte di Costantinopoli e Giuseppe, ne era sicura, aveva degli «occhi d'aquila» Quindici anni dopo, scriveva ancora a Grimm: «Hanno avuto un'aquila e l'hanno sottovalutata!» Giuseppe, all'indomani del suo incontro con l'imperatrice a Mogilev, scriveva a Kaunitz: «Bisogna saper che si ha a che fare con una donna che non si cura che di lei e si preoccupa più di me che non della Russia: basta dunque solleticarla.» Caterina sognava e andava all'avventura, fu il sogno che ebbe ragione del calcolo: la saggezza umana ha ricevuto più di una lezione simile.

L'Inghilterra

Fino al 1780, riavvicinata all'Inghilterra dalla sua alleanza con la Prussia, legata direttamente con essa anche da un trattato di commercio, Caterina fa mostra in ogni occasione di una alquanto pronunciata simpatia per la nazione britannica e di un'apertura a favorire i suoi interessi. I ricordi lasciati nel suo spirito e nel suo cuore dal cavaliere Williams vi giocano forse un qualche ruolo. Questa amicizia era tuttavia destinata a un singolare ravvedimento.

Nel 1779, l'Inghilterra si trova alle prese con le forze combinate degli insorti americani, della Francia e della Spagna. Nel febbraio 1780, Caterina non teme di annunciare pubblicamente che farà una distribuzione di denaro ai poveri di San Pietroburgo se verrà a sapere che Rodney[226] ha battuto la flotta spagnola. Qualche giorno dopo, dà un ballo e dice all'inviato inglese, Harris, che è come «un acconto per i successi di Rodney». Lo invita a cena solo con lei su un piccolo tavolo da gioco, dove vengono preparati due coperti. All'indomani, la famosa dichiarazione di *neutralità armata* viene resa nota. Caterina ebbe sempre il gusto per il teatro e per i colpi teatrali.

In quel momento, la portata di quel celebre atto non risalta ancora agli occhi di alcuno. Forse anche Caterina, personalmente, non se ne rende conto. L'opinione generale prende un abbaglio, giunge persino ad attribuire a quella misura un senso favorevole all'Inghilterra; gli inviati di Francia e di Spagna a San Pietroburgo sono sconcertati; il conte Panin, che contrasta le propensioni di Caterina per la Gran Bretagna e lotta contro l'influenza del favorito Potëmkin in merito a questo, se ne irrita al punto di ammalarsi. Di fatto, la risoluzione dell'imperatrice è stata presa a seguito di un attentato contro la libertà di navigazione, del quale gli spagnoli si sono resi colpevoli: una vascello russo, in rotta per Malta, è stato catturato da una squadra che batteva la bandiera del Re Cattolicissimo.

---

[226] Brydges George Rodney (1718-1792). Probabilmente il più prestigioso ammiraglio inglese dell'epoca, Rodney operò soprattutto nelle Americhe, in Martinica e nella Guerra di Indipendenza americana. Partecipò anche alla Guerra dei Sette Anni. Dal carattere spigoloso, i contemporanei, e in particolare i suoi subordinati, pur riconoscendogli indubbie doti, lo accusarono di essere avido di denaro e di praticare con spregiudicatezza il nepotismo, cosa che all'epoca, peraltro, rientrava nella normalità.

Immediatamente, Caterina ha ordinato di armare quindici vascelli da guerra, appoggiando questa dimostrazione con una nota indirizzata al gabinetto di Madrid, nella quale annunciava l'intenzione di fare rispettare con ogni mezzo, e al bisogno anche con la forza delle armi, i suoi diritti di potenza neutrale. La *neutralità armata* in origine ebbe questo carattere.

Caterina ha comunque avuto la gloria di formulare in quell'atto i principi del diritto marittimo moderno e, formulandoli, ha inferto alla supremazia marittima dell'Inghilterra un colpo dal quale non si è mai risollevata. Questi principi si trovavano già stabiliti nel regolamento francese del 1778. Mancava loro la consacrazione del consenso generale. La *Lega dei neutrali*, che fu una conseguenza della dichiarazione imperiale e il coronamento naturale dell'opera portata a termine da Caterina, vi provvide. Più tardi, l'imperatrice non ha mancato di reclamare a suo onore l'intero merito di quest'opera. Essendosi Denina[227] azzardato ad attribuire a Federico II la paternità dell'idea, scrisse in margine al libro: «È falso, l'idea è nata nella testa di Caterina e non in un'altra.» Tuttavia, poco mancò che questa *Lega dei neutrali*, temibile barriera opposta nel tempo all'ambizione britannica prendesse tutt'altra forma e direzione: trasformandosi in una coalizione diretta contro la Francia e la Spagna e arruolando sotto la sua bandiera, al seguito della Russia, la Svezia, la Danimarca, la Prussia, l'Austria, il Portogallo, le Due Sicilie...

Fu l'arrendevolezza dei gabinetti di Versailles e Madrid e il rigore del gabinetto di Londra che diedero alla faccenda la piega definitiva. La Francia e la Spagna si affrettarono ad aderire alla nuova formulazione del diritto internazionale. L'Inghilterra si impuntò, diffidò, tergiversò e perdette l'attimo propizio. Per un momento, sempre nel corso del 1780, l'avvenire fu ancora in sospeso. In dicembre, seguendo le indicazioni di Harris, il gabinetto di Londra si decideva bruscamente a sferrare un grande colpo. «La vostra corte mi dia una prova di buona volontà e io la ricambierò», aveva detto Caterina all'inviato inglese. Lord Stormont, capo in quel momento del *Foreign Office,* rispose offrendo Minorca. L'intervento del-

---

[227] Carlo Giovanni Maria Denina (1731-1813) scrittore e storico italiano, scrisse, tra l'altro, un *Essai sur la vie de Frédéric II*, pubblicato nel 1788.

la Russia per portare il consenso della Francia e della Spagna alla firma immediata di un trattato di pace sulla base del trattato di Parigi del 1762, sarebbe stato il prezzo di quel regalo. Caterina faticò a nascondere la sua gioia e la sua sorpresa. È più di quanto abbia osato sperare, e Dio sa se i suoi sogni vanno lontano! C'era però la sua recente dichiarazione di neutralità, che poteva essere di ostacolo all'accomodamento proposto dalla Gran Bretagna. Ma, bah! Ne avrebbe parlato con Harris. E ne parlò: «La neutralità armata, che cosa è?» Le obiettò. «Chiamiamola *nullità armata*, se volete, e non ne parliamo più.» Ben presto, tuttavia, Caterina fu presa da scrupoli e inquietudini. Potëmkin non l'aveva mai vista così agitata. Ebbe il bisogno di discutere ancora della cosa prima di impegnarsi e, questa volta, ne parlò con il favorito. Era possibile che le si donasse quel tesoro per niente, per un semplice passo diplomatico? Non c'era una trappola? «La sposa è troppo bella, mi si vuole ingannare.» Senza dubbio la si voleva coinvolgere in quella guerra disastrosa. Certamente non lo voleva.

In quel momento, oltretutto, la sua corrispondenza con Giuseppe procedeva a meraviglia e apriva ai suoi occhi, affascinati dall'orizzonte del mar Nero, delle prospettive sempre più seducenti. Un'altra guerra, ben altrimenti fruttuosa, si preparava per lei da questa parte. E poiché, nel frattempo, il gabinetto di Versailles s'interponeva gentilmente per comporre l'incidente spagnolo, la *neutralità armata* riprendeva terreno nella mente della sovrana. Le cose si trascinarono così sino al marzo 1781, epoca alla quale Harris si sentì dichiarare bruscamente che l'imperatrice rinunciava decisamente e fare delle acquisizioni nel Mediterraneo e desiderava limitarsi al suo ruolo di potenza neutrale.

Era la fine; l'incantesimo era rotto per sempre. Offesa e delusa, l'Inghilterra accentuò la sua opposizione alla *Lega dei neutrali*, ed essa prese definitivamente il suo colore definitivo, quello di una bandiera sotto la quale erano chiamati a riunirsi tutti gli interessi che l'egemonia marittima dell'Inghilterra feriva o inquietava da tempo. Nel 1791, un conflitto diretto con le forze navali della Gran Bretagna apparve come imminente agli occhi di Caterina. Ebbe abbastanza coraggio, o abbastanza cieca temerarietà, per non spaventarsi. Scriveva a Zimmerman:

«Non ho risposto fino ad ora alla vostra lettera del 29 marzo, e vorrete scusarmi: ho avuto troppo da fare, soprattutto in questi giorni, in cui mi sono occupata, con la vivacità e l'attività di cui sono capace, dell'accoglienza che sarò costretta a dare alla formidabile flotta inglese che sta per farci visita. Vi assicuro che ho fatto tutto ciò che è umanamente possibile e in mio potere per riceverla convenientemente, e spero che l'accoglienza sarà completa sotto ogni punto di vista. Da quando avrà oltrepassato il Sund, penso che non convenga più che mi scriviate. Da oggi, prendo congedo da voi.»

Non era che un falso allarme. L'intervento dell'Inghilterra in favore della Turchia rimase allo stato di minaccia non messa in atto, e crediamo di interpretare come un sospiro di soddisfazione e di sollievo le parole gioiose con le quali Caterina rese partecipe il suo corrispondente tedesco di questa buona notizia. Aggiungeva che aveva sempre tenuto in conto la stima della nazione inglese e giungeva sino a ricordare la sua costante predilezione per questo paese, la quale «non era stata vana».

Ma i bei giorni di un'intesa che aveva attraversato la prova dei secoli erano ormai passati e non dovevano tornare mai più. L'alleanza francese era apparsa, dietro l'alleanza austriaca, come la parola d'ordine di un avvenire vicino.

LA FRANCIA

«Vi do la mia parola che non ho mai avuto simpatia per i francesi e non ne avrò mai. Tuttavia, devo confessare che hanno avuto nei miei confronti delle attenzioni ben più spiccate delle vostre.» Così Caterina parlava ad Harris, alla vigilia del giorno in cui ruppe i rapporti con i suoi amici inglesi. Ahimè! Non era solo una mancanza di simpatia che gli incaricati d'affari di Francia, che si erano succeduti a San Pietroburgo da vent'anni, avevano dovuto, uno dopo l'altro, rilevare nel cuore di Caterina nei confronti del loro paese. In un memoriale redatto nel luglio 1772, uno di loro scriveva: «Ella (Caterina) non ha e non avrà mai altra scelta che quella di fare astiosamente e senza ragione il contrario di quello che la Francia vuole . . . Ci odia profondamente, come russa inacidita, come tedesca, come principessa, come rivale e, oltre a tutto ciò, come donna.» Rilevava, tuttavia, la contraddizione, evidente a tutti gli occhi, tra questi sentimenti palesi della sovrana e il suo gusto non meno marcato per la letteratura, le arti, le mode stesse di un paese al quale riservava un odio così accanito.

Ma poco importava a Caterina di contraddirsi o che qualcuno se ne accorgesse. Continuava ad apprezzare Voltaire e non perdeva occasione per manifestare la sua malevolenza verso la patria del grande uomo. Nel 1766, i magistrati di Narva le inviarono una supplica redatta in francese, rispose che dovevano scrivere in tedesco, se non sapevano il russo! Nel 1768, se la prese con il re e con il suo primo ministro. Scrisse al conte Tchernychev, suo rappresentante a Londra:

«Ho riso molto del quadro allegorico di van Loo, vedendo che tutti i favori e tutti i talenti formano la testa di Sua Maestà Cristianissima. Sfortunatamente, il buon Dio non è stato del parere di van Loo creando quest'ultimo, e poiché non amo la menzogna né l'allegoria, non comprerò quest'artificiosa finzione. Se incontrasse il gusto dei francesi, non la lascerebbero andare all'estero. Cercherò invece di avere il *pendente* del duca di Choiseul che raffigura tutti i talenti ministeriali, come la previdenza, la generosità, il disinteresse, la grandezza d'animo, l'indulgenza, l'onestà, la bontà di cuore, la facilità a perdonare, la dimenticanza delle offese, in una parola tutte le qualità che egli non ha...»

La lettera conteneva anche un *post scriptum*:

«In questo periodo faccio tutte le mattine una preghiera: Signore mio, salvate la Corsica dalle mani di quei furfanti dei francesi.»

Qualche mese dopo, la sua rottura con la Turchia diventava un fatto compiuto. Immediatamente, Caterina ne rese responsabile la Francia. Turchi e francesi facevano un tutt'uno ai suoi occhi. Si credette che fosse sul punto di andare in guerra non solo con il sultano, ma anche contro il Re Cristianissimo. Ed era *in francese* che scriveva ancora a Tchernychev:

«I turchi e i francesi hanno avuto l'idea di risvegliare il gatto che dormiva... ed ecco che la gatta agguanta i sorci, ed ecco che state per vedere ciò che vedrete, ed ecco che parleranno di noi, mentre nessuno si sarebbe aspettato il baccano che faremo, ed ecco i turchi che saranno battuti, ed ecco i francesi che saranno trattati ovunque come li hanno trattati i corsi...»

In quel momento, faceva molto caso ai corsi apparentemente per la sola ragione del trattamento che ritenevano di infliggere ai loro oppressori. Nel luglio 1769, si faceva mandare da Londra un ritratto di Paoli e a questo proposito diceva: «Il ritratto di Paoli mi farebbe ancora più piacere se continuasse a mostrare i denti ai nostri maledetti malfattori, quegli odiosi francesi.» E, poiché cercava ovunque di suscitare dei nemici della Francia, allo stesso modo si credeva costantemente minacciata dalla sua ostilità. Ancora nel 1784, scriveva a Giuseppe II: «Vedo che il negoziato con l'elettore di Baviera non procede a causa delle indecisioni che parrebbero un male di famiglia nella casa palatina; alcuni di loro non osano scrivere una lettera di cortesia senza consultare mezza Europa. Tali precauzioni mi sembrano avere lo stesso motivo che, sulla Schelda, impedisce alla barche di Sua Maestà Imperiale di prendere la via del mare, che fa inviare a Costantinopoli ingegneri, istruttori, faccendieri e affaristi, che impegna i turchi a trattenere un grosso contingente di truppe vicino a Sofia e che da ogni parte provoca agitazioni e opera manovre per mettere in azione i nostri nemici naturali del Mezzogiorno e del Settentrione.»

La sorte dei francesi, assai poco numerosi del resto, che risiedevano a quell'epoca a san Pietroburgo, non era invidiabile. Ecco cosa ne dice, nel 1783, l'ispettore di polizia Longpré:

«I sudditi inglesi sono protetti efficacemente dai loro consoli, che godono di una considerevole autorità; i francesi sono lasciati all'arbitrio e all'ingiustizia, senza alcuna difesa. La maggior parte sono gioiellieri e mercanti di moda. I primi vendono molto bene ai signori ciò che fa loro piacere, ma questi, per eludere il pagamento, rimandano il mercante all'indomani e tengono la merce. Il mercante ritorna e gli dicono che il signore è assente. Dopo che ha fatto per lungo tempo avanti e indietro, gli si dà un acconto; ma se ripete troppo sovente le sue visite e questo disturba il signore, questi gli fa dire da uno dei suoi schiavi che gli farà dare cinquanta colpi di bastone. Di conseguenza, il disgraziato mercante è obbligato ad aspettare i capricci del suo debitore che gli pagherà solo la metà di quanto acquistato, facendogli dire che è inutile che ritorni, poiché gli oggetti che gli ha venduto non valgono di più. Il mercante deve rassegnarsi. In generale, non vi è buona fede nella nobiltà russa, ad eccezione di una dozzina di famiglie. È una gara a chi ingannerà meglio gli stranieri. Gli stessi ufficiali, fino a salire al grado di colonnello, non si fanno scrupolo di prendervi dalla tasca una scatola d'oro o un orologio. Scoperti, se la cavano con un trasferimento in un altro reggimento, che sarà di guarnigione a due o trecento leghe dal posto dove hanno commesso il furto. Per quanto riguarda le signore che commerciano in mode, fanno abbastanza bene i loro affari dopo il ritorno dal viaggio della granduchessa. Per questo ritorno si sono addirittura fatte fare delle spedizioni considerevoli di merce, che pagano dei diritti doganali alla sovrana, 30, 40, 50 e 60 per cento; ma, appena arrivata la granduchessa, l'imperatrice ha emanato un ukase che proibisce alle donne di portare le guarnizioni delle gonne più larghe di due pollici, acconciature alte e le piume nei capelli, il che ha letteralmente affossato questo tipo di commercio. I pochi artisti e artigiani che soggiornano in Russia non fanno meglio i loro affari. Arriva un tale per impiantare una manifattura e si esamina scrupolosamente il suo progetto e se lo si trova favorevole per aprire un settore commerciale, gli danno il denaro e la sede necessari per il suo insediamento. Viene trattato con i guanti fino a quando non gli vengono carpiti i suoi segreti e, una volta ottenuti, gli si danno delle noie, lo si mette nelle condizioni di avere dei debiti per trattenerlo in Russia, e sovente da padrone dello stabilimento finisce per esserne un addetto o un semplice operaio. È dunque importante impedire ai francesi di venire in Russia per esercitarvi attività commerciali.»

È anche vero che secondo la testimonianza dei ministri di Francia residenti a San Pietroburgo e dello stesso Longpré, la condotta dei francesi che vi si trovano non è sempre stata edificante. Nel 1776, un certo Champagnol, suddito francese, è accusato di aver fabbricato falsi biglietti della Banca imperiale russa. Durante il soggiorno di Longpré nella capitale del Nord, avvengono due incresciosi incidenti. Un giovanotto, che si faceva chiamare de Perrières, si trova da poco a San Pietroburgo. Il suo vero nome (borghesemente portato da un medico del re, che è suo zio) si scrive, più semplicemente, Poissoner-Depierrès. Ha un grado nell'esercito ed è addetto al ministero degli Affari esteri. Molto protetto, ha ricevuto una pensione di 10.000 lire ed è stato inviato a San Pietroburgo per impararvi il russo. Il marchese di Vérac, allora ministro di Francia in Russia, l'ha presentato ufficialmente come appartenente alla missione. Impara il russo frequentando i salotti della capitale.

Dei rapporti di polizia aggiungono che, per meglio perfezionarsi nell'uso dell'idioma slavo, tiene un tavolo di faraone assiduamente seguito dalle giovani signore della capitale. Ha la sfortuna, andando a caccia, di attraversare un villaggio appartenente al conte Šuvalov, dove il suo cane è attaccato da altri cani appartenenti ai contadini del posto. Per difendere il suo spaniel, spara un colpo di fucile caricato a piombini, due grani dei quali feriscono al viso una vecchia donna, che stava in un vicino campo. Di ritorno a Pietroburgo, scrive al conte Šuvalov una lettera che a Parigi sarebbe passata per spiritosa, ma che è giudicata impertinente a San Pietroburgo. Secondo la testimonianza di Vérac, essa è un po' familiare, ma corretta. Il conte Šuvalov si reputa offeso e pretende di vendicare l'offesa sporgendo querela contro il colpevole, senza neanche darne comunicazione al ministro di Francia. Il marchese di Vérac fa appello all'imperatrice. Non ha modo di ricevere soddisfazione. Ella gli dà unicamente la scelta di far partire immediatamente il cavaliere de Perrières o di lasciare che la questione abbia il suo corso. Egli opta per il primo partito, esprimendo il suo malcontento nel rapporto che invia a Versailles. A pochi giorni di distanza, un'altra disavventura, ancor più sgradevole, lo attende. Suo figlio, passeggiando con il suo segretario, il signor Rozat, e due russi, il principe Trubetskoy e il signor Garnovski, factotum di Potëmkin, nota alla finestra di una casa di contadini una ragazza che ha l'aria di sorridere ai passanti. Seguito dai suoi amici, penetra nella casa e tutti insieme si prendono qualche libertà con la bella. Il padre, sopraggiunto, sostiene che gli è stata recata un'offesa. I giovanotti si rifiutano di intendere le sue ragioni e, continuando a scherzare con la ragazza, le scoprono il seno. Il contadino chiama soccorsi, solleva i vicini, e il figlio del ministro di Francia prende una raffica di legnate. L'affare arriva alla conoscenza dell'imperatrice, che prende la cosa alquanto freddamente. Non può impedire ai colpi di bastone di piovere sulla schiena di chi si mette nelle condizioni di riceverli. Se i due russi, che accompagnavano il giovane francese, avessero avuto le braccia e le gambe rotte, ne sarebbe stata ben felice.

Eppure è in questo periodo che data un cambiamento alquanto significativo nelle relazioni dei due paesi e anche nei sentimenti personali di Caterina. Già nel 1776, il marchese de

Juigné, predecessore del marchese di Vérac, credeva di scorgere un cambiamento: «Non penso assolutamente – diceva – che le prevenzioni di Caterina contro la Francia siano indistruttibili. Credo anche che siano diminuite relativamente al governo e sui punti essenziali. Si permette volentieri di scherzare sulla nostra nazione, il che le è consentito dalla condotta della maggior parte dei francesi in questa nazione e per il tono sconveniente di quelli che ha visto a Pietroburgo.» E aggiungeva: «A questo proposito, devo rendere giustizia a coloro che sono arrivati quest'anno: si sono comportati a meraviglia ... Il visconte di Laval e il principe Chimay si sono personalmente conquistati le simpatie del pubblico e le buone grazie dell'imperatrice.»

Il cambiamento di regno che sta per avvenire in Francia ha, sulle disposizioni dell'imperatrice, la più felice influenza. Professava per Luigi XV un profondo disprezzo; ha e ostenta per il suo successore una grande stima. Scrive, nel 1779: «Ho una così buona opinione di tutto ciò che si fa durante il regno di Luigi XVI, che avrei la voglia sgridare quelli che vi ritrovano da ridire.» Nello stesso tempo accade che la propaganda fatta da vent'anni dagli ammiratori di Caterina, per devozione o al suo soldo, in tutti gli angoli d'Europa, ma soprattutto a Parigi, da Voltaire, Diderot, Grimm, l'abate Galiani e cento altri, questa colossale réclame, della quale hanno fatto a gara nel circondare il suo nome, ha compiuto la sua opera. Così, nell'opinione pubblica emerge bruscamente e irresistibilmente un fatto: la Russia, i russi e Caterina, in primo luogo, appaiono da un giorno all'altro sulle rive della Senna gratificati di una immensa popolarità. Un sarto, di nome Fagot, fa fortuna con un vestito per bambini del quale ha preso il modello in una lettera dell'imperatrice indirizzata a Grimm. Caterina vi aveva abbozzato il costume (una sorta di blusa ampia di sua invenzione) portato abitualmente da suo nipote, il futuro imperatore Alessandro I. Le signore e i signori della corte di San Pietroburgo che visitano Parigi, vi trovano le più premurose attenzioni. Durante una caccia al Bois de Boulogne, la regina, scorgendo l'equipaggio di una contessa Saltykov, concede la precedenza, perché possa seguire meglio i cacciatori. Un conte Sergio Rumjancev è il beniamino delle dame di Versailles. Nella primavera del 1782, il granduca Paolo e sua moglie, nata principessa di Würtemberg, che viaggiano sotto il nome di conte e contessa del Nord, figurano tra gli ospiti di Parigi e di Versailles. Maria Antonietta fa tacere le proprie prevenzioni nei confronti di Caterina e supera se stessa in amabilità e premure. A Sèvres fanno ammirare alla granduchessa un magnifico servizio da toilette di porcellana azzurra montata in oro, recente capolavoro della manifattura reale: Amorini, collocati sullo specchio, si trastullano ai piedi delle tre Grazie che lo sostengono. «È senza dubbio per la regina», esclama la principessa, meravigliata. Si avvicina e su tutti i pezzi riconosce il proprio stemma: è un regalo che le fa Maria Antonietta. Con un esempio venuto così dall'alto, ci si può immaginare l'accoglienza fatta alle loro Altezze imperiali dalla folla, il cui stato d'animo, del resto, non ha bisogno di stimoli. Ci vuole un rozzo genio come Clérisseau per resistere a questo entusiasmo collettivo.

Grimm definisce una malattia contagiosa – *Catharinen Sucht, oder nach Andern die Minerven Krankheit* – l'infatuazione di cui Caterina è personalmente l'oggetto tra i parigini. Cita tra le vittime più interessanti dell'epidemia de Montyon e il maresciallo de Noailles. Il teatro si impadronisce di temi presi dalla storia russa e dai costumi moscoviti; sono le *Seythes* di Voltaire; *Pietro il Grande* di Dorat; *Menzikof* di Le Harpe; in attesa di *Feodor et Lesinka* di Desforges. Parigi si riempie di insegne: «All'imperatrice di Russia». Ci sono degli «Hotel de Russie», dei «Cafés du Nord» in ogni angolo delle strade. Una casa di moda dedica la sua fortuna «Al russo galante».

Inizialmente, Caterina guarda queste manifestazioni abbastanza freddamente. «I francesi – scrive – si sono infatuati di me come di una piuma sull'acconciatura; ma, pazienza, tutto questo non durerà più di ogni altra moda da loro ... Le dame russe devono essere molte onorate degli onori e delle attenzioni che dedicano loro a Versailles; me le vizieranno e quando faranno ritorno, saranno delle dame pretenziose ... Per quanto riguarda Fagot, penso che faccia il suo mestiere, ma è curioso che la moda venga dal Nord e ancora più strano che il Nord e soprattutto la Russia siano in voga a Parigi. Come! Dopo averne pensato, detto e scritto tanto male! Comunque, bisogna sapere che tutto questo non avrà seguito ... spero che per quando arriverà questa lettera la *vertigine* sarà passata.» Abbiamo già parlato dell'accoglienza dell'imperatrice ai campionari di mode francesi portati a San Pietroburgo dalla granduchessa moglie di Paolo. Apprendendo la notizia di questo disastro nel momento in cui lasciava gli appartamenti di Maria Antonietta, mademoiselle Bertin ebbe una crisi di rabbia.

«Ha difeso i suoi falpalà», racconta Grimm. Ma aveva scelto male il momento. Poiché era il periodo dell'anno in cui aveva l'abitudine di presentare i suoi conti, quelle dame concordarono nel giudicare che i falpalà erano di troppo e nel dare ragione alla grande Caterina contro la piccola Bertin.

Spettò al conte di Ségur determinare nello spirito dell'imperatrice e nel suo modo di giudicare la Francia e i francesi un cambiamento decisivo. La diplomazia francese aveva finalmente trovato l'uomo in grado di giocare un ruolo, come rappresentante del re, a San Pietroburgo. Giunto sul posto il 12 marzo 1785, Ségur scriveva il 3 giugno seguente: «Vado oggi a dormire a Tsarskoïe-Celo e domani parto con l'imperatrice. Il corpo diplomatico è tanto stupito quanto geloso di questo favore, e questo viaggio, che ha come fine solo la curiosità e il divertimento, suscita inutilmente delle folli speculazioni politiche.» Gli speculatori politici non avevano tutti i torti: questo viaggio era l'inizio di un capitolo nuovo della storia europea. Due anni dopo, nel novembre 1787, una proposta formale di alleanza, di una triplice alleanza – Francia, Austria, Russia – era fatta al conte di Ségur dal primo ministro di Caterina, Bezborodko. Disgraziatamente, si trattava di attaccare insieme la Turchia, quella vecchia alleata della Francia. Ma l'anno seguente, la triplice alleanza diventava, per le richieste via via più pressanti del gabinetto di San Pietroburgo, una *quadrupla* alleanza tra le stesse potenze, più la Spagna e, questa volta, mirava all'Inghilterra.

Fu la Francia che indietreggiò. Degli scrupoli, che non potrebbero essere considerati che alquanto legittimi, e sentimenti generosi e cavallereschi, supponendoli sinceri, giustificavano ufficialmente le resistenze e le ripugnanze del gabinetto di Versailles. Dopo la presa di Otchakov (dicembre 1788), Caterina offrì ancora, come prezzo dell'alleanza francese, un aiuto effettivo contro l'Inghilterra. Nello stesso tempo rinunciava a chiedere, così come aveva fatto fino a quel momento, la garanzia della costituzione imposta da lei alla Polonia: fatale tunica di

Nesso cucita ai fianchi della disgraziata repubblica. Un riconoscimento implicito della prima spartizione, quella del 1772, le era sufficiente. Ségur non sperava di cavarsela così a buon mercato. Quali furono la sua sorpresa e il suo disappunto quando, per tutta risposta, ricevette da Versailles l'ordine di reclamare l'annullamento della prima spartizione! Era prendersi beffa di lui e della Russia. In questo modo si serviva la causa della Polonia? Il ritorno di questa ai suoi antichi confini era in quel momento nell'ordine delle cose possibili? Lo si credeva a Versailles? Qualcuno se ne preoccupava? Noi pensiamo che ci si preoccupasse soprattutto di non fare alcunché, salvaguardando le apparenze di un atteggiamento e di un'azione degni della tradizioni della monarchia. C'era il modo di dare un carattere serio alla missione della quale Ségur era incaricato? Ségur non pensò neanche a portarla a termine. Non disse niente, non avendo niente da dire di ragionevole.

Finalmente, il gabinetto di San Pietroburgo si stancò di avere a che fare con gente che non dava alcuna risposta. Potëmkin, l'onnipotente favorito, era stato il primo ad appoggiare l'intesa davanti alla quale la Francia si tirava indietro. Finse allora di avvicinarsi all'Inghilterra.

«Perché no?» Rispose con la sua abituale rudezza, quando Ségur lo interrogò amichevolmente su questo tema. «Un diplomatico come voi non dovrebbe meravigliarsene. Quando ho visto erigere il regno di Francia in arcivescovado, un prelato allontanare dal consiglio due marescialli di Francia e lasciare tranquillamente gli inglesi e i prussiani togliervi l'Olanda senza colpo ferire, vi confesso che mi sono permesso una battuta: ho detto che avrei consigliato alla mia sovrana di allearsi con Luigi il Grosso, Luigi il Giovane, san Luigi, l'abile Luigi XI, il saggio Luigi XII, Luigi il Grande, anche con Luigi il Beneamato, ma non con Luigi il Suffragante.

Il favorito non diceva tutto. L'arcivescovo Loménie de Brienne, la cui presenza in consiglio gli dava sui nervi, fu congedato il 5 agosto 1788. Ma l'opposizione all'alleanza progettata non veniva solo da lui. Nel maggio 1789, con Necker ritornato al potere, Maria Antonietta scriveva al conte di Mercy per annunciargli che, ad eccezione di Montmorin, tutti i ministri si pronunciavano contro l'alleanza in questione. «Anzitutto, – diceva – è chiaro che, nello stato attuale dei nostri affari, non possiamo fornire alcun aiuto né di uomini né di denaro e, quindi, non sarebbe leale stringere nuove alleanze difensive.»

Indicava così con franchezza il principale ostacolo che incontravano i progetti di azione comune: l'impotenza della monarchia si dibatteva già, come un uccello ferito a morte, sotto la morsa del mostro rivoluzionario.

Un trattato commerciale (11 gennaio 1787) fu tutto ciò in cui sfociarono gli sforzi di Ségur. Raccontano che, per firmarlo, Ségur si era servito di una penna del suo collega inglese. L'aneddoto è vero solo a metà; sorpreso da un'improvvisa apertura che gli fece Potëmkin, a bordo di una galera che li portava a Mosca in compagnia di Caterina, e volendo rispondervi subito per scritto, Ségur non trovò il suo scrittoio, che il suo cameriere aveva messo sotto chiave. Prese allora in prestito quello di Fitz Herbert, che giocava tranquillamente a tric trac con Cobenzl, ministro d'Austria, in una cabina vicino alla sua.

La Francia, in quel momento e fino al 1789, giocò un ruolo alquanto singolare. Sempre negoziando o avendo l'aria di negoziare un'alleanza con la Russia, inviando numerosi volontari nei ranghi dell'armata russa, forniva nello stesso tempo la Turchia di ufficiali e di ingegneri. La presenza di questi ultimi a Costantinopoli irritava Caterina. Raccomandava a Potëmkin, se ne avesse fatto qualcuno prigioniero, di inviarlo in fondo alla Siberia, a Perm o a Tobolsk, «per togliere loro il gusto di insegnare ai turchi l'arte della guerra». Quanto ai volontari, tuttalpiù tollerava la loro presenza nei suoi campi, ma senza essere grata né a loro né alla Francia. Ne diffidava. Dopo la presa di Otchakov, il conte di Damas, che vi si era distinto, aveva chiesto di andare presso l'imperatrice come aiutante di campo; ella lo fece nominare colonnello, ma si rifiutò di lasciarlo avvicinare alla sua persona. «Non voleva lo spione francese nel suo palazzo». Scriveva a Grimm:

«Malgrado ciò che mi dite, sono intimamente persuasa che là dove siete, nonostante gli schiaffi ricevuti, ci si legherebbe con Fratello *Ge* e Fratello *Gu*[228], e anche con il diavolo piuttosto che con me...»

Si diceva persuasa che a dispetto della loro penuria, *die ar-*

---

[228] Fratello *Ge*: il re Giorgio d'Inghilterra; Fratello *Gu*: il re Guglielmo di Prussia.

men Leute, la povera gente (è così che in quel momento chiamava i francesi) trovava ancora il modo di sovvenzionare *Falstaff* (Falstaff era il re di Svezia), allora in guerra con lei. Arrischiò, tuttavia, dei nuovi tentativi per arrivare ad un accordo. Si lasciò andare a incaricare lo stesso Grimm di una sorta di missione diplomatica:

«È più che certo che se *die armen Leute* volessero alzare il tono con gli olandesi e non lasciare schiacciare il loro partito in quella repubblica, mi darebbero un aiuto. Vorrei che voi aveste su questo punto una conversazione amicale con Saint-Priest e che esaminaste se non vi sia modo di portare la corte dove voi siete verso qualche passo che dimostrasse per lo meno che la Francia ancora esiste tra le potenze significative (*sic*), e che avendo ottanta vascelli da guerra, non li ha condannati a lasciar marcire nei suoi porti senza alcuna utilità per lo Stato.»

Chissà se non indicò nello stesso tempo l'unico modo che la monarchia allo stremo ancora possedeva per uscire vittoriosamente dalla crisi che minacciava la sua esistenza?

«Questa corte va perdendo ogni considerazione a causa della sua inazione. Nessuno mi ha mai accusata di essere parziale nei suoi confronti, ma il mio interesse e quello dell'Europa intera esigono che riprenda il posto che le conviene, e questo il più presto possibile... I francesi amano l'onore e la gloria: faranno il possibile, quando sarà loro indicato ciò che esigono l'onore e la gloria della loro patria; ogni francese non può che convenire che non vi è nulla di meglio di questa condizione di inesistenza perché i disordini interni si alimentino, si estendano e si accumulino ad ogni passo. Che venga ripresa l'iniziativa al di fuori del regno ed essi cesseranno di minarla e di corroderla come i vermi il corpo di una nave...»

Ma questi consigli non furono ascoltati o arrivarono troppo tardi per esserlo e i vermi continuarono la loro opera di distruzione. Fino al 1792, tuttavia, le relazioni tra i due paesi non furono interrotte. Dopo la partenza del conte di Ségur nel 1789, Genêt[229] rappresentò la Francia a San Pietroburgo. Questo

---

[229] Edmond-Charles Genêt (1763-1834). Originale figura di diplomatico, il poliglotta Genêt non mancò di entrare il rotta di collisione con i governi dei paesi dove fu inviato. A diciotto anni giunse in Russia, all'ambasciata di San Pietroburgo, ma mostrò in modo eccessivo la sua disillusione per tutti i sistemi monarchici, compreso quello della nazione in cui si trovava. Nel 1792, Caterina lo dichiarò «persona non grata» definendo la sua presenza «non so-

Genêt era un fratello di madame Campan[230]. Aveva delle infelici pretese letterarie e non brillò nella diplomazia. Aveva appena pubblicato due odi inedite di Orazio, che furono riconosciute come apocrife. Nel suo nuovo impiego ebbe delle disavventure ancor più sgradevoli. È anche vero che oramai quel posto non era comodo da tenere. Simolin, che rappresentava la Russia a Parigi, rimase al suo posto e conservò il suo titolo di ministro plenipotenziario. Nel maggio 1790, il vicecancelliere Osterman[231] lo invitava a estendere le sue relazioni con i membri influenti dell'Assemblea nazionale. Poiché Simolin prevedeva di farlo con una distribuzione di denaro, Osterman approvò l'idea e gli chiese un'indicazione sulla somma. Si trattava sempre di «portare la Francia ad armarsi in modo tale da imporsi all'Inghilterra». Si contava principalmente su Mirabeau. Simolin scriveva in merito:

«Mirabeau è entrato perfettamente in tutto ciò che gli è stato insinuato e ha lasciato intravedere che l'Assemblea nazionale non guarderà con indifferenza l'invio di una squadra inglese

---

lo superflua ma anche intollerabile». Fu quindi nominato primo ambasciatore francese negli Stati Uniti, dove fu inviato dai Girondini nel 1793, anche con l'obiettivo di portare la nuova nazione a combattere con la Francia contro la Gran Bretagna. E fu proprio perseguendo con eccessiva ostinazione questa finalità, che si mise in attrito con George Washington. Sbarcato in Carolina del Sud anziché recarsi a Filadelfia, all'epoca capitale, si diede a dar vita a una organizzatissima attività corsara contro il naviglio inglese e a reclutare dei volontari americani per combattere, in Florida, gli spagnoli alleati degli inglesi. Tutto questo fervore di attività non poteva trovare il consenso del governo statunitense che aveva dichiarato una stretta neutralità nello scontro tra le due potenze europee. Nel 1793 gli viene ritirato l'accredito diplomatico e l'anno successivo, a seguito di una lettera di un suo collega di Baltimora, che denunciava alcuni contro rivoluzionari a Santo Domingo, chiedendo che fossero arrestati, veniva richiamato in Francia dove, nel frattempo, erano saliti al governo i Giacobini. Genêt, richiamato in Francia, ben sapeva che sarebbe finito sulla ghigliottina, chiese asilo politico a Washington, che glielo accordò. Morì a New York, dopo essersi sposato due volte.

[230] Jeanne Louise Henriette Campan, nata Genêt (1752-1822) fu prima cameriera di Maria Antonietta e fondò un collegio per signorine. Lasciò delle memorie sulla regina e un saggio sull'educazione.

[231] Ivan Andreevič Osterman (1725-1811). Confidente e amico degli Orlov, Osterman, nel 1757, fu inviato a Stoccolma come ambasciatore e il maggiore risultato della sua missione fu l'influenza che riuscì ad esercitare sul giovane re Gustavo III. Questa relazione gli consentì di porre termine, con il trattato di pace di Värälä del 1790, alla guerra russo svedese. Con Paolo I, nel 1796, fu cancelliere dell'impero, ma perse successivamente il favore dell'imperatore si ritirò dalla politica. Fortemente legato alla cultura della sua patria si adoperò per reintrodurre nell'ambiente nobiliare russo l'uso della madrelingua, abbandonato per il francese dall'epoca di Pietro il Grande.

nel Baltico e che la sua opinione sarebbe, in questo caso, di armare delle squadre nei porti della Francia. La buona volontà di questo deputato, che è l'anima del comitato diplomatico e l'opinione del quale ha un notevole peso, sarebbe resa più efficace se fosse sostenuta da ogni parte con gli stessi mezzi di cui l'Inghilterra e l'ebreo prussiano Ephraim fanno così abbondante uso presso i giacobini. È noto che quest'ultimo ha avuto 1.200.000 *livre* . . . Non è altrettanto facile conoscere l'entità dei fondi dei quali ha disposto l'ambasciatore inglese. Ma ciò che è certo, è che con il denaro si ottiene tutto dal patriottismo dei deputati che governano la Francia, che Mirabeau non è refrattario a questa attrattiva, e che il suo entourage, composto da uomini intelligenti e che mi è devoto, si dedicherebbe interamente alla nostra corte se potessi lasciar intravedere la speranza di essere ricompensato dei suoi servizi.»

A margine di questo dispaccio, Caterina mise queste parole: «Una meraviglia, se non è morto». Si sapeva già, in effetti, a San Pietroburgo, che la vita del grande tribuno era minacciata. Il 4 aprile 1791, dopo la catastrofe, Simolin inviò questa riflessione a Osterman: «Sarebbe stato opportuno che quest'uomo fosse morto due anni fa o fosse vissuto due anni ancora.» Due anni prima, il diplomatico russo non aveva ancora trovato modo di avvicinare questo onnipotente deputato, che possedeva un entourage così accomodante. Allora non lo chiamava che «il moderno Catilina». Osterman lo sollecitò a cercare in seno all'Assemblea un'altra personalità influente che potesse rimpiazzare Mirabeau e fosse altrettanto governabile. Ma non era facile. Simolin fece del suo meglio per trarre profitto da una situazione che diventava di giorno in giorno più imbarazzante e per influire sull'Assemblea, mantenendo buoni rapporti con la corte. Nel giugno 1791, disapprovò pubblicamente la partecipazione di madame Korff, una signora russa, alla fuga del re, organizzata, come sappiamo, da un gentiluomo svedese, il conte Fersen[232]. L'anno seguente, in febbraio, prese atto che non vi era più niente da fare a Parigi per lui. Caterina, probabilmente egli lo sapeva, era sul punto di congedare Genêt. Chiese

---

[232] Hans Axel von Fersen (1755-1810), conte svedese, diplomatico e statista, è famoso soprattutto per la sua presunta relazione con la regina Maria Antonietta e per aver organizzato l'infelice fuga, che si concluse a Varennes il 20 giugno 1791, della famiglia reale.

i suoi passaporti, ma prima di partire giudicò opportuna avere un incontro confidenziale con il re e con la regina. Il colloquio fu segreto. La regina ricevette Simolin nella sua camera da letto, come un semplice borghese. Egli era «in frac e in soprabito». La stessa Maria Antonietta chiuse la porta della camera spingendo il chiavistello, dopodiché parlo per un'ora delle sue sventure e della sua riconoscenza per l'imperatrice di Russia. Poi entrò il re e prese parte alla conversazione. Affermò che tutta la sua fiducia era riposta in Caterina, «che era stata fortunata in tutte le sue imprese». Uscì dopo questa dichiarazione e Maria Antonietta trattenne Simolin per due ore ancora, ritornando sempre sui sentimenti che lei e il re avevano già espresso nei confronti dell'imperatrice di Russia e lamentandosi della «volubilità di suo fratello». Finì col dare a Simolin una lettera per Caterina e un'altra per l'imperatore. Simolin si impegnò a passare per Vienna per esporre la situazione della Francia e delle Loro Maestà. Diventava, per un rovesciamento straordinario dei ruoli, l'ambasciatore della monarchia francese presso la coalizione antirivoluzionaria.

La missione di Genêt a San Pietroburgo fu un lungo martirio. Caterina si rifiutava di vederlo e i suoi ministri gli parlavano appena. I privilegi e gli onori del suo incarico erano ricaduti su una folla di agenti più o meno autorizzati: il barone di Breteuil, il principe di Nassau, il marchese di Bombelles, Calonne, il conte Esterhazy, rappresentanti chi il conte d'Artois, chi il conte di Provenza, chi lo stesso re Luigi XVI. Quest'ultimo ruolo era svolto dal conte di Saint-Priest, che tuttavia si fece presentare dall'incaricato d'affari del governo costituzionale di Francia, cioè dallo stesso Genêt. Gli altri avevano fatto ricorso al patronato dell'ambasciatore d'Austria. Nel settembre 1791, fu proibito a Genêt di presentarsi a corte. Nel luglio 1792, fu espulso. Tuttavia, Caterina non si faceva illusioni sul valore dei diplomatici improvvisati che prendevano il suo posto. Nel gennaio 1792, il marchese di Bombelles aveva indirizzato una nota «sulle cause del disaccordo tra il re e i principi», ella scriveva a margine dalla Memoria: « In tutta questa Memoria non vedo altro che l'astio di Breteuil contro Calonne. Bisognerebbe mandare al diavolo i consiglieri come il barone di Breteuil e anche Calonne, perché è letteralmente uno sventato.» Colonne si dava delle arie altezzose che, in una posizione meno delicata della sua, avrebbero potuto essere considerate insolenti. Dai ministri e dalla stessa imperatrice, si permetteva di arrivare un'ora dopo quella prevista per la cena. Ammesso a Tsarskoïe-Celo nell'intimità dell'imperatrice, si credette autorizzato a penetrare, a San Pietroburgo, nei suoi appartamenti privati che erano protetti da una severa etichetta. Fu brutalmente messo alla porta dai cavalieri della guardia. Castéra racconta che lo chiamavano comunemente «il ladro». Il vescovo di Arras, che con Damas, d'Escars e il colonnello svizzero Roll, accompagnò il conte d'Artois a Pietroburgo, ricevette il soprannome di «sobillatore». Il conte d'Artois stesso fece un'assai pietosa figura. Esterhazy affettava una completa miseria e vestiva con indumenti rattoppati suo figlio, che l'imperatrice si compiaceva di far andare da lei, e in tal modo poteva mendicare aiuti che, del resto, ella non rifiutava mai. Bombelles, al contrario, faceva brillare un fasto effimero. La rivalità dei due falsi ambasciatori divertiva tutta la corte. Saint-Priest, che aveva rappresentato la Francia a Costantinopoli non senza qualche clamore, era il solo che sapesse almeno non rendersi ridicolo. Caterina finì con l'affidargli una missione segreta a Stoccolma.

Lei stessa si divertiva della stupidità e della stravaganza di cui, a gara, facevano mostra i colleghi di Saint-Priest. Faceva cantare al piccolo Esterhazy le canzoni rivoluzionarie, il *Ça ira* e la *Carmagnola*, e volentieri pagava per il divertimento. Esterhazy ebbe pensioni, un palazzo a San Pietroburgo e delle terre in Volinia e in Podolia. Anche i principi ricevettero dei considerevoli sussidi. Fin dal luglio 1791, ringraziando l'imperatrice per l'assistenza che aveva fatto loro sperare, i conti di Provenza e d'Artois le indirizzavano queste adulatorie parole: «Non esiste, Madame, alcun genere di gloria alla quale Vostra Maestà non aspiri. Condivide con Pietro il Grande l'onore di aver creato il suo vasto impero, poiché se lui per primo l'ha fatto uscire dal caos, Vostra Maestà ha, come Prometeo, rubato il raggio del sole per animarlo.» Caterina apprezzò l'adulazione e cedette di buona grazia: il mese seguente inviò loro una tratta di 2 milioni di *livre*. I principi furono d'accordo nel trovare che non era abbastanza: era loro necessario 1 milione di rubli. «Allora – assicuravano – passando il Reno con solo diecimila uomini, ne avremmo ben presto 100.000; il genio di Caterina marcerà davanti a noi.» Volevano che quel genio avesse le ali ben dorate. Luigi XVI si dimostrò più dignitoso: al momento dell'arresto del re, Caterina gli fece consegnare 100.000 *livre*, che aveva in Francia, offrendosi di aumentare gli aiuti a una sola parola del reale prigioniero. Luigi rifiutò. Il milione reclamato dai principi fece fatica a uscire dai forzieri dell'imperatrice. Dopo essersi fatta un po' tirare le orecchie, inviò, tramite Bombelles, la metà di ciò che le veniva chiesto. E vi aggiunse un'ammonizione che poteva sembrare offensiva: «Come rifiutarvi ulteriori aiuti, quando voi dite che con questi libererete la vostra patria dai suoi crudeli oppressori? *È questa una condizione che l'Europa intera attende da voi.*» Non voleva che il denaro andasse sprecato. Si era dimostrata più zelante nel riconoscere il conte di Provenza come reggente del regno, nel settembre 1793; poi, dopo la morte di Luigi XVII, come erede della corona. «Ritengo vergognoso non riconoscere Luigi XVIII dopo la morte di Luigi XVII», scriveva a Grimm. Incitava con tutte le sue forze il nuovo re e i suoi adepti a una pronta entrata in campagna per la restaurazione del diritto monarchico in Francia. A sentirla, del resto, era un compito molto facile:

«Sostengo – scriveva ancora a Grimm – che è sufficiente impadronirsi di due o tre bicocche in Francia e che tutto il resto cadrà da solo... Scommetto, come due più due fanno quattro, che due bicocche strappate con la forza faranno saltare tutti quei montoni sopra al bastone dalla parte che si vorrà... Ventimila cosacchi sarebbero troppi per fare tabula rasa da Strasburgo fino a Parigi: basterebbero duemila cosacchi e seimila serbi.»

La sconfitta della spedizione comandata da Brunswick, la ritirata di Valmy e la «cacata», come la chiamò lei, che ne seguì, e infine i prodigiosi successi delle armate rivoluzionarie non la distolsero da questa convinzione. Dopo, come prima, fa sempre fuoco e fiamme per predicare un'energica azione contro «la canaglia giacobina». Solamente, né prima né dopo ha alcuna fretta di cooperare a quest'azione al di fuori delle parole e degli invii di denaro, e i suoi duemila cosacchi tardano a prendere la strada per Parigi. Quando si decide a firmare il foglio di via, sceglie per loro un'altra destinazione: li manda in Polonia. In fondo, come abbiamo detto, è la Polonia il suo unico obiettivo in tutte queste prese d'armi. Non pensa che alla Polonia, non vede in ciò che accade sulle rive della Senna che un'occasione propizia per avere libertà d'azione sui bordi della Vistola. E non solo ha gli occhi fissi da questa parte, ma fa in modo che gli altri, i suoi compagni austriaci e prussiani nella campagna antirivoluzionaria, comincino a guardare dapprima con inquietudine, poi con ferma risoluzione a non permettere che, unica, faccia i suoi affari mentre loro andranno in Francia a fare quelli dell'ordine europeo e della monarchia. È così che le ambizioni rivali dei *compartecipanti* del 1772 paralizzano l'azione dei coalizzati del 1793, che la Polonia paga per la Francia e che la rovina definitiva di una repubblica secolare assicura il trionfo della nuova repubblica, figlia della Rivoluzione.

Solamente nel 1796, quando la seconda e la terza spartizione della Polonia sono state consumate, Caterina decide di inviare in Francia il generale vittorioso che ha appena stabilito *l'ordine a Varsavia* su un cumulo di cadaveri: Suvorov andrà infine a misurarsi con il mostro rivoluzionario. Non alla testa di duemila cosacchi, però: queste smargiassate erano forse per dare del coraggio e dell'emulazione a coloro che prima si inviavano là senza alcuna voglia di seguirli. Sessantamila uomini accompagneranno il vincitore della Polonia. Caterina vorrebbe che Luigi XVIII stesso si unisse al corpo di spedizione, «piuttosto che fare il morto in qualche città della Germania». Quale ruolo vi è per il re di Francia? «Poltrendo non si può approdare a nulla. Con quello non si va lontano . . . » Ora è ben decisa ad entrare in partita, e nulla la farà indietreggiare: «Il re di Prussia si arma, cosa ne pensate? Contro chi? Contro di me. Per far piacere a chi? Ai regicidi suoi amici. Se con questo crede che io arresti la marcia delle mie truppe agli ordini del maresciallo Suvorov, si sbaglia di grosso. Farò sempre causa comune con tutti i re contro i distruttori dei troni e della società, malgrado tutti i sostenitori del sistema contrario, e vedremo chi l'avrà vinta.»

Ma, in quel momento, si è già presa la libertà di rovesciare un trono vicino, proclamando di prenderlo per una creazione dello spirito rivoluzionario. Ha soffocato nel sangue la «giacobineria» di Varsavia, come si è compiaciuta di chiamare il partito patriottico del paese. E, nel frattempo, si è anche spinta a combattere la Rivoluzione nei propri salotti. Se si dà credito alla informazioni dello sfortunato Genêt, lo avrebbe fatto perfino in seno alla propria famiglia. Riporta, in uno dei suoi dispacci, una conversazione tra il granduca Costantino e un pittore francese di nome Venelle, incaricato di fare il ritratto a Sua Altezza:

Il granduca: «Voi siete democratico? Almeno così mi hanno detto.»

Venelle: «Signore, io amo molto la mia patria e la libertà.»

Il granduca (con il tono vivo e brusco che gli è naturale): «Avete ragione! Anch'io amo la libertà, e se fossi in Francia, guardate, mi batterei di buon cuore; ma non oso dirlo a tutti. Me ne guarderei bene, diavolo! E i vostri emigrati se ne sono andati via tutti dalla Russia?»

Venelle: «Sì, signore.»

Il granduca: «Ne sono felice. Non potevo sopportarli.»

Genêt non lesina la sua ammirazione per i sentimenti così espressi da Sua altezza. Ai suoi occhi, il granduca è «un ardente democratico».

Ma fu soprattutto tra i francesi che soggiornavano a Mosca che Caterina cercò dei rivoluzionari. Il famoso editto dell'8 febbraio 1793 ne fa fede.

Ecco la formula del giuramento che i compatrioti di Génet furono costretti a prestare solennemente, sotto la pena dell'immediata espulsione:

«Io sottoscritto giuro davanti a Dio onnipotente e sul suo santo Vangelo che, non avendo mai aderito né di fatto né per volontà ai principi empi e sediziosi professati attualmente in Francia, guardo al governo che vi si è stabilito come a un'usurpazione e una violenza contro tutte le leggi e alla morte del Re Cristianissimo Luigi XVI come a un atto di abominevole scelleratezza; che sono convinto nel fondo della mia coscienza della santità della religione che ho ereditato dai miei antenati e del mio obbligo di essere fedele e obbediente al re, al quale, secondo i diritti della successione, sarà data la corona di Francia. Di conseguenza, godendo dell'asilo sicuro che Sua Maestà Imperiale di tutte le Russie si degna di accordarmi nei suoi stati, prometto di vivervi nell'osservanza della santa religione nella quale sono nato e nella profonda sottomissione alle leggi istituite da Sua Maestà Imperiale; di interrompere tutta la corrispondenza nella mia patria con i francesi che riconoscono il mostruoso attuale governo in Francia e di non riprenderla se non quando, a seguito della restaurazione dell'autorità legittima, non ne avrò ricevuto l'espresso permesso da Sua Maestà

Imperiale. In caso di comportamenti contrari a questo giuramento, mi sottometto a tutto il rigore della legge in questa vita e nell'altra e al terribile giudizio di Dio. E, per suggellare questo giuramento, bacio le parole e la croce del mio Salvatore. *Amen.*»

La *Gazzetta di San Pietroburgo* pubblicò per qualche tempo la lista degli individui che si sottomisero al compimento di quest'atto. Ve ne furono circa un migliaio. Nello stesso tempo, tutte le relazioni con la Francia, anche quelle di affari e commerciali, erano proibite fino alla restaurazione della monarchia. L'entrata nei porti russi era rifiutata ai vascelli francesi: Caterina metteva la Repubblica e la Rivoluzione in quarantena. È curioso mettere in relazione queste misure severe con le seguenti riflessioni, che i rapporti stabiliti dalla storia tra i due paesi ispiravano, qualche anno più tardi, a un russo preoccupato di dar prova di spirito filosofico:

«È solamente alla fine del secolo scorso che le tenebre dell'ignoranza, nelle quali era avvolta la nostra patria, hanno incominciato a dissiparsi, e questa aurora è giunta dalla Francia. Qualunque sia il numero delle persone disposte a gridare: crocifiggete i francesi! bisogna riconoscere che questi hanno fatto di più per la nostra istruzione che tutto il resto d'Europa intera. Messa per più di mezzo secolo, per la volontà di Pietro il Grande, sotto la ferula dei tedeschi, la Russia non offriva neanche le apparenze esteriori di una qualunque cultura intellettuale. È al regno di Caterina che spetta tutto l'onore di aver introdotto da noi le conoscenze delle scienze utili, il cui effetto si è fatto sentire subito, in maniera sorprendente, sui costumi. Perciò, ripeto ancora: Per quanto numerosi siano i vecchi e i nuovi credenti, e tutti coloro che fanno loro eco per gridare: Crocifiggete i francesi! i Voltaire non sono dei Marat, i Jean-Jacques Rousseau dei Couthon, né i Buffon dei Robespierre[233].

LA POLONIA

In merito alle spartizioni della Polonia vi sono state discussioni tanto irritanti quanto oziose da parte, di volta in volta, della storia e della diplomazia, senza che si sia giunti ad una solu-

---

[233] Vinski, *Mémoires*, Archivio russo, 1877, I, 87.

zione soddisfacente. È accaduto ad alcuni storici russi di mutare radicalmente, da un volume all'altro, il modo di valutare questa spinosa questione, spiegando la spartizione talvolta con l'applicazione della legge dei raggruppamenti etnici e talora, più semplicemente, con l'applicazione del diritto del più forte. È il caso del più illustre tra loro, Solov'ëv [234]. Alcuni storici tedeschi si sono impegnati ad assolvere la memoria di Federico II dal rimprovero di aver provocato quella sistemazione politica. Le loro argomentazioni sono state combattute in Russia senza troppi riguardi. Un punto, perlomeno, sembra essere stato fissato, da una parte e dall'altra, al di fuori delle controversie: il carattere poco onorevole della trattativa. Ragioni di utilità, se non di necessità, che facevano parte di una ragione più generale, detta *ragion di Stato*, sono state invocate di comune accordo per giustificare l'avvenimento, di per sé giudicato condannabile. Disgraziatamente – fortunatamente per la morale, oseremmo dire – è una tesi ancora alquanto discutibile, anche e soprattutto relativamente agli interessi della Russia, all'epoca in cui Caterina fu chiamata a custodire. Ed è anche il solo aspetto della questione che, rientrando nell'ambito di questo studio, in qualche modo richiede un breve esame da parte nostra.

Sorvoliamo sulle considerazioni di coscienza e di giustizia. È chiaro che non hanno nulla a che fare in questa specie di affari. Quale è il grande stato che non si sia costituito senza dividere qualcosa o qualcuno? Non vediamo che un'eccezione a questa regola, ed è proprio la Polonia: non ha mai annesso se non paesi che si sono dati liberamente ad essa. Ma è anche abbondantemente dimostrato che questo straordinario Stato non era destinato a durare. «Colui che non guadagna perde», ha detto Caterina. Una potenza che non prende nulla ai suoi vicini è una potenza che non ha senso comune. I vicini della Polonia gliel'hanno provato prendendola tutta intera: è indubitabilmente un dato di fatto.

Mettiamo anche da parte la questione dei principi, benché possa essere pericoloso per un paese passare oltre a questo riguardo, quando il principio, misconosciuto o falso che sia, è la

---

[234] Sergej Michajlovič Solov'ëv (1820-1879), docente di storia all'Università di Mosca, scrisse una *Storia della Russia*, in ventinove volumi che resta una preziosa fonte di documenti.

ragione della sua stessa esistenza, vale a dire la più essenziale delle ragioni di Stato. Il panslavismo, a detta dei suoi apologeti, non è solamente una dottrina politica: è una realtà geografica ed etnica dell'avvenire. Sino al diciottesimo secolo, dicono, la Polonia aveva la possibilità di diventare un giorno lo strumento e il salotto naturale della sua realizzazione. Più tardi, tutto finì, e la Russia apparve come l'erede legittima della monarchia polacco-lituana degli Jagelloni. Ancora successivamente, la rivendicazione dei diritti generali della razza slava, la difesa degli interessi comuni, l'unione delle affinità che vi si collegano, dovevano imporsi ai successori di Caterina come il programma necessario della vita e dello sviluppo nazionale. Sta bene, accettiamo tutto questo come provato e acquisito alla storia del passato e alla coscienza del presente. Ma, per una nazione che si appella a un simile programma, e che di certo non saprebbe rinunciarvi senza perdere molto di più di due o tre province, che cosa significa quell'esordio del 1772 in cui, pur chiamando al comune focolare un certo numero di slavi (che del resto non mostravano alcuna fretta nel riunirvisi), si davano e se ne consegnavano tre milioni da una parte e cinque milioni dall'altra al comune nemico della razza comune, tagliando a colpi di sciabola la carne della propria carne? Notiamo che in Galizia vi erano solo polacchi. C'erano anche dei ruteni di rito greco, dei *russi*, di conseguenza, dei veri *russi*, seguendo la classificazione etnica oggi prevalente. E venivano consegnati all'Austria, condannati a portare il giogo tedesco, senza che nessuno pensasse a emanciparli. Gli slavi di Sofia, che sono dei bulgari, hanno avuto maggiore fortuna.

Non vogliamo insistere su questo aspetto del problema. Ve n'è un altro di portata più comprensibile.

La Russia accresciuta di un terzo della Polonia è oggi una grandissima potenza. Ma era stata già stata una grandissima potenza prima del 1772 e aveva dei vicini più comodi. Di che cosa fosse capace la Prussia, anche con un capo come Federico II, contro la Russia, pur governata da Elisabetta, lo dimostrò la Guerra dei Sette anni. Si vide un generale russo entrare a Berlino come se stesse passeggiando. Una simile prodezza non appare oggi tra le possibilità di domani. Un altro generale russo si è trovato alla stessa epoca molto vicino a fare un'entrata vittoriosa a Costantinopoli. Successivamente la strada da Pietroburgo a Costantinopoli si è allungata: ora passa da Vienna, e tra gli ostacoli che vi si sono accumulati figurano in prima linea 7 milioni di slavi annessi dal 1772 alla monarchia degli Asburgo.

Non è tutto. Al punto in cui erano le cose in Polonia, precedentemente alla prima spartizione, la Russia vi si trovava in possesso di una supremazia che, supponendo anche che non dovesse portare a termine un'intera annessione del paese in un arco di tempo più o meno lungo, così come ammette volentieri un buon numero di storici, *già valeva pressoché un'annessione di quel genere*. Quando un paese è arrivato a imporre a un altro paese dei governanti di sua scelta della qualità di un Poniatowski, è chiaro che l'indipendenza di un paese così messo sotto tutela non è che una finzione. Pietro I avrebbe già potuto prendere nei dintorni di Wilna o anche di Varsavia quel pezzo di territorio che trovava di sua convenienza. Resistette alla tentazione, comprendendo che un popolo come quello che comandava doveva saper attendere. È quello che Caterina non seppe vedere nel 1772. Forse non aveva ancora avuto il tempo di dimenticare le sue origini. Trattò la questione da piccola principessa di Zerbst e da bambina golosa. La pera non era matura; lasciò che Federico eccitasse la sua ingordigia, morse il frutto, rischiò di rompersi i denti e, infine, si decise a spartirla.

Quanto al modo in cui si fece la cosa, quanto alla paternità dell'idea e al modo di esecuzione, inoltre, i documenti ormai a disposizione di tutti non sono in grado di fare chiarezza sull'equivoco. L'ultimo volume (LXXII) della grande *Raccolta della Società imperiale di storia russa* ha riportato le testimonianze degli inviati prussiani alla corte di San Pietroburgo, ma non vi appare alcuna nuova indicazione in grado di chiarire la questione. Per quanto concerne l'idea originale, conosciamo già il passaggio delle *Memorie* di Federico sull'invio a San Pietroburgo, nel 1769, di un progetto di spartizione redatto dal conte Lynar. L'idea vi è contenuta e la soppressione del passaggio nell'edizione delle *Memorie* pubblicata nel 1805 prova che ci si rendeva conto della portata storica e politica del documento. Ma noi conosciamo ugualmente, da una vecchia pubblicazione, il dettaglio di una conferenza ministeriale, presieduta dall'imperatrice Caterina in persona, tenutasi ancor prima dell'arrivo del conte Lynar a San Pietroburgo. Il conte Zahar Tchernychev vi illustrò la necessità di approfittare della prima occasione favorevole ossia, per esempio, la morte del re di Polonia, considerata prossima, per prendere alla Polonia la linea strategica della Dvina, da Polotsk fino a Orcha. Pietroburgo aveva dunque preceduto Berlino, questo è certo. Ma cosa vale questa certezza? Una conoscenza anche alquanto superficiale del meccanismo politico dell'epoca, con i problemi agitati nelle cancellerie dall'inizio del secolo, con i segreti diplomatici divenuti da molto tempo segreti di Pulcinella, conduce alla scoperta di un fatto: né Federico nel 1769, né il conte Zahar Tchernychev nel 1763, avevano bisogno di liberare l'immaginazione per concepire un'idea che era già diffusa. La spartizione della Polonia? Ma tutti ne parlavano dopo la morte dell'ultimo dei Jagelloni, che scomparve nel 1572. Si trattava solamente di fare il primo passo, di prendere l'iniziativa. È Caterina che se ne è incaricata? È Federico? Né l'uno né l'altro: questo è un punto della storia che si può facilmente stabilire. Fu il lavoro di un terzo ladrone. Fu l'Austria.

Fin dal primo momento dopo la sua ascesa al trono, Caterina si era mantenuta in ottimi rapporti con il suo amico, il re di Prussia, sul tema della Polonia. Scriveva a Kayserling[235], suo ambasciatore a Varsavia: «Dite ai miei amici e nemici che sono imperatrice di Russia e che non c'è volontà se non la mia, che possa tenermi testa in ciò che voglio.» Era prendere il tono adatto alla situazione acquisita dopo Pietro I sulle rive della Vistola; ma nello stesso tempo, si mostrava impaziente di inserire Federico nel suo gioco, cosa alla quale Pietro I non avrebbe certamente mai pensato, anche per «strappare il re di Prussia dalle mani dei Francesi», come spiegava al suo ambasciatore. Federico non chiedeva di meglio, evidentemente, e si fece carico di scegliere il terreno di un'azione comune, che fu l'affare dei dissidenti. La Russia sarebbe intervenuta a favore dei dissidenti di rito greco, la Prussia in favore dei protestanti: ci si riservava così il mezzo per avere la mano in tutti gli affari interni di governo della Repubblica. La scelta non era felice per

---

[235] Herman Karl von Kayserling (1696-1764) fu poi la mano che consentì a Poniatowski, amante di Caterina II, di salire sul trono di Polonia nel 1764. Di nobile famiglia, compì gli studi a Königsberg, fu il secondo presidente dell'Accademia delle Scienze della Arti, ma fu soprattutto diplomatico di fiducia inviato presso numerose corti europee.

la Prussia e Federico se ne accorse presto. C'erano pochi protestanti in Polonia e c'erano molti ortodossi, uniti o no: la partita non era uguale tra i due partner. Quello che si sentì leso avrebbe voluto arrestare il gioco, ma era troppo tardi: la Russia andava avanti. Federico provò a mischiare le carte: abbandonando la questione dei dissidenti ripiegò su quella delle riforme costituzionali. La Russia si tirò indietro. Si ostinò a voler proteggere i dissidenti, lasciando ai polacchi la libertà di cambiare la loro costituzione come volevano. Ecco dove erano le cose alla fine del 1770, quando il fratello di Federico, il principe Enrico di Prussia, comparve a San Pietroburgo. Caterina aveva conservato il vantaggio, ma aveva introdotto inutilmente un terzo nella partita che poteva certamente giocare da sola. Federico aveva perso la prima mano, ma sperava di guadagnare la bella. La vinse. Ecco come.

Il principe Enrico di Prussia non aveva in alcun modo, come si era supposto, la missione di accordarsi con il gabinetto di San Pietroburgo per una spartizione della Polonia. Né le istruzioni da lui ricevute né la sua corrispondenza con suo fratello ne portano il disegno. Il problema non era spartire ma pacificare la Polonia, dove gli sconfinamenti un po' troppo bruschi della dominazione russa hanno provocato una violenta crisi. Federico vuole avere la pace sulle frontiere. Vuole la pace ovunque, per rigenerare le sue forze esaurite. Del resto, il progetto del conte Lynar ha ricevuto, proprio recentemente, un risposta negativa. La Russia aveva abbastanza territori per non chiederne a nessuno. Un sola volta, scrivendo a suo fratello, il principe Enrico sfiora la questione di un «risarcimento» da ottenere per la Prussia in Polonia, ma è per riconoscere che la cosa è difficilmente negoziabile alla corte dove si trova. «Ebbene, – risponde il re – non bisogna più parlarne.» Non se ne parla più. Si parla, per contro, del difficile ruolo che la Prussia, come alleata della Russia, avrà in presenza del conflitto di quest'ultima potenza con la Porta Ottomana, soprattutto se l'Austria si decide, come sembra avere l'aria, di prestare man forte alla Turchia per la difesa delle libertà polacche. Federico dichiara e fa dichiarare da suo fratello che sicuramente non rischierà di inimicarsi l'Austria e la Francia «per una pelle di zibellino». Improvvisamente, nei primi giorni del gennaio 1774, una notizia stupefacente arriva a San Pietroburgo: l'Austria ha occupato militarmente due villaggi polacchi!

Ecco il colpo di scena che mette a nudo le situazioni complicate, che getta l'azione del dramma su un via nuova, che fa precipitare gli avvenimenti. Ecco il fatto capitale di questa dolorosa storia. Ecco il nodo delle responsabilità che vi sono legate.

Si capisce l'emozione del principe Enrico. Va a trovare l'imperatrice. Caterina finge di prendere la cosa allegramente. Scherza con un'aria vivace sull'avidità insaziabile della casa d'Austria, ma, ridendo, lascia cadere queste parole: «Se quelli prendono, perché tutti gli altri non dovrebbero prendere?»

Ed ecco pronunciata la condanna della Polonia.

Perché in effetti, la Prussia non dovrebbe occupare l'arcivescovado di Varmie? È il conte Zahar Tchernychev che, a sua volta, pone la questione. E poiché il prussiano esita e non osa procedere, poiché invoca la correttezza di suo fratello, che si è limitato a stabilire un cordone di truppe sulla frontiera della Repubblica, senza permettersi alcun sconfinamento, Caterina torna alla carica:

«Perché non sconfinare?»

Più tardi, nei suoi incontri con il conte di Ségur, il principe Enrico si è attribuito il merito non solamente di aver rilevato le insinuazioni della zarina, ma di averle anticipate e provocate. Dopodiché, Caterina avrebbe esclamato: «*È un raggio di luce!*» Si è vantato, la sua corrispondenza, che abbiamo analizzato, lo prova. Il *raggio di luce* è venuto dalla stessa Caterina ed è l'Austria che ha acceso la scintilla.

In un primo momento, Federico non mostra alcun entusiasmo per l'idea, la famosa idea poco prima accarezzata da lui stesso, che gli ritorna dal luogo dove l'aveva mandata, ma sotto una nuova forma per lui e non ancora abbastanza seducente. L'arcivescovado di Varmie? Che cosa volete che se ne faccia? «Non vale neppure sei *pfennig*.» Desidera avere la pace e non intende comprometterla per delle bagatelle. «Le acquisizioni dell'Austria? Un distretto polacco? Bagatelle anche queste! Ci sono altre cose da fare che occuparsene. Tutto ciò non lo riguarda.»

Si prende burla di suo fratello usando questo linguaggio nelle lettere che gli indirizza? Forse. Probabilmente, anche, si prende del tempo per preparare i suoi pezzi e per sondare il suo terreno. Improvvisamente, il 20 febbraio 1771, si ricrede. Quel giorno, detta all'indirizzo del conte Solms, suo rappresentante a San Pietroburgo, due dispacci che rendono il suo vero pensiero. Uno contiene queste parole: «Non dimenticate niente, ma impiegate piuttosto tutti i mezzi umanamente possibili per farmi ottenere qualche porzione della Polonia..., fosse anche una briciola.» L'altro è un progetto completo di smembramento.

E da quel momento, non lascerà più la sua preda. La Russia avrà un bel voler indietreggiare a sua volta. Il conte Panin, è l'onore della sua carriera, farà invano intendere a Caterina la voce del vero interesse nazionale. Sarà troppo tardi. Appoggiandosi alla connivenza dell'Austria, Federico metterà il suo alleato con le spalle al muro: o l'intesa comune per la spartizione, o l'intesa della Prussia con l'Austria per la repressione delle ambizioni russe sia in Polonia sia in Turchia. Caterina potrà solo sottomettersi, ma è all'Austria, in ultima analisi, che dovrà questa necessità, come la Polonia le dovrà la sua disgrazia. Dopodiché Maria Teresa potrà piangere a suo piacimento sulla dura obbligazione «di disonorare il suo regno», salvo domandare un supplemento di territorio per ogni crisi di lacrime. Anche Federico aveva giudicato che il suo disonore valesse di più dell'arcivescovado di Varmie.

Caterina conservò gli occhi asciutti. Ma la sua corrispondenza con Federico durante gli anni 1771-1772, per intimo che ne sia il tono, non contiene una sola allusione diretta all'opera che sta per compiere. Il nome della Polonia non vi è mai pronunciato, benché sia sempre all'ordine del giorno. Se ne parla sottovoce, come si parla di un doloroso segreto di famiglia. E Federico stesso, a dispetto del suo cinismo, rispetta questa regola. La prima menzione dei nuovi confini della disgraziata Repubblica, già smembrata, si incontra in una lettera dell'imperatrice datata nel 1774. E questa lettera, eccezionalmente, *non è di pugno di Caterina*.

La seconda e l'ultima spartizione non sono che la conseguenza della prima. È l'ingranaggio. Il conte di Ségur scrive nel 1787: «Ho la certezza che l'imperatrice è decisa a non permettere più alcuna spartizione della Polonia. Quella che ha luogo e *alla quale è stata obbligata* per evitare la guerra in Germania è la sola azione del suo regno *che la tormenta e si rimprovera.*»

I rimorsi di Caterina sono verosimilmente sinceri ed è anche sinceramente che Potëmkin agita con lei progetti che avrebbero la pretesa di regolare l'antica contesa con la Repubblica smembrata, tagliar corto alla sue rivendicazioni e disarmare il rancore, offrendole alcuni ingrandimenti *tra il Dniester e il Bug*. L'idea è del favorito. Nel febbraio 1788 l'imperatrice, in effetti, annuncia a quest'ultimo la prossima apertura di un negoziato, del quale il suo incontro a Kaniv con Poniatowski ha probabilmente posto le basi. Il 16 maggio seguente, un progetto di trattato difensivo è inviato da San Pietroburgo a Varsavia. Ma la Prussia, che ha preso piede in Polonia, protesta e prende le sue misure per controbilanciare queste intenzioni ed è lei che, il 29 marzo 1790, firma un'alleanza difensiva con la Polonia. Caterina resiste ancora. L'alleanza prussiana non è per la disgraziata Repubblica che una trappola, ed è proprio da Berlino, questa volta, che viene, nel 1793, la proposta di un secondo smembramento. Caterina scrive allora a Bezborodko:

«La proposta è sconveniente poiché, con questa bella proposta ci attireremmo non solamente l'odio dei polacchi, ma, oltre a questo, agiremmo contro i nostri stessi trattati e la nostra garanzia, specialmente nei confronti di Danzica. Propendo per lasciare cadere la proposta.»

Ma la fatalità del male compiuto, *die Flucht der bösen That*, è su di lei. Bezborodko fa di tutto per convincerla che se ciò che resta della Polonia non è smembrato tra le tre potenze interessate a reprimervi lo spirito giacobino, questo spirito troverà, per l'affinità della razza e della lingua, una strada aperta per spandersi in Russia. Una nota dello stesso ministro, inviata al governatore generale della Lituania, il principe Repnin, spiega questo modo di comprendere *lo spirito giacobino* La tendenza dei signori polacchi ad affrancare i loro contadini ne fa parte. E Caterina si lascia persuadere. Del resto, subisce in quel momento altre influenze nefaste. La seconda spartizione non è solo un atto politico. Quella spartizione è soprattutto un azzannare di cani. In un giorno, a testimonianza di Bezborodko, Caterina distribuisce 110.000 anime di contadini nelle province annesse, che rappresentano un capitale di circa 11 milioni di rubli, conteggiando 10 rubli l'*anima* di un contadino.

Gli scrittori russi arrivano oggi a riconoscere che nelle province polacche con popolazione mischiata, l'elemento polacco si è fortificato dopo l'annessione alla Russia, poiché l'introduzione del servaggio russo legò di nuovo i contadini all'antico regime, il quale per essi rappresentava qualcosa di più e di meglio della libertà politica.

È la morale di questa storia.

TURCHIA – SVEZIA

Anche la prima guerra turca fu una conseguenza della politica adottata da Caterina in Polonia, politica che metteva l'influenza acquisita dalla Russia in questo paese al servizio delle ambizioni prussiane. La Porta Ottomana seppe vedere che lo smembramento della Repubblica era alla fine. Teneva a conservarsi quel vicino. Dapprima protestò, poi si decise alla guerra. Caterina non vi era assolutamente preparata. Abbiamo visto che era salita sul trono con disposizioni pacifiche. Ridotte e per metà disarmate, le sue truppe si trovavano sotto ogni punto di vista in uno stato poco soddisfacente, i reggimenti incompleti, la cavalleria montata male, l'artiglieria male addestrata, l'amministrazione lasciata al caso, le forniture deplorevoli. Le polveri, tra le altre cose, offrivano generalmente un insieme di ogni specie di sostanze una meno esplosiva dell'altra. Probabilmente, Caterina era l'unica in Russia a credere l'impero in possesso di una potenza militare considerevole. In Europa, Voltaire, anche lui pressoché il solo, condivideva e fingeva di condividere queste illusioni. Ma, come disse più tardi Federico, fu «la guerra dei guerci e dei ciechi». Quando il principe Galitzin ebbe preso Chotyn, nel settembre 1769, l'imperatrice si credette nella posizione di dettare legge all'intero universo.

«È certo – scriveva Sabatier de Cabre al duca di Choiseul – che è girata la testa all'imperatrice di Russia e a tutti quelli che la circondano. Non sogna, non parla e non pensa che di prendere Costantinopoli. Il suo delirio giunge sino a convincerla che questa miserabile squadra (una flotta equipaggiata per andare nell'Arcipelago sotto il comando di Elphinstone) porterà il terrore nella capitale dell'impero ottomano; che le sue armate non avranno che da presentarsi per mettere i turchi in fuga e impadronirsi di tutte le loro piazze; che la diversione in Georgia avrà i più terribili effetti in quelle contrade; che tutti i greci separati che vi sono non attendono per sollevarsi che di essere appoggiati dagli aiuti che invia loro; che il successo di tanti sforzi riuniti e combinati deve, il prossimo anno, frantumare interamente il Grande Signore e il suo impero, di cui l'immaginazione di Caterina II dispone già come di un bene che le appartiene. Non cercherò, signore, di dimostrare l'assurdità di queste fantasticherie, che provano anche come ci si è sbagliati accordando a questa principessa delle capacità per l'amministrazione e la politica. I suoi calcoli e i suoi progetti sarebbero meno irragionevoli, infatti, se fossero realistici come hanno potuto far supporre delle frasi ingegnose indirizzate ai letterati, e come potrebbero far immaginare il suo spirito intrigante, la sua abilità d'imbrogliona, l'ammirazione data gratuitamente agli avvenimenti e alle circostanze volgari che l'hanno posta sul trono e che ve la mantengono.»

Sabatier aveva torto nel non considerare quella stella che fece di meglio che mantenere Caterina sul trono. Costantinopoli non fu presa, ma dopo una serie di vittorie come l'armata moscovita non aveva mai conosciuto, il trattato di Küçük Kaynarca (21 luglio 1774) consacrò il trionfo della Russia. La Porta scese al rango di potenza di second'ordine. Le popolazioni cristiane della Turchia d'Europa furono messe in qualche modo sotto la tutela della Russia. La Crimea, resa indipendente, si trovò pronta per una prossima conquista. La Russia tenne le due Cabardie, Kertch, Jenikal e Kinburn. Il trattato di Pruth, che nel 1711 costò così caro all'orgoglio di Pietro il Grande, venne stracciato e la Polonia non era neanche menzionata nel nuovo accordo. Tacitamente, la Turchia ratificava la prima spartizione.

«Rumjancev è stato abbastanza fortunato nel fare il trattato di Küçük Kaynarca, – scrisse più tardi il conte di Montmorin, in uno dei suoi dispacci al conte di Ségur – sappiamo ora che non aveva con sé che 13.000 uomini effettivi contro un'armata di oltre 100.000 uomini. Questi colpi di fortuna non si ripetono due volte in un secolo.»

In effetti, non dovevano ripetersi. Ma Caterina non doveva per questo rinunciare a delle ambizioni e a delle bramosie che, malgrado il fulgore prodigioso dei suoi successi, non avevano ricevuto che una mezza soddisfazione. L'idea di sollevare i sudditi greci della Turchia, di aprirsi con il loro appoggio la strada di Costantinopoli e di resuscitarvi la vecchia monarchia dei Paleologi non cessa, anche dopo la pace, di ossessionare la sua mente. Il *progetto greco* è nato. Caterina morirà accarezzando ancora questo prestigioso sogno. Già nel diciassettesimo secolo, un serbo, Jurij Krichanitch, l'aveva portato avanti. Nel 1711, Pietro se ne era ispirato nel suo piano per la campagna contro i turchi. Nel 1736, l'inviato della Russia a Costantinopoli, Viechniakov, indicava la necessità di un tentativo di questo genere, nel caso di un conflitto con la Porta. Nel 1762, il feldmaresciallo Münnich scriveva a Caterina: «Sono nella condizione di provare con degli argomenti solidamente fondati che, dal 1695, anno in cui Pietro il Grande fece il primo assedio di Azof, fino alla sua morte nel 1725, il suo grande disegno e punto di vista è sempre stato quello di conquistare Costantinopoli, di cacciare gli infedeli, turchi e tartari, dall'Europa, e di ristabilire così la monarchia greca.» Un motivo particolare, che non aveva nulla di politico, contribuì ad attaccare Caterina a questa chimera avventurosa. Nel 1769, a una seduta del suo consiglio, il favorito Gregorio Orlov prese inopinatamente la parola per illustrare il piano di una spedizione nell'Arcipelago, che avrebbe avuto come obiettivo la sollevazione delle adiacenti popolazione greche. Caterina fu stupefatta: Gregorio Orlov apriva raramente bocca nelle discussioni dove erano in gioco gli interessi di Stato. Faceva apertamente professione di indifferenza a questo riguardo e non aveva bisogno di dimostrare la sua ignoranza. Era uno dei dispiaceri di Caterina, che persistendo nel voler trovare nel suo amante delle qualità straordinarie, avrebbe voluto che se ne servisse per la gloria di lei e per la sua. Questa volta, sembrava ben informato e animato dal desiderio di far valere le sue conoscenze. Caterina ne fu non meno rapita che meravigliata. Il mistero aveva del resto la sua spiegazione. Un greco di nome Papozoli, al servizio di uno degli Orlov, li aveva lungamente intrattenuti sulla sua patria e su ciò che si sarebbe potuto fare per liberarla. Un cavaliere di San Marco, un ufficiale francese che era passato dal servizio della repubblica di Venezia a quello della Russia, aveva appoggiato le sue argomentazioni e fornito qualche memoria. Infine, un certo Tamara, ucraino di nascita, aveva collaborato al progetto che fu così abbozzato tra i tre fratelli: Gregorio, Alessio e Fëdor Orlov. Caterina non ebbe bisogno di essere spinta per accoglierlo. La spedizione dell'Arcipelago fu decisa. Ma Gregorio Orlov rimase a Pietroburgo.

Senza la rivolta di Pugačëv, Caterina non avrebbe probabilmente acconsentito, nel 1774, ad abbandonare, anche provvisoriamente, il proseguimento di questo piano. Dopo la disfatta del terribile *samozvaniets*, vi ritornò ben presto. Nel 1777, esamina un progetto presentato da Potëmkin che mira alla conquista di Costantinopoli. Panin lo giudica insensato. È l'inizio della sua disgrazia. Dopo la visita di Giuseppe II, la decisione dell'imperatrice è presa. Il 10 settembre 1782, scrive all'imperatore:

«Sono fermamente persuasa, per quella fiducia senza limiti che ho riposto in Voi, che, se i nostri successi in questa guerra ci mettono in condizione di poter liberare l'Europa dal nemico del nome cristiano, cacciandolo da Costantinopoli, Sua Maestà Imperiale non mi rifiuterà il suo aiuto per ristabilire la vecchia monarchia greca sulle macerie della caduta del governo barbaro che vi domina, sotto espressa condizione da parte mia di conservare questa rinnovata monarchia in una completa indipendenza dalla mia, mettendovi il minore dei miei nipoti, il granduca Costantino.»

Giuseppe non si affretta a rispondere. Condivide, probabilmente, l'opinione del marchese di Vérac, il quale nel 1781 si scusa con Vergennes di non averlo mai intrattenuto fino a quel momento sull'idea favorita dell'imperatrice, poiché non l'ha mai trovata «degna della ragione di Caterina II». Una «erisipela generale sulla testa[236]» che gli viene a proposito, impedisce all'imperatore di esaminare la richiesta del suo alleato con tutta l'attenzione che merita. Infine, due mesi dopo, cede, ma Caterina non ha ragione di essere soddisfatta delle frasi un po' vaghe che le invia. Egli pensa che solo gli avvenimenti della guerra potranno decidere quale seguito dare ai disegni dell'imperatrice. Se saranno fortunati, non ci sarà alcuna difficoltà da parte sua al soddisfacimento di ogni desiderio di Sua Maestà, «purché siano compatibili con quelli che sono di sua convenienza».

Accade inoltre che Caterina, sempre in quest'epoca, debba difendersi contro il titolo di «imperatrice dei greci» del quale

---

[236] L'erisipela è un'infezione acuta della pelle.

Grimm, che conosce il suo mestiere di adulatore, si ostina a farle omaggio. Ma è pura civetteria da parte sua. All'indomani della nascita del secondo figlio di Paolo, nel 1779, scriveva già al suo confidente: «*Sti-ci* (*sic*) è più delicato del maggiore e, per poco che l'aria fredda gli arrivi, nasconde il suo naso tra le fasce; vuole avere caldo ... perbacco! Noi sappiamo ciò che sappiamo ... » Ma pretendeva anche di far credere che il nome di Costantino era stato attribuito per puro caso a questo bambino predestinato e che, sempre il caso, gli aveva dato una balia greca di nome Elena: «Sarà dunque permesso fare commenti su dei poveri nomi di battesimo? ... Bisognava chiamare il signor A e il signor C Nicodemo e Taddeo? Non spettava a ciascuno di loro il proprio nome? Il primo ha il suo patrono nella città che lo ha visto nascere e il secondo è nato pochi giorni prima della festa del suo; ecco, è molto semplice. Per caso questi nomi sono sonori, perché tanti commenti? Non nego assolutamente che i nomi armoniosi mi piacciono; quest'ultimo ha eccitato la fantasia dei poetastri ... Ho fatto loro dire di andare a pascolare le oche, di non nominare né compare né comare e di lasciarmi vivere in pace perché, grazie a Dio, tengo la mia pace per le orecchie ..., perché non voglio sentire il brusio di idee che non hanno senso comune.»

È per far tacere questi inopportuni «brusii» che fa coniare, nel 1781, una medaglia dove il piccolo Costantino appariva tra le tre virtù teologiche, in piedi sulle rive del Bosforo, la Speranza che gli mostra le stella dell'Oriente e la Fede che sembra voglia condurlo alla soglia della basilica di Santa Sofia? Nello stesso tempo, Bulhakov, il ministro di Russia a Costantinopoli, inframmezza la sua corrispondenza diplomatica di informazioni da lui raccolte sulle vecchie profezie, che fanno collimare la venuta dell'Anticristo con la prossima distruzione dell'Impero ottomano. Nel 1787, Potëmkin si fa interprete di una proposta formale di spartizione di questo impero. Ne parla con il conte di Ségur, il quale a questo proposito scrive: «Siamo così abituati a vedere la Russia gettarsi alla leggera negli affari più rischiosi (*sic*) e la fortuna l'ha così costantemente assecondata, che non vi è modo di prevedere le mosse di questa potenza attraverso le regole della scienza politica.» Nel 1789, dopo la presa di Otchakov, Caterina dice all'inviato inglese Witworth: «Poiché Pitt vuole cacciarmi da Pietroburgo, spero che mi permetterà di ritirarmi a Costantinopoli.»

Nell'attesa, nel corso del 1783, si impadronisce della Crimea. È Bezborodko che redige il piano di questa impresa, è Potëmkin che la esegue, ma è Caterina che ne è l'anima. Bisogna vedere come spinge ed eccita i suoi collaboratori, come li incoraggia ad andare avanti e a non preoccuparsi di che cosa diranno, «perché i tempi sono propizi per osare molto». È anche lei che indica con il dito a Potëmkin il porto di Akhtiar che diventerà Sebastopoli. Le azioni messe in opera per il compimento di questo ardito colpo di mano sono, del resto, di quelle abituali alla politica russa. Sono state sperimentate in Polonia. C'è in Crimea, come c'era là, un partito che le è devoto; si fa in modo di avere un candidato per la dignità elettiva di Khan dei Tartari, come si è fatto in modo di mettere Poniatowski sul trono di Polonia. Dopodiché, questo candidato, Chahim-Giraï, essendo stato eletto a dispetto dell'opposizione del partito contrario, che rappresenta qui, come in Polonia, l'indipendenza nazionale, anche contro la Turchia, gli si acquista del tutto e semplicemente la Crimea, come fa oggi l'Inghilterra con i rajah dell'India, e il gioco è fatto.

La Porta volle protestare: l'alleanza di Caterina con Giuseppe gli impose un provvisorio silenzio. Giuseppe accettò il fatto compiuto, contando su un risarcimento. Suo fratello Leopoldo si allarmò: Caterina – disse – si impadronirà di Costantinopoli quando vorrà. Ma non è il capo. Il granduca Paolo si spaventò: se la Francia avesse preso male la cosa? – Ebbene? Replicò l'imperatrice. La Francia si limitò a una rimostranza diplomatica: offrì di interporsi perché la Porta accettasse il nuovo ordine delle cose, a condizione che la Russia si fosse impegnata a non andare lontano e a non intrattenere delle flotte nel mar Nero. Caterina rifiutò perentoriamente e non se ne fece nulla. Nel giugno 1787, quando accompagnò l'imperatrice in Crimea, Giuseppe II poté già vedere nel porto di Sebastopoli una squadra pronta a salpare. Ebbe un grido di ammirazione. Caterina, da parte sua, calcolò che da Baktchisaraï, antica residenza dei Khan tartari, dove aveva trascorso la notte, non c'erano che quaranta ore per mare fino a Costantinopoli. Confidò questa sua osservazione a suo nipote Costantino.

La seconda guerra turca è decisa nella mente dell'imperatrice in quello stesso momento. È la Turchia, è vero, che nel mese di luglio del 1787 prende l'iniziativa, redigendo un *ultimatum* il cui senso vale una sfida, e fa mettere poi Bulhakov alle Sette Torri (il 17 agosto seguente). Ma Caterina e Potëmkin hanno fatto di tutto per provocare questo gesto estremo. Esigenze e richieste sempre più pressanti, angherie e penose umiliazioni, la disgraziata Porta si è trovata costretta in una di quelle situazioni dove non si valutano più le possibilità della lotta e il suicidio stesso appare preferibile all'inazione. Giuseppe II, da parte sua, si è impegnato coscienziosamente a soffiare sul fuoco, nella speranza di ottenere qualche cosa per sé. Il conte di Ségur gli faceva rispettosamente presente il torto che aveva avuto nell'assecondare l'umore bellicoso dell'imperatrice: «Cosa volete, – gli rispondeva – questa donna è esaltata, lo vedete voi stesso; bisogna che i turchi cedano su tutti i punti. La Russia ha delle truppe numerose, sobrie, infaticabili. Si fa di loro tutto ciò che si vuole; vedete quanto poco qui si faccia caso alla vita di un uomo. Fanno delle strade, dei porti a settecento leghe dalla capitale, senza paga, senza letto e senza lamentarsi. L'imperatrice è la sola sovrana dell'Europa che sia veramente ricca. Spende molto e ovunque e non deve nulla, la sua carta vale ciò che vuole.»

Per quest'ultimo aspetto, Ségur condivideva la maniera di vedere di Giuseppe. Tuttavia, non era che un'illusione e i fatti lo provarono ben presto. Le truppe riunite da Potëmkin in Crimea non sono che dei plotoni da parata, la flotta di Sebastopoli è costruita con pessimo legname. Alessio Orlov si rifiuta di prenderne il comando. La guerra inizia con dei disastri, e ben presto lo stesso Potëmkin perde coraggio. Arriva a proporre persino l'evacuazione della Crimea. Solo Caterina non si scoraggia. Risponde al suo favorito consigliandogli di prendere Otchakov: «Prendi Otchakov e vedrai che si appiattiranno come la neve sulle steppe, quando arriva la primavera; strisceranno come fa l'acqua sulle chine . . . » Nello stesso tempo moltiplica i suoi sforzi. Pensa di rinnovare nel Mediterraneo i successi del 1770. Tutto il sud dell'Europa è pieno di emissari russi, una spedizione viene preparata sotto il comando del generale Zaborovski. La guerra con la Svezia impedisce di darne seguito. La situazione, in quel momento, appariva del tutto disperata. Ma Caterina non dispera. D'altronde, come dice, non ha scelta. «Ella non può cedere senza compromettere il suo onore, e senza onore non può né regnare né vivere.»

La presa di Otchakov, nel dicembre 1788, esalta nuovamente il suo orgoglio e dà nuovo impulso alle sue ambizioni. Nel mese di gennaio dell'anno seguente, esprime la convinzione che Potëmkin sarà, prima della fine dell'estate, a Costantinopoli. «Se questo accade – aggiunge – che non me lo si dica troppo presto.» Vi pensa ancora in aprile, ma i rovesci dei suoi alleati austriaci tagliano di netto le sue premature speranze. Nondimeno, la fortuna, che sembra sorridere nuovamente alle sue armi, le dà qualche consolazione. Suvorov e il principe di Coburgo battono i turchi a Focşani; Suvorov da solo si distingue a Rymnik. Potëmkin prende Bender, e questo fatto di guerra offusca tutti gli altri agli occhi di Caterina. Quando Ismaïl, a sua volta, apre le porte al favorito, sono dei trasporti di gioia pressoché frenetica e degli slanci di entusiasmo vicini al delirio. Di colpo tutti i grandi fatti della storia universale sono cancellati! Ma sopraggiunge la morte di Giuseppe II (20 febbraio 1790) e subito dopo vi è l'accordo prussiano-austriaco di Reichenbach, che afferma l'indipendenza nella quale l'Austria vuole porsi nei confronti degli interessi russi. Caterina è fuori di sé dall'indignazione. Ce l'ha soprattutto con il re di Prussia; è un odioso parvenu, uno stupido animale (*dumme Teufel*)! Poiché l'incaricato d'affari della Prussia, Hüttel, aveva avuto uno svenimento durante un ricevimento a corte e si era ferito cadendo, Caterina dice che «la Prussia si è rotta il naso sui gradini del trono russo».

Nel marzo 1791, Francesco Guglielmo manifesta l'intenzione di fare causa comune con la Turchia. Bisogna cedere. Caterina si rassegna e approfitta di una nuova vittoria di Repnin per lasciarlo firmare dei preliminari di pace. Ma quando il congresso di Sistova era già in corso, una nuova vittoria in mare dell'ammiraglio Otchakov risveglia ancora una volta il suo ardore. « La strada di Costantinopoli è aperta!» Esclama. «Bisogna andarci, è il momento!» Non è il parere di Potëmkin, che sta per morire, né di Bezborodko, che lo rimpiazza alla conferenza di Iaşi. La pace è firmata il 3 gennaio 1792, e la Russia vi guadagna il riconoscimento dell'annessione della Crimea, del quale non aveva bisogno. Prende anche il possesso delle steppe di Otchakov e là, tra il Bug e il Dniester, sulle rovine di una piccola piazzaforte turca che si chiama Hatchibei, deve presto nascere una città, che si chiamerà Odessa! È ancora la parte della fortuna di Caterina.

Questa volta, rinuncia veramente alla sua chimera? Certo che no. Il 20 marzo 1794, il futuro difensore di Mosca, il favorito del futuro imperatore Paolo, Rostopčin[237], scrive all'ambasciatore di Russia a Londra:

«Mi sembra che la guerra sia inevitabile per la Russia, poiché l'imperatrice la vuole, malgrado le risposte pacifiche e moderate della Porta. Persiste nell'intenzione di raggiungere il suo scopo e di riempire le gazzette del bombardamento di Costantinopoli. Alla sua tavola ha detto che un giorno perderà la pazienza e farà vedere ai turchi che le è facile arrivare alla loro capitale quanto lo è un viaggio in Crimea. Qualche volta accusa il principe Potëmkin di non aver eseguito il suo progetto e di aver mancato di buona volontà, perché era necessaria solo quella.»

Caterina ha già dimenticato che nel corso di quella guerra turca, che sta per rinnovare, è stata sul punto di lasciare la sua capitale davanti alla minaccia di una vicina apparizione dell'armata nemica alle porte della città. Secondo un testimone, centosessanta cavalli erano tenuti pronti a Tsarskoïe-Celo e l'imperatrice dormiva con una parte dei suoi diamanti, che riempivano le sue tasche. L'armata nemica che le provocava

---

[237] Fëdor Vasil'evič Rostopčin (1763-1826). Intelligente, capace e deciso, Rostopčin iniziò la sua carriera, come d'uso all'epoca, nei ranghi militari della guardia imperiale, che lasciò presto per viaggiare in Europa. Godette i favori di Paolo I, ma la sua ascesa fu interrotta per ragioni non ancora chiare, ma alle quali non fu estraneo l'intervento di Nikita Panin, e dovette abbandonare la capitale per ritirarsi nei suoi possedimenti. Ebbe maggiore fortuna con Alessandro I che lo incaricò del governatorato di Mosca. Nel 1812, quando i francesi si presentarono sotto le mura della città, indirizzò un proclama alla guarnigione e il giorno dopo, il 12 settembre, si presentò al comandante in capo dell'armata russa, principe Michail Illarionovič Goleniščev-Kutuzov, il vincitore di Napoleone Bonaparte, per annunciargli la sua partenza. Il 14 settembre, a Mosca, i russi misero a fuoco numerosi edifici e in poco tempo quasi tutta la città fu in preda alle fiamme. I rapporti ufficiali riportarono che l'azione fu compiuta, per ordine del governatore, da forzati di ogni genere liberati dalle prigioni. Così i francesi non poterono rifornirsi e approvvigionarsi come speravano. Lo stesso Rostopčin diede fuoco alla sua casa di campagna, a Voronovo, per non lasciarla in mano alle truppe francesi. Diede le dimissioni da governatore nel 1814 e accompagnò Alessandro I nel suo viaggio a Vienna. Rostopčin sposò Caterina Protassov, anziana dama d'onore di Caterina II, ed ebbe una prole numerosa tra cui la figlia Nathalie, che sposò Dimitri Narychkine, e Sophie che divenne una celebre scrittrice francese sotto il nome di contessa di Ségur.

questo allarme era quella di un avversario da lei profondamente disprezzato, quella del re di Svezia.

Questa guerra di Svezia, che si sovrappone con la seconda guerra turca e sorprende Caterina nel momento in cui tutte le sue forze sono impegnate da un'altra parte, è ancora la conseguenza dell'ottimismo che le conosciamo. Con un po' meno di presunzione e un po' più di prudenza, avrebbe potuto evitare perfettamente questa sorpresa. Fino al 1783, peraltro, i rapporti tra i due paesi erano rimasti eccellenti. In quel periodo, Caterina stessa è in uno stato di grazia con il suo vicino di Stoccolma. Pensa di farne un pilastro di *un patto della famiglia del Nord*, del quale medita la creazione. Il ministro svedese Nolken, al quale fa delle confidenze in questo senso, è da parte sua oggetto di cortesie inusitate. Giunge ad invitarlo, unico in tutto il corpo diplomatico, alle serate intime all'Ermitage. Così come i meloni a Federico, Caterina invia degli *sterletti* e del *kvas*[238] a quegli svedesi che, visitando San Pietroburgo, hanno apprezzato queste specialità nazionali. Ma il negoziato non dà risultati: Gustavo III esita a rompere i legami che lo legano alla Francia. È un primo motivo di disaccordo. La seconda guerra turca ne fornisce un altro. La Svezia ha dal 1739 un trattato di alleanza difensiva con la Porta Ottomana. Lo si può ritenere scaduto, poiché la Svezia non si è mossa nel 1768 e ha lasciato il suo alleato a cavarsela da solo e a subire la legge del vincitore nel 1774. Ma nel 1788, Gustavo crede l'occasione buona per ricordarsi di ciò che allora aveva dimenticato. In mancanza della Francia, conta sull'appoggio della Prussia e dell'Inghilterra. I rapporti di Nolken l'hanno convinto che troverà la costa occidentale della Russia sguarnita di ogni difesa. Senza rivelare i suoi progetti ad anima viva, fa preparare la sua flotta nel porto di Karlskrona e prende il largo il 9 giugno 1788.

«In una simile evenienza, l'imperatrice Anna ha promesso di non lasciare pietra su pietra a Stoccolma!»

È il grido che lancia Caterina apprendendo l'apparizione della flotta svedese in vista di Kronstadt. Ma, ahimè! Non si tratta proprio per lei, in questo momento, di andare a Stoccolma. È

---

[238] Il *kvas* è una bevanda fermentata di bassa gradazione alcolica, frutto di qualsiasi fermentazione vegetale. Gli *sterletti* sono pesci presenti soprattutto nel Mar Nero, nel Caspio e nel Mar Glaciale Artico.

Pietroburgo che bisogna difendere. «I rischi di questa guerra e la posizione di Pietroburgo erano tali – dice il conte di Langeron nelle sue *Memorie* – che il re di Svezia poteva giungervi senza troppo rischi ... Poteva fare rapidamente le quaranta verste che lo separavano dalla capitale; poteva anche far sbarcare la sua fanteria, ... poiché l'imperatrice non poteva opporgli la metà delle truppe che aveva e, supposto che non poteva attraversare la Neva, poteva dalla riva destra bombardare il palazzo dell'imperatrice. Non capisco come mai non abbia provato!»

Se Gustavo non avesse atteso *quattro giorni,* non avrebbe neanche dovuto scambiare un colpo di cannone, accostandosi alle rive russe: Caterina si era ostinata, contro il parere di tutti i suoi ministri, a far partire i suoi vascelli da guerra disponibili per il Mediterraneo. E questi vascelli, del resto, sono appena nello stato di tenere il mare. Quanto alle truppe di terra, si giunge *alla fine di qualche settimana* a riunire circa seimila uomini, facendo viaggiare in carrozza qualche reggimento, che Potëmkin aveva prelevato per le sue operazioni nel sud dell'impero.

Per fortuna, al posto di agire, Gustavo perde il tempo a chiacchierare. Come Pietro III un tempo, inizia una campagna di penna e, su questo terreno, è battuto in anticipo. Alle sue rodomontate e alle sue dichiarazioni, nelle quali reclama la retrocessione della Finlandia e il disarmo della Russia, Caterina risponde con dei versi francesi e con un'opera comica dove, sotto il soprannome di *Gore-Bohatyr* (eroe del malocchio), il re di Svezia è messo in scena e ridicolizzato a oltranza. Nello stesso tempo, gli agenti dell'imperatrice, dei quali la Svezia formicola, e i suoi partigiani, che là sono numerosi, lavorano al loro meglio, e presto Gustavo si vede attaccato a casa propria da una sollevazione dei suoi sudditi. La confederazione d'Anjala[239] minaccia il suo trono. Si crede perso. E lo sarebbe stato certamente se, «troppo irritata per vedere giusto», secondo l'osservazione di Ségur, Caterina, a sua volta, non avesse commesso un errore irreparabile: cantando vittoria troppo

---

[239] In realtà si tratta della *cospirazione d'Anjala* della quale facevano parte alti ufficiali dell'esercito svedese, che chiedevano la dichiarazione della Finlandia come stato indipendente, ma soprattutto si ribellavano all'atteggiamento autoritario di re Gustavo III. Tutti i cospiratori furono arrestati e condannati.

presto, offre la pace al suo avversario, ma a condizione che l'armata finlandese ribellatasi obblighi il suo re a restituire alla Svezia i suoi antichi privilegi. Questo significa farsi beffa dell'onore e dell'orgoglio degli svedesi. Gustavo ne approfitta abilmente per risvegliare il patriottismo dei suoi sudditi. Mostra dell'energia. Mette lui stesso Gothemburg in condizione di respingere un attacco dei danesi, che pretendevano di rimanere neutrali pur inviando un corpo di truppe in aiuto della Russia, in esecuzione di un trattato di alleanza difensiva firmato nel 1773. Gustavo ottiene l'intervento della Prussia e dell'Inghilterra e, alla fine del 1789, è Caterina che ha motivo di considerare la sua situazione come disperata.

La campagna del 1790 comincia male per lei. Il 23 e il 24 maggio, si sente a San Pietroburgo il rumore dei cannoni svedesi. Si pensa di prelevare, per inviarli all'armata, persino i funzionari che sorvegliano i palazzi pubblici della capitale. Caterina è ridotta a leggere Plutarco per attingervi la forza d'animo di cui ha bisogno. È nervosa come non lo è mai stata. Passa in un attimo da un'estrema prostrazione a dei trasporti di gioia e a dei ritorni di orgoglio non proprio giustificati. Una vittoria dell'ammiraglio Čičagov, che ha permesso a Nassau-Siegen di bloccare Gustavo con la sua flottiglia di battelli a remi, induce affrettatamente Caterina a spedire al re un bastimento di provviste e una proposta di capitolazione. Ahimè! Gustavo riesce a rompere l'accerchiamento che lo tiene prigioniero ed è Nassau-Siegen che, il 28 giugno, anniversario dell'incoronazione della sovrana, si fa battere a Svenksund. L'inviato spagnolo Galvez interviene allora per una negoziazione, alla quale Caterina si affretta a porgere la mano e la pace è firmata il 14 agosto 1790 sulle basi dello *statu quo ante*. Tuttavia, un articolo del trattato sancisce la rinuncia della Russia alla garanzia della costituzione svedese precedente al 1772, vale a dire il riconoscimento da parte sua del nuovo regime stabilito dal colpo di stato che, facendo di Gustavo un re assoluto, gli ha probabilmente permesso di salvare l'esistenza della sua patria. Questo è un vantaggio reale ottenuto da Gustavo, e il definitivo vincitore è lui: Caterina se ne rende perfettamente conto. Ma, scrivendo a Potëmkin, all'indomani della firma del trattato, gli dice che negli ultimi tempi i suoi vestiti erano diventati troppo larghi per lei. Ora, le ricominciano a ritornare aderenti al corpo.

L'esperienza di questa guerra avrebbe dovuto dimostrare a Caterina il pericolo che vi è nel voler troppo intraprendere e troppo contare sulla propria fortuna e sulla cattiva sorte degli altri. La lezione non le fu profittevole, già lo sappiamo. In mancanza di un nuovo tentativo diretto dalla parte di Costantinopoli, alla quale si pensa dal 1764, la spedizione di Persia è decisa nel 1796. Di che cosa si tratta? In fondo, si tratta di procurare un qualunque successo militare a Platon Zubov, il quale dal 1789 ha rimpiazzato Potëmkin nel posto di favorito e che, all'età di ventinove anni, vorrebbe rimpiazzarlo in quello di presidente del Collegio di guerra. Non conosce neanche i primi rudimenti del mestiere e non ha mai visto manovrare un reggimento se non sul campo da parata; ma sarà ministro della guerra e feldmaresciallo: è infatti sufficiente che un corpo di truppe che sarà chiamato a comandare, rimanendosene a Pietroburgo, riporti una vittoria, non importa dove e non importa su chi. Il corpo di spedizione è riunito e il comando effettivo è affidato al fratello del favorito, Valerian Zubov[240], venticinque anni, che ha fatto la campagna di Polonia come semplice luogotenente e che ha perso una gamba in una scaramuccia di avamposti. Gli danno tre milioni di rubli per le prime spese della spedizione, con dispensa di renderne conto a chicchessia. È una clausola che è diventata tradizione dopo Potëmkin. Il grado di feldmaresciallo in aspettativa per uno dei fratelli e tre milioni da spendere senza controllo per l'altro, ecco ciò che vi è di reale nell'impresa. Il resto è da puro romanzo. Platon Zubov ha il suo piano, che ha studiato nella camera da toilette dell'imperatrice e con il quale, come un tempo Potëmkin per i

---

[240] Valerian Aleksandrovich Zubov (1771-1804). Seducente quanto il fratello maggiore, Platon, favorito di Caterina II, Valerian dovette la sua brillante carriera militare più alla posizione di questi che non alla sua bravura di comandante. È, peraltro, opinione di molti che anch'egli godette i favori dell'imperatrice. Nel 1794, già luogotenente generale, fu inviato in Polonia contro i ribelli e nel corso di uno scontro perdette una gamba, il che gli fruttò, da parte di Caterina, che gli inviò anche il suo chirurgo, il cordone di Sant'Andrea, centomila rubli e il grado di generale in capo. Poco dopo, nella ricerca dell'attuazione di un progetto alquanto «ardito», che prevedeva la conquista dell'Asia sino al Tibet, gli fu affidato il comando dell'armata inviata dall'imperatrice contro la Persia. La spedizione ebbe esiti alquanto negativi e fu richiamato in patria, dove temendo di essere destituito dopo la morte di Caterina, chiese il congedo e si ritirò nei suoi possedimenti in Curlandia. Ritornò a San Pietroburgo con l'avvento di Alessandro e lì morì.

suoi, ha sedotto l'immaginazione della sovrana. Quelli di Potëmkin si avvicinavano sovente al regno della follia, i suoi vi entrano a piè pari. Ha abbandonato il *progetto greco*, che ha il torto di portare la firma del suo predecessore nelle grazie di Caterina. Gli sostituisce il *progetto indiano*. Con i 20.000 uomini che gli sono affidati, Valerian Zubov attraverserà la Persia, si spingerà sino al Tibet, vi lascerà delle guarnigioni; poi, tornando indietro e attraversando l'Anatolia, prenderà Anapa e taglierà le comunicazioni di Costantinopoli con l'Asia. A quel punto, Suvorov lo raggiungerà attraverso i Balcani sotto le mura di Istanbul, mentre Caterina, che comanderà di persona una delle sue flotte, abborderà la città dalla parte del mare.

E la spedizione si mette in marcia. Valerian Zubov non attraversa la Persia, ma vi si avvicina; occupa dei territori e riporta delle vittorie. Non prende Isfahan, così come prevede il piano redatto da suo fratello, ma si impadronisce di Derbent e di altre città. Invia bollettini pressoché pomposi come quelli di cui Napoleone riempirà prossimamente le gazzette e, all'arrivo di uno dei suoi corrieri, suo fratello risponde sdegnosamente a chi lo interroga: «Non è niente; ancora una città che abbiamo preso.» Ma nella misura in cui la spedizione avanza, sorgono difficoltà sempre maggiori. All'inizio, per darsi la gloria di una vittoria e di una città conquistata d'assalto, Valerian è stato costretto *a intimare agli abitanti di difendersi*, sotto la minaccia di essere passati a fil di spada. Ben presto incontra una resistenza più seria. Comincia a reclamare a gran voce rinforzi di uomini e di denaro.

La morte di Caterina sopraggiunge in tempo per fermare questa rovinosa fantasia. Paolo si limita a inviare ai generali messi sotto il comando di Valerian l'ordine di riportare al più presto ciò che resta delle truppe. Il fratello del favorito non è nemmeno informato di questa misura e si trova inopinatamente un giorno senza comando e senza armate. Tale è la fine dell'ultimo sogno politico di Caterina.

Tale è stato tuttavia il suo destino e quello del popolo, la cui fortuna fu associata alla sua, che venne un giorno in cui questo sogno prese consistenza, in cui lo sperpero di denaro e di vite umane sepolte nella sabbia del Caspio non fu interamente inutile, e la folle avventura del generale improvvisato, che fece sventolare su quelle rive lontane la bandiera della Russia, parve aver aperto la strada a imprese grandiose meno sterili, preparando forse un prodigioso avvenire. Il difetto comune delle concezioni di Caterina è stato andare al di là della realtà. Ella andava così incontro al nulla e all'abisso. Ma il popolo russo era dietro a lei e, con il tempo, la pazienza, che era una delle sue virtù e lo sforzo di cui la sua enorme massa lo rende capace, riusciranno a colmare il vuoto.

La politica di Caterina non fu esente da un altro difetto, che avremmo qualche imbarazzo a definire in una maniera precisa, se non fossimo in grado di produrre una testimonianza la cui autorità è al di sopra di ogni contestazione. In un rapporto presentato nel 1883 all'imperatore Nicola dal barone Brunow, leggiamo queste righe: «Non possiamo fare a meno di riconoscere che i mezzi scelti dall'imperatrice Caterina per l'esecuzione dei suoi piani sono lontani dall'essere in accordo con il carattere di dirittura e di lealtà che fanno oggi la regola invariabile della nostra politica...»

E la nostra vera forza, ha aggiunto l'imperatore di proprio pugno.

PARTE II

LIBRO TERZO

L'AMICA DEI FILOSOFI

CAPITOLO I
GUSTI LETTERARI – ARTISTICI – SCIENTIFICI

I

I libri – La biblioteca di Diderot – Quella di Voltaire – Caterina ama la letteratura? – Due periodi letterari: invasione di elementi stranieri e reazione in senso nazionale – Deržavin e Novikov – Ruolo di Caterina in questa crisi – Esso è ininfluente o nefasto – Perché – I suoi gusti letterari – Perché non ama Racine - «La Prova inutile» di Sedaine – Beaumarchais non la fa ridere – Discussione letteraria con un capocuoco – Abbandono della letteratura francese; la conquista la letteratura tedesca – Scelte bizzarre – Né Lessing, né Goethe, né Schiller – Nella letteratura è la politica che apprezza – Idee preconcette in materia di critica letteraria – Caterina nel ruolo di mecenate – Un'accademia russa

Il conte Hordt, uno svedese che serviva nell'armata prussiana e che fu fatto prigioniero dai russi, ha lasciato sul suo soggiorno a Mosca delle memorie interessanti. I cinque primi mesi di questo soggiorno trascorsero in una prigione. Era sotto il regno di Elisabetta. Pietro, arrivando al potere, fece liberare il prigioniero e lo invitò a colazione.

«Siete stato per lo meno trattato bene durante la vostra prigionia?» Gli chiese l'imperatore. «Parlate senza timore.»

«Molto male.» Gli rispose lo svedese. «Non mi sono neanche stati dati dei libri.»

In quel momento si alza una voce:

«Tutto ciò è alquanto barbaro!»

Era la voce di Caterina.

Diremo altrove quali fossero le relazioni dell'imperatrice, già spesso commentate, ma ancora poco conosciute, con i principali artefici della sua fama europea. Voltaire e i suoi emuli di gloria e di adulazione per la «Semiramide del Nord» esigono da noi uno studio a parte. Qui vogliamo occuparci unicamente di Caterina.

Amava i libri. Lo ha testimoniato. Sappiamo come ha acquistato la biblioteca di Diderot. Dorat celebrò questo acquisto in una epistola in versi che figura nell'edizione delle sue *Opere scelte*, ornata da una vignetta dove compaiono degli Amori vestiti con pellicce che viaggiano in slitta. Diderot chiedeva 15.000 *livre* del suo tesoro. L'imperatrice gliene offrì 16.000 e aggiunse come condizione che il grande scrittore restasse sino alla sua morte depositario di quanto venduto. Diderot divenne così, senza lasciare Parigi, bibliotecario della grande Caterina nella propria biblioteca. Questo accadeva nel 1765. L'anno seguente la pensione non fu pagata. Era allora la sorte, molto comune, delle pensioni e dei pensionati, anche altrove dalla Russia. Avvisata da Betskoy, fece scrivere da lui al *suo bibliotecario* che non voleva «che le negligenze di un impiegato fossero causa di un qualche disturbo alla *sua biblioteca* e, per questa ragione, voleva che fosse pagata a Diderot a titolo di anticipo per un periodo di cinquant'anni, la somma che destinava alla conservazione e all'acquisto *dei suoi libri*. Scaduto il termine, avrebbe preso ulteriori misure». Una lettera di cambio di 25.000 *livre* accompagnava la lettera.

Immaginiamo le scene di entusiasmo nell'ambito filosofico. Più tardi, la biblioteca di Voltaire raggiunse quella di Diderot nelle collezioni dell'Ermitage. Fu Grimm che, dopo la morte del patriarca di Ferney, negoziò questa nuova acquisizione con madame Denis. La condizioni furono: una somma *qualunque* a giudizio dell'imperatrice e una statua di Voltaire che avrebbe messo in una delle sale del suo palazzo. Madame Denis contava sulla generosità di Caterina, tanto vantata dall'illustre defunto e dai suoi amici, e Caterina voleva, a detta di Grimm, «vendicare le ceneri del più grande dei filosofi dagli oltraggi che aveva ricevuto nella sua patria». I parenti del grande uomo, soprattutto i suoi pronipoti, Mignot e d'Hornoy, protestarono contro una transazione che ledeva, pensavano, i loro diritti e anche quelli della Francia. D'Hornoy tentò anche di intervenire per via diplomatica. Ma l'imperatrice tenne duro. I libri di Voltaire fanno oggi parte della Biblioteca imperiale, alla quale il palazzo dell'Ermitage li ha ceduti. Una sala speciale è loro riservata. In mezzo si trova la statua di Houdon, replica di quella che a Parigi orna il foyer della Comédie française. Vi sono circa 7.000 volumi, la maggior parte in mezza legatura in marocchino rosso e tutti annotati dalla mano di Voltaire.

Non c'è bisogno di essere francesi perché entrando in questa sala si senta quell'indefinibile sentimento che provoca in noi la vista di cose che non sono al loro posto. Quello di queste reliquie, monumento di una delle più grandi glorie della Francia, dovrebbe certamente essere altrove.

Non furono tuttavia queste reliquie che formarono il più considerevole contributo alla collezione di stampati e manoscritti alquanto imponente, di cui Caterina arrivò a dotare la Russia. Il re Stanislao Poniatowski era, lo sappiamo, un uomo di lettere. Salito al trono, cercò di soddisfare i suoi gusti e a farli condividere dai suoi concittadini. La capitale della Polonia ne trasse profitto. Essa aveva già una biblioteca considerevole, fondata nel 1745 da due fratelli che furono degli insigni studiosi e dei buoni cittadini, gli Zaluski. Poniatowski l'accrebbe. Caterina, prendendo possesso di Varsavia, fece trasportare il re a Pietroburgo, e la biblioteca seguì il monarca detronizzato. Non avendo più indipendenza politica, fu ritenuto che i polacchi non avessero neanche più bisogno di libri.

Caterina amò dunque i libri. Amò allo stesso modo la letteratura? La domanda può sembrare singolare, ma come vedremo è necessaria. Il regno di Caterina corrisponde, nella storia dello sviluppo letterario in Russia, a un'epoca ben definita. Il periodo precedente, dominato dalla grande figura di Lomonosov[241],

---

[241] Michail Vasil'evič Lomonosov (1711-1765). Uomo poliedrico e di grande genio, Lomonosov diede fondamentali contributi in diversi settori scientifici e fu il principale promotore dello sviluppo dell'istruzione in Russia. A diciannove anni, giunse a Mosca a piedi dal suo villaggio natale su un'isola del Mar Baltico, e solo allora poté iniziare in modo ordinato gli studi da sempre desiderati, dovendosi però iscrivere ad una scuola per fanciulli data la sua insufficiente preparazione di base. Al termine dell'anno fu però ammesso all'Accademia Moscovita di Studi Classici e, dopo tre anni, mandato a completare la sua istruzione a Kiev, presso l'Accademia Mogila, da dove però si allontanò dopo pochi mesi per ritornare a Mosca. Compì in cinque anni gli studi programmati per dodici e ottenne una borsa di studio per l'Accademia delle Scienze di San Pietroburgo e da lì, ottenuta un'altra borsa per i brillanti risultati, passò per due anni all'università di Marburgo, dove insegnava il filosofo illuminista Christian Wolff, del quale Lomonosov diventò allievo personale. Rientrato in Russia nel 1741, ottenne il posto di assistente al dipartimento di fisica dell'Accademia delle Scienze e ne divenne membro ordinario e professore di chimica nel 1745. Nel 1764 fu nominato segretario di stato. Tra i suoi innumerevoli contributi scientifici sono da ricordare la formulazione della teoria cinetica del calore, la teoria cinetica dei gas, un'ipotesi ondulatoria della luce e un principio di conservazione della materia. Fu anche il primo a sostenere che pe-

se ne distingue nettamente. Si trattò, mentre era in vita Elisabetta e anche qualche anno dopo la sua morte, di un periodo di assorbimento e di assimilazione in massa di elementi stranieri. La cultura europea entrava nella vita nazionale dalla porta, si potrebbe dire dalla breccia, che Pietro il Grande aveva aperto a colpi d'ascia. Ne seguì un periodo di reazione e di lotta. Il genio nazionale sommerso, offeso, oppresso si rivoltò e reclamò i suoi diritti. Finì col trattare da nemica la letteratura e la scienza straniera. Il poeta Deržavin e il giornalista satirico e pensatore Novikov furono gli eroi di questa campagna di affrancamento. Quale fu il ruolo di Caterina in questa crisi? Sappiamo già che cosa ha fatto a Novikov: ha rotto la sua penna e la sua vita; quindici anni di fortezza furono l'ultimo prezzo donato da lei per i suoi lavori. Trattò Deržavin ancora peggio e ne fece un *tchinovnik* e un volgare cortigiano.

Ciò ha la sua spiegazione. Caterina è un'intelligenza specialmente e pressoché esclusivamente organizzata per la politica e il governo degli uomini. È una piccola principessa tedesca che, all'età di quattordici anni, è arrivata in Russia con l'idea che sarebbe stata un giorno la padrona assoluta di questo immenso impero, e che si è impegnata coscienziosamente a prepararsi per quel ruolo, il quale, a giudicare dagli esempi che si offrivano ai suoi occhi, non aveva nulla a che fare con quello di un mecenate letterario. Di conseguenza, tutte le sue idee, come tutti i suoi gusti, rimanevano subordinati a questa concezione precisa del suo destino e dei diritti e dei doveri che ne derivavano. Quello che apprezzava in Voltaire, quando la fama e i libri di Voltaire arrivarono sino a lei, non era il fascino dello stile – ma sapeva lei cos'è lo stile? – ma il contributo che la prosa, buona o cattiva, dell'autore, la sua poesia armoniosa e impregnata di sentimento o arida e ingrata all'orecchio, potevano dare allo sviluppo del programma di governo che stava for-

---

trolio e metano sono prodotti della trasformazione di materiale biologico in decomposizione in molecole di idrocarburi. Nel 1745 pubblicò un catalogo di oltre 3.000 minerali e, nel 1760, spiegò la formazione degli iceberg. Fu anche geografo e si avvicinò alla teoria della deriva dei continenti, inventò strumenti di navigazione per calcolare distanze e direzioni e promosse una spedizione per trovare il passaggio a Nord-Est tra l'Atlantico e il Pacifico. Come linguista mise le basi del russo moderno, mettendo a punto il sistema di versificazione tonico-sillabico, ancora oggi prevalente. Compose odi cerimoniali solenni, poesie, un poema epico su Pietro il Grande e una storia della Russia, pubblicata nel 1760.

mandosi nella sua mente. Non ha alcun senso dell'armonia e, al di fuori delle sue relazioni di famiglia e delle sue smanie amorose, fa poco caso al sentimento. Per un momento, all'inizio del suo regno, un po' sotto l'influenza delle sue letture e molto sotto quella della sua amica di qualche anno, la principessa Dachkov, ha pensato di prendere parte al movimento artistico, scientifico e letterario del quale scorge attorno a lei il confuso sussulto. Si getta anche nella mischia con l'ardore che mette in tutte le cose. Diventa scrittrice. Diventa giornalista. Ma già conosciamo la penosa bancarotta delle sue idee liberali. E ciò che accade delle sue idee accade anche dei suoi gusti. Tutto l'amore che mai ha potuto avere per le belle lettere sprofonda in questo disastro, dove la stessa gloria di Voltaire non sopravvive.

Ma vediamo prima di tutto i suoi gusti. Eccezion fatta per Voltaire, la letteratura francese, la sola che le sia familiare fino a un'epoca avanzata della sua vita, è ben lontana dal sedurla nel suo insieme. Fa la sua scelta e questa scelta cade principalmente sulle opera di Lesage[242], su quelle di Molière e del grande Corneille. Prima di aver conosciuto Voltaire, le piacciono Rabelais e Scarron. Ma se ne pente e le resta come una specie di vergogna di averli apprezzati. Quanto a Racine, semplicemente non lo comprende. È troppo letterario per lei. La sua letteratura è l'arte per l'arte, il che per lei è un'assurdità. Quando a sua volta si mette a scrivere delle commedie e delle tragedie, non pensa neanche un momento a fare un'opera artistica: fa della critica, della satira e ancora e soprattutto della politica. S'attacca ai pregiudizi, ai vizi che crede di scorgere nei costumi del paese, alle idee e anche agli uomini che la ostacolano. Fa la guerra ai *martinisti*[243] e, occasionalmente, come abbiamo visto, al re di Svezia. La sua letteratura non è che una succursale della sua politica e della sua potenza militare. La sua retorica non esiste, la rimpiazza con la sua logica e la sua autorità di *samodierjitsa*, che comanda a quaranta milioni di uomini. Tuttavia fa una scelta isolata nell'opera di Racine, adotta il *Mitridate*. Si intuisce il perché.

---

[242] Alain-René Lesage o Le Sage (1668-1747).
[243] Seguaci di un movimento creato dal massone, esoterista francese Martines de Pasqually (1727-1774) e che ebbe come principali divulgatori Jean-Baptiste Willemoz (1730-1824) e Louis Claude de Saint-Martin (1743-1803).

Eppure, i suoi istinti battaglieri e le sue intenzioni moralizzatrici si scontrano, nell'ambiente dove vive, con degli ostacoli continui. La sua avventura con Sedaine[244] è significativa a questo proposito. Sedaine le è piaciuto per la sua semplice allegria e la svelta fattura delle sue strofe, che la musica di Philidor[245] metteva galantemente in rilievo. Questo allievo di Montesquieu e di Voltaire aveva del gusto per le operette. Nel 1779, l'imperatrice pensa di utilizzare a suo modo il talento del fecondo e spirituale scrittore. Perché egli non compone una commedia, che verrebbe rappresentata al teatro dell'Ermitage, e che sarebbe il *pendant* delle opere satiriche composte da lei stessa? Messo in mora da Grimm, incoraggiato da Diderot, Sedaine si mette al lavoro. Invia la *Prova inutile*. «Ditegli - scrive subito Caterina a Grimm – che se avesse fatto non una, ma due o tre commedie, cento commedie, le avrei lette tutte. Sapete che dopo la penna del patriarca, non amo seguire che quella di Sedaine.» Ma Betskoy, che ha letto ad alta voce la commedia davanti alla sua augusta benefattrice, si mostra molto freddo. Dà ad intendere «che questa commedia, rappresentata nell'ambiente di corte, amareggerebbe gli spettatori e che il primo attore ha una parte di scarso rilievo». Caterina comincia col respingere queste obiezioni timorose; intende far rappresentare la commedia, «se non altro per dimostrare a Sedaine che per lei ha più credito di Raymond». Betskoy insiste, benché giudichi questo secondo tentativo inutile, ma pericoloso, e finalmente l'imperatrice adotta il suo parere. Caterina fa dire a Sedaine che reputa la sua commedia «buona, anzi ottima», che gli farà avere per ricompensarlo della sua fatica 12.000 *livre*, ma annuncia che il suo capolavoro non verrà rappresentato «per precauzione». La *Prova inutile* non riceve neanche gli onori di essere stampata. Ignoriamo se ne è stato conservato il manoscritto.

Qualche anno più tardi, quando un polemista di un'altra portata comparve sulla scena, davanti a un pubblico dapprima sorpreso e sbalordito, ma presto in gran parte sedotto e desideroso di coprire lo sconcerto iniziale con il fragore dei suoi applausi, Caterina si schiera dalla parte di coloro dei quali

---

[244] Michel-Jean Sedaine (1719-1797).
[245] François-André Danican Philidor (1726-1795).

l'opera continua a offendere, turbare o spaventare gli animi:

«In fatto di commedie, qualora ne componga, – scrive – il *Matrimonio di Figaro* non mi servirà da modello, poiché, dopo la lettura di Jonathan Wilde il Grande, non mi sono mai trovata in così cattiva compagnia come in quella di queste celebri nozze. Si è voluto evidentemente imitare la commedia degli antichi, riportando a teatro quel gusto che credevamo passato da tempo. Le espressioni di Molière erano libere e uscivano con un'allegria naturale come effervescente, ma il suo pensiero non è mai stato vizioso, mentre in quest'opera, così di successo, il sottinteso non ha alcun valore, e tutto questo dura per tre ore e mezza. Oltre a questo, è un insieme di intrighi, dove vi è un lavorio continuo e mai un briciolo di naturalezza. Non ho riso una sola volta alla lettura.»

Ed è il *mauvais ton* che la spaventa nell'opera di Beaumarchais e la licenziosità dei sottintesi che la ferisce? Ha raccontata lei stessa una disavventura che le è accaduta per suoi apprezzamenti letterari e che è fatta per chiarirci in merito. Nel corso del 1778, si era molto divertita alla rappresentazione di una commedia di Paul Weidman, un oscuro autore tedesco, intitolata *Die Schöne Wienerin* (la Bella viennese). «Per tre giorni di seguito (è lei che parla) ho raccomandato a tutti di andarla a vedere. Alla fine, pranzando nella tavola rotonda, in mancanza di argomenti per chiacchierare, chiesi a Bormann, il mio chef di cucina: Vi è piaciuta *Die Schöne Wienerin*? L'avete vista?» «Sì, *aber Gott wiess dass ist zu grob* (sì, ma, perdio, è troppo volgare)» «Vorrei che il mio chef di cucina avesse il palato così fine e delicato come l'intelletto», replicò l'imperatrice punta sul vivo.

Il *Matrimonio di Figaro*, sembra fatto, del resto, per disarmare le critiche comunemente indirizzate da Caterina alla commedia francese dell'epoca che, Sedaine a parte, la fanno dormire, dice lei, «perché è fredda come il ghiaccio e manierata da morire. Non vi è nerbo né brio». Se non vuole dormire a teatro, non ci tiene molto di più a piangere. Fa cambiare sulla scena dell'Ermitage il finale di *Tancredi*, che le sembra troppo sinistro. Non ama la «carneficina». Quando cala il sipario, Tancredi sta bene e sposa Amenaide. A questo proposito, Beaumarchais non le rende un ottimo servizio? Ancora, crediamo, non è la mancanza di «nerbo» e di «brio», ma piuttosto l'abbondanza e il sapore particolare dei suoi condimenti che l'offendono nel linguaggio di Figaro. È giunto il momento in cui il pericolo di certe prove e l'utilità di certe precauzioni feriscono profondamente lo spirito di Caterina. È vicino il tempo in cui tutta la letteratura francese contemporanea sarà, da parte sua, l'oggetto di un giudizio severo, equivalente a una proscrizione. Nel 1787, nelle sue discussioni con il principe di Ligne, si vanterà ancora di essere una «*Gauloise du Nord*», ma aggiungerà: «Non comprendo che il vecchio francese e non capisco il nuovo. Ho voluto apprendere dai vostri sapienti signori e ne ho fatto l'esperienza; ne ho invitati qui alcuni; ho scritto agli altri: essi mi hanno annoiato e non mi hanno capita, ad eccezione del mio buon amico Voltaire». Le rimangono Voltaire, che «l'ha messa alla moda», come dice lei, e «le ha molto insegnato divertendola», e ancora Corneille che «le ha sempre elevato l'anima». Il resto non vale la pena di essere nominato. Ed è sempre a quest'epoca che inizia a fare delle escursioni nella letteratura tedesca che, fino a quel momento, è rimasta per lei sconosciuta, estranea, a dispetto dell'origine che la scolara di *Herr* Wagner disdegna talvolta di ricordarsi, e barbara: sì, barbara, per bizzarra che possa sembrare questa qualifica accollata alla patria intellettuale di Lessing, di Schiller e di Goethe, per via del paragone con la nuova patria della ex principessa di Zerbst. Ma l'ex principessa di Zerbst non conosce e non dovrà mai conoscere né Lessing, né Schiller, né Goethe. Ignora questi illustri contemporanei della sua gloria e li ignorerà ancora, anche dopo che si sarà decisa, sul tardi, ad interessarsi ai movimenti letterari dei quali sono i capofila. Fino al momento della sua morte, non sembrava supporre la loro esistenza. Non è quella la letteratura che cerca. Ella cerca dell'acqua per il suo mulino, che è una macchina per macinare le idee e gli uomini a piacimento della sua ambizione. Fa così delle interessanti scoperte. Nel 1781, mette le mani su un poema eroicomico di Moritz Thümmel con il titolo di *Wilhelmine*, tradotto in numerose lingue e letto in tutta Europa con curiosità[246]. È un pamphlet. Nello stesso tempo legge il romanzo di

---

[246] Il titolo completo dell'opera di Moritz August von Thümmel (1738-1817) è *Wilhelmine, oder der vermählte Pedante* (1764) e si tratta di poema epico in prosa comica.

Nicolaï, imitato da Tristam Shandy[247]: *Vita e pensiero di Sebastiano Nothanker*. È una satira. «Se troverò molti libri tedeschi di questo stile – scrive a questo proposito – lascerò i platani (*sic*) francesi di oggi e mi farò una biblioteca tedesca, per il dispiacere di Sua Maestà prussiana e della denigrazione (*sic*) che ha fatto della letteratura tedesca.» Vuole però che sia stato Voltaire ad insegnare a scrivere ai tedeschi. Nicolaï, a partire da quel giorno, diventa il suo autore favorito. L'*Allgemeine deutsche Bibliothek* sostituisce l'*Encyclopédie*. «Perbacco, se tutto ciò non è un archivio di genio, di ragione, di ironia e di tutto quello che c'è di più divertente per lo spirito e per la ragione, non mi ci riconosco più. Questa letteratura tedesca lascia grandemente indietro il resto del mondo e va a passi da gigante.» Le frasi tedesche, intercalate nella sua corrispondenza con Grimm, diventano più frequenti. Nel luglio 1782, gli raccomanda la lettura di un romanzo satirico – ancora una satira! – di Wieland[248] (*La storia degli Abderiti*). È tutto quello che sembra aver scoperto dell'opera del meraviglioso poeta. Inoltre, vi ha messo del tempo, poiché il libro di Wieland è comparso nel 1773. «Quei poveretti, – dice in tedesco e si sa a chi si riferisce – da quando il mio maestro è morto, non hanno un solo libro da mostrare che si avvicini a quello.»

Ecco a che punto sono le sue conoscenze letterarie ed ecco ciò che vale il suo giudizio sulla materia. Tuttavia, legge molto, senza però preoccuparsi molto di dare un ordine alle sue letture o di dare loro una direzione. È generalmente il caso che guida la sua scelta. Legge Corneille e Shakespeare, Molière e Gibbon, Cervantes e Diderot, l'abate Galiani e Necker, Montesquieu e Pallas, La Harpe dopo Pindaro e le favole indiane di Lokman dopo Plutarco. Il suo giudizio è quindi privo di valore? No. Vi mostra, infatti, una qualità precipua che è, ai nostri occhi, la principale qualità del suo spirito: il suo buon senso. E questo buon senso fa talvolta delle meraviglie. Nel 1779, dopo la morte di Voltaire, insiste perché le opere del «suo maestro» siano pubblicate nell'ordine cronologico «mano a mano come sono uscite dalla sua testa». A questo proposito ha una vivace

---

[247] *La vita e le opinioni di Tristam Shandy, gentiluomo* è un romanzo umoristico di Laurence Sterne (1713-1768) pubblicato in nove volumi nel corso di diversi anni.
[248] Christoph Martin Wieland (1733-1813).

discussione con Grimm. Giunge sino ad ammettere la necessità di frazionare gli scritti, se lo scrittore ha frazionato il suo lavoro, «affinché escano dalla macchina da stampa come sono usciti dalla sua penna. Altrimenti nessuno capirà niente». E non anticipa così di circa un secolo idee che cominciano a prevalere oggi in materia di critica letteraria?

Ma il suo mestiere non è quello di fare la critica; è governare la Russia e la necessità della Russia in quel momento non è certo quella di precedere l'Europa sulla via del progresso intellettuale e artistico; deve piuttosto seguire, colmando un'enorme distanza, coloro che sono in anticipo su di essa e cercare di raggiungerli non imitandoli servilmente, ma prendendo ispirazione da loro per lo sviluppo delle risorse originali del genio nazionale. Che cosa ha fatto Caterina per facilitare questo compito, come era suo dovere e anche la sua ambizione nei giorni radiosi in cui accettava il titolo di «Semiramide del Nord» e Voltaire si diceva persuaso che il sole che illumina il mondo degli intelletti aveva cambiato faro? Noi siamo tra quelli che pensano che il modo migliore di cui dispone un sovrano per proteggere la letteratura sia di lasciarla vivere in pace, senza immischiarsi nei suoi affari. Questa non era l'opinione di Caterina. Intendeva affermare, in quest'ambito, come in tutti gli altri, la sua iniziativa personale e dar prova di onnipotenza. Pretendeva vanamente di avere «l'anima repubblicana»; la repubblica delle lettere si trasformò ai suoi occhi in monarchia governata dalla sua volontà dispotica. Non pensiamo però che abbia messo in luce una forza, una gloria, o solo stimolato l'apparizione di una nuova opera letteraria, che bilanciasse il merito e la reputazioni degli scrittori di cui il regno di Elisabetta può legittimamente vantarsi nella storia. Nessun nome di eguale valore è venuto ad aggiungersi a quello di Lomonosov e di Sumarokov, già famosi nel regno precedente. Caterina si limita a raccogliere questa eredità e a sfruttarla, sempre per conto dei suoi interessi personali, alquanto estranei all'arte e alla letteratura. Lomonosov, ormai vecchio, le serve da insegna, Sumarokov, con le sue imitazioni del teatro francese, che lei ridicolizza, le serve, per contrasto, a mettere in luce le altre figure. Forse vi è in Deržavin la stoffa di un grande poeta; Caterina non ne dubita e così egli stesso giunge a non dubitarne. *Felitsa*, il poema che consacra la sua notorietà letteraria, non è che un pamphlet scritto su ordinazione, per metà panegirico e satira. Il panegirico, ovviamente, è per l'imperatrice; la satira è per i personaggi della sua corte, dei quali Caterina sente il bisogno di solleticare l'epidermide e ai quali si affretta a inviare copie dell'opera, dopo aver sottolineato i passaggi che li concernono. Alla fine del regno, l'autore di *Felitsa* non è altro che un buffone stravaccato nelle anticamere del favorito, Platon Zubov. I rivali seri di Lomonosov, quelli che si sforzano di reagire contro la corrente di importazione straniera dalla quale Sumarokov è ancora trascinato, come anche Kherasskov, che rima la sua *Rossiade* e Bogdanovitch, che traduce nella sua *Duchenka* le insulsaggini ispirate da secoli dagli amori di Psiche, e poi Kniajnin, Fonvizin, Lukin, danno al teatro nazionale alcune opere interessanti. Kniajnin scrive il *Fanfarone*, una commedia che è rimasta classica nella letteratura russa, e con *Vadim a Novgorod* tenta il dramma storico, attinto alla vive fonti della tradizione nazionale. Fonvizin, il Molière russo, ridicolizza nel suo *Brigadiere* l'istruzione dei Trissottini moscoviti, acquisita con la lettura dei romanzi francesi; deride nel suo *Minore* gli educatori della gioventù aristocratica, che si fanno venire con grandi spese dall'estero. Ma questo teatro nazionale non è quello di Caterina. Non ci va mai, salvo negli ultimi anni, quando la fantasia o piuttosto la politica le ispirano un gusto passeggero per la messa in scena di soggetti tratti dalla storia del paese.

Del resto la letteratura, nazionale o straniera, si sente così poco protetta da lei, che i collaboratori del *Sobiessiednik*, pubblicazione periodica fondata dalla principessa Dachkov, non osano firmarvi i loro articoli e neppure la certezza di avere l'imperatrice come compagna dei loro lavori è sufficiente a vincere la loro diffidenza a questo riguardo e a rassicurare il loro timore. Non hanno torto se si pensa alla sorte del principe Bielossielski, che scrisse una così graziosa *Epistola ai francesi* da meritare da Voltaire la lusinghiera risposta che i lauri «gettati ai suoi compatrioti ricadevano su di lui, e che, richiamato in patria da Torino, dove svolgeva le funzioni di ministro, cadde in disgrazia, senza altra colpa oltre a quella di aver avuto dello spirito e di averne dato prova nei suoi dispacci e di comporre versi con raffinata e piacevole eleganza. Anche Kniajnin seppe che cosa gli doveva costare coltivare il dramma storico nazionale. Il suo *Vadim a Novgorod* fu strappato per ordine dell'imperatrice e mancò poco che fosse bruciato dalla mano del boia.

Un'Accademia, fondata nel 1783 sul modello dell'Académie française e per ispirazione della principessa Dachkov, è il solo monumento che la letteratura russa deve a una sovrana alla quale la Russia deve tanto sotto altri aspetti. Fu affidata a questa Accademia la missione di stabilire le regole dell'ortografia, della grammatica e della prosa della lingua russa, e di incoraggiare lo studio della storia. Iniziò, ovviamente, con la redazione di un dizionario, al quale Caterina stessa non disprezzò di collaborare.

II

Idee in materia d'arte – Mancanza di conoscenze e particolari attitudini – Ciò che comprende in fatto di musica – Della musica da camera con nove cani come concertisti – L'opera di Sua Maestà – Paisiello – Caterina collezionista d'arte – Non «amante», ma «ingorda» – Acquisti e ordinazioni – Il museo dell'Ermitage – Influenze straniere – Platon Zubov ama solo il denaro – Perché Caterina tiene in poca considerazione gli architetti francesi – Caterina e Falconet – Caterina e gli artisti russi

«La tragedia non le piace, la commedia l'annoia, e non ama la musica, la sua tavola non è ricercata; il gioco è per lei semplicemente un dovere mondano; nei giardini ama unicamente le rose; non ha gusto che per edificare e per regnare sulla sua corte, perché il gusto che prova nel regnare, per mostrarsi all'universo è la sua vera passione.»

Era così che Durand, l'incaricato d'affari francese, faceva il bilancio intellettuale della grande Caterina. La sua osservazione era giusta, soprattutto dal punto di vista artistico. Era una mancanza di conoscenza da parte della prestigiosa sovrana o un difetto di naturale attitudine? L'uno e l'altro in egual misura. Se ne rendeva conto lei stessa. Nel 1767, quando Falconet[249] le sottopone lo schizzo della statua di Pietro il Grande, Caterina rifiuta di pronunciarsi: non se ne intendeva e rinviava l'artista al giudizio della sua coscienza e della posterità. Falconet ebbe il torto di insistere:

«La mia posterità è Vostra Maestà. L'altra verrà quando vorrà.»

«Niente affatto! – rispose Caterina – Come potete rimettervi alla mia approvazione? Io non so neanche disegnare! Forse sarà la prima buona statua che vedrò in vita mia. Il più piccolo scolaro ne sa più di me sulla vostra arte.»

Ritroviamo frequentemente sulla sua bocca o sotto la sua penna un partito preso di incompetenza e di rinuncia, così in disaccordo con le tendenze generali del suo carattere e del suo temperamento.

L'imperatrice ha un'Opéra per la quale recluta in tutta Europa i maggiori artisti. Paga consistenti stipendi a delle *étoile*, le cui esigenze, già allora, non conoscevano limiti. Ma confessa che il suo piacere non è nella melodia: «In quanto alla musica – scrive – sono incompetente come una volta. In fatto di «toni» riconosco solo l'abbaio dei miei nove cani che a turno hanno l'onore di dormire in camera mia e dei quali, anche da lontano, ne riconosco la voce. Ascolto la musica di Galuppi e di Paisiello e sono meravigliata dall'insieme della ricchezza dei toni, ma non riesco affatto a distinguerli.»

Tuttavia, qualche opera buffa di Paisiello riesce ad affascinarla. Ha il senso e il gusto del grottesco. È incantata dalla

---

[249] Étienne Maurice Falconet (1716-1791). Il 15 settembre 1766, Falconet lasciò la Francia per recarsi a San Pietroburgo, chiamato da Betskoy per conto di Caterina II, e dedicare gli anni successivi alla creazione del monumento a Pietro il Grande. Amico di Diderot e di Melchior Grimm, lo scultore aveva raggiunto la fama nel 1765 esponendo al Salone di Parigi con una figura di *Donna seduta*, la *Dolce malinconia* e il suo *Sant'Ambrogio*, per la chiesa degli Invalides. Gli esordi in terra russa non fecero presagire quello che fu un triste ritorno in patria, undici anni dopo, sfinito dal lavoro, esacerbato dalle angherie di cui l'aveva fatto oggetto lo stesso Betskoy e addolorato dall'indifferenza dell'imperatrice. Inoltre, lasciò la capitale russa prima che la sua opera fosse completata e messa sulla mastodontica roccia strappata alle paludi della Finlandia. Falconet, uomo onesto e non attaccato al denaro, fu influenzato dalla scuola barocca, della quale può essere considerato un maestro. Al suo ritorno in Francia fu nominato rettore dell'Accademia reale di pittura e scultura e proseguì la sua attività lasciando numerose opere di valore; ha anche pubblicato una corposa discettazione sull'arte scultorea nelle *Réflexions sur la sculpture*, pubblicate a Losanna nel 1781.

Pulmonia e arriva a impararne alcune arie, che canticchia quando le capita di incontrare il maestro.

Talvolta, però, anche in questo campo artistico, in cui si sente estranea, i suoi istinti dispotici reclamano i loro diritti e, come per miracolo, le vengono delle ispirazioni personali che non sono senza un certo sapore. Guardate questa lettera, scritta al momento dei suoi primi trionfi sulla Turchia:

«Poiché mi parlate di feste della pace, ascoltate un po' ciò che vi sto per dire e non credete a una parola di quello che le gazzette vi raccontano di ridicolo. Era stato fatto un progetto che riuniva tutte le feste: tempio di Giove, tempio di Bacco, tempio del diavolo e di sua nonna, e allegorie insopportabili e stupide, perché erano gigantesche e sembravano sforzi di genio perché non avevano senso comune. Molto in collera per questi bei progetti, che non volevo, un bel mattino ho fatto chiamare Bajenov, il mio architetto, e gli ho detto: Amico mio, a tre verste dalla città c'è un prato; immaginate che questo prato sia il mar Nero, che dalla città vi si arrivi per due strade; ebbene una di queste strade sarà il Tanai, l'altra il Boristene[250]: alla foce del primo costruirete una sala per banchetti, che chiamerete Azov; alla foce dell'altro costruirete un teatro, che chiamerete Kinburn; traccerete con della sabbia la penisola della Crimea; vi includerete Kertch e Jenikalé; a sinistra del Tanai metterete spacci di vino e di carne per il popolo; di fronte alla Crimea metterete delle illuminazioni che rappresenteranno la gioia dei due imperi per il ristabilirsi della pace; al di là del Danubio metterete dei fuochi d'artificio, e sul terreno che figura essere il mar Nero metterete e dissemineretere delle barche e dei vascelli illuminati, ed ecco che avrete una festa senza fantasia, forse, ma al pari delle altre e molto più naturale.»

In effetti, vi è del naturale e dell'affascinante in questo progetto di festa, ma vi è anche della politica. C'è sempre questo pensiero in tutto ciò che pensa e fa Caterina. Tutte le sue preoccupazioni, quelle letterarie o d'arte, come le altre, vanno a finire lì. Accumula nel suo *Ermitage* delle collezioni artistiche considerevoli, ma confessa che non è spinta dal gusto per le cose belle che si accumulano nelle gallerie e nelle stanze che fa costruire espressamente. Non si può apprezzare ciò che non

---

[250] Il Tanai è il Don e il Boristene il Dniepr.

si comprende e Caterina non comprende alcunché in merito a un bel quadro o a una bella statua. Ammette che fa parte della gloria di un sovrano possedere queste cose nei suoi palazzi. Tutti i suoi illustri predecessori, tutti i monarchi della storia dei quali invidia o aspira alla notorietà, Luigi XIV in testa, ne hanno avute. Ma trova una parola che, se venisse da qualcun'altro avrebbe l'aria di un crudele epigramma, per definire gli acquisti, alquanto numerosi soprattutto nella prima metà del suo regno, ai quali si dedica per soddisfare questa parte del suo programma di imperiale magnificenza: «Non è per amore dell'arte, - dice – è voracità. Non sono un'*amante*, sono un'*ingorda*.» Nel 1768, compra per 180.000 rubli, a Dresda, la famosa galleria del conte Brühl, ex ministro del re di Polonia. Nel 1772, mette la mano, a Parigi, sulla collezione Crozat. Diderot scrive a questo proposito a Falconet: «Ah, amico mio Falconet, come siamo cambiati! Vendiamo i nostri quadri e le nostre statue in tempo di pace, Caterina li compera in tempo di guerra. Le scienze, le arti, il gusto, la saggezza risalgono verso il Nord e la barbarie con tutto il suo corteo scende verso il Sud. Ho appena portato a termine un affare importante: si tratta dell'acquisizione della collezione Crozat, accresciuta dai suoi discendenti e conosciuta oggi con il nome della galleria del barone di Thiers. Vi sono dei Raffaello, dei Guidi, dei Poussin, dei Van Dyck, degli Schidone, dei Carlo Lotti, dei Rembrandt, dei Wouvermans, dei Teniers, etc., in tutto circa millecento pezzi. Tutto questo costa a Sua Maestà imperiale 460.000 *livre*. Non è la metà del loro valore.»

La sua abituale fortuna accompagna Caterina anche in queste imprese. Tre mesi più tardi, cinquanta quadri il cui valore non è certo pari raggiungono il prezzo di 440.000 *livre* alla vendita della galleria del duca di Choiseul. Caterina stessa paga 30.000 *livre* a madame Geoffrin per due quadri di Van Loo: la *Conversazione spagnola* e la *Lettura spagnola*. È, probabilmente, un modo da parte sua per curare le sue relazioni con l'influente matrona, che guadagna su questo acquisto i due terzi del prezzo. Nel 1771, ha una delusione con la collezione Braancamp, acquistata in Olanda per 60.000 scudi, che affonda con il bastimento che la trasportava nei pressi delle coste della Finlandia. Ma, dice Caterina, ci sono solo 60.000 scudi di perdita. D'altronde si rifà ben presto. Acquista in blocco le sculture del duca di Orléans. Con l'intermediazione di Diderot e di Grimm invia ordinazioni su ordinazioni agli artisti francesi: chiede dei paesaggi a Chardin e a Vernet; a Houdon, una *Diana* (che si vede rifiutati a Parigi gli onori del Louvre, perché la trovano troppo poco vestita); a Vienna il disegno per la grande scalinata di Tsarskoïe-Celo; uno scrittoio artistico per la sala dell'ordine di San Giorgio al pittore su smalto Mailly, che chiede 36.000 *livre* per il suo lavoro e si fa sollecitare per consegnarlo. Ci vuole un intervento diplomatico per obbligarlo a terminare l'opera. Nel 1778, fa copiare a Roma, da Gutenberger e Reiffenstein, gli affreschi di Raffaello del Vaticano e fa costruire all'Ermitage una galleria con delle logge di uguale dimensione per ricevere queste copie che, dipinte su tela, hanno successivamente potuto essere utilizzate nella ricostruzione del palazzo. Le si vedono ancora. Nel 1790, inviando a Grimm il suo ritratto, col «berretto di pelliccia», gli scrive: «Ecco ancora qualcosa da includere nel vostro museo. Il mio, all'Ermitage, consiste nei quadri e nelle logge di Raffaello, in 38.000 libri, quattro camere piene di libri e stampe, 10.000 sculture, circa 10.000 disegni e un gabinetto di storia naturale in due grandi sale. Tutto questo accompagnato da un grazioso teatro nel quale si vede e si sente a meraviglia e dove si è comodamente seduti e al riparo da correnti. Il mio posticino è tale che per andare e venire dalla mia stanza ci vogliono tremila passi. Là, passeggio in mezzo a una quantità di cose che amo e delle quali gioisco, e sono queste passeggiate che mi mantengono in salute e in piedi.»

Tutto questo è sua opera personale. Per portarla a termine, ha dovuto lottare con delle difficoltà serie, perché ha un bel fare denaro a volontà, la sua onnipotenza a questo riguardo non è realmente senza limiti se non nei confini stessi del suo impero. Al di fuori, la carta moneta perde troppo al cambio. Così, dal 1781, si trova costretta a fermarsi. Scrive a Grimm: «Vi confermo la mia decisione di non acquistare più nulla, non un quadro, niente; non ho bisogno di niente e, di conseguenza, rinuncio al Correggio del «divino».» Giuramento di un «ingordo» che vale il giuramento di un ubriaco. A partire da questo momento inizia una vera lotta, nell'animo di Caterina, tra le sue pulsioni da collezionista, che sono diventate una vera passione, e le sue obbligate inclinazioni per l'economia. Non sono queste ultime che hanno il sopravvento la maggior parte delle volte. La lettera a Grimm, che abbiamo appena citato, è del 29 marzo; il 14 aprile seguente, incontriamo nella corrispondenza della sovrana con il suo procacciatore artistico questo passaggio: «Se il signor «divino» (Reiffenstein) ci inviasse direttamente a San Pietroburgo, alcune belle, anzi bellissime, incisioni a uno, due o tre colori, perfettamente incise e conservate, ci sentiremmo infinitamente riconoscenti verso chi le ha procurate. Questo non si chiama comperare, ma come fare?» E il 23 aprile successivo: «Avete un bel dire e strepitare, mi occorrono due esemplari di stampe miniate (*sic*) del tipo che ora vi descriverò . . . perché siamo degli ingordi e di una tale ingordigia per tutto ciò che assomiglia a questo, che non vi è più casa a San Pietroburgo dove si possa vivere con decenza se non vi è qualche cosa che assomigli alle lontane logge, al Padre Eterno e a tutta la litania che vi ho testé ricapitolato.»

«Signore, si direbbe che le buone risoluzioni del tuo Unto siano vacillanti!», osserva maliziosamente Grimm nella sua risposta. Dubita, del resto, di ciò che provoca questo ritorno di «ingordigia». Caterina, servendosi del pronome collettivo «noi» per sottolinearne la vivacità , non mette questo plurale al posto del singolare per un semplice artificio di linguaggio. Gli «ingordi», di cui parla, sono ben due in quel momento. Al favorito Korsakov, che non era che uno zoticone, è succeduto, dopo la fine del 1780, il bel Lanskoï, che è un uomo di educazione e di gusti raffinati. E il bel Lanskoï ha veramente la passione delle incisioni e delle stampe. Nel luglio 1781, tempestando Grimm di nuovi ordini di acquisto, Caterina spiega che quelle compere non sono per lei, «ma per degli ingordi che sono diventati ingordi *perché mi frequentano*». Il denaro è certamente il suo, vale a dire quello della Russia. Nel 1784, rinnova la sua decisione di non acquistare più niente, «essendo povera come un topo di chiesa». Ma Lanskoï invia 50.000 *livre* a Grimm, «per l'acquisto di quadri per l'arredo di uno studio», e annuncia il prossimo invio di una somma più considerevole. Questo nuovo andamento delle cose si trascina abbasta a lungo. Nel 1784, è vero, c'è un momento di arresto: Caterina non vuole più delle incisioni, né niente che vi assomigli. Il fatto è che Lanskoï è morto, e morto è con lui il gusto delle cose per le quali, lo confessa coraggiosamente, non capisce nulla. Ma, nell'aprile 1785, vi è una ripresa. L'imperatrice desidera avere, e il più presto possibile, la collezione, allora famosa, del barone di Breteuil. Cosa è successo? Mamonov ha preso il posto di Lanskoï, ereditando simultaneamente, sembra, i gusti artistici del defunto. Non è che nel 1794 che questa febbre intermittente si arresta in modo definitivo. «Non compro più niente», scrive Caterina il 13 gennaio. «Voglio pagare i miei debiti e accumulare del denaro; pertanto rifiutate tutti gli acquisti che vi venissero proposti». È Platon Zubov che regna ora, e Zubov non ama, in fatto di cose incise, che le placche d'oro che portano l'effigie della sua imperiale amante.

Fino a questo momento, l'imperatrice non ha solo aumentato sempre le sue collezioni, ha anche costruito. Ha soprattutto costruito, si può dire. E tutto il piacere, questa volta, è stato unicamente suo. Sappiamo già cosa pensasse il principe di Ligne delle conoscenze della sovrana in materia di architettura. Ma in mancanza di giudizio e di senso delle proporzioni, vi mette, se non altro, della passione. Sostituisce il senso artistico con l'impeto e la qualità con la quantità. «Come voi saprete – scrive nel 1779 – la passione di costruire da noi è più forte che mai, e nessun terremoto ha mai potuto distruggere le nostre costruzioni.» Aggiunge in tedesco delle melanconiche confessioni: «Il furore di costruire è una cosa diabolica; divora il denaro e più si costruisce più si vuole costruire. È una malattia come l'alcolismo.»

Fa arrivare da Roma due architetti: Giacomo Trombara e Geronimo Quarenghi. Spiega così questa scelta: «Ho voluto due italiani perché abbiamo qui dei francesi che ne sanno troppo e fanno delle case orribili all'interno e all'esterno perché ne sanno troppo.» Sempre il suo fiero disprezzo per lo studio e il suo debole per l'improvvisazione! Pertanto si rivolge spesso a Clérisseau, che le invia dei progetti di palazzi alla romana. Perronet le fornisce il progetto di un ponte sulla Neva; Bourgeois de Chateaublanc un altro di un faro per le coste del Baltico. Nel 1765, chiede a Vassé un progetto di sala per le udienze lunga 120 piedi e larga 62.

Con tutto ciò gli artisti, siano essi architetti, pittori o scultori, hanno motivo di essere contenti di lei? Non bisogna chiederlo a Falconet al suo ritorno da San Pietroburgo: la sua risposta sarebbe troppo amara. Racconteremo altrove che cosa fu il soggiorno nella capitale del Nord dell'uomo al quale la città di Pietro il Grande e di Caterina deve ancora oggi il suo più caratteristico ornamento. Proveremo anche a mostrare quelle che furono e ciò che divennero le sue relazioni con la sovrana, che iniziarono, da parte di questa, in un clima di estrema cortesia e finirono nella totale indifferenza. Diciamo subito che, non avendo in alcun modo la comprensione delle cose dell'arte, Caterina non poteva avere la capacità di comprendere un animo d'artista. Falconet le piacque all'inizio per lo stile originale e un po' paradossale del suo spirito, più ancora, forse, per le bizzarrie del suo umore e del suo carattere; ben presto la stancò e la irritò. Era troppo artista per i suoi gusti. Ebbe sempre un suo modo di interpretare il ruolo e la situazione nel mondo dei talenti che voleva impiegare per l'abbellimento della sua capitale. Lo confessa ingenuamente in una delle sue lettere a Grimm: «*Si il signor marchese di Grimmo volio mi fare*[251] (sic: per *vuol farmi*) un piacere, avrà la bontà di scrivere al divino Reiffenstein di cercarmi due buoni architetti, di nazionalità italiana e abili nella professione, che assumerà con contratto al servizio di Sua Maestà imperiale di Russia per tanti anni e che manderà da Roma a San Pietroburgo, *come un pacchetto di attrezzi.*» Attrezzi, proprio così. Degli attrezzi di cui ci si serve e si gettano dalla finestra quando sono usati, o quando se ne trovano di migliori o più comodi. Così fa con Falconet. Aggiunge per Grimm questa raccomandazione: «Egli sceglierà delle persone oneste e ragionevoli, non teste alla Falconet, con i piedi per terra e non tra le nuvole.» Non vuole che volino. «Un Michelangelo – hanno detto giustamente – non sarebbe rimasto tre settimane alla corte di Caterina.» Per rimanervi circa dodici anni, è stata necessaria a Falconet una forza di resistenza poco comune e una vera passione per l'opera intrapresa, nella quale aveva messo tutta l'anima. Ma quando se ne andò, era distrutto... A parte lui, Caterina non ha avuto presso di sé, in fatto di artisti stranieri, che delle mediocrità. Brompton, un pittore inglese allievo di Mengs; Kœnig, uno scultore tedesco. Brompton dipinge delle allegorie che incantano la sovrana, perché sono delle allegorie politiche. «Ha dipinto i miei due nipoti ed è un quadro affascinante: il maggiore si diverte a tagliare il nodo

---

[251] Così nel testo originale.

gordiano, e l'altro insolentemente si è messo sulle spalle la bandiera di Costantino.» Kœnig scolpisce il busto di Potëmkin. Madame Vigée-Lebrun, arrivando a San Pietroburgo nel 1795, con una reputazione acquisita, riceve ovunque un'accoglienza lusinghiera, eccetto a corte. Caterina trova la sua compagnia poco gradevole e i suoi quadri così orribili che «bisogna avere un senso ben ottuso per dipingere in questo modo».

E gli artisti russi? Si preoccupa di scoprire dei talenti nazionali e a valorizzarli? Il conto dei geni nazionali del suo regno è presto fatto. C'è Scorodumov, un incisore che ha studiato il mestiere in Francia e che ha fatto venire, nel 1782, da Parigi, per metterlo al suo servizio. Un viaggiatore (Fortia de Piles) lo trovava, qualche anno più tardi, occupato in un atelier deserto, a lucidare una lastra di rame, per un pessimo disegno di circostanza; spiegò che non vi erano a Pietroburgo operai capaci di sostituirlo in quel lavoro di manovalanza e stupito che uno straniero si interessasse ai suoi lavori, ormai rassegnato alle basse necessità del mestiere. C'è Chubin, uno scultore, scoperto da quello stesso visitatore in un piccolo studio, senza modelli, senza allievi e con un'unica ordinazione di un busto che un ammiraglio si è offerto di pagargli 100 rubli, con il solo costo del marmo per lui di 80 rubli, da togliere a quel prezzo. Vi è, infine, il pittore Lossienko. Ecco cosa ne dice Falconet: «Il povero e onesto ragazzo, avvilito, senza pane, volendo andare a vivere lontano da Pietroburgo, veniva a raccontarmi i suoi dispiaceri; poi, si abbandonava alla crapula per disperazione, lontano dal prevedere che avrebbe guadagnato la morte: si lesse sulla pietra sepolcrale che *era stato un grande uomo!*»

Necessitava un grande uomo in più alla gloria di Caterina: lo ebbe a buon mercato. Una volta morto l'artista, aggiungeva volentieri la sua apoteosi a tutte le sue grandezze. Non si era data la preoccupazione di farlo vivere. Tutte le sue preoccupazioni per l'arte, in ultima analisi, sono sempre relative a una questione di parata. Su questo punto, il divino Reiffenstein, del quale l'intera Europa conosceva il nome, valeva sicuramente di più del povero Lossienko, benché non fosse, come lui, che un buon copiatore. L'arte nazionale, insomma, deve a Caterina qualche modello da lei fornito allo studio e all'emulazione degli artisti russi. A parte questo, ad essa non diede mai neanche un pezzo di pane.

III

Le illustrazioni scientifiche sotto il regno di Caterina sono delle illustrazioni straniere – Assenza di nomi russi – Ruolo destinato da Caterina alla scienza – Le due epoche del regno – Liberismo e reazione – Incoraggiamento dato agli studi storici – Come le arti sono nate in Siberia – Corrispondenza con Buffon – Caterina si disamora delle scienze e degli studiosi – I suoi ultimi lavori

Caterina si illuse di proteggere la scienza e gli scienziati. Nel 1785, rinnovò con Pallas [252] l'atto di generosità già fatto con Diderot. Lo studioso le aveva proposto l'acquisto del suo gabinetto di storia naturale, chiedendole 15.000 rubli per fare la dote a sua figlia. Caterina gli rispose che se si intendeva molto di storia naturale non così era per gli affari e gli offrì 21.000 rubli, lasciandogli il godimento del suo gabinetto a vita. È una sua mancanza se, cercando tra i nomi famosi nelle scienze durante il suo regno, troviamo solo personalità straniere? Con Eulero, Pallas, Boehmer, Storch, Kraft, Müller, Bachmaister, Georgi, Klinger abbiamo pressoché esaurito la lista. Si dovrà pure ammettere che né il dovere, probabilmente neanche il potere, della grande sovrana giungevano a creare una scienza russa e una classe di scienziati russi di origine e di educazione. Fece venire un giorno dalla Germania quattro professori destinati a insegnare al corpo dei cadetti la matematica, le scienze naturali, la filosofia e la letteratura. Arrivando, questi signori appresero con stupore che i loro futuri allievi non sapevano ancora leggere in nessuna lingua! Quello che è più singolare, è che la presenza a San Pietroburgo di maestri di cui abbiamo precedentemente ricordato i nomi tedeschi e la maggior parte dei quali si era già fatta conoscere all'estero con opere di valore, non ha prodotto alcun fruttuoso risultato. Se si eccettuano i celebri viaggi di Pallas, le ricerche storiche del laborioso Müller, e qualche opera sulla storia naturale, non si vede niente, non è sortito un libro, per l'onore del regno di Caterina, da

---

[252] Peter Simon Pallas (1741-1811) fu un biologo, zoologo e botanico tedesco, che condusse numerose spedizioni scientifiche in Russia e in Siberia.

questo gruppo scientifico da lei riunito con grandi spese e piantato come un faro in mezzo alle tenebre ancora così profonde del suo impero. Ma era proprio un faro quello che voleva presso il suo trono, facendo appello alla scienza straniera per ravvivarne lo splendore? «Non amò le scienze – ha scritto qualcuno – se non quel tanto che le sembrava adatto a diffondere la sua gloria: volle tenerle nelle mani come una lanterna cieca e servirsi della loro luce per distribuirle a suo gradimento.» La verità è che i lavori topografici e statistici dell'elegante Storch, per esempio, avrebbero potuto avere un grande valore, se fosse stato in grado di pubblicarli come li aveva scritti. Come è stato lasciato alla posterità, il suo *Quadro di San Pietroburgo* vale il ritratto di Caterina *ridipinto* da Lampi, dopo le indicazioni della sovrana. Le pitture di Georgi sono ricche soprattutto di dettagli inutili. Il conte d'Anhalt ha lasciato, nello stesso stile, una descrizione della scuola dei Cadetti, della quale fu direttore: vi si trova un inventario completo di scale, vetrate, porte e camini dell'edificio, che possono fare la gioia di una spazzacamino. Per sfuggire a dei compromessi, che avrebbero turbato la sua coscienza, Klinger era ridotto a far stampare in Germania quello che aveva scritto in Russia. Così fece, più tardi, Kotzebue. In fatto di scienza, Caterina non ha incoraggiato né mai ammesso nei confini del suo impero che la scienza ufficiale. Dietro ogni problema di filosofia, di storia e anche di geografia, poneva una questione di politica governativa e dietro ogni scienziato un poliziotto. Era rinunciare a trarre da una cultura scientifica così sterilizzata, altra cosa se non delle piaggerie pretenziose e delle pompose insulsaggini.
Anche a questo proposito, si vede una marcata differenza tra i primi anni del grande regno, attraversati dalla corrente liberale che ancora coinvolgeva Caterina, e il periodo della reazione che seguì e di cui abbiamo già raccontato i tristi ritorni. Il 1767 fu soprattutto caratterizzato, nella vita intellettuale «dell'allieva di Voltaire», da una vivace curiosità per le ricerche e gli studi che all'epoca appassionavano in Europa tutti gli spiriti aperti alle cose dell'intelligenza. Caterina si interessò, come tutti, al passaggio di Venere davanti al sole, che era annunciato per il 1769 e per la sua osservazione, per la quale si facevano ovunque grandi preparativi. Volle che la sua Accademia delle scienze prendesse parte allo studio del fenomeno. Si

fece mandare delle relazioni in merito. È in questo periodo che pensò di far andare da Berlino a San Pietroburgo, facendogli ponti d'oro, il celebre Haller. Ma il grande fisico si defilò. Beccaria, che provò a solleticare, offrendogli «tutto ciò che avesse desiderato, mille ducati e più» per il viaggio e dopo una «sistemazione» vantaggiosa, imitò l'esempio dello scienziato tedesco. Ci si può chiedere quale figura avrebbe fatto il filosofo italiano a San Pietroburgo dopo la delusione dell'*Istruzione legislativa* alla quale aveva collaborato senza saperlo.

Tuttavia, si tratta di una branca della scienza che è stata veramente coltivata sotto il regno di Caterina e questo, in gran parte, grazie alla sua personale iniziativa. In una riunione della *Società imperiale di storia russa*, alla quale dobbiamo preziose pubblicazioni, uno dei suoi membri, Bytchkov, ha potuto dire recentemente che lo studio della storia nazionale è iniziato con la grande sovrana. Un considerevole lavoro di ricerca e di esegesi storica è stato effettivamente compiuto sotto i suoi auspici. Vecchie cronache pubblicate in gran numero permisero a Schlözer[253] di compiere la sua profonda opera di erudizione. Manoscritti fino ad allora ignorati, come l'unico esemplare della *Canzone di Igor*, scoperta da Musin-Puškin [254], videro la luce. Per obbedire al desiderio dell'imperatrice, Stritter compulsò gli scrittori bizantini e le sue ricerche fornirono a Boltin la materia di eccellenti lavori, che furono la prima opera di critica storica comparsa in Russia, e che Caterina stessa inaugurò scrivendo le sue *Note sulla storia russa di Stritter* e il suo *Antidoto*. L'esame degli archivi di Pietro il Grande, affidato al principe Chtcherbatov [255], portò alla pubblicazione della *Storia della Russia* composta dal principe e a quella di dodici volumi dedicati da Galikov alle «azioni di Pietro il Grande». Compromesso in un processo politico e graziato il giorno

---

[253] August Ludwig von Schlözer (1735-1809) storico tedesco che pose le basi per lo studio critico della storia russa.

[254] Aleksej Ivanovič Musin-Puškin (1744-1817) fu uno storico russo che creò il più grande archivio privato della Russia.

[255] Mikhaïl Mikhaïlovitch Chtcherbatov (1733-1790). Filosofo, storico e uomo di stato, Chtcherbatov ha per primo categorizzato le popolazioni dell'impero russo suddividendole in sei gruppi principali: russi cristiani e non cristiani che pagano l'imposta capitolare e forniscono le reclute; Russi e non cristiani che pagano l'imposta capitolare ma non forniscono reclute; cristiani non ortodossi; cosacchi e altri colini militari; baschiri e altri popoli selvaggi praticanti l'Islam; calmucchi e altri popoli nomadi che adorano gli idoli.

dell'inaugurazione del monumento di Falconet, Galikov testimoniò così la sua riconoscenza.

Certamente la storia, come la scrivevano Chtcherbatov e Galikov, ai piedi di quel trono imperiale che proiettava la sua ombra sui loro lavori, non poteva avere che una vaga rassomiglianza con un tempio elevato alla verità. Facilmente, anche il vecchio Müller trovava modo di deridere la storia di Pietro il Grande redatta da Voltaire con materiali per lui appositamente «preparati» per ordine della sovrana. «È un tedesco» rispondeva il patriarca di Ferney; «gli auguro più spirito e meno consonanti.» Così provava solamente che è difficile per un uomo, fosse il più spiritoso dei francesi, avere dello spirito contro un tedesco che ha ragione. Ma, qualunque fosse il merito intrinseca di queste pubblicazioni, avevano quello, inestimabile, di essere un inizio e di aprire una strada, nella quale la Russia moderna ha proceduto, successivamente, a grandi passi. Una pubblicazione periodica, timidamente inaugurata da Novikov con l'incoraggiamento di Caterina, con il titolo di *Indicatore delle antichità russe*, è divenuta più tardi la *Biblioteca delle antichità russe*, dove i più preziosi monumenti del passato nazionale sono stati raccolti. E già, Caterina vivente, uno storico più indipendente, Tatichtchev[256], faceva la sua apparizione.

Caterina, come sappiamo, si è sempre schermita rispetto a ogni pretesa scientifica personale. «Per me – scriveva a Grimm – quando si tratta di una qualunque scienza, mi avvolgo nel mio mantello di ignorante e sto zitta. Trovo questo, per noi governanti, di una grande comodità.» Ma qualche volta, per comodo che le potesse sembrare, gettava questo manto e anche più sovente di quanto si potesse sperare per la sua reputazione. Gli anni 1783-1785, soprattutto, ce la mostrano impegnata in impetuose scorribande in campi generalmente riservati ai più astratti eruditi. La morte di Lanskoï, nel 1784, porta a una recrudescenza di queste ricerche, perché Caterina chiede loro di distrarla dalla sua tristezza. Si occupa seriamente di riunire dei materiali per un dizionario di lingue comparato. Aveva già preso gusto per questo genere di studi quando era ancora grandu-

---

[256] La *Storia della Russia* di Vassiliï Nikititch Tatichtchev (1686-1750) era stata scritta precedentemente all'avvento di Caterina ma, lasciata incompiuta dall'autore, fu pubblicata postuma solo tra il 1769 e il 1784, in quattro volumi.

chessa e, sotto i suoi auspici, il cappellano dell'agenzia commerciale inglese a san Pietroburgo, Dumaresc, aveva pubblicato una *Comparative Vocabulary of the Eastern Laguanges*. Nel 1785, si mette a corrispondere con Zimmermann su questo argomento e fa ricorso alla collaborazione di Pallas e di Arndt. Fa degli estratti dell'opera filologica di Court de Gibelin, pubblicata dal 1776 al 1781 in otto grandi volumi. Fa suo il pensiero dell'autore che vuole che tutte le lingue possano essere ricondotte a un'origine unica, ed eccola cavalcare questa idea attraverso monti e valli, senza preoccuparsi di alcun ostacolo né di alcun precipizio. Grimm, che fu abitualmente il primo confidente delle sue prodezze in questo genere, dovette avere dei momenti in cui la sua ammirazione per il genio della *sua sovrana*, come la chiamava, si trovò sottoposto a dure prove. Il linguaggio originario al quale, secondo Caterina, bisogna ricondurre tutti i dialetti diversi è, beninteso, il russo o «slavone». Non ne vuole altri. Pescando in tutte le fonti, facendo appello al contributo di tutti, si rivolge di volta in volta a Nicolaï, il poligrafo berlinese, a La Fayette, all'abate Galiani; chiede al conte Kirill Razumovskij di interrogare i suoi contadini; incarica il suo ministro a Costantinopoli, Bulhakov, di rivolgersi ai patriarchi di Antiochia e di Gerusalemme per la traduzione di duecento ottantasei parole russe in lingua abissina ed etiope, e così moltiplica le sue trovate. Ecco alcuni saggi:

«Ho raccolto una notevole quantità di notizie sui vecchi slavoni e, tra poco, potrò dimostrare che hanno dato il nome alla maggior parte dei fiumi, delle montagne, delle valli e circondari e contee in Francia, Spagna, Scozia e altri luoghi.»

Alcune settimane dopo:

«Ecco qualcosa solo per voi, perché non ho abbastanza approfondito: i Salii della legge salica, Chilperico I, Clodoveo e tutta la stirpe dei Merovingi erano di razza slava. Analogamente, tutti i re vandali di Spagna. Lo rivelano i loro nomi e i loro spostamenti.»

Allo stesso modo, «Ludwig» è un composto di due radici slavone: *lud*, che vuol dire «popolo», e *dwig*, che vuol dire «andare». «Sarebbe come dire: chi fa andare le genti, le mette in movimento.»

«Non vi meravigliate – aggiunge Caterina – se i re di Francia prestano giuramento su un Vangelo slavo alla loro incoronazione a Reims[257]. Chilperico I fu cacciato dal trono perché volle che i galli, che avevano ricevuto dai rimani l'alfabeto latino, vi aggiungessero tre lettere greco-slave, precisamente Th o tch, X, che si pronuncia *cher* (*sic*), e ψ, che si pronuncia *psi* . . . Non mostrate questi quaderni né a Bailly né a Buffon, non li riguardano, benché siano stati i primi a indicare l'esistenza del popolo che, probabilmente, non si preoccupano nemmeno di scoprire.»

Tutto il resto è di questa forza, e benché Caterina diffidasse della propensione di Buffon ad apprezzare le sue scoperte, già nel 1781 gli aveva inviato delle medaglie in oro e delle magnifiche pellicce per ringraziarlo di aver nelle sue *Epoche della natura* di stabilire che *le arti erano nate in Siberia sulle rive dell'Irtich*[258]. Notiamo che avendo ricevuto i regali di Sua Maestà, l'illustre scienziato non negò di averli ricevuti per i motivi sostenuti dall'imperatrice. Caterina gli scrisse immediatamente:

«Le medaglie coniate nel metallo che ci forniscono quelle contrade potranno, un giorno, servire a dimostrare se le arti sono là degenerate o vi siano nate.» A sua volta, essendosi accorto che l'immagine della sovrana figurava sulle medaglie, Buffon rispondeva:

«Il mio primo istinto, dopo l'emozione della sorpresa e dell'ammirazione, è stato di portare le mie labbra sulla bella e nobile immagine della più grande persona dell'universo . . . Poi, considerando la magnificenza del dono, ho pensato che si trattasse di un presente da sovrana a sovrano e che, se potesse esserlo da genio a genio, era ancora ben al disotto di quella testa celeste, degna di reggere il mondo intero.»

Non ci si può non meravigliare del fatto che la «testa celeste», così trattata da uno dei maggiori illustratori scientifici d'Europa, fosse portata a smarrirsi e a vagare talvolta nell'atmosfera inebriante dei suoi colpi di incenso. L'ottimismo di Caterina nei riguardi del suo popolo e di tutte le cose che lo

---

[257] Il Vangelo conservato a Reims fino alla Rivoluzione, e utilizzato per il giuramento proveniva, in effetti, da un monastero di Praga. Il governo russo, sotto Nicola I, ne fece fare una copia, che fu stampata a Parigi. Il museo ceco ne conserva oggi l'originale.

[258] Buffon, nella sua opera *Epoche della natura,* non fa alcun riferimento alle arti, ma ipotizza che la vegetazione e la vita animale siano comparse per prime nelle zone del Nord, perché più soggette ad aver registrato per prime il raffreddamento terrestre.

riguardavano da vicino o da lontano, la spingeva allo stesso modo al di fuori della realtà, nel regno del sogno e dell'allucinazione. Le sue note sulla storia russa, che sono state pubblicate nell'*Interlocutore* (*Sobiessiednik*), sono di una stravaganza folle. Inventa dei «re di Finlandia» che non sono mai esistiti, fa loro sposare delle principesse di Novgorod che non hanno mai visto la luce, mette il nome di Rurik sul tutto e si rallegra di aver così ben chiarito le origini della vecchia Moscovia.

La febbre etnologica e filologica non dura per lei più delle altre. La Biblioteca imperiale di Pietroburgo conserva tutta una collezione di manoscritti in cui l'imperatrice ha lasciato alla posterità i frutti del suo lavoro in questa branca di scienza. Ma un giorno ella ha chiamato Pallas e gli ha affidato la cura di continuare il suo dizionario. «Ne aveva abbastanza di occuparsi sempre della stessa cosa.» Verso la fine del regno, il suo ardore scientifico scemò a vista d'occhio e finì per esaurirsi interamente. Ha avuto delle delusioni dalla filosofia e anche dai filosofi. Aveva immaginato degli accademici che dissertavano tranquillamente e con discrezione su temi interessanti, che facevano anche delle scoperte e che stabilivano dei principi, ma senza uscire dall'ambito della teoria; scorse improvvisamente dei rivoluzionari che pretendevano di applicare ciò che avevano scoperto e che si preparavano a rovesciare il mondo. Dapprima se ne rattristò, poi si inquietò e finì per arrabbiarsi. Nel 1795, si accorse che la Società di economia di San Pietroburgo le spillava 4.000 *rubli all'anno* per delle pubblicazioni «le une più stupide delle altre»; si arrabbiò, trattò il presidente della dotta assemblea e i suoi colleghi da «mascalzoni» e bloccò le spese. In quel momento, la spesa addebitata sul conto dell'imperatrice per il mantenimento della tavola di una delle nipoti di Potëmkin ammontava a qualche cosa come 100.000 rubli l'anno!

I due ultimi anni della vita di Caterina ce la mostrano immersa in lavori dove, con il gusto della letteratura tedesca che ha avuto più tardi, sembra ritrovarsi quella traccia di origine tedesca, della quale il suo spirito sembrava essersi completamente liberato. Si occupa di una vasta impresa di «classificazioni sistematiche». Un giorno, impiega tre ore a classificare le *circostanze*; all'indomani, fa altrettanto per i *mezzi*. Questo lavoro la entusiasma. Ne medita continuamente dei nuovi capitoli. Giunge persino, dice lei, a comporli dormendo. È vero che già dal 1765, era dottore e maestro d'arti liberali dell'Università di Wittemberg, che aveva deciso che la gloria dell'istituto sarebbe stata sminuita senza l'imperatrice, così come l'assenza di Molière nuoceva all'*Académie française*. Fortunatamente per la sua memoria, Caterina ha avuto altri titoli per l'ammirazione della posterità.

CAPITOLO II

CATERINA SCRITTRICE – AUTRICE DRAMMATICA – ROMANZIERE – FAVOLISTA - GIORNALISTA – POETA

I

Caterina con la penna in mano – Il prurito alle mani – Un'imperatrice che non sa dettare – Il pensiero e lo stile – Le lettere a Voltaire sono di Caterina? – La collaborazione di Šuvalov – Le lettere di Caterina a Grimm – Il francese dell'imperatrice – La grammatica e l'ortografia – Un modello di stile descrittivo

Durand ha certamente fatto un errore di conto nell'enumerazione delle cose per le quali Caterina provava piacere. Ha perlomeno dimenticato uno dei suoi passatempi preferiti, amava scrivere. Crediamo che non amasse nulla come quello. Non è solo un diletto per lei, è una specie di bisogno e quasi un bisogno fisico. Sembra che il fatto materiale di tenere una penna e di vedere davanti a lei un foglio bianco, dove poco dopo potrà sviluppare la sua fantasia, le procuri una sensazione piacevole, che non è solo di spirito o di immaginazione, ma come un brivido di voluttà. Ella stessa ha detto, in una delle sue lettere a Grimm, che la vista di una penna nuova le dà dei pruriti alle dita. Per questo non detta mai. «Non so dettare», afferma. Tutto ciò che scrive è scritto di sua mano, e che cosa non scrive? A parte la sua corrispondenza politica, che è delle più attive, e la sua corrispondenza privata che, con le voluminose «carte» inviate regolarmente a Grimm, prende delle dimensioni inusitate, a parte il suo lavoro di firma, quello dei rapporti che le vengono presentati, che riempie di note a margine, quello delle sue composizioni drammatiche e di altro genere, scrive ancora e spesso per se stessa, per la soddisfazione che vi trova personalmente, talvolta anche senza scopo e senza ragione apparente, se non quella di calmare il prurito che le tormenta le dita[259]. Fa degli estratti delle vecchie cronache della vita e delle azioni gloriose di San Sergio, per il quale, si può immaginare, non avesse particolare interesse. Si esercita a copiare dal vecchio slavo ecclesiastico, la cui pratica non era certo indispensabile al compimento dei suoi doveri di sovrana ortodossa. Non può leggere un libro senza riempirne i margini con la sua grande scrittura. Redige progetti di feste e programmi di concerti. La sua penna trasportava il suo pensiero e la faceva divagare. Se ne rendeva conto e scriveva a Grimm:

«Stavo per dirvi che scriverò per voi, tanto grande è la mia voglia di scarabocchiare, ma mi sono resa conto che io sono qui e voi a Parigi. Vi consiglio di dettare, cento volte mi è stato dato questo consiglio: felice chi può seguirlo. Per quanto riguarda me, mi sembra impossibile sragionare con la penna di un altro... Se dicessi a un altro ciò che scende dalla mia penna, *spesso non scriverebbe ciò che gli detterei.*»

Come trova il tempo di scrivere tutto ciò che scrive? Si alza alle sei del mattino per parlare comodamente con il suo confidente, la penna in mano. Nonostante le sue abitudini laboriose, la questione rimane per noi un enigma. Il 7 maggio 1767, l'imperatrice in giro di ispezione si trova sul Volga, con un tempo «spaventoso». Si concede il tempo per scrivere una lettera a Marmontel, che le ha appena inviato il suo *Belisario*[260].

---

[259] La passione per la scrittura è un tratto che Caterina II ha in comune con un altro sovrano dell'epoca, Federico II di Prussia (1712-1786), che ha lasciato una vasta «opera» letteraria. L'imperatrice come il re prussiano, inoltre era infatuata di Voltaire, che Federico riuscì ad avere presso di sé e con il quale ebbe una fittissima corrispondenza.

[260] Jean-François Marmontel (1723-1799). Insegnante di filosofia, poeta, traduttore, drammaturgo e spretato, Marmontel, di umili origini, seppe salire i gradini della scala sociale grazie alla sua capacità letteraria e a una certa abilità nel gestire i rapporti con personaggi di prestigio, primo fra tutti Voltaire, al quale fu legato da sincera amicizia per tutta la vita. Fu protetto dalla Pompadour, che gli procurò il poco impegnativo, ma redditizio, impiego di segretario di suo fratello ai *Bâtiments du Roi*, a Versailles. Nel 1758, assunse la carica di direttore del *Mercure de France*, al quale già collaborava con successo, ma una satira recitata contro il duca d'Aumont, nel salotto letterario di madame Geoffrin, gli costò undici giorni di Bastiglia e la perdita della direzione della rivista. Il primo riconoscimento dell'Académie française giunse nel 1760 e solo tre anni dopo, con la pubblicazione della *Poétique française*, dedicata a Luigi XV, venne nominato accademico di Francia. Famoso è il suo romanzo storico *Bélisaire*, uscito nel 1767, che però in Francia venne criticato per le

Tutto ciò ha del prodigioso. Notiamo che, essendo per lei pensare e scrivere la stessa cosa, e la sua incapacità a far precedere il lavoro manuale di redazione da un lavoro intellettuale che ne determini il senso, ella riprende generalmente parecchie volte gli scritti ai quali attribuisce una particolare importanza. Possediamo pertanto due bozze di una lettera da lei indirizzata, nel 1768, all'Accademia di Berlino, che le aveva offerto il titolo di membro onorario. Talvolta ne fa più copie, perché non ama le cancellature. Se l'espressione o la frase che sono uscite dalla sua penna non le piacciono, getta il foglio, un foglio abitualmente di grande formato, dorato sui bordi, e ricomincia.

Come scrive? Quanto vale il suo stile e il suo talento di scrittore? L'abate Maury[261] ha trovato le sue lettere a Voltaire fatte meglio delle risposte del maestro. Ammettendo la correttezza di questo apprezzamento, bisognerebbe anche tener conto delle circostanze. Conosciamo la risposta di madame Sand al brillante conversatore Voltaire che, incontrandola in un salotto, tradiva troppo sfacciatamente la sua delusione:

«Voi venite qui per lavorare, signore; io vi vengo per riposarmi.»

La sua corrispondenza con Caterina era probabilmente qualcosa di diverso da uno svago per il patriarca di Ferney, ed è nondimeno certo che non cercava di essere brillante. Caterina vi vedeva un modo per consacrare la reputazione di genio universale che Voltaire e i suoi altri amici dell'Occidente le stavano per creare. Al di sopra delle spalle di Voltaire, le sue lettere si rivolgevano all'Europa intera. Ma c'è dell'altro. Le lettere di Caterina sono state scritte da lei? La questione è già stata posta e discussa in modo contraddittorio. È stata così troncata da un

---

sue idee di tolleranza religiosa e nel 1768 ricevette la censura dell'arcivescovo di Parigi, Beaumont, già aspro critico di Rousseau. Il libro, comunque, circolò liberamente ed ebbe ampia diffusione all'estero. Nel 1771, Marmontel venne nominato storiografo ufficiale della Francia, nel 1783, con la morte di d'Alembert, divenne *segretario perpetuo* dell'Académie e due anni dopo gli venne assegnata la cattedra di storia nel Liceo, creato nel 1786. L'incalzare degli avvenimenti rivoluzionari e la soppressione dell'accademia nel 1792, lo indussero a lasciare Parigi e si stabilì nella sua casa di campagna di Habloville. Si affacciò brevemente sulla scena politica, ma il colpo di stato del 18 fruttidoro (4 settembre 1797) contro realisti e moderati lo indusse a tornare nella sua proprietà di campagna dove morì.

[261] Jean-Sifrein Maury (1746-1817), fu cardinale, arcivescovo di Parigi, deputato agli Stati Generali per il clero, e svolse anche un'apprezzabile attività di scrittore

fine conoscitore:

«Di tutte le lettere di Caterina II che si leggono nella corrispondenza di Voltaire, sono certo che non ve ne sia una scritta da questa principessa. Bisognerebbe non averne mai viste altre per credere che queste sono opera sua. La lingua francese era poco familiare a Caterina; la parlava con una scorrettezza meno sensibile sulla sua bocca che sotto la sua penna, ma che tuttavia doveva essere grande, se la devo giudicare dalle lettere che ho letto scritte dalla mano di questa principessa. Errori di ortografia, errori di grammatica, improprietà d'espressione, vi si trova di tutto, eccetto lo spirito, la ragione e lo stile che si ammirano nelle lettere che si danno scritte da Caterina a Voltaire. Ho specificatamente avuto l'occasione di fare questa osservazione leggendo le istruzioni che l'imperatrice di Russia aveva scritto di suo pugno per il conte d'Artois (poi Carlo X), quando questo principe fece il viaggio da Pietroburgo. Caterina, in queste istruzioni, indicava il modo di soffocare alla loro nascita i germi della Rivoluzione che era appena scoppiata in Francia. Il fondo di queste istruzioni non era meno assurdo di quanto fosse barbaro. La scorrettezza dello stile non era che il difetto minore.[262]»

Ci si è chiesto, pertanto, chi alla corte di Caterina avrebbe potuto sostituirla e tenere la penna nel suo rapporto epistolare, che suscitò tanta curiosità. La risposta è stata data: ha incaricato Andrea Šuvalov[263], l'autore della famosa *Epistola a Ninon*, che fu attribuita allo stesso Voltaire, l'allievo, il corrispondente e l'amico del patriarca di Ferney, uno dei russi che meglio hanno saputo appropriarsi della lingua francese. Caterina non poteva indirizzarsi meglio. Più tardi, fece anche ricorso a Chrapowiçki per la sua corrispondenza in russo. Caterina non ha scritto o perlomeno non ha scritto da sola le lettere a Voltaire. Per giudicare il suo stile, il suo spirito, come i ricordi che le avevano lasciato le lezioni di mademoiselle Cardel, bisogna guardare altrove. Bisogna, crediamo, consultare soprattutto la sua corrispondenza con Grimm. Là, è lei che tiene in mano la penna. Si può anche dire che è là nella sua interezza, con

---
[262] (N.d.A.) Québard, *Supercheries littéraires dévoilées*, I, 656.
[263] Andrei Petrovich Šuvalov (1743-1789) trascorse la maggior parte della vita in Francia, dove strinse amicizia con Voltaire.

quello che sa di ortografia, di grammatica e di sintassi, come anche il fluire abituale delle sue idee, dei suoi pensieri, il modo di comprendere, di apprezzare, di sentire le cose, il suo spirito, il suo carattere, il suo temperamento, insomma tutta la sua personalità. Hanno parlato, a proposito di questa corrispondenza, delle lettere di madame Sévigné. Il paragone è probabilmente troppo ambizioso. Uno scrittore russo ne ha recentemente proposto uno molto più corretto e indicato un modello al quale Caterina, con maggiore probabilità, ha potuto e anche dovuto ispirarsi. La sua corrispondenza con Grimm appare, come un abbozzo, in quella di sua madre con de Pouilly, pubblicata da Bilbasov.

Caterina conosce bene il francese, a giudicare da quello che dimostra nella sua corrispondenza? I frequenti errori che si incontrano sotto la sua penna e che, accidentalmente, sfociano in controsensi o in assurdità, non devono servire da argomento decisivo a questo riguardo. Dipendono dal modo di scrivere in generale, che si ricollega alla generale disinvoltura dei suoi atteggiamenti, privi di preoccupazione per la forma. L'esatta corrispondenza della parola al pensiero, la concordanza dei termini impiegati non la preoccupano molto. L'incoerenza non è fatta per spaventarla. Dice che «ha un mal di testa *«qui se ne mouche pas du pied»*. Dice che «*cinquième roue au carosse ne saurait rien gâter à l'omelette*». Nelle singolarità del suo stile qualcuno ha riscontrato delle reminiscenze di Montaigne. Hanno citato questa frase di una della sua lettere a Grimm: «La mia mira che passa come un razzo e fugge nell'avvenire qualche volta non mi lascia vedere che un tratto caratteristico.» In fondo, delle tre lingue che usa costantemente, il francese sembra quella che le è più familiare, l'attrezzo che maneggia meglio. Lo usa con spigliatezza; ne abusa anche, prendendosi con la grammatica e la sintassi ogni specie di libertà, inventando giri di frasi, componendo delle parole. Scrive: *girouetterie, toupillage, pancarter, souffre-douleurien*. Parlando dell'edizione delle opere del «suo maestro» pubblicate da Beaumarchais, dice che si tratta del Voltaire *figaroisé*. Una sua lettera al conte Kayserling, alla data del 25 settembre 1762, contiene questa frase: «Vi scrivo in francese ma, se questo vi disturba, vi scriverò in futuro in un tedesco non meno cattivo di quello che abitualmente parlo.» Il suo tedesco, dice un critico moderno, richiama quello di «Frau Rath», la madre di Goethe, con giri di frase antiquati, i suoi errori grammaticali e le sue espressioni volgari, dove (è Hillebrand che lo afferma) si scorge tuttavia una giusta percezione della lingua. Ella stessa tiene a mettere in rilievo la sua superiorità nella pratica dell'idioma, del quale il suo maestro Voltaire le ha fatto apprezzare la superiorità. «Prendete nota per cortesia – scrive alla principessa Tcherkasskoï – che benché io scriva meno bene di voi, tuttavia osservo meglio l'ortografia.» Intuiamo quale possa essere l'*ortografia* della principessa. Verso la seconda metà del suo regno, Caterina incomincia a trascurare il francese e il tedesco per il russo. Fa allora questa riflessione: «Quello che scrivo è sempre molto goffo quando è stampato in una lingua diversa dal russo.» Ma ancora nel 1768, il suo vocabolario slavo di fresca acquisizione si mostra sovraccarico di vocaboli francesi grossolanamente russificati, che ricordano il modo di snaturare la lingua francese, oggi abituale negli scrittori e soprattutto nei giornalisti tedeschi.

Che sia in francese, in tedesco o in russo, il suo stile ha sempre un difetto: è scorretto, impervio e sconnesso; quasi sempre però vi si trova una qualità: la chiarezza. Ma per questo bisogna che la penna di Caterina non sia guidata da alcuno, se non si tratta di Šuvalov o di Chrapowiçki. Quando il resto dell'entourage si intromette, se si tratta per esempio di una lettera ufficiale, il cui testo è stato bloccato in consiglio, la collaborazione sfocia frequentemente in un sproloquio incomprensibile.

«Vi è nel suo stile – ha scritto il principe di Ligne – più chiarezza che leggerezza; le sue opere serie sono profonde, ma le piccole sfumature, il fascino dei dettagli, le coloriture non sono il suo forte.» Il principe di Ligne era buon giudice; ma tuttavia avrebbe avuto un sorpresa, se ne hanno sovente anche dalle donne meno dotate, leggendo questo passaggio di una lettera a Grimm (Caterina era a Kolomiensskoïe, una residenza estiva vicina a Mosca, e si è seduta a una finestra, per scrivere al suo «zimbello»):

«Ma come riuscire a scrivervi? Non si vede forse qui Tom Anderson che chiede di essere coperto? Si è messo davanti a me su una poltrona; io ho il braccio sinistro e lui la zampa destra appoggiata su una finestra aperta che si potrebbe scambiare per una porta di chiesa, se non fosse al terzo piano. Da questa finestra, sir Anderson osserva *primo* il fiume di Mosca, che serpeggia e fa a vista d'occhio una ventina di anse; è inquieto, abbaia: è un vascello che risale il fiume; no, no, oltre al vascello, vi sono una ventina di cavalli che passano il fiume a nuoto per andare a pascolare sui prati verdi e coperti di fiori che fioriscono dall'altra parte della riva e che si estendono sino a una collina coperta di terre arate di fresco, e che appartengono ai tre villaggi che sono davanti ai miei occhi. A sinistra c'è un piccolo convento costruito in mattoni, circondato da un piccolo bosco, e poi delle anse del fiume e delle case di campagna che arrivano fino alla capitale, che si vede in lontananza. A destra si offrono alla contemplazione di Tom Anderson delle colline coperte da fitti boschi, tra i quali si vedono dei campanili, delle chiese in pietra e anche della neve nelle gole delle colline. Anderson è apparentemente stanco di osservare una così bella veduta, poiché si fascia nella sua coperta e va a dormire...»

Caterina ha talvolta anche delle trovate in fatto di espressioni o immagini, che traducono il suo pensiero con un tratto pittoresco o energico. Rifiutandosi all'evacuazione della Crimea che la pusillanimità di Potëmkin le consiglia nel 1788, e alla ricerca di argomenti per giustificare la sua decisione, scrive: «Un uomo che è in sella ne scende per afferrare la coda del cavallo?» Le sue lettere, le sue lettere a Grimm soprattutto, sono piene, nello stesso tempo, di parole e di giri di frase dove la bonarietà, la spigliatezza, la trascuratezza del pensiero e del linguaggio giungono sino a cadere nella sguaiatezza e cadono accidentalmente nella volgarità. Non si accontenta di inframmezzare il suo francese scorretto di parole e di frasi tedesche o italiane, scrive spesso in gergo. Mette «*sti-là*» per «*celui-là*», «*ma*» per «*mais*». È probabile che parli in questo modo. Non disprezza una certa trivialità. Non ci arrischieremo a riportare qui le facezie – sono delle facezie? – che talvolta le sfuggono, quando è in vena di scherzi familiari; avremmo la certezza di stancare o anche di nauseare i nostri lettori con le scempiaggini delle quali infiora la sua conversazione epistolare.

È vero che è là il suo stile più dimesso, il suo linguaggio in privato, quello quotidiano. Vediamo adesso il suo stile d'autore, il suo modo di scrivere per il pubblico.

II

Gli scritti scientifici di Caterina – *L'*Antidoto - *L'abate Chappe d'Auteroche* – *Una storia di imperatori romani*

Abbiamo già parlato delle sue opere scientifiche. Una sola tra esse è stata pubblicata: *l'Antidoto, o esame del pessimo libro intitolato: Viaggio in Siberia.* È la confutazione dell'opera troppo sincera di Chappe d'Auteroche[264]. Lo scienziato abate, membro dell'Accademia delle scienze di Parigi, era giunto in Russia nel 1761 su invito dell'Accademia delle scienze di Pietroburgo per osservare un passaggio di Venere davanti al sole, annunciato per quell'anno (un altro doveva aver luogo nel 1769). Regnava ancora Elisabetta. Ella fece buona accoglienza al viaggiatore e gli diede 1.000 rubli per il suo viaggio; ma nulla poté fare sull'impressione, alquanto triste, che la Siberia fece all'abate. Alle sue osservazioni astronomiche egli ne aggiunse altre, che avevano come oggetto l'aspetto esteriore, i costumi e le leggi dei paesi che aveva attraversato, e pubblicò il tutto con tavole e carte geografiche, che comparvero a Parigi nel 1768. L'opera sollevò in Russia una viva indignazione, simile a quella che accolse, nel 1839, la *Russia* del marchese Custine[265], e Caterina pensò immediatamente di farsi interprete del sentimento nazionale ferito nel vivo. Cominciò con l'inviare alla sua Accademia l'ordine di scoprire e di segnalare gli errori astronomici che quel pessimo uomo, che diceva male della Russia e

---

[264] Jean Chappe d'Auteroche (1722-1769). Inviato in Russia, nel 1761, per osservare il passaggio di Venere sul sole, l'abate astronomo Chappe d'Auteroche giunse via terra a San Pietroburgo e proseguì per la Siberia compiendo un viaggio faticoso e pericoloso nella stagione più rigida. Al suo ritorno in Francia, due anni dopo, oltre alla relazione della spedizione, pubblicò il *Voyage en Sibérie fait en 1761*, che destò numerose polemiche per le osservazioni poco favorevoli che vi fece sulla Russia. La polemica fu tale che la stessa Caterina II dovette confutare quanto scritto pubblicando un opuscolo intitolato *Antidote ou Réfutation du mauvais livre superbement imprimé intitulé : Voyage en Sibérie, etc., fait en 1761, par l'abbé Chappe*, che uscì in forma anonima dallo stesso editore di Amsterdam. Nel 1769, d'Auteroche fu nuovamente incaricato di andare a osservare lo stesso fenomeno in California, ma il viaggio gli fu fatale poiché morì di dissenteria come tutti i membri della spedizione ad eccezione di uno, che riuscì a fare ritorno in patria.

[265] Astolphe Louis Léonor, marchese di Custine (1790-1857). La sua opera più nota, *La Russia*, appunto, ebbe ben sei edizioni e fu pubblicata anche in Inghilterra e in Germania, mentre venne proibita in Russia.

del suo governo, non poteva aver mancato di commettere nel suo libro. Era mettere gli scienziati di Pietroburgo davanti a un terribile imbarazzo. Non vedendo alcunché arrivare da quella parte, Caterina giudicò che i suoi accademici erano degli stupidi, e non mancò di esprimere apertamente la sua opinione a questo proposito, e prese ella stessa la penna in mano per dire il fatto suo all'abate. Una volta partita, non seppe fermarsi. I grandi fogli con i bordi dorati si accumularono. La sovrana, ovviamente, lasciava da parte l'astronomia di Chappe; se la prendeva con quello che la toccava più da vicino, con la parte statistica, politica e storica dell'opera. Chappe aveva osato scrivere che la Siberia era un paese privo di vegetazione! Inviò a Voltaire alcune noci di cedro siberiano per provare il contrario. Con alcuni affermava che quella pubblicazione era un colpo basso montato dal duca di Choiseul per screditare lei e il suo impero. Avrebbe anche voluto trovare un francese che si incaricasse della risposta. Ahimè! Falconet e Diderot si mettevano inutilmente in cerca. Solo la principessa Dachkov si offrì per dare manforte alla sua amica. Il frutto delle loro comuni riflessioni passava sotto l'attenta penna dell'imperatrice. Ma, dopo essersi messe all'opera, la confutazione rischiava di diventare tre volte più voluminosa della stessa opera, della quale si trattava di denunciare la scemenza e l'infamia. Due prime parti comparvero in un'edizione superba, annunciando un seguito, del quale non si poteva prevedere la fine. Caterina si stancò. La guerra turca e la rivolta di Pugačëv erano peraltro sopraggiunte. Nel 1773, annunciò alla sua amica, madame Bielke, che non ci sarebbe stato alcun seguito, *perché l'autore era stato ucciso dai turchi*. E non si parlò più dell'abate Chappe e del suo libro. Del resto, Caterina non volle mai riconoscersi come l'autore dell'*Antidoto*. La paternità fu attribuita a diversi personaggi, tra gli altri al conte Puškin, il quale, secondo la testimonianza di Sabatier de Cabre, non sospettò mai in vita sua dell'esistenza dell'abate Chappe e tantomeno di quella dei suoi scritti. Peraltro, il manoscritto originale non è mai stato trovato. Quello che si trova a San Pietroburgo agli Archivi di Stato, è della mano del segretario di Stato G. V. Koznitski. Si è comunque scoperto qualche frammento autografo, che sembra non permettere alcun dubbio sull'origine illustre dell'opera. Quanto al suo valore, crediamo, non è mai stato fatto oggetto di una seria contestazione: è un libello abbastanza mediocre. La reputazione di Chappe non ha sofferto davanti alla posterità. Aveva introdotto nel suo libro un certo numero di asserzioni azzardate o anche controverse, ma anche unendovi un gran numero di verità che sfidavano ogni confutazione. Ed è a contraddire queste ultime che si è soprattutto impegnata Caterina e vi ha dato prova di molta veemenza.

Thiébault parla nelle sue *Memorie* di un'altra opera scientifica composta dalla zarina, della quale un personaggio russo, che non nomina, gli avrebbe portato il manoscritto, durante il suo soggiorno a Berlino, incaricandolo di farlo stampare «*en breloque*[266]», solamente in cinquanta esemplari, e nel più grande segreto. Era una *Storia degli imperatori romani*. Ecco i particolari che ci sono stati dati sulla sua composizione: «A nostro dire, ciò che conteneva l'opera si riduceva ... in una sola frase: che un tale fu assassinato da un talaltro, che tale assassino a sua volta, etc. Questa lista di omicidi commessi per occupare il trono imperiale era diventata ... l'opera più stupefacente, più originale e più audace ed anche la più breve che si potesse immaginare.»

Thiébault non aggiunge altro in merito e noi non ne sappiamo di più.

III

Le opere drammatiche – Caterina fa la fortuna di un direttore di teatro – Carattere generale delle sue composizioni – Commedie a tema – Guerra ai visionari e ai massoni – Lo spirito comico di Caterina – Ha dei collaboratori? – Novikov – I drammi storici dell'imperatrice - Un'imitatrice di Shakespeare – Caterina compositrice di opere buffe – Il teatro dell'Ermitage – Romanzi e favole – Saggi politici

È nelle opere scritte per la scena che la penna di Caterina si è rivelata più feconda. Ha fatto di tutto, in materia di letteratura, ma soprattutto di teatro.

---

[266] *En breloque*, in blocco.

«Voi mi chiedete – scrive a Grimm – perché faccio tante commedie. Vi risponderò, come Pincé[267], per tre ragioni: *primo* perché ciò mi diverte; *secundo*[268] perché vorrei risollevare il teatro nazionale, che in mancanza di nuove composizioni, si trova un po' trascurato, e *terzio* perché è bene strigliare un po' i visionari che cominciavano ad alzare la testa. *L'Ingannatore* e *l'Ingannato* hanno avuto un prodigioso successo . . . Fatto sorprendente e ridicolo, è che alla prima rappresentazione hanno chiesto dell'autore, il quale ha conservato il più stretto incognito, nonostante il suo enorme successo. Ognuna di queste commedie ha fruttato a Mosca 10.000 rubli, in tre rappresentazioni, al suo impresario.»

Non c'è bisogno, si vede, di essere un autore rappresentato a Parigi, per farsi un'idea presuntuosa dell'accoglienza del pubblico, vanità dalla quale non difende neanche il diadema imperiale degli autocrati.

Nell'*Ingannatore* e nell'*Ingannato,* Caterina ha preteso mettere in scena Cagliostro e le sue vittime. La maggior parte delle sue commedie sono opere polemiche o di satira filosofica, sociale, religiosa. Vi ha fatto, coraggiosamente, il processo alle idee, alle tendenze, ai costumi, alle persone stesse che non le piacciono o che le danno fastidio. Possiamo anche dire che in questo, come scrittrice, ha messo il meglio della sua ispirazione. Eppure, ella non ha avuto, in alcun modo, il senso del teatro. L'elemento drammatico propriamente detto è assente dalle sue commedie come dai suoi drammi. Nessuna arte della composizione, nessuna scienza dell'effetto, nessuna capacità creatrice; neppure un tipo in mezzo a tutti i suoi personaggi; ma qua e là dei tratti presi dal vivo nei costumi del Paese, e anche arguzia, del buonumore, dote reale d'osservazione. Come tendenza generale, lo spirito di Voltaire, corretto dal rispetto di alcuni sentimenti, del sentimento religioso, tra gli altri, del quale deve avere riguardo nell'ambiente in cui si trova. Come obiettivo principale, la lotta contro la corrente mistica, che comincia a farsi strada negli strati superiori della società e trova nelle naturali tendenze dell'anima russa un elemento tra i più favorevoli alla sua diffusione. La massoneria e il *martini-*

---

[267] (N.d.A.) Pincé è uno dei personaggi del *Tamburo notturno,* commedia di Destouches.
[268] Così nel testo originale.

smo trovano in lei una violenta avversaria. Un giorno, assimila i massoni alla setta siberiana degli *Sciamani*, che cerca di rendere ridicoli e odiosi accusandoli di estorcere del denaro ai poveri di spirito dei quali sfruttano la credulità. È il tema di *Chamane Sibirski* (Sciamano della Siberia), commedia della quale un articolo dell'*Encyclopédie* (il *Teosofo*) le ha suggerito il canovaccio; è ancora quello de l'*Obmanchtchik* (l'Ingannatore) e de l'*Obolchtchenie* (l'Illusione). Ma, occasionalmente, non manca di attaccare altri errori e altre cose ridicole. Uno dei personaggi di *O Vremia!* (commedia tradotta in francese con il titolo *O temps! ô mœurs!*) madame Hanjahina è sul punto di compiere cinquanta genuflessioni davanti a un'immagine sacra, spinta dal suo fervore ortodosso. Entra un contadino che, dopo aver baciato i piedi della donna, mette una carta tra le sue mani. Come osa costui disturbarla in un simile momento? «Vattene demone, scherano dell'inferno! – gli grida – Temi la collera di Dio e la mia.» Getta tuttavia lo sguardo sul pezzo di carta: è una supplica, e il supplicante, che vuole maritarsi, e che, nella sua condizione di servo, ha bisogno dell'autorizzazione della sua padrona per farlo. «Come osi importunare una proprietaria di servi con richieste simili, mentre fa le sue devozioni!» Madame Hanjahina mette il malcapitato richiedente alla porta e ritorna alle sue genuflessioni. Ma ne ha perso il conto. Bisogna ricominciare? Ricomincerà, ma prima di tutto chiama i suoi uomini e ordina che si diano cinquanta volte cinquanta bastonate a quel contadino che Satana in persona le ha mandato e che non si mariterà mai, beninteso, finché lei sarà in vita e continuerà a venerare le sacre immagini.

Caterina si è fatta onore scrivendo questa scena, in cui vi è del migliore spirito comico. Alcuni hanno affermato che questo spirito, come anche l'ispirazione, abitualmente elevata e generosa, che anima le commedie date da Caterina al teatro nazionale, non veniva da lei. Facendone il confronto con alcuni altri suoi scritti, anteriori o posteriori all'epoca in cui comparve *O Vremia!*, con la satira così pesante, per esempio di *Vsiakaia Visiatchina*, si è giunti ad ammettere che, per dire così bene certe cose in un momento, e per dirne così di mediocri in un altro, era necessario che Caterina non fosse sola a scrivere le sue commedie. È stato indicato Novikov. Il grande periodo dell'attività drammatica dell'imperatrice corrisponde, in effetti, al tempo del rapporto con quest'uomo di valore e della sua collaborazione alle pubblicazioni periodiche da lui dirette. Le idee sviluppate nelle commedie sono quelle di Novikov. Il talento che vi si vede è anch'esso il suo? Il dubbio è consentito. Prima dell'amicizia tra Caterina e lui (nello stesso momento in cui ella proibiva la pubblicazione del suo «Bourdon», *Troutegne*), Caterina non scriveva commedie. E non ne scrisse altre dopo il suo litigio con l'illustre pubblicista. Lavorò ancora per la scena, ma in un altro genere e con minore successo. I grandi drammi storici che si è vantata di far rappresentare sono interessanti per lo studio delle sue idee, ma non sono, propriamente parlando, opere teatrali. Si direbbero piuttosto delle tesi storiche e politiche, il cui oggetto è mettere in evidenza l'importanza del ruolo che hanno su questa terra i principi, condottieri di uomini. Il principi, come l'autore li interpreta, hanno tutti i diritti e tutti i poteri, ivi compreso quello di cambiare a loro volontà le idee, i costumi e persino le usanze dei loro sudditi. Essi sono, anche se si chiamano Rurik o Oleg, immensamente al di sopra della massa stupida del popolo. Questo popolo, Caterina lo concepisce come un insieme di bambini non cattivi, ma ingenui, ignoranti e insubordinati, che hanno perciò bisogno di essere condotti e governati da una mano ferma. Peraltro, ella si mostra piena di simpatia per questi esseri inferiori. Si interessa al loro modo di vivere e di parlare, alle loro credenze, alla loro poesia. Mette volentieri in scena la loro pittoresca rusticità, le loro danze e i loro canti. D'altra parte, gli esseri superiori chiamati a comandare costoro, i sovrani dei quali si sforza di descrivere la figura ideale, sono dolci, misericordiosi, facilmente accessibili, amanti della verità, indulgenti, benché severi nel reprimere il male. I due termini di questo immaginario parallelismo non si armonizzano mai molto bene insieme, ma non se ne preoccupa, come sempre. Fa anche trionfare, in questo tipo di composizioni, il suo immutabile ottimismo, che non recede davanti ad alcuna inverosimiglianza. Nel primo atto dell'*Oleg*, l'eroe del dramma pone le fondamenta di Mosca; nel secondo si sposa e mette sul trono di Kiev il suo pupillo Igor; nel terzo, fa la sua entrata a Costantinopoli, dove l'imperatore Leone, obbligato ad accettare una tregua, lo riceve magnificamente; l'ultimo atto ce lo mostra mentre assiste a una rappresentazione dei giochi Olimpici e appende il suo scudo a una colonna per attestare il suo soggiorno nella capitale. Questo modo di fare la storia e l'arte drammatica sembra essere perlomeno azzardato. Coraggiosamente, comunque, Caterina mette nel sottotitolo: *Imitazione di Shakespeare*. Bisogna volergliene? Non vi è malizia da parte sua, e vi è nel suo *Oleg* uno slancio patriottico che riesce a riscattare parecchi errori. Per contro, il suo *Eroe del Malocchio*, del quale abbiamo già parlato, scritto e rappresentato nel 1789 in occasione della guerra con la Svezia, è una insulsaggine. La musica di Martini non è certo sufficiente a mascherare la povertà e la piattezza di questa composizione, della quale Caterina ha attinto l'idea in un racconto popolare (*Fifluga-Bohatyr*).

In verità, dobbiamo essere ancora più indulgenti, poiché l'imperatrice non diede mai una grande importanza a queste prove più o meno felici. Abbiamo visto il tenore disinvolto che usava in generale per parlare dei suoi scritti. Le sue commedie e i suoi drammi erano ammirevoli ai suoi occhi, come tutto quello che faceva, mentre li stava facendo. Terminata l'opera, e passata l'eccitazione nella quale il suo lavoro di composizione l'aveva messa, ritrovava la sicurezza del suo giudizio e la fermezza del suo buonsenso, per apprezzare nel loro valore quei frutti raccolti da lei in un giardino che percepiva non far parte del suo dominio naturale. Accettava, senza formalizzarsi, le critiche che Grimm si azzardava a indirizzarle. Scriveva:

«Ebbene, queste opere drammatiche, eccole polverizzate, non è vero? Niente affatto. Io sostengo che vanno bene là dove non ne vengono fatte di migliori e poiché il pubblico è accorso, ha riso ed esse hanno avuto l'effetto di fermare l'effervescenza settaria, hanno avuto il successo che dovevano. Ne farà di migliori chi potrà e, quando costui sarà trovato, noi non ne faremo più, ma ci divertiremo con le sue . . . »

Secondo un'opinione che sembra fondata, Caterina ha scritto in tedesco la maggior parte delle sue commedie. Questo è quasi certo per l'*Eroe del malocchio*. Per le commedie che voleva far rappresentare in russo, trovava così più facilmente dei traduttori. Deržavin vi fu impegnato frequentemente. Per quelle che faceva recitare in francese nel suo teatro dell'Ermitage, evitava lo scoglio di una produzione personale eccessivamente scorretta. Leclerc, un medico francese dell'atamano dei cosacchi, Razumovskij, ha tradotto la sua commedia *O Vremia!* La Società parigina dei Bibliofili ha pubblicato la versione francese, nel 1826, in soli trenta esemplari. La collezione conosciuta con il nome di *Teatro dell'Ermitage* contiene sei composizioni drammatiche di Caterina, a fianco di un grande numero di altre, dovute alla penna del conte Šuvalov, del conte Cobenzl, del principe di Ligne, del conte Strogonov, del favorito Mamonov e di Estat, un francese addetto al gabinetto dell'imperatrice. La Biblioteca nazionale di Parigi possiede una raccolta datata 1772, che comprende tre commedie attribuite all'imperatrice e pubblicate in lingua russa.

Caterina si occupò anche di romanzi, almeno sembra. Nel terzo volume della sua *Storia della letteratura tedesca*, Kurtz mette la sovrana nel numero degli scrittori tedeschi del diciottesimo secolo, come autore di un romanzo orientale, *Obidach*, che avrebbe scritto nel 1786. Le attribuisce numerose altre opere sempre composte nella sua lingua madre, delle quali tuttavia non menziona i titoli.

Possediamo ancora dei saggi della capacità dell'imperatrice come favolista. Componendo per i suoi nipoti uno dei racconti dei quali Grimm ha dato la primizia, nel 1790, ai lettori della sua *Correspondance*, Caterina evidentemente sbagliava indirizzo. Lo *Tsarevitch Chlore*, come suo cugino lo *Tsarevitch Febei*, sono dei racconti filosofici alla maniera di Voltaire, con significati allegorici, intenzioni moralistiche e pretese scientifiche, assolutamente inaccessibili per delle menti infantili. Caterina ebbe tuttavia quella che noi chiameremmo *la scienza del fanciullo*, l'arte di sapersi mettere alla portata delle immaginazioni giovani, fresche e ingenue; ebbe anche l'amore per l'infanzia. Ma, penna alla mano, le accadeva di arrivare a dimenticare ciò che sapeva meglio. Non ha dato prova, d'altra parte, nelle sue composizioni di una grande e fertile inventiva, né di un modo di esprimersi molto ingegnoso, né di un'ispirazione originale. Ha plagiato, una volta di più, le idee del vicino, quelle di Jean-Jacques Rousseau e, questa volta, di Locke.

Infine, Caterina fu poetessa. È una passione che le è venuta sul tardi. «Immaginatevi – scriveva a Grimm nel 1787 – che navigando sul Boristene, il conte di Ségur ha voluto insegnarmi a fare versi. Ho rimato per quattro giorni, ma bisogna impegnare troppo tempo per farlo ed io ho iniziato troppo tardi.» Tuttavia, l'anno prima, aveva già chiesto a Chrapowiçki di mandarle un dizionario di rime russe, se ne esisteva uno.

Ignoriamo l'esito che hanno avuto a questo proposito le ricerche del suo segretario, ma a partire dal 1788 vediamo la sovrana poetare molto sovente sia in russo, sia in francese. Nell'agosto 1788, scrive dei versi burleschi sul re di Svezia, componendo contemporaneamente una commedia francese: *I viaggi di Mme Bontemps*, che si propone di far rappresentare, di sorpresa, negli appartamenti del favorito Mamonov, per il giorno del suo compleanno. Nel gennaio 1789, invia a Chrapowiçki due quartine russe sulla presa di Otchakov. Una di esse è anche notevole per il vigore del pensiero e l'energia di qualche espressione. Quanto alla forma poetica, sfugge al nostro apprezzamento. Ecco una quartina francese, senza data, che permetterà al lettore di farsi un'idea personale delle attitudini di Caterina per questo genere di produzione letteraria. È un'epigrafe da lei composta in occasione della morte del conte Ivan Šuvalov che, dal 1777, svolgeva presso la sovrana le funzioni di gran ciambellano.

> SI GIT
> MONSEIGNEUR LE GRAND CHAMBELLAN
> A CENT ANS BLANC COMME MILAN;
> LE VOILA QUI FAIT LA MOU
> VIVANT IL GRATTAIT LA JOUE.[269]

Senza dubbio, non ci verrà chiesto altro.

Caterina si è anche occupata di tradurre l'*Iliade*. Sono stati conservati negli archivi dell'impero tre fogli di prove che sono di suo pugno. Evidentemente, ha intrapreso molte cose.

---

[269] «Qui giace / Monsignore il Grande Ciambellano / a cent'anni bianco come Milano (è *intraducibile il gioco di parole ricavato dall'assonanza di «cent ans» e «Milan»*) / Ora fa il broncio / Da vivo si grattava la guancia.

IV

Caterina redattore capo di un giornale – La sua polemica con Novikov – Un argomento decisivo – Condizione della stampa in Russia – Il giornale della principessa Dachkov – Collaborazione di Caterina – Polemica con Fonvizin – Un docile contraddittore – Idee di Caterina sull'arte di scrivere

Sarebbe stata una grave mancanza per Caterina non essere stata un po' giornalista, in un'epoca in cui il giornale iniziava ad avere un ruolo nel mondo. Lo è stata più di un po': non sapeva fare le cose a metà. È oggi certo che ella non solamente ha collaborato al giornale di Piekarski, che iniziò ad essere pubblicato nel 1769, con il titolo quasi intraducibile di *Vsiakaïa Vsiatchina* (*Miscellanea*), ma che ne ha occupato il ruolo di redattore capo. L'obiettivo principale di questo giornale, nel momento in cui fa la sua comparsa, è di combattere il *Bourdon*[270] di Novikov. Il *Bourdon* fa la critica di diversi aspetti, assolutamente criticabili, dell'organizzazione della società russa contemporanea. Lo spirito scettico e un po' triste del redattore si riflette negli articoli che vi vengono pubblicati. Si prende di mira soprattutto la venalità universale degli impiegati del governo. Caterina risponde con un tono di divertita canzonatura. Bisogna piangere su tutto e vedere tutto nero? Ella vuole che si sia contenti e che si prenda la vita allegramente. La venalità è certamente cosa volgare e detestabile, ma i poveri impiegati hanno tante tentazioni! Bisogna condannarli senza ammettere circostanze attenuanti? Bisogna, in generale, essere così esigenti e chiedere all'umanità una perfezione che non saprebbe raggiungere? «Vogliamo stare con i piedi per terra – fa scrivere Caterina al suo giornale – e non volare nell'aria, e ancor meno arrampicarci fino al cielo.» «Inoltre – aggiunge – non amiamo gli scritti melanconici.» Novikov, non c'è dubbio, trova di che replicare. Ma Caterina ha di riserva un argomento assolutamente senza replica: un bel giorno impone il silenzio al suo av-

---

[270] *Bourdon* in italiano può essere tradotto con *bordone*, ovvero lungo e grosso bastone usato dai pellegrini, o con *calabrone*. Propendiamo per quest'ultima interpretazione, stante il tono e la funzione che voleva avere il giornale di Novikov.

versario, sopprimendolo. La pubblicazione del *Bourdon* è proibita nel 1770.

Per una bizzarra combinazione, è in questo momento che iniziano, tra l'imperatrice e il giornalista così ridotto al silenzio, delle relazioni che presto prendono le caratteristiche di una grande intimità e che sfociano in una vera comunione di idee e di sforzi messi al servizio della cosa pubblica. Caterina adotta Novikov come suo editore e gli affida degli scritti storici di sua composizione. Ben presto lo autorizza alla pubblicazione di un nuovo giornale, che inizia a comparire con il titolo di *le Peintre*[271] (*Jivopiissietz*), al quale ella stessa collabora. Uno scambio di vedute e di influenze si instaura tra i due, che sembravano fatti così poco per comprendersi. Novikov giunge ad ammettere con l'imperatrice che la critica acerba, la satira spietata, l'acrimonia e la collera non sono il mezzo migliore da impiegare per la moralizzazione; che è preferibile cercare di emendare i costumi del suo paese in modo più morbido, non con la noia delle lezioni severe, ma con l'attrattiva dei buoni esempi. Egli rinuncia ai suoi modi di polemica mordente e astiosa. Caterina, da parte sua, scrive, nel corso del 1772, le sue commedie *Le jour de nom de Mme Vortchalkina* e *Ô temps! Ô mœurs!*, che portano l'impronta delle idee care a Novikov. Vi ridicolizza la francomania e, benché con più riserva, si mette al seguito del suo nuovo amico per mettere in luce la condizione penosa del contadino russo.

Questo strano connubio, lo si intuisce, non è fatto per durare. L'imperatrice non tarda a giudicare che il suo collaboratore va troppo lontano nella difesa dei principi comuni e soprattutto nella difesa dei servi della gleba. Nel 1775, Novikov si trova sospettato di affiliazione alla massoneria, che comincia a fare in Russia numerosi proseliti. Da quel momento, la rottura è consumata. La pubblicazione del nuovo giornale è a sua volta proibita e non è che l'inizio di una serie di ostilità che un giorno condurranno il disgraziato pubblicista alla prigione di San Pietroburgo.

Un momento di fermo si produce in questo momento nel movimento nascente delle pubblicazioni della stampa russa. Solo nel 1779, inizia a comparire il *Messaggero di San Pie-*

---

[271] *Il pittore.*

troburgo. Ha una durata di due anni e mezzo, per condividere poi la sorte dei suoi predecessori. Ma nel 1783, l'*Interlocutore degli amici della lingua russa* arriva a prendere il posto degli scomparsi, con un lustro e un'autorevolezza senza precedenti. Il giornale è stampato all'Accademia delle scienze, sotto la direzione della principessa Dachkov, che sovrintende i destini di questa istituzione. Si sa ben presto che l'imperatrice prende parte alla redazione, esamina i manoscritti inviati e collabora personalmente. È così che vedono la luce i *Byli i Niebylitsi* (*Realtà e Finzioni*), uno degli scritti più curiosi di Caterina. È una serie di articoli legati unicamente dall'ispirazione generale, che è quella di una allegra presa in giro dei costumi contemporanei, con intenzioni moralizzatrici. Caterina vi rivela una conoscenza stranamente approfondita della vita intima delle classi inferiori, attinta sicuramente dalla sua conoscenza della folla di arricchiti uscita dai ranghi del popolo, o quasi, della quale si è circondata. Vi fa mostra, nello stesso tempo, di una effusione di buonumore, una freschezza di idee e di sensazioni che meravigliano in una persona della sua età: ha più di cinquant'anni! Ma anche la collaborazione all'*Interlocutore* corrisponde all'epoca più felice della sua vita: è quella della pacifica annessione della Crimea e quella del favore di Lanskoï. Vi è stata, in quel periodo, attorno a Caterina come una irradiazione passeggera di tutti i suoi splendori, di tutte le sue ricchezze e di tutte le sue gioie. Tutto le sorrideva, tutto le riusciva, tutto si metteva in festa davanti ai suoi occhi. Ecco l'attacco di questi articoli:

«Preambolo. Grande felicità! Una via si apre per me e per i miei compagni che hanno contratto la malattia di annerire della carta con una penna immersa nell'inchiostro. L'*Interlocutore* si stampa! Scrivete, mandate, e sarete pubblicati. Ne sono estremamente felice. Vi assicuro che, benché non sappia scrivere correttamente in alcuna lingua, e non abbia imparato alcuna scienza, non mancherò questa occasione di pubblicare le mie *Realtà e Finzioni*. Voglio avere il piacere di vederle pubblicate.»

Tutto il resto è in questo tono di allegria e volontaria ingenuità. Caterina debutta con dei ritratti caricaturali, dei quali il suo vecchio maestro di corte, Tchoglokov, ha per primo gli onori e dove, successivamente, i principali personaggi della corte sono passati in rassegna. Sembra avere la preoccupazione di imitare Sterne. Usa e abusa, sul suo esempio, delle parentesi, dei *N. B.* e delle note. Si diverte enormemente di quanto scrive, e crede in buona fede di divertire altrettanto i suoi lettori. Dice, a questo proposito, in una lettera a Grimm: «Bisogna che voi sappiate che, da quattro mesi, esce a Pietroburgo un giornale russo dove i *N.B.* e le note sono frequentemente usati per far morire dal ridere. In generale, questo giornale è un guazzabuglio di cose molto divertenti.»

Uno dei tratti originali di questa pubblicazione, è la polemica tra redattori e lettori. La redazione si è impegnata a pubblicare le critiche e le osservazioni che le sarebbero state inviate sugli articoli precedentemente apparsi. Gli autori, e in particolare l'autore di *Realtà e Finzioni*, vengono vivacemente presi di mira. Come è possibile lasciare che venga detto il fatto suo all'imperatrice di tutte le Russie? Cercano di far comprendere ai lettori con chi hanno a che fare, senza tuttavia sollevare il velo dell'anonimato, che Caterina tiene a conservare. È quello che accade a Fonvizin, che invia all'indirizzo dell'autore una serie di domande indiscrete. Le risposte di Caterina sono curiose da leggere:

«Perché – chiede Fonvizin – vediamo senza impiego tanta gente onesta, che sembra più meritevole e capace di servire di coloro che attualmente occupano le cariche?»

«A quanto pare – risponde l'imperatrice – perché essi hanno trovato più conveniente restarsene a riposo.»

«Perché, un tempo, i buffoni, i giocolieri e gli arlecchini non ricevevano degli impieghi, quando oggi ne hanno e di alquanto importanti?»

La domanda riguarda direttamente Leon Naryskin, che è un amico personale di Caterina e che, pur recitando il ruolo di buffone di corte, si ritrova colmato di onorificenze e costellato di decorazioni. Caterina risponde, in un primo tempo, con una frase ambigua, della quale ci sfugge il senso:

«I nostri predecessori non erano tutti dei letterati», leggiamo, il che non ha alcun rapporto apparente con la materia del dibattito. Poi, la collera la trasporta, e aggiunge: «Questa domanda è frutto della libertà di linguaggio che i nostri antenati non avevano.» È un avvertimento, ma Fonvizin non ne tiene conto:

«Perché – chiede ancora – le onorificenze, che dovrebbero sempre testimoniare dei servizi effettivi resi alla patria, non procurano, la maggior parte delle volte, a coloro che le portano alcuna considerazione?»

Risposta un po' seccata dell'imperatrice:

«Ciascuno stima soltanto chi gli rassomiglia.»

Ultima domanda di Fonvizin:

«Perché, in un'epoca come la nostra, dove ovunque ci si occupa di legislazione, nessuno pensa di distinguersi in questo campo?»

«Perché non è affare di tutti.»

Questa volta, Fonvizin si accorge di essere andato troppo in là, o forse gli aprono gli occhi sui pericoli della sua bravata. Si affretta a spedire una lettera di scuse. Ha compreso molto male il suo ruolo e rinuncia per sempre a fare domande. Se lo si esige, non prenderà più la penna in mano in tutta la sua vita. La lettera è pubblicata con questo titolo: «Confessione volontaria di un autore pentito.»

Ma una lite più grave scoppia tra l'augusta collaboratrice e la direttrice del giornale. Proseguendo la sua carrellata satirica delle personalità più in vista alla corte e in città, l'imperatrice non poteva tralasciare di prendersela, un giorno, anche con la principessa Dachkov e la sua Accademia delle scienze. Tuttavia, questa volta, cercò di mascherare, anche agli occhi della principessa, questo scherzo pericoloso. Fu Leon Naryskin che, sotto lo pseudonimo di *Canonico*, indirizzò a questa l'articolo che la riguardava. Ecco con quali termini Caterina annunciava la cosa a Grimm:

«Per divertirvi, vorrei inviarvi qualche traduzione delle battute del giornale guazzabuglio: tra l'altro, vi è una società degli *Ignoranti*, divisa in due camere. La prima: con odorato o tatto, perché la parola russa è *tchutio*, che vuole dire l'olfatto dei cani da caccia, si potrebbe dire: a lume di naso. La seconda camera senza odorato. Le due camere trattano di tutto, a casaccio. La seconda giudica con buon senso e l'altra le fornisce il materiale; c'è in tutto ciò una serietà, un'autenticità che fanno crepar dal ridere il lettore e vi sono dei particolari che resteranno proverbiali.»

Un frammento del manoscritto, che ci è stato conservato, prova che Caterina era l'autrice dell'articolo. La principessa

Dachkov non crepò dal ridere leggendolo, diventò rossa dalla rabbia. Pubblicò l'articolo, ma consigliò all'autore, che supponeva essere Leon Naryskin, di non occuparsi di scrivere: per quello non aveva alcun talento. Caterina fu stizzita a sua volta. Aveva già inviato al giornale il seguito delle sue *Realtà e Finzioni* e fece ritirare il manoscritto. Deržavin versò dell'olio sul fuoco, raccontando all'imperatrice che la principessa si permetteva, a proposito dei suoi scritti, delle osservazioni e delle battute sconvenienti, che giungevano sino a burlarsene apertamente davanti a degli estranei. La sfortunata direttrice fece ciò che poté per riparare il male, calmare la collera imperiale e salvare la sua pubblicazione. Tutto invano. Un anno dopo, Caterina scriveva a Grimm:

«Questo giornale non sarà più così valido, perché i buffoni del giornale hanno bisticciato con gli editori; ma questi ultimi non possono che rimetterci, anche se questa pubblicazione faceva la felicità della città e della corte.»

L'imperatrice, tuttavia, proseguì per un po' di tempo la sua collaborazione, ma rinunciando al genere umoristico delle *realtà e Finzioni*, che ne rappresentava tutta l'attrattiva. Sostituì quegli articoli con le sue *Note sulla storia russa*. Ebbe un bel dichiararsene ancora molto soddisfatta, annunciare a Grimm che il successo era totale e che solo la modestia le impediva di dire di più, i lettori non parvero condividere, questa volta, la sua soddisfazione. Il giornale vegetò sino al giugno 1784. A quell'epoca, la morte di Lanskoï fermò completamente per qualche tempo la penna di Caterina e in settembre l'*Interlocutore* aveva cessato di vivere.

Nella conclusione delle *Realtà e Finzioni*, nel momento in cui decise di non continuarle, Caterina ha lasciato le sue idee per quanto riguarda l'arte di scrivere. Serviranno da epilogo a questo capitolo:

«Cedo i miei *Byli i Niebylitsi* a . . . , chiedendo a costui o a colui al quale egli li donerà, affiderà, venderà o depositerà per continuarli, di non scrivere pesantemente o faticosamente, come se sollevasse pesi con l'aiuto di una carrucola. Preferire le espressioni corte e chiare alle lunghe e contorte. Pensare in russo scrivendo in russo. Sostituire le parole straniere con parole russe e non chiedere in prestito modi di dire alle lingue straniere, essendo la nostra lingua abbastanza ricca per questo. Non cercare mai l'eloquenza: deve venire spontanea sotto la penna di uno scrittore. Evitare la noia, soprattutto con la scienza impiegata a sproposito. L'allegria è meglio di tutto; ridere è meglio che piangere. Tuttavia, non inseguire il riso, né lo spirito, né le ricercatezza del linguaggio. Non camminare sui trampoli quando si può fare benissimo uso delle proprie gambe; vale a dire evitare le espressioni ampollose, il pathos là dove un modo di parlare più semplice sarebbe più appropriato, più gradevole e suonerebbe meglio all'orecchio. Se vuole fare della morale cerchi almeno di mischiarvi delle riflessioni gradevoli per evitare la noia. Mettere in rilievo la profondità delle idee con la chiarezza delle espressioni e la serietà del pensiero con la leggerezza di stile, al fine di renderli accessibili a tutti. Esaminare le idee in ogni aspetto, e non sotto uno solo, per poter incontrare il punto di vista più facile alla ragione. È desiderabile che l'autore nasconda il proprio *io* e che la sua personalità non si faccia vedere né sentire in alcun punto dei suoi scritti.»

Ecco degli eccellenti precetti, e Boileau con Voltaire insieme non avrebbero detto meglio. Solamente, non siamo convinti che Caterina sia sempre riuscita ad applicarli a se stessa, sia nell'*Interlocutore*, sia altrove.

CAPITOLO III

CATERINA PEDAGOGA

I

Condizione dell'educazione nazionale in Russia all'avvento di Caterina – Il regolamento del 1764 – Influenza di Locke e di Jean-Jacques Rousseau – Le idee di Jean-Jacques Rousseau non sono quelle di Novikov – Ciò che pensava nel 1785 un direttore delle scuole pubbliche in Russia delle scuole in generale – Mancanza di personale docente – Il corpo dei cadetti – Caterina fa appello ai filosofi

Le istituzioni create da Caterina per l'educazione nazionale, le sue idee e i suoi scritti pedagogici occupano troppo spazio nella storia del suo regno e in quella dello sviluppo intellettuale del suo popolo perché possano passare sotto silenzio in questo studio, per brevi che debbano essere le pagine che consacreremo loro. Salita al potere, Caterina dovette riconoscere quale contributo fosse stato per lei, nella lotta dalla quale usciva vittoriosa, la superiorità della sua cultura intellettuale, la relativa abbondanza e la varietà delle sue conoscenze. Nello stesso tempo, era nelle condizioni di giudicare quanto costasse in Russia, anche sui gradini del trono, arrivare a quel poco di conoscenze che possedeva. Infine, la pratica del potere doveva ben presto farle toccare con mano le enormi difficoltà che i sovrani meglio intenzionati hanno incontrato, in ogni tempo, alle prese con l'ignoranza dei loro sudditi. La riforma o, per meglio dire, la creazione dell'educazione nazionale si è trovata di buon'ora al primo posto nelle preoccupazioni dell'imperatrice nel governo del suo impero. A questo riguardo, ella ebbe tutto o quasi tutto da creare. Il basso popolo non contava e la classe media pressoché non esisteva; pertanto, si trattava di alzare il livello degli studi della classe più elevata della scala sociale. Ma questo livello era terribilmente basso. I ragazzi della nobiltà erano allevati dai servi o da precettori stranieri. Si intuisce che cosa potessero apprendere dai primi; quanto ai secondi, si intuisce di quale qualità potessero essere questi soggetti, per la maggior parte francesi, che tentavano la carriera di istitutore privato nella lontana Russia. Méhée de la Touche ha raccontato l'aneddoto di quella governante alla quale i genitori dei suoi futuri allievi chiesero se parlava francese: «*Sacrédié!* Lo credo bene, è la mia lingua», rispose. Venne assunta senza ulteriori informazioni. Solamente, le rimase attaccato il nomignolo di *Sacrédié*.

Come sempre, Caterina volle incidere nel vivo, fare alla grande e presto. Dal secondo anno del regno, Betskoy, il collaboratore da lei scelto in questo campo, ricevette l'ordine di lavorare a un progetto, che avrebbe dovuto comprendere tutto un nuovo sistema di educazione, adatto a servire da base a un insieme di istituzioni scolastiche, che ci si proponeva di creare in seguito. Il risultato fu la pubblicazione nel 1764 di un *Regolamento generale per l'educazione dei ragazzi dei due sessi*. Betskoy ha riconosciuto che le idee sviluppate in questo documento erano quelle della stessa imperatrice. Si possono giudicare audaci, se non originali: sono più o meno quelle di Locke e di Jean-Jacques Rousseau; quelle di Rousseau soprattutto, benché Caterina abbia preso poco in considerazione il suo genio. Si tratta di creare *ex novo* degli uomini o delle donne che non assomigliano in nulla a quelli o a quelle che si sono visti fino a quel momento in Russia, separati radicalmente dalla matrice e dal suolo della loro nascita, in qualche modo estirpati dal loro ambiente naturale e sviluppati in un'atmosfera artificiale, preparata per la cultura che si destina loro. Saranno presi a cinque o sei anni e si procederà a formarli, strettamente controllati e sottratti a ogni influenza esterna, fino all'età di almeno vent'anni.

Caterina ha pensato seriamente di mettere in atto questo programma. Se non vi è arrivata, perlomeno nei limiti e nelle proporzioni previste e da lei auspicate, vale a dire abbracciando l'insieme dell'educazione e dell'istruzione pubblica, è perché si è scontrata, anche su questa strada, con grandi difficoltà, ed anche perché la pazienza, la perseveranza nelle decisioni e la continuità dello sforzo sono venute a mancare alla sua volontà. Le difficoltà venivano in primo luogo dall'opposizione che incontrava non solamente nella sua stessa cerchia, generalmente poco illuminata e, di conseguenza, indifferente per principio, se non ostile, alla messa in opera di un qualsivoglia programma relativo a queste idee, ma anche tra gli spiriti più aperti e più colti ai quali poteva fare appello, al di fuori dell'ambito ufficiale, per un aiuto alla sua impresa. Le idee di Jean-Jacques Rousseau non erano affatto quelle di Novikov, per esempio, né quelle dell'ambiente in cui si esercitava l'influenza del pubblicista. E si trattava, si può quasi affermare, dell'ambiente più intelligente della Russia di allora. Novikov aveva delle personali idee pedagogiche, completamente differenti, che davano grande spazio, nell'educazione nazionale, allo spirito locale, al costume, alla tradizione, alle usanze del paese, respingendo l'introduzione arbitraria di elementi stranieri. Quanto al personale ufficiale, di cui disponeva Caterina, era tale da domandarsi se l'educazione pubblica e le scuole in generale servissero a qualche cosa. Nel 1785, a una riunione serale dall'imperatrice, a Potëmkin che parlava della necessità di dotare la Russia di un maggior numero di università, il direttore delle scuole normali recentemente create, Zavadovski, fece notare che l'Università di Mosca non aveva, da quando esisteva, prodotto un solo uomo che si fosse distinto nella scienza. «È perché – replicò Potëmkin – voi mi avete impedito di continuare i miei studi, espellendomi.» Il fatto era vero. Il favorito era stato respinto e obbligato a prendere servizio in un reggimento, il che fu l'inizio della sua fortuna. Dimenticava di dire che la sua pigrizia e la sua cattiva condotta gli meritarono legittimamente quella punizione. Caterina prese allora la parola per constatare che ella stessa doveva parecchio all'educazione universitaria: da quando aveva al suo servizio alcuni uomini che avevano studiato a Mosca, era arrivata a comprendere qualche cosa delle memorie e dei documenti che le sottoponevano per la firma. È a seguito di questa conversazione che fu decisa la creazione delle Università di Nijni-Novgorod e di Iekatierinoslav. Ma quest'ultima città era anch'essa da creare.

Una ulteriore difficoltà si presentava nella scelta del personale docente. Organizzando l'istituto del corpo dei Cadetti, Betskoy prese per direttore un anziano suggeritore del teatro francese, per ispettore delle classi un anziano valletto di camera della madre di Caterina. Uno dei professori, Faber, era stato lacchè al servizio di due altri professori francesi, Pictet e Mallet, dei quali divenne così collega. Poiché Pictet e Mallet fecero delle rimostranze, Betskoy si accontentò di dare a Faber il grado di luogotenente nell'armata russa il che, sembra, sistemò le cose. C'era anche un'ispettrice del corpo dei Cadetti, della quale non sapremmo definire le funzioni in maniera precisa. Il posto fu aggiudicato a una dama Zeitz, moglie di un confidente di Pietro III, dalla moralità alquanto dubbia. Ma la generalessa Lafont che, come direttrice di un altro istituto particolarmente protetto dall'imperatrice, esercitava in questa sfera un potere sovrano, doveva una grossa somma alla signora Zeitz e si sdebitò in questo modo. Infine, il capo di polizia dell'istituto fu un certo Lascaris, un puro avventuriero, che divenne più tardi direttore con il grado di luogotenente colonnello.

Una grande libertà regnava in questa scuola, se prestiamo credito alla testimonianza di Bobrinski, il figlio naturale di Caterina, che vi fu allevato: vi si applicavano con larghezza le idee di Jean-Jacques Rousseau.

Caterina si vide così costretta a fronteggiare una complicazione nel suo programma di organizzazione scolastica. Dovette prima di tutto pensare *ad allevare dei maestri* per i futuri allievi, che si proponeva di dare loro. Inviò all'Università di Oxford, all'Accademia di Torino, alle scuole tedesche molti giovani che dovettero così prepararsi ai delicati doveri dell'insegnamento. Ma ben altre cose ancora le mancavano per creare delle scuole veramente nazionali, e lo confessava candidamente a Grimm:

«Sentite un po', signori filosofi. Sareste persone deliziose e adorabili se aveste la bontà di redigere un piano di studi per i giovani, dall'abbecedario fino all'università compresa. Mi dicono che sono necessari tre ordini di scuole, ed io che non ho affatto studiato e che non sono stata a Parigi, non ho né cultura né intelligenza e, di conseguenza, non so che cosa bisogna apprendere e dove possa attingere tutto ciò se non da voi. Sono preoccupata di trovare un'idea del regolamento dell'università, del ginnasio e della scuola elementare.»

Indicava tuttavia il modo scelto provvisoriamente per togliersi dall'imbarazzo:

«Nell'attesa che voi diate seguito oppure no alla mia preghiera, so cosa debbo fare: sfoglierò l'*Encyclopédie*. Vi afferrerò di certo tutto ciò di cui ho e non ho bisogno.»

Essendo i filosofi rimasti muti, è l'*Encyclopédie* che dovette effettivamente fornire le concezioni che guidarono in questo campo il genio universale di Caterina.

II

Creazione delle scuole speciali – Il sogno di Caterina – Lo Smolnyi Monastyr – Un convento laico – Caterina nel ruolo di badessa – Una contraffazione di Saint-Cyr – Frutti di questa educazione – Le incertezze delle idee di Caterina in questa materia – Incoerenze

Queste concezioni sono rimaste sterili, tranne un'eccezione. Alcuni istituti scolastici portano, è vero, come data della loro nascita, un anno del grande regno. Ma si tratta di scuole particolari, come quella dell'artiglieria e del genio creata nel 1762, la scuola del commercio fondata nel 1772, l'Accademia delle miniere del 1773, l'Accademia di belle arti del 1774. Nel 1781, vi fu un tentativo di aprire scuole popolari e, nel 1783, Jankovitz fu chiamato per la creazione di scuole normali, sul modello di quelle adottate in Austria. Ne furono fondate di colpo dieci a San Pietroburgo, che l'anno successivo ebbero fino a mille allievi. Caterina si entusiasmò e scrisse a Grimm: «Sappiate che stiamo facendo cose molto belle e che andiamo rapidamente non in aria (poiché, temendo alquanto gli incendi ho proibito decisamente i palloni aerostatici), ma pancia a terra nell'accrescere la cultura.» E, in risposta, Grimm conferiva alla sovrana il titolo di *Universalnormalschulmeisterin*.

Ma tutto questo non era l'educazione nazionale alla Locke e alla Rousseau, quella che sognava l'imperatrice e che, nel suo pensiero, doveva regnare in Russia. Questo sogno non ricevette una pressoché completa realizzazione che nell'istituto fondato nel 1764 per l'educazione delle ragazze, in quel famoso *Smolnyi Monastyr*, che fu una delle opere favorite di Caterina, alla quale, tra tutte, si affezionò con una fedeltà costante e il cui maestoso edificio è ancora oggi, sulle rive della Neva, ammirato dai viaggiatori che vengono dall'Occidente. Le sue mura videro spesso l'imperatrice attorniata dalle sue allieve, la quale seguiva con sollecitudine i loro esercizi e i loro lavori, interessandosi anche ai loro giochi. Internato rigoroso, che durava dodici anni, proibizione severa di ogni influenza esterna, anche, e soprattutto, per ciò che riguardava la famiglia e anche le influenze religiose, tutti i lineamenti del programma elaborato nel 1764 si ritrovavano nel piano di questo istituto. Nessuna uscita, se non per andare alla corte, dove l'imperatrice chiamava frequentemente le allieve che si erano distinte. Pressoché nessuna vacanza. Ogni sei settimane i familiari erano ammessi a vedere i loro ragazzi, assistendo a due esercizi pubblici che permettevano loro di giudicare i progressi fatti. Era tutto. Insegnanti laiche non parlavano alle loro allieve di Dio e del diavolo se non in termini generici, escludendo ogni forma di proselitismo; il clero otteneva i suoi ingressi in questo singolare monastero e la sua parte nell'insegnamento che vi si dava, ma ridotto a una porzione congrua. Era un convento che aveva come badessa un'imperatrice che faceva della filosofia. Era la vita monastica con una porta di comunicazione aperta sugli splendori e le seduzioni del palazzo imperiale; era Saint-Cyr, meno il cristianesimo, e non solo il cristianesimo severo e tetro di madame Maintenon, ma il cristianesimo in generale. Vi si vedeva talvolta un pope dalla lunga barba; l'idea cristiana rimaneva assente. Il progetto stesso dell'istituto ne era contrario. Non era infatti assolutamente assente l'idea cristiana nella separazione in due categorie di pensionanti distinte e rigidamente tenute separate, che appariva uno dei tratti originali dell'istituto? In questo istituto, che può contenere fino a cinquecento allieve, vi sono delle ragazze nobili e delle ragazze della borghesia, le une non hanno nulla in comune con le altre, né il genere di vita, né il tipo di educazione, né lo stesso abito. Alle prime tessuti fini, raffinatezze di abiti, di tavola e di abitazione, un insegnamento in cui le arti piacevoli occupano un grande spazio; alle altre vestiti di stoffa grossolana, cibi semplici, lezioni di cucito, di bucato, di cucina. Il colore delle divise era lo stesso, ma il «corsetto» sostituiva l'elegante «tubino» e si accompagnava ad un grembiule che denunciava l'umiltà della condizione. Tutto questo è pagano, molto pagano, come lo stesso piano di studi, dove Diderot avrebbe voluto introdurre l'insegnamento completo dell'anatomia, e come le evasioni nel mondo frivolo e corrotto della corte.

Caterina fu la prima, fra i sovrani russi, ad occuparsi

dell'educazione delle donne. Ha dato alla sua opera l'ampiezza e la magnificenza che si ritrovano in tutte le sue creazioni, che paiono essere come l'emanazione naturale della sua persona. Ma vi ha messo alla prova anche i principi dei quali, forse, non ha potuto valutare sufficientemente il valore e la portata. I germi che ha introdotto nello sviluppo intellettuale e morale del suo sesso in Russia non hanno forse dato i loro frutti migliori. Abbiamo potuto giudicare altrove, dalle confidenze della sovrana fatte a Grimm, dove era arrivata, dopo quindici anni di studi e di riflessioni personali in questa materia così ardua e delicata: andava notoriamente a caso, raccogliendo principi e idee per i suoi piani di studio, come raccoglieva soldati per i suoi progetti di conquista. Negli scritti pedagogici, alquanto numerosi, che ha lasciato alla posterità, le idee sane e le aperture ingegnose si alternano alle asserzioni più paradossali, come, per esempio, quella che «lo studio delle lingue e delle scienze deve avere l'ultimo posto nell'educazione», o che «la salute del corpo e l'inclinazione dello spirito al bene sono tutta l'educazione». L'idea di dispotismo illuminato, affermandosi nella cieca soggezione dell'allievo per il maestro, si associa come può, sotto la sua penna e nel suo pensiero, con quella dello sviluppo progressivo dello spirito di indipendenza, al quale conviene lavorare rafforzando l'animo del bambino. Caterina vedeva chiaramente che il modo di allevare i giovani in Russia, praticato al suo tempo, non valeva nulla né per loro né per la Russia, e riconosceva la necessità di un cambiamento del sistema, come condizione assoluta del progresso nazionale. Soltanto questo era ben chiaro e fermo nella sua mente. Al suo tempo e nel posto da lei occupato, dopo Anna, Elisabetta e Pietro III, era già una gran cosa aver fatto questa scoperta e avere questa convinzione. Ma la gloria di essere stata il fondatore dell'educazione nazionale non le era riservata. Il giudizio della posterità ha attribuito questo titolo a un nome più umile del suo, quello di un uomo che ella ha trattato come nemico e che mise in catene come ricompensa del lavoro di cui la Russia raccoglie ancora i benefici. Fu negli istituti pedagogici fondati a San Pietroburgo da Novikov dove si elaborò il programma dell'insegnamento e il piano dell'organizzazione scolastica che vediamo oggi nell'impero.

III

Gli scritti pedagogici di Caterina – Riforma intrapresa da Caterina – Un piano di educazione laica – Caterina e madame d'Épinay – «Istruzioni» per l'educazione dei granduchi Alessandro e Costantino – Caterina abbandona questa educazione nelle mani di La Harpe – Si raffredda per la riforma e lo sviluppo dell'insegnamento – Il suo ultimo pensiero in merito a questo argomento

Tra gli scritti pedagogici dell'imperatrice, il primo posto appartiene a quelli che ha redatto per l'educazione dei suoi nipoti. Nel 1780, quando il maggiore aveva tre anni e il minore solo due, già se ne occupava attivamente. Aveva in animo di creare per loro una piccola biblioteca con degli scritti di sua composizione. Faceva stampare una prima raccolta, che comprendeva un abbecedario, una sorta di catechismo morale e due suoi racconti, dei quali abbiamo fatto menzione precedentemente. Voleva aggiungervi una elementare storia russa. Le note pubblicate nell'*Interlocutore* dovevano proprio servire a questo scopo. Parlava sempre della sua «Biblioteca di Alessandro-Costantino». La sua prima raccolta, del resto, aveva nel suo pensiero una destinazione più generale: contava di diffonderla in tutto il suo impero e di dare al suo catechismo morale un titolo che oggi farebbe fortuna in Francia. Lo chiamò: *Insegnamento civico elementare*. Inventò cento anni prima l'educazione laica di questo fine secolo. Scriveva a questo proposito a Grimm: «Tutti quelli che lo leggono ne dicono il maggior bene possibile e anche che è valido per i piccoli come per i grandi. Esso incomincia col dirgli che è un marmocchio nato nudo come la mano, che non sa nulla; che tutti i marmocchi nascono così; che alla nascita tutti gli uomini sono uguali; e che con lo studio differiscono tra loro infinitamente.» Annunciava, non senza orgoglio, che in quindici giorni 20.000 copie della sua *Raccolta* erano state vendute a San Pietroburgo. Inoltre, cercava di circondarsi di tutti coloro che le potevano dare consigli per il perfezionamento del suo metodo pedagogico. Prima di scrivere la sua *Istruzione* per l'educazione dei suoi nipoti, copiava di suo pugno quella che il re Federico Guglielmo di Prussia aveva dato, nel 1729, al luogotenente von Rochow, affidandogli quell'allievo indisciplinato che fu Federico II. Nel 1781, Grimm le inviava *Le conversazioni d'Emilia*, e subito fu ammirata del libro, per i precetti che vi trovava e per l'autore che non conosceva ancora. Scriveva al suo confidente: «Accogliete bene, da parte mia, per piacere, l'autore delle *Conversazioni d'Emilia*; uso il suo metodo con il maggiore dei miei nipoti, e con buoni risultati.» L'autore, sappiamo, era madame d'Épinay, e «Emilia» era una persona vivente, in carne e ossa: Emilia di Belsunce, nipote di madame d'Épinay, da lei allevata. Fu il punto di partenza dell'interesse che Caterina ebbe per questa famiglia, che divenne più tardi, del resto, la famiglia adottiva dello «zimbello» imperiale. Ritorneremo altrove su questo argomento, parlando delle relazioni della sovrana con i suoi corrispondenti.

Caterina, l'abbiamo già detto e avremo occasione di ripeterlo, fu la migliore, la più affettuosa delle nonne. Dal 1780 al 1784, fu veramente per i suoi nipoti la maestra di scuola e, sovente, il sentimento profondo che la animava e che forse le serviva da guida, le suggeriva per la loro educazione delle eccellenti ispirazioni. Alle osservazioni di Grimm, preoccupato di ciò che si doveva e di ciò che non si doveva insegnare loro, rispondeva: «Alessandro, lasciatelo a se stesso. Perché volete che pensi e che sappia come si è pensato e si è saputo prima di lui? Apprendere non è difficile, ma bisogna, secondo me, che la testa e la facoltà di un bambino siano sviluppate prima di stordirlo con il guazzabuglio del passato, e di questo guazzabuglio bisogna capire quello da presentargli: *Dio mio* (scritto in tedesco), *ciò che la natura non fa, nessun insegnamento può farlo, ma l'insegnamento soffoca sovente lo spirito naturale*.» Due anni più tardi, ritornava ancora su questa idea che, come al solito, aveva il torto di portare all'eccesso: «Vi sono i germi di una singolare profondità nella testa di questo marmocchio (il futuro Alessandro I), eppure possiede un temperamento molto allegro; perciò mi preoccupo di non costringerlo in nulla: fa quello che vuole, gli si impedisce solo di farsi del male e di farlo agli altri.»

Vi sono eccellenti idee anche nell'*Istruzione*, della quale abbiamo precedentemente parlato, che Caterina, dopo averla fatta stampare, distribuiva a tutti, prendendone dalle numerose

copie che si trovavano sul suo tavolo da lavoro. Seguire e favorire la fantasia dei bambini in mezzo ai loro giochi, per scoprire le loro inclinazioni; impedire loro di diventare pigri di spirito o di corpo; risvegliare in loro l'amore per il prossimo e il sentimento della pietà; evitare di prenderli in giro; ispirare loro al contrario la fiducia in loro stessi; non cercare di farsi temere da loro per non farne dei codardi: tutto questo è perfetto e indica un istinto psicologico alquanto sicuro e acuto.
Sfortunatamente, nel corso del 1784, una catastrofe distolse Caterina dalle cure così tenere e intelligenti che prodigava ai giovani principi e in particolare a colui sul quale, nella sua convinzione (Paolo non contava o contava come un impiccio e un pericolo) riposava l'avvenire della Russia. E questa catastrofe, ancora, è la morte di Lanskoï! La nonna e la maestra di scuola erano scomparse. Restava solo una donna, cinquantenne, che piangeva la perdita del suo amante. Doveva ben presto consolarsi e ritrovare tutto il suo buonumore. Ma negli anni che seguirono vi fu, con la partecipazione del bello e focoso Mamonov, il successore di Lanskoï, troppa allegria, dissipazione e folle stordimento nella vita di Caterina, perché la pedagogia potesse trovarvi posto. Un maestro di scuola rimpiazzò la nonna. Per fortuna, fu La Harpe. Lo stesso zelo della sovrana per l'educazione nazionale, a partire da quest'epoca, subì un sensibile raffreddamento. Il principe Dolgorukov ha affermato, nelle sue *Memorie*, di aver visto a casa di un nipote del conte Pietro Saltykov, che fu governatore di Mosca, una lettera di Caterina indirizzata a quest'ultimo in cui, a proposito di un progetto di scuola popolare da lei respinto, scriveva queste parole: «Non bisogna dare istruzione al basso popolo; allorché esso ne saprà, al pari di voi e me, signor maresciallo, non vorrà più obbedirci come ci obbedisce oggi.» L'autenticità di questa lettera ci sembra sospetta. Pietro Saltykov è morto nel 1773 e, a quell'epoca, le idee di Caterina non corrispondevano in alcun modo a questa teoria, così brutalmente espressa, di oscurantismo ufficiale. Ma non vorremmo sostenere che il pensiero al quale è stata attribuita una data troppo precoce, non sia stato, in questa materia, l'ultimo pensiero degli ultimi anni del regno della grande sovrana; un pensiero recondito, forse, che corrispondeva al furibondo slancio della campagna antirivoluzionaria.

PARTE II

LIBRO QUARTO
FISIONOMIA INTIMA

CAPITOLO I

VITA PRIVATA

I

Una giornata di Caterina – Il risveglio di Sua Maestà – La colazione – Una tazza di caffè pericolosa – Il lavoro mattutino – La toilette della sovrana – Il pranzo – La lettura – Le ore di ricreazione – Ricevimenti di sera – Il gioco di Sua Maestà – Dei giocatori scomodi – L'andare a coricarsi

Proviamo ora a descrivere una giornata della vita, così densa e varia, della grande sovrana. Una giornata normale, una di quelle che corrispondevano al corso abituale della sua esistenza. Supponiamo di essere in inverno e verso la metà del grande regno, nel 1785, per esempio, un anno di pace. L'imperatrice alloggia allo *Zimnyi Dvariets*, il palazzo d'inverno. L'appartamento privato, al primo piano, non è molto grande. Salendo la piccola scala, arriviamo a una stanza dove un tavolo, con il necessario per scrivere, attende i segretari e l'altro personale impiegato nel servizio diretto a Sua Maestà. Attraversiamo questa stanza e penetriamo nella camera da toilette le cui finestre danno sulla piazza del palazzo. È là che l'imperatrice si fa pettinare davanti a un ristretto circolo di intimi o di alti funzionari ammessi all'udienza del mattino. Davanti a noi si aprono due porte: una di queste conduce alla sala detta dei Diamanti, l'altra nella camera da letto. La camera da letto, in fondo, comunica direttamente con uno spogliatoio e, a sinistra con un piccolo studio che si apre sulla sala degli Specchi e gli altri appartamenti per i ricevimenti.

Sono le sei del mattino. È il momento del risveglio di Sua Maestà. A fianco del letto vi è una grande cesta dove, su cuscini di raso rosa ornati di pizzo, dorme tutta una famiglia di piccoli cani, compagni inseparabili di Caterina. Sono dei levrieri inglesi. Nel 1770, il dottor Dimsdale, che l'imperatrice, come sappiamo, ha fatto venire da Londra per inoculare il vaiolo, ha offerto alla sovrana una coppia di questi animali. Essi si sono poi riprodotti al punto che se ne vedono in tutte le case aristocratiche di San Pietroburgo. L'imperatrice ne ha sempre attorno a sé una mezza dozzina e talvolta anche di più. Quando il campanaro del palazzo ha suonato le sei, Maria Savichna Pierekusihina, la prima cameriera di Sua Maestà, entra nella camera da letto. In altri tempi, Caterina non chiamava nessuno vicino a lei iniziando la sua giornata; si alzava da sola e, in inverno, accendeva da sola il fuoco. Gli anni hanno cambiato quest'abitudine. Oggi, Sua Maestà tarda ad aprire gli occhi. La sera prima, si è coricata più tardi del solito. Una conversazione interessante l'ha trattenuta all'Ermitage sin dopo le dieci. Con disinvoltura, Maria Savichna va al divano che è posto davanti al letto della sovrana, vi si stende e coglie l'occasione propizia per un sonnellino supplementare. Ma ecco che l'imperatrice si mette seduta, si alza e sarà lei che, un momento dopo, sveglierà Maria Savichna già addormentata. Presto, nella toilette! Un po' di acqua tiepida per lavarsi la bocca e un po' di ghiaccio per strofinarsi il viso: è tutto ciò che necessita per il momento a Sua Maestà. Ma dov'è Caterina Ivanovna, la giovane calmucca che deve tenere pronti gli accessori della toilette mattutina? Sempre in ritardo, Caterina Ivanovna! Sono già le sei e un quarto! L'imperatrice ha un moto d'impazienza. Batte nervosamente il piede. Eccola finalmente: attenta alla collera di Sua Maestà! Caterina ha preso bruscamente dalle mani della cameriera la brocca di vermeil e, servendosene sbrigativamente, apostrofa la pigra: «A cosa pensi, Caterina Ivanovna? Credi che tutto sarà sempre così? Un giorno ti mariterai, lascerai il mio servizio e tuo marito, siine certa, non sarà come me. Sarà molto esigente. Caterina Ivanovna, pensa al tuo avvenire!»

È tutto, e quella ricomincerà domani. Nel frattempo la sovrana passa nel suo studio, seguita dai suoi cani, che hanno atteso fino a quel momento per lasciare il loro voluttuoso letto. È il momento della colazione. Il caffè è pronto: benissimo. Ma è abbastanza forte? Per le abitudini dell'imperatrice è necessaria una libbra di caffè per cinque tazze. Un giorno, uno dei suoi segretari, un certo Kozmin, giungendo a rapporto, si sente intirizzire dal freddo. L'imperatrice suona il campanello: «Una tazza di caffè per questo disgraziato che trema!» Vuole che beva in un fiato la bevanda fumante. Ma cosa succede? Eccolo che sta male! Ha delle palpitazioni di cuore. Perbacco! Gli hanno dato del caffè preparato per Sua Maestà: quel caffè che lei sola riesce a consumare. Non hanno pensato che la tazza fosse per il segretario; non hanno supposto che Sua Maestà volesse condividere la sua colazione con un semplice *tchinovnik*[272]. Abitualmente, Caterina condivide la sua colazione unicamente con i suoi cani. Il caffè imperiale a loro non dice niente, ma c'è una crema molto densa, dei biscotti e dello zucchero in abbondanza.

Ora, Sua Maestà non ha più bisogno di nessuno. Se i suoi cani vogliono andare all'aria aperta, aprirà loro la porta. Desidera essere sola e dedicata interamente al suo lavoro o alla sua corrispondenza, fino alle nove. Ma dov'è la sua tabacchiera favorita, quella che deve trovarsi sempre sulla sua scrivania? Il ritratto di Pietro il Grande che ne orna il coperchio è lì per ricordarle che deve impegnarsi nel continuare l'opera del grande zar. Caterina fiuta molto tabacco, ma non porta mai la tabacchiera con sé. Bisogna che ce ne siano sempre a portata di mano in ogni angolo del suo palazzo. Si serve unicamente del tabacco che viene coltivato solo per lei nel suo giardino di Tsarskoïe-Celo. Scrivendo, ha bisogno di fiutare pressoché in continuazione. Suona il campanello: «Abbiate la cortesia – dice a un valletto di camera, che è entrato – di cercare la mia tabacchiera.» «Vogliate, per piacere . . .», «Siate così gentile da . . . » sono le formule che impiega invariabilmente parlando alle persone al suo servizio, anche le più umili.

Suonate le nove, Caterina ritorna nella sua stanza da letto. È là che riceve i funzionari che si recano a rapporto. Il prefetto di polizia è il primo a entrare. Sua Maestà indossa in questo momento una vestaglia bianca in taffetà, a larghe pieghe. Porta un berretto di crespo bianco, che l'ardore del lavoro o la foga della sua conversazione epistolare con Grimm hanno accidentalmente messo di traverso, inclinandolo a destra o a sinistra. L'incarnato è fresco, l'occhio vivace, eppure per leggere le carte che le vengono sottoposte alla firma, la sovrana mette gli occhiali.

---

[272] *Tchinovnik* (chinovnik) era detto un ufficiale di grado inferiore o un impiegato della burocrazia.

«Voi non avete bisogno di questo strumento.» Dice al suo segretario, Gribofski. «Quanti anni avete?»

«Ventisei.»

«Non avete avuto il tempo, come me, di perdere la vista al servizio dell'impero.»

Gribofski, entrando, si è inchinato profondamente. L'imperatrice ha risposto salutando leggermente con la testa, dopodiché, con un sorriso amabile, ha teso la mano al segretario. In quel momento, Gribofski ha potuto osservare che un dente, uno dei denti davanti, manca nella bocca, peraltro ben guarnita, della sovrana. Si è inchinato per baciare la mano imperiale, una mano bianca e grassa e ha sentito una pressione di questa augusta mano, nello stesso momento in cui si faceva intendere la fatidica parola, «Sedetevi», che lo invitava a cominciare il suo lavoro. Lavoro interrotto frequentemente. I ministri, i generali, gli alti funzionari ai quali sono state assegnate delle udienze, si fanno annunciare, e spesso l'imperatrice si degna di non farli attendere. Ecco entrare il generale Suvorov. Senza guardare la sovrana, con il suo passo automatico da soldato, si dirige a destra, dove, in un angolo, una lampada sempre accesa brilla davanti all'immagine di Nostra Signora di Kazan. Si ferma davanti all'icona, e si inchina tre volte, battendo la fronte a terra. Compiuto questo rito, si gira bruscamente, come agli esercizi militari, avanza di qualche passo e una quarta genuflessione lo mette ai piedi della zarina.

«Di grazia! Non vi vergognate? . . . » Mormora questa. Lo fa sedere, gli rivolge in veloce successione due o tre domande, alle quali egli risponde con il tono di un soldato semplice interrogato da un caporale. Così lo congeda in due minuti. Ma, all'improvviso, vanno a dire una parola all'orecchio dell'imperatrice, che fa un segno con la testa e tutti si ritirano. È il favorito in carica, Potëmkin, Lanskoï o Mamonov che chiede di entrare. Per lui, Sua Maestà è sempre visibile e, quando compare, fa scomparire tutti.

Tutto questo prosegue sino a mezzogiorno; più tardi sino all'una, quando l'ora del pranzo sarà posticipata dall'una alle due. Dopo aver congedato il suo segretario, l'imperatrice va nel suo spogliatoio privato, dove procede a una toilette completa, si veste e si fa pettinare dal suo vecchio parrucchiere Kozlov. Il suo abito, al di fuori dei giorni di cerimonia, è dei più semplici:

una veste aperta e svolazzante, detta «alla moldava», con doppie maniche, quelle sotto in stoffa leggera, pieghettata sino al polso, quelle di sopra molto lunghe, in stoffa simile alla gonna. Il vestito è di seta violetta o grigia; niente gioielli, nessun segno che indichi il rango supremo; scarpe comode dai tacchi bassi. Caterina ha qualche civetteria solo nell'acconciatura dei capelli: porta i capelli tirati indietro, che rivelano interamente la fronte, della quale si compiace di far rilevare l'ampiezza. I suoi capelli sono spessi e molto lunghi; quando è seduta davanti alla sua toilette arrivano fino a terra. Nei giorni di gran gala, un diadema incorona l'edificio sapientemente creato dalle abili mani di Kozlov; ma in tali occasioni, la seta del vestito viene rimpiazzata con del velluto rosa e l'abito, così trasformato, benché conservi pressoché lo stesso taglio, prende il nome di «abito russo». Quest'abito diventa indispensabile per comparire a corte, imponendo pesanti sacrifici alle giovani donne sconsolate all'idea di non poter indossare la moda di Parigi.

Terminata la sua toilette intima, Caterina passa nella camera da toilette ufficiale, dove terminano di vestirla. È l'ora del *petit lever*[273]. Il numero di quelli che hanno il privilegio di assistervi è ristretto, ma malgrado ciò, la camera è piena. Vi sono, prima di tutto, i nipoti dell'imperatrice, che le vengono portati invariabilmente in questo momento; poi il favorito in carica e qualche intimo, come Leon Naryskin. C'è anche il buffone di corte che è una persona assai ragionevole: Matrena Danilevna assolve questo compito, che cumula, peraltro, con quello di spia. Rallegra la sovrana con le sue battute, e Caterina è tenuta al corrente da lei di tutto ciò che si fa e si dice alla corte come in città, dei pettegolezzi del giorno precedente e anche dei segreti di famiglia meglio custoditi. Matrena Danilevna ha l'occhio e l'orecchio ovunque e ammirevoli doti di poliziotta. Un giorno, davanti all'imperatrice, se la prende con Ryleïef, il comandante in carica della polizia imperiale. Caterina lo chiama e gli consiglia amichevolmente di inviare dei polli e delle oche grasse a Matrena Danilevna, che sembra averne bisogno per celebrare degnamente il *Prasdnik* (il giorno di Pasqua). Passa una setti-

---

[273] L'attribuzione del termine *petit lever* a questo momento della giornata appare un errore dell'autore. Infatti, normalmente, il cerimoniale di corte prevedeva *le petit lever*, cioè il risveglio del re e *le grand lever,* che era la toilette.

mana. «E Ryleïef ?» Chiede l'imperatrice alla buona comare, che le sta sciorinando il suo rosario di informazioni quotidiane. Matrena Danilevna si profonde in elogi per il funzionario, del quale otto giorni prima diceva tutto il male possibile che poteva inventarsi. «Ah! Ah! – la interrompe Caterina – So perché: ti ha mandato dei polli e delle oche.»

Ma ecco l'imperatrice seduta davanti al suo superbo servizio di toilette in oro massiccio. Le sue quattro cameriere si adoperano intorno a lei. Sono quattro anziane donne, che tiene al suo servizio dal suo avvento al trono e che, con lei, hanno passato l'età dell'amore. Una di esse, Maria Stiepanovna Aleksieievna, si trucca esageratamente. Tutte sono russe. Dando ai suoi sudditi un esempio finora mai seguito fino a questo momento, Caterina ha unicamente domestici russi al suo servizio. Ecco quindi Maria Stiepanovna dare alla sovrana un pezzo di ghiaccio, con il quale si strofina ancora le guance in pubblico, per provare che non ha fatto ricorso alle civetterie artificiali di cui fa uso la sua cameriera; l'anziana Palakutchi le mette sui capelli un piccolo berretto di crespo bianco, questa volta correttamente aggiustato; le due sorelle Zvieref le appongono alcune spille. La toilette di Sua Maestà è terminata. La cerimonia è durata in tutto dieci minuti, durante i quali Caterina ha colloquiato con qualcuno dei suoi assistenti.

Ora a tavola. Fino all'epoca della guerra di Svezia, il pranzo di Sua Maestà ha avuto luogo all'una. Da allora, gli impegni di cui Caterina fu sovraccarica fecero ritardare l'ora del pranzo, che fu fissata alle due. Nei giorni normali, vi è abitualmente una decina di convitati alla tavola di Sua Maestà: prima di tutto il favorito in carica, che è invitato di diritto, poi qualche intimo: il conte Razumovskij, il feldmaresciallo principe Galitzin, il principe Potëmkin, il conte d'Anhalt, i due fratelli Naryskin, il generale aiutante di campo, conte Černyŝêv, il conte Strogonov, il principe Bariatinski, la contessa Bruce, la contessa Braniska, la principessa Dachkov e, più tardi, negli ultimi anni del regno, il generale aiutante di campo Passek, il conte Strogonov, la damigella d'onore Protassov, il viceammiraglio Ribas, il governatore generale delle province polacche Tutolmin, e due membri dell'emigrazione francese: il conte Esterhazy e il marchese di Lambert. Il pranzo dura circa un'ora. Il cibo è molto semplice. Caterina non si occupa delle ricercatezze in cucina. Il suo piatto preferito è il bollito con cetrioli salati. Come bevanda dell'acqua con sciroppo di ribes. Più tardi, su raccomandazione dei medici, un bicchiere di madera o di vino del Reno. Come dessert qualche frutto, di preferenza delle mele o delle ciliegie. Tra i suoi cuochi ce n'è uno che fa una pessima cucina. Sono trascorsi anni prima che se ne accorgesse. Quando glielo fanno notare, si è rifiutata di licenziarlo, dicendo che era da troppo tempo nella sua casa. Si informa solamente del giorno in cui prende servizio e allora dice, mettendosi a tavola: «Signore e signori, bisogna avere pazienza; abbiamo davanti a noi una settimana di digiuno.»

Due volte alla settimana, il venerdì e il sabato, Sua Maestà osserva l'astinenza, e allora ha alla sua tavola solo due o tre persone.

Bisogna aggiungere che, per cibarsi più lautamente, i suoi convitati non hanno bisogno di lasciare il palazzo. La tavola di Sua Maestà è mediocremente servita, e Caterina sorveglia affinché la spesa sia modica; ma la tavola del favorito Zubov, quella del suo protettore conte N. I. Saltykov e quella della contessa Braniska, la nipote di Potëmkin, che, tutte e tre, sono spesate dalla cassa imperiale, toccano nel 1792 i 400 rubli al giorno, senza contare le bevande, il cui costo, con il tè, il caffè e il cioccolato, ammonta ad altri 200 rubli giornalieri.

Dopo pranzo, qualche momento di conversazione, poi tutti si ritirano. Caterina prende in mano il suo lavoro di ricamo, lavoro nel quale è molto abile, e Betskoy le legge qualcosa. Quando Betskoy, invecchiando, incomincia a perdere la vista, non lo sostituisce, legge ella stessa, servendosi dei suoi occhiali. Così trascorre un'ora ed ecco che le viene annunciato il suo segretario: due volte alla settimana, arriva con la corrispondenza, di cui si fa immediatamente lo spoglio. Gli altri giorni, sono ancora i funzionari che si succedono, presentando rapporti, richieste di istruzioni. L'imperatrice ha sovente vicino a sé i nipoti con i quali gioca nei momenti liberi che le lasciano gli impegni. Quando suonano le quattro, si è guadagnato il riposo e lo svago che sta per concedersi. Lanskoï o Mamonov o Zubov la accompagnano attraverso la lunga galleria che collega il Palazzo d'inverno a quella dell'Ermitage, quando si reca nel suo luogo preferito. Esamina le sue nuove collezioni, dirige la loro sistemazione, fa una partita di biliardo e, qualche volta, si diverte a tornire dell'avorio. Sono le sei, è il momento di tornare negli appartamenti riservati ai ricevimenti, dove stanno per avere luogo «le entrate». Caterina percorre lentamente i suoi saloni, distribuisce qualche amabile parola, poi si mette al tavolo del suo gioco. Gioca a *whist*, a *rocambole*, al *picchetto* o a *boston*. Le puntate sono sempre molto basse. I suoi compagni abituali sono: il conte Razumovskij, il feldmaresciallo conte Ĉernyŝêv, il feldmaresciallo principe Galitzin, il conte Bruce, il conte Strogonov, il principe Orlov, il principe Viazemsky e i ministri stranieri. Caterina preferisce i primi due, perché giocano con accanimento e non cercano di farla vincere. Ella stessa si impegna al meglio. Il ciambellano Tchertkov, che talvolta ammette alla sua partita, si arrabbia regolarmente, rimprovera alla sovrana di barare e talvolta, per dispetto, getta le carte sotto il naso di Sua Maestà. Caterina non si offende, difende come può la sua maniera di giocare, prende a testimone gli astanti. Un giorno, chiama a giudicare due emigrati francesi che assistono alla partita.

«Begli arbitri!» Si lamenta Tchertkov. «Hanno ingannato il loro stesso re!»

Questa volta, Caterina impone il silenzio al cattivo e troppo indiscreto giocatore. Ha un bel da fare per mantenere alla sua corte il tono che vi dovrebbe regnare. Un'altra volta che gioca a *whist* con il conte Strogonov, il generale Arharof e il conte Stackelberg, Strogonov perde costantemente. Ad un tratto, non trattenendosi più e dimenticando la buona educazione, si alza di scatto, abbandona la partita senza terminarla e, con il viso paonazzo, la voce rauca, si mette a misurare a grandi passi la *sala dei Diamanti*, dando libero sfogo alla sua irritazione: «Tutto il mio denaro se ne va! . . . Voi non vi preoccupate di perdere, ma io? . . . Sarò ben presto sul lastrico!»

Trovando che stia passando la misura, Arharof vuole intervenire, ma Caterina lo ferma. «Lasciate stare! Sono cinquant'anni che è così. Non lo cambierete, e nemmeno io.»

Il gioco termina sempre alle dieci. Sua Maestà allora si ritira. Salvo i giorni di ricevimento, non cena, e neanche in quei giorni. Caterina si mette a tavola unicamente per la forma. Rientrata nel suo appartamento privato, va subito nella camera da letto, beve un grande bicchiere d'acqua bollita e si mette a letto. La sua giornata è finita.

II

La leggenda e la storia – I piaceri e i passatempi di Caterina – Il suo amore per i bambini – I piccoli allievi – L'amore per le bestie – I cani – La famiglia Anderson – Le altre bestie domestiche

Un costume di vita molto tranquilla e il quadro che stiamo per farne forse si accorderà con difficoltà, nell'animo del lettore, con le immagini ben differenti che una leggenda, alquanto accreditata, ha potuto fissarvi. Noi abbiamo consultato le fonti più autorevoli e abbiamo una spiegazione, molto semplice, della differenza che ha potuto prodursi, a questo riguardo, tra la storia e la leggenda. Quest'ultima si è ispirata, da una parte, a ciò che vi è stato di riprovevole e di confacente a giustificare, in effetti, le più malevoli supposizioni relative a un lato della vita intima della sovrana, a riguardo del quale ci soffermeremo più avanti. La leggenda e la malevolenza, dall'altra parte, si sono impadronite di certi periodi di dissipazione che, tuttavia, non furono che accidentali nella storia della grande imperatrice, come quello che seguì la grande crisi di disperazione dopo la morte di Lanskoï. L'esistenza abituale di Caterina appare sotto un luce assai diversa e, se si è disposti a gettare un velo su certi piaceri che, del resto, non hanno mai turbato in modo permanente l'armonioso equilibrio delle sue facoltà, né il programma saggiamente concepito delle sue occupazioni, le altre distrazioni, che vi si associavano, sono state tranquille e molto innocenti. Coloro che, affidandosi a certi rapporti, si sono immaginati quell'esistenza come un'orgia continua, sarebbero in difficoltà a indicarne un preciso fatto, che giustifichi una tale opinione. La storia non è in grado di registrarne alcuno. Ma la storia è bene informata? Le apparenze più o meno edificanti che mostrò la vita privata dell'imperatrice, non nascondevano certi retroscena ben altrimenti scandalosi? I palazzi di San Pietroburgo e di Tsarskoïe-Celo, gli appartamenti dell'Ermitage non ebbero degli angoli in ombra che proteggevano i passatempi più inconfessabili? Non lo crediamo, per ragioni che riguardano sia il carattere di Caterina sia l'organizzazione stessa della sua vita intima: per un certo verso, questa costituì certo uno scandalo, ma uno scandalo ufficiale, cinicamente, se si vuole, ma francamente confessato. La stessa imperatrice, peraltro, si è fatta carico di dare, non a parole, ma in azioni, una smentita eclatante alla maggior parte delle accuse che, lei vivente, si collegarono alla sua fama. L'inglese Harris scriveva nel gennaio 1779: «L'imperatrice diviene di giorno in giorno più sregolata e dissipata, e la sua società è composta di ciò che vi è di più basso tra i suoi cortigiani; la salute di Sua Maestà è certamente provata dalla vita che conduce . . . » E il *Foreign Office* ne concludeva che la sovrana, «sfinita dalla dissolutezza», non aveva che qualche momento da vivere. Ma l'Europa intera non tardava ad apprendere, un po' a sue spese, che Caterina stava bene, era sana nel corpo e nello spirito. Non è stata mai meglio, fisicamente e moralmente, come il quel periodo.

Caterina fu certamente una donna lasciva, una dissoluta, se si vuole; non fu però una baccante. Amante insaziabile quanto ambiziosa senza limiti, ma che assoggettava i suoi amori, come la sua ambizione, a delle regole di condotta, dalle quali seppe non distaccarsi mai. I favoriti hanno occupato un largo posto nel suo palazzo e in tutta l'economia materiale, morale ed anche politica della sua vita, ma la sovrana ha sempre saputo conservare il suo ed anche, per strana che possa sembrare l'affermazione, quello di calma e dolce donna di casa.

Caterina amò appassionatamente i bambini, le piaceva giocare con loro. Era uno dei suoi passatempi preferiti. In una lettera indirizzata a Ivan Ĉernyŝëv, nel 1769, mette in scena se stessa con l'abituale compagnia delle ore di riposo. La vediamo con Gregorio Orlov, il conte Razumovskij e Zahar Ĉernyŝëv, fratello di Ivan, divertirsi con il piccolo Markof, che la sovrana ha appena adottato, mentre rotolano per terra, fanno mille follie e ridono sino alle lacrime. Il piccolo Markof, allora di sei anni, è rimpiazzato più tardi dal figlio dell'ammiraglio Ribeaupierre. Questi è lento nel lasciarsi addomesticare e si è fatto, nel suo piccolo cervello di ragazzino poco socievole, ogni sorta di idea sinistra e, tra le altre, quella che l'hanno chiamato a palazzo per tagliargli la testa. Ma Caterina è così brava che alla fine prende fiducia. Gli ritaglia delle figure, gli fabbrica dei giochi. Un giorno, si strappa un nastro dal colletto della veste per fargli delle redini per delle renne ritagliate da un pezzo di cartone. Lo tiene presso di sé per delle intere ore, lo fa portare via quando qualcuno viene a parlarle di affari, poi lo richiama. A cinque anni lo fa ufficiale della sua guardia. Non è il solo, del resto, a essere così privilegiato: due piccoli Galitzin, quattro piccoli nipoti di Potëmkin, il figlio del feldmaresciallo conte Saltykov, il figlio dell'atamano Braniçki, il giovane conte Šuvalov, quello che più tardi accompagnerà Napoleone all'isola d'Elba, e il giovane Valentino Esterhazy condividono questo favore. Il piccolo Ribeaupierre cresce negli appartamenti di Sua Maestà fino ai dodici anni. Congedandolo Caterina vuole che le scriva ed ella risponde di sua mano alla lettera che le indirizza. Ma la sua lettera all'imperatrice è piena di cancellature, perché non si è dato la pena, questa volta, di ricominciare il suo lavoro, che ella fa riscrivere dal suo segretario Popov, il quale restituisce più tardi l'originale al destinatario. Caterina vi cita, attribuendoli a Voltaire i seguenti versi:

... dans les âmes bien nées
La valeur n'attend pas le nombre des années[274]

Nei suoi *Souvenirs*, Ribeaupierre parla anche di un ritratto di Caterina, ricevuto da lei quando aveva nove anni. Poiché l'imperatrice gli domandava se già ne possedesse uno ed egli scuoteva la testa, con aria desolata, esclamò: «E poi dici che mi vuoi bene!»

Immediatamente, fece portare uno dei suoi ritratti, quello in fondo al quale il conte di Ségur aveva scritto, nel 1787, i versi conosciuti. Il bambino volle subito portare il suo tesoro nella casa paterna. Fecero venire una carrozza della corte. Il ragazzino mise cerimoniosamente il ritratto in fondo alla vettura e si sedette davanti. Questo atteggiamento fece piacere a Caterina.

Il posto del piccolo Ribeaupierre a corte era molto invidiato e divenne, alla sua partenza, l'oggetto di numerose competizioni. Zubov tentò di introdurvi il piccolo Valentino Esterhazy. Ma l'imperatrice si accorse ben presto che il nuovo compagno non faceva che ripetere davanti a lei delle lezioni più o meno imparate bene. Raccontava dettagli penosi sulla miseria che regnava nella casa dei suoi genitori, si lamentava di dover portare solo camicie di tela grossolana. Un giorno, gli accadde di lasciarsi

---

[274] «*Nelle anime nobili – il valore si manifesta senza attendere che passino gli anni*».

scappare un rumore fuori luogo.

«Alla fine – esclamò Caterina – ho sentito qualche cosa di naturale!»

Il piccolo Valentino non ebbe il successo dei suoi predecessori.

Dopo i bambini, non osiamo dire prima, ma sarebbe più esatto, i cani e le bestie in generale hanno nella vita intima di Caterina un ruolo considerevole. La famiglia di sir Tom Anderson è certamente, di tutte le famiglie dell'impero, quella la cui situazione alla corte è più stabilmente consolidata. Eccone l'enumerazione in una lettera della sovrana:

«Alla testa si trova il capostipite della razza, sir Tom Anderson, sua moglie, duchessa Anderson, i loro figli: la giovane duchessa Anderson, il signor Anderson e Tom Thomson; quest'ultimo si è stabilito a Mosca sotto la tutela del principe Volkonski, governatore generale della città. Oltre a questi membri della famiglia, che godono ormai di una vasta reputazione, ci sono ancora quattro o cinque giovanotti, che promettono bene e che vengono allevati nelle migliori case di Mosca e di Pietroburgo, come per esempio in quelle del principe Orlov, di Naryskin, a casa del principe Tufiakin. Sir Tom Anderson ha sposato in seconde nozze la signorina Mimi che, dopo questo, ha preso il nome di Mimi Anderson. Ma fino ad ora non hanno avuto discendenti. Oltre a questi legittimi matrimoni (poiché bisogna dire i difetti come le virtù, nella storia delle persone), Tom ha avuto numerose relazioni illegittime: la granduchessa ha parecchie graziose cagnette, che le danno dei grattacapi, ma fino ad ora non è comparso alcun bastardo e sembra che non ne compariranno; qualunque cosa dicano, sono delle calunnie.»

In un'altra lettera, dove Caterina rende partecipe il suo confidente del dispiacere che le ha causato la morte della granduchessa, prima moglie di Paolo, troviamo questo passaggio che, in questo contesto, ha un singolare effetto:

«Ho sempre amato le bestie; ... gli animali hanno molta più intelligenza di quanto si creda e, se mai bestia avesse il diritto di parlare, questa è sir Tom Anderson. Gli piace la vita di società e in particolare quella della propria famiglia. E sceglie di ogni cucciolata i più spiritosi e si diverte con loro. Li alleva, fa adottare loro le proprie abitudini e i propri costumi; quando c'è cattivo tempo e tutti i cani sono inclini a dormire, digiuna e impedisce ai meno esperti di lui di mangiare (*sic*). Se, malgrado lui, fanno indigestione e li vede vomitare, ringhia e li sgrida. Se trova di che divertirli, li avverte; se trova qualche spiazzo d'erba adatto a loro, ve li conduce. Ecco cento indizi che ho visto con i miei occhi.»

E più oltre:

«La vostra n° 29» (Caterina ha adottato per la sua corrispondenza con Grimm un sistema di numerazione, alquanto necessario per non smarrirsi) «è arrivata due giorni dopo i vostri guanti.» (Grimm fa anche degli acquisti per conto di Sua Maestà) «Da quando erano stati deposti nella mia stanza, penzolavano da un grande sofà, dove divertivano infinitamente i nipoti di sir Tom Anderson e, soprattutto, lady Anderson, che è una giovane meraviglia di cinque mesi che, a questa età, riunisce ogni virtù e ogni vizio della sua illustre razza. Già adesso lacera tutto ciò che trova, si lancia e morde le gambe di tutti quelli che entrano nella mia stanza, caccia uccelli, mosche, cervi e ogni altro animale anche quattro volte più grande di lei e da sola fa più rumore di tutti i suoi fratelli, sorelle, zie, padre, madre, avi e bisavoli. È una figura utile e necessaria nella mia camera, poiché si impadronisce di tutte le cose inutili che si sarebbero potute portare via senza cambiare il normale scorrere della mia vita.»

Ma i cani non bastano a Caterina. Nel 1785, si affeziona a uno scoiattolo bianco, che alleva ella stessa e nutre con la sua mano con delle noccioline. E circa alla stessa epoca compra una scimmia, della quale vanta spesso la grazia e l'intelligenza. «Bisogna che vi racconti – scrive a Grimm – lo stupore che ho visto un giorno nel principe Enrico (fratello del re di Prussia), quando il principe Potëmkin lasciò una scimmia nella camera, con la quale io mi misi a giocare, al posto di proseguire una bella conversazione che avevamo iniziato. Inutilmente mi sgranava in faccia i suoi grandi occhi, ma aveva un bel fare, i giochi della scimmia lo travolsero.» In questo momento possiede anche un gatto, regalo del principe Potëmkin: «di tutti i gatti il più gatto, allegro, estroso, per nulla cocciuto.» Ha ricevuto questo regalo in cambio di un servizio di porcellana di Sèvres, che ha fatto fare per il favorito, dicendo che era per lei, «perché fosse fatto bene». La famiglia Anderson non perde per questo i suoi diritti: «Voi mi scuserete – dice l'imperatrice in una delle sue lettere – se tutta la pagina precedente è molto mal scritta: sono molto disturbata in questo momento da una giovane e bella Zemira, la quale di tutta la famiglia di Tom è quella che si mette più vicina a me e spinge le sue pretese fino ad avere le sue zampe sulla mia carta.»

Citiamo ancora questo frammento dei *Souvenirs* di madame Vigée-Lebrun: «Quando l'imperatrice fu rientrata in città, la vedevo tutte le mattine aprire un vasistas e gettare della mollica di pane ad alcuni corvi che, ogni giorno a un'ora fissa, venivano a cercare il loro pasto. La sera, verso le dieci, quando i suoi saloni erano illuminati, la vedevo far arrivare ancora i suoi nipoti e qualche persona della sua corte per giocare con loro a scaldamano e a nascondino.»

Madame Vigée-Lebrun alloggiava, nel suo soggiorno a Pietroburgo, in una casa di fronte al palazzo imperiale. Senza preoccuparsi del colore locale, la leggenda ha poi trasformato in *piccioni* i volatili neri che venivano nutriti da una mano così augusta. Ma leggenda o storia, tutto ciò che ci tramandano i suoi gusti, le abitudini intime di Caterina non appartengono a un carattere assolutamente contrario alla fisionomia di una Messalina? Sicuramente l'obiezione che abbiamo sollevato precedentemente conserva la sua forza. Ciò che possiamo sapere dell'interno di un palazzo dove Caterina abitò in compagnia di un Orlov o di un Potëmkin, è l'intera verità, la verità vera, come dicono gli italiani? Il dubbio è la prima virtù dello storico, non dimentichiamolo. Tuttavia, Caterina non fu un'ipocrita; ha vissuto alla luce del sole e ha avuto l'orgoglio o l'impudenza di non cercare il mistero e di sfidare la stessa censura proprio dove il nostro rispetto e la nostra ammirazione devono obbligatoriamente abbandonarla.

III

Le gite – Le passeggiate in slitta – Travestimenti del carnevale – Caterina in visita – Il palazzo di Tauride – A Tsarskoïe-Celo – Gusti campestri – Una Pietroburgo poco galante – I ricevimenti all'Ermitage – Il regolamento – Le ammende – La parte della realtà e della finzione – Uno scambio di biglietti con il barone di Breteuil

All'esterno, la vita di Caterina ha offerto poca materia alla cronaca, benevola o meno. A parte i grandi viaggi che hanno fatto epoca nella sua storia, come quello in Crimea, si confinava volentieri nel recinto delle sue ampie e lussuose residenze. Talvolta, nel periodo del carnevale, grazie a una bella giornata di sole, la si vede fare delle passeggiate più lunghe. Tre grandi slitte attaccate a dieci o dodici cavalli la trasportano allora con le persone della sua cerchia abituale. A ognuna di queste slitte ne vengono attaccate dietro, con delle corde, una dozzina di più piccole, dove si stipano alla rinfusa le dame e i signori della corte, e questa strana cavalcata si avvia al galoppo. Vanno a pranzare nei dintorni della capitale, al palazzo di Çeşme; si spingono, attraversando la Neva, fino a Gorbilevo, in una villa imperiale dove sono installate delle montagne russe, e ritornano al palazzo di Tauride per cenare. In una di queste escursioni, dopo aver pranzato e aver ripreso il suo posto in una delle grandi slitte dove rimane da sola, Caterina chiede al suo scudiero se anche i cocchieri e i lacchè che l'accompagnano hanno mangiato. Alla risposta negativa dello scudiere, scende dalla slitta. «Queste persone hanno bisogno come noi di pranzare», dice, e poiché non vi è alcun pasto preparato per loro, attende pazientemente che sia fatto e che la fame dei poveri domestici sia appagata.

Ma le sue scappatelle sono rare. La sovrana non ama farsi vedere troppo di frequente in luoghi diversi dal suo palazzo, in mezzo alla scenografia che la attornia; teme di sminuire il suo prestigio di idolo. Un giorno, ha avuto il mal di testa e una passeggiata all'aria aperta le ha fatto bene, cosicché all'indomani, poiché il dolore è ritornato, le propongono di rifarla. «E cosa direbbe il popolo – risponde – se mi vedesse due giorni di fila nella strada?» Due volte, nel corso dell'inverno, va al ballo mascherato. Coloro che vengono invitati ad accompagnarla, trovano a corte dei costumi e delle maschere. Abitualmente, in queste occasioni, per meglio conservare l'incognito, Caterina sale su una carrozza diversa dalla sua. Volentieri veste un costume maschile e si compiace a incuriosire, conversando con loro, le belle donne delle quali è riuscita ad attrarre l'attenzione. La sua voce, un po' grossa, si presta a questo travestimento. Una di queste inconsapevoli vittime, della quale eccita la fantasia spingendo molto lontano l'immaginazione, si irrita sino al punto di strappare con violenza la maschera del misterioso cavaliere. Caterina ne è alquanto irritata, ma si limita a rimproverare la troppo sensibile dama, di aver mancato alle convenzioni in uso nelle feste di questo genere.

Ella non accetta mai alcun invito. Il fastoso principe di Tauride, il conte Razumovskij, il principe feldmaresciallo Galitzin, i due Naryskin, la contessa Bruce e madame Batiuchkine, sono all'incirca le sole persone che hanno qualche volta l'onore di averla come ospite. Ma, più sovente, non si fa annunciare, divertendosi all'imbarazzo che causa la sua imprevista apparizione.

In primavera, lascia il Palazzo d'Inverno per il palazzo di Tauride, quando questa magnifica dimora, costruita da Potëmkin, è stata ricomprata da lei dall'opulento favorito. D'abitudine, vi si reca alla domenica degli Ulivi e vi fa le sue devozioni pasquali. Vi soggiorna sino al mese di maggio, epoca in cui va a ritrovare le ombre di Tsarskoïe-Celo. Questa residenza, creata da lei e che rimpiazza le residenze di Peterhof e Oranienbaum, alle quali sono legati ricordi troppo lugubri, è il luogo dove sta meglio. Là, niente ricevimenti, niente cerimoniale di corte, nessuna noiosa udienza. Gli stessi affari sono in un certo modo sospesi, o per lo meno ridotti allo stretto necessario. Alzatasi alle sei o alle sette, l'imperatrice incomincia la sua giornata con una passeggiata. Vestita in modo leggero, un bastone in mano, percorre i suoi giardini. La fedele Pierekusihina, un valletto di camera e un assistente l'accompagnano. La famiglia Anderson, ovviamente, è della partita e la presenza della sovrana è segnalata da lontano dal guaire gioioso della banda che folleggia davanti a lei sull'erba. Caterina si occupa con passione di giardinaggio e la «*plantomania*», come lei chiama questa passione, rivaleggia nelle sue preferenze con la passione per le costruzioni. Peraltro, a questo proposito, segue le passioni del tempo.

«Attualmente, amo alla follia – scrive nel 1772 – i giardini all'inglese, le linee curve, le pendenze dolci, gli stagni a forma di lago, e ho un profondo disprezzo per le linee diritte. Odio le fontane che torturano l'acqua per farle prendere un corso diverso da quello naturale; in una parola, l'anglomania domina la mia *plantomania*.» E cinque anni più tardi: «Faccio arrabbiare sovente i miei giardinieri, e più di un giardiniere tedesco mi ha detto nella sua vita: *Aber, mein Gott, wass wird dass werden*[275]! Secondo me, quasi tutti sono dei pedanti seguaci della consuetudine: gli scostamenti dall'abitudine che propongo loro li scandalizzano. Quando vedo che l'abitudine è difficile da vincere, prendo il primo ragazzo giardiniere che trovo sottomano. Non c'è nessuno che rida della mia *plantomania* come il conte Orlov. Mi spia, mi imita, si prende gioco di me, mi critica, ma partendo ha finito col raccomandarmi il suo giardino per questa estate, e sono io che quest'anno vado a fargli tutte le stravaganze alla mia maniera. La sua terra è molto vicina a questa. Sono molto fiera che abbia riconosciuto il mio merito di giardiniere.»

I giardini di Tsarskoïe sono pubblici. Un giorno, seduta su una panchina con la Pierekusihina, Caterina vede passare un uomo, un cittadino di Pietroburgo il quale, scorgendo le due anziane donne e non riconoscendo la sovrana, le copre con uno sguardo di disprezzo e prosegue per la sua strada fischiettando. La Pierekusihina è indignata, ma Caterina la riprende: «Cosa vuoi, Maria Savichna, vent'anni fa questo non ci sarebbe successo. Siamo invecchiate: è colpa nostra.»

Conclusa la sua passeggiata, alle nove, la sovrana si mette al lavoro e fino alle sei di sera, la giornata trascorre pressoché come in città, tranne il fatto che vengono meno funzionari e importuni e che la cerchia intima è ridotta. A tavola, talvolta, compaiono due o tre convitati chiamati dalla capitale. Alle sei, nuova passeggiata, questa volta in più numerosa compagnia, ma nella più completa libertà. I nipoti dell'imperatrice giocano

---

[275] Ma, Dio mio, che cosa diventerà.

a *barriera* sotto i suoi occhi, il conte Razumovskij fa da arbitro per i punti contestati. Se piove, Caterina riunisce la sua compagnia nella sua famosa galleria vetrata, a colonne, dove si trovano i busti dei grandi uomini antichi e moderni, per i quali ha un'ammirazione particolare.

I ministri stranieri sono talvolta ammessi a condividere i piaceri della villeggiatura imperiale. Il conte di Ségur, che ebbe questo onore, racconta così i ricordi che gli ha lasciato:

«Caterina II ebbe la grande bontà di mostrarmi di persona tutte le bellezze di questa magnifica casa di campagna, della quale le acque limpide, i freschi boschetti, gli eleganti padiglioni, la nobile architettura, i preziosi mobili, gli stipi e i mobili da studio rivestiti in porfido, in lapislazzuli, in malachite avevano un'aria d'incanto e ricordavano ai viaggiatori che li ammiravano i palazzi e i giardini di Armida... La completa libertà, la giovialità della conversazione, l'assenza della noia e di ogni problema avrebbero potuto farmi credere, distogliendo lo sguardo dalla maestà imponente del palazzo di Tsarskoïe-Celo, di trovarmi a casa dei più simpatici amici... Monsieur de Cobenzl esternava la più inesauribile allegria, monsieur Fitz-Hebert uno spirito raffinato e colto, il generale Potëmkin un'originalità che lo rendeva sempre nuovo, anche nei suoi momenti di malumore o di astrazione. L'imperatrice parlava familiarmente su ogni argomento, al di fuori della politica; amava ascoltare dei racconti, ella stessa si divertiva a farne e, se per caso la conversazione languiva un po', il grande scudiero Naryskin, con delle buffonate un po' folli, faceva ritornare il riso e gli scherzi. Caterina lavorava quasi tutta la mattina, e ognuno di noi era allora libero di scrivere, di leggere, di passeggiare e di fare tutto ciò che gli piaceva. Il pranzo, con pochi piatti e commensali, era buono, semplice, senza fasto; il dopopranzo era occupato a giocare, a parlare. Alla sera, l'imperatrice si ritirava di buon'ora e allora ci riunivamo, Cobenzl, Fritz-Herbert ed io, o da uno o dall'altro di noi o nell'appartamento del principe Potëmkin.»

Caterina si riposava, in quel dolce ritiro, dalle fatiche del suo mestiere, soprattutto da quelle che le causava l'obbligatoria presenza alle feste e alle cerimonie della corte. Ciò che furono queste feste durante il suo regno e quale splendore seppe dare loro, proveremo un giorno a dirlo. Noi qui dobbiamo anche ai nostri lettori qualche parola sulle serate così celebri all'Ermitage.

Per l'ampiezza delle sue proporzioni, la magnificenza dei suoi decori interni, il palazzo così chiamato non corrisponde proprio al suo nome. Un susseguirsi di saloni e di gallerie e una sala circolare per gli spettacoli, riproduzione in piccolo dell'antico teatro di Vicenza. Vi si davano tre categorie differenti di ricevimenti: i grandi, i medi e i piccoli. Ai primi erano generalmente ammessi tutti i personaggi autorevoli e i ministri stranieri. I balli vi si davano alternati agli spettacoli dove si esibivano gli artisti più famosi: Sarti, Cimarosa, Paisiello dirigevano l'orchestra; Biotti, Puniani, Dietz, Lulli, Michel esibivano il loro talento su diversi strumenti; la Gabrielli, la Todi, il baritono Marchesi, il tenore Majorletti cantavano; nelle pantomime brillavano Pic, Rossi, Santini, Canucciani. Dopo i concerti e le opere liriche italiane, venivano le rappresentazioni di commedie o di drammi russi; allora si applaudivano Volkov, Dimitrefeski, Chumski, Krutitski, Ĉernyŝëv, Sandunow, la Trepolskaïa. Anche la commedia e l'opera francese avevano il loro spazio con Sedaine, Philidor, Gréty, le cui opere avevano eleganti interpreti, come il celebre Aufresne. Al ballo, ogni dama aveva due cavalieri che cenavano con lei. Dopo cena si danzava ancora una polacca e ci si ritirava prima delle dieci.

I ricevimenti *medi* si differenziavano dai grandi unicamente per il numero ristretto di invitati.

Tutt'altro era il carattere dei *piccoli* ricevimenti. Vi comparivano regolarmente solo i membri della famiglia imperiale e qualche intimo scelto con cura: in tutto una ventina di persone. Un invito fatto a un estraneo veniva interpretato come un segno eccezionale di favore, al quale si attribuiva un enorme valore. Quando c'era spettacolo, il che era frequente, l'orchestra era composta da tre o quattro elementi di primordine: Dietz con il suo violino, Delfini con il violoncello, Cardon con la sua arpa. Terminato lo spettacolo, ognuno faceva ciò che voleva. Nei saloni aperti agli invitati, non c'era più nemmeno «un'ombra di imperatrice», come si è fatto dire al barone Grimm, in un passaggio delle sue *Memorie*, del resto così poco precise da far sospettare che non siano autentiche. Alle pareti è affisso un regolamento: è vietato, tra le altre cose, alzarsi davanti alla sovrana, anche se, se si è seduti, la si vede venire verso di sé e, iniziata la conversazione, la sovrana mostra di volerla proseguire in piedi. Proibito avere l'aria di cattivo umore, scambiarsi parole offensive, parlare male di chicchessia. Proibito ricordarsi di liti o inimicizie che si possono avere fuori: le si deve lasciare alla porta, con la spada e il cappello. Proibito anche *mentire* e *farneticare*. Un'ammenda di dieci copechi che viene raccolta in una cassetta e il cui frutto è destinato ai poveri, colpisce i contravventori. Bezborodko fa la funzione di cassiere. Tra i frequentatori abituali, ve ne è uno che, con un continuo pettegolare, offre in ogni momento al cassiere l'occasione di presentargli quel salvadanaio. Un giorno in cui questo seccatore si è ritirato prima degli altri invitati, Bezborodko dice all'imperatrice che dovrebbe vietargli l'ingresso all'Ermitage, perché altrimenti corre il rischio di rovinarsi con le ammende. «Lasciate, – risponde Caterina – dopo aver passato la giornata ad ascoltare i vostri rapporti e quelli dei vostri colleghi, ho bisogno di riposo e anche i vaneggiamenti mi sono gradevoli.» «Allora, Matuchka – replica Bezborodko – venite da noi, al primo dipartimento del Senato, sarete servita ogni volta a piacere[276].»

I piccoli giochi di società fanno furore in queste riunioni, dove Caterina assume il ruolo di animatrice, sollecitando l'allegria dei suoi ospiti e autorizzando ogni libertà. Le penitenze sono: un bicchiere d'acqua bevuto in un fiato, un passaggio della *Telemachiede* di Trediakovski da recitare senza sbagliare, etc. Si termina la serata con una partita a carte. Spesso nel mezzo del gioco si interrompe la sovrana per ricordarle una penitenza che deve ancora fare. «Che cosa devo fare?» Chiede docilmente. «Sedervi per terra, Matuchka» Ed ella obbedisce prontamente.

Tutto questo è molto lontano dalle visioni di orge che hanno ossessionato le menti dei contemporanei. In un certo senso, Caterina favorì questo lavoro di immaginazioni, che è andato a detrimento della sua gloria. Ha avuto dal primo momento e ha sempre conservato delle maniere e dei modi di agire poco comuni tra le sovrane. Nel 1763, il barone di Breteuil, al mo-

---

[276] (N.d.A.) Questo aneddoto è riportato nei frammenti di memorie pubblicate dalle *Antiquité russe*, 1874, X, 772. Dobbiamo comunque far notare che Bezborodko non fece parte del senato se non dopo la morte di Caterina.

mento di lasciare il suo posto, riceveva da lei il seguente biglietto, il cui stile era fatto per sorprendere un diplomatico abituato alle forme cerimoniose in uso nelle corti: «Il signor barone di Breteuil avrà la bontà di recarsi alla capanna, sulla bellezza della quale ha promesso di conservare in eterno il segreto, domenica alle undici del mattino e, se vorrà essere gentile, vi resterà sino a dopo la cena, con il pretesto di fare visita al conte Orlov.» Il biglietto, senza data e senza firma, era di pugno dell'imperatrice. La capanna di cui parla era una casa di campagna recentemente costruita nei dintorni di Mosca. Breteuil rispose così: «Il barone di Breteuil rinnova i suoi giuramenti sul segreto inviolabile della capanna, dove gli si fa la grazia di essere ospitato pubblicamente, domenica alle undici. Vi si recherà, pieno di riconoscenza, di rispetto e approfitterà del lusinghiero permesso di restarvi per tutta la giornata; ma il conte Orlov acconsentirà che egli non si valga del pretesto per fargli visita.»

Queste righe si direbbero scritte sotto dettato di madame Breteuil. Ma se questa vide, in effetti, nell'invito della sovrana qualche intenzione sospetta, fu ben ingannata e suo marito fu ben giocato, quando seppe di che si trattava.

CAPITOLO II

VITA DI FAMIGLIA – IL GRANDUCA PAOLO

I

La madre e i figli – Cause di disaccordo – Spiegazioni diverse – La madre e l'imperatrice

Caterina non ha testimoniato ai suoi familiari, a suo padre come a sua madre, un'affezione profonda; è parsa dimenticare di avere un fratello; ha vissuto male con suo marito, se non ha partecipato, direttamente o indirettamente, alla sua tragica fine. Infine, suo figlio, il solo dei suoi figli legittimi che sia sopravvissuto, non ebbe da essere contento dei suoi comportamenti, anche se, come qualcuno ha detto, ella non ha mai pensato di diseredarlo. Sono dei dati di fatto. Da qui si è partiti per concludere che fu refrattaria ai sentimenti familiari in generale e che quello che si ritrova anche negli infimi gradini della scala morale e persino nella natura animale, il sentimento della maternità, è stato estraneo al suo animo freddo e corrotto, depravato dall'ambizione o dal vizio. Sono considerazioni da discutere. Ciò che furono le relazioni di Caterina con suo marito, l'abbiamo già detto. Sui suoi rapporti con l'erede della corona si sono tratte diverse conclusioni. Alcuni hanno creduto di poter affermare che fossero stati eccellenti sino all'epoca del primo matrimonio di Paolo. A partire da quel momento, la presenza di un'estranea avrebbe esercitato, nei loro confronti, un'azione dissolvente, che si ritrova nella storia di molte famiglie. Inoltre, nel primo anno di questa unione, nel 1774, una cospirazione, che aveva come fine quello di portare il granduca al trono facendo decadere la madre, sarebbe stata scoperta e a capo di questa, o perlomeno come principale ispiratrice, vi sarebbe stata la nuova nuora di Caterina, la granduchessa Natalia Aleksieïevna, nata principessa di Darmstadt. Un segretario del conte Panin, Bakunin, svelò il segreto all'imperatrice, che gettò nel fuoco la lista dei congiurati, nei quali aveva trovato il suo primo ministro a fianco della sua ex grande amica, la principessa Dachkov.

Questo racconto, che si basa unicamente su una tradizione familiare, ha lasciato parecchi increduli. Fa nascere, effettivamente, numerose obiezioni. I complotti, veri o supposti, che avevano per oggetto l'incontestabile rivendicazione dei diritti del figlio di Pietro III, furono all'ordine del giorno nel corso di tutto il lungo regno di Caterina. Nel suo dispaccio del 26 giugno 1772 (pubblicato nella *Raccolta della Società di storia russa*, volume LXXII), il conte Solms informa Federico della scoperta di un intrigo di questo genere relativo a qualche ufficiale inferiore del reggimento Preobrajenski. Ma parla anche di colpi di *knut* distribuiti, di nasi e di paia di orecchie mozzati. Così voleva l'ordine naturale delle cose. Ammesso il fatto di una tensione pressoché ostile dei rapporti seguita, tra madre e figlio, a una buona armonia nei vecchi giorni, se non a una grande e affettuosa intimità, un'altra spiegazione è stata fornita e un'altra data attribuita a questo cambiamento: il viaggio che Paolo volle fare in Europa, in compagnia della sua seconda moglie, la granduchessa Maria di Würtemberg[277]. Avendo autorizzato controvoglia questo viaggio, Caterina aveva pensato che, perlomeno, il figlio non si sarebbe fermato a Berlino, poiché era sul punto di interrompere i rapporti che ancora la legavano a questa corte. Paolo non se ne curò. Si lasciò festeggiare, blandire e abbindolare da Federico e, quando comparve a Vienna, si accorsero con sorpresa che non sapeva ancora niente, o voleva non sapere, dell'alleanza che un tempo aveva unito questa corte alla sua. Ovunque, del resto, si fece censore severo della politica materna. A Firenze, parlando con Leopoldo, il fratello di Giuseppe, si espresse senza alcun riguardo sul conto dei principali collaboratori di Caterina, del principe Potëmkin, di Bezborodko, di Panin stesso, dicendoli venduti, senza eccezione, all'imperatore. «Li estirperei dal primo all'ultimo», ripeteva con rabbia.

Riteniamo questa seconda versione tanto arbitraria quanto la prima, e tutte due ci sembrano peccare alla base: bisognerebbe

---

[277] Guglielmina d'Assia-Darmstadt (1755-1776), prima moglie di Paolo, morì per le conseguenze di un parto non riuscito, dopo cinque giorni di agonia.

provare che in qualsivoglia momento Caterina abbia effettivamente trattato meglio suo figlio di quanto non abbia fatto sia dopo il matrimonio dello *zarevic*, sia dopo il grande viaggio europeo che la separò momentaneamente da lui. Probabilmente, nelle sue lettere a madame Bielke, che datano 1772, la sovrana si compiace nel dipingere, sotto i più gradevoli colori, la vita che conduce a Tsarskoïe in compagnia di Paolo, ma noi già sappiamo quello che vale la sincerità epistolare di Caterina. Probabilmente, ancora, nel corso del mese di settembre di quello stesso anno, l'inviato prussiano, conte Solms, menziona a più riprese un ritorno di tenere dimostrazioni di cui il granduca è oggetto da parte di sua madre. «Non fa più un passo senza averlo con lei», scrive. Ma questo accade nel bel mezzo di una crisi che, separando la sovrana dal suo primo favorito in carica e mettendola in urto con la potente tribù degli Orlov, le fa provare dei seri timori per la sua sicurezza sul trono. «So da fonte certa, – ha cura di aggiungere Solms – che lo stesso granduca non è del tutto persuaso dell'eccesso di amicizia di sua madre.» Avrebbe infatti avuto torto. Circa nello stesso periodo, scrivendo a suo figlio e ricominciando due volte le lettera, Caterina tracciava queste parole: «Mi è parso che per tutta la giornata voi foste afflitto o imbronciato; l'una e l'altra cosa mi dispiacerebbero nella mia qualità di madre. Quanto al broncio, però, vi confesso che non mi preoccuperei molto né come madre né come imperatrice.» Strappò il foglio e ricominciò così: «Mi è parso che per tutta la giornata voi foste afflitto o imbronciato. Quanto all'afflizione mi addolorerebbe, per il broncio, lascio a voi stesso giudicare che cosa posso fare.»

La prima redazione traduceva probabilmente il suo pensiero più esattamente e non indicava, ci sembra, dei rapporti molto cordiali. Del resto, Caterina supponeva che l'afflizione o il broncio del granduca avessero come causa il rifiuto che aveva posto al suo ingresso nel consiglio, e questo rifiuto non era sicuramente una prova né di fiducia né di tenerezza. Infine, già nel 1764, Béranger scriveva da Pietroburgo al duca di Praslin: «Questo giovane principe (Paolo) fa presagire disposizioni sinistre e pericolose. È risaputo che sua madre non lo ama e che, da quando regna, rifiuta con troppo poco garbo tutti i gesti di tenerezza che un tempo gli prodigava ... Egli chiedeva, pochi giorni fa (Béranger ha notizia di questo dettaglio da uno dei valletti di camera del granduca) perché era stato fatto morire suo padre e perché si era dato a sua madre il trono che gli apparteneva di diritto. Aggiungeva, inoltre, che, una volta adulto si sarebbe fatto render conto di tutto ciò. Si dice, Monsignore, che questo fanciullo si permette troppo spesso simili discorsi, perché non siano riportati all'imperatrice. Ora, nessuno dubita che questa sovrana prenda tutte le precauzioni possibili per prevenirne gli effetti . . . »

È ammissibile, pertanto, che il viaggio intrapreso da Paolo contro il gradimento di sua madre, e l'atteggiamento che vi fece apparire a più riprese, abbiano contribuito a indisporre l'imperatrice e a spingerla più avanti su una strada su cui l'aveva posta la sua stessa ascesa al trono, vale a dire l'usurpazione dei diritti di suo figlio.

Ma l'intimità e la tenerezza erano cessate molto tempo prima. Erano incompatibili con la rispettiva posizione di questi due esseri, dei quali l'uno occupava violentemente il posto dell'altro. Quei sentimenti e quei rapporti affettuosi erano mai esistiti? Caterina ebbe mai un cuore di madre per questo figlio che era stato strappato dalle sue braccia qualche minuto dopo che era uscito dal suo seno, che non aveva nutrito, non aveva allevato, che non aveva visto che per piccoli intervalli? Gli prodigò davvero, in un certo momento, le carezze di cui parla Béranger? Forse, *prima che diventasse imperatrice*, quando questo bambino, che era suo figlio, poteva ancora diventare un giorno il *suo imperatore e il suo signore*. Se vi è stato un cambiamento nei suoi atteggiamenti, l'accadimento dovette essere contemporaneo al 5 luglio 1762, così come del resto indica chiaramente il rapporto dell'incaricato d'affari francese, e la ragione è evidente.

II

Il conte e la contessa del Nord – Viaggio in Europa – Berlino – «La Russia diventerà una provincia prussiana» – Soggiorno a Parigi – Impressioni di Maria Antonietta – Un architetto irascibile – Clérisseau – Influenza del viaggio sulle relazioni tra Caterina e Paolo

Abbiamo già parlato a più riprese del viaggio del conte e della contessa del Nord. La partenza, che avvenne il 5 ottobre 1781, fece sensazione a San Pietroburgo. Il popolo circondò la vettura che portava l'erede alla corona, con pianti, gemiti e i più profondi segni di affetto. Alcuni fanatici si gettarono sotto le ruote per impedirne la partenza. Solo questo sarebbe stato sufficiente per indisporre Caterina. Eppure, in un primo momento, fu lusingata, piuttosto che irritata, dagli omaggi con cui accolsero Paolo a Berlino. Una conversazione che ebbe con suo figlio, dopo il suo ritorno, le fece cambiare opinione. Solo allora, si rese conto che era stato troppo blandito da Federico. Poiché Paolo non si preoccupò di nascondere le sue opinioni, né le sue simpatie, ella si arrabbiò, arrivando a dire, nella sua collera, che la Russia, dopo la sua morte, «sarebbe diventata una colonia prussiana!».

Il viaggio del granduca aveva avuto luogo nel più stretto incognito. Le Loro Altezze arrivavano a rifiutare gli appartamenti che venivano preparati per loro, per alloggiare «in alberghi» con il loro seguito, che doveva essere considerevole, visto che richiedeva sessanta cavalli alle stazioni di posta. Paolo e sua moglie accettarono tuttavia di essere, per qualche giorno, gli ospiti di Versailles, dove il loro soggiorno sembra aver lasciato un'ottima impressione. «Il granduca – scriveva Maria Antonietta all'indomani della loro partenza – ha l'aria di un uomo focoso e impetuoso che si trattiene ... Il Re non ha notato in lui alcuna opinione eccessiva.» Vi furono delle feste mitologiche e allegoriche al Trianon, dove una giovane affascinò in modo particolare gli augusti spettatori. Si trattava (come evocare questo ricordo senza una stretta al cuore?) di *Madame Élisabeth*! La famiglia reale volle così fare onore al buon nome dell'ospitalità francese. A Mouceanx, nei giardini del duca di Chartres, «dopo aver percorso mille tortuosi sentieri ombreggiati da sicomori, lillà, pioppi d'Italia e arboscelli delle Indie, dopo aver respirato un'aria fresca e sostato su verdi distese di timo e sermollino, visitato capanne e castelli gotici quasi crollanti, il conte e la contessa del Nord condivisero il pasto semplice e frugale dei pastori che tornavano dai campi ...».

A Parigi, il passaggio delle Loro Altezze, che coincideva con l'effervescenza delle simpatie russe che abbiamo precedentemente segnalato, ebbe pressoché le apparenze di un trionfo.

Premure lusinghiere, gradevoli sorprese accoglievano ovunque i visitatori. Abbiamo già detto quella di cui la granduchessa fu oggetto alla manifattura di Sèvres. Paolo non fu trattato da meno. Alla Biblioteca reale, dopo avergli mostrato un lotto di libri russi, tratti dagli scaffali dove certamente trovavano ben pochi lettori, il bibliotecario, Desolnais, richiamò l'attenzione del granduca e dei suoi accompagnatori su un volume che era servito, disse, all'educazione di un principe che Parigi aveva già imparato ad ammirare e al quale ora si stava affezionando. Era il manuale redatto per Paolo stesso dall'arcivescovo Platon. Le Loro Altezze si impegnarono, del resto, a ricambiare tanta cortesia. Dopo aver passato in rivista il reggimento delle guardie francesi del maresciallo Biron, la granduchessa gli indirizzò un biglietto tra i più gentili, unendovi dieci biglietti della cassa di sconto di 1.200 *livre* ognuno, per far bere i soldati alla salute del loro comandante. A Berlino ricordavano ancora dal 1776 la parsimonia, del resto forzata, che Paolo aveva dimostrato, arrivando in quella capitale, per sposarvi la sua seconda moglie. Ordini imperiali giunti da San Pietroburgo avevano dato un taglio netto ai suoi personali impulsi, naturalmente generosi. Per lungo tempo ci furono commenti su questi fatti anche a Parigi, e la differenza di comportamento fu apprezzata ancora di più. Ci fu tuttavia l'increscioso incidente di Clérisseau. Paolo, lo si intuisce, si trovò circondato, nella capitale delle arti e delle lettere, dalla clientela letteraria e artistica che sua madre vi si era fatta. Non riuscì sempre a soddisfarla e ad aver cura di tutte le sue suscettibilità. Senza la distanza che separa Parigi da San Pietroburgo, neanche Caterina ci sarebbe riuscita. Madame d'Oberkich descrive nelle sue *Memorie* questa scena, che ebbe per teatro il palazzo di la Reynière, oggi occupato dal circolo dell'Unione artistica. Monsieur de la Reynière era un ricco *fermier général*[278] e la sua casa, decorata dai più eminenti artisti di Parigi, compreso Clérisseau, era considerata una delle meraviglie della città. Paolo volle visitarla. Gli era già stato presentato precedentemente l'irascibile architetto, e non lo aveva trattato molto bene. Così, almeno, era sembrato a Clérisseau e aveva scritto al principe Bariatinski, aiutante di campo del granduca, una lettera – alquanto dignitosa secondo

---

[278] *Fermier général*, cioè appaltatore delle riscossione delle tasse.

Grimm – dove tuttavia aveva preso il coraggio di annunciare che avrebbe reso conto all'imperatrice di Russia dell'accoglienza che le persone onorate della sua stima ricevevano da parte di suo figlio. Dopo qualche giorno, l'artista e il principe si rincontrarono nella sala da pranzo del palazzo di Reynière. Questa sala era appunto uno dei capolavori di Clérisseau. Entrandovi, il conte del Nord scorse un uomo che lo salutava senza dire una parola. Paolo restituì il saluto, ma l'uomo gli sbarrò il passaggio.

«Che cosa volete signore?»

«Voi non mi riconoscete, monsignore!»

«Vi riconosco perfettamente. Siete il signor Clérisseau.»

«Perché allora non mi parlate?»

«Perché non ho niente da dirvi.»

«Avete quindi intenzione di comportarvi qui come a casa vostra, monsignore. Mi riconoscete, mi trattate come un estraneo, io, l'architetto dell'imperatrice, io che sono in corrispondenza con lei! Perciò, ho scritto alla signora vostra madre per lamentarmi dell'indegna accoglienza che voi mi avete fatto.»

«Scrivete anche alla mia signora madre che voi mi impedite di passare, signore! Ve ne sarà certamente grata.»

La versione che Grimm dà dell'incidente, nella sua corrispondenza con Caterina, è sensibilmente differente e ci sembra anche sembra più verosimile. Paolo sarebbe stato il primo ad avvicinare Clérisseau, volendo riparare il torto che aveva potuto fare nei suoi confronti, mostrandosi alquanto amabile, ricordando le parole lusinghiere che gli aveva rivolto in occasione del primo incontro. Ma Clérisseau tagliò corto a queste dimostrazioni tardive: «Signor conte, può darsi che voi abbiate avuto l'intenzione di dirmi tutto questo, ma io non ho sentito nulla.»

«Bisogna dunque pensare che voi non abbiate né orecchie né memoria», replicò Paolo spazientito.

Queste parole e l'intervento dell'assistente posero fine all'incontro. «Non sono mai stato così maltrattato, – disse ridendo il granduca a coloro che lo circondavano – mi sento la camicia appiccicata alla schiena.» La granduchessa provò ancora a sistemare la cosa, ma Clérisseau si mostrò intrattabile e finì col diventare villano. Alla principessa che gli chiedeva di inviarle il modello e i disegni di un salone che aveva ammirato, rispose seccamente: «Invierò questo modello e questi disegni alla mia augusta benefattrice, e da lei madama la contessa potrà averli.» Caterina non pensò proprio, in questa circostanza, di dare ragione al suo architetto contro l'erede della sua corona: teneva molto di più agli interessi e alla dignità del suo rango. Ma l'avventura, probabilmente, non mancò di lasciare una cattiva impressione nella sua mente: era già troppo propensa a pensare che suo figlio ed erede al trono non sapesse comportarsi. Le lettere che indirizzò ai viaggiatori, per il periodo della loro assenza, furono tuttavia sempre affettuose e materne. Sembra anche che questa separazione abbia esercitato sui suoi sentimenti un'influenza distensiva, disponendola a una maggiore dolcezza. Presente e vicino a lei, Paolo ridiventava una minaccia e una causa di continua inquietudine. Non aveva forse ripetuto in pubblico che attendeva la sua maggiore età per rendergli quanto dovuto, cioè il posto che lei occupava?

III

Aggravamento del conflitto – Divergenza di idee – Lettura burrascosa del bilancio – Isolamento di Paolo – Presunto testamento di Caterina

Al ritorno, i dissensi si aggravarono. Paolo e sua moglie si lamentavano che l'imperatrice levava loro l'educazione dei figli. All'epoca del viaggio in Crimea, Caterina volle portare con sé i piccoli granduchi Alessandro e Costantino. Questa volta, le proteste dei genitori furono così vivaci che rinunciò al proposito. Ma anche le questioni di ordine politico giocavano un ruolo in questa lite che si inaspriva di giorno in giorno. Nel luglio 1783, il marchese di Vérac, allora ministro di Francia a Pietroburgo, per prevenire un conflitto tra la Russia e la Turchia, rinnovava azioni diplomatiche che la Francia non si stancava di moltiplicare, denunciava l'accoglienza poco lusinghiera, quasi sprezzante, che era stata fatta loro da parte dell'imperatrice e dei suoi ministri e non mancava di descrivere un antagonismo, nel quale scorgeva qualche speranza per l'avvenire: «Il granduca è assolutamente contrario a questo ordine di idee. Questo principe, allevato nei saggi principi del defunto conte Panin, pensa con un dispiacere mortale allo stato in cui l'impero si troverà ridotto dalla prodigalità senza limiti dell'imperatrice. Guarda il piano di attacco contro i turchi come a un progetto che può portare la Russia alla completa rovina ed è personalmente molto adirato contro l'imperatore, che considera come il fautore del piano.»

A guerra scoppiata, Caterina si oppose a che il granduca vi prendesse parte. «Sarebbe un ulteriore impiccio», scriveva a Potëmkin. Gli permise di andare in Finlandia, al momento della guerra di Svezia, ma Knorring, che comandava il corpo d'armata sul campo, affermò più tardi di aver ricevuto l'ordine di non comunicare a Sua Altezza alcun piano operativo. Nel 1789, quando sorse la questione di una rottura con la Prussia, la situazione di Paolo assunse un'irritante rassomiglianza per Caterina, ed anche pericolosa per lui, con quella che Pietro ebbe negli ultimi anni del regno di Elisabetta. Circolarono sinistre voci. Il famoso *progetto greco* dell'imperatrice forniva ancora un motivo di conflitto continuo: esso incontrava, da parte del granduca, un'aperta ostilità. Infine, nel corso dei cambiamenti che avvenivano di anno in anno nella cerchia dell'imperatrice, Paolo si lasciava talvolta andare a dimenticare i suoi doveri di figlio rispettoso e, per reciprocità, i favoriti, che si chiamassero Potëmkin o Zubov, non si credevano obbligati ad avere riguardo per Sua Altezza. Un giorno, a tavola, avendo il granduca espresso la propria approvazione per un'idea esposta da Zubov, quest'ultimo domandò ad alta voce: «Ho forse detto una sciocchezza?»

La giovane corte era spesso a corto di denaro. Nel 1793, esaminando il bilancio del banchiere di corte, Sutherland, che ha fatto dei cattivi affari e si trova alla vigilia di sospendere i pagamenti, il suo segretario, Deržavin, arriva, nell'enumerazione dell'attivo, a una somma dovuta al banchiere «da una persona molto altolocata, ma che ha la disgrazia di non essere troppo amata dall'imperatrice». Caterina non impiega molto a indovinare di chi si tratta. «Ecco le follie che fa! – esclama subito – Che bisogno ha di somme simili?» Deržavin osa allora farle osservare che il defunto principe Potëmkin aveva l'abitudine di contrarre dei prestiti molto più considerevoli e ne indica qualcuno nell'attivo di Sutherland. La sovrana non vi si sofferma e la lettura del bilancio continua. Si arriva a una *voce* della persona «molto altolocata». «Ancora!» Esclama la sovrana, con una collera più accesa. «Non è strano che dopo questo Sutherland faccia fallimento!» Deržavin crede che questa sia l'occasione per giocare un tiro mancino a un altro favorito, Platon Zubov, dal quale non si considera abbastanza lautamente pagato. Indica una somma enorme, recentemente registrata a suo nome nel disgraziato bilancio. Ma, senza rispondere, l'imperatrice agita un campanello. «C'è qualcuno dei segretari nella camera?», chiede. «C'è Vassili Stiepanovitch Popov.» «Fatelo venire.» Popov entra. «Sedetevi là e non lasciatemi sino alla fine di questo rapporto. Questo signore (indicando col dito Deržavin) vuole picchiarmi, credo.»

In questo periodo, il granduca vive con sua moglie a Gatchina o a Pavlovsk, completamente separato da sua madre e anche dai suoi bambini, che sono con lei e che non vede che qualche volta per interi mesi. Per vederli, ha bisogno del permesso del conte Saltykov, loro governatore. Abbiamo già parlato dell'opinione, abbastanza generalizzata negli ultimi anni del regno di Caterina, secondo la quale si proponeva di diseredare suo figlio. Questa misura era auspicata da un gran numero di persone. Ci si attendeva un proclama che regolasse questo importante punto e si credeva che dovesse comparire il 1° gennaio 1797. Secondo una versione, il proclama sarebbe stato effettivamente redatto e sarebbe stato destinato a inaugurare l'avvento del regime costituzionale in Russia sotto lo scettro di Alessandro, stante l'opposizione di Paolo a quella forma di governo. Nelle *Memorie* d'Engelhardt, in un frammento della *Memorie* di Deržavin, che ci è stato conservato, si parla invece di un testamento dell'imperatrice, tendente allo stesso fine, senza l'enigmatica e incerta introduzione del regime costituzionale, che poco si confaceva alle idee prevalenti all'epoca nell'animo di Caterina. L'ode scritta da Deržavin per l'avvento di Alessandro sembra farvi allusione, come un curioso scritto che circolò dopo la morte di Caterina dal titolo: *Caterina II ai Champs-Elysées*. La sovrana vi rimprovera Bezborodko, al quale avrebbe affidato il testamento in questione, di aver inflitto al suo paese il regno di Paolo.

È certo che facendo spesso allusione nella sua corrispondenza all'avvenire che attende la Russia dopo la sua morte, Caterina non parla mai del regno di suo figlio. È sempre Alessandro che indica come suo erede. Secondo alcune testimonianze, avrebbe da ultimo anche preso energici provvedimenti per prevenire un colpo di mano che credeva di dover temere dall'erede legittimo.

La madre e il figlio si vedono ormai solo nelle cerimonie ufficiali. Si scrivono delle lettere cerimoniose. Durante il soggiorno molto breve del granduca presso l'armata in Finlandia, dove ben presto si accorge di non aver niente da fare, la corrispondenza è pressoché quotidiana. Essa ricorda un po' quella del re di Spagna con Maria di Neubourg, nella versione che ne dà Victor Hugo. Eccone un saggio:

«Mia cara e buona madre, la lettera di Vostra Maestà Imperiale mi ha fatto molto piacere e ciò che mi dice mi tocca profondamente. La supplico di voler benevolmente accogliere l'espressione della mia riconoscenza e nello stesso tempo quella del rispetto e dell'affetto con i quali sono ... »

Risposta di Caterina:

«Ho ricevuto, mio caro figlio, la vostra lettera del 5 di questo mese con l'espressione dei vostri sentimenti ai quali corrispondono i miei. Addio, e state bene.»

Le lettere continuano così, pressoché senza variazioni.

IV

Carattere di Paolo – Ritratto del principe de Ligne – I favoriti e le amanti del granduca – Altre testimonianze più favorevoli – Il conte Andrea Razumovskij – Scena macabra

In questa lite, che separa in modo così crudele due esseri che la natura aveva unito, chi è il colpevole? Numerosi contemporanei hanno tracciato un ritratto fisico e morale di Paolo. Alcuni di questi ritratti sono lusinghieri, ma sono i più rari. Conosciamo quello del principe di Ligne, che è probabilmente il più sincero.

«Capace di molto lavoro, mutevole troppo sovente d'opinione e di favoriti per avere un favorito, un consigliere o un'amante; pronto, focoso, incoerente: forse sarà un giorno da temere. La sua mente è falsa, il suo cuore è retto, il suo giudizio un colpo d'azzardo. È diffidente, suscettibile, amabile in società, intrattabile negli affari, amante dell'equità, si lascia tuttavia portare dalla sua foga, che non gli permette di distinguere la verità. Vuol apparire oppositore e recita la parte del perseguitato, benché sua madre desideri che gli si faccia la corte e che gli si dia modo di divertirsi quanto vuole. Sventura ai suoi amici, ai suoi nemici, ai suoi alleati e ai suoi sudditi! Del resto, è estremamente volubile ma, quando per il poco tempo in cui vuole una cosa o la ama, o la odia, lo fa con violenza e testardaggine. Detesta la sua nazione e, a Gatchina in altri tempi, mi ha detto cose che non posso ripetere.»

Ma il suo entusiasmo per Caterina non ha forse indotto il delizioso pittore a caricare i colori di tinte troppo cupe? Ecco una testimonianza meno sospetta e certamente la più autorizzata di tutte. Tra i personaggi della corte di Caterina, Paolo si è scelto un amico, un confidente, un consigliere. Colmato di premure, di prove di attaccamento e quasi di rispetto, questi stima a buon diritto che, all'indomani della morte di Caterina, sarà onnipotente. Il granduca non nasconde l'intenzione di farne il suo primo ministro: si tratta del conte Rostopčin. Ecco la considerazione in cui tiene il suo favore e in quali termini parla di colui che l'ha giudicato degno. In una delle sue lettere indirizzate al conte Vorontsov, ambasciatore a Londra, comincia col dichiarare: «che dopo il disonore, niente può essergli più odioso della benevolenza di Paolo». Si lascia poi andare a una critica amara della condotta del futuro imperatore. Lo descrive come un uomo che litiga con tutti, che si fa ovunque dei nemici, che si impegna a imitare Pietro III, di nefasta memoria, che come lui gioca al re di Prussia con la piccola armata che ha a sua disposizione. Scrive: «Il granduca è a Pavlovsk, con la testa piena di fantasmi, circondato da persone la più onesta delle quali meriterebbe la forca senza essere giudicata.» Ha cacciato Naryskin e Lvovitch, che gli erano sinceramente devoti. Ha crudelmente mortificato il principe A. Kurakin, che alla vigilia chiamava «la sua cara anima». Mademoiselle Nelidof, che egli perseguita con le sue attenzioni, ha chiesto all'imperatrice di lasciare la corte e di ritirarsi in un monastero per sfuggirgli.

Mademoiselle Nelidof, *freiline* della granduchessa, «piccola, sporca, di carnagione scura, ma piena di intelligenza», se diamo credito a Ribeaupierre, ha avuto numerosi precedenti nel favore del granduca: in un primo tempo un'altra *freiline* di nome Chkurine che, anche lei, pensò di prendere il velo e finì effettivamente per rassegnarsi a farlo. La dicevano figlia di uno *stopnik* (servitore addetto alle stufe), del quale si credeva che Caterina, ancora granduchessa, fosse stata l'amante. Alla Chkurine fece seguito una mademoiselle Lapukhin. Questi legami non furono tutti platonici, come pare invece fosse quello con la Nelidof. Una principessa Czartoryska, che sposò in seconde nozze Gregorio Razumovskij, passò per aver avuto un figlio da Paolo, che si chiamò Simeone Vielikoï.

Ma tutti questi amori non hanno dato a Paolo una sola amicizia. Secondo Rostopčin, la Nelidof si prende gioco di lui e lo disprezza apertamente. Dopo averlo definitivamente congedato, resta alla corte, dove i suoi successi «lo fanno arrabbiare» e lo rendono ridicolo.

Delle lettere dello stesso Paolo, tuttavia, lo mostrano sotto una luce differente. Quelle da lui indirizzate, dal 1776 al 1782, al barone Charles Sacken, uno degli educatori della sua gioventù, sembrano una rivelazione: un animo sensibile, affettuoso, riconoscente, una certa nobiltà di idee e anche una certa dose di buon senso vi si rivelano frequentemente. Il barone Charles Sacken è all'epoca ministro di Russia a Copenaghen. Paolo gli scrive: «Vedete che non sono affatto di marmo e che non ho assolutamente il cuore così duro che molti pensano. La mia vita lo dimostrerà... Amo di più essere odiato facendo del bene, che amato facendo del male... Se mai farò qualcosa di buono, sappiate sin da ora che ve ne farò tacito omaggio, come a tutti coloro che hanno contribuito a dissodare l'arido terreno della mia natura... Nulla di brillante in me; si è goffi quando si vuole essere ciò che non si è.» Sembra anche che Paolo non mancasse di spirito e di naturalezza. Durante il suo soggiorno a Parigi, a una colazione che offrì a qualche uomo di lettere, La Harpe si meravigliò di sentir dare dell'*Eccellenza* al suo medico Scheffer. Poiché Paolo gli spiegò che in Russia quel titolo corrispondeva al rango occupato da Scheffer nella scala gerarchica della burocrazia (*tchin*), La Harpe si azzardò a chiedere: «Ma allora, se in Russia i medici sono *Eccellenza*, quale titolo apparterrebbe a un uomo di lettere?» «Signore – replicò Paolo – se mia madre fosse qui, vi darebbe senz'altro quello di *Altezza*.»

Un'altra volta, al conte d'Artois che lo pregava di accettare una spada inglese che aveva ammirato a casa sua: «Piuttosto – disse il granduca – vi chiederei quella con la quale avete conquistato Gibilterra.» Sappiamo che in quel momento il conte d'Artois si preparava a condurre sulle coste della Spagna una spedizione militare che risultò disastrosa.

Forse, tuttavia, non bisogna prestare molta fede a questi aneddoti. Gli eredi di corone imperiali trovano facilmente gente disponibile alla loro causa. Ciò che guastava l'intelligenza e il cuore di Paolo era il suo estremo nervosismo, in merito al quale sono circolate numerose voci. Nel mese di ottobre del 1770, Sabatier informava il duca di Choiseul che il granduca aveva avuto delle «convulsioni terribili e i segni inequivocabili di un attacco molto forte di epilessia». Sabatier credeva di sapere che al momento della detronizzazione di Pietro III avevano spaventato il piccolo Paolo con la notizia che suo padre voleva farlo morire. Questo racconto, che gli fecero senza alcun riguardo, gli aveva causato una tale emozione da alterare la sua costituzione. D'Allonville riporta, nelle sue *Memorie*, un'altra versione che dice di aver avuto dall'ellenista Villoison, «uomo serio che aveva avuto dei rapporti lunghi e abituali con il granduca». Le facoltà intellettuali del principe sarebbero state compromesse da forti dosi di oppio assunte in circostanze singolari: «Il conte Andrea, successivamente principe Razumovskij, suo amico del cuore, ma amico più intimo ancora della granduchessa, nata principessa di Darmstadt, cenando tutte le sere con la nobile coppia, non avrebbe trovato altro modo di ridurre questo trio a un semplice faccia a faccia.»

Di per sé il fatto che siano esistite relazioni, che andassero oltre un semplice legame di amicizia, tra il conte Andrea e la prima moglie di Paolo, sembra non lasciare dubbi. Secondo un rapporto inviato da Durand al conte di Vergennes, nell'ottobre 1774, Caterina si sarebbe fatta carico di aprire gli occhi a suo figlio, a questo proposito, senza però riuscirci. Ma, alla morte della granduchessa, una corrispondenza scoperta tra le sue carte portò alla luce la verità. Razumovskij ricevette l'ordine di viaggiare. L'oppio giocò un ruolo in questo colpevole intrigo? Non sapremmo dirlo. Certo è che la salute mentale fu sin dai primi momenti oggetto di dubbi e di commenti equivoci. Nel 1781, al suo passaggio da Vienna, si voleva rappresentare l'*Amleto* in sua presenza al teatro di corte, ma l'attore Brokman si rifiutò di interpretare il suo ruolo, dicendo che ci sarebbe stati due Amleto nella sala. Giuseppe gli inviò 50 ducati per ringraziarlo del senso di opportunità così dimostrato. In ogni occasione, Paolo si dimostrava nervoso, irritabile e impressionabile all'eccesso. Nel 1782, il marchese di Vérac scriveva da Pietroburgo che apprendendo dell'improvvisa morte del conte Panin, il granduca aveva perduto conoscenza. La macabra fantasia che presidiò la cerimonia con la quale, salendo al trono, Paolo pretese di riabilitare la memoria di suo padre, sarebbe sufficiente a giustificare le accuse di follia che l'hanno seguito nella sua precoce tomba, dopo averlo accompagnato nella sua vita. Sembra inesatto il fatto che avrebbe dissotterrato il cadavere di Pietro III per farlo sedere un istante sul trono, che stava per occupare egli stesso. Dopo trentaquattro anni la tomba dello sventurato imperatore, il cui corpo non era stato imbalsamato, racchiudeva solo delle ossa. Il figlio di Caterina si accontentò di mettere sull'altare della chiesa di San Pietro e Paolo un orrendo cranio cinto da un diadema imperiale.

Proprio il passaggio al potere di questo erede irritava e sgomentava Caterina. Non è forse scusabile l'avere cercato da parte sua di risparmiare al suo regno un domani che prevedeva così penoso? Ma, d'altra parte, i turbamenti che sembrano aver oscurato l'intelligenza di questo triste rampollo di una razza tormentata, i fantasmi che hanno assillato la sua mente malata, non hanno avuto la stessa Caterina come evocatrice indifferente e impassibile? Non sono forse nati nell'ombra insanguinata del castello di Ropcha?

V

L'altra maternità di Caterina – Bobrinski – Indifferenza e abbandono. Cattiva madre e nonna adorabile – L'educazione dei nipoti – Testimonianza di tenerezza – I matrimoni – Si sceglie nel mucchio

Ciò che depone a suo sfavore, in questo malinconico processo, triste risvolto degli splendori del grande regno, è il modo in cui Caterina condusse un'altra maternità che, peraltro, non aveva di che inquietare né la sua ambizione né la sua responsabilità di sovrana. Ella ha avuto, lo sappiamo, un secondo figlio, un figlio dell'amore, che si chiamò Bobrinski. Lo amò? Non sembra. Si occupò di lui? Gli diede di che vivere confortevolmente, viaggiare all'estero e anche fare qualche follia. Egli ne fece qualcuna eccessiva: elle lo seppe e si mostrò indifferente in modo stupefacente:

«Che cosa è – scrive a Grimm – questa faccenda di Bobrinski? Questo giovanotto è singolarmente noncurante ... Se vi fosse possibile informarvi sui suoi affari a Parigi, mi fareste un piacere. Del resto, è benissimo in condizioni di pagare: ha 30.000 rubli di entrate all'anno ... »

E, due anni più tardi: «È increscioso che Bobrinski si indebiti. Conosce il suo reddito; è molto onesto. Oltre a questo , non ha niente.»

Così annuncia la decisione di non fare onore alla firma di questo figlio. Al di là della modesta quota che gli assegna, lui e i suoi creditori avrebbero torto a contare su di lei. E mantiene la parola. Alla fine del 1787, il giovane Bobrinski ha numerosi milioni di debiti a Parigi, senza contare i suoi creditori di Londra, dalle mani dei quali ha dovuto fuggire. Ha sottoscritto, tra l'altro, al marchese di Ferrières, una cambiale per l'importo di 1.400.000 *livre*. Caterina, fino a questo momento, non ha fatto nulla per fermare questo susseguirsi di disordini. Tuttavia, prende una decisione: fa ritornare il giovanotto in Russia e lo interna a Reval, dove lo fa sorvegliare strettamente, senza però cercare di rivederlo né di sapere ciò che diventa. Purché la lasci tranquilla, che non le chieda del denaro e che non senta più parlare di lui, è contenta.

Ciò è stupefacente. La natura non parlava al cuore di questa madre insensibile? Come sostenere il contrario? Ma, anche, come affermarlo? Ecco come tratta suo figlio. Ma, anche, ciò che fa con i suoi nipoti. A partire dal 1779, tutti i giorni alle dieci e mezza, le portano il piccolo Alessandro. «Ve l'ho già detto e lo ripeto – scrive a Grimm – vado pazza per questo marmocchio ... Facciamo tutti i giorni delle nuove scoperte, vale a dire che di ogni gioco ne facciamo dieci o dodici e facciamo a gara a chi sarà più geniale. È straordinario come diventiamo industriosi. Nel pomeriggio, il mio marmocchio viene tutte le volte che vuole e trascorre tre o quattro ore al giorno nella mia camera.» Nello stesso anno si mette ad insegnare l'abbecedario ad Alessandro, che «non sa ancora parlare e che ha solo un anno e mezzo». Lo abbiamo già visto, si prende cura anche del suo abbigliamento: «Ecco come è vestito dal sesto mese della sua vita», scrive a Grimm, inviandogli il facsimile di un costume di sua invenzione. «Tutto questo è cucito insieme e si mette in un sol colpo e si chiude da dietro con quattro o cinque piccoli ganci . . . Non c'è nessun laccio e il bambino quasi non si accorge che lo si veste: braccia e piedi si infilano insieme in quest'abito e tutto è fatto; quest'abito è un mio colpo di genio. Il re di Svezia e il principe di Prussia hanno chiesto e ottenuto una modello del vestito di Alessandro.» Poi, vengono gli immancabili aneddoti, che si ritrovano in tutte le lettere di madri e dove sono narrate giorno per giorno le prodezze del piccolo prodigio, i tratti di spirito, le prove di intelligenza *straordinaria per l'età*. Un giorno in cui il delizioso marmocchio è ammalato e tremante di febbre, Caterina lo trova alla porta della sua camera, avvolto in un grande mantello. Ella chiede che cosa significhi tutto ciò. «È – risponde il bambino – una sentinella che muore di freddo.» Un altro giorno, interroga una delle cameriere dell'imperatrice per sapere a chi assomiglia. «A vostra madre.» Risponde la cameriera. «Ne avete tutti i tratti, il naso, la bocca.» «Non è questo: il mio carattere, le mie maniere, a chi assomigliano?» «In questo, potreste certamente assomigliare a vostra nonna più che a ogni altro.» Immediatamente, il piccolo granduca si getta al collo dell'anziana donna e l'abbraccia affettuosamente. «È questo che volevo dire!»

Tutto ciò la dice lunga sul posto che Paolo e Caterina occuparono rispettivamente in questa famiglia, dove le vedova di Pietro III usurpò ogni primato. Leggiamo ancora questo passaggio di una lettera a Grimm, dove parla del piccolo adorato essere: «Secondo me diventerà un personaggio di primordine, purché la *secondaterie* non ne ritardi i progressi.» *Secondat, secondaterie*: ancora parole alla maniera di Caterina, da lei usate per designare il figlio e la nuora, così come per indicare le idee in materia di educazione, di politica e di ogni cosa, che prevalgono a Pavlovsk e che generalmente sono del tutto opposte alle sue, a quelle, perlomeno, che ha adottate in quel momento. Non è forse dal barone Charles Secondat di Montesquieu che ha preso a prestito il soprannome di Paolo e di sua moglie?

Il piccolo Costantino non gode dapprima delle simpatie della nonna allo stesso modo di suo fratello. Caterina lo trova di salute troppo fragile, di complessione troppo delicata per un nipote di una imperatrice. «Per l'altro – dice, dopo aver parlato con entusiasmo di Alessandro – non scommetterei dieci soldi; sarò in errore se resterà su questa terra.» Ma il minore prende un giorno la sua rivincita. Con il tempo, il ragazzo cresce e prende forza, così i sogni dell'impero bizantino si affacciano all'orizzonte, la tenerezza di Caterina si risveglia a poco a poco per questo bambino che ha avuto per balia la greca Elena.

Ahimè, bisogna dirlo: la politica gioca ancora un ruolo, e anche un ruolo capitale, persino in questo capitolo della storia della grande sovrana. La politica! Si è sicuri di ritrovarla ovunque, seguendo Caterina: nei suoi sentimenti come nei suoi pensieri, nelle sue preferenze come nelle sue avversioni, e i suoi stessi affetti familiari non fanno eccezione alla regola. Per tutte le incertezze, per tutti gli enigmi ai quali può dare luogo lo studio al quale abbiamo dedicato questo volume è qui, crediamo, che bisogna cercare un punto di riferimento e una soluzione. Naturalmente, in questa donna che, per certi versi del suo carattere e certi particolari della sua condotta, giustificò ogni riprovazione, come per altra parte ogni elogio, la sensibilità morale, senza essere di ordine superiore, non fu né assente, come si è creduto, né smussata, né viziata e né sminuita al livello dei più bassi istinti. Il suo cuore fu all'altezza del suo spirito, il quale non raggiunse una grande levatura. Seppe amare, ma subordinò l'amore, come il resto, alla grande ragione ispiratrice della sua vita, che fu, quest'ultima, di un vigore e di una tempra eccezionali: ella visse di e per la politica. Amò un giorno il bell'Orlov perché era bello, ma anche perché si dimostrava disposto a rischiare la testa per darle una corona e perché lo riteneva capace di mantenere la parola. Si mostrò fredda o anche astiosa verso Paolo, un po' perché non aveva avuto il tempo di sviluppare in sé dei sentimenti di maternità, contrari e bloccati fin dalla culla, ma soprattutto perché vedeva in lui un rivale pericoloso nel presente e un pietoso sostituto nell'avvenire. Manifesta un affetto appassionato per il piccolo Alessandro sotto l'influenza di opposti motivi, che appartengono però alla stessa categoria di idee e di sentimenti.

Le lettere che scriveva ai suoi nipoti durante i momenti di separazione: nel 1783, nel corso del soggiorno che fece in Finlandia, nel 1785, anno in cui rimase per qualche tempo a Mosca, e nel 1787, epoca del viaggio in Crimea, sono piene di freschezza, di calore comunicativo, d'affettuoso abbandono. Fu un grosso dispiacere non averli al suo fianco sulle strade fiabescamente addobbate della Tauride. Fu una regione di economia che la decise a troncare, sacrificando il suo piacere, i negoziati che si prolungavano, a questo proposito, tra Pietroburgo e Pavlovsk: ogni giorno di ritardo le costa 12.000 rubli. Da questo possiamo giudicare quale fu la spesa totale di questo viaggio, che ebbe l'Europa intera come stupefatta spettatrice.

Caterina ebbe l'occasione di applicare, dirigendo l'educazione di Alessandro e di Costantino, le idee che aveva fatte sue in questa materia. Il successo di questa prova appare dubbioso. La sovrana, sembra, fu pressoché sola a giudicare soddisfacenti i progressi che faceva fare ai suoi allievi. La Harpe, tra gli altri, non condivise questo apprezzamento. Ebbe a lamentarsi a più riprese dei cattivi istinti e dei difetti che scopriva nel carattere del maggiore. Ha citato di lui numerosi pessimi atteggiamenti. Nel 1796, l'arrivo del giovane re di Svezia fece fare alla corte dei paragoni che non tornarono a vantaggio dei due adolescenti. Caterina ha comunque fatto del suo meglio, non lasciandosi trasportare del tutto dalla tenerezza e mettendoci anche qualche severità. Un giorno, si accorse che nel dare il cambio alle guardie sotto le finestre del palazzo imperiale si tenevano gli uomini sotto le armi più del tempo necessario: era uno spettacolo che si dava ai due piccoli granduchi. Chiamò immediatamente il loro tutore e lo rimproverò aspramente. I servizi di Stato, il servizio militare soprattutto, non erano fatti per il divertimento dei bambini. Se i granduchi si lamentavano, si doveva dire loro che la nonna aveva proibito tutto ciò. Era far valere incidentalmente un principio molto saggio. Ma forse l'intero sistema brillava di minor saggezza.

Caterina si occupò, e si occupò da sola, del matrimonio dei suoi nipoti e delle sue nipoti. I genitori non furono neanche consultati. A malapena fu consultato Paolo, per il suo matrimonio. Undici principesse tedesche furono in successione chiamate in Russia dalla sovrana, preoccupata di ben provvedere a suo figlio e ai suoi nipoti: tre principesse di Darmstadt, tre principesse del Würtemberg, due principesse del Baden e tre principesse di Coburgo. Si sceglieva nel mucchio. Le principesse del Würtemberg giunsero solo fino a Berlino, poiché Federico aveva avuto la galanteria di esigere che Paolo facesse più della metà del cammino per incontrare la sua fidanzata. Fu il principe Enrico di Prussia, che nel 1776 si trovava a San Pietroburgo, che negoziò quest'ultima unione. La maggiore delle principesse era già promessa al principe di Darmstadt, ma si dava per certo che questi avrebbe rinunciato se, come scriveva il principe Enrico a suo fratello, «gli restava un briciolo di onestà», e che «non avrebbe certamente voluto turbare l'amicizia tra i due stati». Il principe di Darmstadt si mostrò «onesto». Sfuggitagli la maggiore, indirizzò il suo interesse sulla minore, «perché, in fondo, era la stessa cosa». D'altronde, come aveva previsto Federico, il padre della principessa non aveva atteso di consultarlo per «essere d'accordo sui maggiori vantaggi che si presentavano a sua figlia». Non vi fu imbarazzo se non per la scelta di un ministro luterano abbastanza «illuminato», per far comprendere alla futura granduchessa che avrebbe fatto una cosa gradita a Dio cambiando religione. Ma, poiché la corte di Pietroburgo aveva inviato 40.000 rubli per le spese di viaggio della principessa, «un vero ristoro», diceva la loro madre, per le finanze malandate della casa, l'imbarazzo fu facilmente superato.

Due anni più tardi le principesse di Darmstadt andarono fino a Pietroburgo. Poi fu la volta delle due principesse del Badel-Durlach. Poiché queste erano orfane, fu inviata per accompagnarle la contessa Šuvalov, vedova dell'autore dell'*Epistola a Ninon*, alla quale era stato affiancato un certo Strekalof, che si comportò, a quanto sembra, come un cosacco incaricato di rapire delle ragazze in Georgia. Ma le corti tedesche, in quel periodo, non erano suscettibili. All'arrivo delle principesse, l'imperatrice si fece mostrare il loro corredo. Fatto l'esame, disse: «Amiche mie, io non ero ricca come voi quando arrivai in Russia.»

La maggiore rimase in Russia e sposò Alessandro, la minore ritornò al suo paese: Costantino non la volle. Ella non aveva che quattordici anni e non era ancora formata. Sposò più tardi il re di Svezia. Le feste che furono date in occasione del matrimonio di Alessandro segnarono gli ultimi momenti brillanti e felici del regno di Caterina. Fu composto il seguente epitalamio:

> *Ni la reine de Thèbes au milieu de ses filles,*
> *Ni Louis et ses fils assemblant les familles,*
> *Ne formèrent jamais un cercle si pompeux.*
> *Trois générations vont fleurir devant Elle,*
> *Et c'est Elle toujours qui charmera non yeux.*
> *Fière d'être mère et non d' être immortelle:*
> *Telle est Junon parmi les dieux!*[279]

L'anno dopo, l'arrivo della principessa di Sassonia-Coburgo con le tre figlie ebbe minore risonanza. Questa volta, Caterina trovò che i bauli delle Loro Altezze fossero troppo miseramente riempiti. La sua stessa miseria all'epoca del suo arrivo in Russia era superata. Fu necessario rinnovare il guardaroba dell'intera famiglia prima di presentarla alla corte e, nonostante ciò, Costantino si dimostrò disgustato. Finì tuttavia per decidersi per la più giovane.

Caterina, dunque, si sottrasse risolutamente a certi affetti e a certe incombenze della famiglia, che la natura o anche le convenienze le imponevano, ma ne accettò altre con intensità di sentimenti almeno uguale. Abbiamo indicato la possibile soluzione, ai nostri occhi, di questo problema morale, tuttavia non pretendiamo che possa rispondere a tutte le obiezioni. Con le grandi figure della storia si hanno sovente simili diatribe che non conducono a nulla, nelle quali l'ultima parola non appartiene a nessuno.

---

[279] «Né la regina di Tebe in mezzo alle sue figlie, né Luigi e i suoi figli con le loro famiglie riunite, formarono mai una cerchia così imponente. Tre generazioni stanno per fiorire dinanzi a Lei, e sempre è Lei che incanterà i nostri occhi. Fiera di essere la loro madre e non di essere immortale: tale è Giunone in mezzo agli dei!»

CAPITOLO III

COSTUMI INTIMI – IL FAVORITISMO

I

La leggenda e la storia – Storia e carattere del favoritismo in Russia – Sviluppo dato da Caterina – Un'istituzione di Stato – Il primo favorito – I successori – Gli allievi *di Caterina – Un favorito fondatore di scuole*

Una leggenda si è creata attorno alla vita amorosa di Caterina. Proviamo a sostituirvi qualche pagina di storia. Non è certo in qualità di storico che Laveaux[280] ha riportato gli esordi di Caterina nel campo della galanteria in un'epoca precedente all'arrivo in Russia della futura imperatrice. Già a Stettino, avrebbe avuto per amante un conte di B . . . , il quale avrebbe anche creduto di sposarla, mentre conduceva all'altare una delle sue amiche. È solo un racconto ridicolo. Le piccole corti tedesche non erano certo templi di virtù, tuttavia, a quattordici anni le principesse non battevano certo il marciapiede. Più tardi, a Mosca o a Pietroburgo, Laveaux ci mostra Caterina che si concede a chiunque si presenti, o quasi, in casa di una contessa D . . . , dove degli innumerevoli amanti la possiedono, senza sapere con chi hanno a che fare. Saltykov cede il posto a un istrione veneziano, di nome Dalolio che, a sua volta, procura alla sua amante di un giorno nuovi incontri amorosi nella casa di Yelagin. Laveaux costruisce in questo modo un'eco di pettegolezzi che non hanno nemmeno un'ombra di prova. Sabatier de Cabre è un testimone ben altrimenti informato e serio, anche poco sospetto di parzialità. In una memoria da lui redatta nel 1772, leggiamo: «Senza essere esente da rimproveri, ella è lontana dagli eccessi di cui l'hanno accusata. Nulla ha potuto essere provato al di là di tre relazioni conosciute: con

---

[280] Jean-Charles Laveaux (1749-1827) scrisse una *Histoire de Pierre III, empereur de Russie, suivi de l'Histoire secrète des amours et des principaux amans de Catherine II* (3 volumi, 1798).

Saltykov, il re di Polonia e il conte Orlov.»

Quando arriva in Russia, Caterina vi trova una società e una corte, non oseremmo dire più viziose rispetto a quelle degli altri grandi centri europei, ma perlomeno altrettanto, e all'apice, anche sugli stessi gradini del trono, una forma di dissolutezza analoga, salvo un'inversione delle parti, agli esempi forniti altrove dai costumi contemporanei e dalla monarchia francese, in particolare. Dopo la morte di Pietro I, il trono, in Russia, è costantemente occupato da donne; queste hanno degli amanti, come Luigi XV ha delle amanti, e quando l'amante imperiale si chiama Biron, è potente in Russia quanto un'amante imperiale che si chiama Pompadour, può esserlo in Francia. Come Luigi XIV ha sposato madame de Maintenon, Elisabetta sposa Razumovskij. Questi non è che il figlio di un contadino della Piccola Russia, che ha iniziato come cantore della cappella imperiale, ma la vedova Scarron non è certo di più illustre lignaggio. Chubin, il predecessore di Razumovskij, era solo un soldato delle guardie e valeva quanto la du Barry. E, risalendo un po' nel tempo, quando all'epoca dell'infanzia di Luigi XIV la monarchia cadde in mano a una donna, la presenza del *signor* Mazarino sui gradini del trono non dovette sembrare meno straordinaria alle persone pronte a meravigliarsi, rispetto a quella di Potëmkin centocinquant'anni dopo. Ma bisogna risalire così nel tempo quando si tratta dei favoriti di Caterina? Struensee[281], Godoy[282], lord Acton[283] sono dei casi contemporanei.

Il *favoritismo* è in Russia ciò che è stato altrove, fatte salve le dovute proporzioni. È anche una questione di proporzioni che, unica, interviene, per dargli, sotto il regno di Caterina, un'impronta a parte. Qui ci troviamo di fronte a una donna che ha come caratteristica quella di oltrepassare ogni comune misura. Ha dei favoriti, come ne hanno avuti Elisabetta e Anna, ma il suo temperamento, il suo carattere, la sua propensione a

---

[281] Johann Friedrich Struensee (1737-1772) fu l'amante della regina di Danimarca Carolina Matilde (1751-1775), moglie del re Federico IV.
[282] Manuel Godoy Alvarez de Faria Rios Sánchez Zarzosa (1767-1851), primo ministro di Spagna, fu amante della regina Maria Luisa di Borbone Parma (1751-1819), moglie di Carlo IV.
[283] Sir John Francis Edward Acton (1736-1811) fu il favorito della regina Maria Carolina (1752-1814), moglie di Ferdinando IV di Napoli.

fare sempre tutto in grande, fanno in modo che a quest'ordine di cose, o a questo disordine, se si vuole, normale e tradizionale, ella dia dimensioni inusitate. Anna aveva fatto del palafreniere Bühren un semplice duca di Curlandia, Caterina fa di Poniatowski un re di Polonia. Elisabetta si era accontentata di due favoriti ufficiali, Razumovskij e Šuvalov, Caterina ne avrà a dozzine. Non è tutto. Il suo spirito non è soltanto incapace di ogni misura, insofferente di ogni limite, invaghito di ogni smisurata estensione, è anche e soprattutto imperioso, assoluto, sprezzante delle regole stabilite, e fa volentieri diventare regola e legge l'ispirazione personale, la volontà o il capriccio che sia. Con Anna ed Elisabetta, il favorito non era che una fantasia, con Caterina diventa una istituzione di Stato.

Ma a tal punto si giunge progressivamente. Fino al 1772, Caterina non è che una sovrana che si dà delle distrazioni come hanno fatto tutte quelle che l'hanno preceduta su quel trono. Si parla dei suoi capricci come si parlava di quelli di Elisabetta, senza preoccuparsene molto. Al contrario. Scrivendo a Federico, il conte Solms, a dire il vero, fa questa osservazione a proposito di Gregorio Orlov: «Si potrebbero ancora oggi trovare artigiani e lacchè che sedevano alla sua stessa tavola», ma aggiunge, «Si è così abituati in Russia al favoritismo, così poco meravigliati di una rapida ascesa, che si approva la scelta di un uomo mite ed educato, che non mostra né orgoglio né vanità, che vive con le sue vecchie conoscenze con lo stesso tono di familiarità e li distingue anche in mezzo alla folla, evitando di immischiarsi negli affari, se non talvolta per raccomandare qualche amico.» Gregorio Orlov non si accontenta per tanto tempo, o piuttosto Caterina non si accontenta per lui del ruolo di quel ruolo modesto e riservato. Il conte Solms scrive ancora: «Presa da una passione sempre maggiore, Sua Maestà ha voluto farlo entrare negli affari. L'ha posto nella commissione istituita per la riforma del governo.» Ed è allora, prestando fede all'inviato prussiano, che scoppia il malcontento. L'atamano Razumovskij, il conte Buturlin, tutti e due generali aiutanti di campo, improvvisamente trovano inaccettabile che un uomo che è stato così al di sotto di loro fino a poco tempo prima, sia divenuto loro pari. Altri signori, principi e generali sono scandalizzati dall'essere obbligati ad aspettare nell'anticamera del signor Orlov il momento del suo risveglio, per essere poi ammessi ad assistere alla sua levata. Il conte Cherementiev, gran ciambellano, uno dei più importanti e ricchi signori del paese, come altri le cui funzioni li obbligano ad accompagnare a cavallo la vettura dell'imperatrice, vede con notevole disappunto il favorito seduto nella carrozza, mentre loro trottano di fianco.

Ma questa è una storia vecchia. Coloro che tra quei signori russi si ricordano di ciò che fu, sotto il regno dell'imperatrice Anna, l'epoca del favore di Biron, la *Bironovchtchina*, come fu chiamata con un nome per sempre detestato, a paragone devono trovare il regime attuale alquanto accettabile. Tanto più che Gregorio Orlov non dimostra abitualmente alcuna inclinazione personale ad approfittare eccessivamente del ruolo un po' forzato che le preoccupazioni amorose di Caterina gli assegnano nel governo del paese. Le sue smanie d'ambizione sono casuali e passeggere. Più spesso, a questo proposito, non fa che obbedire alle esigenze della sovrana, ed anche con un'aria impacciata e imbronciata. Si nasconde, si tira indietro. È un voluttuoso, un pigro e un inoffensivo. Nelle altezze vertiginose, nell'atmosfera inebriante dove un colpo di fortuna l'ha posto improvvisamente, vive come in un mezzo sogno, e viene un giorno in cui la sua ragione vi si smarrisce del tutto, sino ad incontrare l'abisso, il buco nero della follia.

Del resto, con lui, la debolezza di Caterina ha una scusa e un'aureola: quest'uomo ha rischiato la vita per lei, quest'uomo le ha dato una corona e lo ama o crede di amarlo, di un amore in cui i suoi sensi non sono i soli coinvolti. Separata da lui, soffrirà ancora tutte le sue pene e, al momento della sua morte, le lacrime vennero dal cuore.

Lo scandalo, in verità, inizia solo dopo la morte di questo primo favorito. Con Vassiltchikov, nel 1772, è la lussuria volgare e impudica che entra nel letto imperiale. Con Potëmkin, nel 1774, è la spartizione del potere tra due amanti occasionali che fa l'ingresso nella storia del regno. Poi, vi è la grande processione dei favoriti effimeri: nel giugno 1778, l'inglese Harris annuncia la salita di Korsakov; in agosto parla di competitori che già brigano per la successione, sostenuti gli uni da Potëmkin, gli altri da Panin e Orlov che agiscono di concerto. In settembre, è un certo Strahov, «buffone di basso livello», che sembra interessarla; quattro mesi dopo, è un maggiore della guardia del reggimento Siemionovski, un certo Levachov, che tiene la corda; un giovane uomo, protetto dalla contessa Bruce, Svieïkovski, si infligge un colpo di spada per essersi visto superato da questo rivale. Per un momento, Korsakov sembra riprendere il sopravvento. Lotta con un nuovo pretendente, Stianov, poi si eclissa definitivamente davanti a Lanskoï, che sarà rimpiazzato da Mamonov, che lotterà a sua volta con Miloradovitch e Miklachevski, e così via... È una marea montante con un'onda che non deve più arrestarsi: nel 1792, a sessantatré anni, Caterina ricomincerà con Platon Zubov, e probabilmente anche con suo fratello, il capitolo già percorso con venti predecessori.

Ma questa definitiva caduta nei bassifondi innominabili è pura scostumatezza sensuale da parte sua? La sua ragione, quella ragione di donna geniale, con il suo pudore e la sua dignità, sono anch'esse trascinate da questa impetuosa corrente che la trascina? No, crediamo. Appare un fenomeno di ordine diverso, che riporta l'antico e sempre attuale problema, attorno al quale si agitano ancora oggi delle discussioni e delle rivendicazioni appassionate. Tra Caterina e i suoi favoriti è interamente la questione della *sessualità* che si pone, nel duplice punto di vista materiale e morale, ma che si risolve, oseremmo affermare, nello splendore luminoso delle esperienze storiche. Ecco una donna eccezionale: eccezionalmente dotata in fatto di capacità e di energie intellettuali, morali e anche fisiche; eccezionalmente libera dai vincoli comuni al suo sesso. Ella ha ogni libertà, ogni indipendenza e ogni potere, un potere assoluto. Che cosa ne fa? Non è soltanto il richiamo imperioso e mai stanco dei sensi che la getta di volta in volta nella braccia di un Zubov o di un Potëmkin. Un altro bisogno, un altro imperativo categorico, si fa strada, accanto a quello, nell'amorosa odissea della quale abbiamo tratteggiato le peripezie. Prima di tutto, qualunque sia l'energia del suo carattere, la fermezza del suo spirito e la buona opinione che ha e che mantiene delle sue qualità personali, Caterina non ammette che queste possano bastare a se stessa ed esserle sufficienti per il compimento della sua missione; riconosce la necessità di dare loro l'appoggio di un'intelligenza, di una risolutezza virile, fosse pure inferiore in valore assoluto. Prova questa necessità! Quando scrive a Potëmkin che senza di lui «è come senza braccia», non è una frase fatta. Nel 1788, quando il favorito era in Crimea, le lettere che il suo uomo di fiducia, Garnovski, gli indirizza da San Pietroburgo, sono piene di pressanti sollecitazioni che dimostrano l'urgenza del suo ritorno, in ragione sia del disordine nel quale la sua assenza ha gettato gli affari, sia dello stato in cui si trova l'imperatrice: «depresso, soggetto a continue crisi di terrore e vacillante in mancanza di appoggio». Ed è in questo che il ruolo storico del conquistatore della Crimea e dei suoi emuli si differenzia dagli esempi dati contemporaneamente dall'altra estremità dell'Europa, dal *favoritismo* femminile. Luigi XV subisce semplicemente l'influenza delle sue amanti e subisce il loro intervento nelle cose di governo; Caterina lo provoca e lo sollecita.

Non è tutto. Lanskoï, Zubov hanno ventidue anni quando arrivano a raccogliere la successione di Potëmkin. Nicola Saltykov, che conserva il suo parlar franco con l'imperatrice, meravigliandosi, a proposito di Zubov, di una scelta così poco consona all'età della sovrana, riceve questa risposta, che può far sorridere, ma dove si afferma un altro tratto inconfutabile dell'*eterno femminino*: «Ebbene? Rendo un servizio all'impero facendo l'educazione di giovani ben dotati.» E crede in ciò che dice! Nella fatica che si assume per iniziare questi *allievi* di carattere particolare alla gestione dei grandi interessi dello Stato, nella sollecitudine con cui segue i loro progressi, c'è certamente una parte materna. Ed è così che le irrimediabili debolezze della natura femminile cospirano con le sue vocazioni più elevate per imporre all'orgogliosa e volitiva autocrate la presenza e l'aiuto del *maschio*.

Certo, senza questo Caterina non sarebbe se stessa in questa piega singolarmente complicata della sua vita morale, il calcolo politico vi trova anche la sua parte, per strana che possa sembrare l'enunciazione di una simile tesi. La tesi è verificata nei fatti, e così bizzarro è in se stesso il destino della maneggiatrice di uomini, che i fatti concorrono a darle ragione anche su questo punto. Il suo calcolo, per stravagante che possa sembrare, non si rivela interamente errato: *allevato* da lei, corretto, dirozzato, spinto di grado in grado, rapidamente è vero, nella gerarchia degli alti funzionari amministrativi e militari, Potëmkin finì per fare una discreta figura nel ruolo di ministro onnipotente. Quando un capriccio della sovrana lo installa per qualche mese nell'appartamento speciale che comunica con quello dell'imperatrice con una scala interna, Zoritch non è che un maggiore degli ussari. In seguito, egli si trova ad occupare un posto importante nella storia dello sviluppo dell'educazione nazionale! Non inventiamo nulla: questo favorito è il primo a concepire un piano di una scuola militare sul modello di istituti similari all'estero. A Chklov[284], magnifica proprietà nei paraggi di Mahilëŭ, che gli è stata assegnata come residenza dopo la sua caduta in disgrazia, una scuola da lui fondata per i figli dei gentiluomini poveri è servita da nucleo per l'istituto del *corpo dei cadetti* di Mosca, divenuto oggi il primo ginnasio militare di questa città.

Probabilmente, per ottenere tali prodigi, è stata necessaria a Caterina la complicità di circostanze molto particolari, che governavano lo sviluppo materiale e morale del grande impero, del quale aveva fatto una cosa sua. Ma l'intera storia della sua vita non è intelligibile, come non lo è stata allora, se non vista dentro questa cornice. Con Zoritch, Potëmkin, Mamonov e dieci altri, la corte di Caterina è sì quella di Gerolstein, ma di un Gerolstein dove il comico, il grottesco e lo stravagante si combinano con elementi seri, che fanno di questa amalgama una delle pagine più singolari degli annali del mondo. Si tratta di un paese ancora molto particolare che, in un certo senso, vive ai margini della comunità europea, e anche Caterina fu una donna alquanto straordinaria. Fu necessaria l'unione di queste condizioni, per far sì che degli eroi da operetta abbiano potuto giocare al suo fianco, su una scena universale, i ruoli primari del dramma umano.

Il *favoritismo* che Caterina ha praticato non è stato il puro e semplice regno di una folle sensualità, ciecamente e sempre alla ricerca di nuovi piaceri. C'era del metodo nella follia di Amleto. C'era un po' di sangue danese nelle vene di Caterina. Come abbiamo detto: ha fatto del *favoritismo* un'istituzione.

---

[284] Chklov si trova in Bielorussia, sulla riva destra dello Dniepr, a 35 Km. a nord di Mahilëŭ.

II

Follia e ragione – Il favoritismo diventa un ingranaggio della macchina governativa – Scelta degli eletti – Favoriti e amanti di passaggio – Numero degli eletti – Giudizio del conte di Ségur – Opinione di Saint-Beuve

Alla data del 17 settembre 1778, leggiamo ciò che segue nel dispaccio di quel giorno indirizzato da Pietroburgo al conte di Vergennes da Corberon: «In Russia si può notare una sorta di interregno negli affari nel periodo che intercorre tra la caduta di un favorito e l'installazione del suo successore. Questo avvenimento eclissa tutti gli altri. Dirige e fissa ogni interesse da una sola parte e i ministri del gabinetto, che risentono di questa influenza generale, sospendono le loro attività fino al momento in cui la decisione della scelta fa rientrare gli animi nel loro naturale equilibrio e ridà alla macchina il suo normale movimento.»

È dunque questo un meccanismo essenziale nella macchina governativa. Quando viene meno, tutto si ferma. Gli interregni, del resto, sono abitualmente di durata molto breve. Un solo cambio si è prolungato per parecchi mesi, tra la morte di Lanskoï (1784) e l'avvento di Iermolov. In generale, è un affare di ventiquattro ore. Ai nostri tempi, la minima crisi ministeriale certamente presenta più difficoltà. I candidati non mancano. Il posto è buono e coloro di cui sollecita l'ambizione sono una legione. Nei reggimenti della guardia, vivaio naturale dei *vremienchtchiks* (favoriti), ci sono sempre tre o quattro begli ufficiali, che volgono gli occhi al palazzo imperiale con una brama e una speranza più o meno celate. Di tanto in tanto, ne compare uno a corte, presentato da qualche grande personaggio, che gioca la carta di farsi una «creatura» e di mettere un suo uomo in un posto che è la fonte di tutte le ricchezze e di tutti gli onori. Nel 1774, un nipote del conte Zahar Ĉernyŝëv, un principe Kantemir, giovane, pessimo soggetto, pieno di debiti, bel ragazzo, si aggira per qualche mese attorno all'imperatrice. Due volte, fingendo di sbagliarsi di porta, penetra nell'appartamento privato della sovrana. La terza volta, arriva fino a lei, cade ai suoi piedi e la supplica di legarlo a sé. Ella suona il campanello, lo arrestano; lo fa mettere su una *kibitka* e ricondurre da suo zio, al quale raccomanda di rendere suo nipote più saggio: per questo tipo di follie è indulgente. Più fortunato, Potëmkin riuscì ad imporsi con un colpo d'audacia pressoché simile. In generale, tuttavia, questo posto così ricercato è frutto dell'intrigo. A patire dal 1776, è Potëmkin che, diventato favorito onorario, spinge dei rimpiazzi da lui scoperti, formati e governati, e li indica alla scelta della sovrana. Ma gli eletti ed egli stesso hanno molto da lavorare per mantenere la posizione conquistata: un'assenza, una malattia, un cedimento momentaneo sono sufficienti a compromettere la loro occasione. Il suo stesso nome, così espressivo in russo (*vremia*, tempo, momento; *vremienchtchik*, uomo del momento) dice agli eletti: per sua essenza il favore è effimero. Nel 1772, è a Focşani, dove è andato come negoziatore della pace con la Turchia, che Gregorio Orlov apprende l'installazione di Vassiltchikov al posto che egli ha imprudentemente lasciato. Prende una diligenza e percorre tremila chilometri in un colpo, senza dormire e mangiando a malapena, per raggiungere il più presto possibile la capitale. Arriva troppo tardi. Nel 1784, Lanskoï, ammalato, fa ricorso, per evitare una disgrazia che teme, a degli stimolanti artificiali, a degli afrodisiaci mortali, che compromettono irreparabilmente la sua salute. Talvolta, sulla sommità del trono, dove sono arrivati all'improvviso, la vertigine prende questi ragazzi viziati dalla sorte: Zoritch crede che gli sia tutto permesso, anche sfidare colei che l'ha fatto uscire dal nulla. Mamonov pensa di farle accettare una condivisione d'amore con una damigella di corte, per la quale si azzarda a sospirare. A quel punto, è presto fatto: a un ricevimento serale, ci si accorge che l'imperatrice ha guardato insistentemente qualche oscuro luogotenente presentato alla vigilia, o sperduto fino ad allora nella folla dei cortigiani; all'indomani, si apprende che è stato nominato aiutante di campo. Si sa che cosa questo voglia dire. Nella giornata, il giovanotto, chiamato a corte con un breve messaggio, si è trovato in presenza del medico di Sua Maestà, l'inglese Rogerson. È stato successivamente affidato alla cure della contessa Bruce o, più tardi, di mademoiselle Protassov, le cui delicate funzioni non potrebbero essere spiegate ulteriormente. Subite queste prove, viene condotto nell'appartamento speciale dove le permanenze dei favoriti sono passeggere quanto oggi quelle dei capi ufficio ministeriali.

L'appartamento è già vuoto e pronto ad accogliere il nuovo venuto. Ogni confort e ogni lusso immaginabile, una casa superbamente arredata e un servizio di primordine l'attendono. Aprendo uno stipo, trova centomila rubli in oro, primo dono d'uso, preludio al fiume d'oro che si riverserà su di lui. Alla sera, davanti alla corte riunita, l'imperatrice appare familiarmente appoggiata al suo braccio e al suonare delle dieci, terminato il gioco, quando rientra nel suo appartamento, il nuovo favorito la segue, da solo . . .

Non uscirà più dal palazzo se non al fianco dell'augusta amante. A partire da questo momento è un uccello messo nella gabbia. La gabbia è bella, ma severamente sorvegliata: la sovrana si mette al riparo da incidenti che i precedenti, generalmente poco rassicuranti, degli eletti possono giustamente farle temere. Ed è anche per questo che bisogna respingere come una favola i racconti in cui i favori e l'intimità di Caterina sono accessibili da una porta che dà sulla strada, e la sua alcova aperta a incontri casuali e imprevisti. Probabilmente, il luogo dove Potëmkin e Lanskoï e tanti altri sono passati, non è un santuario inviolabile, ma non è accessibile a ogni venuto. Non vi si entra come in un mulino. All'inizio del suo regno, Caterina ha commesso, è vero, qualche imprudenza, che le è valsa qualche disavventura alquanto spiacevole. Nel 1762, un ufficiale di nome Hvastov, incaricato dell'inventario del guardaroba della defunta imperatrice Elisabetta, fu arrestato con l'accusa di sottrazioni che ammontavano a 200.000 rubli. Una donna era stata vista agghindata con gioielli che erano appartenuti alla defunta sovrana. Fu riconosciuta come una delle innumerevoli amanti del favorito in carica, Gregorio Orlov, che verosimilmente condivideva i favori della bella con Hvastov. Quest'ultimo, secondo il rapporto dell'incaricato d'affari francese Béranger, viveva da qualche mese nell'intimità della nuova zarina, pur non godendone i favori nel senso pieno del termine.

Successivamente, Caterina ha messo ordine a tutto questo: il favorito in carica è un personaggio i cui minimi movimenti sono soggetti a una regola invariabile e a una sorveglianza minuziosa. Non fa visita ad alcuno, non accetta alcun invito. Una sola volta, entrando in carica, Mamonov è autorizzato ad accettare un invito a pranzo del conte di Ségur. E Caterina si mostra già inquieta. Alzandosi da tavola, il ministro di Francia e i suoi convitati scorgono sotto le finestre del palazzo la vettura dell'imperatrice: passa e ripassa lentamente, in un va e vieni che tradisce tutta l'angoscia dell'amante lasciata per un momento. Un anno dopo, il *vremienchtchik* rischia di perdere il suo posto per un'infrazione, alquanto naturale e innocente, alla severa disciplina che lo lega. Il giorno del suo onomastico, Caterina l'ha autorizzato a offrirle un paio di orecchini, che lei stessa ha acquistato per 30.000 rubli. La granduchessa vede il gioiello e lo apprezza in particolar modo. Immediatamente Caterina gliene fa dono. Lo indossa e, all'indomani, chiama Mamonov da lei per ringraziarlo di avere, anche se indirettamente, contribuito a questa inattesa liberalità. Egli vuole andarvi, credendo di dover obbedire a un ordine che proviene anch'esso dall'alto, ma subito avvertita, l'imperatrice mostra una grande collera, apostrofa il suo compagno con termini violenti e invia alla granduchessa la più aspra reprimenda: non si azzardi a rifarlo! Paolo crede di fare bene inviando a sua volta al favorito una tabacchiera tempestata di diamanti; Caterina permette a Mamonov di andare a ringraziare il granduca, ma non senza essere accompagnato, e designa l'uomo di fiducia che lo accompagnerà. Paolo rifiuta la visita.

Aggiungiamo che, da parte loro, i favoriti in carica si difendono al loro meglio contro il pericolo di un'infedeltà anche accidentale, che li metterebbe in competizione con un rivale capace forse di soppiantarli. Il loro potere, ed è grande, si impegna in una vigilanza non meno attiva di quella di Caterina. Per tutto il periodo in cui Potëmkin resta in auge, ossia per quindici anni, dal 1774 al 1789, contando anche il periodo in cui la sua funzione non è più ufficiale, la sua imperiosa volontà innalza davanti a ogni fantasia che non abbia il suo consenso, ostacoli invalicabili. È capace, al bisogno, di far violenza a colei che dandosi a lui si è procurata, almeno questa volta, un vero padrone.

Infine, conviene tener conto di una considerazione che ha il suo peso: gli eletti di Caterina sono, senza eccezione, degli uomini nel fiore della loro età, per la maggior parte con un fisico erculeo. Invecchiando, Caterina li sceglie sempre più giovani. Dei due fratelli Zubov, uno ha ventidue anni e l'altro diciotto nel momento in cui getta lo sguardo su di loro. Sappiamo l'età di Lanskoï e sappiamo anche le circostanze della sua prematura fine.

Dal 1762 al 1796, dal giorno della sua ascesa al trono alla sua morte, qual è stato il numero degli eletti? Non è facile dirlo con estrema precisione. Soltanto dieci hanno occupato ufficialmente il posto, con tutti i privilegi e tutte le cariche dell'impiego: Gregorio Orlov, dal 1762 al 1772; Vassiltchikov, dal 1772 al 1774; Potëmkin, dal 1774 al 1776; Zavadovski, dal 1776 al 1777; Korsakov, dal 1778 al 1780; Lanskoï, dal 1780 al 1784; Iermolov, dal 1784 al 1785; Mamonov, dal 1785 al 1789; Zubov, dal 1789 al 1796. Ma, all'epoca del favore di Korsakov, vi fu una crisi che, spingendo avanti numerosi aspiranti, ne fece emergere almeno uno, Strahov, molto ben introdotto nelle grazie della sovrana. Strahov non occupò mai l'appartamento speciale dei favoriti, ma è comunque quasi certo, tuttavia, che sostituì momentaneamente il favorito in carica. Il fatto ha potuto ripetersi parecchie volte. Visitando il Palazzo d'Inverno, qualche anno dopo la morte di Caterina, un viaggiatore è stato particolarmente colpito da una decorazione di due piccoli saloni vicini alla camera da letto dell'imperatrice: le pareti di uno di questi saloni gli apparvero ricoperte dall'alto al basso da miniature di gran pregio incastonate nell'oro e rappresentanti diverse immagini lascive; l'altro salone era decorato alla stessa maniera, ma le miniature che vi si trovavano erano dei ritratti, dei ritratti di uomini, conosciuti o amati da Caterina.

Tra questi uomini, qualcuno ha ripagato molto male la sovrana dei benefici dei quali ella li ha tutti indistintamente colmati. Quanto a lei, non inflisse a nessuno di loro un cattivo trattamento e persino tra quelli che l'hanno tradita o abbandonata, non uno ha dovuto soffrire il peso della sua collera o della sua vendetta. Perché è stata tradita e abbandonata come la più volgare delle amanti: tutta la sua potenza, tutta la sua seduzione e tutta l'enormità del valore attribuito al suo favore non hanno potuto garantirla contro le disavventure che, dall'inizio del mondo, hanno fatto sanguinare il cuore delle imperatrici come quello delle sartine. Nel 1780, sorprende Korsakov tra le braccia della contessa Bruce. Nel 1789, è Mamonov che rinuncia a lei per sposare una *freiline*. A conti fatti, è ancora lei ad essere stata la meno volubile. Commentando la partenza di Mamonov, semplicemente relegato a Mosca con la sua bella e ben presto assai sfortunato nel rapporto con lei, il conte di Ségur scriveva in un dispaccio indirizzato al conte di Montmorin: «Si possono guardare con indulgenza gli errori di una donna-granduomo, quando dimostra persino nelle sue debolezze tanto controllo su se stessa, tanta clemenza e tanta magnanimità. È raro trovare riuniti il potere assoluto, la gelosia e la moderazione, e un simile carattere non potrebbe essere condannato se non da un uomo senza cuore e da un principe senza debolezza.»

Forse il conte di Ségur era troppo indulgente. Forse anche Saint-Beuve non ha saputo esserlo abbastanza quando, esprimendo la sua opinione su questo modo di Caterina di trattare i suoi amanti quando non le piacevano più, così differente da quello praticato da Elisabetta d'Inghilterra e Cristina di Svezia, parla proprio contro di lei. Che li colmi di regali anziché farli assassinare, «è proprio questo che è eccessivo, che esprime troppo chiaramente il disprezzo che si ha degli uomini e dei popoli». C'è perlomeno un errore di fatto in questo giudizio severo: né Korsakov né Mamonov avevano cessato di *piacere* a Caterina nel momento in cui apprese del loro tradimento. Ancora teneva a loro, soprattutto all'ultimo, e non fu solo il suo orgoglio a soffrire della disgrazia che essi le infliggevano. Le sue debolezze sono state sovente, troppo sovente, quelle di una donna che prende il suo piacere ovunque lo trovi; ma il diplomatico inglese che ha scritto: «*She was stranger to love*», non capiva granché, crediamo, della psicologia femminile.

III

La parte del cuore – Gregorio Orlov – Korsakov – Potëmkin – Bisticcio amoroso – L'amante e l'amico – Potëmkin e Mamonov – Condivisione del favore imperiale – L'avvento di Zubov – La morte di Lanskoï

Prima di decidersi ad abbandonare Gregorio Orlov, Caterina ha sopportato da lui ciò che poche donne sarebbero capaci di sopportare. Già nel 1765, sette anni prima della rottura, Béranger scriveva da San Pietroburgo al duca di Praslin:

«Questo russo viola apertamente tutte le leggi dell'amore nei confronti dell'imperatrice. Ha delle amanti in città che, lungi dal suscitare l'indignazione della loro sovrana per le loro compiacenze con Orlov, sembrano, al contrario, avere la sua benevolenza. Il senatore Muraviev, che aveva sorpreso sua moglie con lui, stava per provocare uno scandalo con una richiesta di separazione; la zarina l'ha placato donandogli delle terre in Livonia.» Ma alla fine la misura è colma. Caterina approfitta dell'assenza del favorito per rompere la sua catena. Nel momento in cui Orlov corre da lei in diligenza per rivendicare i suoi diritti, un ordine lo ferma a qualche centinaio di verste da Pietroburgo, poi lo relega nelle sue terre. Egli non si ritiene ancora vinto. Si fa di volta in volta supplichevole e minaccioso, per chiedere che gli sia permesso di rivedere la sovrana, non fosse che per un istante. Ella non ha che una parola da dire per sbarazzarsi dell'inopportuno: c'è già Potëmkin che si incaricherebbe volentieri di far mettere sotto terra tutti gli Orlov insieme. Quell'ordine, quella parola, che si finisce per sollecitare da lei, Caterina non li pronuncia. Parlamenta, tratta un accordo e, finalmente, invia all'amante punito – quanta leggerezza per un passato che giustificherebbe sicuramente altre vendette! – un progetto di accordo che è tutto un poema di suprema mansuetudine: oblio del passato, richiamo alla ragionevolezza del colpevole per risparmiarsi vicendevolmente delle penose spiegazioni, necessità di una separazione momentanea esposta con tono di grande mitezza, pressoché umile e supplichevole, non vi manca nulla. Che prenda congedo, che si stabilisca a Mosca, o nelle sue terre, o altrove, dove vorrà. Lo stipendio di 150.000 rubli l'anno gli sarà mantenuto e riceverà 100.000 rubli in più per costruirsi una casa. Nell'attesa, potrà abitare tutte le residenze dell'imperatrice vicine a Mosca, servirsi come in altre occasioni degli equipaggi della corte, conservare ai domestici la livrea imperiale. Caterina si ricorda che gli ha promesso 4.000 contadini per la vittoria di Çeşme, nella quale, peraltro, non ha avuto alcuna parte, e ne aggiunge 6.000, che potrà prendere, a sua scelta, in uno dei domini della corona. E come se temesse di non fare abbastanza, di essere in debito nei suoi confronti, moltiplica le prove della sua munificenza, accumula i magnifici doni: ancora un servizio in argento e poi un altro «per l'uso quotidiano», e poi una casa a *Troïtskaia Pristagne*, dei mobili, tutto l'arredamento che ornava nel palazzo imperiale l'appartamento del favorito, «del quale egli stesso ignora il valore». In cambio, Caterina chiede solo un anno di assenza. Al termine di un anno, il favorito valuterà meglio la situazione. Quanto a Caterina, «non dimenticherà mai ciò che deve alla famiglia Orlov, né le sue alti doti personali e quanto possano essere utili alla patria». Non cerca che «la reciproca serenità, che intende salvaguardare interamente».

In questo modo di sistemare le cose vi è probabilmente in Caterina un po' della paura che deve ispirarle l'idea di attirarsi l'ostilità di una famiglia che ella stessa ha reso preponderante nel suo impero; ma non vi è anche una parte di commossa tenerezza rimasta? Undici anni più tardi, apprendendo la morte del favorito, Caterina scriverà: «La perdita del principe Orlov mi ha messa a letto con una febbre così forte e con un delirio così forte, durante la notte, che sono stati obbligati a salassarmi...»

È nel mese di giugno del 1783, che riceve la fatale notizia e, due mesi dopo, andando a Frederikshamn ad incontrare il re di Svezia, si accorda in anticipo perché questi non le parli di questa catastrofe, che ancora la sconvolge profondamente. Gliene parla lei stessa per prima facendo un sforzo su se stessa per nascondere il proprio turbamento e il tumulto che il ricordo di un passato già così vecchio mette sempre nei suoi pensieri. Eppure, ha dato numerosi successori all'amante sostituito ben prima della sua morte. È un semplice capriccio, come Grimm è il primo a credere, che, nel 1788, l'ha gettata nella braccia di Korsakov?

«Capriccio? Capriccio?» Risponde al suo confidente. «Sapete bene che questo termine non si conviene quando si parla di Pirro, re dell'Epiro, – è il soprannome che dà al nuovo favorito – scoglio dei pittori, disperazione degli scultori? È l'ammirazione, signore, è l'entusiasmo che ispirano i capolavori della natura! Le belle cose cadono e si fracassano come gli idoli davanti all'arco del Signore, davanti al carattere del Grande (*sic*). Pirro non ha mai fatto un gesto, un movimento, che non fossero nobili o graziosi. È radioso come il sole, effonde il fulgore intorno a sé. In tutto questo nulla di effemminato, ma maschio vorreste che fosse: in una parola, è Pirro, re dell'Epiro. Tutto è armonioso; non vi sono particolari dissonanti: è l'effetto dei preziosi doni accumulati dalla natura nella sua bellezza; l'arte non c'entra; il manierato è mille leghe lontano...»

Ammettiamo pure che il sentimento che le detta queste righe non sia né molto profondo né molto delicato. Del resto, Korsakov è un semplice bellimbusto. Ma ecco in scena un altro protagonista del dramma passionale: Potëmkin, l'uomo geniale. Leggiamo ciò che segue. È una lettera del favorito, scritta dopo un litigio di qualche giorno. Caterina ha risposto a margine, punto per punto. Una sorta di trattato di pace e d'amore è stato così firmato dagli amanti riconciliati:

Scritto da Potëmkin	Scritto da Caterina
Permettimi, anima cara, che ti dica come credo si concluderà la nostra la nostra lite. Non stupirti che io provi inquietudine per il nostro amore. Oltre agli innumerevoli benefici di cui mi hai colmato, tu mi hai messo nel tuo cuore. E lì io voglio essere solo e al di sopra di tutti coloro che mi hanno preceduto, perché nessuno ti ha amata come ti amo io. E poiché io sono l'opera delle tue mani, desidero esserti debitore anche della mia serenità e del mio riposo; desidero che tu gioisca facendomi del bene, che t'industri per rendermi felice e che in questo possa trovare una distensione alle fatiche che ti sono imposte dalla tua eccelsa posizione. Amen.	*Quanto prima tanto meglio.* *Non avere inquietudini.* *Una mano lava l'altra.* *Fortemente e saldamente.* *Ci sei e ci sarai.* *Lo vedo e lo credo.* *Ne godo nel più profondo.* *È questa la mia gioia più viva.* *Questo verrà da sé.* *Lascia che la calma rientri nei pensieri, affinché i sentimenti riprendano la loro libertà; sono teneri e troveranno la strada migliore. Fine della lite. Amen*

Si vorrà riconoscere che si tratta di un scambio di dichiarazioni poco banali e che i due esseri, posti all'apice delle grandezze umane, se parlano in questi termini del loro amore non sono dei volgari viziosi. Tutto lo spirito sognatore, inquieto e imperioso di Potëmkin si ritrova del resto in queste pagine, come pure l'indole allo stesso tempo riflessiva ed esaltata di Caterina. È con la riflessione che la sovrana abitualmente domina il favorito, è con la foga che egli sovente la trascina. Una gran parte della loro corrispondenza è stata pubblicata ed è tale che mai, probabilmente, ve ne è stata una simile tra due persone unite da un destino e una situazione analoghi. Le formule di cui Caterina si serve abitualmente, soprattutto nei primi anni dell'unione amorosa, forse non si ritroverebbero nemmeno, nella loro eccessiva familiarità, negli scambi epistolari di una donna galante qualunque appartenente alla stessa epoca. Sorvoliamo pure sui: «Vi abbraccio mille volte, amico mio . . . », Scusa se ti disturbo, cuore mio . . . », «Capisci, anima mia?», per inattese che possano essere queste espressioni di tenerezza sotto la penna di un'imperatrice. Ma ecco un biglietto che termina con: «Addio, cagnolino mio». «Addio, mio fagiano d'oro», leggiamo altrove. E ancora: «Addio, papà». Le liti sono frequenti: Potëmkin ha un pessimo carattere, si immusonisce o si arrabbia ad ogni piè sospinto. Allora, gli scrive: «Se oggi non ti mostri più gentile di ieri, io . . . io . . . io . . . parola mia, non mangerò . . . » In quest'altro biglietto, si tratta dell'annunciato progetto, dichiarato dall'irascibile amante, di ritirarsi in un convento? Non lo sappiamo. «Un piano – scrive Caterina – formulato durante quattro o cinque mesi (del quale anche N.B., la città e i sobborghi erano informati), per immergere il pugnale nel seno della propria amica, della persona che più ci vuole bene, che mirava unicamente alla nostra reale e duratura felicità; un simile piano fa onore all'anima e al cuore di colui che l'ha concepito e che lo mette in esecuzione?»

Il favorito, ovviamente, non è da meno in fatto di linguaggio teneramente immaginato. Tuttavia, ed è uno dei tratti curiosi di questo stupefacente idillio, attraverso tutto il trasporto di tutta la sua verve amorosa, non dimentica un solo istante di marcare le distanze. Le sue formule, spesso più vibranti e appassionate, conservano sempre una certa solennità, non imitano mai quelle di Caterina, nel loro abbandono un po' triviale. «Se la mia preghiera è ascoltata, Dio prolungherà i vostri giorni sino al termine più lontano e tu, madre misericordiosa . . . » Ecco il suo stile più abituale. Il darsi del tu non gli viene naturale nello scrivere normalmente, se non in questa forma di invocazione, dove sembra parlare a quella della quale egli si riconosce «l'opera», come se parlasse a Dio. Possediamo altri saggi della corrispondenza amorosa di Potëmkin, che non sono indirizzati a Caterina: in questi si rivela come un perfetto «virtuoso», capace di mischiare la fantasia orientale alla fantasticheria del Nord e alla delicatezza dei più squisiti modelli che l'Occidente ha fornito in questo genere:

«O vita mia, o anima sorella della mia, come farti comprendere con le parole il mio amore per te! ... Arriva, o mia amante (*sudarka maïa*), affrettati, amica mia, mia gioia, mio tesoro senza prezzo, dono senza eguali che Dio stesso mi ha fatto ... Piccola madre cara (*matuchka galubuchka*), dammi la gioia di vederti, dammi il piacere di rallegrarmi della tua bellezza ... Bacio con tutta la mia tenerezza le tue belle piccole mani e i tuoi piccoli bei piedi ... »

Non è a Caterina che Potëmkin scrive così. *Matuchka,* sì, anche lei, ma nello stesso tempo e sempre *gassudarinia* (sovrana, davanti alla quale si piega la fronte nella polvere, anche quando le si parla d'amore, e mai *galubuchka* (cara), né *sudarka* (amante).

Chiamato nel 1774 al posto di favorito, Potëmkin cede il posto due anni dopo a Zavadovski. Scompare in questo momento l'amante, ma resta l'amico, e l'impegno contratto all'inizio non è ancora violato. Lo sarà a malapena un giorno, alla vigilia della morte del prestigioso principe di Tauride, quando Zubov, installatosi da padrone nel palazzo reale e nel cuore della sovrana, non lascerà alcuno spazio a colui che in altri tempi vi pretendeva di regnare *solo*. Fino a quel momento, a fatica si coglierebbe una differenza nel comportamento di Caterina con il prodigioso avventuriero, al quale lascia dettar legge alla sua corte, comandare le sue armate, governare il suo impero, pur avendolo esiliato dal suo letto, e dal quale accetta i nuovi amanti, prodigandogli non solo le ricchezze e gli onori, ma le testimonianze meno equivoche di una costante tenerezza: «Addio, amico mio; Vi abbraccio con tutto il mio cuore. Sacha ti saluta.» Questo biglietto è del 29 giugno 1783, e Sacha è Mamonov, il favorito in carica e la creatura di Potëmkin. «*Sachenka* ti saluta e ti ama come l'anima sua», leggiamo in una lettera del 5 maggio 1784, «parla spesso di te».

Nel settembre 1777, Potëmkin riceve un dono di 150.000 rubli dalla sovrana. Nel 1779, riceve un anticipo di 750.000 rubli sulla sua pensione annuale, che è di 75.000 rubli. Caterina gli fa pagare 100.000 rubli per accelerare il completamento di un palazzo che egli si sta facendo costruire e che ella acquisterà da lui, pagando parecchi milioni, quando sarà terminato, e del quale gli farà dono subito dopo. È feldmaresciallo, è primo ministro, è principe, ha tutti i gradi, tutti gli ordini, tutti gli onori e tutti i poteri. Al momento dell'annessione della Crimea, durante la seconda guerra turca, è comandante in capo con poteri assoluti. Agisce come vuole, segue la sua fantasia e Caterina ha l'aria di una piccola ragazza sottomessa alla volontà di un genio superiore. La lascia per interi mesi senza notizie, non si degna di rispondere alle sue lettere. Allora ella si lamenta, ma timidamente, quasi umilmente:

«Sono stata tra la vita e la morte durante tutto il tempo in cui sono rimasta senza notizie di te . . . Per Dio, per me stessa, prendi più cura della tua persona che in passato. Niente mi fa paura, salvo che tu sia malato . . . In questo momento, mio caro amico, voi non siete un piccolo privato che vive come vuole e che fa ciò che gli piace: voi siete lo Stato, voi siete me.»

Gli appellativi teneri, quello di «papà» tra gli altri, ritornano ancora sotto la penna della vecchia amante. L'imperatrice torna a farsi sentire nei frequenti momenti di abbattimento, in cui gli insuccessi che incontra non mancano di gettare il conquistatore della Crimea. Nel settembre 1787, un attacco dei turchi su Kinburn gli fa pensare di lasciare il comando. Caterina non vuole sentirne parlare:

«Indurite il vostro spirito e l'animo contro tutti gli avvenimenti e siate sicuro che voi li vincerete tutti con un po' di pazienza, ma è una vera debolezza voler lasciare il vostro posto e nascondervi.»

Qualche settimana più tardi, una tempesta distrugge in parte la flotta riunita da Potëmkin a Sebastopoli. Questa volta vuole non solo abbandonare l'armata, ma anche evacuare la Crimea:

«Vale a dire? – scrive Caterina – Probabilmente hai avuto questa idea in un primo momento, pensando che tutta la flotta fosse naufragata. Ma cosa diventerà il resto di questa flotta dopo l'evacuazione? E perché cominciare una campagna per l'evacuazione di una provincia che non è minacciata? Sarebbe meglio attaccare Otchakov o Bender, mutando così in offensiva la difensiva che tu stesso dici essere per noi meno conveniente. Del resto, il vento non avrà soffiato solo contro di noi, immagino! Coraggio! Coraggio! Ti scrivo tutto questo come al mio migliore amico, mio pupillo e allievo, che talvolta mostra più risolutezza di me, ma in questo momento io ho più coraggio di lui, perché tu sei ammalato e io sto bene . . . Penso che siate impaziente come un bambino di cinque anni, mentre gli affari dei quali siete incaricato in questo momento richiedono una pazienza imperturbabile.»

Aggiunge che può ritornare per qualche tempo a Pietroburgo. Teme che l'assenza gli nuoccia? «Né il tempo, né la lontananza, né alcuno al mondo cambieranno la mia maniera di pensare sul tuo conte né i miei sentimenti per te.»

Questa libertà di movimenti, che Caterina lascia all'uomo in cui ha riposto la sua fiducia, questo modo di chiudere gli occhi sui modi che egli usa per farvi onore, non è peraltro che l'applicazione di un sistema che noi già conosciamo. Le cose vanno diversamente là dove la volontà dell'imperatrice e il suo intervento personale possono esercitarsi in modo diretto e per conseguenza efficace. I conflitti allora diventano frequenti tra i due collaboratori e né l'amicizia né l'amore impediscono a Caterina di farvi prevalere la sua autorità. In queste occasioni, il cattivo carattere del favorito emerge abitualmente; si mostra di volta in volta brusco o imbronciato: «Vi indico – scrive – ciò che è utile per il vostro interesse dopodiché fate come volete.» «Avrai un bell'arrabbiarti, – replica Caterina – bisogna dare atto che io ho ragione.» I motivi di disaccordo sono talvolta di natura alquanto delicata. Un ispettore dell'armata è stato designato da Potëmkin. Caterina è contro questa scelta, che crede essere stata presa per un motivo poco confessabile. Ecco come lo spiega. Le frasi in corsivo sono in francese nell'originale:

«Permettetemi di dirvi che quel brutto muso (*roja*) di sua moglie non vale il peso che voi vi assumerete con un tale uomo. Non c'è niente da guadagnare per voi, perché *la signora è affascinante, ma non ci si guadagna nulla facendole la corte. È una cosa nota e una famiglia immensa veglia sulla sua reputazione. Amico mio, sono abituata a dirvi la verità. Anche voi me la dite quando se ne presenta l'occasione. Fatemi il piacere per questa carica di scegliere uno più adatto alla cosa, e che sappia del servizio, affinché l'approvazione del pubblico e quella dell'armata coronino la vostra scelta e la mia nomina. Amo farvi piacere e non mi piace opporvi dei rifiuti, ma vorrei che per un posto simile tutti dicessero: Ecco una buona scelta e non una miserabile scelta di un uomo che non ha l'idea di ciò che gli viene affidato di fare. Fate la pace, dopodiché verrete qui a divertirvi quanto vorrete.*»

Caterina dimenticava di aggiungere che nell'attesa, da parte sua, si divertiva e che, questa volta, non aveva consultato il suo «amico» sulla natura del nuovo divertimento che si era data. Zubov appariva all'orizzonte e si annunciava come un rivale temibile per la conquista del favore imperiale e anche per la parte che l'amicizia vi aveva lasciato sino a quel momento. Trattenuto all'altra estremità dell'impero, Potëmkin traboccava di collera; annunciava che sarebbe presto ritornato a San Pietroburgo «per farsi togliere un dente» (*zub* vuole dire dente in russo) che gli faceva male. Non ci sarebbe riuscito. Non comparve che per assistere al definitivo trionfo del nemico. Tornò nel Sud, mordendo il freno, ma colpito nel cuore, e presto giunse la morte a risparmiargli le ultime umiliazioni della disgrazia. Caterina, tuttavia, si era molto impegnata per fargli gradire la sua nuova scelta e le lettere in cui emerge questa preoccupazione non sono meno curiose della collezione della quale abbiamo già dato qualche esempio. Complimenti, amabili attenzioni, delicate adulazioni, fino a inattese esplosioni di tenerezza vi si alternano per rendere simpatico all'amico sacrificato l'amante vittorioso, il «bambino», il «piccolo brunetto», come si diverte a chiamare il nuovo favorito, con le consuete moine che l'età non le ha fatto abbandonare. «Il bambino – scrive – trova che siete più spiritoso, divertente e amabile di tutti coloro che vi circondano, ma su questo conservate il segreto, perché egli ignora che io ne sono a conoscenza.»

Ma Potëmkin non si lascia sedurre. Vede il suo prestigio sfuggirgli, sente che questa volta il posto è preso completamente, e non solo quell'angolo di palazzo imperiale, vicino all'appartamento privato di Sua Maestà, che aveva abbandonato con facilità, ma quell'altro santuario dove i giuramenti di un tempo gli permettevano di sperare che avrebbe conservato per sempre un sicuro riparo. Anche questo stava per venirgli a mancare!

Già una volta aveva avuto un serio allarme. Tra i suoi rivali ce n'era stato uno, prima di Zubov, che Caterina sembrò aver amato come non amò mai prima né dopo. Pare che fosse nel destino di questa donna straordinaria esaurire, nella loro diversità, tutta la gamma dei sentimenti e delle sensazioni e l'intero ordine dei fenomeni passionali. L'amore che Lanskoï le fece provare non assomiglia né a quello che ebbe per Potëmkin, né ad alcuno di quelli che hanno riempito la sua vita così ricca di svariate sensazioni. Ma Lanskoï non era ambizioso, e Caterina non poté conservarlo a lungo. Il 19 giugno 1784, il bel giovanotto, che da quattro anni faceva la gioia della sua esistenza, e nel quale, come in un faro luminoso si concentravano tutti i suoi pensieri, tutti gli affetti e tutti i suoi desideri, il più coccolato, il più accarezzato, il più festeggiato dei favoriti, fu colpito da un male misterioso. Il medico tedesco Weikard fu chiamato in tutta fretta da San Pietroburgo a Tsarskoïe-Celo. Era un dotto di puro stampo tedesco, tutto d'un pezzo, poco abituato a delicati riguardi. Seduta sul letto del malato, Caterina lo interrogò con ansietà:

«Che cos'è?»

«Una brutta febbre, Madame, e ne morirà.»

Insistette perché l'imperatrice si allontanasse. Giudicava il male contagioso. Era, per quello che possiamo presumere, un'angina. Caterina non esitò un attimo tra i consigli della prudenza e quelli più imperativi del suo cuore. Ben presto fu presa da un mal di gola inquietante. Sfidò tutto. Dieci giorni dopo, Lanskoï spirò tra le sue braccia. Aveva ventisei anni. Ascoltiamo il lamento dell'amante tradita dalla morte:

«Quando ho cominciato questa lettera vivevo nella gioia e nella felicità, e i miei pensieri scorrevano così rapidamente che non sapevo dove andassero a finire. Non è più così: sono piombata nel dolore più vivo, e la mia felicità non c'è più: ho pensato di morire io stessa per la perdita irreparabile che mi ha appena colpita, otto giorni fa, del mio migliore amico. Speravo che diventasse il sostegno della mia vecchiaia: si impegnava, cresceva, aveva preso tutti i miei gusti. Era un giovane uomo che allevavo, che era riconoscente, dolce, onesto, che condivideva le mie pene quando ne avevo e che si rallegrava delle mie gioie. In una parola, singhiozzando, ho la disgrazia di dirvi che il generale Lanskoï non c'è più . . . e la mia camera, per me così piacevole prima, è diventata un antro vuoto, nel quale mi trascino a malapena come un'ombra. Un mal di gola mi ha preso alla vigilia della sua morte, con una febbre da cavallo; nonostante ciò, da ieri, sono fuori dal letto, ma debole e così dolorosamente colpita, che ancora adesso non posso vedere volto umano senza che i singhiozzi mi tolgano la parola. Non posso dormire né mangiare, la lettura mi annoia e la scrittura è superiore alle mie forze. Non so cosa succederà di me;

ma ciò che so è che nella mia vita non sono mai stata così infelice come da quando il mio migliore e amabile amico mi ha abbandonata. Ho aperto il mio cassetto, ho trovato questo foglio iniziato, ho scritto queste righe, ma non ne posso più . . . »

Questo brano è del 2 luglio 1784. Solamente due mesi dopo, Caterina riprende così la sua corrispondenza con Grimm:

«Vi confesso che in tutto questo tempo non sono stata in condizione di scrivervi, perché sapevo che avremmo sofferto entrambi. Otto giorni dopo che vi ebbi scritto la lettera del 2 luglio, vennero a trovarmi il conte Fëdor Orlov e il principe Potëmkin. Fino a quel momento non avrei sopportato volto umano; i due usarono il metodo giusto: si sono messi a urlare con me e così mi sono sentita a mio agio con loro. Ma c'era tanta strada da fare e, a furia di sensibilità, ero diventata un essere insensibile a tutto, tranne che al dolore: esso aumentava e si alimentava a ogni passo e a ogni parola. Eppure, credetemi, nonostante l'orrore di questa situazione, non ho tralasciato la minima cosa nella quale la mia attenzione era necessaria. Nei momenti più terribili, mi chiedevano ordini per tutto e io li davo bene, con criterio e intelligenza: la qual cosa ha particolarmente meravigliato il generale Saltykov. Sono passati più di due mesi senza alcuna sorta di riposo, infine è giunto qualche intervallo, prima alcune ore più calme, poi delle giornate. Con l'avanzare della stagione e diventando umido, divenne necessario riscaldare gli appartamenti di Tsarskoïe-Celo. I miei diventarono furibondi, ma con una tale violenza, che il 5 settembre, alla sera, non sapendo più dove sbattere la testa, ho fatto venire una carrozza e sono venuta all'improvviso e senza che alcuno se ne accorgesse qui, in città, dove sono sbarcata all'Ermitage e ieri, per la prima volta, ho visto tutti e tutti mi hanno vista, ma in verità è stato uno sforzo così grande che ritornando nella mia camera ne ho sentito una tale prostrazione che altri al mio posto sarebbero svenuti . . . Dovrei rileggere le vostre ultime tre lettere, ma, a dire il vero, non posso . . . sono diventata un essere molto triste, che non parla neanche a monosillabi . . . Tutto mi affligge . . . e non mi è mai piaciuto fare pietà . . . »

Un oratore inglese, lord Kamelford, ha detto che Caterina onorava il trono con i suoi vizi, mentre il re d'Inghilterra (Giorgio III) lo disonorava con le sue virtù. L'espressione è un po' forte, ma forse qualcuno converrà che dei vizi capaci di manifestarsi in una forma così toccante meritano altra cosa che non l'assoluta condanna dell'ingiuria e del disprezzo.

IV

Gli inconvenienti del favoritismo – Come si fa un ambasciatore – Cosa costa il favoritismo – Un totale di 400 milioni – La morale di Caterina – Accuse infamanti – L'espiazione

Il *favoritismo*, così come lo ha praticato Caterina, non mancava di produrre degli inconvenienti. Il 1° dicembre 1772, il ministro di Francia a Pietroburgo, Durand, scrive al duca d'Aiguillon che, secondo dei rapporti provenienti dall'interno del palazzo, «l'imperatrice è così profondamente impegnata nella faccenda Orlov, che da due mesi a questa parte praticamente non si occupa d'altro, che non legge niente, che non dà praticamente più alcuna disposizione». Due mesi dopo la crisi perdura ancora. «Questa donna non fa niente – dice un uomo della corte a Durand – finché la fazione degli Orlov sarà attiva e tutti se ne occuperanno, non c'è rimedio. Le crisi sono frequenti. Nel febbraio 1780, l'inviato inglese Harris si presenta dal principe Potëmkin, per interrogarlo in merito a una importante memoria consegnata qualche tempo prima all'imperatrice, e gli viene risposto che ha scelto male il momento: Lanskoï è ammalato e la paura di vederlo morire sconvolge l'imperatrice a tal punto che è incapace di fermare la sua attenzione su qualsivoglia questione. Tutte le sue idee di ambizione e di gloria si eclissano; ogni preoccupazione di interesse o di dignità svanisce in lei; tutto viene assorbito da questa unica preoccupazione. E il principe Potëmkin esprime la preoccupazione che il conte Panin approfitti di questa situazione per far prevalere le sue idee e imprimere alla politica estera un'altra direzione. Tre anni più tardi, è una malattia del principe stesso che getta la sovrana in una costernazione tale che il marchese di Vérac, sul punto di lasciare Pietroburgo, non riesce a ottenere udienza per il suo congedo. La cerchia dell'imperatrice, vedendo i suoi lineamenti alterati e i suoi occhi arrossati dalle lacrime che non cessa di versare, la invita a non comparire in pubblico. L'udienza è rimandata.

Quando il *favoritismo* non ferma gli affari, accade che ne metta la direzione in mani alquanto inadatte a governarne il timone, quelle di un Mamonov o di uno Zubov, per esempio. E non è tutto, poiché la precipitosa ascesa degli stessi favoriti, che diventano da un giorno all'altro generali, marescialli, ministri – grandi personaggi creati con un colpo di bacchetta – porta con sé, a sua volta, le loro creature. Hanno anche dei nemici che cercano di mettere in ombra. Fa così Potëmkin con l'illustre Rumjancev, togliendo dal comando il suo miglior soldato. Talvolta, spingono avanti un ambizioso per sbarazzarsi di un rivale. Nel 1787, Mamonov è messo in difficoltà dall'apparizione a corte di un giovane principe Kotchubey: si dà da fare per inviarlo a Costantinopoli come ambasciatore. Ecco un'ambasciata veramente fortunata! Scomparso il favorito, persistono le conseguenze della sua ascesa. Dopo la morte di Potëmkin, il suo segretario, Popov, lo rimpiazza come capo dell'amministrazione del governatorato di Jekaterinoslav. Dispone di tutto arbitrariamente avvalendosi della formula magica: «Tale era la volontà del principe». È il depositario del segreto di questa volontà e lo strumento del suo «creatore», come chiama il defunto. Il conte Rostopčin, un buon giudice, afferma che quest'uomo, benché abbia praticamente governato per circa dieci anni tutto l'impero già quando Potëmkin era vivo, non ha alcuna pratica negli affari. Del resto, ha altre occupazioni. Rostopčin non gli ha mai riconosciuto che una sola qualità: la solidità della sua costituzione fisica, che gli permette di passare regolarmente le sue giornate e le sue notti al tavolo da gioco. Così facendo, è diventato generale, cavaliere di tre ordini e titolare di incarichi che gli portano 50.000 rubli all'anno. Nel febbraio 1796, Rostopčin scrive ancora: «Mai i crimini sono stati così frequenti come ora. L'impunità e l'audacia sono arrivate all'estremo. Tre giorni fa, un certo Kovalinski, che è stato segretario della commissione di guerra e cacciato dall'imperatrice per sciacallaggio e corruzione, è stato nominato governatore a Riazan, perché ha un fratello, mascalzone come lui, che è legato a Grobvski, il capo della cancelleria di Platon Zubov. Ribas da solo ruba 500.000 rubli all'anno.»

Il favoritismo costa caro. Castéra è arrivato, per i dieci personaggi di primo piano, cui si aggiunge un enigmatico Vysotski, a un totale formidabile. Incassarono rubli per:

I cinque fratelli Orlov	17.000.000
Vysotski	300.000
Vassiltchikov	1.100.000
Potëmkin	50.000.000
Zavadovski	1.380.000
Korsakov	929.000
Lanskoï	7.269.000
Iermolov	550.000
Mamonov	3.500.000
I fratelli Zubov	8.500.000
Totale	92.500.000

Vale a dire, al cambio di allora, oltre 400 milioni di franchi. È all'incirca anche il conto dell'inviato inglese Harris.

Dal 1762 al 1783, la famiglia Orlov ha ricevuto, secondo lui, da 40 a 50.000 contadini e 17 milioni di rubli in denaro, palazzi, gioielli, vasellame. Vassiltchikov, in ventidue mesi, ha avuto: 100.000 rubli in denaro, 50.000 in gioielli, un palazzo ammobiliato del valore di 100.000 rubli, vasellame per 50.000, una pensione di 20.000 e 7.000 contadini. Potëmkin in due anni: 37.000 contadini, e in gioielli, palazzi e vasellame circa 9.000.000. Zavadovski, in diciotto mesi: 6.000 contadini in Ucraina, 2.000 in Polonia, 1.800 in Russia, 80.000 rubli di gioielli, 150.000 rubli di denaro, vasellame per 30.000 e una pensione di 10.000 rubli. Zoritch, in un anno: una terra del valore di 500.000 rubli in Polonia, un'altra da 100.000 rubli in Livonia, 500.000 rubli in contanti, 200.000 in gioielli e una commenda in Polonia che rendeva 12.000 rubli. Korsakov, in sei mesi: 150.000 rubli e alla sua partenza: 4.000 contadini in Polonia, 100.000 rubli per pagare i suoi debiti, 100.000 rubli per il suo equipaggiamento e 20.000 rubli al mese per viaggiare all'estero.

Queste cifre non hanno bisogno di commenti. Nel luglio 1778, il cavaliere di Corberon scriveva da Pietroburgo al conte di Vergennes: «Il nuovo favorito Corsak (tale sembrava il nome originario dell'individuo) è appena stato fatto ciambellano. Ha ricevuto 150.000 rubli e la sua fortuna, che non durerà, sarà certo brillante per lui e onerosa per lo Stato, che ne soffre. Questa piaga, che si rinnova di frequente, diffonde l'acredine e il malcontento nella gente, e il risultato potrebbe essere pericoloso se Caterina II non fosse più forte e più previdente di coloro che la circondano. Si mormora sordamente, ma governa sempre e il prestigio della sua personalità farà la sua salvezza. Ultimamente si è fatto in una casa russa il calcolo di ciò che costa il favoritismo sotto l'attuale regno: il totale è stato di 48 milioni di rubli.»

Ma non è solo questione di denaro. Il principe Chtcherbatov ha rilevato, in termini degni di elogio, il carattere demoralizzatore di un'istituzione che poneva in cima alla società e metteva in luce simili eccessi. I favoriti di Caterina possono anche, da un punto di vista assoluto apparire solo un equivalente delle amanti di Luigi XV, ma l'assoluto non trova posto né nella morale né in politica; la differenza dei sessi farà sempre, a questo riguardo, un divario enorme nella relativa portata dei fatti, e se Maria Antonietta ha avuto delle sorprese e delle rivolte dolorose, arrivando alla corte del proprio suocero, esse probabilmente non eguagliarono l'impressione avuta dalla seconda moglie di Paolo, Maria Feodorovna, quando il suo soggiorno a Pietroburgo la mise in contatto con lo scandalo ufficiale del palazzo imperiale. Del resto, le amanti di Luigi XV non sembrano, in Francia, aver trattato gli affari del regno.

Uno dei compagni d'armi di Kościuszko, Niemcewicz dice, nelle sue *Memorie*, di aver visitato nel 1794 le case costruite per il passaggio dell'imperatrice sulla strada che seguì, nel 1787, all'epoca del viaggio in Crimea. La camera da letto della sovrana era ovunque allestita in modo uniforme. Vicino al letto si trovava un pannello con dentro uno specchio, che un meccanismo faceva spostare e appariva quindi un secondo letto, quello di Mamonov. Caterina aveva cinquantanove anni all'epoca! Portare la spudoratezza a tal punto non era fare del vizio una scuola?

Vi è indubbiamente, in questa strana donna, un equivoco colossale sulla sua posizione davanti alle eterne leggi della femminilità. Perché bisogna osservare che in lei non vi è mai stata alcuna dimostrazione di cinismo, né di annullamento del senso morale, né di depravazione dello spirito. A parte il *favoritismo*, con tutte le sue conseguenze, Caterina è severa in fatto di moralità e suscettibile in tema di pudore. Apprezza la castità e giunge sino alla *pruderie*. Un giorno, sulla strada di Kiev, chiede al conte di Ségur, che è nella sua vettura, di recitarle dei versi. Egli accondiscende recitando un brano «un po' libero e allegro», racconta, «ma tuttavia assai decente visto che era stato bene accolto a Parigi dal duca di Nivernais, dal principe di Beauveau e da signore la cui virtù eguagliava la cortesia». Immediatamente, Caterina inarca le sopracciglia, ferma l'imprudente con una domanda del tutto fuori tema e pone la conversazione su un altro tema. Nel 1788, l'ammiraglio Paul Jones, che ha chiamato al suo servizio dall'Inghilterra, è accusato di essersi preso delle libertà con una giovane ragazza appartenente alla corte. È immediatamente rimandato in patria, per forte che sia in quel momento la necessità di uomini capaci di esercitare il comando. Per un fatto analogo, l'inviato inglese McCartney si vede costretto a lasciare il suo posto. Nel 1790, discorrendo con il suo segretario sugli avvenimenti della Francia, Caterina se la prende con le attrici, che accusa di aver corrotto i costumi della nazione. «Ciò che ha causato la rovina di questo paese – dice – è il fatto che la gente cade nella crapula e nei vizi. L'opera buffa ha corrotto tutti. Credo che le governanti francesi delle vostre figlie siano delle sgualdrine. Fate attenzione ai costumi!»

È convinta di non essere personalmente mai caduta nella crapula e di non aver fatto nulla per corrompere i costumi del suo paese. Ma trova del tutto naturale scrivere a Potëmkin che il suo successore, Mamonov, – *Sachenka*, come lo chiama – «lo ama e lo considera come un vero padre». E non prova alcun imbarazzo nel chiedere a suo figlio e a sua nuora notizie del re Poniatowski, che hanno visto nel loro passaggio a Varsavia: «Penso – scrive – che Sua Maestà polacca faccia fatica a ricordarsi della mia fisionomia di venticinque anni fa, nei ritratti che gli avete mostrato.»

«Non si poteva mai – dice ancora il principe di Ligne nel ritratto che ha fatto della sovrana – dire male di Pietro I né di Luigi XVI davanti all'imperatrice, né la più piccola cosa sulla religione o i costumi. Ci si poteva appena permettere qualchecosa di un po' azzardato, ma estremamente velato, di cui rideva sommessamente. Essa non si lasciava mai andare a una leggerezza né di quel genere né su alcuno.»

Porta la firma di Caterina un ukase che ordina ai tenutari di bagni pubblici di costruire dei compartimenti separati per i due sessi e di lasciare entrare in quello femminile unicamente gli uomini indispensabili al servizio e i medici. Una bizzarra eccezione vi viene fatta per i pittori, che volessero studiare la loro arte nei compartimenti femminili.

Sono tuttavia emerse delle accuse, relative agli ultimi anni della sovrana, che le attribuiscono gusti e abitudini infami. Oltre al cerchio ammesso ai ricevimenti intimi all'Ermitage, un'altra compagnia più ristretta si sarebbe formata, comprendente con i due fratelli Zubov e Pietro Saltykov alcune donne, delle quali preferiamo tacere i nomi. Il nome di Lesbo è stato fatto in merito alle riunioni così composte e quello di «Cibele del Nord» accollato agli altri gloriosi appellativi della grande Caterina. Ci ripugna discutere tali imputazioni. Non oseremo dire che non le ha meritate. Questo fango sollevato attorno alla sua memoria non fu una giusta espiazione? Maria Teresa non era donna da accogliere senza accurato esame voci calunniose. E sapeva anche dar prova di indulgenza, non avendone bisogno per sé. Tuttavia, scriveva nel 1778: «Il granduca, si sa, come il suo supposto padre e l'imperatrice, non fa altro che lasciarsi andare alla dissolutezza.» Dalla sovrana e dalla madre, passando per l'amante, il fango giunge così sino al figlio.

La morte improvvisa di Caterina, che la colse nel suo bagno, fu anch'essa forse una seconda espiazione. Da molto tempo, gli eccessi ai quali si lasciava andare avevano finito per guastare la sua robusta salute. Nel maggio 1774, Durand, interrogando un uomo di corte su certi sintomi che preoccupavano vivamente i medici di Sua Maestà, riceveva per risposta che «queste perdite annunciano la cessazione del flusso periodico o rivelano l'eccessiva usura di un organo estremamente indebolito». In un altro dispaccio, parlando dei timori del favorito in carica per lo stato dell'imperatrice, l'incaricato d'affari scriveva: «Egli non ignora ciò che pochissimi sanno: ossia, che l'imperatrice ha avuto in questi ultimi giorni una sincope, che è durata più di mezz'ora, nel momento in cui stava per immergersi nell'acqua fredda; che i suoi domestici più fidati si sono accorti che, da qualche tempo, ha dei tic e degli atteggiamenti bizzarri; che a causa dei bagni freddi e dell'uso del tabacco ha dei momenti di assenza e delle idee in contrasto con il suo carattere. Tutto ciò, a oggi, mi fa dedurre che soffre di attacchi di isterismo.»

Nel 1774, queste congetture erano premature. Venti anni più

tardi Caterina era arrivata a giustificarle.

Chiediamo scusa ai nostri lettori e soprattutto alle nostre lettrici, d'aver sollevato il velo che il tempo e l'oblio hanno gettato su questi dettagli. Abbiamo avuto una sola ragione e una sola scusa: la sincerità che abbiamo voluto, in mancanza d'altri meriti, portare in questo studio, del quale non abbiamo nascosto tutti gli imbarazzi e tutti i pericoli, ma che ci ha egualmente affascinati: così come avrà – vogliamo sperare – interessato anche altri oltre a noi per il fascino di una varietà, di una complessità e di una originalità forse uniche di dati che, pur essendo rigorosamente storici, sfidano le più geniali creazioni di una feconda fantasia.

CONCLUSIONI

Ci resterebbe da mostrare Caterina nell'ambiente dove ha vissuto, con l'entourage prestigioso degli artefici, dei compagni e dei cortigiani della sua stupefacente fortuna, e nell'abbagliante cornice che seppe dare alla sua gloria. Speriamo un giorno di intraprendere questo compito aggiuntivo[285]. Nell'attesa, giunti al termine che abbiamo dovuto dare provvisoriamente alla nostra impresa, pensiamo opportuno riassumerne brevemente i risultati.

Caterina fu un essere privilegiato. Tra gli altri privilegi, ha avuto quello di esaurire a suo beneficio o a suo detrimento, l'intero vocabolario di elogi come di ingiurie. È stata, di volta in volta, sulla bocca dei suoi apologeti o dei suoi detrattori, la gloria o la vergogna del suo sesso. Abbiamo provato a fare da arbitri tra queste opposte opinioni. Attraverso le incertezze, le contraddizioni e le aberrazioni della storia e della leggenda, abbiamo cercato di avvicinarci e di fissare l'aspetto moralmente e materialmente vero della sovrana e della donna, che fu chiamata «Caterina la Grande» da Voltaire e che un innumerevole numero di libellisti ha macchiato con il nome di «Messalina». Ecco, per sommi capi, cosa abbiamo trovato.

Caterina fu una piccola principessa tedesca, che i suoi genitori destinavano a sposare qualche piccolo nobile dei dintorni, dotato di un appannaggio più o meno cospicuo. Una fanciulla che la sua istitutrice francese, mademoiselle Cardel, allevò e istruì di conseguenza, ma che un caso condusse in Russia e un concorso di circostanze non meno impreviste, unitamente a un insieme di capacità naturali o acquisite alquanto eccezionali, portò a occupare una posizione per la quale non pareva minimamente destinata. Posta tra un futuro imperatore, che le stranezze e i vizi del carattere sembravano rendere assolutamente inadatto a occupare un trono, e un'imperatrice regnante che occupava in modo alquanto imperfetto il suo, Caterina si sentì subito chiamata a occupare, nella sua patria d'adozione, altro impiego rispetto a quello di un'utilità di ordine decorativo

---

[285] L'autore ha portato a termine questo compito con *La corte di Caterina II di Russia – I collaboratori – Gli amici – I favoriti,* 2012, A&P, Milano.

o anche dinastico. Non fece fatica a scoprire in sé delle ambizioni che andavano al di là del suo ruolo. Ebbe il merito di unirvi lo sforzo adeguato di un'energia e di un'applicazione egualmente straordinarie in una persona della sua età e del suo sesso. Lavorando ad assicurarsi l'eventuale aiuto di un numero sempre maggiore di simpatizzanti e di devoti, si impegnò anche a rendersene degna. Rifece la sua educazione. Assimilò, con un lavoro assiduo, vuoi il genio di una nazione che si proponeva di governare un giorno, vuoi gli elementi della cultura occidentale che Pietro I aveva cercato di imporre. Imparò il russo, ricevendo lezioni da Adadurov e chiacchierando con le vecchie signore della sua cerchia, e apprese la storia e la politica leggendo Voltaire e Montesquieu. Lesse anche Brantôme e Bayle e ne ricavò insegnamenti da cui seppe trarre il proprio profitto, a maggior vantaggio della sua ambizione, se non della morale. Si trovò così in possesso di una superiorità e di un potere che, anche Elisabetta vivente, cominciarono a imporsi, risvegliando delle inquietudini e delle speranze, delle gelosie e dei timori. Suo marito la chiamava «*Madame la Ressource*», o scopriva in lei una «vipera» da schiacciare al più presto. Elisabetta la guardava con gelosia o con terrore. Ma gli uomini di governo, i ministri di Stato e i diplomatici stranieri si volgevano dalla sua parte e l'armata – questa forza senza rivali, questa creatrice di sovrani e di sovrane nell'immenso e barbaro impero – finì col volgere lo sguardo verso lei. È così che divenne l'associata politica di Bestužev e di Williams e l'amica di qualche bell'ufficiale della guardia. Nello stesso tempo, la sua giovinezza e il suo carattere ardente rivendicavano i loro diritti contro il marito, del resto poco preoccupato di far valere i suoi, e contro un'etichetta peraltro poco severa, e così si concedeva dei piaceri più o meno legittimi e intrecciava intrighi più o meno confessabili. Si immergeva sempre di più nell'atmosfera voluttuosa di una corte che, sotto il profilo della licenza dei costumi, non aveva nulla da imparare dall'Occidente. Ma, con una fortuna che non sembra mai aver avuto eguali, seppe conciliare i suoi interessi con le sue passioni, l'amore con la politica, e trovare nei capricci del suo cuore o dei suoi sensi i più potenti alleati della sua futura grandezza. È così che conobbe il bel Sergio Saltykov, l'elegante Poniatowski e lo scontroso Gregorio Orlov. È anche così che alla morte di Elisabetta tutto sembrò pronto per una rivoluzione che parve rimettere le cose a posto mettendo la giovane donna al posto che legittimamente andava a suo marito. C'era solo bisogno di qualche uomo abbastanza audace da rischiare la propria testa in uno di quei colpi di mano a cui la corte di Russia cominciava prendere l'abitudine. Si prestarono gli Orlov e Pietro III «si lasciò detronizzare come un bambino che si manda a letto».

Arrivata in Russia all'età di quindici anni, Caterina ne aveva trentatré quando si realizzò questo avvenimento. La sua bellezza, per quanto la leggenda si sia dimostrata generosa a questo riguardo, non appare storicamente dimostrata. Ma faceva di meglio dell'essere bella: «Io piacevo, era il mio punto di forza», diceva e, sotto questo profilo, non deve temere smentite dalla storia. È vero che con il tempo ebbe per piacere delle altre risorse del fascino del suo viso, e non è con questo, apparentemente, che nel 1789, a circa sessant'anni, sedusse Zubov.

Moralmente Caterina ha lasciato di se stessa un ritratto dove, a fianco di qualche lineamento esatto, ve ne sono altri che lo sono molto meno. Rende omaggio alla verità negandosi uno «spirito creativo»; con eccessiva compiacenza parla della dolcezza del suo carattere e della rigidità virtuosa dei suoi principi. Essa fu, almeno sembra, prima di tutto una grande ambiziosa, che possedeva una sorta di audacia riflessiva, calcolatrice e capace pertanto di tutte le temerarietà, con il carattere imperioso, la fiducia in se stessa, e infine l'assenza di scrupoli, dove si ritrova il segno caratteristico di questa razza di eletti. La fede fatalista che animò più tardi Napoleone, incontrava in lei una credente risoluta. Anche lei ebbe una stella. Solamente, questa le rimase più fedele. La vide impallidire appena qualche volta. Poté, confidando in essa, essere e rimanere «imperturbabile». Fu ottimista fino all'ultimo momento. Fu egualmente vanitosa. Si credette in possesso di un potere e di una potenza per certi versi senza limiti; amò che gli altri ne fossero persuasi e non le dispiaceva che glielo dicessero. Le lodi e le adulazioni più esagerate indirizzate alla sua persona, le parevano naturali e legittime. Tuttavia, si attribuiva una totale assenza di amor proprio come di civetteria. Accettava volentieri che, messa da parte la sua qualità di imperatrice, vedessero in lei unicamente una donna comune. Non si risentì contro Lavater che la pensava così. Gli omaggi che pretendeva erano solo per la sovrana di tutte le Russie. Si faceva di questo titolo un'idea smisurata e al di fuori di ogni proporzione con la realtà che rappresentava ma, con un'illusione che durò trent'anni, impose quest'idea all'Europa. Là fu il vero segreto del prestigio che esercitò. Il mondo, secondo una teoria che si è recentemente affermata, non appartiene forse ai convinti e addirittura agli allucinati? L'allucinazione della quale Caterina diede prova e fece subire al mondo contemporaneo il fascino o l'ossessione prolungata, non fu interamente frutto, nella sua carriera, di un errore dei sensi. Delle realtà si mischiarono ai fantasmi e, tra le cose reali, un grande spazio va attribuito alle qualità personali della sovrana.

Prima di tutto a una forza di volontà poco comune, benché attenuata e, in qualche modo, tarpata dall'incostanza, che riportava il grande uomo che si voleva vedere in lei al livello del suo sesso naturale. Volle sempre fortemente, ma le accadeva spesso di mutare volontà. Fu, secondo la sua stessa espressione, una «professionista del cominciare». Si può credere che la Russia di allora non chiedesse di più. Anche dopo Pietro I, vi rimanevano parecchie cose da iniziare. Caterina ebbe il ruolo di un propulsore dotato di un'energia e di una continuità nell'impegno straordinarie. L'abbattimento fisico o morale, la stanchezza o lo scoraggiamento le furono sconosciuti. Con grande padronanza di se stessa ovviava alla mancanza di sangue freddo e all'estrema vivacità del suo carattere. La sua capacità di lavoro era considerevole. Ella fu, secondo l'espressione di un poeta, «la sentinella che non si dà mai il cambio». Una robusta gaiezza di carattere, della quale seppe fare un'abitudine e, per così dire, una legge morale, l'aiutò a sostenere il pesante fardello delle sue molteplici occupazioni. A sessantacinque anni, si lasciava andare con piacere a dei giochi da bambini e la mosca cieca conservava per lei ancora del fascino. Possedette una eccellente sanità morale. Nella vita privata, la sua compagnia, fatta di facile condiscendenza, di spigliata semplicità e di amabile allegria, fu sempre trovata squisita dai migliori giudici. Si attribuiva un cuore naturalmente buono e sensibile, lamentando che le necessità della politica non le permettessero di dare sempre libero corso alle sue inclinazioni. È possibile che queste fossero come lei le giudicava. Ma la politica governò di buon'ora la maggior parte delle sue azioni e persino le sue relazioni familiari. Possiamo dire che ha finito con l'assorbire e il cuore e lo spirito di Caterina. Ha scritto nella sua storia parecchie pagine in cui la sensibilità e la bontà non compaiono del tutto. La sua generosità e la sua munificenza sono diventate proverbiali: mancò in questo di misura. Donò molto, non seppe donare bene. I servitori al suo servizio lavoravano con piacere; i suoi domestici erano dei ragazzi viziati. A dispetto degli sbalzi della sua condotta, il suo temperamento vivace, sanguigno, impetuoso non lascia vedere alcun vizio organico. Non è un'isterica. L'amore è per lei una funzione naturale. I suoi altri gusti sono quelli di una persona perfettamente equilibrata, nel morale come nel fisico. Non ha nulla di un mostro, ha molto, se non tutte le componenti, di una donna affascinante.

La sua superiorità fu soprattutto nel suo carattere. La sua intelligenza era di ordine relativamente inferiore. L'originalità, della quale si vantava volentieri, si rivela nei suoi modi di agire piuttosto che nella sua maniera di pensare. Cercheremmo inutilmente un'idea nuova in tutti i suoi scritti. Molto buon senso alleato a una buona dose di immaginazione, l'uno correggendo le deviazioni dell'altro, tale appare il fondamento delle sue facoltà intellettuali. Il prestigio che ha tuttavia esercitato con il suo solo carattere sembra quindi essere stato un prodotto artificioso, dove la forza di una volontà imperiosa, una straordinaria arte della messa in scena e l'effetto di un brio scintillante combinavano i loro elementi fascinatori. Del resto, non ha mai preteso la fama di una persona spirituale. L'origine tedesca si ritrovava nel suo modo di scherzare e nelle battute. Ebbe lo scherzo pesante. Il suo spirito fu soprattutto uno spirito pratico, con un fondo di buonumore e di inalterabile allegria. Non si è vantata di avere una cultura molto solida o poliedrica. Dava a se stessa volentieri dell'ignorante. Le sue letture furono occasionalmente molto abbondanti, troppo abbondanti e irregolari per essere ben assimilate. Il suo sapere, come anche molti aspetti del suo governo, fu, secondo la sua stessa definizione, un «*composé de bâtons rompus*». Le sue personali prove di scienza fanno sorridere. Parlò e scrisse sempre in modo abbastanza maldestro nelle tre lingue di cui si serviva abitualmente. Ma ha saputo far meglio dall'apprendere correttamente il russo: ha saputo assorbire in se stessa l'anima della nazione.

I suoi pensieri e le sue concezioni hanno, come le sue azioni, lo stesso difetto, la mancanza di perseveranza. Le sue idee e i suoi principi fissi sono pochissimi. Benché tedesca, tiene in poca considerazione il dottrinarismo e i dottrinari. Caterina è empirica. L'idea alla quale rimarrà invariabilmente fedele fu quella della sua grandezza, identificata peraltro con quella del paese che si trovò chiamata a governare. Ebbe anche una concezione politica alla quale rimase fedele con una costanza che non si smentì mai: fu il grande pensiero del regno, il «progetto greco», cioè la conquista di Costantinopoli. Tutto il resto non è che caos e incertezza. In politica, le accade di parlare del «suo animo repubblicano», contemporaneamente dichiarando il regime autocratico il migliore di tutti. In filosofia, si dice amica di Voltaire ed anche dei gesuiti. Le sue idee o piuttosto le sue inclinazioni, frutto della sua educazione e delle relazioni intellettuali con lo spirito filosofico ed emancipatore del secolo, sembravano aver subito, dal principio alla fine del suo regno, una sensibile trasformazione. Partita con un forte slancio di ispirazione liberale, si scontrò lungo la strada con l'esperienza del potere personale e con l'aspetto imprevisto che le concezioni umanitarie più seducenti sembrarono assumere, ai suoi occhi meravigliati, passando nell'applicazione reale. Ne fu dapprima sorpresa, poi spaventata. È così che fu portata a soffocare nel fuoco e nel sangue il movimento popolare al quale Pugačëv ha legato il suo nome, e la Rivoluzione francese ha trovato in lei un'implacabile nemica.

Come sovrana, Caterina fu un'ammirevole virtuosa dell'arte di regnare. Certamente, la fortuna l'ha servita, rendendola pressoché costantemente vincente nelle sue imprese anche più azzardate, ma essa ha potentemente aiutato la fortuna stessa. Le sue qualità di conduzione, di risolutezza, di comando esercitato anche su se stessa e sugli altri, di altera serenità in mezzo alle prove più dolorose, sono probabilmente senza pari nella storia moderna. La sua abilità nel maneggiare gli uomini sembra sfidare ogni paragone, poiché seppe metterei tutte le risorse e tutte le seduzioni della femminilità. Fu seducente. Fu una Circe imperiale. Si dimostrò meno abile nella ripartizione dei compiti che imponeva a coloro che la servivano. Le sue scelte furono spesso infelici. Ma seppe sempre trarre il massimo dello sforzo e dell'attività di cui erano capaci da coloro che impiegava. Nei momenti di crisi, si prodigava e si moltiplicava fino a raggiungere un'intensità e una molteplicità di risorse che aveva del prodigioso. Introdusse anche nella pratica del suo governo alcune modalità personali e veramente nuove. Sconcertò la politica e la diplomazia contemporanee con dei modi audaci, delle manifestazioni di rudezza e di franchezza che anticipavano, per certi aspetti, l'esempio di Bismark. Nello stesso tempo, anticipava l'uso della grande risorsa della quale si è impadronita la politica dei nostri giorni: faceva appello all'opinione pubblica. Prendeva la stampa al suo servizio, metteva in gioco la pubblicità, inaugurava in qualche modo il giornalismo politico. A queste innovazioni univa, peraltro, la pratica accessoria dei vecchi metodi ed ebbe il suo *gabinetto segreto* (*gabinet noir*). Quest'arte sovrana non procedeva senza qualche caduta. Il suo stesso ottimismo ne rappresentava una, poiché l'ha portata, non solo a sognare ad occhi aperti, ma anche a chiudere gli occhi su realtà che richiedevano la sua attenzione. Durante il suo famoso viaggio in Crimea, che non fu che un bel sogno, non vide le rovine e le miserie ammucchiate dietro le scenografie fantastiche della gigantesca fiera improvvisata per affascinare la sua immaginazione. Tuttavia, grazie all'energia impiegata là e altrove e alla massa di sforzi individuali da lei messi in movimento nell'immenso impero, i risultati acquisiti dal suo governo furono considerevoli sia all'interno sia all'estero.

All'interno, dovette primariamente difendere il suo trono contro le iniziative più o meno simili a quella cui doveva essa stessa il potere. Uscì vittoriosamente da queste prove. Ivan fu ucciso nella sua prigione, e il falso Pietro III portato in una gabbia a Mosca per subirvi il supplizio finale. Caterina fu meno fortunata nei suoi tentativi di riforma legislativa. La sua grande commissione, chiamata a dotare la Russia di un Codice di leggi senza pari in Europa, sfociò in un completo fallimento. La grande promotrice mise del tempo, questa volta, ad accorgersi che la riforma sognata da lei esigeva un punto di partenza indispensabile e questo punto di partenza era l'abolizione della servitù della gleba. Quando fece questa scoperta, indietreggiò. Non le era dato tranciare questo nodo gordiano. Introdusse qualche apprezzabile miglioramento nell'amministrazione della giustizia; abbassò il livello, terribilmente alto, delle pene; non soppresse l'uso dello *knut*. La sua iniziativa ebbe migliori risultati nell'ambito dell'amministrazione civile. La Russia le deve, a questo riguardo, i primi tentativi di governo metodico e regolare. La politica finanziaria della sovrana deve avere meno elogi. Fu, per dirla sinteticamente, una politica di espedienti. Caterina ebbe bisogno di molto denaro per le sue imprese, per il fasto di cui amava circondarsi e anche per i suoi capricci; se ne procurò chiedendo prestiti da un lato e stampando moneta cartacea dall'altro.

I risultati in politica estera di Caterina sono ancora oggi presenti in tutte le memorie. Si chiamano: annientamento definitivo della potenza ottomana, conquista della Crimea e dei porti del mar Nero, spartizione della Polonia. È sicuro che per ottenerli Caterina ha preso consiglio da un'ambizione senza freni e senza limiti, piuttosto che da un qualsivoglia sentimento di giustizia e di lealtà, o anche da un giusto apprezzamento dei veri interessi della sua patria d'adozione. Ha soprattutto obbedito alla preoccupazione di stupire il mondo e di far risuonare gli echi della notorietà, a un bisogno, quasi patologico, di scalpore e di movimento. La sua fortuna mutò in eclatanti vittorie, nella prima guerra turca, i disastri che la sua improvvidenza avrebbe meritato. Fu «la guerra dei guerci e dei ciechi». Ma, nella prima spartizione della Polonia, Caterina fece il gioco di Federico; nella seconda e nella terza ebbe la mano forzata dall'aver voluto fare troppe cose in una volta. Allora, perse per sempre la possibilità di un'estensione graduale e pacifica della supremazia russa sull'insieme del grande patrimonio slavo, da lei messo all'asta delle ambizioni dei vicini e vi guadagnò la pessima nomea di una partecipazione diretta all'iniqua opera che fu la vergogna del suo secolo. Le sue imprese in Polonia e in Turchia ebbero l'effetto di allontanarla dalla Francia. Fu essa, tuttavia, che rompendo i legami secolari tra la Russia e l'Inghilterra, mise le basi del riavvicinamento che si sta verificando attualmente. Anticipando anche un'ora che deve ancora suonare, sognò di inseguire e di attaccare addirittura in India una supremazia rivale che feriva il suo orgoglio. Lasciò al suo successore un'eredità singolarmente accresciuta. La popolazione dell'impero aumentò, nel corso del suo regno, da 20 a 37 milioni di abitanti, con le frontiere ampliate in proporzione.

Fu l'amica di Voltaire e dei filosofi in generale. Le piacque, o parve piacerle, la società degli uomini di lettere, dei dotti e degli artisti. Amò o sembrò amare i libri, i capolavori della pittura, della scultura e dell'architettura. Comprò la biblioteca di Diderot e quella del patriarca di Ferney, e i fornitori accreditati dei suoi musei, Grimm e Reiffenstein, ebbero molto da fare per soddisfare le sue esigenze. Eppure, né la letteratura, né la scienza, né l'arte nazionale ebbero molto di che rallegrarsi con lei. I suoi gusti letterari, artistici e scientifici corrispondevano soprattutto alla necessità di una pubblicità europea. I primi sussulti di vita intellettuale e i primi sforzi di sviluppo originale su questa via, che cercava in quel momento il popolo russo, non incontrarono in lei che un testimone indifferente, o un gendarme ombroso. Ebbe tuttavia sinceramente il piacere di scrivere, ebbe il furore di costruire, e si abbandonò con passione allo studio della storia nazionale. Caterina esercitò inoltre, anche in questa direzione, il suo ruolo di sovrana iniziatrice, stimolando le energie latenti che la circondavano.

Scrisse dei libri di storia, scrisse delle commedie, dei drammi storici, dei romanzi, delle favole e delle opere buffe; scrisse soprattutto molte lettere. La sua corrispondenza con Grimm è un monumento curioso. Caterina fu giornalista, fu poetessa, fu pedagoga. Le sue istituzioni scolastiche valevano più dei suoi versi, alcune sono rimaste. Ma il grande fondatore dell'educazione nazionale della sua epoca non si chiamò Caterina la Grande, ma fu Novikov, l'uomo che condannò.

La sua vita intima, per grande che sia stato lo scaldalo da un certo punto di vista, non sembra tuttavia aver avuto le immagini lascive che hanno ossessionato le immaginazioni e alimentato la leggenda e la malignità pubblica. Fu la vita di una grande lavoratrice e di una donna di casa. Gli impegni coscienziosamente compiuti, di una sovrana preoccupata del suo dovere, e ricreazioni innocenti vi hanno avuto un grande spazio. Si alzava presto e si coricava presto, si rilassava dai suoi lavori ascoltando una lettura, visitando le sue collezioni all'Ermitage o, di preferenza, giocando con dei bambini dei quali amava circondarsi. Si dedicava volentieri anche a delle occupazioni campestri nella sua bella residenza di villeggiatura estiva a Tsarskoïe-Celo, creata e costantemente abbellita da lei. I suoi ricevimenti all'Ermitage, ristretti alla cerchia familiare, mettevano in luce la semplicità, la grazia e l'amabile allegria del suo carattere e della sua compagnia. Le sue relazioni familiari furono attraversate dalle prove di una vita coniugale che divenne presto odiosa e che sfociò in un dramma sanguinoso. Una maternità incompleta e, per così dire, stroncata fin dalla culla, ne fu la conseguenza. L'ambizione e la politica, rendendo Caterina usurpatrice di volta in volta dei diritti del suo sposo e di quelli di suo figlio, evidentemente non favorirono lo sviluppo dei suoi sentimenti nel senso voluto dalla natura e dalla morale. Non è tuttavia provato che abbia preso parte alla morte di suo marito e neanche che abbia pensato di diseredare suo figlio, mentre è noto che fu la migliore delle nonne.

Quando giunse in Russia, trovò installata sui gradini del trono una forma di dissolutezza analoga, se non identica, ai modelli forniti dalle altre corti europee. Il *favoritismo* maschile vi regnava dalla morte di Pietro I, attraverso una serie di imperatrici libere, per un singolare caso, dai legami del matrimonio e alquanto sprezzanti di quelli della morale.

Isolata a sua volta su una vetta che l'audacia di qualche giovane uomo l'aveva aiutata a scalare, Caterina fece come avevano fatto coloro che l'avevano preceduta; solamente, lo fece più in grande. Cercava così di perpetuare, in questa nuova forma, l'alleanza della politica e dell'amore che aveva inaugurato prima del suo insediamento e, in parte, vi riuscì. Il conquistatore della Crimea fu il suo favorito e il suo primo ministro. L'amò sinceramente. Amò allo stesso modo anche Lanskoï, forse anche Mamonov, e forse altri ancora. Lei fu amata? Non sapremmo dirlo. Almeno, non parve il contrario. In mancanza dell'amore, seppe sempre e fino alla fine ispirare il rispetto.

Fu una donna straordinaria e una grande sovrana. Come donna ha provato che il suo sesso era capace di mettersi all'altezza dei destini e dei doveri più alti; come sovrana, ha fatto per la grandezza della Russia quanto lo stesso Pietro I. Non tanto, come qualcuno ha detto, portando la sua patria di adozione nella sfera della civilizzazione europea: la Russia non è più europea oggi di quanto lo fosse duecento anni fa. Né Europa né Asia, hanno detto con maggiore giustezza: sesta parte del mondo. Questa Russia che è e sembra dovere restare una cosa a parte, che pur avendo contatti con i grandi interessi europei appare destinata a seguire una strada propria e obbedire a una legge di sviluppo particolare; che, pur ispirandosi alla cultura occidentale, non tradisce alcuna tendenza a lasciarsi assorbire da questa; questa Russia, Pietro I la creò di sana pianta; Caterina le diede coscienza della sua forza, del suo genio e del suo ruolo storico.

INDICE

PARTE PRIMA

LA GRADUCHESSA

Libro Primo: Da Stettino a Mosca

La culla tedesca – L'infanzia	7
L'arrivo a Mosca – Il matrimonio	20
La seconda educazione di Caterina	67

Libro Secondo: Alla conquista del potere

La «Giovane corte»	109
La lotta per il trono	146
La vittoria	177

PARTE SECONDA

L'IMPERATRICE

Libro Primo: La donna

Ritratto fisico – Carattere – Temperamento	199
Intelligenza – Spirito – Istruzione	246
Idee e principi	258

Libro Secondo: La sovrana

Arte di governo	255
Politica interna	288
Politica estera	328

Libro Terzo: L'AMICA DEI FILOSOFI

Gusti letterari, artistici e scientifici	387
Caterina scrittrice	415
Caterina pedagoga	438

Libro Quarto: FISIONOMIA INTIMA

Vita privata	451
Vita di famiglia – Il granduca Paolo	472
I suoi costumi – Il favoritismo	493
CONCLUSIONI	523

www.ingramcontent.com/pod-product-compliance
Lightning Source LLC
Chambersburg PA
CBHW071232160426
43196CB00009B/1029